禅宗部

六祖壇経
臨済録

齋藤智寛
衣川賢次
訳注

大蔵出版

目次

Ⅷ　示衆　144

Ⅸ　補遺　169

六祖壇経

齋藤智寛　訳注

凡　例

一、本稿は敦煌本『南宗頓教最上大乗摩訶般若波羅蜜経六祖恵能大師於韶州大梵寺施法壇経』（以下、『六祖壇経』『壇経』）の訓注である。

二、訓注の元となる本文は、敦煌博物館七七号本を底本とし、スタイン五四七五号本、旅順博物館本、中国国家図書館蔵・崗四八号（北八〇二四、ＢＤ０４５４８背１）本（部分）、同・有七九号（ＢＤ０８９５８）本（残簡）を対校した。

『大正新脩大蔵経』（二〇〇七番、第四八巻）所収本は「古写敦煌本大英博物館蔵本」、すなわちスタイン五四七五号本を底本としているが、その後、スタイン本より精善な敦博本を含む諸写本が発見・公開されている状況に鑑みて、訓注者が新たに定本作成を試みた次第である。

三、訓読本文の上欄には、底本ではないが比較的閲覧しやすい上記大正蔵本の頁・段を、アラビア数字とａｂｃで提示した。

四、本文作成にあたっては、右敦煌諸本のほか、北宋・恵昕本も参考にした。恵昕本の底本には、石井修道「恵昕本『六祖壇経』の研究—定本の試作と敦煌本との対照—」「同（続）」（『駒澤大学仏教学部論集』第一一号、第一二号、一九八〇年、一九八一年）所収の石井氏校訂本を用い、言及する際にはその段落番号を付した。

五、分段は鈴木大拙校訂本（鈴木貞太郎・公田連太郎校訂『敦煌出土六祖壇経』森江書店、一九三四年）に従い、鈴木本には収録されなかった末尾の「菩薩法号」を第五八段として加えた。

六、段落ごとの小見出しは鈴木本には従わず、新たに現代口語による見出しを付した。

七、訓読本文中、見出し冒頭の【 】は段落番号を示し、注ではこの段落番号のみを記した。［ ］は割注・細字、「 」は会話・思惟と語句の強調、〈 〉は会話中会話・思惟と語句の強調、〃 〃は更にその中の会話・思惟と語句の強調、（ ）は引用者による補記を表し、注における引用文もそれに準じた。

八、『大正新脩大蔵経』からの引用には、略号を「T」とし、その巻数と頁数、段の上中下を付した。

九、『卍続蔵経』からの引用には、新文豊出版公司印行洋装本を用い、略号を「Z」とし、その巻数、頁数、段の上下を付した。

十、注に引用した諸典籍のうち『大正蔵』『卍続蔵』以外を底本としての引用の主なものは、次の通りである。

（1）［唐］王維「能禅師碑」：陳鉄民校注『王維集校注』（中国古典文学基本叢書）三、中華書局、一九九七年。

（2）『曹渓大師伝』（卍続蔵所収本では『曹渓大師別伝』と題す）：石井修道「『曹渓大師伝』考」（『駒澤大学仏教学部研究紀要』四六、一九八八年）所収の石井氏校訂本。引用には頁数を付す。

（3）『南陽和上頓教解脱禅門直了性壇語』（『壇語』）：唐代語録研究班『神会の語録 壇語』（禅文化研究所、二〇〇六年）。引用には段落番号を付す。

（4）『菩提達摩南宗定是非論』（『定是非論』）：鄧文寛・栄新江『敦博本禅籍録校（敦煌文献分類録校叢刊）』（江蘇古籍出版社、一九九八年）。引用には、鄧・栄氏校本に付された原本頁数（冊子体である敦博七七、ペリオ三〇四七の頁数）を付す。

（5）『南陽和尚問答雑徴義』（『雑徴義』）：楊曽文『神会和尚禅話録（中国仏教典籍叢刊）』（中華書局、一九九六年）。楊氏校本はロンドン（スタイン）本、石井本、パリ（ペリオ）本の三種を収録しそれぞれに段落番号をつけており、引用ではその番号を付す。

（6）［唐］杜朏『伝法宝紀』：柳田聖山訳注『初期の禅史Ⅰ　禅の語録2』（筑摩書房、一九七一年）。引用には頁数を付す。

敦煌本『六祖壇経』

337a

【首題訓読】

南宗頓教《なんしゅうとんぎょう》 最上《さいじょう》 大乗《だいじょう》摩訶《まか》波若《はんにゃ》波羅蜜経《はらみつきょう》[1]
六祖《ろくそ》恵能《えのう》大師《だいし》[2] 韶州《しょうしゅう》[3] 大梵寺《だいぼんじ》[4]に於いて法を施せる壇経《だんきょう》[5]一巻
兼ねて無相戒《むそうかい》を受くる弘法《ぐほう》の弟子[6]法海《ほっかい》[7] 集記す

【一】説法の発端

恵能大師 大梵寺講堂中に於いて高座に昇り、[8]摩訶般若波羅蜜の法を説き、無相戒を授《さず》く。其《そ》の時 座下《ざか》の僧尼《そうに》道俗《どうぞく》一万餘人、韶州刺史《しし》・韋拠《いきょ》[9]及び諸官寮《かんりょう》三十餘人、[10]儒士？・餘人、[11]同じく大師に摩訶般若波羅蜜の法を説くことを請《こ》う。刺史 遂に門人僧法海をして集記し、後代に流行《るぎょう》せしむ。[12]学道者の与《た》めに、此《こ》の宗旨《しゅうし》を承《う》くるに、逓相《たが》いに伝授し、依約《えやく》する所有り、以って稟承《ひんじょう》と為さしめんと、此の『壇経』を説く。[13]

【二】『金剛経』を聞いて開悟する

能大師《のうだいし》　言う、「善知識《ぜんちしき》、[14]心を浄《きよ》め摩訶般若波羅蜜《まかはんにゃはらみつ》の法を念ぜよ」と。大師　語らず、自《みずか》ら心神《しんじん》[15]を浄め、良久《りょうきゅう》して[16]乃《すなわ》ち言えらく、「善知識、静聴《じょうちょう》せよ。恵能《えのう》[17]の慈父は本《も》と范陽《はんよう》[18]に官たり、左降《さごう》せられて嶺南《れいなん》[19]新州《しんしゅう》[20]の百姓《ひゃくせい》に遷流《せんる》す。[21]恵能幼少なるに、父　亦《ま》た早《つと》に亡《し》し、老母　孤遺《こい》[22]移りて南海《なんかい》に来《きた》り、[23]艱辛貧乏《かんしんひんぼう》し、市《いち》に於いて柴《しば》を売る。[24]忽《たま》ま一客の柴を買う有り、遂に恵能を領《ひ》きて官店[25]に至る。客　柴を将《も》ち去り、恵能　銭を得、門前に却《しりぞ》くに、[26]忽ま一客の『金剛経』[27]を読むに見《あ》う。恵能　一たび聞きて、心　明らかに便《すなわ》ち悟り、[28]乃ち客に問うて曰《い》わく、〈何処《いずこよ》従り来《きた》りて、此《こ》の経典を持《じ》すや〉[29]と。客　答えて曰わく、〈我　蘄州《きしゅう》[30]黄梅県《おうばいけん》[31]東の馮墓山《ひょうぼさん》に於いて、[32]五祖弘忍《ごそこうにん》和尚[33]を礼拝《らいはい》す、見今《いま》彼《かし》こに在《あ》り、門人　千餘衆《しゅ》有り。我　彼こに於いて、大師　道俗《どうぞく》に、但《た》だ『金剛経』一巻を持せば、即ち見性《けんしょう》するを得《え》、[34]直《じき》に成仏を了《りょう》ぜんと勧《すす》[35]むるを聴見す〉[36]と。[37]恵能　聞説せるは、[38]宿業《しゅくごう》に縁有り、便即《すなわ》ち親を辞《じ》し、黄梅馮墓山に往《ゆ》き、五祖弘忍和尚を礼拝す。[39]

【三】弘忍に参ずる

弘忍和尚　恵能に問うて曰わく、〈汝《なんじ》　何方《いずこ》の人にして、此の山に来りて吾《われ》を礼拝するや。汝　今　吾が辺《ところ》に向《お》いて、復《は》た何物《なに》を求むるや〉[40]と。恵能　答えて曰わく、〈弟子《それがし》は是《こ》れ嶺南の人、新州の百姓なり。今　故《ことさ》らに遠来《おんらい》し、和尚を337b礼拝せるは、餘物《よもつ》を求めず、唯《た》だ仏法を作《な》すを求む〉と。[41]大師　遂に恵能を責めて曰わく、[42]〈汝は是れ領南の人、又た是れ獦獠《かつろう》なり。[43]若為《なんす》れぞ仏法を作すに堪《た》えん〉[44]と。恵能　答えて曰わく、〈人は即ち南北有るも、仏性は即ち南北無し。[45]獦獠の身は和尚と同じからざるも、仏性に何の差別《しゃべつ》か有らん〉[46]と。大師　更に共に議《ぎ》せんと欲するも、左右の傍辺に在るを見、[47]大師 更に言わず、[48]遂に恵能を発遣《はっけん》し、[49]衆に随いて作務《さむ》せしむ。[50]時に一行者《あんじゃ》有り、[51]遂に恵能を碓坊《たいぼう》に着かしめ、[52]碓《うす》を踏むこと八个《はっか》餘月《よげつ》なり。[53]

【四】弘忍、後継者を求める

五祖 忽《たまた》ま一日に於いて、門人を喚《よ》びて尽《ことごと》く来《きた》らしむ。門人 集り訖《おわ》るに、[54]五祖 曰わく、〈吾 汝に向かいて説かん、世人 生死《しょうじ》は事《こと》大なり、汝等《なんじら》門人 終日供養し、只《た》だ福田《ふくでん》を求むるのみ、[55]生死の苦海を出離するを求めず。汝等 自性《じしょう》迷わば、福門 何ぞ汝を救うべけんや。[56]汝ら惣《すべ》て且《しば》らく房に帰り自ら看《み》よ、知恵有る者は、自ら本性般若の知に取り、各《おのおの》の一偈《げ》を作り吾に呈《てい》せよ。吾 汝の偈を看《み》、若《も》し大意《だいい》を悟らば、[57]汝に衣法《えほう》を付《さず》け、稟《う》けて六代と為さん。火急に作《な》せ[58]〉と。

【五】門人たちの期待

門人 処分を得、[59]却《しりぞ》き来《きた》りて各の自房に至り、遞相《たが》いに謂《い》いて言わく、〈我等は心を呈し意を用いて偈を作り、将《も》って和尚に呈するを須《もち》いず。神秀上座《じんしゅうじょうざ》は[60]是れ教授師《きょうじゅし》[61]なれば、[62]秀上座の法を得し後、自《おの》ずから依止《えし》す可《べ》けん。[63]請《こ》う、作るを用いざれ〉と。諸人 心を識《し》り、尽く敢えて偈を呈せず。[64]大師の堂前に三間の房廊有り、此の廊の下《もと》に於いて供養し、[65]楞伽変《りょうがへん》を画《えが》き、幷《なら》びに五祖大師の法を伝授せるを画き、[66]後代に流行《るぎょう》せしめ記《き》と為さんと欲す。[67]画人・盧玲《ろれい》[68]壁を[69]看了《みおわ》り、[70]明日に手を下さんとす。

【六】神秀の偈

上座《じょうざ》神秀《じんしゅう》 思惟《しゆい》すらく、〈諸人 心偈《しんげ》を呈《てい》せざるは、我の教授師《きょうじゅし》為《た》るに縁《よ》る。我 若《も》し心偈を呈せずんば、五祖 如何《いかん》が我が心中の見解《けんげ》の深浅を見るを得ん。我 心偈を将《も》って五祖に上《たてまつ》り意を呈するは、即ち法を求むるに善きも、祖を覓《もと》むるは善からず、却《かえ》って凡心に同じく、其《そ》の聖位《しょうい》を奪う。[71] 若し心を呈せずんば、終《つい》に法を得ず〉と。[72] 良久《しばし》思惟すらく、〈甚《はなは》だ難《かた》し、甚だ難し〉と。夜 三更《さんこう》に至りて、[73] 人をして見せしめず、遂に南廊下中間の壁上に向《お》いて、題して呈心偈を作り、[74] 衣法《えほう》を求めんと欲す。〈若し五祖 偈を見、此《こ》の偈 悟れりと言い、[75] 若し訪れて我を覓《もと》めば、我 和尚に見《まみ》え、即ち〝是れ秀の作なり〟と云《い》わん。[76] 五祖 偈を見て堪《た》えずと言わば、自《もと》より是れ我迷い、宿業《しゅくごう》の障《さまた》げ重ければ、合《まさ》に法を得《う》べからず。聖意《しょうい》測り難し、我が心は自《おの》ずから息《や》まん〉。[77] 秀上座 三更に南廊の下《もと》中間の壁上に於いて、燭《しょく》を乗《と》り題して偈を作るも、[78] 人 尽《ことごと》く知らず。偈に曰《い》わく、

身は是れ菩提樹《ぼだいじゅ》、心は明鏡《めいきょう》の臺《うてな》の如し。時時《じじ》に勤めて払拭《ほっしき》し、塵埃《じんあい》有らしむる莫《なか》れ。[79]

337c

【七】神秀の苦悩

神秀上座 此の偈を題し畢《おわ》り、房臥《ふしど》に却《しりぞ》きて帰るに、[80] 並びに人の見る無し。[81] 五祖 平旦《よあけ》に、[82] 遂に盧供奉《ろきょうほう》を喚《よ》び、南廊の下《もと》に来《きた》らしめ、楞伽変《りょうがへん》を画《えが》かしむるも、五祖 忽《たまた》ま此の偈を見て記《しる》すを請い、[83] 乃《すなわ》ち供奉に謂《い》いて曰わく、〈弘忍《こうにん》[84] 供奉に銭三十千を与え、深く遠来《おんらい》を労《ねぎら》う。変相を画かざるなり。[85]『金剛経』に云う、〝凡《およ》そ所有《あらゆ》る相は、皆な是れ虚妄《こもう》なり〟と。[86] 此の偈を留め、迷人《めいにん》をして誦《とな》えしむるには如《し》かず。此れに依りて修行すれば、三悪に堕ちず。[87] 法に依りて修行せば、大いなる利益《りやく》有らん〉[88] と。大師 遂に門人を喚び尽く来らしめ、香を偈の前に焚《た》くに、衆人《しゅにん》 見已《おわ》りて、皆な敬心《きょうしん》

を生ず。〈汝等《なんじら》 尽く此の偈を誦えて、方《はじ》めて見性《けんしょう》を得ん。此れに依りて修行すれば、即ち堕落せざらん〉。門人 尽く誦え、皆な敬心を生じ、喚びて〈善いかな〉と言う。五祖 遂に秀上座を堂内に喚びて問う、〈是れ汝の偈を作れるや否《いな》や。若し是れ汝の作ならば、応《まさ》に我が法を得べし〉と。秀上座 言う、〈罪過なり[89]、実《まこと》に是れ神秀《じんしゅう》の作。敢えて祖を求めず[90]、願わくは和尚 慈悲もて看《み》よ、弟子《それがし》 少しき智恵有りて、大意《だいい》を識《し》るや否やを〉と。五祖 曰わく、〈汝 此の偈を作るは、見解《けんげ》 只《た》だ門前に到るのみにして、尚お未だ入《い》るを得ず。凡夫《ぼんぶ》 此の偈に依りて修行すれば、即ち堕落せざるも、此の見解を作《な》して、若し无上菩提《むじょうぼだい》を覓《もと》めば、即ち得可《うべ》からず。門に入り得んと要《ほっ》すれば、自《みずか》らの本性を見よ。汝 且《しば》らく去れ、一両日思惟し、更に一偈を作り来りて吾《われ》に呈せよ。若し門に入り得、自らの本性を見ば[91]、当《まさ》に汝に衣法を付《さず》くべし〉と。秀上座 去り、数日なるも偈を作り得ず。

【八】恵能の偈

338a

一童子有り、碓坊《たいぼう》の辺《ところ》に於いて過《よ》ぎり、此の偈を唱誦《しょうじゅ》す[92]。恵能《えのう》 一聞《いちもん》するに及びて、未だ見性せざるを知り、即ち大意《だいい》を識る。能[93] 童子に問う、〈適来《さきほど》 誦えしは、是れ何の偈を言うや[94]〉と。童子 能に答えて曰わく、〈你《なんじ》 知らざるや、大師 言う、〝生死《しょうじ》は事《こと》大なり、衣法を伝えんと欲す。門人等をして、各《おのおの》一偈を作り来りて吾に呈し看せしめん。[95] 大意を悟らば[96]、即ち衣法を付《さず》け、稟《う》けて六代の祖と為さしめん〟と。一上座の神秀と名づくる有り、忽《たま》ま南廊の下《もと》に於いて〝无相偈《むそうげ》〟一首を書し、五祖 諸《もろもろ》の門人をして尽く誦えしむ。〝此の偈を悟らば、即ち自性《じしょう》を見、此れに依りて修行せば、即ち出離を得ん〟と〉[97]。恵能 答えて曰わく、〈我 此《こ》こに碓《うす》を踏みて八箇餘月、未だ堂前に至らず。望むらくは上人《しょうにん》 恵能を引きて南廊の下に至り、此の偈を見て礼拝《らいはい》せしめよ。亦《ま》た願わくは誦取《じゅしゅ》して来生《らいしょう》の縁を結び[98]、仏地《ぶっち》に生ずるを願わん〉[99]と。童子 能を引きて南廊に至り、能 即ち此の偈を礼拝し、字を識らざるが為めに、一人に請いて読ましむ。恵能《えのう》聞き已《おわ》りて、即ち大意《だいい》を識《し》る。恵能も亦《ま》た一偈《げ》を作り、又た一の解《よ》く書く人に請《こ》い得て、[100] 西間の壁上に於いて題着《だいちゃく》し、[101] 自《みずか》らの本心を呈《てい》す。[102] 本心を識らざれば、[103] 法を学ぶも益《やく》無し。心を識り性《しょう》を見れば、[104] 即ち大意を悟る。[105] 恵能の偈に曰《い》わく、

　菩提《ぼだい》は本《もと》より樹《き》无《な》し、明鏡《めいきょう》も亦た臺《うてな》无し。仏性は常に清浄《しょうじょう》、何処《いずく》にか塵埃《じんあい》有らん。[106]

又た偈に曰わく、

　心は是れ菩提樹、身は明鏡の臺為《た》り。明鏡は本より清浄、何処にか塵埃に染まらん。[107]

院内の徒衆《としゅ》は能の此《こ》の偈を作るを見て尽《ことごと》く怪《あや》しみ、恵能は却《しりぞ》きて碓坊《たいぼう》に入《い》る。五祖 忽《たま》ま廊下に来《きた》りて恵能の偈を見、即ち大意を識るを知るも、衆人《しゅにん》の知るを恐れ、五祖 乃《すなわ》ち衆人に謂《い》いて曰わく、〈此れ亦た未だ得了せず〉と。

【九】恵能、六祖となる

五祖 夜三更《さんこう》に至り、恵能を堂内に喚《よ》び、『金剛経』を説く。恵能 一たび聞き、言下《ごんか》に便《すなわ》ち悟る。[108] 其《そ》の夜 法を受くるは、人 尽く知らず、便ち頓教《とんぎょう》[109] 及び衣を伝え、以って六代の祖と為す。衣を将《も》って信と為し、[110] 稟《う》けて代代法を相《あ》い伝え、心を以って心を伝え、[111] 当《まさ》に自ら悟らしむ。五祖 恵能に言う、〈古《いにしえ》自り法を伝うるは、[112] 気 懸絲《けんし》[113] の如し。[114] 若《も》し此間《ここ》に住《じゅう》せば、人の汝《なんじ》を害すること有らん、即ち須《すべか》らく速やかに去るべし〉[115] と。

【一〇】弘忍との別れ

能 衣法《えほう》を得、三更に発去《ほっこ》す。五祖 自ら能を送り、九江駅《きゅうこうえき》に至りて、[116] 登時《ただち》に便ち別る。[117] 五祖 処分すらく、〈汝 去《ゆ》

きて努力し、法を将《も》ちて南に向かえ。三年 弘《ひろ》むる勿《なか》れ、此の法に難 起こらん。[118] 後に在《あ》りて化《け》を弘め、迷人《めいにん》を善く誘《いざな》え。若し心 開くを得《え》ば、吾《われ》と別无《な》し〉[119] と。辞違《いとまごい》すること已《すで》に了《おわ》り、[120] 便ち発《はっ》して南に向かえり。[121]

【一一】恵順の開悟

両月《ふたつき》の中間《あいだ》に、大庾嶺《だいゆれい》に至る。[122] 不知《おもわざり》き、後に向《お》いて数百人の来《きた》る有り、恵能《えのう》を捉えて衣法を奪わんと欲《ほっ》擬す。[123] 半路に来至して、尽惣《ことごと》く却迴《かえ》るも、[124] 唯《た》だ一僧有り、姓は陳《ちん》、名は恵順《えじゅん》、[125] 先には是れ三品《さんぴん》将軍にして[126] 性行麁悪《そあく》、直《じき》に嶺上に到り来りて趁《お》い把着《とら》う。[127] 恵能は即ち法衣《ほうえ》を還《かえ》すも、又た取るを肯《がえ》んぜず。〈我 故《ことさ》らに遠来《おんらい》して法を求む、其の衣を要《ほっ》せず〉と。能 嶺上に於いて便ち法を恵順に伝え、[128] 恵順 聞くを得、言下に心 開く。能 恵順をして即ち却《しりぞ》きて北に向かい人を化せしむ。[129]

【一二】説法のはじまり

338b 恵能 此の地に来るは、諸官寮道俗《かんりょうどうぞく》と、亦た累劫《るいごう》の因有り。[130] 教は是れ先聖《せんしょう》の伝うる所、是れ恵能 自ら知るにはあらず。[131] 願わくは先聖の教を聞く者、各《おのおの》須《すべか》らく心を浄《きよ》めて聞き了《お》えるべし。願わくは自ら迷を除きて、先代の如くに悟らん」と。［下は是れ法］ 恵能大師 喚びて言わく、「善知識《ぜんちしき》よ、菩提般若の智は、世人 本自《もとよ》り之《こ》れを有するも、即ち心の迷えるに縁《よ》り、自ら悟る能《あた》わず。須らく大善知識の道を示し性を見せしむるを求むべし。[132] 善知識よ、愚人も智人も、仏性は本《もと》より亦た差別《しゃべつ》無く、[133] 只《た》だ迷悟に縁《よ》る。迷えば即ち愚と為り、悟れば即ち智と成《な》る。[134]

【一三】 禅定と智慧は等しい

善知識《ぜんちしき》よ、我が此《こ》の法門は、定恵《じょうえ》を以って本と為す。第一《ゆめゆ》め迷いて恵定別なりと言う勿《なか》れ。[135] 恵定は体《たい》一にして二ならず、[136] 即定は是《こ》れ恵の体、[137] 即恵は是れ定の用《ゆう》。即恵の時、定は恵に在《あ》り。即定の時、恵は定に在り。善知識よ、此の義 即ち是れ定恵[138]等《ひと》し。[139] 道を学ぶの人、作意《こころし》て[140]定を先にして恵を発《はっ》し、恵を先にして定を発し、定恵各《おのお》の別なりと言う莫《なか》れ。[141] 此の見《けん》を作《な》さば、法に二相有り、口に善を説くも、心は善ならず、恵定等しからず。[142] 心口《しんく》 倶に善、内外《ないげ》一種、[143] 定恵即ち等しく、自《みずか》ら悟りて修行し、口諍《くじょう》に在らず。若し先後を諍《いさか》わば、[144] 即ち是れ迷人《めいにん》、勝負を断たず、[145] 却《かえ》って法我を生じ、[146] 四相を離れず。[147]

【一四】 一行三昧

一行三昧《いちぎょうざんまい》とは、[148] 一切時中、行住坐臥《ぎょうじゅうざが》に於いて、常に直心《じきしん》を行うこと是れなり。[149]『浄名経《じょうみょうきょう》』に云《い》う、〈直心 是れ道場、直心 是れ浄土〉[150] と。[151] 心に諂曲《てんごく》を行い、[152] 口に法の直を説く莫《なか》れ。口に一行三昧を説き、直心を行わざるは、仏弟子に非ず。但《た》だ直心を行い、[153] 一切法の上に於いて、執著有ること无《な》くんば、一行三昧と名づく。迷人 法相《ほっそう》に着《ちゃく》し、一行三昧に執《しゅう》すらく、直心もて坐して動かず、妄を除き心を起こさざる、即ち是れ一行三昧、と。[154] 若《も》し是《か》くの如くんば、此の法 無情に同じ、却って是れ道を障《さ》うる因縁。[155] 道は須《すべか》らく通流《つうる》すべし、[156] 何を以って却って滞《とどこお》らん。心 住《じゅう》せざれば即ち通流し、[157] 住すれば即ち縛《ばく》せらる。[158] 若し坐して動かざるが是《ぜ》ならば、維摩詰《ゆいまきつ》 合《まさ》に舎利弗《しゃりほつ》の林中に宴座《えんざ》するを呵《か》すべからず。[159] 善知識よ、又た人有りて人をして坐し、心を看《み》 浄を看、動かず起こさず、此こに従《お》いて功《こう》を置かしむるを見る。[160] 迷人 悟らず、便《すなわ》ち執らわれて顛倒《てんどう》を成すこと、即ち数百般《ばん》有り、此《か》くの如く道を教うる者は、故《もと》より大いなる錯《あやま》りなるを知る。

【一五】灯火と光明の喩え

善知識《ぜんちしき》よ、定恵は猶《な》お何の如くにか等し[161]、灯光の如し。灯有れば即ち光有り、灯无くんば即ち光无し、灯は是れ光の体、光は是れ灯の用。名は即ち二有るも、体に両般《りょうはん》無し[162]、此の定恵の法も亦《ま》た復《ま》た是《か》くの如し[163]。

338c

【一六】法そのものに頓・漸の別は無い

善知識よ、法に頓漸《とんぜん》無く、人に利鈍《りどん》有り、迷えば即ち漸《ようや》く勧め[164]、悟れる人は頓《とみ》に修《しゅ》す。自《みずか》らの本心を識《し》るは、是れ本性を見るなり。悟れば即ち元《もと》より差別《しゃべつ》無く、悟らざれば即ち長劫《ちょうごう》に輪廻《りんね》す[165]。

【一七】わが法門の要諦――「無念」「無住」「無相」

善知識よ、我自《わ》が法門は、上従《かみよ》り已来《このかた》、頓漸皆な〈无念《むねん》〉を立てて宗《しゅう》と為し、〈无相《むそう》〉を体と為し、〈无住《むじゅう》〉を本と為す[166]。何をか名づけて〈相〉と為すや、〈无相〉は相に於いて而《しか》も相を離るるなり[167]。〈无念〉とは念に於いて而も念ぜず。〈无住〉とは、人の本性、念念不住為《た》り[168]。前念今念後念[169]、念念相続して、断絶すること有る無し。若し一念断絶せば、法身《ほっしん》即ち色身《しきしん》を離る[170]。念念時中に、一切法の上に於いて、一念に住する无かれ。若し念に住せば、念即ち住し、繋縛《けばく》と名づく。一切法の上に於いて念念住せざれば即ち縛无ければ、〈无住〉を以って本と為す。

善知識《ぜんちしき》よ、外に一切相を離れよ、但《た》だ能《よ》く相を離れ、性体《しょうたい》清浄《しょうじょう》なれば、是《こ》れ〈无相《むそう》〉を以って体と為すなり。一切境の上に於いて染まらざるを、名づけて〈无念《むねん》〉と為す。自念の上に於いて境を離るれば、法上に於いて念生ぜず。[171]百物《ひゃくもつ》思わず、念尽《ことごと》く除却《じょきゃく》する莫《なか》れ。一念断ずれば即ち无、別処に生を受く。[172]道を学ぶ者、用心《こころし》て法意を識《し》らざる莫れ。[173]自《みずか》ら錯《あや》まるは尚《な》お可なれども、更に他人に勧むるは、迷いて自らは迷いを見ず、又た経法を謗《そし》るなり。是《こ》こを以って〈无念〉を立てて宗《しゅう》と為す。即ち迷人《めいにん》境上に於いて念有るに縁《よ》りて、念上に便《すなわ》ち起《た》ちて見《けん》を取る、一切の塵《じん》労妄念《ろうもうねん》は此《こ》れに従《よ》りて生ず。然《しか》らば此の教門は、〈无念〉を立てて宗と為す。世人境を離るれば、念を起こさず。若《も》し念有る无《な》くんば、〈无念〉も亦《ま》た立たず。〈无〉とは何事か无からん、〈念〉とは何物《なん》ぞ。无とは二相の諸《もろもろ》の塵労を離る。真如は是れ念の体、念は是れ真如の用《ゆう》。性念を起こさば、即ち見聞覚知《けんもんかくち》すると雖《いえど》も、万境《ばんきょう》に染まらずして常に自在なり。[174]『維摩経《ゆいまきょう》』に云《い》う、〈外に能《よ》く善く諸法の相を分別し、内に第一義に於いて動かず[175]〉と。

【一八】あらゆる執着を離れよ

339a 善知識よ、此の法門中の座禅は、元《もと》より心を看《み》ず、亦た浄を看ず、[176]亦た動を言わず。若《も》し心を看《み》れば、心は元より是《こ》れ妄、妄にして幻の如きが故に、看る所无きなり。若し浄を看ると言わば、人の性は本《もと》より浄、妄念の為めの故に、[177]真如を蓋覆《がいふく》するなり。[178]妄念を離るれば本性浄《きよ》きに、自性《じしょう》の本より浄きを見ず、心を起こして浄を看、却《かえ》って浄妄を生ず。[179]妄に処所无し、故に看とは、看は却って是れ妄なるを知る。浄に形相《ぎょうそう》无きも、却って浄相を立て、是れ功夫《くふう》なりと言う、此の見を作す者は、自らの本性を障《さまた》げ、却って浄に縛《しば》らる。[180]若し動かずんば、一切人の過患《かげん》を見るも、是の性は動かず。迷人自身は動かざるも、口を開かば即ち人の是非を説き、[181]道と違背《いはい》す。心を看浄を看るは、却って是れ道を障《さ》うる因縁なり。[182]

【一九】坐禅とは何か

今 記《しる》すこと是《か》くの如し、此の法門中、何をか〈座禅〉と名づく。[183] 此の法門中、一切に礙《さまた》げ无く、外 一切 境界《きょうがい》の上に於いて、念 起こらざるを〈座〉と為し、本性 乱れざるを見るを〈禅〉と為す。[184] 何をか名づけて〈禅定《ぜんじょう》〉と為すや、外に相を離るるを〈禅〉と曰《い》い、内に乱れざるを〈定〉と曰う。外に若し相有るも、内に性 乱れず、本性 自《もと》より浄《きよ》きを〈定〉と曰う。[185] 只《た》だ境 触《ふ》るるに縁《よ》り、触るれば即ち乱る、[186] 相を離れて乱れざれば即ち〈定〉なり。[187] 外に相を離るれば即ち〈禅〉、内外《ないげ》 乱れざれば即ち〈定〉、外に〈禅〉内に〈定〉、故に〈禅定〉と名づく。『維摩経』に云う、〈即時に豁然《かつねん》として、本心に還得《げんとく》す〉と。[188]『菩薩戒』に云う、〈本原の自性は清浄なり〉と。[189] 善知識《ぜんちしき》よ、自性の自《もと》より浄きを見、自性法身《じしょうほっしん》を自ら修め自ら作《な》し、自ら仏行を行い、自ら仏道を成《じょう》ずるを作せ。[190]

【二〇】無相戒の授与（一）――三身仏に帰依す

善知識よ、惣《すべ》て須《すべか》らく自ら聴くべし、与《た》めに无相戒を授[191]けん。[192] 一時に恵能《えのう》を逐《お》いて口に道《い》え、[193] 善知識をして自らの三身を見せしめん。

〈自らの色身《しきしん》に、清浄法身仏に帰依《きえ》す、自らの色身に於いて、千百億化身仏《けしんぶつ》に帰依す、自らの色身に於いて、当来円満報身仏《ほうじんぶつ》に帰依す〉[194]［已上 三唱す］[195]。

色身は是れ舎宅《しゃたく》、帰を言うべからず。[196] 向者《さき》の三身は自《もと》より法性《ほっしょう》に在《あ》り、世人 尽《ことごと》く有するも、迷いの為めに見ず、[197] 外に三世《さんぜ》の如来を覔《もと》め、[198] 自らの色身中の三世仏を見ず。[199] 善知識よ、聴け、善知識の与めに説き、善知識をして、自らの色身《しきしん》に於いて、自《みずか》らの法性《ほっしょう》に三世仏《さんぜぶつ》有るを見せしめん。
此《こ》の三身仏は自性《じしょう》の上に従《お》いて生ず。何をか清浄《しょうじょう》　法身仏《ほっしんぶつ》と名づけん。[200] 善知識《ぜんちしき》よ、世人の性は本自《もとよ》り浄《きよ》く、万法の自性なり。[201] 一切の悪事を思惟《しゆい》するに在《あ》れば、即ち悪行を行い、一切の善事を思量《しりょう》せば、便《すなわ》ち善行を修む。是《か》くの如き一切法、尽《ことごと》く自性の常に清浄なるに在るを知れ。日月《にちがつ》は常に明らかにして、只《た》だ雲に覆蓋《ふくがい》せられ、上は明らかなるも下は暗く、日月星辰《にちがつせいしん》を了見する能《あた》わず、忽《たまた》ま恵風の吹散《すいさん》し、雲霧を巻尽《けんじん》するに遇えば、万像参羅《ばんしょうしんら》、一時に皆な現る。世人の性　浄らかなるも、猶《な》お清天の如し。恵は日の如く、智は月の如く、智恵は常に明らかなるも、外に於いて境を看《み》れば、妄念《もうねん》の浮雲、自性を蓋覆《がいふく》し、明らかなること能わず。故に善知識の真正の法を開き、迷妄を吹却するに遇
339b
えば、内外明徹《ないげめいてつ》し、自性の中に於いて、万法　皆な現る。[202] 一切法の自性に在るを、名づけて清浄法身と為す。自ら帰《き》依《え》すとは、不善なる心　及び不善なる行を除くを、是《こ》れ帰依と名づく。
何をか名づけて千百億化身仏《けしんぶつ》と為すや。思量せざれば、性　即ち空寂《くうじゃく》、思量せば即ち是れ自ら化《け》す。悪法を思量せば、化して地獄と為り、善法を思量せば、化して天堂と為る。毒害　化して畜生と為り、慈悲　化して菩薩と為り、智恵　化して上界と為り、愚痴　化して下方と為る。[203]
自性　変化《へんげ》すること甚《はなは》だ多く、迷人《めいにん》　自ら知らず。一念の善を見れば、智恵　即ち生ず。一灯　能《よ》く千年の闇を除き、一智　能く万年の愚を滅す。向前《さき》を思う莫《な》く、常に後を思い、[204] 常に後念　善なるを、名づけて報身《ほうじん》と為す。一念の悪報、千年の善心を却《しりぞ》け、一念の善報、千年の悪滅を却く。无常《むじょう》　已《すで》に来《きた》りて、後念の善なるを、[205] 名づけて報身と為す。
法身に従《お》いて思量するは、即ち是れ化身。念念善なるは、即ち是れ報身。自ら悟り自ら修むるを、即ち帰依と名づくるなり。皮肉は是れ色身舎宅《しゃたく》、帰には在らざるなり。但《た》だ三身を悟らば、即ち大意《だいい》を識《し》らん。[206]

【二一】無相戒の授与（二）――四弘大願を発す

今　既に自ら三身仏に帰依し已《おわ》れば、善知《ぜんち》識《しき》と与《とも》に四弘大願《しぐだいがん》を発《ほっ》せん。善知識、一時に恵能《えのう》を逐《お》いて道《い》え。〈衆生は无辺《むへん》なれども誓願して度《すく》わん、煩悩は无辺なれども誓願して断たん。法門は无辺なれども誓願して学ばん、无上の仏道は誓願して成《な》さん〉207［三唱す］208。

善知識よ、〈衆生は无辺なれども誓願して度わん〉とは、是れ恵能の度《すく》うにはあらず。善知識の心中の衆生、各の《おのおの》自身に於いて、自性もて自ら度う209。何をか自性もて自ら度うと名づく210、自らの色身中の邪見煩悩《じゃけんぼんのう》・愚痴迷妄《ぐちめいもう》に、自《もと》より本覚《ほんがく》の性有り211、只だ本覚の性、正見《しょうけん》を将《も》って度わんとす212。既に正見般若の智を悟り、愚痴迷妄を除却《じょきゃく》せば、衆生各各《おのおの》の自ら度う213。迷い来らば悟もて度い、愚　来らば智もて度い、悪　来らば善もて度い、煩悩　来らば菩提《ぼだい》もて度う、是《か》くの如く度う者を、是れ真の度《ど》と名づく。

〈煩悩は无辺なれども誓願して断たん〉とは、自心に虚妄《こもう》を除く。〈法門は无辺なれども誓願して学ばん〉とは、无上の正法《しょうぼう》を学ぶ。〈无上の仏道は誓願して成さん〉とは、常に心行を下らしめ214、一切を恭敬《くぎょう》し、迷執《めいしゅう》を遠離《おんり》し、覚知に般若を生じ215、迷妄を除却せば即ち自ら悟り　仏道　成る。誓願の力を行うなり216。

【二二】無相戒の授与（三）――無相の懺悔

今　既に四弘誓願《しぐせいがん》を発すれば217、善知識の与《た》めに无相懺悔《むそうさんげ》三世《さんぜ》罪障《ざいしょう》を説かん218」と。

大師　言わく、「善知識よ、前念後念及び今念、念　愚迷に染められず、従前の悪行　一時に自性に若《も》し除かれば、即

339c ち是れ懺悔219。前念後念及び今念、念念　愚痴に染められず220、従前の嬌雑心《きょうざつしん》を除却して永く断つを221、名づけて自性懺と

為す。[222] 前念後念及び今念、念念 疽《そ》疫《やく》に染められず、[223] 従前の疾垢《しっく》心《しん》を除却《じょきゃく》し、[224] 自《じ》性《しょう》に若《も》し除かれば、即ち是れ懺なり。

[已上 三唱す]。

善知《ぜんち》識《しき》よ、何か懺悔《さんげ》と名づくる者なるや、終身 悔を作《な》さざる者、前非悪業を知るも、恒《つね》に心を離れざれば、諸仏の前に口説《くせつ》するも益无《やくな》し。我が此《こ》の法門中、永く断ちて作《おこ》さざるを、名づけて懺悔と為す。[225]

【二三】無相戒の授与（四）——無相三帰依戒を授ける

今 既に懺悔し已《おわ》れば、善知識の与《た》めに无相三帰依戒《むそうさんきえかい》[226]を授けん」[227]と。

大師 言わく、「善知識よ、覚なる両足尊に帰依し、[228] 正《しょう》なる離欲尊に帰依し、[229] 浄なる衆中尊《しゅちゅうそん》に帰依せよ。[230] 今従《よ》り已後《いご》、仏を称して師と為し、更に邪迷外道に帰依せず。願わくは自《みずか》らの三宝《さんぼう》、慈悲もて証明せよ。[231] 善知識よ、恵能《えのう》 善知識に、身《みずか》らの三宝に帰依するを勧む。仏とは覚なり、法とは正なり、僧とは浄なり。自心 覚に帰依し、邪迷 生ぜず、欲少なく足るを知り、[232] 財を離れ色《しき》を離るるを、両足尊と名づく。自心 正に帰依し、念念に邪无きが故に、即ち愛《あい》着《じゃく》无く、愛着无きを以って、離欲尊と名づく。自心 浄に帰依し、一切の塵労妄念《じんろうもうねん》 自性に在《あ》りと雖《いえど》も、自性 染着《ぜんじゃく》せざるを、衆中尊と名づく。凡夫《ぼんぶ》 解《よ》く日従《よ》り日に至るまで、三帰依戒を受けよ。[233] 若し仏に帰すと言わば、仏は何処《いずこ》に在るや。若し仏を見ずんば、即ち帰する所无し。既に帰する所无くんば、言うも却《かえ》って是《こ》れ妄なり。善知識よ、各《おのおの》の自ら観察し、錯《あやま》りて意を用いること莫《なか》れ。経中には只《た》だ即ち自ら仏に帰依すと言うのみ、[234] 他仏に帰依すとは言わず、[235] 自性 帰せざれば処《よ》る所无し。

【二四】摩訶般若波羅蜜の説法（一）——「摩訶」とは何か

今 既に自ら三宝に帰依すれば、惣《すべ》て各各《おのおの》の至心もてせよ、善知識の与《た》めに摩訶般若波羅蜜《まかはんにゃはらみつ》の法を説かん。[236] 善知識よ、念じて解《げ》せずと雖も、恵能《えのう》 与めに説かん、[237] 各各の聴け。摩訶般若波羅蜜とは、西国の梵語、唐には大智恵彼岸到と言う。[238] 此の法は須《すべか》らく行ずべくして、口に念ずるには在らず。[239] 口に念じて行ぜざれば、幻化《げんけ》の如し。[240] 修行せば、[241] 法身《ほっしん》 仏と等しきなり。[242] 何をか摩訶と名づく。摩訶とは是れ大にして、[243] 心量 広大なること、[244] 由《な》お虚空の如きも、定心《じょうしん》もて坐する莫れ、[245] 即ち无記《むき》に落ちん。[246] 空《くう》 能《よ》く日月星辰《にちがつせいしん》、大地《だいち》山河《せんが》、[247] 一切草木《いっさいそうもく》を含み、悪人善人、悪法善法、天堂地獄、尽《ことごと》く空中に在り。世人の性 空なるも、亦《ま》た復《ま》た是《か》くの如し。[248]

【二五】摩訶般若波羅蜜の説法（二）——本性は万法を含む

340a
性 万法を含むは是れ大なり。万法 尽く是れ性にして、一切の人及び非人、悪と善と、悪法善法を見るに、尽く皆な捨てず、染着すべからざること、由《な》お虚空の如きを、[249] 之《こ》れを名づけて大と為す。[250] 此れは是れ摩訶の行、迷人《めいにん》 口に念じ、智者は心に行ず。[251] 又た迷人有り、空心もて思わざるを、之れを名づけて大と為す、[252] 此れ亦た是ならず。心量 大なるも、[253] 行ぜざれば是れ小、口に空しく説く莫れ、此の行を修めざるは、我が弟子に非ず。[254]

【二六】摩訶般若波羅蜜の説法（三）——「般若」「波羅蜜」とは何か

何をか般若と名づくるや、般若は是れ智恵、[255] 一切時中に念念 愚ならず、[256] 常に智恵を行うを、即ち般若の行と名づく。

一念　愚なれば即ち般若　絶え、[257]一念　智なれば即ち般若　生ず。心中　常に愚なるは、我　般若を修む。般若に形相無《ぎょうそうな》し、智恵性　即ち是《こ》れなり。[258]何をか波羅蜜《はらみつ》と名づくるや、此《こ》れは是れ西国の梵音、唐には彼岸到と言う。[259]義を解《げ》すれば生滅を離れ、境に着《ちゃく》すれば生滅　起こる。水に波浪有るが如き即ち是れなり。此の岸に於いて、境を離れて生滅無くんば、水の永長《とこしな》えに流るるが如し、故に即ち到彼岸と名づけ、故に波羅蜜と名づく。[260]迷人《めいにん》は口に念じ、智者は心に行ず。[261]念ずる時に当たりて妄有り、妄有らば即ち真有《しんう》に非ず、念念に若《も》し行ぜば是れ真有と名づく。[262]此の法を悟らば、般若の法を悟り、般若の行を修めよ。修めずんば即ち凡、一念修行すれば、法身《ほっしん》　仏に等し。善知識《ぜんちしき》よ、即ち煩悩　是れ菩《ぼ》提《だい》、[263]前念　迷えば即ち凡、後念　悟れば即ち仏。善知識よ、摩訶般若波羅蜜《まかはんにゃはらみつ》は、最尊最上第一、住《じゅう》する無く去る無く来《きた》る無く、三世諸仏《さんぜしょぶつ》は中従《よ》り出《い》づ。[264]大智恵を将《も》って彼岸に到り、五陰煩悩《ごおんぼんのう》の塵労《じんろう》を打破す。[265]〈最尊最上第一〉とは、最上乗の法を讃えて修行すれば、定めて成仏す。[266]〈去る無く住する無く来往　無き〉は、是れ定恵《じょうえ》　等しく、一切法に染まらざるなり。〈三世諸仏は中従り出づ〉とは、[267]三毒を変じて戒定恵と為す。[268]

【二七】自性と般若

善知識よ、我が此の法門は、八万四千の智恵に従う。何を以っての故に。世人に八万四千の塵労有るが為めなり。[269]若し塵労無くんば、般若は常に在《あ》りて、自性《じしょう》を離れず。此の法を悟らば、即ち是れ念ずる無く憶《おぼ》ゆる無く[270]着する無し。[271]雑妄を起こす莫《な》くんば、即ち自《もと》より是れ真如の性にして、智恵を用いて観照し、一切法に於いて、取らず捨てず、即ち見性《けんしょう》して仏道を成《な》す。[272]

【二八】『金剛般若経』の功徳

善知識《ぜんちしき》よ、若し甚深法界《じんじんほっかい》に入《い》り、般若三昧《はんにゃざんまい》に入らんと欲せば、直《じき》に須《すべか》らく般若波羅蜜の行を修むべし。但《た》だ『金剛般若波羅蜜経』一巻を持すれば、即ち見性するを得、般若三昧に入らん。当《まさ》に知るべし、此の人の功徳无量《むりょう》なることを。
340b
経中に分明《ふんみょう》に讃嘆《さんだん》したれば、具《つぶ》さに説くこと能《あた》わず。[273] 此れは是れ最上乗の法にして、大智上根の人の為めに説かば、[274] 少根智の人 若し法を聞かば、心に信を生ぜず。何を以っての故に。譬《たと》うるに大龍の如し。若し大雨を下し、閻《えん》浮提《ぶだい》に雨《あめふ》らさば、[275] 草葉を漂わしむるが如し。若し大雨を下し、雨 大海に放たば、増さず[276]減らず。[277] 若し大乗の者『金剛経』を聞説《き》かば、心 開き悟解《ごげ》し、[278] 故に本性 自《もと》より般若の智有るを知り、自《みずか》ら智恵を用いて観照し、文字を仮《か》らず。譬うるに其《そ》の雨水は天に従《よ》りて有るにはあらず、元《も》と是《こ》れ龍王 江海中に於いて、身を将《も》って此の水を引き、一切衆生・一切草木《そうもく》・一切有情无情《うじょうむじょう》をして、悉く皆な潤を蒙らしめ、諸水衆流《しゅる》、却《かえ》って大海に入れば、海 衆水を納め、合して一体と為るが如し。[279] 衆生の本性般若の智も、亦《ま》た復《ま》た是《か》くの如し。[280]

【二九】頓悟の教えを聞く

少根の人 此の頓教《とんぎょう》を聞説《き》くは、猶《な》お大地の草木、根性 自《おの》ずから少なき者、若し大雨に一たび沃《そそ》がるれば、[281] 速やかに皆な自《みずか》ら倒れ、[282] 増長《ぞうじょう》する能《あた》わざるが如し。[283] 少根の人、亦た復た是くの如し。般若の智有るは、大智の人と、亦た差《しゃ》別《べつ》无し。何に因《よ》りてか法を聞くも、即ち悟らざるや。邪見の障《さまた》げ重く、煩悩の根 深きに縁《よ》る。猶お大雲の日を蓋覆《がいふく》し、風の吹くを得ず、日 能《よ》く現るる无きが如し。[284] 般若の智、亦た大小无し。一切衆生自《みずか》ら迷心有り、外に修めて仏を覓《もと》むるが為めに、未だ自性を悟らず。即ち是れ小根の人、其の頓教を聞くも、信ぜず外に修むるなり。但《た》だ自心に於いて、自《みずか》らの本性をして常に正見《しょうけん》を起こさしむれば、一切邪見煩悩塵労《いっさいじゃけんぼんのうじんろう》の衆生 当時に尽《ことごと》く悟らん。[285] 猶《な》お大海の衆《しゅ》流《る》を納め、小水大水、合して一体と為すが如し。[286] 即ち是の見性《けんしょう》は、内外《ないげ》に住《じゅう》せず、来去自由《らいこじゆう》、能《よ》く執心《しゅうしん》を除き、通達《つうだつ》して礙《さまた》げ無し。心に此《こ》の行を修むれば、即ち〈般若波羅蜜経《はんにゃはらみつきょう》〉と本《も》と差別《しゃべつ》无《な》し。[287]

【三〇】経典と智慧の性

一切の経書及び文字、小大の二乗・十二部経は、皆な人に因《よ》りて置き、智恵の性に因るが故に、故然《より》て能く建立《こんりゅう》す。我 若《も》し无智《むち》の人ならば、一切万法 本《も》と亦《ま》た有らず。故に知る、万法は本と人に従《よ》りて興り、一切の経書は人に因りて説くを。[288] 人中に在《あ》らば愚有り智有るに縁《よ》ること有り、[289] 愚を小と為すが故に、智を大人と為し、迷人《めいにん》は智者に問い、[290] 智人は愚人の与《た》めに法を説き、愚者を令使《し》て悟解《ごげ》し心 開かしむ。迷人 若し悟りて心 開かば、大智の人と別无し。
340c 故に知る、悟らずんば即ち仏は是《こ》れ衆生、一念 若し悟らば即ち衆生は是れ仏なるを。[291] 故に知る、一切万法は尽く自身の心中に在るを。[292] 何ぞ自心従《よ》りして、頓《とみ》に真如の本性を見ざるや。『菩薩戒経』に云《い》う、〈我が本源は自性清浄《じしょうしょうじょう》〉と。[293] 心を識《し》り性を見れば、自《おの》ずから仏道を成し、即時に豁然《かつねん》として、本心に還得《げんとく》す。[294]

【三一】外の善知識と内の善知識

善知識《ぜんちしき》よ、我 忍和尚の処に於いて、一たび聞きて言下《ごんか》に大悟し、頓に真如の本性を見る。是《こ》の故に以って法を教え、[295] 後代に流行《るぎょう》せしむ。今 道を学ぶ者、菩提《ぼだい》を頓悟《とんご》せんとせば、各《おのおの》の自《みずか》ら心を観じ、自らの本性をして頓悟せしめよ。若し自ら悟る能《あた》わずんば、[296] 頓に大善知識の道を示し性を見せしむるを覓《もと》めよ。[297] 何をか大善知識と名づく、最上乗の法を解《げ》し、直《じき》に正路《しょうろ》を示す、是れ大善知識、是れ大因縁[298]、為す所の化道《けどう》、仏を見るを得しむ[299]。一切の善法は、皆な大善知識 能く発起《ほっき》するに因るが故に、三世《さんぜ》の諸仏・十二部経、人性中に在りて、本自《もとよ》り具有《ぐう》するも、自ら悟る能わずんば、須《すべか》らく善知識の道を示し性を見せしむるを得べし。若し自ら悟らば、外に善知識を求むるを仮《か》らず、若し外に取りて善知識を求め、解脱を得るを望まば、是《ぜ》なる処有る无し[300]。自心内の善知識を識《し》らば、即ち解脱を得《う》。若し自心 邪迷にして、妄念顚倒《もうねんてんどう》せば、外の善知識 即ち教授する有り。汝《なんじ》 若し自ら悟るを得ずんば、当《まさ》に般若の観照を起こすべし、刹那の間に妄念 倶に滅せん、即ち是れ自らの真正の善知識、一たび悟れば即ち仏地《ぶっち》に至る[301]。自性の心地《しんち》に、智恵を以って観照し、内外明徹《ないげめいてつ》し、自らの本心を識る[302]。若し本心を識らば、即ち是れ解脱。既に解脱を得れば、即ち是れ般《はん》若三昧《にゃざんまい》なり。般若三昧を悟らば、即ち是れ无念《むねん》。何をか无念と名づく、无念の法なる者は、一切法を見て、一切法に着《ちゃく》せず[303]、一切処に遍《あまね》くして、一切処に着せず、常に自性を浄《きよ》め、六賊をして六門従《よ》り走出せしめ、六塵《ろくじん》中に於いて離れず染まらず[304]、来去自由なるは、即ち是れ般若三昧、自在解脱にして、无念の行と名づく。百物《ひゃくもつ》思わず、当に念をして絶えしむる莫《なか》れ、即ち是れ法縛[305]、即ち辺見と名づく[306]。无念の法を悟らば、万法尽く通じ、无念の法を悟らば、諸仏の境界《きょうがい》を見、无念の頓法を悟らば、仏位の地に至る。

【三二】後代への付嘱

善知識よ、後代 吾《わ》が法を得《う》る者は[307]、常に吾が法身《ほっしん》の汝の左右を離れざるを見ん[308]。善知識よ、此の頓教《とんぎょう》法門を将《も》って、同じく見 同じく行じ、発願《ほつがん》し受持せよ。是《か》くの如き仏教、終身受持して退かざる者、聖位《しょうい》に入《い》らんと欲せば[309]、

341a

然須《すべか》らく伝授すべし。上従《かみよ》り已来《このかた》、黙然《もくねん》として衣法《えほう》を付《さず》く[310]。大誓願を発《ほっ》し、菩提を退かずんば、即ち須らく分付《ぶんぷ》すべし。若し見解《けんげ》を同じくせず、志願有る无くんば、在在処処に、妄《みだ》りに宣伝する勿《なか》れ、彼の前人を損ない、究竟《くぎょう》じて益《やく》

无ければなり。[311] 若《も》し愚人 解《げ》せず、此《こ》の法門を謗《そし》らば、百劫千生《ひゃっこうせんしょう》に、仏の種性《しゅしょう》を断ぜん[312]」と。

【三三】 滅罪頌

大師 言う、「善知識《ぜんちしき》よ、吾《われ》の〈无相頌《むそうじゅ》〉を説くを聴け[313]、汝《なんじ》迷者の罪をして滅せしむれば、亦《ま》た〈滅罪頌《めつざいじゅ》〉と名づく」と。

頌に曰《い》わく、

「愚人[314]は福を修め道を修めず、福を修むるは是《か》くの如き道と謂言《い》う。布施し供養せば福は无辺《むへん》なるも、心中の三業は元来在《あ》り。若し福を修むるを将《も》って罪を滅せんと欲せば、後世 福を得《う》るも罪は元《もと》より在り。[315] 若し解《よ》く心に向《お》いて罪縁を除かば、各《おのおの》の自性《じしょう》中に真に懺悔《さんげ》せん。[316] 若し大乗を[317]悟らば真の懺悔、邪を除き正《しょう》を行いて即ち罪无《な》し。学道の人能《よ》く自《みずか》ら観《み》ば、即ち悟人と同《とも》に一例なり。大師 今 此の頓教《とんぎょう》を伝うるは、学人 同に一体なるを願う。[318] 若し当来に本身を覓《もと》めんと欲せば、三毒悪縁 心の裏《うち》に洗え。努力して道を修めよ悠悠《ゆうゆう》たる莫《なか》れ、忽然《も》し虚しく度《すご》さば一世休す。[319] 若し大乗頓教の法に遇わば、虔誠《けんせい》に合掌して至心[320]もて求めよ」と。

大師 法を説き了《お》わるに、韋使君《いしくん》・官寮《かんりょう》、僧衆道俗《そうしゅどうぞく》、讃言《さんげん》して尽《つ》くる无し、「昔より未だ聞かざる所なり」と。

【三四】 韋拠との対話（一）——達摩の無功徳

使君 礼拝《らいはい》して白《もう》して言わく、[321]「和尚 法を説くは、実に不思議なり。弟子《それがし》 当《まさ》に少疑有り、和尚に問わんと欲す。望むらくは和尚[322] 大慈大悲もて、弟子の為めに説かんことを」。

341b

大師　言う、「疑い有らば即ち問え、何ぞ[323]再三するを須《もち》いん」。
「使君《それがし》　聞きし法は、是《こ》れ[324]西国第一祖達摩《だるま》祖師の宗旨《しゅうし》ならざる可《べ》けんや[325]」。
大師　言う、「是《ぜ》なり」。
「弟子　見説《き》くならく、達摩大師　梁武帝《りょうぶてい》[326]を化《け》するに[327]、達摩に問う、〈朕《ちん》　一生已来《いらい》、寺を造り布施し供養す、功徳有るや否《いな》や〉と。達摩　答えて言う、〈並びに功徳無し〉と[328]。武帝　惆悵し、遂に達摩を遣《や》りて境を出《い》ださしむ[329]。未審《いぶかし》　此の言、請《こ》う和尚の説かんことを[330]」。
六祖　言う、「実に功徳无し、使君　達摩大師の言を疑う勿《なか》れ。武帝　邪道に着《ちゃく》し、正法《しょうぼう》を識《し》らざるなり」。
使君　問う、「何を以って功徳无きや」。
和尚　言う、「寺を造り布施し供養するは、只《た》だ是れ福を修む。福を将って以って功徳と為す可からず。功徳は法身《ほっしん》に在り、福に在るには非ず。自らの法性《ほっしょう》に功徳有り、平直《へいじき》　是れ仏性[331]。外に恭敬《くぎょう》を行うも、若し一切人を軽んじ、吾と我と断たずんば、即ち自《もと》より功徳無く、自性に功徳无し、法身に功徳无し[332]。念念に平等なる真心を行ずれば[333]、徳即ち軽からず、常に敬《きょう》を行う。自ら身を修むるは即ち功《く》、自ら心を修むるは即ち徳。功徳は自心の作《な》すなれば、福と功徳と別なり[334]。武帝　正理《しょうり》を識らず[335]、祖大師に過《とが》有るに非ず」。

【三五】韋拠との対話（二）——西方浄土は遠くない

使君　礼拝して又た問う、「弟子　僧俗の常に阿弥陀仏を念じ、西方に生まるるを願うを見る[336]。請う和尚、彼《か》こに生まるるを得るや否やを説かんことを、望むらくは為めに疑を破らんことを」。
大師　言わく、「使君　聴け、恵能《えのう》　与《た》めに説かん。世尊　舎衛城《しゃえじょう》に在りて、西方を説きて引化《いんけ》せること、経文に分明《ふんみょう》たり。[337]〈此《こ》こを去ること遠からず〉とは、只だ下根《げこん》の為めに近《ごん》と説く。遠《おん》と説くは、只だ上智に縁《よ》る。[338] 人は自《もと》より両種なるも、法に両般《りょうはん》无《な》し、[339] 迷悟に殊《こと》なること有り、見《けん》に遅疾有り。[340] 迷人《めいにん》は仏を念じて彼《かし》こに生まれんとし、悟れる者は自《みずか》ら其《そ》の心を浄《きよ》む。所以《ゆえ》に仏 言わく、〈其の心浄きに随いて、則ち仏土 浄し〉と。[341] 使君よ、東方に但《た》だ心を浄むれば罪无《な》く、西方に心 浄からざれば愆《とが》有り。迷人の東方に生まれ西に生まるるを願う者は、[342] 所在の処 並びに皆な一種なり。心地《しんち》 但だ浄からざること无くんば、西方 此《こ》こを去ること遠からず、心に不浄の心を起こさば、仏を念じて往生すること到り難《がた》し。悪を除かば即ち十万を行き、八邪无くんば即ち八千を過ぐ。[343] 但だ真心を行えば、到ること指を弾くが如し。[344] 使君よ、但だ十善を行え、何ぞ更に往生を願うを須《もち》いん。十悪の心を断ぜざれば、何の仏か即ち来りて迎請《ごうしょう》せん。[345] 若《も》し无生《むしょう》の頓法を悟らば、西方を見ること只《た》だ刹那に在《あ》り、[346] 頓教《とんぎょう》 大乗を悟らずんば、仏を念じ往生するの路 遥かなり。如何《いか》んが達するを得ん[347]」。

六祖 言わく、「恵能《えのう》 使君の与《た》めに西方を移し、刹那の間に目前に便《すなわ》ち見《あらわ》さん。使君よ、見るを願うや否《いな》や」。

使君 礼拝《らいはい》す、「若し此こに見るを得ば、何ぞ往生を須《もち》いん。願わくは和尚 慈悲もて、為めに西方を現さんことを。大いに善し[348]」。

大師 言わく、「一時に西方を見よ。疑い无くんば即ち散《さん》ぜよ[349]」。大衆愕然《だいしゅがくぜん》として、何事なるかを知る莫《な》し。[350]

大師 大衆に曰《い》わく、「大衆よ、意を作《おこ》して聴け。世人の自らの色身《しきしん》は是《こ》れ城、眼耳鼻舌身《げんにびぜっしん》は即ち是れ城門、外に六門有り、[351] 内に意門有り。心は即ち是れ地、性は即ち是れ王、性 在れば王 在り、性 去れば王 無し、性 在れば身《しん》心《じん》 存し、性 去れば身 壊《こわ》る。[352] 仏は是れ自性《じしょう》の作、身に向《お》いて求むる莫《なか》れ。[353] 自性 迷わば、仏は即ち是れ衆生、自性 悟
341c
らば、衆生は即ち是れ仏。慈悲は即ち是れ観音、喜捨《きしゃ》を名づけて勢至《せいし》と為し、[354] 能《よ》く浄なるは是れ釈迦、平直《へいじき》は是れ弥勒。人我《にんが》は即ち是れ須弥《しゅみ》、[355] 邪心は即ち是れ大海、煩悩は即ち是れ波浪、毒心は即ち是れ悪龍、塵労《じんろう》は即ち是れ魚鼈《ぎょべつ》、[356] 虚妄《こもう》は即ち是れ鬼神《きじん》、[357] 三毒は即ち是れ地獄、愚痴は即ち是れ畜生、十善は即ち是れ天堂。无我《むが》の人は須弥 自《おの》ずから

倒れ、邪心を除かば海水 竭《つ》き、煩悩 无くんば波浪 滅し[358]、毒害 除かば魚龍 絶《た》ゆ。心地上の覚性如来は[359]、大智恵の光明を施し、六門の清浄《しょうじょう》なるを照曜し、六欲天を照破す[360]。下《しも》に三毒を照らして若し除かれば、地獄 一時に消滅し、内外《ないげ》明徹《めいてつ》して、西方に異ならず。此《こ》の修《しゅ》を作《な》さざれば、如何んが彼こに到らん」[361]と。

座下《ざか》説を聞きて、讃声《さんしょう》天に徹《とお》る。応是《あらゆ》る迷人、了然《りょうねん》として便ち見る[362]。

使君 礼拝して讃えて言う、「善い哉《かな》、善い哉。普《あまね》く願わくは法界《ほっかい》の衆生、聞く者 一時に悟解《ごげ》せんことを」。

【三六】使君との対話（三）――「無相頌」と在家での修行

大師 言う、「善知識《ぜんちしき》よ、若し修行せんと欲せば、在家なるも亦《ま》た得《よろ》し、寺に在るには由《よ》らず。寺に在りて修めざるは、西方の心 悪《あ》しきの人の如し、家に在りて若し修行せば、東方人の善を修むるが如し。但だ自家にて清浄を修むるを願わば、即ち是れ西方なり」[363]。

使君 問う、「和尚、在家にして如何《いかん》が修めん、願わくは為めに指授せよ」。

大師 言う、「善知識よ、恵能《えのう》道俗《どうぞく》の与《た》めに〈无相頌《むそうじゅ》〉を作れり[364]。尽《ことごと》く誦取《じゅしゅ》し[365]、此れに依りて修行せば、常に慧能の説と一処にして別無し」[366]。

頌に曰わく、

「説通及び心通、日の虚空に処《お》るが如し。惟《た》だ頓教の法を伝え、出世して邪宗を破《は》す[367]。教は即ち頓漸《とんぜん》无きも、迷悟に遅疾有り[368]。若し頓の法門を学ばば、愚人も迷う可《べ》からず[369]。説けば即ち万般《まんぱん》なると雖《いえど》も、理に合すれば還《ま》た一に帰す。煩悩の暗宅中に、常に須《すべか》らく恵日を生ずべし。邪 来るは煩悩に因《よ》り、正《しょう》来らば煩悩 除かる。邪正 悉く用いず、清浄にして无餘《むよ》に至る[370]。菩提《ぼだい》は本《もと》より清浄、心を起こさば即ち是れ妄。浄性は妄中に於いて、但だ正しければ三障を除く。[371] 世間 若《も》し道を修めば、一切 尽《ことごと》く妨げず。常に己《おのれ》の過を見、[372] 道と即ち相《あ》い当たる。[373] 色類に自《もと》より道有るも、[374] 道を離れて別に道を覓《もと》む。道を覓めて道を見ざれば、頭に到り還《ま》た自《みずか》ら懊《なや》む。[375] 若し真の道を覓《もと》めんと欲せば、正《しょう》を行うこと即ち是《こ》れ道。自《みずか》ら若《も》し正心无《な》くんば、暗行にして道を見ず。若し真の修道人《しゅどうにん》ならば、世間の愚を見ず。[376] 若し世間の非を見ば、自らの非 却《かえ》って是れ左《たす》く。[377] 他《かれ》 非るは我 罪《そし》とせず、我 非らば自ら罪有り。但《た》だ自ら非心を去りて、煩悩を打破し砕く。[378] 若し愚人を化《け》さんと欲せば、事に須《すべか》らく方便有るべし。忽《も》し彼の疑を破らしめば、[379] 即ち是れ菩提《ぼだい》 見《あらわ》る。[380] 法は世間に在《あ》る无《な》きも、世に於いて世間を出《い》づ。世間の上を離れ、外に世間を出づるを求むる勿《なか》れ。邪見《じゃけん》なれば世間に在り、正見《しょうけん》なれば世間を出づ。[381] 邪正 悉く打却《たきゃく》さるるは、[382] 此《こ》れ但だ是れ頓教《とんぎょう》、亦《ま》た名づけて大乗と為す。迷い来ること累劫《るいごう》を経《ふ》るも、悟は即ち刹那の間なり」と。

【三七】大梵寺説法の結び

大師 言わく、「善知識《ぜんちしき》よ、汝等《なんじら》 尽《ことごと》く誦取《じゅしゅ》せよ、此《こ》の偈《げ》に依りて修行せば、恵能《えのう》を去ること千里なるも、常に能の辺に在り。此れに依りて修めずんば、対面底《たいめんてい》も千里の遠《おん》なり。[383] 各各《おのおの》の自ら修めよ、法は相い待たず。[384] 衆人《しゅにん》 且《しば》らく散れ、恵能は漕渓山《そうけいざん》に帰らん。[385] 衆生 若し大疑有らば、彼の山間に来れ、[386] 汝が為めに疑を破り、同《とも》に仏性を見ん」と。合座《ごうざ》の官寮道俗《かんりょうどうぞく》、[387] 和尚を礼拝《らいはい》し、嗟嘆《さたん》せざるは无し。「善いかな、大いなる悟りなり。昔 未だ聞かざる所なり。嶺《れい》南《なん》に福有り、生仏 此《こ》こに在るとは、誰《たれ》か能《よ》く知るを得しや[388]」。一時に散尽す。[389]

【三八】『壇経』を伝授せよ

大師 漕渓山に往《ゆ》き、韶《しょう》・広の二州に、[390]行化《ぎょうけ》すること四十餘年。[391]若し門人を論ぜば、僧と俗と、三五千人、[392]説くも尽くさざる可《べ》し。[393]若し宗旨《しゅうし》を論ぜば、『壇経《だんきょう》』を伝授し、此れを以って約と為す。[394]若し『壇経』を得ずんば、即ち稟《ひん》受《じゅ》无し。[395]須《すべか》らく法処・年月日・姓名を知り、[396]遍《あまね》く相《あ》い付《ふ》嘱《しょく》すべし。[397]『壇経』の稟承《ひんじょう》无くんば、南宗の弟子に非ざるなり。未だ稟承を得ざる者は、頓教の法を説くと雖《いえど》も、未だ根本を知らず、終《つい》に諍《いさか》いを免れず。[398]但だ法を得《う》れば、只《た》だ修行に勤めよ。[399]諍いは是れ勝負の心、道と違背《いはい》せり。

【三九】南能北秀の真意

342b

世人 尽く南能北秀と伝うるも、[400]未だ根本の事由《じゆう》を知らず。[401]且《そもそ》も秀禅師は南荊府当陽県[402]玉泉寺《ぎょくせんじ》に於いて、住持し修行す。[403]恵能《えのう》大師は韶州《しょうしゅう》城東三十五里の漕渓山に於いて住《じゅう》す。法は即ち一宗なるも、人に南北有り。[404]此れに因《よ》りて便《すなわ》ち南北を立つ、何ぞ漸頓《ぜんとん》を以ってせん。[405]法は即ち一種なるも、見《けん》に遅疾有り。見 遅ければ即ち漸、見 疾《と》ければ即ち頓。法に漸頓無きも、人に利鈍《りどん》有り、[406]故に漸頓と名づく。[407]

【四〇】志誠との対話（一）—煩悩は即ち菩提

神秀《じんしゅう》師 常に人の「恵能の法は疾《と》し、直旨《じきし》もて路を見《あらわ》す」[408]と説くを見る。秀師 遂に門人の僧志誠《しせい》を喚《よ》びて曰《い》わく、「汝 聡明にして多智なり。汝 吾《わ》が与《た》めに漕渓山に至り、恵能の所に到りて、礼拝して但だ聴け、吾 汝をして来らしむるを言う莫《なか》れ。[409]聴き得たる所の意旨を、記取して却来《きゃくらい》し、吾が与めに説き看《み》よ。恵能の見解《けんげ》と、吾と誰か疾遅ならん。[410]汝 第一に早く来れ、吾をして怪《とが》めしむる勿れ[411]」と。

志誠《しせい》使を奉りて歓喜《かんぎ》し、遂に半月中の間に即ち漕渓山《そうけいざん》に至り、恵能《えのう》和尚に見《まみ》え礼拝《らいはい》し即ち聴き、来処を言わず。志誠 法を聞き、言下《ごんか》に便《すなわ》ち悟り、[412]即ち本心に契《かな》えば、[413]起立《きりゅう》して即ち礼拝し自《みずか》ら言う、「和尚、弟子《それがし》は玉泉寺従《よ》り来《きた》れり。秀師の処には契悟《かいご》を得ず、和尚の説くを聞きて、便ち本心に契えり。[414]和尚 慈悲もて、願わくは当《まさ》に教示すべし」。恵能大師《だいし》曰《い》わく、「汝《なんじ》彼《かし》こ従り来れば、応《まさ》に是《こ》れ細作《さいさ》なるべし[415]」。志誠《しせい》曰わく、「是《ぜ》ならず」。六祖 曰わく、「何を以って是ならざるや」。志誠 曰わく、「未だ説《い》わざる時は即ち是なるも、説い了《おわ》れば即ち是ならず[416]」。六祖 言う、「煩悩即ち是れ菩提《ぼだい》なるも、亦《ま》た復《ま》た是《か》くの如し[417]」。

【四一】志誠との対話（二）——自性の戒定慧

大師 志誠に謂《い》いて曰わく、「吾《われ》聞く、汝の禅師 人に教えて唯《た》だ戒定恵《かいじょうえ》を伝えしむと。[418]汝の和尚 人に戒定恵を教うること如何《いかん》、当《まさ》に吾が為めに説くべし」。志誠 曰わく、「秀和尚 戒定恵を言う、〈諸《もろもろ》の悪は作《な》さざるを名づけて戒と為し、諸の善は奉り行うを名づけて恵と為し、自ら其《そ》の意を浄《きよ》むるを名づけて定と為す。[419]此《こ》れ即ち名づけて戒定恵と為すなり〉と。彼 是くの如き説を作せり、知らず、和尚の見る所は如何」。恵能和尚 答えて曰わく、「此の説は不可思議なるも、恵能の見る所は又た別なり[420]」。志誠 問う、「何を以って別なるや」。恵能 答えて曰わく、「見《けん》に遅疾有ればなり」。志誠 和尚に見る所の戒定恵を説くを請《こ》う。

大師 言う、「如《も》し汝 吾が説を聴かば、吾が見る所の処を看《み》よ。心地《しんち》に非《ひ》无《な》きは是れ自性《じしょう》の戒、[421]心地に乱るる无きは是れ自性の定、心地に痴《ち》无きは是れ自性の恵」。能大師 言う、「汝の戒定恵は小根の諸人に勧め、吾が戒定恵は上智の人に勧む。悟を得《う》れば自《もと》より亦《ま》た戒定恵を立てず[422]」。志誠 言う、「大師に請う、[423]〈立てず〉とは如何《いか》なるかを説く
342c
を」。大師 言う、「自性に非无く乱无く痴无く、念念に般若もて観照し、[424]当《まさ》に法相《ほっそう》を離るれば、[425]何の立つ可《べ》きか有ら

ん[426]。自性は頓修《とんしゅ》[427]、立つれば漸次《ぜんじ》有り、所以《ゆえ》に立てず[428]」。志誠 礼拝し、便ち漕渓山《そうけいざん》を離れず、即ち門人[429]と為りて、大師の左右を離れず。

【四二】法達との対話——『法華』を転ず

又た一僧の法達《ほうたつ》と名づくるは、常に『法華経』を誦《とな》うること七年[430]、心迷いて正法《しょうぼう》の処を知らず[431]、来りて漕渓山に至り、礼拝して大師に問うて言わく、「弟子 常に『妙法華経』を誦《とな》うること七年、心迷いて正法の処を知らず、経上に疑い有り[432]、大師は智恵広大なり、願わくは為めに疑いを除かんことを」。大師言う、「法達よ、法は即ち甚《はなは》だ達するも、汝の心 達せず。経上に疑い无し[433]、汝が心 自ら邪《よこしま》にして、而《しか》も正法を求む[434]。吾が心 正しく定まるは、即ち是れ経を持するなり[435]。吾 一たび生まれて已来《いらい》、文字を識《し》らず。汝 『法華経』を将《も》ち来り、吾に対して読むこと一遍せよ、吾 聞かば即ち知らん」。法達 経を取り、大師に対して読むこと一遍す。六祖 聞き已《おわ》りて、即ち仏意を識り、便ち法達の与《た》めに[436]『法華経』を説く[437]。

六祖 言う、「法達よ、『法華経』に多語无し、七巻 尽《ことごと》く是れ譬喩因縁なり[438]。如来 広く三乗を説くは、只《た》だ世人の根 鈍《どん》なるが為めなり。経文に分明《ふんみょう》たり、〈餘乗有る无し、唯だ一仏乗のみ有り[439]〉と」。大師、「法達よ、汝 一仏乗を聴かば、二仏乗を求むる莫《なか》れ、迷えば即ち汝の性を却《しりぞ》く[440]。経中 何処《いずこ》か是れ一仏乗なるや、吾 汝が与めに説かん、経に云《い》う、〈諸仏世尊、唯だ一大事因縁を以っての故に、世に出現す〉[441]〔已上の十六字は是れ正法〕[442]と。法 如何《いか》にか解《げ》し、此の法 如何にか修めん、汝 吾が説くを聴け。人心 思わず、本源空寂《ほんげんくうじゃく》、邪見《じゃけん》を離却《りきゃく》するは[443]、即ち〈一大事因縁〉なり。内外《ないげ》 迷わず、即ち両辺の、外に迷いて相に着《ちゃく》し、内に迷いて空《くう》に着するを離れ、相に於いて相を離れ、空に於いて空を離るるは、即ち是れ迷わず[444]。若《も》し此の法を悟り[445]、一念に心 開くは[446]、〈世に出現す〉るなり。心 何《なに》物をか開くや、仏知見《ぶっちけん》を開くなり。[447] 仏は猶《な》お覚の如し、分かちて四門と為さば、覚知見《かくちけん》を開き、覚知見を示し、[448] 覚知見を悟り、覚知見に入《い》る、[449] 開示悟入《かいじごにゅう》なり。[450] 上の一処に入らば、即ち覚知見、自《みずか》らの本性を見ば、即ち出世を得《う》[451]」。

大師 言う、「法達《ほうたつ》よ、吾《われ》 常に願わくは、一切世人の心地《しんち》 常に自ら仏知見を開き、衆生知見を開く莫《なか》れ。世人の心 愚にして迷いて悪を造るは、自ら衆生知見を開くなり。世人の心 正しく、智恵の観照を起こすは、自ら仏知見を開くなり。[452] 衆生知見を開く莫れ、仏知見を開けば即ち出世せん」。

大師 言う、「法達よ、此《こ》れは是《こ》れ[453]『法華経』一乗の法。[454] 下に向《お》いて三を分かつは、迷人《めいにん》の為めの故なり。[455] 汝《なんじ》 但《た》だ一仏乗に依れ」。

343a

大師 言う、「法達よ、心 行ぜば『法華』を転《てん》じ、行ぜずんば『法華』転ず。[456] 心 正しければ『法華』を転じ、心邪なれば『法華』転ず。仏知見を開けば『法華』を転じ、衆生知見を開けば『法華』に転ぜらる」。

大師 言う、「努力せよ。法に依りて修行せば、即ち是れ経を転ずるなり」。法達 聞きて、言下《ごんか》に大悟す。涕涙《ているい》悲泣《きゅう》して白《もう》して言う、「和尚、実に未だ曾て『法華』を転ぜず、七年『法華』に転ぜらる。[457] 已後《いご》は『法華』を転じ、念念に仏行を修行せん[458]」。

大師 言う、「即ち仏行 是れ仏なり」。其《そ》の時 聴人に悟らざる者无《な》し。[459]

【四三】智常との対話——三乗と最上乗

時に一僧有り、智常《ちじょう》と名づく。漕渓山《そうけいざん》に来り、和尚を礼拝《らいはい》し四乗法の義を問う。智常 和尚に問うて曰《い》わく、「仏 三乗を説き、又た最上乗を言う。[460] 弟子《それがし》 解《げ》せず、望むらくは為めに教示せよ」と。

恵能《えのう》大師 曰わく、「汝《なんじ》 自らの身心《しんじん》もて見よ、外の法相《ほっそう》に着《ちゃく》する莫れ。[461] 元《も》と四乗法无く、人の心量は四等なれば、法に四乗有り。[462] 見聞読誦《けんもんどくじゅ》は是れ小乗、義を悟解《ごげ》するは是れ中乗、法に依りて修行するは是れ大乗。[463] 万法 尽《ことごと》く通じ、万行 倶《とも》に備わり、一切 離るる無く、[464] 但だ法相を離れ、无所得《むしょとく》を作《な》すは、是れ最上乗。[465] 乗は是れ最上行の義、口諍《くじょう》に在《あ》らず。[466] 汝 須《すべか》らく自ら修めよ、吾に問う莫れ」と。

【四四】神会との対話

又た一僧有り、神会《じんね》と名づけ、[467] 南陽の人なり。[468] 漕渓山に至り、礼拝して問うて言う、「和尚 坐禅するに、見るや亦《ま》た見ざるや[469]」。大師 起《た》ちて把《と》りて神会を打つこと三下《さんげ》し、[470] 却《かえ》って神会に問う、「吾 汝を打つ、痛しや痛からざるや」。神会 答えて言う、「亦た痛く、亦た痛からず」。六祖 言いて曰わく、「吾 亦た見、亦た見ず」。神会 又た問う、「大師 何を以って亦た見、亦た見ざるや」。大師 言う、「吾 亦た見るとは、常に自らの過患《かげん》を見、故に亦た見ると云《い》う。亦た見ずとは、天地人の過罪を見ず、[471] 所以《ゆえ》に亦た見、亦た見ざるなり。汝 亦た痛く亦た痛からざるは、如何《いかん》」。
神会 答えて曰わく、「若《も》し痛からずんば、即ち无情《むじょう》の木石《ぼくせき》に同じ。[472] 若し痛くんば即ち凡に同じ、即ち恨《こん》を起こす[473]」。
大師 神会に言う、「向前《さき》の見ると見ざるとは是れ両辺、痛は是れ生滅。汝 自性《じしょう》すら且《か》つ見ず、敢えて来りて人を弄《もてあそ》ぶ[474]」。
神会 礼拝し、礼拝して更に言わず。
大師 言う、「汝 心迷いて見ざれば、善知識《ぜんちしき》に問いて路を覓《もと》めよ。汝 心悟りて自ら見れば、法に依りて修行せよ。[475]
汝 自ら迷いて自心を見ず、却って来りて恵能に見るや否《いな》やを問う。吾 自らは知らず、汝に代わりて迷い得ず。汝
343b
若し自ら見ば、吾が迷に代わり得《う》るや。[476] 何ぞ自ら修めず、[477] 吾に見るや否やを問うや」。神会 作礼《さらい》し、便《すなわ》ち門人と為る。
漕渓山中を離れず、常に左右に在り。

【四五】三科法門

大師 遂に門人法海《ほっかい》[478]、志誠《しせい》、法達《ほうたつ》、智常《ちじょう》、智通《ちつう》、志徹《してつ》、志道《しどう》、法珍《ほうちん》、法如《ほうにょ》、神会《じんね》を喚《よ》ぶ。[479] 大師 言う、「汝等《なんじら》十弟子近前《ごんぜん》せよ。[480] 汝等 餘人に同じからず、吾《われ》 滅度《めつど》の後、汝 各《おのお》の一方の師と為らん。[481] 吾 汝に説かしむれば、本宗を失わざれ。三科《さんか》法門《ほうもん》・動用《どうゆう》三十六対を挙げ[482]、出没に即ち両辺を離れ、一切法を説きて、性相《しょうそう》を離るる莫《なか》れ。[483] 若《も》し人有りて法を問わば、出語 尽《ことごと》く双、皆な法対を取り、来去《らいこ》 相い因《よ》らば、究竟《くぎょう》じて二法 尽く除かれ、更に去る処無し。[484]

三科法門とは、蔭《おん》・界《かい》・入《にゅう》なり。[485] 蔭は是《こ》れ五蔭、界は十八界、入は十二入なり。何をか五蔭と名づくるや、色蔭・受蔭・想蔭・行蔭・識蔭、是れなり。何をか十八界と名づくるや、六塵《ろくじん》・六門・六識なり。何をか十二入と名づくるや、外の六塵、中の六門なり。何をか六塵と名づくるや、色《しき》・声《しょう》・香《こう》・味《み》・触《そく》・法《ほう》、是《こ》れなり。何をか六門と名づくるや、眼《げん》・耳《に》・鼻《び》・舌《ぜっ》・身《しん》・意《い》、是れなり。法性《ほっしょう》は六識・眼識・耳識・鼻識・舌識・身識・意識・六門・六塵を起こす。[486] 自性《じしょう》 万法を含むは[487]、名づけて含蔵識《がんぞうしき》と為す。[488] 思量《しりょう》は即ち転識《てんじき》[489]、六識を生じ、六門・六塵を出《い》だせば、是れ三六十八なり。[490] 自性 邪起せるに由《よ》りて、十八 邪合し[491]、自性 正起《しょうき》すれば[492]、十八 正合す。[493] 悪用すれば即ち衆生、善用すれば即ち仏用。何《なに》等に由るや? 自性に由りて対す。[494]

【四六】三十六対法

外境《げきょう》の无情《むじょう》に五有り[495]、天と地と対し、日と月と対し、暗と明《みょう》と対し、陰《おん》と陽と対し、水と火と対す。

語《ご》言対《ごんたい》・法相対《ほっそうたい》に[496]、十二対有り。有為《うい》・无為《むい》 対し、有色《うしき》・无色《むしき》 対し、有相《うそう》・无相《むそう》 対し、有漏《うろ》・无漏《むろ》 対し、色《しき》と空《くう》と対し、動と静と対し[497]、清と濁と対し、凡と聖《しょう》と対し[498]、僧と俗と対し、老と小と対し、長と短と対し、高と下と対す。

自性起《じしょうき》用対《ゆうたい》に、[499] 十九対有り。邪と正《しょう》と対し、痴《ち》と恵と対し、愚と智と対し、乱と定《じょう》と対し、[500] 戒と非と対し、直《じき》と曲《こく》と対し、実と虚《こ》と対し、嶮と平と対し、煩悩と菩提《ぼだい》と対し、慈と害と対し、喜と瞋《しん》と対し、[501] 捨と慳《けん》と対し、進と退と対し、生と滅と対し、常と无常《むじょう》と対し、法身《ほっしん》と色身《しきしん》と対し、化身《けしん》と報身《ほうじん》と対し、体と用と対し、性と相と対し、[502] 有《う》情《じょう》・无情《むじょう》 対す。[503] 言語と法相の対に十二対有り、内外境の有无は五対、[504] 三身に三対有り、[505] 都合して三十六対を成《な》すなり。

343c

此《こ》の三十六対法は、解《よ》く用うれば一切経に通じ、出入に即ち両辺を離る。[506] 如何《いか》に自性に三十六対を起用せん。人と共に言語し、外に出《い》でては相を離れ、内に入《い》りては空を離る。[507] 空に着《ちゃく》せば即ち惟《た》だ長き无明《むみょう》、相に着せば惟だ邪見、法を謗《そし》り直《た》だ文字を用いずと言う。[508] 既に文字を用いずと云《い》わば、人 合《まさ》に言語すべからず、言語は即ち是れ文字、自性の上に空を説くは正《まさ》に語言するなり。本性は空《むな》しからざるに、迷いて自《みずか》ら惑い、語言 除かる。[509] 故に暗は自ら暗ならず、明なるを以っての故に暗。暗は自ら暗ならず、明を以って暗に変じ、暗を以って明を現し、来去 相い因る。三十六対も、亦《ま》た復《ま》た是《か》くの如し[510]」と。

【四七】十弟子に『壇経』を付嘱

大師 十弟子に言う、「已後《いご》の伝法には、遆相《たが》いに一巻の『壇経《だんきょう》』を教授し、本宗を失わざれ。『壇経』を稟受《ひんじゅ》せざれば、我が宗旨《しゅうし》に非ず。如今《いま》得了《えおわ》れば、遆代《ていだい》に流行《るぎょう》せしめよ。[511]『壇経』に遇《う》うを得る者は、吾に親しく授けらるるが如し[512]」と。

十僧 教授を得已《えおわ》り、写して『壇経』と為し、[513] 遆代に流行せしむ。得る者は必ず当《まさ》に見性《けんしょう》すべし。大師[514] 先天二年八月三日に滅度するに、[515] 七月八日に門人を喚びて別れを告ぐ。[516]

【四八】遺偈その一――「真仮動静偈」

大師 先天元年に新州《しんしゅう》[517] 国恩寺《こくおんじ》[518]に於いて塔を造り、先天二年七月に至りて別れを告ぐ。[519]

大師 言う、「汝衆《なんじら》 近前《ごんぜん》せよ、[520] 吾《われ》 八月に至らば、世間を離れんと欲す。汝等《なんじら》 疑い有らば早《つと》に問え、汝の為めに疑いを破らん。当今に迷える者は、尽《ことごと》く汝をして安楽ならしめん。吾 去りて後の若《ごと》きは、人の汝に教うる無《な》し」[521]。

法海《ほっかい》等衆僧《しゅそう》 聞き已《おわ》りて、涕涙悲泣《ているいひきゅう》す。唯《た》有だ神会《じんね》のみ動かず、亦《ま》た悲泣せず。六祖 言う、「神会小僧、[522] 却《かえ》って善く毀誉《きよ》を等しくして動かざるを得、餘者は得ず。山中に数年して、更に何の道をか修めしや。[523] 汝 今悲泣するは、更に阿誰《たれ》をか憂えん。[524] 吾 去る処を知らざるを憂えんか。若《も》し去る処を知らずんば、終《つい》に汝に別れず。[525] 汝等 悲泣するは、即ち吾が去る処を知らざればなり。若し去る処を知らば、即ち悲泣せざらん。性に生滅無く、去る無く来《きた》る無し。[526] 汝等 尽く坐せ、吾 汝に一偈《げ》の〈真仮《しんけ》動静偈《げ》〉[527]を与えん。[528] 汝等 尽く誦取《じゅしゅ》せよ。此《こ》の偈の意を見れば吾と同じ、此れに依りて修行すれば、宗旨《しゅうし》を失わず」[529]。僧衆《そうしゅ》 礼拝《らいはい》すらく、「請《こ》う、大師 偈を留めよ。敬心《きょうしん》もて受持せん」[530]。

偈に曰《い》わく、

344a
「一切 真有る無く、以って真を見ず。若し真を見ば、是の見《けん》 尽く真に非ず。若し能《よ》く自《みずか》ら真有らば、仮《け》を離るれば即ち心 真なり。自心 仮を離れざれば、真無く何処《いずく》にか真。[531]
性有らば即ち解《よ》く動き、情無くんば即ち動無し。若し不動の行を修めば、无情《むじょう》の不動に同じ。[532]
若し真を見て動かずんば、動上に不動有り。[533] 不動は是《こ》れ不動、无情に仏種無し。[534] 能善《よ》く相を分別し、第一義に動かず。[535] 若し悟りて此の見を作《な》さば、則ち是れ真如の用《ゆう》。[536]
諸《もろもろ》の学道者に報ず、努力して須《すべか》らく意を用うべし。大乗の門に於いて、却って生死智に執《しゅう》する莫《なか》れ。[537] 前頭に人 相応せば、[538] 即ち共に仏義を論ぜよ。若し実に相応せずんば、合掌して礼《らい》し善を勧めよ。此の教は本《も》と諍《いさか》い無し、[539] 若し諍わば道意を失う。[540] 執し迷いて法門に諍わば、[541] 自性《じしょう》 生死に入《い》る」[542] と。

【四九】伝衣付法頌——衣を伝えてはならない

衆僧 既に聞き、大師の意を識《し》らば、更に敢えて諍《いさか》わず、法に依りて修行す。[543] 一時に礼拝し、即ち大師の久しくは世に住《じゅう》せざるを知る。上座《じょうざ》法海 向前《きょうぜん》して大師に言う、「大師 去りて後、衣法《えほう》は当《まさ》に何人《なんぴと》に付すべきや」。大師 言う、

344b

「法は即ち付し了《おわ》れり、汝 問うを須《もち》いず。[544] 吾 滅して後二十餘年に、邪法 遼乱たりて、[545] 我が宗旨を惑わさば、人有りて出《い》で来り、身命《しんみょう》を惜しまず、仏教の是非を定め、宗旨を竪立《しゅりゅう》せん。即ち是れ吾が正法《しょうぼう》なり。[546] 衣は合《まさ》に伝うべからず。汝 信ぜざれば、吾 与《た》めに先代五祖の〈伝衣付法頌《でんねふほうじゅ》〉[547] を誦《とな》えん。若し第一祖達磨《だるま》頌《じゅ》の意に拠らば、即ち合《まさ》に衣を伝うべからず。[548] 聴け、吾 汝が与めに頌《じゅ》せん」。

頌に曰わく、

「第一祖達磨和尚の頌に曰わく、吾 本《も》と唐国に来り、[549] 教えを伝え迷情を救わんとす。一花《いっけ》 五葉を開き、結菓 自《じ》然《ねん》に成《な》る。[550]

第二祖恵可《えか》和尚の頌に曰わく、本来 地有るに縁《よ》り、地に従《お》いて種花 生ず。当来 元《も》と地无くんば、花 何処に従《お》いて生ぜん。[551]

第三祖僧璨《そうさん》和尚の頌に曰わく、花種は須らく地に因《よ》るべく、地上に種花 生ず。花種に生性无くんば、地に於いても亦た生ずる无し。[552]

第四祖道信《どうしん》和尚の頌に曰わく、花種に生性有り、地に因りて種花 生ず。先縁 和合せずんば、一切 尽く生ずる无し。[553]

第五祖弘忍《こうにん》和尚の頌《じゅ》に曰《い》わく、有情《うじょう》 来りて種を下し、无情《むじょう》の花 即ち生ず。无情にして又た種无《な》くんば、心地《しんち》も亦《ま》た生ずる无し[554]。
第六祖恵能《えのう》和尚の頌に曰わく、心地 性種を含み、法 雨《あめふ》らば即ち花 生ず[555]。自《みずか》ら花の性種[556]を悟らば、菩提《ぼだい》の菓 自《おの》ずから成《な》らん[557]」と。

【五〇】心地の二頌

能大師 言う、「汝等《なんじら》 聴け。吾《われ》 二頌を作り、達磨《だるま》和尚頌の意に取る[558]。汝迷人《めいにん》 此《こ》の頌に依りて修行せば[559]、必ず当《まさ》に見性《けんしょう》せん[560]。第一頌、

心地に邪花 放たば、五葉 根を逐《お》いて随う。共に无明《むみょう》の業を造り、業風《ごっぷう》[561]に吹かる[562]。

第二頌に曰わく、

心地に正花 放たば、五葉 根を逐いて随う。共に般若の恵を修め、当来の仏菩提[563]」と。

六祖 偈《げ》を説き已了《おわ》りて、衆生を放ちて散《さん》ぜしむ[564]。門人 外に出《い》でて思惟《しゆい》し、即ち大師の久しくは世に住《じゅう》せざるを知る[565]。

【五一】頓教の相承系譜

六祖 後《のち》八月三日の食後《じきご》に至り[566]、大師 言う、「汝等《なんじら》 若《も》し座に位すれば[567]、吾 今 汝等と別れん[568]」。法海《ほっかい》 問うて言う、
「此の頓教《とんぎょう》法の伝受は、上《かみ》従《よ》り已来《このかた》、今に至るまで幾代なるや」。
六祖 言う、「初め七仏より伝受し、釈迦牟尼仏《しゃかむにぶつ》第七[569]、大迦葉《だいかしょう》第八、阿難《あなん》第九、末因地[570]第十[571]、商那和修《しょうなわしゅ》第十一、優婆《うば》

344c
毱《きく》多《た》第十二、提多迦《だいたか》第十三[572]、仏陀難提《ぶっだなんだい》第十四、仏陀密多《ぶっだみった》第十五、脇比丘《きょうびく》第十六、富那奢《ふなしゃ》第十七、馬鳴《めみょう》第十八、毘羅《びら》長者《ちょうじゃ》第十九[573]、龍樹《りゅうじゅ》第二十、迦那提婆《かなだいば》第二十一、羅睺羅《らごら》第二十二、僧迦那提《そうぎゃなだい》第二十三、僧迦那舎《そうぎゃなしゃ》第二十四[574]、鳩摩羅駄《くまらた》第二十五、闍耶多《じゃやた》第二十六、婆脩盤多《ばしゅばんた》第二十七、摩拏羅《まぬら》第二十八、鶴勒那《かくろくな》第二十九、師子比丘《ししびく》第三十、舎那婆斯《しゃなばし》第三十一、優婆堀《うばくつ》第三十二、僧迦羅《そうぎゃら》第三十三、須婆蜜多《しゅばみった》第三十四[575]、南天竺国王子第三太子菩提達摩《ぼだいだるま》第三十五[576]、唐国僧恵可《えか》第三十六、僧璨《そうさん》第三十七、道信《どうしん》第三十八、弘忍《こうにん》第三十九、恵能《えのう》自身は[577]、当今に法を受け第四十たり[578]」。

大師 言う、「今日已後《こんにちいご》、遞《たが》相いに伝受するに、須《すべか》らく依約《えやく》有るべし、宗旨《しゅうし》を失う莫《なか》れ[579]」。

【五二】 遺偈その二――「見真仏解脱頌」

法海 又た白《もう》さく[580]、「大師 今去るに、何の法をか留付《るふ》せん。後代の人をして如何《いか》に仏を見せしめん」。六祖 言う、「汝 聴け、後代の迷人、但《た》だ衆生を識《し》らば、即ち能《よ》く仏を見る。若し衆生を識らず仏を覓《もと》めば、万劫《まんごう》にも得可《うべ》からざるなり[581]。吾 今 汝に衆生を識り仏を見るを教え、更に〈見真仏解脱頌《けんしんぶつげだつじゅ》〉[582]を留む。迷わば即ち仏を見ず、悟らば即ち見る」。「法海 願わくは聞かん、代代流伝して、世世絶えざらんことを」[583]。六祖 言う、「汝 聴け、吾汝が与《た》めに説かん、後代の世人、若し仏を覓めんと欲せば、但だ衆生を識らば即ち能く仏を識《し》る。即ち衆生有るに縁《よ》る、衆生を離れて仏心无し。

迷えば即ち仏も衆生[584]、悟れば即ち衆生も仏。愚痴なれば仏も衆生、智恵なれば衆生も仏。心 嶮なれば仏も衆生、平等なれば衆生も仏[585]。

一生 心 若《も》し嶮なるも、仏は衆生心に在《あ》り。一念に悟りて若し平らかならば、即ち衆生は自《みずか》ら仏[586]。我が心 自《もと》より仏有り、自仏は是れ真仏。自ら若し仏心无くんば、何処《いずく》に向《お》いてか仏を求めん」。

【五三】遺偈その三――「自性見真仏解脱頌」

大師 言う、「汝等《なんじら》門人よ、好《よ》く住《じゅう》せよ。[587] 吾《われ》 一頌《いちじゅ》を留めん、〈自性見真仏解脱頌《じしょうけんしんぶつげだつじゅ》〉[588]と名づく。後代の迷人《めいにん》 此《こ》の頌の
345a 意を問わば、[589] 意は即ち自心自性の真仏を見るなり。[590] 汝に此の頌を与え、吾 汝と別れん」[591]。

頌に曰《い》わく、

「真如浄性 是《こ》れ真仏、[592] 邪見《じゃけん》三毒 是れ真魔。邪見の人は魔 舎に在《あ》り、正見《しょうけん》の人は仏 即ち過《よ》ぎる。性中に邪見・三毒 生ずるは、即ち是れ魔王 来《きた》りて舎に住む。正見 忽《たちま》ち三毒の生ずるを除かば、魔 変じて仏と成《な》り真にして仮无《けな》し。[593]

化身《けしん》・報身《ほうじん》及び浄身、[594] 三身 元本《もと》より是れ一身。若《も》し身中に向《お》いて自《みずか》ら見るを覓《もと》めば、即ち是れ成仏菩提《ぼだい》の因。[595]

本《も》と化身に従《お》いて浄性を生じ、浄性 常に化身中に在り。性 化身をして正道を行わしむれば、当来円満にして[596]真に窮《きわま》り无し。[597]

婬性は本と是れ浄性の因、[598] 婬を除きて即ち浄性の身无し。性中に但《た》だ自ら五欲[599]を離るれば、[600] 見性《けんしょう》の刹那に即ち是れ真。[601]

今生《こんじょう》に若し頓教《とんぎょう》の門を悟らば、悟らば即ち眼前に世尊を見る。若し修行して仏を求覓《もと》めんと欲せば、知らず何処《いずく》にか真を覓めんと欲す。[602]

若し能《よ》く身中に自ら真有らば、真有るは即ち是れ成仏の因。[603] 自《みずか》らに真を求めず外に仏を覓むるは、去るも覓むるも惣《すべ》て是れ大痴人。[604]

頓教法なる者は是れ已《すで》に留む、[605] 世人を度《ど》するを求むれば須《すべか》らく自ら修むべし。今 世間を保ち道を学ぶ者、此《こ》

に於いてせずんば是れ大悠悠[606]なり[607]」と。

大師 偈を説き已了《おわ》りて、遂に門人に告げて曰わく、[608]「汝等 好く住せよ、今 汝と別れん。[609] 吾 去りて已後《いご》、世情の悲泣《ひきゅう》を作《な》す莫《なか》れ。[610] 而《しか》るに人の弔問銭帛《ちょうもんせんばく》を受け、[611] 孝衣を着るは、[612] 即ち聖法《しょうぼう》に非ず、我が弟子に非ず。吾が在りし日の如くに一種、[613] 一時に端坐し、[614] 但だ動無く静無く、生無く滅無く、去る無く来る無く、是《ぜ》無く非《ひ》無く住する無く、坦然《たんねん》として[615] 寂静《じゃくじょう》なれば、[616] 即ち是れ大道なり。[617] 吾 去りて後、但だ法に依りて修行せば、[618] 吾が在りし日と一種。[619] 吾 若し世に在るも、汝 教法に違わば、吾 住《とど》まるも益《やく》無し[620]」。

大師 此の語を云《い》い已《おわ》り、夜 三更《さんこう》に至り、[621] 奄然《あんねん》として遷化《せんげ》す。[622] 大師 春秋七十有六[623]なり。[624]

【五四】滅度の奇瑞

大師 滅度《めつど》の日、寺内に異香氛氛《いこうふんぷん》たりて、[625] 数日散《さん》ぜず。山 崩れ地 動き、[626] 林木 白に変じ、[627] 日月《にちがつ》 光無く、風雲 色《いろ》を

345b

失う。[628] 八月三日に滅度し、十一月に至り、和尚の神坐《しんざ》を漕渓山《そうけいざん》に迎え、[629] 龍龕《りゅうがん》[630]の内に葬《ほうむ》る。[631] 白光《びゃっこう》 出現し、直《じき》に上りて天を衝《つ》き、三日にして始めて散ず。韶州刺史《しょうしゅうしし》・韋拠《いきょ》 碑を立て、今に至るまで供養す。[632]

【五五】『壇経』伝授の系譜

此の『壇経《だんきょう》』は、法海上座《ほっかいじょうざ》の集なり。上座 无常《むじょう》するに、[633] 同学・道際《どうさい》に付し、道際 无常するに、門人・悟真《ごしん》に付す。

悟真は嶺南《れいなん》漕渓山法興寺《ほうこうじ》に在りて、見今《いま》 此の法を伝受す。[634]

【五六】機根すぐれた者に与えよ

如《も》し此《こ》の法を付せば、須《すべか》らく上根智にして、深く仏法を信じ、大悲《だいひ》に立つを得《う》べし。此の経を持《じ》して以って稟承《ひんじょう》と為し、今に於いて絶えず。[635]

【五七】後記

和尚は本《も》と是《こ》れ韶州《しょうしゅう》曲江県《きょくこうけん》の人なり。[636]

「如来 涅槃《ねはん》に入《い》り、[637]法教 東土に流《なが》る。共に无住心《むじゅうしん》を伝うれば、[638]即ち我が心は住する无《な》し。此れ真の菩薩の説、真実もて行喩を示す。[639]唯《た》だ大智の人に教え、旨《むね》を凡に示して度《ど》せしむ[640]」。

誓いて修行し、難に遭《あ》いて退かず、苦に遇《あ》いて能《よ》く忍び、福徳 深く厚くして、方《はじ》めて此の法を授く。如《も》し根性 堪えず、[641]材量 得《よろ》しからずんば、[642]此の法を求むと雖《いえど》も、建立《こんりゅう》し得ざる者は、[643]妄《みだ》りに『壇経《だんきょう》』を付するを得ず。諸《もろもろ》の道を同じくせる者に告げ、密意《みっち》[644]を知らしめん。[645]

南宗頓教《なんしゅうとんぎょう》 最上《さいじょう》 大乗《だいじょう》 壇経《だんきょう》 一巻[646]

【五八】菩薩たちの名

大乗志三十、[647]大聖志四十、大通志五十、大宝志六十、大法志七十、大徳志八十、清之蔵四十、[648]

清持蔵四十、清宝蔵五十、清蓮蔵六十、清海蔵七十、大法蔵八十。此れは是れ菩薩の法号なり。[649]

敦煌本『六祖壇経』注

【首題訓読】

1 荷沢神会（六八四―七五八）の語録に『菩提達摩南宗定是非論』『南陽和上頓教解脱禅門直了性壇語』があり、やはり神会作とされる歌辞に『南宗定邪正五更転』があって、「南宗」「頓教」の立場を共有する。特に敦博七七号本においては『壇経』とこれら三作品が連写されている。「最上大乗」については、本文中において『金剛経』の教えを「此れは是れ最上乗の法」（【二八】）と讃えているほか、五祖弘忍の作とされる『修心要論』が大正蔵本などでは『最上乗論』と題されること、恵能条も含んだ灯史『歴代法宝記』の首題下に別名として「亦名最上乗頓悟法門」（T五一、一七九上）と記されることが参照される。従来の禅文献が、『大乗五方便』『大乗開心顕性頓悟真宗論』などのように「大乗」を標榜するのに対して、さらに上の立場を示したもの。「摩訶般若波羅蜜経」は、本文中で説かれる教えが「摩訶般若波羅蜜の法」（【二】）とされていることにもとづく。

2 後世には多く「慧能」と表記する。本作品の説法者。唐先天二年没、世寿七六（六三八―七一三）。まとまった伝記には本作品のほか〔唐〕王維「能禅師碑幷序」、唐建中二年（七八一）成書の『曹渓大師伝』、〔後晋〕劉昫『旧唐書』方伎伝などがあり、石井本『南陽和尚問答雑徴義』の末尾でも略伝が語られる。

3 〔唐〕李吉甫『元和郡県図志』巻三四・嶺南道一に「韶州」あり。現広東省韶関市。

4 不詳。韶州の城内にあった寺院であろう。〔清〕陳昌斎『広東通志』巻二二九・古蹟略十四・寺観一の韶州府曲江県に「報恩光孝寺、河西に在り。唐開元二年、宋宗《ママ》錫建し、開元寺と名づけ、又た名を大梵寺と更《あらた》む。刺史・韋宙 六祖に『壇経』を説くを請いし処」とあるが、開元二年（七一四）は恵能の没後であるし、韋宙は咸通三―九年（八六二―八六八）にかけて嶺南節度使であった人なので、やはり年代が合わない（『新唐書』循吏伝、呉廷燮『唐方鎮年表』嶺南東道）。

5　本作品の題名はテクストにより大きく異なるが、敦煌本の尾題は「南宗頓教最上大乗壇経」と記され宋代以降の諸本においても「壇経」の二文字は共通して含まれており、これが核心部分であると思われる。『歴代法宝記』には「東京荷沢神会和上　月毎《ごと》に檀（壇）場を作り、人の為めに法を説き、清浄禅を破し、如来禅を立つ」（T五一、一八五中）云々とある。「壇場」の具体相は不明であるが、神会の語録三種のうち懺悔や斎戒を説くものが『壇語』と題されていることからすれば、法話と授戒をほどこす集会において説法者が登る舞台か、あるいはその集会の場全体を「壇」「壇場」と呼んだのであろう。したがって『壇経』とは、般若波羅蜜と無相戒を説く集会の記録の意か。なお、『隋書』経籍志子部五行類に「仙人務子伝神通黄帝登壇経一巻」「壇経一巻、四等撰」「登壇経一巻」が著録されるが、どれも現存せず関連は不明。

6　比丘戒、菩薩戒の上に重ねて「無相戒」を受け教えを広める弟子の意か。例えば『広弘明集』法義篇収録の隋煬帝「宝臺経蔵願文」で作者が「菩薩戒弟子楊広」と名乗り（T五二、二五七中）、『宋高僧伝』習禅篇・唐潤州幽棲寺玄素伝には「受菩薩戒弟子・吏部侍郎斉澣、広州都督梁卿、潤州刺史徐嶠、京兆韋昭理、給事中韓賞、御史中丞李丹、礼部崔令欽、並びに道流人望にして、咸な師資を欽《よろこ》ぶ」（T五〇、七六二上）とあるが、これら「菩薩戒弟子」「受菩薩戒弟子」という表現にならった肩書であろう。

7　不詳。石井本『雑徴義』に、慧能以後の相承を問う門人として名が見えている（五五）。大中八年（八五四）整理になる円珍の『福州温州台州求得経律論疏記外書等目録』には「曹谿山第六祖能大師壇経一巻、門人法海集［随身］」（T五五、一〇九五上）と記され、［北宋］道原『景徳伝灯録』巻五には慧能法嗣として立伝され「『壇経』に〈門人法海〉と云うは、即ち禅師　是《こ》れなり」と注記される（T五一、二三七中）。

【一】

8　「高座」は説法者の坐る座席。『世説新語』賞誉篇注に、支遁の講義のさまを讃え「正に高座の上に在り、麈尾を挙ぐる毎に、常に数百言を領し、情理倶に暢ぶ」と言う。

9　底本は「韋処」に作り、スタイン本は「等拠」、旅順本は「韋拠」に作る。底本でも後文では「韶州刺史・韋拠　碑を立つ」とあるので（【五四】）、旅順本に従う。伝記不詳。刺史は州の長官。荷沢神会（六八四―七五八）の語録の一つ石井本『雑徴義』末尾の慧能伝には「殿中丞・韋拠 碑文を造り……其の碑 今見《げん》に漕渓に在り」（五五）とある。

10 官僚。「寮」は「僚」と通用する。

11 諸本ともに「儒士餘人」に作るが、「餘」字の上に一文字以上の数字を脱しているはずである。恵昕本は「儒宗学士三十餘人」（五）に作る。

12 後文には、恵能自身の命で法海を含む十大弟子が『壇経』を書き留め、世に広めたとする記述もある（【四七】）。

13 南宗の宗旨を伝えるには『壇経』を授け、伝法の証とする。このことは本作品中に繰り返し述べられるのみならず（【三八】【四七】）、韋処厚の「興福寺内道場供奉大徳大義禅師碑銘」（『全唐文』七一五）には「洛者曰会。得総持之印、独曜瑩珠、習徒迷真、橘枳変体、竟成檀経伝宗、優劣詳矣（洛陽に居住した者は神会である。善を保持する印を得て、独り宝珠のごとき徳を輝かせていたが、門人たちが真実を見失い、橘がカラタチとなってしまうように変質したので、ついに『壇経』による伝授を始めてしまい、他派に劣ることが明らかになってしまったのである）」とあり、この碑銘が書かれた元和一三年（八一八）頃には神会派で実際に行われていたことと見なされていたようである。

【三】

14 後文では開悟にみちびく指導者のことでもあるが、ここでは聴衆への呼びかけ。神会の『壇語』でも聴衆に「知識」と呼びかけている。

15 こころ、精神。［隋］天台智顗『摩訶止観』巻五上に「蓋し是れ色法すら尚《な》お能《よ》く此《か》くの如し、況《いわ》んや心神の霊妙たる、寧《なん》ぞ一切法を具《そな》えざらんや」（T四六、五五下）、『楞伽師資記』道信条「身心調適にして、然《しか》して心神を安んぜば、則ち窈窈冥冥、気息清冷にして、徐徐に心を斂め、神道清利にして、心地明浄たり」（T八五、一二八九上）とある。

16 しばらくして。

17 自らの諱《いみな》を自称として用いる。わたくし恵能。

18 現河北省涿県。『旧唐書』地理志・幽州および涿州の項を参照。

19 底本は「南」字右に刪去符号「卜」を記すが、従わない。

20 嶺南は現湖南・江西省と広東省との省境に横たわる大庾嶺より南の地域。新州は現広東省新興県。『旧唐書』地理志・嶺南道に「新州」あり。

21 もと河北の范陽で官職についていたのが、罪を得て庶人におとされたうえ新州に流された。

22 父親が死んで残された子。すなわち恵能自身のこと。『孟子』梁恵王下「幼にして父無きを孤と曰う」参照。

23 現広東省南海市。『元和郡県図志』巻三四・嶺南道一・広州に「南海県」あり。

24 柴は、たきぎ。

25 官営の宿であろう。[宋]楽史撰『楊太真外伝』「是の時、虢国夫人先に陳倉の官店に至る」(『説郛』巻一一一)参照。

26 原文は「却向門前」。「向」は動作の方向を表す介詞。高麗・徳異本や宗宝本では「客店」に作る。

27 『金剛般若波羅蜜経』のこと。真作か否かは不詳ながら、鳩摩羅什訳に対する恵能の注解として『金剛経解義』が伝わる。

28 耳にするやいなや開悟して。「一A便(即)B」で、AするやいなやBするの意。後段の「恵能一たび聞き、言下に便ち悟る」(【九】)、「一たび悟れば即ち仏地に至る」(【三一】)も同じ構文。

29 「持」は受持。経典を受領して記憶にとどめ常に念ずる。

30 底本「新州」に作る。スタイン本、旅順本に従って改む。

31 現湖北省黄梅県。『旧唐書』地理志・淮南道「蘄州」の項を参照。

32 石井本『雑徴義』末尾に語られる弘忍の伝によれば、四祖道信の住した双峰山の東に位置するという(五四)。他の典籍では、「馮茂山」(『楞伽師資記』弘忍条、T八五、一二八九下)、「憑茂山」(『歴代法宝記』弘忍条および恵能条、T五一、一八二上中)とも表記される。

33 俗姓周、黄梅県の人。法を道信に嗣ぎ、馮墓山で禅法を伝える。唐咸亨五年没、世寿七四(六〇一―六七四)。[唐]浄覚『楞伽師資記』に立伝されるほか、石井本『雑徴義』末尾(五四)や『旧唐書』方伎伝・神秀伝に略伝が見える。

34 [梁]宝亮『大般涅槃経集解』巻三三・聖行品七は経文の「仏性即如来」を解して、「見性して成仏せば、即ち性を仏と為すなり」(T三七、四九〇下)と言う。

35 「直了」は、ずばりと成し遂げる。円仁の『入唐新求聖教目録』は『壇経』を「曹渓山第六祖恵能大師説見性頓教直了成仏決定無疑法宝記檀経一巻」(T五五、一〇八三中)として著録する。

36 「聴見」で一語。聞いた。

37 後文では同じ内容が恵能自身の説法としても語られる（【二八】）。荷沢神会（六八四—七五八）の語録である石井本『雑徴義』でも、達摩より恵能に至る六代の祖師はみな『金剛経』に依って説法したと記される。

38 「聞説」で一語。ある情報を聞く、伝聞する。

39 『曹渓大師伝』では、出家のきっかけとなったのは『涅槃経』、弘忍に参ずるきっかけは『投陀経（頭陀経）』であったとされ、『金剛経』は恵能自身が説法するに至ってはじめて言及される。

【三】

40 そなたは私のところで、いったい何を求めるのか。「復」は疑問文に添える助字。「何物」は二字で一語。吉川幸次郎「六朝助字札記」（『吉川幸次郎全集』第七巻、筑摩書房、一九六八年）参照。

41 底本、スタイン本は「唯求仏法作」に作り、旅順本は「唯求仏作」と書いた後、「仏」の右下に「法」を補う。三本ともに通じがたく、文に乱れがありそうである。続く弘忍の回答に「若為堪作仏法」とあるのを参考に、しばらく「唯求作仏法」と改める。しかしスタイン本と旅順本における弘忍の回答は「若為堪作仏」であり、これら二本に限って整合性を求めるなら「唯求法作仏」が適当であろう。

42 すると、弘忍大師はわたくしを責めて言われた。「遂」は「すると」「そこで」。

43 ［唐］李徳裕「論杜元穎状」第二状（『李文饒文集』一二）に「其の八千九百餘人、皆な是れ黎・雅州の百姓にして、半ば獦獠を雑《まじ》う。臣・徳裕 鎮に到りて後……龍興大慈寺に於いて点閲するに、並びに是れ南界の蛮獠たり」とある。黎州、雅州は今の四川省西辺にあたるが、この地域の異民族を「獦獠」「蛮獠」と呼んだのだろう。『壇経』の獦獠も、漢民族から見た西南地域の蛮族を指す呼称とおもわれる。鄧文寛「敦煌本《六祖壇経》「獦獠」芻議」（『敦煌吐魯番学耕耘録』新文豊出版、一九九六年）も参照。

44 底本は「為」字の右側で「未」と訂正するが、従わない。ただ、筆写者がこの一連の問答に落ち着かなさを感じたのは確かなようである。

45 この「即」は「則」に同じ。「人」と「仏性」を対比する。肉体が生を受けた場所には違いがあるが、仏としての本性には違いがない。

46 ［劉宋］慧厳等再治『大般涅槃経』巻一九・光明遍照高

貴徳王菩薩品第二十二之一「善男子よ、一切の声聞・縁覚の経中に、曾て聞かず、仏に常楽我浄有り、畢竟滅せず、三宝仏性に差別相無く、四重罪を犯すと、方等経を謗ると、五逆罪を作ると、及び一闡提に悉く仏性有りとは」（T一二、七三六下）参照。

47　自分にはべる高弟たちがそばにいるのを見て。

48　原文は諸本ともに「大師更便不言」と作るが、「便」は衍字と見て除く。ただし、敦煌諸本の筆写者が「更に不言を便とし」などと理解していた可能性はある。

49　そこでわたくしを退け。

50　「作務」は、農作業や伽藍保全などの各種労働。［梁］慧皎『高僧伝』道安伝には、師に軽んぜられた道安が野良仕事に追いやられたとの記述が見える。［唐］杜朏『伝法宝紀』弘忍条に「常に作役に勤め、体を以って人に下る」（柳田聖山訳注『初期の禅史Ｉ』筑摩書房、一九七一年、三八六頁）、『歴代法宝記』弘忍条には「常に作務に勤め、体を以って人に下る」（T五一、一八二上）とあり、弘忍は自らへりくだって人のために働いたとされる。『壇経』では、人々の目をあざむくためにあえて下働きに従事させたのである。

51　有髪のまま寺院に居住して各種の労働に従事する出家志望者。『釈氏要覧』上「行者」や、無著道忠『勅修百丈清規左觿』巻八「行者」の項を参照。

52　かくしてわたくしを米搗《つ》き場に所属させ。

53　『曹渓大師伝』および石井本『雑徴義』末尾（五五）にも本段とほぼ同じ記事が見える。王維「能禅師碑」には「其の力を竭くすを願い、即ち井臼に安んじ、素《も》と其の心を剗《さ》き、悟を稊稗に獲」とあるから、碓坊で働いていたことは早くからの伝承である。王維は、そこで雑穀のような卑小な物や日常の労働から道を体得したと理解しているようである。

【四】

54　「訖」、諸本ともに「記」に作るが、文意に拠って改む。

55　この世にある者の生死は待ったなしの一大事であるのに、君たちはひねもす仏菩薩を礼拝供養して、功徳の果報を求めているばかり。「福田」は、望ましい果報をはぐくむ原因。『大智度論』巻三二「或る時は布施の福、福田に在り」（T二五、三〇一中）参照。

56　自己の本性が見失われた状態では、功徳を積んでも救われることはない。「福門」は、望ましい果報を導く入口。『大智度論』巻一八「上の三事（引用者注：布施、尸羅、忍辱）、能く福門を開くと知る。又た是の福徳の果報は常無く、天人中に楽を受くるも、還《ま》た苦に堕つると知る。是の無常の福徳を厭うが故に、実相般若波羅蜜を求む」（T二五、一九六中）参照。

57 もし大いなる意旨、すなわち仏法の宗旨を悟っていたなら。

58 「火急」は、すみやかに。

【五】

59 「処分」は、いいつけ、命令。張相『詩詞曲語辞滙釈』巻五（中華書局、六八二頁）参照。『祖堂集』巻一〇・長慶和尚章に「大師 便ち安排《したく》し了るや、侍者に処分《いいつ》け、伊《かれ》をして粥を煮しむ」とある。

60 俗姓李、陳留尉氏の人。法を弘忍に嗣ぎ、荊州（現湖北省）玉泉寺に住す。久視二年（七〇一）、則天武后に召され国師と仰がれる。神龍二年（七〇六）没、世寿百餘歳、諡号を大通禅師と賜る。伝記には［唐］張説「唐玉泉寺大通禅師碑」（『張説之文集』一九）、『楞伽師資記』神秀条、『旧唐書』方伎伝などがあり、彼もしくは一門の著作および説法記録に『観心論』『大乗無生方便門』がある。「上座」は具足戒を受けてからの年数が長い僧への敬称。

61 底本は「是故教受師」だが、スタイン本、旅順本に従い「是教授師」に改む。

62 師を補佐して教えを説く師範代のような役職か。『雑阿含経』巻二五に「掘多に子有り、優波掘多と名づく、我滅度の後百歳に、当《まさ》に仏事を作《な》し、教授師中に於いて最も第一為《た》るべし」（T二、一七七中）とあり、人々に教えを授ける僧ということのようである。

63 神秀どのが法を得てからは、当然かれを拠り所にできるはずだ。

64 人々はそのような互いの心もちを知り、誰もが偈を提出しかねた。「不敢～」は、おそれ、はばかりなどのために～できない。

65 「廊」は建物軒下の通路部分。弘忍の居住していた建物の外壁に壁画を描くこととし、それに先立って法要を営んだということであろう。

66 原文は「幷画五祖大師伝授於法」。スタイン本、旅順本は「於」を「衣」に作っており、その場合は「幷びに五祖大師の衣法を伝授せるを画き」となる。

67 「楞伽変」は、『楞伽経』を絵解きした絵画。「五祖大師」は、達摩、恵可、僧璨、道信、弘忍（【四九】参照）。『続高僧伝』習禅篇には達摩や恵可が『楞伽経』を伝授したことが見え、『楞伽師資記』は禅宗第一祖を『楞伽経』の翻訳者である求那跋陀羅としている。『楞伽経』の教えとそれを体得した歴代祖師を描き、後代への記念とするのである。なお、楞伽変の作例は敦煌莫高窟第八五窟などに残され、［唐］杜朏『伝法宝紀』序には「亦た別に貌図有り、将《も》って記と為す」（『初期の禅史Ⅰ』三四六頁）とあって歴代祖師の肖像画が制作されたことが知られる。

68 底本「唐玲」に作る。スタイン本、旅順本に従い改む。底本でも後文では「盧供奉」（【七】）と記している。

69 底本「糵」に作る。スタイン本、旅順本に従い改む。

70 盧玲なる人物については不詳。後文で「盧供奉」と呼び「深く遠来を労う」と言うから（【七】）、宮中に出仕する、あるいはかつて出仕していた画工という設定である。『楞伽師資記』弘忍条には范陽の盧子産なる者が安州の寺の壁に弘忍像を描いたと見え、［唐］張彦遠『歴代名画記』巻九（『学津討原』一六、新文豊出版、一九八〇年）によれば、おそらくは開元中（七一三―七四一）の画工に盧稜伽、なる者がおり、同書巻三では、長安千福寺の「伝法二十四弟子」や褒義寺の「涅槃変」が彼の画とされる。画人の盧玲とは、こうした盧姓の画工から着想した架空の人物であろうか。

【六】

71 名利を求める凡夫の心で、聖なる祖師の地位を争うことになってしまう。

72 『楞伽師資記』序に「大通和上 諱は秀に遇い、禅法を授け、開示悟入するを蒙り、少分を得るに似たるも、心地を呈する毎に、皆な〈努力せよ〉と云う」（『初期の禅史Ⅰ』五二頁）、「呈する所の心地、尋已《すで》に決了せり」（五七頁）とあり、悟境を師に呈示して点検をねがうことを「呈心」「呈心地」と言ったようである。

73 一晩は五更に分けられるので、「三更」はまさに真夜中である。

74 南側通路の真ん中の壁に、心を呈示する偈を書きつけ。「題」は壁や絵画に詩文を書きつけること。

75 底本、旅順本「言此偈語」に作る。スタイン本も同じだが、「語」のごんべんの上四画を貫く縦画が見え、筆の迷いがうかがえる。今スタイン本を手がかりに「悟」に改む。

76 もし五祖がこの偈を見て悟っていると言い、わたしを訪ねてくだされば、これは自分の作だと言おう。

77 法を得ようという思いはおのずと無くなるだろう。

78 底本「事燭題作偈」。スタイン本、旅順本に従い「事」を「秉」に改む。

79 この身こそが菩提樹すなわち悟りを実現する場、不動の心には鏡のような智慧がかがやく。その智慧の鏡をつねに拭き清め、埃をつけてはならない。心を「臺」に喩えたのは禅定による不動の心を強調するためだが、押韻の都合もあるだろう。原文は「身是菩提樹、心如明鏡臺。時時勤払拭、莫使有塵埃」。なお、同趣旨の例として『楞伽師資記』求那跋陀羅条「大道は本来《もとよ》り広く遍く、円浄にして本より有り、因従《よ》り得るにはあらず。如《たと》えば浮雲の底の日光の似《ごと》し、雲霧滅し尽くさば、日光自《おの》ずから現る……亦た銅鏡を磨くが如し、鏡面上の塵落ち尽くさば、鏡は自《もと》より明浄なり」（T八五、一二八四中）参照。

【七】

80 「房臥」は、寝室。『遊仙窟』「新婦房臥に向かいて去れり」（蔣礼鴻『敦煌変文字義通釈〈増補定本〉』上海古籍出版社、一九九七年、八九頁）参照。

81 原文は「並無人見」。「並」は否定辞を強める。見た者は一人もいなかった。

82 未明を昧旦、明るくなってからを「平旦」という。

83 そのとき五祖は神秀の偈を見て記録を要請し。侍者に書きとめさせたのであろう。

84 この「弘忍」は一人称。わたくし。

85 変相は画かないことにした。原文「不画変相也」。「也」は口語で事態の変化を表す助字。文言の「矣」、現代語の「了」に相当する。太田辰夫『中国語史通考』白帝社、一九八八年、八七、二一六頁参照。

86 〔姚秦〕鳩摩羅什訳『金剛般若経』「仏 須菩提に告ぐ、〈凡そ所有《あらゆ》る相は、皆な是れ虚妄なり。若し諸相の相に非ざるを見ば、則ち如来を見る〉」（T八、七四九上）参照。ジョン・マクレー『虚構ゆえの真実―新中国禅宗史―』（大蔵出版、二〇一二年）は、この挿話に『楞伽経』の「北宗」から『金剛経』の南宗への交代という寓意があると指摘する（九一頁）。

87 地獄、餓鬼、阿修羅の世界に生まれることはない。

88 原文「依法修行、有大利益」。正しい教えに従って修行すれば、悟りという大いなる利益がある。

89 恐れ入ります、もったいのうございます。へりくだりつつ感謝または辞退する語。

90 底本「不敢求但」。スタイン本、旅順本に従い「不敢求祖」に改む。

91 底本「見」字無し。スタイン本、旅順本に従って補う。

【八】

92 底本「此誦此偈」に作る。スタイン本、旅順本に従い「唱誦此偈」に改む。

93 「能」は、「恵能」の下一文字。一人称として用いている。わたくし。

94 底本「是何言偈」、スタイン本も同じ。旅順本はいったん「是言何偈」と書いたのち「言」と「何」の間右側に乙改符号「レ」を記す。今、訂正前の旅順本に従う。

95 原文は「令門人等、各作一偈来呈吾看」。「看」は、試みにやってみよという意。それぞれ偈を一首作って私に示してみよ。

96 底本、スタイン本「吾大意」に作る。旅順本に従い「吾」を「悟」に改む。

97 五祖は門人たちみなに暗誦させたのです、「この偈の本旨を悟れば、自己の本性を徹見できる。この偈に従って修行すれば、輪廻の世界から脱出できる」とおっしゃって。

98 「取」は動作の実現や持続を表す。願わくはしっかりと諳んじて来世の縁を結び。

99 他に同じ用例を見出し得ないが、この「仏地」は仏国土、浄土のことであろう。十地の最高位としての「仏地」ではない。

100 また読み書きのできる人に依頼して。「解」は「できる」の意の助字。

101 西側の壁に偈を書きつけ。おそらく南向きまたは北向きの壁で間に柱が二本あるのであろう。神秀はその真ん中の区画に偈を書き、恵能は西側の区画に書いたのである。「着」は動作の完了、達成を表す助字。

102 「本心」は、本来心、本来清浄な心のこと。石井本『雑徴義』「真如の性は、即ち是れ本心」（二四）、『拾得詩』第三首「一向に本心を迷《みうし》ない、終朝 名利《みょうり》に役せらる」（『寒山子詩集』）参照。

103　「本心を識らざれば」以下四句は、自伝を語る恵能が聴衆のために挿入したコメント。

104　原文「識心見性」。本書で繰り返される主張である。「自らの本心を識るは、是れ本性を見るなり」（【二六】）、「〈我が本源は自性清浄〉と。心を識り性を見れば、自《おの》ずから仏道を成し、即時に豁然として、本心に還得す」（【三〇】）、「若し本心を識らば、即ち是れ解脱」（【三二】）。また、『諸経要抄（擬）』に「心を識り性を見るは、理を悟るの人、即ち是れ真仏なり」（T八五、一一九四中）とあり、『七祖法宝記』にも同文がある（『蔵外仏教文献』第二輯、一四四頁）。

105　底本、スタイン本「即吾大意」に作る。旅順本に従い「吾」を「悟」に改む。

106　成仏する身体にも、智慧を宿す心にも固定的な実体はない。その実相こそが清浄なる仏性であって、本性である以上は汚れることなどありえない。恵昕本以後の諸本では第三句を「本来無一物」に作る。

107　本来心こそが悟り、肉身にこそ仏智は働く。この智慧は元々そなわっているもので、その本来の清浄さが汚されることはない。以上、神秀と恵能の三首の偈については、マクレー『虚構ゆえの真実』、拙稿「臺のない鏡―『六祖壇経』呈心偈考―」（『集刊東洋学』一〇一号、二〇〇九年）を参照。

【九】

108　底本「言下便吾」。旅順本に従って「言下便悟」に改む。

109　「頓教」は、頓悟を説く教え。荷沢神会の説法録に『南陽和上頓教解脱禅門直了性壇語』があり、その本文中には「各各至心なれ、知識をして頓悟解脱を得しめん」（一六）とある。

110　菩提達摩から代々伝えられた衣を伝法の証とし。『菩提達摩南宗定是非論』「従上の相伝は、一一皆な達摩の袈裟を与《も》って信と為す」（八頁）参照。なお、浄覚撰『注般若波羅蜜多心経』の李知非序によれば浄覚はその師玄賾の「磨納袈裟・瓶鉢錫杖等」を付嘱されたという。

111　『曹渓大師伝』「大師 和上に問うて曰わく、〈法は文字無く、心を以って心を伝え、法を以って法を伝う。此の袈裟を用いて何をか為さん〉。忍大師 曰わく、〈衣は法信と為し、法は是れ衣の宗たり……〉」（八七頁）参照。

112 底本「自古伝去」。スタイン本、旅順本に従い「去」を「法」に改む。

113 底本「懸茲」に作る。スタイン本、旅順本に従い「茲」を「絲」に改む。

114 昔から法を伝える者は、気息が物をぶら下げてはりつめた糸のようなもの、いつ切断されるかわからないものだ。石井本『雑徴義』「我 漢地と縁尽くるも、汝 後にも亦た此の難を免れざらん。第六代に至りて後、法を伝うる者は命 懸絲の如し。汝等 好く住せよ」（五〇）、『曹渓大師伝』「吾 此の衣を持するに、三遍刺客の来たりて吾が命を取らんとする有り、吾が命は懸絲の若し」（一〇〇—一〇一頁）参照。

115 王維「能禅師碑」には「終りに臨み、遂に密かに授くるに祖師の袈裟を以ってし、而して之れに謂いて曰わく、〈物は独り賢なるを忌み、人は己に出づるを悪《にく》む。吾 且《まさ》に死せんとす、汝 其れ行かんか」とあり、衣の伝授と迫害からの避難がすでに語られている。「能禅師碑」は伝法の時期を弘忍の臨終と記しており、これに従えば咸亨五年（六七四）、恵能三七歳の出来事である。また石井本『雑徴義』に「汝の縁は嶺南に在り、即ち須らく急ぎ去るべし。衆人 知見せば、必ず是れ汝を害せん」（五五）と見える。

【一〇】

116 底本「生九江駅」。スタイン本「於九江駅」、旅順本「至九江駅」。今、旅順本に従う。底本は形似による誤りであろう。

117 九江の駅についたところで、すぐに別れた。「九江」は、隋の九江郡、唐の江州（現江西省九江市）。『元和郡県図志』巻二八・江南道四・江州を参照。「駅」は、公文書を伝える車馬の置かれた場所。弘忍は黄梅より南下して、交通の便利な長江の辺まで恵能を送って来たのである。「登時」は、すぐに。［南唐］静・筠『祖堂集』巻一五・東寺如会章「師 云わく、〈背後底は？〉南泉 登時《ただち》に休す」参照。

118 災難がきっと起きる。

119 迷える人も、もし開悟すれば、わしと異なることがない。師の法を得れば何処にあろうと常に師と一体だという主張は、本書の基調の一つ。【三二】【三七】参照。

120 「辞違」は、別れの挨拶をすること。［唐］慧立『大唐大慈恩寺三蔵法師伝』巻七「一たび辞違して自り、倏に十餘載、境域 遐遠にして、音徽 聞く莫し」（T五〇、二六一中）参照。

121　別れの挨拶がすむと、すぐに出発して南へ向かった。

【一一】

122　二か月のうちに大庾嶺にたどりついた。「大庾嶺」は韶州の北、嶺南道と江南西道の境（現、広東省と江西省の境）を東西に走る山脈。『旧唐書』地理志・韶州始興県の条を参照。

123　なんと後ろから数百人も追手が来て、わたくしを捉え、祖師の衣と法とを奪おうとしていたのであった。

124　道半ばまで追って来たところでみな帰ったが。

125　恵順、不詳。石井本『雑徴義』では「慧明」とされる。『曹渓大師伝』および『祖堂集』弘忍章でも名は「恵（慧）明」、さらに廬山を経て蒙（濛）山で弟子を接化したという。

126　『旧唐書』職官志・武官の項によれば、左右衛以下京城に置かれた各軍の「大将軍」は正三品、「将軍」は従三品である。『新唐書』百官志・十六衛の項も同じ。

127　ずっと大庾嶺までやって来て追いつき捉え。「直」は、ずっと。「趁」は、追いつく。「着」は動作の完了、達成を表す助字。

128　底本「便伝法買恵順」。スタイン本、旅順本に拠って「買」字を除く。

129　以上、恵能が弘忍の法を嗣ぎ祖師の袈裟を伝授されたことは王維「能禅師碑」、石井本『雑徴義』、『曹渓大師伝』にも等しく伝えるが、偈の競作は『壇経』にのみ見えるほか、「能禅師碑」や『曹渓大師伝』では弘忍の下を辞し恵明（順）と別れた後しばらく俗人に混じって姿を隠していたとされるなど、事跡に大小の相違がある。

【一二】

130　何劫にもわたって、つまり遥かな過去世より何度も生まれ変わりながら因縁を積み重ねてきた結果である。「劫」は、時間の単位。途方もない長さの時間。

131　これから説く教えは過去の聖者たちが伝えて来たもので、わたくしの胸臆に出るものではない。

132　石井本『雑徴義』に、峻儀県尉の李冤なる者への言葉として「煩悩と仏性と、一時に自《もと》より有り。若し真正の善知識の指示に遇わば、即ち能く性を了じ道を悟るも、若し真正の善知識に遇わざれば、即ち諸《もろもろ》の悪業を造り、生死を出離する能わず、故に仏と成るを得ず」（四〇）と見える。

133 「亦」は、前の条件に関係なく結果が同じであることを表す助字。やはり。愚人であろうが智者であろうが、仏性にもともと差別はない。

134 迷悟は自性のありかたの差に過ぎぬという主張。本書の基調の一つ。【三〇】【三五】参照。

【一三】

135 智慧と禅定が別だなどとゆめ世迷言を言ってはならない。「第一」は「勿」「莫」「不得」「不可」などの禁止表現の上について禁止の意を強める。決して～するな。断じて～してはならぬ。後文「汝 第一に早く来《きた》れ、吾をして怪《とが》めしむる勿《なか》れ」（【四〇】）、『壇語』「第一《ゆめゆ》め仏語に依るを疑う莫れ」（二八）参照。

136 智慧と禅定とは本体においては同一で二ではない。底本は「恵定体不一不二」に作り、スタイン本、旅順本は「恵定体一不二」に作る。後文に「名は即ち二有るも、体に両般無し」（【一五】）とあるからスタイン、旅順両本に拠って上の「不」を削除した。敦博本の本文は、筆写者の仏教理解が無意識あるいは意識的に現れたものか。

137 以下、「即」は主語を強める助字。ほかならぬ禅定こそが智慧の本体、まさに智慧がはたらいているその時。入矢義高「禅語つれづれ―即―」（『増補 求道と悦楽―中国の禅と詩―』岩波現代文庫、二〇一二年、一四〇頁）参照。

138 底本、スタイン本、旅順本ともに「定」字無し。今、恵昕本「若識此義、即是定恵等学」（一八）に拠り補う。恐らくは「是」「定」の字形が類似するために誤ったもの。

139 「定恵等」は神会がくりかえし説いた教えのひとつ。石井本『雑徴義』（一九）に、「若し是くの如きを得ば、即ち定の時、名づけて慧の体と為し、即ち慧の時、即ち是れ定の用。即ち定の時 慧に異ならず、即ち慧の時 定に異ならず。即ち定の時 即ち是れ慧、即ち慧の時 即ち是れ定。即ち定の時 定有る無く、即ち慧の時 慧有る無し。何を以っての故に、性 自ずから如なるが故に。是れ定慧等しく学ぶと名づく」とある。ほかに同・一〇、二九段『壇語』（一七）にも関連の所説が見える。神会の「定恵等」については、小川隆『神会―敦煌文献と初期の禅宗史―』（臨川書店、二〇〇七年）第三章参照。また敦煌写本『法性論』（スタイン四六六九）にも「即ち定の時 是れ慧家の体、即ち慧の時 是れ定家の用」「即ち日の時、光家の体、即ち光の時、日家の用」とある（『鈴木大拙全集』二、岩波書店、二〇〇〇〇年、四四五頁）。

140 「作意」は、意識する、意図する。神会は、分別意識をおこす、という否定的な意味で用いており（小川『神会』第三章第三節）『壇経』でも通常否定される実践であるが、ここは、よく意識して、心して、の意。後段【三五】参照。また【一七】の「用心」も同じ。

141 「言う莫れ」の内容は「定を先にして」以下。誤った心を起こして、禅定が先だとか智慧が先だとか、禅定と智慧が別々であると言ってはならない。いわゆる「北宗」系の文献とされる『大乗無生方便門』（『北宗五方便』第二号本）に次のように見える。「問う、是没《なに》か是れ不動。答う、心の不動なる、是れ定、是れ智、是れ理なり。耳根の不動なる、是れ色、是れ事、是れ慧なり。此の不動は是れ定従《よ》り慧を発する方便にして、智慧を開く門なり」（『鈴木大拙全集』三、二〇〇〇年、一七三頁）。神会はこのような禅法と自己の「定恵等」の立場を峻別して、次のように言っている。「同じからずと言うは、澄禅師は先に定を修め、定を得て已後に慧を発す。会《それがし》（＝神会）は即ち然らず。正に侍御《おんみ》と共に語る時、即ち定慧倶に等しきなり」（石井本『雑徴義』二九）と。

142 「口」と「心」との一致は『壇経』の特徴的思想の一つ。【一四】【二五】【二六】【四三】参照。石井本『雑徴義』「口に菩提を説くも、心に住処無し。口に涅槃を説くも、心に生滅有り。口に解脱を説くも、心に繫縛有り。即ち是れ説通、宗は通ぜず」（四四）も参照。

143 心と言葉とが一つになり。

144 「先後」は、「定」と「恵」の前後関係、因果関係。

145 諍いを離れること、他者を非難しないことは『壇経』に特徴的な主張の一つ。【一八】【三六】【四三】【四四】【四八】参照。

146 「法我」は「法執」、「法我見」とも。仮の現象を実有と見る妄想。

147 「四相」は『金剛般若経』に見える「我相、人相、衆生相、寿者相」の四。伝・恵能撰『金剛経解義』大乗正宗分第三では「迷人の財宝・学問・族姓有るを恃みて、一切人を軽慢するを、我相と名づく。仁義礼智信を行うと雖も、意 高く自負し、普敬を行わず、我 解《よ》く仁義礼智信を行う、合《まさ》に爾《なんじ》を敬うべからずと言うを、人相と名づく……是れを凡夫の四相と謂う。修行の人にも亦た四相有り。心に能所有りて、衆生を軽慢するを、我相と名づく。自ら持戒を恃みて、破戒せる者を軽んずるを、人相と名づく……」（Z三八、六六五上下）とあって、やはり四相を争いや傲慢さと関連づけて解している。

【一四】

148 曼陀羅仙訳『文殊説般若経』や『大乗起信論』などに見え、神秀らの「東山法門」（いわゆる「北宗」）でも主要な禅法とされていた。小林圓照「一行三昧論」（『日本仏教学会年報』四一、一九七六年）ほか参照。『菩提達摩南宗定是非論』に「是《こ》の无念なる者は、即ち是れ般若波羅蜜。般若波羅蜜なる者は、即ち是れ一行三昧」（四四頁）とあり、石井本『雑徴義』（一四）にも同文が見える。しかし、ここでは、常に一直心を行ずることを以って「一行三昧」としている。

149 底本「常行真心是」、スタイン本「常真真心」、旅順本底本に同じ。今、「直心」の誤りと見て改む。次注150参照。

150 底本「行住坐臥、常行（スタイン本「真」）真心是。『浄名経』云、〈真心是道場、真心是浄土〉」。後文「心に諂曲を行い、口に法の直を説く莫れ」、および『浄名経』の原文は「直心」に作ることから、「真」を「直」に改める。この段の「直心」はすべて同様。敦煌写本では「真」と「直」の混用が珍しくなく（鄧文寛・栄新江校本『敦博本禅籍録校』二五五頁校記〔三〕）、また「真心」と「直心」は字形が似るだけでなく意味も通じあう。『維摩経』菩薩品の僧肇注は「直心」を解して「内心真直にして外に虚仮《こけ》無し」（T三八、三六三下）といい、『寒山詩』には「心真にして語を出だすこと直《なお》く、直心には背面《うらおもて》無し」と見える。また『祖堂集』巻三懶瓚和尚「楽道歌」の「真心無散乱」は、『景徳伝灯録』巻三〇では「直心無散乱」に作っている。ただし底本およびスタイン本、旅順本において「直」の意を「真」で表すのは本段の「真（直）心」だけであり、筆勢を見ても「真」と「直」は明らかに書き分けているようである。「口に法の直を説く莫れ」とのつながりからは「直心」が本来の形であったろうが、敦煌諸本は確信を持って「真心」と記していた可能性がある。『最上乗論』に「此の真心なる者は、自然にして有り、外従り来《きた》らず、三世の中に束修されず。所有《あらゆ》る至親に、自ら心を守るに過ぐるは莫し」（T四八、三七七中）とあるのを参照。

151 『維摩詰所説経』菩薩品「直心 是れ道場、虚仮無きが故に」（T一四、五四二下）、『同』仏国品「宝積よ、当《まさ》に知るべし、直心 是れ菩薩の浄土、菩薩の成仏せる時、諂《へつら》わざる衆生 其の国に来生す」（T一四、五三八上中）とある。

152 「諂曲」は、本心を曲げて迎合すること。『法華経』方便品「我慢にして自ら矜高《こうこう》、諂曲にして心《こころ》 実ならず」（T九、八中）、『高僧伝』巻三・求那跋摩伝「濁世《じょくせ》には諂曲多く、虚偽にして誠信無し」（T五〇、三四一中）参照。

153 「但〜」は、ただ〜しさえすれば。ただ〜でありさえすれば。「但だ三身を悟らば、即ち大意を識らん」（【二〇】）、「但だ『金剛般若波羅蜜経』一巻を持すれば、即ち見性するを得、般若三昧に入らん」（【二八】）、「心地 但だ浄からざること無くんば、西方 此《こ》こを去ること遠からず」（【三五】）参照。

154 迷える人は教えの表層ばかり見、一行三昧という言葉に執着して、正直《しょうちょく》な心を守ってじっと坐り、妄想を取り除いて心のはたらきを止めることが一行三昧だ、という。

155 「無情」は、心を持たない植物や無機物。心の断滅をいましめるのは『壇経』に特徴的な思想の一つ。【四四】【四八】参照。

156 ［唐］成玄英『道徳経解題序訣義疏』に「道は虚通を以って義と為し、徳は尅獲を以って名を受く。道は能く物に通じ、物は能く道を得るが為めの故なり」（ペリオ二三五三）とある。

157 底本「心在住即通流」。旅順本は底本に同じく、スタイン本は「心住在即通流」と書いた後、「住」と「在」の中間右側に乙改符号「レ」を記す。スタイン本は文意が通じがたく、底本も直後に「住」すれば繋縛されると言うのと矛盾する。しばらく、恵昕本「心不住法、道即通流」（一九）に拠り「心不住即通流」に改む。

158 底本「住即彼縛」。スタイン本、旅順本とも異同は無いが、文意より「彼」は「被」の誤写と見なして改めた。後段【一八】「却被浄縛」参照。

159 『維摩経』弟子品「我が昔を憶念するに、曾て林中に於いて樹下に宴坐す。時に維摩詰 来《きた》りて我に謂いて言わく、〈唯《ああ》、舎利弗よ。必ずしも是の坐を宴坐とは為さざるなり。夫れ宴坐とは、三界に於いて身意を現さざるを是れ宴坐と為し、滅定より起たずして而も諸の威儀を現すを、是れ宴坐と為し……煩悩を断たずして而も涅槃に入るを、是れ宴坐と為す」（T一四、五三九下）参照。不動の坐禅が正しい修行であるなら、維摩がこのように舎利弗を叱ることなどなかった。また、以下の荷沢神会の語録を参照。『菩提達摩南宗定是非論』「和上 答う、若し人〈凝心入定、住心看浄、起心外照、摂心内証〉せば、此れは是れ菩提を障《さ》うるなり。今〈坐〉と言うは、念の起こらざるを〈坐〉と為し、今〈禅〉と言うは、本性を見るを〈禅〉と為す。所以《ゆえ》に人に教えて身を坐して住心入定せしむることをせず。若《も》し彼の教門を指して是と為さば、維摩詰は応《まさ》に舎利弗の宴坐を訶すべからざるなり」（一七頁）、石井本『雑徴義』「今、性を見ると言うは、性に内外無きなり。若し内外の照に因るが故にと言わば、元より是れ妄心、若為《いか》んが性を見ん？ 経に云く、〈若し諸の三昧を学ばば、是れ動にして坐禅に非ず、心は境界に随いて流る、云何《いか》んが名づけて定と為さん〉（『法句経』普光問如来慈偈答品）と。若《も》し此の定を指して是と為さば、維摩詰は即ち舎利弗の宴坐を訶する応《べ》からざるなり」（一〇）参照。

160 ペリオ三〇四七本『南陽和上問答雑徴義』「大乗の定は、心を用いず、〔心を看ず、〕浄を看ず、空を観ぜず、心を住《とど》めず、心を澄まさず、遠く看ず、近く看ず、十方無く、降伏せず、怖畏無く、分別無く、空に沈まず、寂に住《とど》まらず、一切の妄想生ぜざる、是れ大乗の禅定なり」（五〇）参照。

【一五】

161 「猶如～等」で、～のようである。『大般涅槃経』梵行品「了了見仏性、猶如妙得等」（T一二、七二八中）参照。

162 名称は二つだけれども、本体としては一つ。また【一三】注139に引く『法性論』を参照。

163 禅定と智慧を、灯火そのものと灯火の光に喩える。『壇語』にも「定は恵に異ならず、恵は定に異ならず、是《か》くの如く世間の灯光 相《あ》い去離せず。即ち灯の時は光家の体、即ち光の時は灯家の用。即ち光の時は灯に異ならず、即ち灯の時は光に異ならず……定恵も亦た然り」（一七）と言う。

【一六】

164 底本「漸勧」。スタイン本、旅順本同じ。形似による誤りと見て「漸勤」に改む。

165 段階を経ない頓悟による悟りと、段階的な漸修による悟りとの二つがあるわけではない。教えを受ける人の機根に差異があるだけである。『壇経』において悟りは必ず頓であると説かれるが、同時に頓悟と漸修を教団の正統争いとして問題化する態度が批判されてもいる。後段【三五】【三六】【三九】などを参照。神会の弟子招聖寺慧堅は「開示の時は、頓に受けて漸に非ず。修行の地は、漸に浄めて頓に非ず。法空を知れば則ち法に邪正無く、宗通を悟れば則ち宗に南北無し。孰《たれ》か分別し仮名するを為さんや」と説き（徐岱「唐故招聖寺慧堅禅師碑」）、同じく楊岐山乗広も「機には浅深有れど、法には高下無し。二宗を分かつは、衆生、頓漸の見を存すればなり」と説いている（劉禹錫「袁州萍郷県楊岐山故乗広禅師碑」）。神会の没後――盛唐末から中唐のころ――その弟子たちが南北・頓漸の対立図式の解消に傾いていたことについては、小川『神会』第四章第二節を参照。ちなみに石頭希遷「参同契」にも「人根に利鈍有り、道に南北の祖無し」とある。

【一七】

166　わが法門はいにしえより、頓悟を教えるにも漸修を勧めるにも、いずれにも「無念」を宗旨とし、「無相」を本体とし、「無住」を根本としてきた。神会『壇語』「但《ただ》自、本体の寂静、空無所有にして、亦た住著無く、虚空に等同《おな》じく、処として遍からざるをさえ知らば、即ち是れ諸仏真如の身なり。是の義を以っての故に、故に無念を立てて宗と為す。無念を見れば、見聞覚知を具すと雖も、而れども常に空寂なり……」（一五）、後注174に引く石井本『雑徴義』（二〇）もあわせて参照。

167　原文「何名為相、无相於相而離相」。スタイン本、旅順本も同じだが、或いは「何名為无相、无相者於相而離相」の誤りかも知れない。その場合は、「何をか名づけて无相と為すや、无相とは相に於いて而も相を離るるなり」。

168　「無相」「無念」ともに、単に形相との交渉を拒絶したり、念慮を断滅させたりするのではない。念慮は一瞬一瞬にとどまることなく働き続け、しかもその思いにも、思いの対象にも執着しないのである。

169　底本「前念念念後念」、スタイン本同じ。旅順本「前念今念後念」に作る。敦博本も後文には「前念後念及今念」（【二二】）とあるから、ここも旅順本に従って改む。

170　『壇経』において、法身すなわち真理そのものの身体とは、己の色身すなわち肉体にそなわるもの（【二〇】）。しかもその法身はいきいきと働いていなければならず、心念を断滅させれば無情の木石と同じく仏性をうしなってしまう。【四四】【四八】を参照。

171　念慮が対象を取ることがなければ、あらゆる現象に応じながらしかも念慮は生じない。

172 念慮が断滅すればそれは死であり、再び別な世界に生まれる、すなわち輪廻して悪趣に堕ちることとなる。

173 道を学ぶ者はよく気をつけて、教えの真意を知らなければならない。「用心」はここでは、よく心して、の意。【一三】の「作意」と同じ。『壇語』「知識《そなた》ら、各《おのおの》の用心《こころし》て諦聴し、自本清浄心を聊簡せよ」（一二）参照。

174 石井本『雑徴義』「又た問うて曰わく、〈无念とは何の法か無きや、是《こ》の念とは何の法を念ずるや〉。答えて曰わく、〈無とは二法有る無く、念とは唯だ真如をのみ念ず……言う所の念とは、是れ真如の用。真如とは、即ち是れ念の体。是の義を以っての故に、無念を立てて宗と為す。若し無念を言わば、見聞覚知有りと雖も、而も常に空寂なり」（二〇）参照。

175 『維摩経』仏国品「法王の法力は群生を超え、常に法財を以って一切に施す。能《よ》善く諸法の相を分別し、第一義に於いて動かず」（T一四、五三七下）、石井本『雑徴義』「又問う、〈若為《いか》なるか〝宗通〟〉。答えて曰わく、〈但だ本自性の空寂を了《さと》りて、更に復た観を起こさざる、即ち是れ〝宗通〟。又た問うて曰わく、正に説く時（＝説通のとき）、豈《あ》に生滅に不是《あら》ず否《や》。答う、経に云わく、善能《よ》く法の諸相を分別し、第一義に於て動かず〉、と」（四四）参照。

【一八】

176 底本「元不着心、亦不着浄」。敦煌諸本に異同は無いが、恵昕本「亦不看心、亦不看浄」（二三）に拠り「着」を「看」に改める。

177 以下【三五】「塵労即是魚鼈」まで、崗四八本を対校本に加える。

178 【二〇】注202参照。

179 底本「却生浄」。スタイン本、旅順本、崗四八本に拠って「浄」下に「妄」を補う。

180 底本「却彼浄縛」、崗四八本同じ。スタイン本、旅順本に従って「彼」を「被」に改む。本来空で清浄のところに修める対象としての清浄さを定立してしまえば、その概念に繋縛される。『壇語』「浄と聞説《き》けば、心を起こして浄を取り、定と聞説けば、心を起こして定を取る。此れ皆な是れ妄心、亦た是れ法縛、亦た是れ法見なり。若し此の用心を作せば、解脱を得ず、本自の寂浄心に非ず。涅槃に住するを作して、涅槃に縛られ、浄に住して浄に縛られ、空に住して空に縛られ、定に住して定に縛らる。此の用心を作すは、皆な是れ菩提の道を障ぐるなり」（『神会の語録 壇語』一一）参照。

181 真の「不動」は他人の過ちや欠点を見ても本性を動かさないこと。迷える人々はじっと動かず坐禅をしているが、しかし口を開けばすぐ他人の批評を始める。諍いを離れること、他者を非難しないことは『壇経』に特徴的な主張の一つ。【一三】【三六】【四三】【四四】【四八】参照。

182 『定是非論』「若し人をして坐せしめ、〈心を凝らして定に入り、心を住《とど》めて浄を看、心を起こして外に照らし、心を摂めて内に証〉せしめば、此れ菩提を障《さまた》ぐ」（一七頁）、〔唐〕杜朏『伝法宝紀』の「論」にも、「念仏浄心の方便、此彼の流に混じ、真如法身の端倪、曾て何ぞ髣髴せん、悲しきかな。豈に悟らんや、念の性は本より空、焉にか念処有らん、浄の性は已に寂、夫《そ》れ何ぞ心を浄めん、念・浄 都《すべ》て亡びて、自然に満《まど》かに照らす、と」（『初期の禅史Ⅰ』四二〇頁）とある。

【一九】

183 上に南宗においては心にも清浄さにも不動にも執着しないことを説いたが、そうした法門においては何を坐禅と名づけるのか。

184 『定是非論』「今 坐とは、念 起こらざるを坐と為し、今 禅と言うは、本性を見るを禅と為す。所以《ゆえ》に人をして身に坐し、心を住め、定に入らしめず」（三一頁）参照。

185 原文「本性自浄曰定」。岡四八本は底本に同じだが、スタイン本、旅順本は「曰」を「自」に作る。その場合、この句は「本性 自《もと》より浄く自より定まるも、只だ境の触るに縁りて」のように下句に連続する。

186 底本「只縁境解、解即乱」。諸本に異同はないが、文意により「解」を「触」に改む。

187 本性は清浄であって、ただ外境と接触することによってはじめて乱されるが、形相への執着を離れて乱れなければそれが「定」である。

188 ただちにからりとして、本来の清浄な心に立ち返る。『維摩経』弟子品「時に維摩詰 即ち三昧に入り、此の比丘をして自ら宿命を識らしむ、曾て五百仏の所に於いて衆《おお》くの徳本を植え、阿耨多羅三藐三菩提に廻向せりと。即時に豁然として、本心に還得し、是こに於いて諸比丘 稽首して維摩詰の足を礼す」（T一四、五四一上）参照。

189 伝・鳩摩羅什訳『梵網経盧舎那仏説菩薩心地戒品第十』

巻下「吾今当に此の大衆の為めに、重ねて十無尽蔵戒品を説かん。是れ一切衆生の戒の本源にして、自性清浄なり」（T二四、一〇〇三下）。この『梵網経』は、智顗『菩薩戒義疏』、法蔵『梵網経菩薩戒本疏』などしばしば『菩薩戒』の題名のもとに注釈書が作成されており、例えば『菩薩戒義疏』巻上に「上は菩薩の階位を序し、下は菩薩の戒法を明かす。大本従《よ》り出だすに、序及び流通は皆な闕けり。即ち部を別《わか》ちて『菩薩戒経』と称す」（T四〇、五六九下）とあるように、下巻について『菩薩戒経』なる別名を記している。実際に敦煌本『梵網経』の中には、下巻もしくは更にその一部のみを『菩薩戒経』なる尾題をつけて筆写している例が見られる（BD00271など）。

190　自性自度の思想は『壇経』の繰り返し説くところ。【二〇】【二一】注210参照。

【二〇】

191　「授」、原文は諸本ともに「受」に作るが、文意により改む。

192　「無相戒」とは、形のない戒律。形相の世界を離れた本性を根拠とし、また具体的な条文を持たないことからそう呼ぶのであろう。『金剛経解義』如理実見分第五「……如来滅後五百歳、有持戒修福者……」注「若し人有りて、能く大乗無相戒を持し、妄りに諸相を取らず、生死の業を造らず、一切時中に、心常に空寂にして、諸相の縛る所を被らずんば、即ち是れ住する無きの心……」（Z三八、六六七下）参照。以下【二三】までは「無相戒」を授ける儀礼を記した受戒儀である。柳田聖山「大乗戒経としての六祖壇経」（『柳田聖山集第一巻　禅仏教の研究』法蔵館、一九九九年）参照。

193　一斉にわたしについて唱えなさい。

194　「色身」は、肉身、肉体。身中に具有する仏法僧の三宝に帰依するという思想が、［梁］宝亮『大般涅槃経集解』や伝・玄奘訳『大辯邪正経』に見える。『大般涅槃経集解』巻一九・如来性品之二「已に我は即ち是れ仏性、自身に之れ有りと説かば、便ち応に自ら身中の三宝に帰すべし。必ず常楽を得、善業を成すの義なり」（T三七、四五五上）、『大辯邪正経』文殊師利菩薩又問大辯邪正法門品第八「二種のとは、其の義甚だ深し。一には、相を離れ体を求め、身中に一体三宝を具有せるを了知す。亦た身中に恒沙の功徳を具有するを知り、具さに身中に如来蔵法身を具有せるを信ずるを、名づけて正中の正と為す」（T八五、一四一二上。ただし旅順本に拠って文字を改めた箇所がある）参照。

195 上の文句を三度となえる。授戒の儀式のための指示。【二一】注208も参照。

196 「舎宅」は、家屋。「宅舎」「屋宅」などともいい、しばしば、神魂の依止するさきとしての肉体に喩えられる。『大目乾連冥間救母変文幷図一巻』に「宅舎 破壊して投ずる処無く、王辺に披訴して語声 哀し」（項楚『敦煌変文選注〈増訂本〉』中華書局、二〇〇六年）とあり、注に「〈舎〉を人の肉体に喩えるのは、仏典の常に語るところ」（八六八頁）と言う。蔣礼鴻『敦煌変文字義通釈〈増補定本〉』の「宅舎」の条も参照。肉体は仏身のやどる家に過ぎないので、肉体そのものに帰依するわけではない。後段【三五】でも、色身を城、性を王に喩え、王たる性がなければ身心は存在し得ないと説く。

197 真理としての本質はあらゆる人々にゆきわたっている。後文に「此の三身仏は自性の上に従いて生ず」とあるから、『壇経』では個々の衆生に融通した法性を自性や仏性と呼ぶようである。

198 「三世」は、過去・現在・未来。「当来円満報身仏」は未来であろうから、化身仏を現在、法身仏を過去に配当しているのであろう。

199 『大辯邪正経』文殊師利菩薩又問大辯邪正法門品第八「二には、唯だ直だ外を識るのみにして其の内を識らず、多く相に著きて求むるを、名づけて邪中の正と為す……一体にして外に求むるは皆な並びに是れ邪、一体にして内に求むるは即ち成りて一と為る」（T八五、一四一二上中）参照。

200 原文は諸本ともに「法」字無し。恵昕本の本文「何名清浄法身」（二九）に拠って補う。

201 あらゆる事物は本来清浄なる本性の上において現象している。後段【二五】も参照。

202 自性の清浄は不変であるから、妄念が無くなればあらゆる思考、行動などがすべて自性の体験となる。仏性―太陽、煩悩―雲、という喩えは『最上乗論（修心要論）』『観心論』『楞伽師資記』などにも見える「所謂北宗禅の基調」（柳田聖山「北宗禅の思想」『禅仏教の研究』法蔵館、一九九九年、二三二頁）である。

203 精神活動がさまざまな境地を化作することを、「化身」ととらえる。輪廻の世界を精神的境界の比喩として解釈する説き方は、後段【三五】にも見える。

204 すでに生じてしまった悪心に捉われることなく、次の一念を善なるものとすることだけを思う。

205 「无常」は死のこと。臨終にあって取り乱さず、怨みや恐れなどがないことか。

206 自性そのものは法身、善悪さまざまの思念は化身、思念を善なるものにすることは報身、そうした道理を悟ること、いわば報身から再び法身へ立ち返ることが帰依である。『壇経』は自らの衆生観、修道論にもとづいて三身、三世を解釈し排列し、互いに配当したことが知られる。

【三二】

207 『大乗無生方便門』の冒頭も「各各の䠒跪し合掌して、当に四弘誓願を発せ教令《し》むべし。衆生は無辺なれども誓願して度《すく》わん。煩悩は無辺なれども誓願して断たん。法門は無尽なれども誓願して学ばん。無上の仏道は誓願して証せん」（T八五、一二七三中）と始まる。

208 『壇経』編集者の加えた注記。聴衆は以上の文言を恵能について三度唱えた。

209 底本「自性自」。スタイン本、旅順本に拠って「自」下に「度」字を補う。崗四八本は「自」字も無い。

210 自性自度の思想は『壇経』の繰り返し説くところ。【二〇】参照。『浄度三昧経』巻三「一切諸天の人民は自ら度せんと欲するが故に、乃ち仏の教戒を受け、法の如く奉行し、仏の恵に依りて自ら福徳を得、度するを得、道を得ん。仏は実に人を度せず、人 自ら度するのみ」（『七寺古逸経典研究叢書 第二巻 中国撰述経典（其之二）』大東出版社、一九九六年、八五頁、一八〇頁）、『楞伽師資記』恵可条「是《こ》こに知る、衆生は心を識りて自ら度し、仏は衆生を度せず、と。仏 若し能く衆生を度せば、過去に無量恒沙の諸仏に逢うに、何故に我 成仏せざらん」（T八五、一二八五下）参照。

211 『大乗起信論』解釈分「言う所の覚の義とは心体の念を離るるを謂う。念を離るる相は虚空界に等しく、遍からざる所無く、法界一相なり、即ち是れ如来平等法身なり。此の法身に依りて、説きて本覚と名づく」（T三二、五七六中）参照。

212 この悟りとしての本性こそが、おのずからに具わる正しい見解によっておのれ自身を救うのだ。正見によって邪見迷妄を除去すれば、悟りの本性が現れるということ。

213 「度」字下、スタイン本には「邪見正度」四字が有り、旅順本には「邪来正度」四字が有る。

214 つねに心をへりくだらせ。「心行」は、こころ、こころばえ。『法華経』方便品「此れ等 仏を聞得すれば、大喜遍身に充つ。仏は彼の心行を知り、故に為めに大乗を説く」(T九、八上)参照。

215 底本、崗四八本、旅順本は「覚智生般若」に作るが、スタイン本に従って「智」を「知」に改める。知覚がつねに般若の智慧とともに作用すること。

216 四つの誓願の力を行うことで、如上の功徳が得られるのである。

【二二】

217 底本「今即発四弘誓願」。スタイン本、崗四八本に従って「即」を「既」に改む。

218 有相の心を離れることによって清浄な自性のままにはたらくことで、過去現在未来の罪を懺悔すること。「三世罪障」は輪廻における過去世、現世、未来世であるとともに、後文にいう現世における前念・今念・後念のことでもあろう。「無相懺悔」の語は『摩訶止観』にも見えるが、しかし智顗においては、悟りの境地においては「無相懺悔」も「有相懺悔」も共に捨てられるべきだとされている。『摩訶止観』巻二上「安楽行品の護持・読誦・解説・深心礼拝等、豈《あ》に事に非ざるや。『観経(普賢観経)』無相懺悔を明かすらく、〈我が心は自《もと》より空にして、罪福に主無く、慧日 能く消除す〉と。豈に理に非ざるや……是の行を持するの人、事に渉りて六根懺を修め、悟入弄引を為す、故に有相と名づく。若し直に一切法の空を観、方便と為さば、故に無相と言う。妙証の時は、悉く皆な両《ふた》つながら捨つ」(T四六、一四上)参照。

219 刹那刹那における心念が迷いを離れていれば、これまでの悪行は清浄なる自性において一度に除かれる。石井本『雑徴義』「牛頭寵法師 問う、〈懺悔して罪 滅するを得や否や?〉答う、〈無念を見れば、業 自ずから生ぜず。何ぞ妄心を計して、別に更に懺悔して之れを滅さんと欲すること有らん……〉」(二七)参照。

220 底本および崗四八本「前念後念及念、、不被愚痴染」、スタイン本「前念後念及念念不被愚痴染」、旅順本「前念後念及今念、、不被愚痴染」。今、本段後文の「前念後念及今念、念念不被疽疾染」を参考に「前念後念及今念、念念不被愚痴染」と改む。

221 「嬌雑心」は、いつわり多く不純な心。

222 【三三】に引く「滅罪頌」に「若し解《よ》く心に向《お》いて罪縁を除かば、各の自性中に真に懺悔せん」と言う。

223 「疽疫」は、かさ、うみ。実体のない対象への執着を、皮膚にできた瘡や膿になぞらえる。

224 「疾垢心」は、他人を非難する心。「垢」は「詬」に通ず。

225 口先だけで実行がともなわない修行者への非難は『壇経』一書を通じて繰り返される。ただしここで「口説」に対比されるのは、罪を悔いるのではなく、はじめからあらゆる執着を離れ清浄なる自性において行為すること。

【二三】

226 「三帰依戒」は、仏法僧の三宝に帰依すること。

227 「授」、底本および諸本ともに「受」に作るが、文意により改む。

228 「両足尊」は、仏の尊号の一。二本足の衆生において最も尊く、戒と定、福徳と智慧などの両者を備えているのでこう呼ぶ。

229 「離欲尊」は、三宝のうち法の尊称。

230 「衆中尊」は、三宝のうち僧の尊称。

231 ここまで、当時おこなわれていた三帰依戒文をもとにしている。たとえば〔唐〕明曠『天台菩薩戒疏』上には、「言わしむらく、弟子某甲等　願わくは今身従《よ》り尽未来際に仏両足尊に帰依し、法離欲尊に帰依し、僧衆中尊に帰依す〔三たび説く〕。弟子某甲等　願わくは今身従り尽未来際に仏に帰依し竟《おわ》り、法に帰依し竟り、僧に帰依し竟る〔三たび説く〕。今従り已往は仏を称して師と為し、更に餘の邪魔外道に帰依せず。唯だ願わくは三宝　慈悲もて摂受せよ、哀愍せるが故に〔三宝を礼す〕」（T四〇、五八二上中）とある。『壇経』はこうした儀礼の定型文を踏まえた上で、「三宝」「仏」「法」「僧」を「覚」「正」「浄」に読み替え、「三宝」に「自」字を加えて、さらに後文では「自心」がおのれ自身の覚り、正しさ、浄らかさに帰依するのだと解説する。

【二〇】注194も参照。

232 南本『涅槃経』師子吼菩薩品第二十三之一「師子吼菩薩言う、〈世尊、少欲と知足とに何の差別か有るや〉。〈善男子よ、少欲とは求めず取らず。知足とは得ること少なきの時、心 悔恨せず。少欲とは欲する所有ること少なし。知足は但だ法事を為して、心 愁悩せず……〉」（T一二、七七一上）参照。

233 「日従り日に至るまで」とは、一日中。『大辯邪正経』文殊師利菩薩起請品第三「何を以っての故に。心の時従り時に至り、日従り日に至り、月従り月に至り、年従り年に至るまで、心 諸境を縁じ、情 世塵に染まり、心 常に乱に在りて定まらざるが為めに、故に身も亦た還た然り」（T八五、一四一一上）参照。そうならないように、いかなる時にも間断なく自心における三帰依戒を受持せよというのである。

234 〔東晋〕仏駄跋陀羅訳『大方広仏華厳経』浄行品第七「自ら仏に帰す、当に願わくは衆生、大道を体解し、無上意を発せんことを」（T九、四三〇下）参照。〔唐〕智昇『集諸経礼懺儀』巻上では「自ら仏に帰依す」に作る。

235 『華厳経』や智昇では自発的に仏に帰依するという意味だが、『壇経』はこれを自己の本性という仏に帰依せよと解釈するのである。

【二四】

236 「摩訶般若波羅蜜」は「無相戒」と並ぶ『壇経』の主要主題のひとつ。【一】参照。

237 きみたちは心をこめて聴いてもなお理解できないかも知れないが、わたしはそれでも説こう。

238 浄覚『注般若波羅蜜多心経』「行深般若波羅蜜多時」注「〈波羅蜜多〉は、此こには〈到彼岸〉と云う。解脱心なり。〈般若〉は、此こには〈智恵〉と云うなり」、笈多訳『金剛般若経』「若し是くの如くんば、善実よ、智慧彼岸到は、如来 説けらく、彼れ是くの如く彼岸到に非ず、彼れ故に、説きて智慧彼岸到と名づくる者なり」（T八、七六八中）参照。

239 『金剛経解義』如法受持分第十三「口に説き心に行えば、乃ち是れ彼岸に到るなり」（Z三八、六七四上）参照。

240 底本「如如化」。スタイン本、旅順本、崗四八本に異同はないが、恵昕本「如幻如電」（三三）、興聖寺本「如幻如化」（『六祖壇経諸本集成』中文出版社、一九七六年、五六頁下）に拠り「如幻化」に改む。

241 底本「如化修行者」。諸本ともに異同は無いが、文意より「化」を「此」に改む。

242 摩訶般若波羅蜜を修行するとは、自身中の法身が仏たちと等しいことを確信すること。【二〇】「自らの色身に、清浄法身仏に帰依す」を参照。

243 〔隋〕吉蔵『大品遊意』「〈摩訶〉に名有り、摩訶摩醯優波と謂う。此こには大と云うなり」（T三三、六三中）参照。

244 「心量」は、心の分量、大きさ。『楞伽経』に見える語で、経中では妄想を起こして外境を認識するはたらきのことであるが、『壇経』は文脈に合わせて自由に意味を持たせているのである。求那跋陀羅訳『楞伽経』巻二「大慧よ、受・想 正受し、自心現量を超ゆる者は、然らず。何を以っての故に、心量有るが故に」（T一六、四九五中）参照。

245 底本「莫定心禅」。スタイン本「莫定心座」、旅順本「莫定心坐」に作る。今、旅順本に従う。

246 「定心」は、『梵網経』巻上に十発趣心の第五として見える（T二四、九九七下）。「若し仏子 定心ならば、寂滅無相」（T二四、九九八中）。「无記」は、善でも悪でもない物事のことだが、ここでは空無に陥って有の世界をみうしなった状態を言うようである。『壇語』「祇だ〈心を凝らして定に入る〉が如きは、無記空に堕つ」（一五）。【二五】注250も参照。

247 底本「大地山何」。スタイン本、旅順本同じ。今、崗四八本に従って「何」を「河」に改む。

248 心性が大空のようなものと言っても、からっぽで何もないと思ってはならない。天がからっぽであるが故にあらゆる事物を収めることができるように、衆生の本性も空寂だからこそ一切を収めている。

【二五】

249 中国仏教においては「虚空」がしばしば清浄の比喩とされる。入矢義高「空と浄」（『増補 求道と悦楽』一九五—二〇八頁）参照。

250 【二四】と本段では、本性があらゆる物事を包含しながらそれに執着しないことを、空と天体や山河大地などとの関係に喩える。実叉難陀訳『入楞伽経』偈頌品第十「心性 本より清浄、猶お浄虚空の若し。心をして還《ま》た心を取らしむるは、習に由りて異因に非ず」（T一六、六二六下）、『壇語』「但《た》自だ、本体寂静、空にして有る所無く、亦た住著することも無く、虚空に等同たり、処として遍からざる無きを知れば、即ち是れ諸仏の真如身なり」（一五）参照。

251 底本および諸本に「行」字無し。後文に「迷人口念、智者心行」（【二六】）とあるのに拠って「行」字を補う。

252 迷える者たちは、からっぽなこころで何も思わないのを、虚空のように広大だと言う。

253 『壇語』「心に辺際無く、仏と同じく広大なり。心に限量無く、仏と同じく深遠、更に差別無し」（一四）参照。

254 実践のともなわない口先だけの教説への批判は、『壇経』で繰り返される主張の一つ。【一三】【一四】【二六】【四三】参照。

【二六】

255 【二四】注238参照。

256 底本および崗四八本は「一時中念念不思」に作るが、恵昕本に拠って「一時中」を「一切時中」に改め（三五）、スタイン本および旅順本に拠って「思」を「愚」に改む。底本や崗四八本は、前段で批判されているにもかかわらず、常に無心であることこそ般若の智慧であると理解していたのだろうか。

257 底本および崗四八本は「一念思即般若絶」に作るが、スタイン本および旅順本に拠って「思」を「愚」に改む。底本や崗四八本は、「一念 思えば即ち般若 絶え」と理解していたのであろう。

258 底本「心中常愚、我修般若、无形相、智恵性即是」。スタイン本同じ。崗四八本は「中」字無し。旅順本は「心中常愚、我修般般无形相、智恵性即是」と書いた後、上の「般」字右下に「若」字を補い、下の「般」字右傍に刪去符号「卜」を加えており、したがって校正後は底本と同じになる。按ずるに、敦煌祖本は「心中常愚、我修般ヽ若ヽ无形相、智恵性即是」と表記してあったのが、筆写の過程で反復記号が適切に継承されずに「心中常愚、我修般若、无形相、智恵性即是」と「心中常愚、我修般般无形相、智恵性即是」との二つの異本を生じ、これがそれぞれ底本（およびスタイン本、崗四八本）と旅順本になったのではないか。今、上の推測にもとづいて「心中常愚、我修般若。般若无形相、智恵性即是」と校訂する。恵昕本が「心中常愚、自言我修般若、念念説空、不識真空。般若無形相、智恵性即是」（三五）に作るのが参考になる。愚かな者は、自分は般若を修めていると思い込む。しかし、般若は形相を離れているから対象として修められるものではない。本性として生まれながらに持つ智慧に目覚めることが、そのまま「般若の行」である。

259 【二四】注238参照。

260 「水」は心、「波浪」は心に生じた妄想を喩える。外境への執着が無くなれば、波のない静かな流れのような本来心のみが残り向こう岸（悟り）に渡ることができる。『楞伽経』巻一「譬うるに海水の変じて、種種の波浪 転ずるが如し。

七識も亦た是くの如く、心 倶に和合して生ず。謂えらく、彼の蔵識の処に、種種の諸識 転ずと」（T一六、四八四中）参照。

261 口先の言葉と心における実践の対立は『壇経』に繰り返される主張のひとつ。【一三】【一四】【二五】【四三】参照。

262 底本および崗四八本は「念念若不行」に作り、スタイン本、旅順本には「不」字が無い。「迷人口念」からの論旨は間断なく般若を行じ続けることであるから、スタイン、旅順両本に拠って「不」を除くのが是。ただし、底本と崗四八本は「念念」を妄念と解して、妄念を行わしめないことが真実であると解していた可能性がある。

263 煩悩こそが悟り。「即」は主語を強める助字。【一三】注137参照。石井本『雑徴義』「給事中・房綰、〈煩悩 即ち菩提の義〉を問う。答えて曰わく、〈今 虚空を借りて喩を為さん。虚空の本来 動静無きが如し……明暗 自《もと》より去来有るも、虚空に元《も》と動静無し。煩悩 即ち菩提なるも、其の義 亦た然り。迷悟 即ち殊《こと》なり有りと雖《いえど》も、菩提の心 元来動かず〉と」（三九）参照。

264 底本「従口出」。崗四八本同じ。スタイン本「従口中出」、旅順本「従中出」に作る。今、旅順本に従う。『定是非論』「般若波羅蜜を修学する者は、能く一切法を摂む。般若波羅蜜の行を行うは、是れ一切行の根本なり。金剛般若波羅蜜は、最尊最勝最第一にして、生滅無く去来無く、一切諸仏 中従《よ》り出づ」（二七―二八頁）。石井本『雑徴義』（四八）にもほぼ同文が見える。

265 直前の四句のうち第一句「摩訶般若波羅蜜」への解説であろう。

266 「定めて」は、きっと、かならず。

267 底本および諸本「出」字無し。文意に拠って補う。

268 『大辯邪正経』文殊師利菩薩請問大利益品第六「善知識とは、能く三毒の悪心を廻らせて一体三宝と為す。善知識とは、能く四毒の悪蛇を制して乃ち四種威儀と為す。善知識とは、能く五毒を廻らせて五戒と為す」（T八五、一四一一下）、伝・神秀『観心論』「能く三毒を制すれば、即ち三量善有り、普く心に会するを以って、故に三聚戒と名づくるなり……若し能く三種の毒心を制し得ば、三聚浄戒は自然に成就す」（T八五、一二七一上中）参照。ただし後段【四一】では、「戒定恵」三学について異なった説が見える。

【二七】

269 『法性論』「強心とは所謂 三毒及び等分にして、各各の二万四千、共に八万四千煩悩の諸塵労門と為す……諸仏慈悲もて、衆生の妄心に対し、仮に三乗八万四千の法門を設け、方便もて教導し群品を引《みちび》く」（『鈴木大拙全集』二、四四四頁）参照。

270 底本「无億」。スタイン本、崗四八本同じ。旅順本に拠って「无憶」に改む。

271 『大智度論』釈無作実相品第四十三之餘「一切法 畢竟じて空なるが故に、憶ゆる無く、念の相無し。憶ゆる無く、念の相無きが故に、〈無念波羅蜜〉と名づく」（T二五、五一九下）、『歴代法宝記』無相章「先に引声念仏して一気を尽くさしめ、念 絶え 声 停まり、念じ訖れば云う、〈憶ゆる無かれ、念ずる無かれ、妄ずる莫れ〉と。憶ゆる無きは是れ戒。念ずる無きは是れ定。妄ずる莫きは是れ恵。此の三句語は即ち是れ総持門」（T五一、一八五上）参照。

272 言葉によって説かれる教えはさまざまな妄想を対治するためのものであって、自性としての智慧に由来するが性そのものではない。あらゆる憶念執着を離れ、本性そのままの観照を発揮することが仏となることである。後段【三〇】も参照。

【二八】

273 『金剛般若経』「何ぞ況んや人有りて尽く能く受持し読誦するをや。須菩提よ、当に知るべし、是の人 最上第一希有の法を成就し、若し是れ経典所在の処ならば、則ち仏、若しくは尊重の弟子有りと為すを」（T八、七五〇上）、『定是非論』「『金剛般若波羅蜜経』を誦持する者は、能く最上第一希有の法を成就するが為めの故に」（三四頁）参照。

274 『金剛般若経』「是の経に思議すべからず、称量すべからざる、無辺の功徳有り。如来 大乗を発する者の為めに説き、最上乗を発する者の為めに説く」（T八、七五〇下）参照。

275 底本「雨提閻浮提」。崗四八本に上の「提」字無く、スタイン本は「衣」に作る。今、旅順本に拠って「雨於閻浮提」に改む。

276 底本「不曾」。スタイン本、崗四八本、旅順本に従い「不増」に改む。

277 「閻浮提」は、須弥山の周囲にある四つの陸地のうち南にあってわれわれの住んでいるところ。小さく堅い陸地に降った雨は地表にあふれるが、大海は雨をそっくり受け入れてしかもあふれることがない。「閻浮提」は「少根智の人」、「大海」は「大智上根の人」を喩える。

278 『壇経』「恵能　銭を得、門前に却《しりぞ》くに、忽ま一客の『金剛経』を読むに見《あ》う。恵能　一たび聞きて、心　明らかに便ち悟り」（【二】）参照。

279 「龍王」は教えを説く善知識を喩える。龍が川や海の水を用いて雨を降らせるように、善知識は衆生が本性としてもとから持っている智慧を目覚めさせる。

280 『定是非論』「是の故に『金剛般若波羅蜜経』に云う、〈如来　大乗を発する者の為めに説き、最上乗を発する者の為めに説く〉と。何を以っての故に。譬うるに大龍の閻浮提に雨《あめふ》らさざるが如し。若し閻浮提に雨らさば、棗葉を漂わすが如く、若し大海に雨らさば、其の海　増さず減らず。故に若しくは大乗の者、若しくは最上乗の者、『金剛般若波羅蜜経』を聞説《き》きて、驚かず怖れず、畏れず疑わざれば、当に知るべし、是の善男子、善女人、無量久遠劫従《よ》り来《このかた》、常に無量の諸仏及び諸菩薩を供養し、一切の善法を修学すれば、今日　般若波羅蜜を聞くを得るも、驚疑を生ぜず」（三五―三六頁）参照。この段の比喩は『定是非論』とよく合うが、般若波羅蜜の教えを信じることができる理由を神会は過去世からの功徳に帰し、『壇経』はもともと自らに般若が具わっているからだとしている。

【二九】

281 原文「若被大雨一沃」。大雨に降られたとたん。

282 底本は「迷皆自到」。スタイン本は「悉皆自到」、旅順本は「悉皆自倒」、崗四八本は「速皆自倒」に作る。文意がよく通じるのは旅順本か崗四八本だが、今は後者に従う。敦博本がもとづいたテクストは崗四八本と同じく「速皆自倒」に作ってあり、敦煌本の筆写者は字形の類似から「速」を「迷」に誤ったものであろう。

283 根が浅い草木は、大雨に降られたとたんに倒れてしまい、成長することができないようなもの。

284 「雲」は「邪見」を、「風」は「正見」を、「日」は「本性」を喩える。同工の比喩は前段【二〇】にも見える。

285 「正（見）」「邪（見）」の対比は、『壇経』に繰り返し説かれる思惟形態の一つ。【一一】【三三】【三六】【四二】【四五】【四六】【五〇】【五三】を参照。

286 外に修めるのをやめて自性に目覚めれば、邪見を持っていた小機根の人もみな悟ることができる。「当時」は、まさにその時には。「小水」は小さな川、「大水」は大河。衆生の機根の大小を喩える。この「大海」の比喩は前段【二八】に既出。

287 『定是非論』「諸知識の『金剛般若波羅蜜経』を誦持すれども、一行三昧に入るを得ること能わざるは、先世に重罪業障有るが為めの故に、必ず須らく此の経を誦持すべし。此の経の威徳力を以っての故に、世人の軽賤、現世の軽受を感得し、軽受を以っての故に、軽賤を以っての故に、先世の重罪業障　即ち消滅せらる。消滅するを得るを以っての故に、即ち一行三昧に入るを得」（三九頁）参照。般若の功徳を享受できない理由を神会は過去世の罪業に帰し、『壇経』は邪見煩悩が本性をくらますからとする。

【三〇】

288 あらゆる経典は人に合わせて説かれる方便だが、聴聞者がその教えを受け止め得るのはすべての衆生に平等にそなわる智慧があるからである。もし衆生に本性としての智慧がなければ、あらゆる教えも成立しない。前段【二八】も参照。

289 本性たる智慧は平等だが、現実には智愚のちがいがあるため、教化する者とされる者とが分かれる。

290 底本「有縁在人中有愚有智、愚為小故、智為大人、問迷人於智者」。諸本ともに異同は無いが、最後の一句は「迷人問於智者」に改める。恵昕本が「愚者問於智人」（三九）に作るのも参考になる。

291 後段【五二】、またペリオ本『雑徴義』「覚了すれば即ち仏性、覚了せざれば即ち無明」（三）も参照。

292 あらゆる教えは自己の心中にある。

293 『梵網経』巻下「是れ一切衆生の戒の本源にして、自性清浄なり」（T二四、一〇〇三下）参照。

294 底本と崗四八本は「即」字の上に空格を設けている。この二句が『維摩経』の句であることを示そうとしたためであろう。ただし『壇経』本来の意識としては、「心を識り性を見れば」から続く本文に融解させていると思われる。なお前段【一九】でも、ここと同じ『梵網経』と『維摩経』の句が一組で引かれていた。

【三一】

295 底本「是頓以教法」。崗四八本は底本に同じ。スタイン本は「是故汝教法」、旅順本は「是故以教法」に作る。今、旅順本に従う。

296 底本および諸本「若能自悟」に作るが、文意より「若不能自悟」に改む。恵昕本が「若自不悟」（四〇）に作るのも参考になる。

297 『壇語』「一切衆生は本来涅槃にして、無漏の智性 本自《もとよ》り具足せるに、何為《なんすれ》ぞ見ざるや。今 生死に流浪し、解脱を得ず、煩悩に覆わるるが為めの故に、見るを得る能わず。善知識の指授に因るを要し、方乃《はじ》めて見るを得、故に即ち生死を流浪するを離れ、解脱を得しむ」（九）参照。

298 最上乗の法を自ら体解し、人にずばりと正しい道を示す者こそが、大いなる善知識、大いなる悟りへの因縁である。『壇語』「云何が正因正縁なるや。知識よ、無上菩提心を発するは是れ正因、諸仏菩薩・真正の善知識 無上菩提の法を将って知識の心に投じ、究竟解脱を得しむるは是れ正縁なり」（一）参照。

299 大善知識がおこなう教化指導によってこそ、衆生は見性成仏することができる。「道」は「みちびく」の意。恵昕本は「所謂化導、令得見性」（四〇）に作る。

300 善知識の指導は「因縁」、すなわちきっかけに過ぎず、悟りはあくまでも自ら妄念を離れ自己の本来心を見ることで達成されるのである。

301 悟ると同時に仏陀の境地に到達する。

302 「心地」は心のことだが、『壇経』では智慧や善悪正邪の念などがはたらく場所のイメージでとらえられる場合に「心地」と呼ばれるようである。【三五】【四一】【四二】【五〇】、『梵網経』巻下「我 已に百劫に是の心地を修行し、吾を号して盧舎那と為す。汝 諸仏 我が説く所を転じて、一切衆生の与《た》めに、心地の道を開け」（T二四、一〇〇三中）参照。

303 スタイン本および旅順本に拠り「不着一切法」五字を補う。

304 「六賊」は、六根における愛着。『雑阿含経』巻四三「士夫よ、内に六賊有り、随逐して汝を伺い、便を得れば当に殺すべし、汝 当に防護すべし……六内賊とは、六愛喜を譬う」（T二、三一三中）参照。「六門」は、眼・耳・鼻・舌・身・意の六根。『壇経』「何をか六門と名づくるや？ 眼・耳・鼻・舌・身・意、是れなり」（【四五】）参照。「六塵」は、色・声・香・味・触・法。「走出せしむ」は、逃げ出させる、追い出す。

305 教えによって縛られること。『壇語』「心 菩提を聞説《き》かば、心を起こして菩提を取り、涅槃を聞説かば、心を起こして涅槃を取り、空を聞説かば、心を起こして空を取り、浄を聞説かば、心を起こして浄を取り、定を聞説かば、心を起こして定を取る。此れ皆な是れ妄心、亦た是れ法縛、亦た是れ法見なり」（一一）参照。

306 「辺見」は有無断常などの一方に偏った見解のこと。ここではひたすら何も考えず心のはたらきを断滅させる修行を指す。鳩摩羅什訳『成実論』辺見品「若し諸法 或いは断、或いは常と説かば、是れ辺見と名づく。論師有りて言う、若し人 我 若しくは断、若しくは常と説かば、是れ辺見と名づく、一切法に非ず。所以《ゆえ》は何ぞや、現見の外物に断滅あるが故に、と。経中に説けらく、有の見を常と名づけ、無の見を断と名づく」（T三二、三一七上）参照。

【三二】

307 底本「得吾者」。崗四八本同じ。スタイン本は「得悟法者」に作り、旅順本は「得吾法者」に作る。今、旅順本に従う。

308 『壇経』「此の偈に依りて修行せば、恵能を去ること千里なるも、常に能の辺に在り」（【三七】）、「吾 去りて後、但だ法に依りて修行せば、吾が在りし日と一種。吾 若し世に在るも、汝 教法に違わば、吾 住《とど》まるも益无し」（【五三】）参照。

309 実叉難陀訳『華厳経』巻二六・十迴向品第二十五之四「願わくは一切衆生、凡愚の法を離れ、賢聖の処に入らんことを。願わくは一切衆生、速やかに聖位に入り、能く仏法を以って次第に開誘せんことを」（T一〇、一四〇上）参照。世俗的見解を捨てて、他人にも仏法を説き得る境地。ただし【六】に、「我 心偈を将《も》って五祖に上《たてまつ》り意を呈するは、即ち法を求むるに善きも、祖を覓むるは善からず、却って凡心に同じく、其の聖位を奪う」とあるように、『壇経』では正統な祖師の地位という意味も込められている。

310 これまでの祖師たちは、言葉に依らず沈黙のうちに衣と法とを伝えてきた。『壇経』「衣を将《も》って信と為し、稟《う》けて代代法を相い伝え、心を以って心を伝え、当に自ら悟らしむ」（【九】）、浄覚『楞伽師資記』弘忍条「其の忍大師、蕭然として浄坐し、文記を出ださず。口に玄理を説きて、黙授して人に与う」（T八五、一二八九中）、杜朏『伝法宝紀』序「其れ迹を天竺に発し、来たりて此の土に到る者は、其れ菩提達摩なるか。時に震旦に勝恵なる者有るが為めに、黙伝して真境を指すか……得て言うべからざるのみ」（『初期の禅史Ｉ』三三七頁）参照。

311 自分の師や、代々仏法を伝授して来た祖師を誹謗することになり、結局利益はない。

312 『梵網経』巻上「若し仏子、頂心とは……六道の果を受けず、必ず仏の種性中を退かず、生生に仏家に入り、正信を離れず」（T二四、九九八下）参照。文字通りには仏の家柄、つまり仏となる可能性、仏性のこと。

【三三】

313 「无相頌」と題される偈頌は【三六】にも見える。この「滅罪頌」は、布施などにより福徳を積んで罪を帳消しにしようとするのではなく、心性に悪の無い状態を実現するのが真の懺悔であると説く。【二二】に説かれる「无相懺悔」も参照。

314 底本「遇人」に作る。敦煌諸本に従って改む。

315 「在」、底本「造」に作るが、崗四八本に拠って改む。旅順本は「在」と書いた後、「造」に塗改している。

316 【二二】に「自性懺」の語が見える。

317 底本「六乗」。崗四八本同じ。スタイン本、旅順本に従って改む。

318 「大師」は釈迦牟尼仏や歴代祖師のことであろう。あるいは、もともと恵能本人を指していたもので、恵能門人によって作成された偈が恵能自身の作として『壇経』に収録された痕跡とも思われる。

319 修道に努力せずぼんやりしていてはいけない、何もせず過ごしていれば一生はあっと言う間に終わってしまう。

320 底本および諸本「志心」に作る。文意より「至心」に改む。

【三四】

321 「使君」は、州・郡の長官への尊称。ここでは韶州刺史・韋拠のこと。

322 底本およびスタイン本は「望意和尚」。旅順本は「望和尚」と書いた後、「望」と「和」の間右傍に「意」字を補うが、しばらく校訂前の旅順本に従って「意」を除く。

323 「何」、底本に無し。スタイン本、旅順本に拠って補う。なお、崗四八本は「問和尚望」から「疑即問〔何〕」までの二四あるいは二五字を脱しており、この部分は諸本ともにテクストの乱れが大きい。

324 底本、崗四八本は「可不如是」。スタイン本は「可不不是」に作り、旅順本は「可不是」と書いた後、「可」と「不」の間右傍に「不」字を補うが、しばらく校訂前の旅順本に従う。「可不是」は、「〜ではないでしょうか」。

325 荷沢神会の「北宗」との討論記録が『菩提達摩南宗定是非論』と題されるように、恵能一門は自らの源流を達摩に求め、達摩の後継者を自認した。

326 南朝梁の初代皇帝、蕭衍（在位五〇二―五四九年）。仏教に傾倒し、自ら『涅槃経』『般若経』『三慧経』を講ず。しばしば儀礼的に寺院の奴婢となり臣下が莫大な金銭で身請けしており、以下の逸話はこうした史実を反映したもの。『梁書』武帝紀下「高祖 同泰寺に幸し、無遮大会を設け、捨身し、公卿等 銭一億万を以って奉贖す」参照。彼の撰した仏教関係の詩文は、道宣『広弘明集』に収められる。

327 底本、崗四八本は「代」に作り、スタイン本は「伐」に作る。旅順本は「化」と書いた後で「代」に塗改するが、しばらく校訂前の旅順本に従う。ただし、底本は「達摩大師の時代に武帝が達摩に質問した」と解している可能性もある。

328 「並びに」は「どちらも」ではなく、否定辞「无」を強める助字。「けっして」の意。「まるで功徳はありませぬな」。

329 「惆悵」は、失意により悲しむこと。武帝はがっかりして、達摩を梁国から追放した。

330 この達摩と武帝の対話は『続高僧伝』『楞伽師資記』『伝法宝紀』には見えず、『菩提達摩南宗定是非論』に初めて見える。なお、すでに共通知識となっている逸話を題材にして見解を問う問答形式は、荷沢神会の語録にも見られる。石井本『雑徴義』「潤州刺史・李峻 曰わく、〈一山僧の嵩山に礼拝する有るを見る。安禅師 言う、〝粥を趁《お》う道人なり〟と。又た一授記寺の僧 礼拝す。安禅師 言う、〝粥を措《お》く道人なり〟と。問う、此の二 若為《いか》ん〉」（七）参照。

331 「平直」は、平等で正直、分別や偏りがないこと。

332 外面的な礼拝を修めても、自らの福徳におごって他者を軽んじ、自我への執着が断たれていなければ、自性法身に功徳はない。自己の仏性を信じるとともに他者を軽んじることを戒める思考は、【四四】にも見える。

333 「平等」は、分別や偏った執着のないこと。『壇経』「心嶮なれば仏も衆生、平等なれば衆生も仏」（【五二】）参照。

334 【三三】の「滅罪頌」では福徳を積む懺悔が否定された

が、ここでは「福」は功徳ですらないとされる。懺悔にしろ功徳にしろ、外的行為ではなく自性において修められねばならない。

335 『楞伽師資記』道信条「前に説く所の五事は、並びに是れ大乗の正理、皆な経文の陳ぶる所に依る。是れ理外の妄説には非ず」（T八五、一二八八中）参照。また神秀の孫弟子にあたる摩訶衍禅師の語録が、『頓悟大乗正理決』（七九四年序、ペリオ四六四六）と題される。

【三五】

336 恵能の碑文「能禅師碑幷序」を撰した王維の作にも「西方変画讃幷序」「給事中竇紹為亡弟故駙馬都尉于孝義寺浮図画再訪阿弥陀変讃幷序」があり、士大夫の浄土信仰がうかがえる。

337 鳩摩羅什訳『阿弥陀経』「是くの如く我 聞けり。一時《あるとき》、仏 舎衛国の祇樹給孤独園に在り、大比丘僧千二百五十人と倶なりき」（T一二、三四六中）参照。

338 畺良耶舎訳『観無量寿仏経』「阿弥陀仏は此こを去ること遠からず。汝 当に念を繋けて、諦らかに彼の国の浄業 成る者を観ずべし」（T一二、三四一下）、『阿弥陀経』「是こ従り西方に十万億の仏土を過ぎ、世界の名づけて極楽と曰う有り。其の土に仏有り、阿弥陀と号し、今現在に法を説く」（T一二、三四六下）参照。素質の劣った者を励ますためには浄土は近いと説き、すぐれた者のためには十万億土の彼方にある西方浄土を説くということか。ただし後文によれば、悟れる者は十善を行い自心を浄めて現世に浄土を実現するので、最終的には距離の遠近を超越した境地が求められているようである。

339 底本「法无般」。崗四八本、旅順本同じ。スタイン本「法无不」に作る。恵昕本（四四）に拠り「般」上に「両」字を補う。

340 『壇経』「法は即ち一宗なるも、人に南北有り。此れに因りて便ち南北を立つ、何ぞ漸頓を以ってせん。法は即ち一種なるも、見に遅疾有り。見 遅ければ即ち漸、見 疾ければ即ち頓。法に漸頓無きも、人に利鈍有り、故に漸頓と名づく」（【三九】）参照。

341 『維摩経』仏国品「若し菩薩 浄土を得んと欲せば、当に其の心を浄むべし。其の心 浄きに随いて、則ち仏土も浄し」（T一四、五三八下）参照。

342 底本「願生東方西者」。スタイン本、崗四八本同じ。旅順本に拠り「西」上に「生」字を補う。

343 [唐] 李師政『法門名義集』過患品法門名義第二「八邪とは、邪見、邪思惟、邪語、邪業、邪命、邪精進、邪念、邪定なり」（T五四、一九六上）参照。「十万」と「八千」は、極楽までの距離を十万八千里とする説にもとづく。[宋] 元照『観無量寿仏経義疏』巻上「又た云う、〈西方此こを去ること十万八千里〉と。此れ亦た誤りて四竺を以って西方と為すなり。経に云う、〈此こ従り西方に十万億の仏土を過ぎ、世界の極楽と名づくる有り〉と。豈に十万八千に止まらんや」（T三七、二八四下）参照。

344 底本「到如禅指」。スタイン本、崗四八本同じ。旅順本に拠り「到如弾指」に改む。真実心を行ずれば、指をぱちんと弾くほどの短時間で浄土に至る。

345 [梁] 郗超「奉法要」（『弘明集』巻一三）「十善とは、身に殺・盗・婬を犯さず、意に嫉・恚・痴ならず、口に妄言・綺語・両舌・悪口せず……凡そ此の十事は、皆な暫くも心念に起こすを得ず、是れ十善と為し、亦た十戒と謂う……十善に反するは、之れを十悪と謂い、十悪 畢《すべ》て犯さば、則ち地獄に入る」（T五二、八六中下）参照。十悪を断たなければ、臨終に迎えに来てくれる仏などはいいない。

346 「无生」は、あらゆる現象は条件によって仮に生起しており、生じたり滅したりはしていないという真理。この無生の理をただちにまるごと悟って、形相の世界への執着を離れればそこが浄土だと言うのであろう。

347 底本「得但」。崗四八本同じ。スタイン本、旅順本に拠り「得達」に改む。

348 「大善」は感嘆の言葉。なんとすばらしいことでしょう！

349 さあ、みな一斉に西方浄土を見よ！　このことに疑いが無くなったなら解散だ。

350 心を浄めることがすなわち浄土だと縷々説いて来た恵能は、さあ今こそ各自その境地を実現せよと呼びかける。しかし韋拠ら聴衆は依然として恵能が西方浄土の光景を見せてくれるものと誤解しており、言下に開悟することが出来なかったのである。同様の頓悟をうながす呼びかけとでも言うべき教化法は、神会の語録にも見られる。『定是非論』「和上 言う、〈一切の大小乗の経論に説けらく、衆生の解脱せざるは、生・滅の二心有るに縁る。又た『涅槃経』に云う、〝諸行は無常なり、是れ生滅の法。生滅 滅し已《おわ》り、寂滅を楽と為す〟と。未審《いぶかし》、生と滅と、滅すべきや滅すべからざるや……〉。法師 言う、〈……禅師 若し此の義を了ぜば、衆の為めに説くを請う〉……和上 言う、〈看《み》よ！ 見るや見ざるや?〉法師 言う、〈是没《なに》をか見ん?〉和上 言う、〈果然《はた》して見ず〉」（四八―四九頁）。同じ問答は石井本『雑徴義』にも収録される（九）。神会は、「看よ！」の言下に生滅の分別を離れた寂滅の境地を直覚することを求めたのだが、聴衆は開悟することができなかったのである。

351 諸本異同無し。恵昕本「外有五門」（四四）に作る。「眼、耳、鼻、舌、身」五つの「城門」だから理屈としては「五門」が正しいが、『壇経』が元来誤っていた可能性も考慮して、改めずにおく。

352 ［宋］道原『景徳伝灯録』巻二八・南陽慧忠国師語「若し然らば彼の先尼外道と差別有る無し。彼れ云う、〈我が此の身中に一神性有り、此の性 能く痛癢を知る。身 壊るるの時、神は則ち出で去る。舎の焼かるれば主 出で去るが如し。舎は即ち無常なるも、舎主は常なり〉と。審らかに此くの如くんば、邪正 辨ずる莫し、孰《いず》れか是為《た》るや。吾 比《このご》ろ遊方するに、多く此の色を見るも、近ごろ尤も盛んなり。三五百衆を聚却し、雲漢を目視して、是れ南方宗旨なりと云う。他《か》の『壇経』を把《と》りて改換し、鄙譚を添糅し、聖意を削除し、後徒を惑乱す。豈に言教と成さんや。苦なるかな、吾が宗 喪べり。若し見聞覚知を以って仏性となさば、浄名は応に云わざるべし、〈法は見聞覚知を離る。若し見聞覚知を行わば、是れ則ち見聞覚知、法を求むるには非ざるなり〉と」参照。神性の永遠を説く外道と同じ説を唱える「南方宗旨」なる集団があって、彼らが『壇経』を改変したというのだが、『壇経』の「性 在れば身心存し、性 去れば身 壊る」なる句は慧忠の言及するこの説に表面上よく似ている。したがって敦煌本『壇経』がすでに「南方宗旨」による改変を経たテクストであるという可能性は、検討するべき課題であろう。ただ、『壇経』は性が心身の根拠であることは繰り返し説くが、神我としての性が肉体を離れることが死であるという思想は本段以外に見えないから、「性 去れば身 壊る」とは城と王の比喩から導かれた修辞に過ぎないようにも思える。また慧忠の批判は知覚作用を仏性とすることに重点があって、神我説にはない。さらに、より古い『祖堂集』慧忠章には先に引用した一段が収録されていないという問題もある。以上の諸点を考え合わせると、『伝灯録』収録の慧忠の言葉を根拠に敦煌本『壇経』の成書過程を論じることには、訓注者は大きなためらいを覚える。しかし文字の上での類似は確かなことであるから、後考のために特に紹介した。

353 成仏はあくまでも本性において遂げられるもので、肉体が仏だと思ってはならない。『壇経』「色身は是れ舎宅、帰を言うべからず」「皮肉は是れ色身舎宅、帰には在らざるなり」（【二〇】）参照。

354 仏陀跋陀羅訳『達摩多羅禅経』修行四無量三昧第十四「喜無量とは……一切衆生の法楽を得已《おわ》るを見て、其の心歓喜す……捨無量とは、怨親を捨て已り、等しく中品に縁ず。此れ唯だ是れ衆生に差別有る無し」（T一五、三二〇中）参照。慈・悲・喜・捨を合わせて四無量心という。なお、観音と勢至は極楽浄土で阿弥陀仏の脇侍となる菩薩。『観無量寿仏経』等参照。

355 「人我」は、我に対する執着のこと。〔梁〕真諦『無上依経』菩提品第三「阿難よ、若し人有りて我見に執すること須弥山の大なるが如きも、我は驚怪せず、亦た毀呰《きし》もせず。増上慢の人 空見に執着すること、一毛髪の十六分を作すが如きも、我 許可せず」（T一六、四七一中）参照。

356 「鼈」は、大亀。崗四八本は、この後「即是海水、煩悩」（「煩悩」二字は塗改）の六文字を筆写し、以降の本文を省略してただちに尾題を記している。

357 これ以下「十善は即ち是れ天堂」までの四句は、人が死後に転生する世界を列挙してそれが実は心のありようであることを言う。「地獄」「畜生」「天堂」とあるから残りは「餓鬼」のはずであるが、「鬼神」とするのは「虚妄」に対応するからであろう。根拠のない妄想妄念を、姿なき鬼神に喩えるのである。

358 仏典において煩悩と心性はしばしば波と水に喩えられる。『大乗起信論』解釈分「一切心識の相は皆な是れ無明なるを以って、無明の相は覚性を離れず、壊すべきに非ず壊せざるべきに非ず。大海の水の風波に因りて動くに、水相と風相と相い捨離せざるも、而れども水は動性に非ず。若し風 止滅せば、動相 則ち滅するも、湿性は壊れざるが故に。是くの如く衆生の自性清浄心も、無明の風に因りて動き、心と無明と倶に形相無く、相い捨離せざるも、而れども心は動性に非ず。若し無明 滅せば、相続 則ち滅するも、智性は壊れざるが故に」（T三二、五七六下）参照。

359 自己の目覚めた本性という如来。「心地」については、『壇経』【三二】【四一】【四二】【五〇】を、「覚性」については、前注に引く『起信論』の文を参照。

360 自己の本性が智慧の光を発揮し、眼耳鼻舌身意を清浄なるままにはたらかせれば、諸々の欲望は打ち消される。「六欲天」は、四天王天、忉利天、夜摩天、兜率天、楽変化天、他化自在天。これら六層は天界の下層に位置し、いまだ五欲を残す世界である。

361 以上のように心のありようを輪廻の世界に譬える説き方は、【二〇】にも見られる。

362 明らかに自己の本性を見た。

【三六】

363 前段【三五】において浄らかな自心が浄土であると説いたのと同様の論理で、本段では肝心なのは修行の有無であって、出家在家といった表面上のあり方ではないと主張される。

364 【三三】の別名「滅罪頌」も、「无相頌」と題されている。

365 底本「尽誦」二字無し。スタイン本、旅順本に拠り補う。

366 この頌を暗誦して修行すれば、常にわたくし恵能の教説と共に在って離れることはない。

367 『楞伽経』に「宗通及び説通」の語があり、「説通」とは相手に合わせた巧みな説法で悟りに導くこと。『壇経』はこれに対するに「宗通」と言わず「心通」と言うが、これは心を以って心を伝えること、心において自己の本性に目覚めることだろう。『楞伽経』巻三「一切の声聞、縁覚、菩薩に、二種の通相有り。謂わく、宗通及び説通……云何なるか説通の相。謂《おも》えらく、九部の種々の教法を説き、異・不異、有無等の相を離れ、巧みなる方便を以って、衆生に随順し、応ずるが如くに法を説き、度脱を得しむ。是れ説通の相と名づく」（T一六、四九九下）、［唐］法蔵『華厳経義海百門』鎔融任運門第四「良《まこと》に以《おも》んみるに心 通ずれば則ち法門自在、義 顕わるれば則ち大智 由りて成る」（T四五、六三一上）参照。言葉による教えも以心伝心の悟りも、大空を照らす太陽のようなもので天空そのものは不変不動、衆生の本性もまた同じである。祖師たちはこの本性を頓悟する教えを伝え、世間を教化して邪説を論破する。なおこの冒頭四句は、『菩提達摩南宗定是非論』冒頭に掲げられる帰敬偈の後半四句にきわめてよく似る。『定是非論』「帰命す三宝海、法性真如蔵、真身及び応身、救世大悲者。宗通 説通を立つること、日の虚空に処るが如し。惟だ頓教の法を伝え、出世して邪宗を破す」（補一頁）参照。

368 【三五】【三九】参照。

369 底本「遇人」に作る。スタイン本、旅順本に拠って改む。

370 邪見は煩悩によって生じるが、正しい見解が得られれば煩悩も除かれる。しかし最終的には邪正の分別を捨てて、本来清浄に目覚めるのが無余涅槃の境界である。『金剛般若経』「我 皆な無餘涅槃に入らしめ、之れを滅度せしむ」（T八、七四九上）、伝・慧能『金剛経解義』大乗正宗分第三「〈無餘〉とは、習気煩悩無きなり」（Z二四、五一九下）参照。

371 「三障」は、煩悩障、業障、報障。衆生の具有する悟りはもともと清浄であって、分別心を起こせば妄念となる。しかし清浄なる本性は妄念の中にも失われず、それに正しく目覚めてさえいれば、煩悩・煩悩による業・業の報いという三つの障害は除かれる。

372 底本「常現在已過」。敦煌本諸本に異同は無いが、恵昕本が「常自見己過」（四五）に作るのを参考に「常見在己過」に改める。

373 つねに自己の過失を観察して、道と相《あ》い契《かな》う。『壇経』「吾 亦た見るとは、常に自らの過患を見、故に亦た見ると云う。亦た見ずとは、天地人の過罪を見ず、所以に亦た見、亦た見ざるなり」（【四四】）参照。

374 「色類」は、肉体を持つ者。物質界の諸生物。般若訳『華厳経』普賢行願品「恒に衆生に順うと言うは、謂《おも》えらく、尽法界、虚空界、十方刹海の、所有る衆生の種種の差別なり……種種の生類、種種の色身、種種の形状、種種の相貌……」（T一〇、八四五下）参照。

375 「頭に到り（到頭）」は、最後までたどり着いて。誰しも道を具有しているが、人は己の外に道を求めがちである。そのように道を求めても結局は道を見ることがなく、ふたたび懊悩することになる。

376 底本「世間遇」に作る。スタイン本、旅順本に拠り「世間愚」に改む。

377 「左」は難解だが、しばらく「佐」と同義と解した。真の求道者は、世間の愚かさを非難しない。もし世間の非を見るなら、自らの非がかえって増長する。

378 他人が自分をそしる場合には自分の罪とはならないが、自分が他人をそしれば、他者を誹謗する罪が自己に生ずる。ただ自ら誹謗する心を捨て去って、煩悩を打ち砕くのだ。

379 底本「勿令破彼疑」。諸本に異同は無いが、形似による誤りと見て「勿」を「忽」に改めた。

380 もし方便によって愚人の疑惑を解消したなら、そこに悟りが実現する。

381　真理は世間にあるわけではないが、世間に身を置いたまま世間を超越するべきである。世間を離れ、この世界を離れようとしてはいけない。ただ見解が邪であれば世間、見解が正しければそれが世間を出るということである。

382　底本「邪正迷打却」をスタイン本、旅順本に従って改めるが、底本は「邪正という迷いが打ち破られる」の意として筆写していた可能性もある。

【三七】

383　「底」は現代口語の「的」にあたる。対面する者、こと。偈に従って修行すること、得悟することが恵能と共にいることであるという考え方は、【三二】【四八】【五三】にも見える。

384　それぞれ自ら修行せよ、仏法は教えを待たずに自己に実現するものだ。

385　「漕渓山」は、後世一般に「曹渓山」と表記される。韶州の管内にあり、恵能が住持する宝林寺（現・南華寺）のある場所。『曹渓大師伝』、［清］馬元・釈真樸『重修曹渓通志』等参照。

386　諸本異同は無いが、「間」は「問」の誤写の可能性がある。その場合は「彼の山に来《きた》りて問え」。

387　「合座」は、満座の、会場全体の。

388　「生仏」は、生き仏。

389　一斉に解散した。

【三八】

390　広州での教化については『壇経』にはこれ以上語られないが、王維「能禅師碑」および『曹渓大師伝』によれば、恵能が初めて説法を行ったのは広州制旨寺（現・光孝寺）である。

391　恵能の入滅は先天二年（七一三）だから、およそ咸亨（六七〇―六七四）年間には曹渓山に住していたことになる。ただし「四十餘年」という数字は釈迦が住世説法した年数であって、理想化された高僧の生涯と考えるのが妥当であろう。菩提流支訳『金剛仙論』巻三「釈迦如来の若きは、王宮従《よ》り生まれ、六年苦行し、道を修め仏と成る。四十五年世に住して法を説き、後に涅槃に入る」（T二五、八一八中）参照。『曹渓大師伝』によれば恵能の開堂説法は儀鳳元年（六七六）、「受戒開法し人を度すること三十六年」（一〇二頁）とされる。

392 底本「三十五千」。スタイン本、旅順本に従って改む。

393 原文「説可不尽」。三千から五千というのは誇張であろう。『壇経』に名前が見える出家門人は編者法海のほか、恵順、志誠、法達、智常、神会、智通、志徹、志道、法珍、法如、道際の十一人（【一二】【四五】【五五】参照）、在家の弟子で名がわかるのは韋拠のみである。『曹渓大師伝』には彼らに加えて、印宗、翁山寺霊振、大栄、智瑝、行滔、恵象、在俗の弟子として薛簡、永和なる人物を挙げる。これら初期資料に名の伝わる弟子は、道俗あわせて二十一人ということになる。

394 底本「以此為幼」。旅順本は「幼」を「依」、スタイン本は「衣約」に作る。今、スタイン本を参考にして「以此為約」に改める。

395 『壇経』の所持が南宗弟子の指標だとする主張は、【一】【四七】にも見える。

396 「法処」は伝授が行われた場所のことか。地名もしくは寺名、年月日、『壇経』を受けた弟子の名を記すのであろう。唐代の道士が『老子』を授けられる際には、伝授の年月日、本人の所属道観と姓名、師の姓名を記した「盟文」を付すのがならいであったらしく、いわゆる五千文系『老子道徳経』写本に実例が見られる。ペリオ二四一七、二三四七等参照（大淵忍爾『敦煌道経 図録編』福武書店、一九七九年、四一〇―四一一頁など）。なお「姓名」という表現を言葉通りに取れば、『壇経』の伝授は在家信者にも開かれると考えられたようである。事実、韋処厚の「興福寺内道場供奉大徳大義禅師碑銘」（『全唐文』七一五）が本書に言及しており（【一】注13参照）、白居易（七七二―八四六）「味道」（『白氏長慶集』二三）には「一巻の『檀経』仏心を説く」とあって、中唐の士大夫らはすでに本書の存在を知り、手にしてもいた。

397 広く付嘱せよ。底本「遍相付嘱」。スタイン本、旅順本同。他の箇所では「遞相付嘱」（【一】）、「遞相伝受」（【五二】）とあるから、ここも「遞相付嘱」の誤写である可能性がある。その場合は、師から弟子へ伝えてゆけ、の意。

398 底本「修不免諍」。諸本同じだが、「修」を「終」に改む。『壇経』を伝授していない者たちは、頓悟の教えを説いていても、お互いに正統を主張して争うことになる。

399 底本「只勧修行」。スタイン本、旅順本も同じだが、形似による誤りと見て「勧」を「勤」に改む。

【三九】

400 底本「世人尽伝南宗能比秀」。スタイン本は底本に同じ。旅順本は「世人尽伝南能比秀」と書いた後、「南」の右下傍に「宗」を補う。しばらく恵昕本「南能北秀」（四八）に従う。ただし旅順本も敦博本、スタイン本と同型に校正を試みており、十世紀の敦煌では新たな本文が定着しつつあった可能性もある。

401 南宗の恵能、北宗の神秀と誰しも口にするが、その呼称の本来の意味を知らない。

402 底本「堂楊懸」。スタイン本は「堂陽県」、旅順本は「当陽県」と書いた後、「当」を「堂」に塗改する。今、校訂前の旅順本に従う。荊州玉泉寺は、天台智顗（五三八―五九七）やその孫弟子・恒景（六三四―七一二）らも住した名刹。

403 張説「唐玉泉寺大通禅師碑」（『張説之文集』一九）「儀鳳中、始めて玉泉に隷《つ》き、名 僧録に在り。寺東七里、地は坦《たい》らかにして山は雄、之れを目して曰わく、〈此れ正に楞伽の孤峯、度門の蘭若なり。松に蔭《おお》われ草に藉《か》り、吾 将《まさ》に焉《ここ》に老いんとす〉と」参照。

404 『壇経』「人は即ち南北有るも、仏性は即ち南北無し」（【三二】）参照。

405 『定是非論』では神秀は漸悟を説いていると評して、「皆な頓漸同じからざるが為めに、所以に許さず。我が六代の大師は、一一皆な〈単刀直入、直に了《あきら》めて性を見る〉と言い、階漸を言わず」（一五―一六頁）と言う。本段で批判される世人とは、神会門人たちの中でその説を無批判に受け入れた人々を指すだろう。

406 『壇経』「善知識よ、法に頓漸无く、人に利鈍有り、迷えば即ち漸く勧め、悟れる人は頓に修す」（【一六】）参照。

407 南宗北宗というのは、単に恵能と神秀がそれぞれに活躍した地域による命名に過ぎない。頓漸とは発心から見性までの遅速を言うのであって、悟るべき真理に頓漸の違いがあるわけではない。【一六】注165も参照。

【四〇】

408 恵能の教えは人を迅速に悟りに至らせ、直截簡明な宗旨で道を現す。

409 恵能の所に行ったら礼拝してただ教えを聴講せよ、わたしが君を行かせたとは言わないことだ。

410 聴いた内容を覚えて帰り、わたしに話してみよ。恵能の見解とわたしの見解と、どちらが速くどちらが遅いのか。

411 「第一」は、強い命令を表す。必ず、きっと。【一三】注135参照。「怪」は、責める、とがめる。君は必ず速く戻って来なければならない。わたしを失望させるな。

412 底本「言下便吾」。スタイン本、旅順本に拠って「吾」を「悟」に改む。

413 底本「啓本心」。以下の「契悟」「便契本心」も底本は「契」を「啓」に作る。今、スタイン本、旅順本に従い「契」に改めるが、「啓悟」を「開悟」と同義に解しているなど、底本が確信を持って「啓」字を記している可能性も残されてはいる。

414 和尚の説法を聴いて、すぐさま本来心にぴたりと一致したのです。

415 「細作」は、間諜、諜報員。神秀禅師のところから来たのなら、さだめし間諜であろうな。

416 言わない時はスパイですが、白状してしまえばスパイではありません。

417 「煩悩即菩提」の道理もやはり同じこと、不変の仏性を悟れば煩悩はおのずと失くなる。煩悩と言い菩提と言うも同じ心のことで、ただ自己が仏性を見失っているか目覚めているかの違いによる。石井本『雑徴義』「給事中・房綰、〈煩悩 即ち菩提の義〉を問う。答えて曰わく、〈……明暗自《もと》より去来有るも、虚空に元《も》と動静無し。煩悩 即ち菩提なるも、其の義 亦た然り。迷悟 殊なり有りと雖《いえど》即も、菩提の心 元来動かず〉と」（三九）参照。

【四一】

418 戒律、禅定、智慧をまとめて「三学」と言い、仏教徒に必須の実践とされる。次の注に引く『壇語』参照。

419 ［東晋］瞿曇僧伽提婆訳『増一阿含経』序品「諸《もろもろ》の悪は作《な》す莫《なか》れ、諸の善は奉り行い、自ら其の意を浄《きよ》む、是《こ》れ諸仏の教えなり」（T二、五五一上）参照。この偈は、智顗『妙法蓮華経玄義』巻二上（T三三、六九五下）などでは「七仏通戒偈」の名で引かれる。荷沢神会の語録『壇語』もこの経文を引き、「過去一切の諸仏は皆な是くの如き説を作す。〈諸の悪は作す莫れ〉は是れ戒、〈諸の善は奉り行い〉は是れ慧、〈自ら其の意を浄む〉は是れ定。知識、要《かなら》ず三学を須《もち》いて、始めて仏教と名づく」（四）と述べており、『壇経』における神秀の説と一致している。

420 この説はすばらしいが、わたくし恵能の見解はまた異なっている。
421 底本「心地无疑非自性戒」。スタイン本、旅順本も同じ。後文の「自性に非无く乱无く痴无く」と、直後の二句の句作りを参考に「心地无非是自性戒」と改める。しかし敦煌諸本は「心地に疑・非无きは自性の戒」と理解していた可能性もある。
422 神秀と恵能の戒定慧のちがいを、教えを説く相手の機根に合わせたためと解釈する。だが、悟りを得ればどちらの教説も不要である。
423 「請」、底本は「清」に作るが、スタイン本、旅順本に従って改む。
424 『壇経』「汝 若し自ら悟るを得ずんば、当に般若の観照を起こすべし……自性の心地に、智恵を以って観照し、内外明徹し、自らの本心を識る」（【三一】）参照。
425 底本「当離法照相」。スタイン本、旅順本に従い「当離法相」に改む。ただし底本は「法を離れて相を照らす」、つまり分別を離れてしかも外境に応ずるという意でこう筆写しているのかも知れない。
426 本来「非」「乱」「痴」のない本性が途切れることなく般若の智慧をはたらかせて観照し、現象への執着から離れていれば、いかなる教説も必要ではない。先には「心地」に「非」「乱」「痴」の無いことが説かれたが、そこにはなお心を観察する、心に目覚めるといった修行の意が残されているというのだろうか。
427 『壇経』「迷えば即ち漸く勧め、悟れる人は頓に修す。自らの本心を識るは、是れ本性を見るなり。悟れば即ち元より差別无く、悟らざれば即ち長劫に輪廻す」（【一六】）参照。
428 『壇経』【一七】では「我自《わ》が法門は、上《かみよ》従り已来《このかた》、頓漸皆な〈无念〉を立てて宗と為し、〈无相〉を体と為し、〈无住〉を本と為す」と、頓教・漸教に共通の宗旨を説いているが、本段では手がかりとなる教えを立てた以上は漸修の法門となると考えられている。
429 底本「門」字無し。スタイン本、旅順本に拠って補う。

【四二】

430 『法華経』読誦の行を七年間つづけた。文字を読むだけではなく、声に出して唱える行をしていたのである。南北朝より唐中期に至るこうした行者たちの伝が、〔唐〕慧祥『弘賛法華伝』誦持篇、転読篇、〔唐〕僧祥『法華伝記』転読滅罪篇に集められている。また『続高僧伝』習禅篇・梁鐘山延賢寺釈慧勝伝「『法華』を誦うること、日に一遍を計《かぞ》う」(T五〇、五五〇下)も参照。

431 心が迷ったままで正しい教えのありかがわからなかった。鳩摩羅什訳『妙法蓮華経』序品「爾《そ》の時、仏有り、号して曰わく日月灯明如来……世尊、正法を演説するに、初め善く中善く後善く、其の語 巧妙、純一無雑、清白梵行の相を具足す」(T九、二下)参照。

432 底本「経上有痴」。スタイン本、旅順本に拠って「痴」を「疑」に改む。

433 底本「経上无痴」。スタイン本同じ。今、旅順本に従って「痴」を「疑」に改む。

434 「法達」の名にちなんで教え諭している。『法華経』の教法は高邁な真実だが、君の心がそれに達していないのだ。疑問は経典にあるのではなく、君の心が正しくないまま、正しい法を求めているのが問題なのだ。

435 君の心が正しく定まれば、すなわちそれが経典を受持するということだ。『壇経』では、禅定、懺悔、受戒、布施、念仏、経典読誦などあらゆる実践を心のあり方の一点に解消させようとする。【一九】【二三】【三四】【三五】【四一】参照。

436 「与」、底本は「已」、スタイン本は「汝」に作る。今、旅順本に拠って改む。

437 類似の説話として『曹渓大師伝』では、恵能は出家前に無尽蔵尼なる人物の誦する『涅槃経』を聴いてその義理を説いている(八四頁)。

438 『法華経』は複雑な教理を説き連ねているわけではない、七巻におよぶ経文も要はたとえ話なのだ。伝統的に、『法華経』には七種の譬喩因縁譚が説かれるとされる。[北魏]勒那摩提訳『妙法蓮華経論優波提舎』譬喩品「七種の煩悩性を具足せる衆生の為めに、七譬喩を説き、七種の増上慢を対治す」(T二六、一七中)参照。

439 『法華経』方便品「諸仏如来、言に虚妄無し。餘乗有る無く、唯だ一仏乗のみ」(T九、七下)、『法華経』化城喩品「諸仏は方便の力もて、分別して三乗を説く。唯だ一仏乗のみ有るも、息《いこ》う処の故に二と説く」(T九、二七中)参照。「三乗」は、声聞乗、辟支仏乗、菩薩乗。

440 一仏乗の教えを聴いた以上、ほかの教えを求めてはならない。求めれば二つの仏乗があることになってしまう。もしここに迷いがあれば、君の仏性を失ってしまうぞ。

441 『法華経』方便品(T九、七上)の語。

442　底本および諸本は［　］内を割注として記す。「十六字」は、直前の原文「諸仏世尊、唯以一大事因縁故、出現於世」を指す。これが法達の求める「正法の処」。

443　凡夫心を働かせず、本源の空寂そのものになりきって誤った見解を離れる。

444　外界に迷いを生じて形相に執着し、内面に迷いを生じて空の理に執着する、このような両極端への執着から離れよ。形相にあっては形相を離れ、空の理にあっては空の理を離れる、これが迷いの無い境地である。

445　底本「若吾此法」。旅順本に拠って「吾」を「悟」に改む。ただし、敦博本の筆写者は「吾《わ》が此の法の若《ごと》きは」と理解している可能性もある。

446　『法華経』の正しい法を悟って、その一瞬のうちに心が開けることとは。『壇経』「五祖 処分すらく、〈……後に在りて化を弘め、迷人を善く誘《いざな》え。若し心 開くを得ば、吾と別無し〉と」（【一〇】）、「能 嶺上に於いて便ち法を恵順に伝え、恵順 聞くを得、言下に心 開く」（【一一】）参照。

447　［隋］吉蔵『法華義疏』方便品「言う所の〈開く〉とは、衆生の仏性を仏知見と名づけ、仏性は亦た一乗と名づく」（T三四、四九五下）参照。

448　底本はこの一句を脱するも、スタイン本、旅順本に拠って、「示覚知見」四字を補う。

449　底本「入竟知見」。スタイン本、旅順本に拠って「入覚知見」に改む。

450　「仏」とは「覚」という意味であり、仏知見について開・示・悟・入の四つの方面から説けば、目覚めた知見を開き、目覚めた知見を示し、目覚めた知見を悟り、目覚めた知見に入る、となる。『法華経』方便品「舎利弗よ、云何《いか》んが諸仏世尊、唯だ一大事因縁の故に世に出現すと名づくるや。諸仏世尊は、衆生をして仏知見を開かしめ、清浄を得しめんと欲するが故に、世に出現す。衆生に仏の知見を示さんと欲するが故に、世に出現す。衆生をして仏知見を悟らしめんと欲するが故に、世に出現す。衆生をして仏知見の道に入らしめんと欲するが故に、世に出現す。舎利弗よ、是れ諸仏、一大事因縁を以っての故に世に出現す」（T九、七上）参照。

451　上記四門のうち一つにでも悟入できれば、それが目覚めた知見であり、その境地において自己の仏性を見れば、輪廻から解脱することができる。

452　『壇経』「雑妄を起こす莫くんば、即ち自《もと》より是れ真如の性にして、智恵を用いて観照し、一切法に於いて、取らず捨てず、即ち見性して仏道を成す」（【二七】）参照。

453 「是」、底本「事」に作る。スタイン本、旅順本に従って改む。

454 「華」、底本、スタイン本、旅順本ともに「達」に作るが、恵昕本「此是『法華経』一乗義」（五一）を参考にして改む。敦煌諸本はすぐ上の「法達」に引かれて誤ったものであろう。

455 衆生に対して声聞、辟支仏、菩薩の三乗を説くのは、迷える人々に応じるためである。

456 心が正しい法を行っていれば『法華経』を自家薬籠中の物として朗詠し、行わなければ『法華経』の字面に束縛され振り回される。「転」とは、経文にふしをつけて唱えること。［梁］慧皎『高僧伝』経師篇・論「然らば天竺の方俗には、凡《およ》是そ法言を歌詠するは皆な称して唄と為す。此の土に至りては、経を詠ずるは則ち称して転読と為し、讃を歌うは則ち号して梵唄と為す」（T五〇、四一五中）参照。ここではそうした「転読」「転経」の意と、主体性を失って支配される、翻弄される意とをかけている。

457 底本「七年彼『法華』転」。スタイン本、旅順本に拠って「七年被『法華』転」に改む。

458 和尚さま、まことに私は本当の意味で『法華経』を転読したことはなく、七年の間、『法華』に振り回されていました。これからは『法華経』を自ら体得した悟りの上に用い、途切れることなく仏の行を修めましょう。

459 「仏の行を修めるそなたこそが、仏なのだ」。その時、同席した人々もみな開悟した。

【四三】

460 本書の具題にも「最上大乗」の語が含まれる。また【二六】に「善知識よ、摩訶般若波羅蜜は、最尊最上第一……大智恵を将《も》って彼岸に到り、五陰煩悩の塵労を打破す。〈最尊最上第一〉とは、最上乗の法を讃えて修行すれば、定めて成仏す」と言う。『金剛般若経』「如来 大乗を発する者の為めに説き、最上乗を発する者の為めに説く」（T八、七五〇下）参照。

461 君は自らの心身の上に真実を体認しなければならない。他者から与えられた教理に執着するな。なお本段における「法」は教え、「法相」は、言葉による教えの表層の意。『壇経』「迷人 法相に着し、一行三昧に執すらく、直心もて坐して動かず、妄を除き心を起こさざる、即ち是れ一行三昧、と」（【一四】）参照。

462 人の心の大きさは四階級あるので、それに対応する四つの乗り物がある。

463 『壇経』において「法に依りて修行す」とは、しばしば偈の教えに従って修行することとされる。【一一】【四九】参照。

464 底本、旅順本「一切不離染」に作り、スタイン本は「一切无離」に作る。今、スタイン本に従う。恵昕本は「一切不染」（五二）に作っており、底本・旅順本の誤りと、敦煌本から恵昕本への変化には何らかの関係があるかも知れない。

465 あらゆる教えが実現し、あらゆる行が備わり、それらの教えや行から片時も離れず、しかも教理の表層に執着せず、何物も求めず獲得もしない境地にいるのが、最上乗である。『金剛経解義』持経功徳分「大乗とは智慧広大にして、善能く一切法を建立す。最上乗とは、垢法の厭うべきを見ず、浄法の求むべきを見ず、衆生の度すべきを見ず、涅槃の証すべきを見ず、衆生を度す心を作さず、亦た衆生を度さざる心を作さず、是れ最上乗と名づけ、亦た一切智と名づけ、亦た無生忍と名づけ、亦た大般若と名づく」（Z二四、五二六上）、石井本『雜徵義』「大乗と言うは、菩薩 檀波羅蜜を行ずるに、三事の体空なるを観ずるが如し、乃至六波羅蜜も亦た復た是くの如し、故に大乗と名づく。最上乗とは、但だ三事の本来自性空なるを知り、更に復た観を起こさず、乃至六度も亦た然り、是れ最上乗と名づく」（六）参照。

466 最上乗とは、最上の修行という意味、口で争うことではない。三乗と最上乗について優劣上下を争う心を戒める。【一三】【三八】を参照。

【四四】

467 恵能の法嗣。門人慧空撰「大唐東都荷沢寺没故第七祖国師大徳於龍門宝応寺龍崗腹建身塔銘幷序」によれば、恵能に法を嗣いだ後、兵部侍郎宋鼎の招きで洛陽荷沢寺に住す。乾元元年寂、享年七五、僧臈五四（六八四—七五八）。南陽の人と言うのは、荷沢寺より先に南陽龍興寺に住していたからである（『宋高僧伝』神会伝）。語録に『南陽和上頓教解脱禅門直了性壇語』『菩提達摩南宗定是非論』『南陽和尚問答雑徵義』があり、彼の作とされる歌辞に『南宗定邪正五更転』がある。敦博本では、『壇経』の前に『定是非論』『壇語』『五更転』が筆写されている。

468 「南陽」、底本は「南暘」、旅順本は「南揚」に作る。スタイン本に従って改む。

469 和尚が坐禅する時には、本性を見ていますか。

470 原文「大師起把打神会三下」。「把りて」とは何を手にしたのか判然としない。恵昕本は「以拄杖打三下」（七三）に作っており、敦煌諸本も「把」下に「杖」字などを脱しているかも知れない。

471 『壇経』「若し動かずんば、一切人の過患を見るも、是の性は動かず。迷人 自身は動かざるも、口を開かば即ち人の是非を説き、道と違背す」（【一八】）、『金剛経解義』法会因由分「二には内覚、諸の心 空寂にして、六塵に染められず、外に人の過悪を見ず、内に邪迷に惑わされず」（Z二四、五一八上）参照。己の悪のみを見て他者の悪を見ないという認悪の思想は、三階教の教義でもある。『三階仏法』巻二「一には直心菩薩を学び、他の悪を説かず、唯だ他の仏性の善のみを説き、自らは善を作すを説かず、唯だ悪を止むるを説き、唯だ自らは犯戒の悪のみを説く」（スタイン二六八四、矢吹慶輝『三階教之研究』岩波書店、一九二七年、一五頁）参照。

472 もし痛みを感じなければ、心を持たない木石と同じになってしまう。『壇経』「若し不動の行を修めば、无情の不動に同じ。若し真を見て動かずんば、動上に不動有り。不動は是れ不動、无情に仏種无し」（【四八】）、【一四】も参照。

473 もし痛みを感じれば凡人と同じく、恨みの感情を起こしてしまう。『金剛般若経』「我 往昔に於いて節節支解されし時、若し我相・人相・衆生相・寿相有らば、応《まさ》に瞋恨を生ずべし」（T八、七五〇中）、『金剛経解義』離相寂滅分「如来 因中に初地に在りし時、忍辱仙人と為り、歌利王に身体を割截《かっせつ》せらるるも、一念の痛悩の心無し。若し痛悩の心有らば、即ち瞋恨を生ず」（Z三八、六七六下）参照。

474 いま君の言った見ると見ないとは両極端の概念であるし、痛みは有為生滅の領域でのこと。君は自己の本性さえ見ようとせず、両辺や生滅の次元で私をもてあそんでいる。

475 迷いのために自己の本来心を見ないのなら、然るべき指導者に質問して道を求めよ。心に悟って自ら本性を見たなら、真実そのものに従って修行せよ。『壇経』「今 道を学ぶ者、菩提を頓悟せんとせば、各の自ら心を観じ、自らの本性をして頓悟せしめよ。若し自ら悟る能わずんば、頓に大善知識の道を示し性を見せしむるを覓めよ……若し自ら悟らば、外に善知識を求むるを仮らず、若し外に取りて善知識を求め、解脱を得るを望まば、是なる処有る无し」（【三一】）参照。

476 君が自分で迷って自心を見ていないのに、かえって私に見ているかどうかと問う。私はそんなことは知らない、君の代わりに迷うことはできない。君がもし自ら本来心を見たなら、私の迷いに代わって悟れるとでも言うのか。

477 底本「何不自修見否、吾不自知」。スタイン本、旅順本に従って「見否、吾不自知」を刪去する。おそらく、底本の粉本では「却って来りて恵能に見るや否やを問う。吾自らは知らず」が隣の行にあって目移りしたなどの理由により、重複が生じたものであろう。

【四五】

478 本段と続く【四六】段では「三科法門」「動用三十六対」という教説が説かれるが、他の禅籍に類を見ない珍しい説である。そのためか、［明］弘賛在犙『解惑編』巻下之上・王磐には「『六祖大師法宝壇経』第十付嘱章に曰う〈師一日喚法海〉より〈転相教授、勿失宗旨〉まで、共に計して七百七十七字、此れは是れ金天教の人 邪言を偽造し、刊板に増入するを、未だ革めざるの弊なり」（嘉興蔵三五、四六五下）とあって、後世には本段より【四七】の冒頭までを民間教派による偽造とみなす説が生じていた。

479 底本は「神」字の上に一、二文字分の空格がある。【四八】でも、「六祖言、／神会小僧」のくだりで、行の末尾にちょうど約四文字分の空白があるにもかかわらず擡頭しており、敦博本の筆写者は荷沢神会を恵能の正統な後継者として意識していた可能性がある。

480 そなたら十弟子よ、前に出よ。敦煌本『壇経』の挙げる十大弟子のうち、法海は本書の編者とされ、志誠、法達、智常、神会はそれぞれ慧能との問答が収録されるが、智通、志徹、志道、法珍、法如については不明である。弘忍の法嗣、つまり恵能と同門に嵩山法如がいるが、別人であろう。

481 そなたらは他の人々とは違う、私が滅度した後、それぞれに一地方の師となるだろう。「一方の師」は、ある地方の領袖として人々を教化する師のこと。

482 底本、諸本ともに「用」字を欠くが、恵昕本（五四）に従って補う。「動用三十六対」とは、説法・問答の際に運用する三十六組の対概念。

483 いかなる応対にも両極端を離れ、法を説く際にはいつも、本性の次元から離れてはいけない。「性相」は、「性と相」ではなく「性の相」、ほぼ「性」と同義と思われる。

484 もし誰かに仏法を問われたなら、教えを説く言葉はすべて両面を挙げるようにし、対概念を用いよ。二つの概念がお互いに依拠してはじめて成り立っていることを示したなら、最終的には両極とも除かれ、さらに迷わせることは無いだろう。

485 ［唐］法蔵『華厳遊心法界記』に「三科法門方便」として、五蘊・十八界・十二処を観察することが説かれる（T四五、六四三上中）。またペリオ三八六一『三窠《さんか》法義《ほうぎ》』に「修行の人、善く三窠を識れ。何者か是れ三窠なるや。蘊・入・界なり」云々とあり（田中良昭『敦煌禅宗文献の研究』大東出版社、一九八三年、三七七頁）、唐代には広く「三科（窠）法門」によって自己の感受作用、認識作用と外界との関係を観想する修行がおこなわれたようである。『壇経』の場合は本段に説くように、自己の本性を正しく発揮して、現象する十八界のありようを正しく保つことが主張される。

486 六識すなわち眼識・耳識・鼻識・舌識・身識・意識と、六門・六塵は法性より起こる。この「法性」は直後の「自性」と同じだが、現象を生起するという側面から「法性」と呼ぶのだろう。十八界は法性＝自己の本性から産み出されるのである。

487 『壇経』「性 万法を含むは是れ大なり。万法 尽く是れ性」（【二五】）参照。

488 「含蔵識」は、第八阿頼耶識《あらやしき》のこと。敦煌写本『大乗二十二問本』「第二十一問に云う、〈其れ含蔵識と大智慧と、清濁有りと雖も、是れ一なるや是れ異なるや、義 如何なる者なるや〉。謹みて対《こた》う、〈含蔵識は是れ阿頼耶、大智慧とは即ち如来蔵なり。大智慧の光明性有るが故に、清濁異《こと》なると雖も、性・相 分かち難し。此れに由りて之れを言わば、一に非ず異に非ず〉」（T八五、一一九〇中）参照。

489 「転識」は、前六識と第七末那識《まなしき》のこと。実際に対象を取って活動する識。『楞伽経』巻一「転識・蔵識の真相 若し異ならば、蔵識は因に非ず。若し異ならずんば、転識 滅すれば、蔵識も亦た滅し、而して自らの真相は実に滅せず」（T一六、四八三中）参照。

490 自性が現象を潜在させている状態を、含蔵識と言う。そこに思念を動かせば転識として、六識および六門・六塵を生み出す。これが三×六＝十八界である。

491 「邪合」、底本および諸本「邪含」に作る。恵昕本（五四）に拠って改む。

492 底本および諸本は「正起」二字を脱するが、恵昕本（五四）に拠って補う。

493 自性が邪見煩悩を持って生起すれば、識・門・塵は邪な状態で成立し、自性が清浄なままに生起すれば、十八界は正しく清浄なままに成立する。心性の正邪によって全てが決するという考え方は、後段【五〇】も参照。

494 十八界が邪に作用していれば衆生、正しく作用していれば仏のはたらきである。この境地は何によって実現するのか？ 自性のままに外界に対応するのである。

【四六】

495 「境」、底本「竟」に作る。スタイン本、旅順本に従って改む。以下は「動用三十六対」の解説。「无情」は、心を持たない物質、環境世界。

496 底本「語与言対、法与相対」。スタイン本、旅順本も同じだが、後文「言語与法相対有十二対」を勘案して二つの「与」字を刪る。上の「天与地対」より「水与火対」に引かれて生じた衍字であろう。また、恵昕本が「法相語言十二対」（五五）と作るのも参考になる。言葉と概念にかかわる対。

497 「静」、底本「浄」に作る。スタイン本、旅順本も同じだが、文意より「静」に改む。恵昕本が「動静対」（五五）に作るのも参考になる。

498 「凡」、底本「乱」に作る。スタイン本、旅順本に従って改む。

499 底本「自性居起用対」に作る。スタイン本、旅順本も同じだが、恵昕本が「自性起用十九対」に作るのを参考に、「居」は衍字と見て刪る。自性から作用する諸法の対。

500 「定」、底本「空」に作る。スタイン本、旅順本に従って改む。

501 「瞋」、底本、旅順本「順」に作る。スタイン本に従って改む。

502 ここまでで十九対であるから、次の「有情无親（情）対」は衍文であるかにも見える。しかしこの句は諸本異同は無いため、しばらく改めずにおく。

503 「无情」、諸本ともに「无親」に作るが、文意より「情」に改む。

504 先の「外境の无情」の五対のことと思われる。「内」「有无」の意は未詳。

505　先に説明がなく、何のことか判然としない。また、ここに挙げられた「対」の数は十二＋五＋三＝二〇となり、三十六対にはならない。本来ならここに「自性起用対」の十九対が記されるべきだが、諸本異同は無いのであえて改めはしない。ただし、敦煌本の本段は明らかな誤字も多く、テクストが乱れているのは確かであろう。同形式の句が反復されるので誤りやすいのか、あるいは後世に異端の説とみなされることもあったように（【四五】注478参照）、十世紀敦煌の仏教徒はすでに本段の教説を理解できなくなっていたのだろうか。

506　この三十六対法は、うまく用いることが出来ればあらゆる経典に通じ、自己の内外において両極端を離れることができる。

507　どのようにして自性の上に三十六対を運用するのか。人と語る時、外には形相への執着を離れ、内には空への執着を離れるのだ。

508　空に執着すれば永劫の過去からの無明が増すばかりで、形相に執着すれば単なる邪見といった具合、しまいには仏の教えを謗って、文字を用いないとばかり言う。

509　文字を用いないと言うなら、人は言葉を使うべきでない、言葉は文字だからだ。自性から言語をはたらかせて空を説くのも、まさに言語活動である。本性は虚無ではないのに、それを見失って自ら迷い、そのために全てが空だと思い込んで言語を否定することになるのだ。

510　三十六対の具体的な運用方法として「明」と「暗」を挙げる。「暗」という概念は「明」という概念を待ってはじめて成立する。このように明暗が不可分であることを示し、「暗」によって「明」を現し、相互に依存していることを明らかにするのである。他の三十六対も同じである。また石井本『雑徴義』には、『壇経』の対法と同じ発想での問答がまま見られる。「真法師 問う、〈云何《いか》なるか是れ常の義?〉答う、〈無常 是れ常の義〉。又た問う、〈今常の義を問うに、何故に無常 是れ常の義と答うるや?〉答う、〈無常有るに因りて、始めて常を説く。若し無常無くんば、亦た常の義も無し。是の義を以っての故に、称して常と為すを得……〉」（二）。ほか同じく石井本『雑徴義』（五）（三四）も参照。

【四七】

511 いま『壇経』を得たなら、後の世代に代々伝え広めよ。

512 『壇経』の伝授が南宗弟子の証とされたことは、【一】【三八】【五五】【五七】参照。

513 冒頭の撰者名には「法海 集記す」（【一】）とあるが、本文では法海以下神会までの十大弟子が恵能の説法を書き留め、世に広めたものとされる。

514 底本「師」字無し。スタイン本、旅順本に拠って補う。

515 底本「滅度」二字無し。スタイン本、旅順本に拠って補う。

516 先天二年は、西暦七一三年。『曹渓大師伝』「後、先天二年七月、廓宇 猶《な》お未だ功を畢《お》えざれば、催《うなが》して早《つと》に了《おわ》らしむ。〈吾 当《まさ》に行かんとす〉。門人 猶お未だ意を悟らず。其の年 八月、大師 疾に染まる……其の月 三日、奄然と端座して遷化す。春秋七十有六」（一〇〇―一〇一頁）参照。

【四八】

517 底本および敦煌諸本「蘄州」に作る。『曹渓大師伝』「大師 新州に帰り、国恩寺を修す」（九九頁）、『歴代法宝記』恵能条「新州国恩寺より和上の神座を迎う」（T五一、一八二下）とあるのに従い、「新州」に改む。「新」「蘄」二字は形が似ており、また弘忍の住した黄梅山の所在と混同されたのだろう。

518 底本「国因寺」に作る。スタイン本、旅順本に従って改む。

519 『曹渓大師伝』では「大師 在りし日の景雲二年（七一一）、先に曹渓に於いて龕塔を作る」（一〇〇頁）とのみあり、国恩寺に塔を作ったことを言わない。

520 諸君、私の前に来なさい。

521 いま迷っている者について、みな安心させてやろう。私が世を去ってからは君たちに教える者はいないのだから。

522 「小僧」は、師について修行中の僧、の意か。梁高祖「断酒肉文」（『広弘明集』巻二六）「諸僧及び徒衆を領する法師、諸尼及び徒衆を領する者よ、各の本寺に還り、諸《もろもろ》の小僧尼に宣告し、此の意を知らしめよ」（T五二、三〇三上）参照。『曹渓大師伝』に「時に荷沢寺の小沙弥神会、年始めて十三」（九四頁）云々とあるように、若輩でまだ具足戒も受けていない神会が、法海らを差し置いて高い境界にあったことを強調する言い方。ただし、神会は文明元年（六八四）の生まれだから先天二年（七一三）にはすでに三〇歳である。王維「能禅師碑」には「弟子を神会と曰い、師に晩景に遇い、道を中年に聞く。広量は凡心を出で、利智は宿学を踰《こ》ゆ。末期の供と雖も、最上乗を楽しむ」とあって、これに従えば恵能最晩年の弟子であったことは事実と思われる。

523 小僧の神会が、かえって毀誉いかなる状況をも平等に見て心を動かすことがないのに、他の九名はそこに達していない。この曹渓山中に何年も住んで、どんな道を修めて来たのだ。

524 「憂」、底本および敦煌諸本「有」に作る。恵昕本（五七）に従って改む。

525 君たちが今泣いているのは、誰のことを憂えているのか。私が自分の行く場所を知らないのを憂えているのか。もしそうなら、初めから君たちと別れはしない。

526 君たちが泣いているのは、私の去り行く場所を知らないからなのだ。もし私がどこへ行くのか知っていれば、泣くことはないだろう。本性には生滅が無いし、来去も無いのだ。現象を超えた本性は、滅することがないし、どこかへ去るということもない〈この無去無来が、すなわち私のゆくえだ〉というのである。

527 「静」、諸本ともに「浄」に作るが、文意に拠って改む。恵昕本「名づけて〈真仮動静〉と曰う」（五七）も参考になる。

528 君たち、みな坐りなさい。「真仮動静偈」を与えよう。十大弟子が立ったまま侍っていたのを、偈を説くに先立って坐らせたのである。

529 君たちはしっかりと唱え憶えなければならない。この偈の意を悟ればその見識は私と等しく、これに従って修行すれば、宗旨を失わないだろう。

530 大師よ、偈を遺してください。恭しい心で受持するでありましょう。

531 最初の八句は、「真・仮」について説く。真と把捉できるようなものはどこにもなく、心が仮象を離れた境地がすなわち真である。

532 次の四句は、「動・静」について説く。仏性は感覚器官を活き活きとはたらかせるもの、情が無ければ活動性が失われてしまう。もしいたずらに不動の行を修めれば、植物や鉱物など心なき存在の不動と変わらなくなってしまう。『壇経』「迷人 法相に着し、一行三昧に執すらく、直心もて坐して動かず、妄を除き心を起こさざる、即ち是れ一行三昧、と。若し是《か》くの如くんば、此の法 無情に同じ、却って是れ道を障《さ》うる因縁。道は須らく通流すべし、何を以って却って滞《とどこお》らん」（【一四】）、【四四】も参照。

533 『壇経』「此の法門中、何をか〈座禅〉と名づく。此の法門中、一切に礙《さまた》げ無く、外 一切境界の上に於いて、念起こらざるを〈座〉と為し、本性 乱れざるを見るを〈禅〉と為す」（【一九】）参照。

534 次段【四九】に引く五祖弘忍の偈に「无情にして又た種无くんば、心地も亦た生ずる无し」とある。

535 『維摩経』仏国品「法王の法力は群生を超え、常に法財を以って一切に施す。能《よ》く善く諸法の相を分別し、第一義に於いて動かず」（T一四、五三七下）。【一七】も参照。

536 続く八句は、「真」と「不動」について。真如を見てしかも執着しないのが、動の中の不動というもの。単なる不動ではいけない、無情の物体には仏性も無いからである。現象界において分別のはたらきを発揮しながらも、第一義の真実において動かない。この境地を悟れば、これが真如の作用である。

537 道を学ぶ者たちよ、努力して上の真実に意を用いるべきである。大乗の法門において、あたら生死輪廻をもたらす世俗の知恵に執らわれてはならない。

538 「前頭」は、今後、この先。

539 「諍」、底本「浄」に作る。スタイン本、旅順本に従って改む。『金剛般若経』「仏は我を〈無諍三昧を得たる人中に最も第一と為す、是れ第一の離欲阿羅漢なり〉と説かれたれども、我 是の念を作さず、〈我は是れ離欲阿羅漢なり〉と」（T八、七四九下）参照。

540 「諍」、底本「道」に作る。スタイン本、旅順本に従って改む。

541 「諍」、底本「浄」に作る。スタイン本、旅順本に従って改む。

542 最後の十二句は、心して上述の境地を悟るべきこと、しかしこうした真実の法を悟れない人々と争ってはならないことを説く。今後、相手がこの法門にかなえば、共に仏教の義理を論ずれば良いし、もし理解できないようであれば、ねんごろに善行を勧めるべきである。もし教えの優劣を争えば、道の心を失ってしまう。そうなれば、せっかくの仏性も生死輪廻から抜け出せないのだ。諍いを離れること、他者を非難しないことは『壇経』に特徴的な主張の一つ。【一三】【一八】【三六】【四三】【四四】参照。

【四九】

543 真如の本性に来去はないという六祖の偈を聞き、弟子たちはこれ以上この世に引き留めようとはせず、教えに依って修行することにした。

544 正法はすでに、次に述べる二十年後に仏教の是非を定める人物に付嘱されている。

545 「遼乱」は繚乱と同義。ごたごたと乱れているさま、盛んなさま。

546 荷沢神会の活躍を予言する。恵能没後二十年は開元二〇年（七三二）にあたるが、神会は開元一八年（七三〇）より二一年（七三三）にかけて、南宗を標榜して「北宗」批判の法論をおこなった。その記録が『菩提達摩南宗定是非論』である。『定是非論』「菩提達摩南宗の一門は、天下に更に人の解する無し。若し解する者有らば、我 終に説かず。今日説くは、天下の学道者の為めに其の是非を辨じ、天下の学道者の為めに其の宗旨を定む」（補五頁）参照。

547 「頌」、底本、敦煌諸本ともに「誦」に作るが、文意に拠って改む。

548 恵能以後には衣を伝えるべきではない。『曹渓大師伝』「神会問う、〈大師よ、伝法の袈裟は云何《いか》んが伝えざるや〉。答えて云う、〈若し此の衣を伝えば、伝法の人 短命ならん。此の衣を伝えずんば、我が法 弘く盛んならん。留めて曹渓に鎮せよ……〉」（一〇〇頁）参照。

549 「本」、底本、敦煌諸本ともに「大」に作るが、恵昕本（五八）に拠って改む。

550 初祖達摩の仏法は五代の祖師を出し、その後は教団がおのずと栄える。だから六祖以降は伝衣の必要はないということだろう。伝・不空訳『金剛峻経』付法蔵品・分灯之陸経「能大師 諸長老に告ぐ、〈衣信は吾が処に到りて伝えざるなり。所以《ゆえ》に達磨 道《い》う、〃一花 五葉を開き、結果 自然に成る〃と。可大師従《よ》り吾に至るまで恰《あた》かも五人なり〉と」（ペリオ三九一三、『敦煌禅宗文献の研究』一四六頁）参照。次段【五〇】に引く頌では「五葉」は五根の作る業の比喩とされており、この頌ももとは単行して一心と五根、業および果報の関係を説いていたのを、予言的な解釈を加えて『壇経』に収録されたのかも知れない。

551 「地」は心地、「種」は仏種、仏性、「花」は悟りをそれぞれ喩えている。心があらばこそ仏性もあり悟りもあるのであって、心がなければ悟りを開くこともない。

552 「花種」は仏果の原因としての仏性、「種花」は仏性の果報としての悟り。仏性は心と共にあり、悟りは心において得られる。仏性に生き生きとした作用がなければ、心において悟りもまた生じない。【三五】では「心は即ち是れ地、性は即ち是れ王、性 在れば王 在り、性 去れば王 無し、性 在れば身心 存し、性 去れば身 壊る」と説かれて、性が心身を成立させ主宰するという考え方が示される。

553 仏性に生き生きとした作用があることで、心に仏果が実現されるのだが、性と心、さらに適当な時機や指導者との出会いといった縁がかなわなければ、それら全ても成立しない。

554 「有情」は善知識、「種」は善知識の教えのことか。善知識が教えを与えるが、教えの一面に執着してひたすら情を断滅させる修行をする。情がなければ仏性もないし、心の大地もそれら無しでは存立し得ない。

555 「花」、底本「化」に作る。スタイン本、旅順本に従って改む。

556 原文「花性種」。スタイン本、旅順本は「花情種」に作るが、しばらく底本に従う。

557 心という大地には仏性・仏種が含まれ、善知識の説法を聴けば悟りを開く。また自ら仏性・仏種に目覚めれば、菩提の果報がおのずともたらされる。

【五〇】

558 前段【四九】の一首目・第一祖達磨和尚頌の意を敷衍して恵能みずから二頌を作った。ただし前段では「五葉」とは五代の祖師を、本段では五根の作る業のことを喩えており、比喩の内容が異なる。

559 「此」、底本「法」に作る。スタイン本、旅順本に従って改む。

560 臨終にあたっての一連の説法では、恵能没後に後世の人々が見性するための偈頌が説かれる。【五二】も参照。

561 「業」、底本および敦煌諸本は「葉」に作るが、文意により改む。

562 心という大地に邪悪な花が咲けば、五根それぞれの認識作用が邪悪に従ってはたらく。こうして誤った見解を持つ心が無明の葉を作り、業の暴風に吹きさらされるのだ。「葉」は音の近似により「業」を譬える。

563 心という大地に美しい花が咲けば、五根それぞれの認識作用が正しさに従ってはたらく。こうして共に般若の智慧を修め、将来の悟りとなるのだ。

564 「衆生」はここでは聴衆、門人たちのことか。人々を解散させた。

565 前段【四九】にも同文が見える。恵能の臨終に関する記録が複数流通しており、法海がそのまま『壇経』に収録したための重複か。

【五一】

566 僧侶は正午を過ぎてからは食事をしない建前だから、食後とは正午のことである。

567 君たちがみな席についているなら。

568 原文「吾今共汝等別」。この「共」は「与」と同義と考え、「と」と訓読した。

569 七仏は、毘婆尸仏、尸棄仏、毘舎浮仏、拘留孫仏、拘那含牟尼仏、迦葉仏、釈迦牟尼仏。

570 スタイン本、旅順本は「末因地」に作るが、通常は「末《ま》田地《でんち》」と称される。『摩訶止観』巻一上（T四六、一中）など参照。

571 伝・吉迦夜・曇曜訳『付法蔵因縁伝』巻二によれば、摩田提は商那和修と共に阿難より法を受けたが、伝法祖師として憂波毱多に法を付したのは商那和修である。だが「隋」智顗『摩訶止観』巻一上に「法蔵を付すの人は、迦葉に始まり師子に終わるまで二十三人、末田地と商那と同時なるも之れを取らば、則ち二十四人」（T四六、一中）と言うように、末田地（摩田提）を伝法の諸師に数える説も行われていた。図像の作例としても、隋の宝山大住聖窟に刻まれた「世尊去世伝法聖師像」では「第三摩田提、罽賓国人」として第三祖に数えている。齋藤ほか編『東北大学附属図書館所蔵「中国金石文拓本集」附：関連資料』一九〇、一九一頁参照。

572 『付法蔵因縁伝』巻五では提多迦と仏陀難提の間に弥遮迦を立てている。しかし敦煌本『壇経』は諸本ともに異同はなく、永泰二年（七六六）に成書した『付法蔵伝略抄』（ペリオ二七九一、三二一二）でも弥遮迦の名が見えない。したがって少なくとも唐五代の敦煌では『付法蔵因縁伝』の祖師から弥遮迦を抜いた祖統説が存在していたと考えるのが妥当であろう。『敦煌禅宗文献の研究』六四三頁参照。

573 底本は「者」右傍に「老」と書くが、従わない。

574 『付法蔵因縁伝』巻六では、それぞれ「僧伽難提」「僧伽耶舍」。

575 『菩提達摩南宗定是非論』は「菩提達摩は西国にて僧伽

羅叉を承け、僧伽羅叉は須婆蜜を承け、須婆蜜は優婆崛を承け、優婆崛は舎那婆斯を承け、舎那婆斯は末田地を承け、末田地は阿難を承け、阿難は迦葉を承け、迦葉は如来の付を承く」(二五―二六頁)の八代説を記す。これを見ると、敦煌本『壇経』では須婆蜜多(須婆蜜)と僧迦羅(僧伽羅叉)の順序が神会の説とは逆であるし、恵昕本では神会同様「婆須蜜多、僧伽羅叉」の順になっている(六〇)。ただし敦煌諸本に異同はないので、あえて改めはしない。

576『菩提達摩南宗定是非論』「梁朝婆羅門僧、字《あざな》は菩提達摩、是れ南天竺国国王の第三子、少小《わか》くして出家し、智慧は甚だ深く、諸《もろもろ》の三昧に於いて、如来禅を獲《う》」(補二頁)参照。

577「自身」、底本「自今」に作る。スタイン本、旅順本に従って改む。

578 ここに語られる祖統説は、釈迦および大迦葉より師子比丘に至る二十三人は『付法蔵因縁伝』、舎那婆斯より須婆蜜多までの四人は『菩提達摩南宗定是非論』、さらには『菩提達摩多羅禅経』にもとづき、前後に過去七仏と唐土禅宗六祖を結合させたものである。[東晋]仏陀跋陀羅訳『菩提達摩多羅禅経』修行方便道安那般那念退分第一には、「仏滅度の後、尊者大迦葉、尊者阿難、尊者末田地、尊者舎那婆斯、尊者優波崛、尊者婆須蜜、尊者僧伽羅叉、尊者達摩多羅、乃至《ないし》尊者不若蜜多羅、諸《もろもろ》の法を持せる者、此の慧灯を以って、次第に伝授せり」(T一五、三〇一下)の八代説が記されている。

579 この先、仏法を伝授するには、伝授の証明を設けて、宗旨を失わないようにせよ。「依約」とは『壇経』伝授のこと。『壇経』「若し宗旨を論ぜば、『壇経』を伝授し、此れを以って約と為す」(【三八】)参照。

【五二】

580「白」、底本「自」に作る。スタイン本、旅順本に従って改む。

581 後代の迷える人々は、ただ衆生の本質をしかと見破ることができれば、仏を見ることができる。もし衆生の本質を知らずに仏を求めようとすれば、万劫の時を経ても得ることはないだろう。

582「真の仏を見て解脱することを説いた頌」の意。

583「法海」以下は法海の言葉。この「法海」は一人称である。わたくし法海はその頌を聞くことを願います。

584 この句以下本段末尾までが、原文では五言一句の頌である。

585 心にいびつな執着があれば本来仏であるものが衆生となり、すべてを平等に見ていれば衆生は仏である。

586 一生の間、心に歪んだ執着があったとしても、仏としての本質が衆生心から失われることはない。一瞬の間に悟って平等見を確立すれば、衆生みずからが仏である。

【五三】

587 原文「好住」。別れの言葉。ごきげんよう。

588 「自己の本性に真の仏を見て解脱することを説いた頌」の意。「真仏」は、法身仏のこと。［北魏］菩提流支訳『金剛般若経論』巻上「応・化は真仏に非ず、亦た法を説く者にも非ず。法を説くは二取せず、説無く言相を離る」（T二五、七八四中）参照。

589 底本「後代迷門此頌意」。敦煌諸本に異同はないが、文意より「迷」下に「人」字を補い、「門」を「問」の誤りとみて、「後代迷人問此頌意」に改む。

590 後の世の迷える人々がこの頌の意を問うなら、その意は自心自性という真の仏を見ることである。

591 原文「吾共汝別」。「共」は「与」と同義と見て、「と」と訓読した。

592 衆生にそなわる真如の本性が真仏であるという考え方としては、『究竟大悲経』校量功徳品第十五に「時に仏 智度菩薩摩訶薩に告げて曰わく、〈一切衆生身内の天真仏性、度量すべきや否や〉。智度菩薩摩訶薩 仏に白して言う、〈世尊、一切衆生身内の真実仏性は度量すべからず〉」（T八五、一三七九中）とある。

593 真実清浄な自己の本性が真の仏であり、自らの誤った見解や貪瞋痴三毒が真の悪魔である。邪見の人は悪魔が自己という家に居るようなもの、正しい見解の人は仏が家を訪れるようなもの。本来清浄な本性に邪見や三毒が生まれても、正しい見解によって三毒の生ずるのを防げば、悪魔も仏に変じ真実のまま。

594 通常、三身は化身・報身・法身であり、恵昕本も「法身・報身及び化身」（六二）に作るが、敦煌諸本に異同は無いのであえて改めはしない。この頌では「浄性」なる語が何度も出現しており、清浄なる真実の身体という意味で「浄身」と呼ぶものか。

595 三身というのも同一の本性における異なった側面に過ぎない。こうした作用としての自己の三身において仏性を見ようとするなら、それが開悟成仏の因となる。『壇経』「向者《さき》の三身は自《もと》より法性に在り、世人尽く有するも、迷いの為めに見ず、外に三世《さんぜ》の如来を覓め、自らの色身中の三世仏を見ず。善知識よ、聴け、善知識の与《た》めに説き、善知識をして、自らの色身に於いて、自らの法性に三世仏有るを見せしめん。此の三身仏は自性の上に従《お》いて生ず」（【二〇】）参照。

596 「当来円満」は、未来において修行の果報が満たされること。『壇経』「自らの色身に於いて、当来円満報身仏に帰依す」（【二〇】）参照。

597 清浄な本性は現実の化身において見出されるものであって、化身の時にも浄性が失われているわけではない。この不変の本性が化身に正しい道を行わせたなら、仏陀の果報を享受し尽きることがない。

598 「是」、底本および敦煌諸本「身」に作る。恵昕本（六二）に従って改む。

599 ［隋］智顗『修習止観坐禅法要』訶欲第二「五欲とは、是れ世間の色・声・香・味・触、常に能く一切凡夫を誑惑し、愛著を生ぜしむ」（T四六、四六三中）参照。

600 「離」、底本は「欲」に作る。スタイン本、旅順本に従って改む。

601 淫欲にまみれた心と清浄な本性としての心身は別なものではなく、どちらも自己の心身である。本性が五欲を離れていることを見たならば、その見性の瞬間に真実身が実現される。

602 悟れば眼前に自己という仏世尊を見ることができるのであって、漸進的な修行を積んで自己の外にある仏に出会おうとするのは的はずれである。

603 『大辯邪正経』文殊師利菩薩又問大辯邪正法門品第八「身中に一体三宝を具有せるを了知し、亦た身中に恒沙の功徳を具有せるを知り、具さに身中に如来蔵法身を具有せるを信ずるを、名づけて正中の正と為す」（T八五、一四一二上）参照。

604 自己に真実を求めず外に仏を求めるのは、自己を捨てているのも仏を求めているのも、どちらもひどく愚かなことである。

605 原文「已留」、底本および敦煌諸本は「西流」に作るが、恵昕本（六二）に従って改む。

606 「悠悠」は、ふらふらとしていい加減なさま。卑俗で出鱈目なさま。

607 頓悟の教えはこのように世に残した。これから人々を救おうとするなら、自らこの教えを修めることだ。世間を教化し道を学ぶ者たちは、この教えを修めなければ全くの怠惰な愚か者というものだ。

608 底本「道告門人曰」に作る。スタイン本は「遂告門人曰」に作り、旅順本は「遂造告門人曰」と書いた後、「造」右傍に刪去符号「卜」を記す。今、スタイン本および校勘後の旅順本に従う。

609 原文「今共汝別」。「共」は「与」と同義とみなし、「と」と訓読した。

610 「情」、底本「性」に作る。スタイン本、旅順本に従って改む。

611 「弔問」、底本および敦煌諸本「弔門」に作るが、恵昕本（六二）に従って改む。

612 「孝衣」は喪服のこと。僧侶は師が遷化すると喪に服したらしく、世俗で親が逝去した時と同じ三年の喪に服した記録もあるが喪服を着ることがあったか否かは不明。ただし、この一句のみは俗弟子に向けての言葉かも知れない。『旧唐書』厳挺之伝「挺之と裴寛と皆な仏を奉ず。開元末、恵義 卒するに、挺之 縗麻《しま》を服して龕所に送る。寛 河南尹為《た》り、僧普寂 卒するに寛と妻子と皆な縗絰《してつ》を服し、次を設け哭臨す」参照。

613 原文「如吾在日一種」。如〜一種は、如〜一般などと同義であろう。私の在世中と同じく。

614 みな一斉に端坐して。

615 「坦然」は、おだやかで偏りがなく安定したさま。ゆったり。

616 「静」、底本および敦煌諸本「浄」に作るが、敦煌写本に常見の混用と見て改む。

617 わたしの臨終には、みなそろって端坐し、動静、生滅、去来、是非を離れ、心をそれらの一辺に住《とど》めることなく、ゆったりと平静であれば、それこそ大道である。

618 「但」、底本「坦」に作る。スタイン本、旅順本に従って改む。

619 原文「共吾在日一種」。「共」は「与」と同義とみなし、「と」と訓読した。

620 もし私が世にとどまっても、君たちが教えに背けば無意味である。教えに従って修行すれば恵能と共にあるも同じ、という考えは【三七】にも見える。

621 「三更」は、日没から夜明けまでを五分したうちの三番目。

夜半。遷化の時刻について、王維「能禅師碑」には「某載月日中に至り……飯食 訖《おわ》りて坐を敷き、沐浴 畢《おわ》りて衣を更え、弾指も留めざること、水流・灯焰たり、金身 永く謝すること、薪 尽き、火 滅するがごとし」とあって正午の食事を終えた後のこととし、『曹渓大師伝』は明言しないが、翁山寺で「夜間説法」の際に恵能の遷化にともなう霊瑞があったと言うから、夜の早い時間と考えているようである。王維が正午の遷化とするのは中国において道士の羽化昇仙がしばしば正午の出来事とされるのに淵源し、『壇経』は夜半に涅槃に入った釈迦の伝記をなぞろうとしているのであろう。

622 「奄然」は、忽然として、ふっと。

623 「七十有六」、底本「七十省六」に作る。スタイン本、旅順本に従って改む。

624 『曹渓大師伝』「其の月三日、奄然として端坐して遷化す。春秋七十有六」（一〇一頁）参照。

【五四】

625 「香」、底本は「年日」に作る。スタイン本、旅順本に従って改む。

626 王維「能禅師碑」「某載月の日中に至り、忽《たちま》ち門人に謂いて曰わく、〈吾 将《まさ》に行かんとす〉と。俄にして異香 室に満ち、白虹 地に属《つ》く……山 崩れ、川 竭《つ》き、鳥 哭き、猿 啼く」、『曹渓大師伝』「忽ち数陣の涼風有り、西南従《よ》り寺舎に飃入《ひょうにゅう》す。俄にして香気氛氳《ふんうん》たり、廊宇に遍満す。地 皆な振動し、山崖 崩頽《ほうたい》す」（一〇一頁）参照。ただし、『曹渓大師伝』の当該部分は曹渓山での奇瑞。

627 王維「能禅師碑」「吉祥の地を択ぶに、青鳥を待たず、功徳の林を変じて、皆な白鶴と成る」、南本『涅槃経』序品「爾《そ》の時、拘尸那《くしな》城の娑羅樹林、其の林 白に変じ、猶《な》お白鶴の如し」（T一二、六〇八下）参照。

628 「風雲 色を失う」は、空が暗くなるさまか。

629 「神坐」（スタイン本は「神座」）は位牌のことだが、『曹渓大師伝』によれば遺体ごと移したようである。『壇経』も直後に「葬る」とあるから、同じ認識であろう。

630 「龍龕」は崖や石壁に掘られた石室。

631 王維「能禅師碑」「某月日、神を曹渓に遷し、某所に安座す」、『曹渓大師伝』「曹渓の門人、大師の全身を迎えて曹渓に帰さんとするも、其の時の首領 放つを肯んぜず、国恩寺に留めて塔を起て供養せんと欲す。時に門人の僧・

崇一等、刺史に見えて理を論じ、方《はじ》めて曹渓に還る。大師の頭頸は、先に鉄鍱を以って封裹し、全身膠漆す。其の年の十一月十三日、神を遷して龕に入る」（一〇二頁）参照。

632 龍龕の前に石碑を立てて、今に至るまで恵能の遺体を供養している。恵能碑については、『菩提達摩南宗定是非論』においては「北宗」普寂の門人・武平一なる者が「能禅師の碑」を削って神秀を六祖としたと言うのみで碑の撰者を言わず（一八―一九頁）、『曹渓大師伝』は「殿中侍御史の韋拠」が立碑したと記す（一〇三頁）。宋代以前の恵能碑としては王維、柳宗元（七七三―八一九）、劉禹錫（七七二―八四二）撰の碑文がそれぞれ伝えられるが、三碑とも韋拠碑の存在には触れない。また王維碑は荷沢神会の依頼であることを文中に記しているが、『壇経』や『曹渓大師伝』が王維碑の存在を記さず、元和一一年（八一六）撰の劉禹錫碑が、柳宗元碑を「前碑」と呼び、自らの碑文を「第二碑」と呼んで王維碑に言及しないのも不審である。こうした状況からすると、韋拠碑の実在はやや疑わしく、王維碑は碑文は完成したものの石碑の建立までには至らなかったなどの事情が想定できよう。

【五五】

633 「无常」は、死の婉曲な言い方。

634 道際、悟真については未詳。この記事が増入された時点で、『壇経』は恵能再伝の弟子にまで伝えられていたこととなる。同世代の南宗禅僧には、荷沢神会の弟子・磁州法如（七二三―八一一）、南嶽懐譲の弟子・馬祖道一（七〇九―七八八）、青原行思の弟子・石頭希遷（七〇〇―七九〇）などがいる。

【五六】

635 法興寺悟真が、次の伝授者に対し『壇経』伝授に際しての注意点を記したものであろうか。

【五七】

636 「県」、底本「懸」に作る。旅順本に従って改む。本段は、悟真が新たに得た資料を増入したものであろう。

637 以下、「旨を凡に示して度せしむ」までは五言一句の偈。

638 底本「共伝无住」。諸本異同無し。荷沢神会「荷沢大師顕宗記」（『景徳伝灯録』巻三〇）に「世尊滅して自り後、西天二十八祖 共に無住の心を伝え、同に如来の知見を説く」（T五一、四五九上）とあるのを参考に、「心」字を補う。周紹良校本（『敦煌写本壇経原本』文物出版社、一九九七年、一七三頁）、鄧文寛・栄新江校本一七二頁（『敦博本禅籍録校』四二七頁）参照。

639「行喩」の語義は不詳。修行についての教え、の意か。

640ただ大いなる智慧のある人にのみ教え、彼らが凡人に宗旨を示して救済するようにする。

641「根性」、底本「眼」に作る。スタイン本、旅順本に従って改む。

642「材量」、底本「林量」に作る。敦煌諸本に異同はないが、文意より「材量」に改む。

643底本「違立不得者」。旅順本同じ。スタイン本は「違立不徳者」に作る。今、底本「違」を「建」の誤写と見て改む。教えを得てもしっかりと運用できない者、の意か。だが「違旨不徳者（旨に違いて不徳なる者）」などかも知れず、後考に待つほかない。

644「密意」、底本および敦煌諸本「蜜」に作る。文意に拠って改む。「密意」は、言葉の裏に隠された仏陀の意図のこと。［唐］実叉難陀訳『大乗入楞伽経』無常品「爾の時、大慧菩薩摩訶薩 復た仏に白して言う、〈世尊、如来 何の密意を以って、大衆の中に於いて是くの如き言を唱えしや、〝我は是れ過去一切諸仏なり……〟〉。仏 言う、〈大慧よ、如来・応・正等覚は、四平等秘密意に依るが故に、大衆の中に於いて是くの如き言を作す……〉」（T一六、六〇八上）参照。『壇経』伝授に関わる以上の心得を、同じく仏道を修める人々に告げます。然るべき人物に本書を伝授して、恵能の隠された意趣をしっかり体得させるように、といった意味か。

645「知」、底本、スタイン本「智」に作る。旅順本に従って改む。

646この尾題および次段の「菩薩の法号」は、崗四八本にもある。

【五八】

647以下のいわゆる「菩薩の法号」は、尾題の後に置かれる以上『壇経』本文ではない。しかし、敦博本、スタイン本、旅順本のほか、中途で筆写を終えている崗四八本にも記されており、少なくとも五代期の敦煌においては『壇経』に付属する記述と見なされていたことは間違いない。

648諸本に異同は無いが、「之」は「知」「智」などの誤写の可能性がある。

649　この「菩薩の法号」なる十二人の名と数字について、王振芬「旅順博物館蔵敦煌本六祖壇経的再発現及其学術価値」（『旅順博物館蔵敦煌本六祖壇経』上海古籍出版社、二〇一一年）は、『壇経』と禅僧を守護する菩薩の名号であり、数字は名号を唱えるべき回数であると推測しているが、他の経論にこれらの「菩薩」名は見出されずにわかには承服しがたい。中島志郎校注本（『第三期　禅語録傍訳全書　第二巻　六祖壇経』四季社、二〇〇六年、三四八頁）が注するように、受戒した信徒の菩薩名であると考えるのがより自然であろう。唐五代には『壇経』に記された「無相戒」の受戒儀礼を文字通りに実践し、参加者に『壇経』を授ける集団があり、ある集会において伝授された『壇経』の末尾に記した新受戒者の名簿が、いつしか本文と共に流通したものと思われる。ただし数字の意味は未詳。中島校注本の言うように、受戒に際して納めた布施の金額であろうか。菩薩名について、南朝梁の受戒儀『出家人受菩薩戒法』羯《こん》磨《ま》四には「〈善男子　菩薩戒を受くるは、是れ仏の家に生ずるなり。応当《まさ》に名《な》有りて以って自ら建立すべし……某甲《なにがし》　今日　仏教に随従し、善男子某甲の自ら建立せんと欲する有らば、今　仏の威神慈善根力を承け、為めに菩薩名を立て、某甲と名づく〉……受けし者は先に応じて〈唯然《はい》〉と云い、仍《よ》りて新たに立つる所の菩薩名を称し、〈某甲　已《すで》に奉持《ぶじ》せり〉と云う」（ペリオ二一九六、土橋秀高『戒律の研究』永田文昌堂、一九八〇年、八六一―八六二頁）とあって、菩薩戒の受戒儀礼においては戒を受けた人々に菩薩名を授けることがあったようである。

臨済録

衣川賢次 訳注

凡例

一、本稿は現存する『臨済録』のなかで最古の形態と内容をもつ『天聖広灯録』巻一〇、一一「臨済章」の訳注である。底本には南宋紹興十八年（一一四八）刊福州開元寺版大蔵経の『天聖広灯録』（柳田聖山編禅学叢書之五『宋蔵遺珍　宝林伝　伝灯玉英集　附天聖広灯録』中文出版社、一九七五所収）を使用した。

一、本文は適宜段落を分かち、段落番号と見出しを附した。

一、本文の上欄には、大正新脩大蔵経第四七巻所収（一九八五番）『鎮州臨済慧照禅師語録』の頁数・段をアラビア数字とａｂｃで示した。底本と大正大蔵経本は別系統のテクストであり（詳細は「解題」を参照）、その構成を異にし、語句の異同も認められるが、本シリーズの体例に合わせ、参考に供する。

一、訓読文は、原則として現代かな遣いを用いた。ただし、「出《い》づ」については否定形の「出《いで》ず」との区別をつけるため、例外として旧かな遣いを用いた。

一、漢字の字体は原則として新字体を用いた。ただし、「佛、喝、徳、麼、圓、掲」については旧字体のまとした。また、底本では「麽」と「麼」が併用されているが、「麼」に統一した。ルビは読みやすさを考慮して附したが、伝統的な呉音による「佛教よみ」に従わなかったところもある。

一、原則として、会話・引用箇所は「　」に、「　」中のそれもしくは文献名は『　』に、典籍の引用箇所は〈　〉に、割書・細字箇所は【　】に囲んだ。
一、注における大正新脩大蔵経からの引用には、略号を「T」とし、その巻数と頁数、段の上中下を附した。

天聖広灯録臨済章《てんしょうこうとうろくりんざいしょう》（臨済録《りんざいろく》）

Ⅰ　江西黄檗山における大悟

504c　504b　506c

一　大悟

【一・1】鎮州《ちんしゅう》臨済院《りんざいいん》義玄《ぎげん》慧照禅師《えしょうぜんじ》[1]は曹州《そうしゅう》南華《なんか》[2]の人なり。俗姓は邢《けい》。[3]幼くして穎異《えいい》[4]なり。落髪受具《らくはつじゅぐ》[5]するに及んで禅宗を志慕《しぼ》す。[6]師は黄檗《おうばく》[7]会中《えちゅう》に在《あ》ること三年、行業《ぎょうごう》純一《じゅんいつ》[8]なり。首座《しゅそ》[9]歎じて曰《いわ》く、「是《こ》れ後生《こうせい》[10]なりと然《いえど》も[11]、衆《しゅ》と異なること有り。」首座問う、「上座此《じょうざここ》に在ること多少時《いくとき》ぞ？」師云《いわ》く、「三年なり。」首座云く、「曾《かつ》て参問《さんもん》せしや？」師云く、「曾て参問せず。知らず、箇《こ》の什麼《なに》[12]を問うや。[13]」首座云く、「汝《なんじ》何ぞ去《ゆ》きて[14]堂頭《どうちょう》[15]に問わざる、如何《いか》なるか是《こ》れ佛《ぶっ》法的的《ぽうてきてき》の大意《たいい》[16]と？」師便《すなわ》ち去《ゆ》きて問う。問声《もんしょう》未《いま》だ絶《た》えざるに、[17]黄檗便ち打つ。師下《さが》り来《きた》るや、首座云く、「問話《もんな》すること作麼生《いかん》[18]？」師云く、「某甲《それがし》[19]問声未だ絶えざるに、和尚便ち打つ。某甲会《え》せず。[20]」首座云く、「但《た》だ更に去《ゆ》きて問え！[21]」師又《ま》た去《ゆ》きて問う。黄檗又た打つ。是《かく》の如《ごと》く三たび問いを致《いた》して、三たび之《こ》れを打つ。師来《きた》り首座に白《もう》して云く、「幸いに慈悲《じひ》を蒙《こうむ》り、某甲をして和尚に問訊《もんじん》せしむるに、三度問いを発して、三度棒を喫《きっ》す。自《みずか》ら恨《うら》むらくは障縁《しょうえん》ありて深旨《しんし》を領《りょう》せず。[22]今且《しば》らく辞去せん。」首座云く、「汝若《も》し去《ゆ》かば、須是《すべか》らく[23]和尚に辞し了《おわ》りて去《ゆ》くべし。」師礼《らい》拝《はい》し退く。首座先に和尚の処《ところ》に到りて云く、「問話せし底《ところ》の後生は甚是《はなは》だ如法《にょほう》なり。若し来りて和尚に辞する時、方便して伊《かれ》を接《せっ》せよ。[24]已後《いご》一株《いっしゅ》の大樹を穿鑿《せんさく》して、天下《てんか》の人の与《ため》に陰涼《いんりょう》を作《な》し去《さ》らん。[25]」師便ち上《のぼ》り去《ゆ》きて辞す。黄檗云く、「別処に往《むか》い去《ゆ》くを得ざれ。汝は高安灘頭《こうあんだんとう》の大愚《だいぐ》の処へ向《むか》って去《ゆ》かば、必ず汝が為《ため》に説かん。[26]」

【一・2】師は大愚に到る。大愚問う、「什麼処《いずこ》[27]従《よ》りか来《きた》る？」師云く、「黄檗《おうばく》の処より来《きた》る。」愚云く、「黄檗に何の言句《ごんく》か有る？」師云く、「某甲《それがし》三度佛法的的《ぶっぽうてきてき》の大意《たいい》を問うに、三度棒を喫《きっ》す。知らず某甲《それがし》に過《とが》有りや過《とが》無しや？[28]」愚云く、「黄檗恁麼《かく》[29]も老婆《ろうば》[30]に汝が為《ため》にし得《え》て徹困《てっこん》なり。[31] 更に者裏《ここ》[32]に来《きた》りて、過《とが》有りや過無しやと問うとは！」師は言《ごん》下《か》に大悟す。云く、「元来《がんらい》黄檗の佛法に多子《たす》無し！[33]」大愚搊住《すうじゅう》[34]して云く、「者《こ》の尿牀子《にょうしょうす》[35]め！ 適来《さき》[36]には過《とが》有りや過無しやと言道《い》い、[37] 如今《いま》[38]は却《かえ》って黄檗の佛法に多子《たす》無しと道《い》う。你《なんじ》什麼《なん》の道理を見しや？[39] 速《すみ》やかに道え！ 速やかに道え！」師は大愚の脅下《きょうか》を築《つ》くこと三築《さんちく》す。[40] 大愚拓開《たっかい》[41]して云く、「你は黄檗を師とす。吾《わ》が事《こと》に干《かか》わるに非ず。[42]」

【一・3】師は大愚を辞して黄檗に却廻《かえ》[43]る。黄檗は来《きた》るを見、便《すなわ》ち問う、「者《こ》の漢《かん》！ 来来去去《らいらいきょきょ》して什麼《なん》の了期《りょうご》か有る[44]！」師云く、「祇《た》だ老婆心《ろうばしん》の切《せつ》なるが為なり。[45]」便ち人事《じんじ》し了《おわ》りて侍立《じりゅう》す。[46] 檗問う、「什麼処《いずこ》にか去《ゆ》き来《きた》れる？」師云く、「昨日は和尚の慈悲《じひ》を奉《たてまつ》り、今は大愚に参じ去《ゆ》き来《きた》れり。[47]」檗云く、「大愚に何の言句か有る？」師挙《こ》す[48]、「大愚は某甲《それがし》に問う、『黄檗に何の言句か有る？』と。某甲遂《かく》て前話《ぜんわ》を挙《こ》し、他《かれ》に問う、『過《とが》有りや過《とが》無しや』と。大愚道《いわ》く、『黄檗恁麼《かく》も老婆に汝が為《ため》にし得て徹困《てっこん》なり。更に過《とが》有りや過《とが》無しやと道《い》うとは！』と。某甲《それがし》は言下《ごんか》[49]に大悟せり。」檗

505a 云く、「作麼生《いかで》か者《こ》の漢を来《きた》ら得《し》めて、痛く一頓《いっとん》を与えん！[50]」師云く、「什麼《なん》の来《きた》ら待《し》めてと説《い》うや？ 即今《そっこん》便ち喫《きっ》せよ！」随後《ただち》便に掌《ひらてうち》す。[51] 檗云く、「者《こ》の風顛漢《ふうてんかん》！ 者裏《ここ》に来《きた》りて虎鬚《こしゅ》を捋《しご》くとは！[52]」師便ち喝《かっ》す。[53] 檗云く、「侍者《じしゃ》よ、者《こ》の風顛漢を引きて参堂《さんどう》し去《さ》れ！[54]」

【一・4】潙山《いさん》[55]前《さき》の因縁《いんねん》を挙《こ》して仰山《きょうさん》に問う、「臨済は当時《そのとき》大愚の力を得たるか、黄檗の力なるか？[56]」仰山云く、「但《た》

だ虎鬚《こしゅ》を捋《しご》くのみに非ず、亦《ま》た解《よ》く虎頭《ことう》に騎《の》る。[57]」

二　栽松

【二・1】師又《ま》た因《ちな》みに松を栽《う》うる次《おり》[58]、檗問う、「深山裏《しんざんり》に許多《あまた》[59]の松を栽えて作什麼《いかんせん》？」師云く、「一《いつ》には山門《さんもん》の与《ため》に景致《けいち》を作《な》し、二《に》には後人《こうじん》の与《ため》に標牓《ひょうぼう》と作《な》す。[60]」道《い》い了《おわ》りて、钁頭《くわ》を将《もっ》て地を打つこと一両下《いちりょうげ》す。[61]檗云く、「是《かく》の如しと雖然《いえど》も、子《し》は已《すで》に吾が三十棒を喫《きっ》し了《おわ》れり。[62]」師又た钁頭を以て地を打つこと両下《りょうげ》し、「嘘《きょ》！嘘《きょ》[63]！」檗云く、「吾が宗《しゅう》は汝に到りて大いに世に興《おこ》らん。[64]」

【二・2】潙山前《さき》の因縁《いんねん》を挙《こ》して仰山に問う、「黄檗は当時《そのとき》祇《た》だ臨済一人を嘱《しょく》すや、更に人有りや？[65]」仰云く、「有り。祇《た》是だ年代深遠《しんえん》にして、和尚に挙似《こじ》するを欲《ほっ》せず。[66]」潙云く、「是《かく》の如しと雖然《いえど》も、吾且《しば》らく知らんと要《ほっ》す。汝但《た》だ挙《こ》し看《み》よ！[67]」仰山云く、「一人南を指し、呉越《ごえつ》に令《れい》行われ、大風に遇《あ》わば即ち止《とど》まる。」【風穴《ふけつ》を讖《しん》す。[68]】

三　普請

【三・1】師因《ちな》みに普請《ふしん》[69]の次《おり》、黄檗の来《きた》るを見て、钁《くわ》に拄《もた》れて立つ。[70]檗云く、「者《こ》の漢《かん》、困也那《つかれたるか》？[71]」師云く、「钁《くわ》も也《ま》た未《いま》だ挙《あ》げざるに、箇《こ》の什麼《なに》にか困《つか》れん！[72]」檗便ち打つや、師は棒を接《うけと》め、一送《いっそう》して送倒《そうとう》す。[73]檗は維那《いの》[74]を喚《よ》び、「維那よ！我を扶《たす》け起こせ[75]！」維那近前《すす》みて云く、「和尚よ、争《いず》くんぞ者《こ》の風顛漢《ふうてんかん》の無礼《ぶれい》なるを容《ゆる》し得《え》ん！[76]」檗起《た》ちて便ち維那を打つ。[77]師は地に钁《くわいれ》して云く、「諸方《しょほう》は火葬《かそう》するも、我《わ》が者裏《ところ》は一時《いちじ》に活埋《かつまい》せん。[78]」

【三・2】潙山は仰山に問う、「黄檗の維那を打つ、意は作麼生《いかん》[79]？」仰山云く、「正賊《せいぞく》走《に》げ却《さ》り、羅蹤《らしょう》の人《ひと》棒を喫《くら》えり。[80]」

四　閉目坐睡

【四・1】師一日《あるひ》、僧堂前に在《あ》りて坐し、黄檗《おうばく》の来《きた》るを見るや、目を閉却《とざ》す[81]。檗見て乃《すなわ》ち怖《おそ》るる勢《いきおい》を作《な》し[82]、便《ただ》ちに方丈《ほうじょう》へ帰る。師随後《ただち》に方丈へ上《のぼ》りて礼謝《らいしゃ》す[83]。首座《しゅそ》、檗の処《ところ》に在りて侍立《じりゅう》す。檗云く、「此《こ》の僧、後生《こうせい》なりと雖是《いえど》も、却《かえ》って此の事《じ》有るを知る[84]。」首座云く、「老和尚却って箇《こ》の後生を証拠《しょうこ》すとは[85]！」檗自《みずか》ら口上《くち》を摑《かく》す[86]。首座云く、「知れば即ち得《よ》し、知れば即ち得《よ》し[87]。」

505b

【四・2】師は堂内に在りて睡《ねむ》る[88]。黄檗下《お》り来りて見、拄杖《しゅじょう》を以て板頭《ばんとう》を打つこと一下《いちげ》す[89]。師は頭《こうべ》を挙《あ》げて是《こ》れ黄檗なるを見るや、却《かえ》って睡る[90]。檗又《ま》た牀《しょう》を打つこと一下し、上間《じょうかん》に往《ゆ》きて首座の坐禅するを見る[91]。檗云く、「下間《げかん》の後生は、却《かえ》って坐禅す。汝《なんじ》は者裏《ここ》に妄想《もうぞう》して作什麼《いかんせん》[92]？」首座云く、「者《こ》の風顛漢《ふうてんかん》！作什麼《いかんせん》[93]！」檗は板頭を打つこと一下し、便《すなわ》ち出去《いでさ》る。

【四・3】潙山は仰山に問うて云く、「黄檗は意作麼生《いかん》？」仰云く、「両彩一賽《りょうさいいっさい》[94]。」

五　钁

【五・1】師一日《あるひ》、黄檗と同《とも》に普請《ふしん》に赴《おもむ》く。師は後《うしろ》に在りて行《ゆ》く。檗頭《こうべ》を回《めぐら》して師を見るに空手《くうしゅ》なり。檗問う、「钁《くわ》は什麼処《いずこ》にか在る？」師云く、「已《すで》に人《ひと》有りて将《も》ち去れり[95]。」檗云く、「近前《すす》み来《きた》れ、汝と箇《こ》の事《じ》を商量《しょうりょう》せん[96]。」師便ち近前《すす》む[97]。檗钁《くわ》頭を竪起《たて》て云く、「秖《た》だ者箇《これ》こそは天下《てんか》の人も拈掇不起《もちあげられず》[98]。」師は就手《すばや》く掣得《うば》い、竪起《たて》て云く、「為什麼《なにゆえ》にか某甲《それがし》の手《て》の裏《うち》に在る[99]？」檗云く、「今日自《もとよ》り人の普請《ふしん》する有り[100]。」便ち院に帰る。

【五・2】後、潙山此の話《わ》を挙《こ》して仰山に問う、「钁《くわ》は黄檗の手《て》の裏《うち》に在りしに、為什麼《なにゆえ》にか却《かえ》って臨済に奪却《うば》わる?[101]」仰山云く、「賊は是れ小人《しょうじん》なるに、智は君子に過ぐ。[102]」

503a

六　飯頭

【六・1】黄檗因《ちな》みに厨《くりや》に入《い》り、飯頭《はんじゅう》を見て問う、「什麼《なに》をか作《な》す?[103]」飯頭云く、「衆僧《しゅそう》の米を揀《えら》ぶ。[104]」檗云く、「日《ひ》に喫《くら》うこと多少《いかほど》ぞ?」頭云く、「両石五《りょうせきご》。[105]」檗云く、「太《はなは》だ多きこと莫《な》きや?[106]」頭云く、「猶お少なきを恐る。[107]」檗便ち打つ。[108] 飯頭却《かえ》って師に挙似《こじ》す。[109] 師云く、「我《われ》は汝《なんじ》が与《ため》に者《こ》の老漢《ろうかん》を勘《しら》べに去《ゆ》かん。[110]」纔《わず》かに檗の処に到りて侍立《じりゅう》する次《おり》、檗便ち前《さき》の因縁を挙《こ》す。[111] 師云く、「飯頭は会《え》せず。請う和尚代《かわ》って一転語《いってんご》せよ。[112]」師便ち問う、「太《はなは》だ多きこと莫《な》きや?」檗云く、「何《なん》ぞ道《い》わざる、来日《らいじつ》更に一頓《いっとん》を喫《きっ》すと。[113]」師云く、「什麼《なん》の来日と説《い》うや? 即今《そっこん》便ち喫《きっ》せよ!」道《い》い了《おわ》りて便ち掌《ひらてうち》す。[114] 檗云く、「者《こ》の風顛漢《ふうてんかん》! 又た者裏《ここ》に来《きた》りて虎鬚《こしゅ》を捋《しご》くとは![115]」師便ち喝《かっ》して出《いで》去る。[116]

【六・2】後、潙山挙《こ》して仰山に問う、「此の二尊宿《にそんしゅく》、意は作麼生《いかん》?[117]」仰云く、「和尚、意は作麼生《いかん》?[118]」潙云く、「子《し》を養《そだ》てて方《はじ》めて父の慈《じ》を知る。[119]」仰云く、「然《しか》らず。」潙云く、「子《し》は又《は》た作麼生《いかん》?[120]」仰云く、「大《おお》いに似《に》たり、賊を勾《ひきい》れて家を破るに。[121]」

505b

七　馳書

【七】師は黄檗の為《ため》に書を馳《は》せて潙山に去《ゆ》く。[122] 仰山は知客《しか》[123]と作《な》りて、書を接得《うけと》りて便ち問う、「者箇《これ》は是れ黄檗の底《もの》、那箇《いずれ》か是《こ》れ上坐《じょうざ》の底《もの》?[124]」師便《すなわ》ち掌《ひらてうち》するや、仰山約住《やくじゅう》して[125]云く、「老兄《ろうひん》は是《こ》の一般《いっぱん》の事を知らば便ち休《や》めよ。[126]」同《とも》に去《ゆ》きて潙山に参《さん》ず。潙便ち問う、「黄檗師兄《すひん》は多少《いかほど》の衆《しゅ》ぞ?」[127] 師云く、「七百衆。」潙云く、「什麽人《なんぴと》か導首《どうしゅ》と為る?」[128] 師云く、「適来《さきほど》已《すで》に書を達《たっ》し了《おわ》れり。」[129] 師却《かえ》って潙山に問う、「和尚の此間《こちら》は多少《いかほど》の衆ぞ?」[130] 潙云く、「一千五百衆。」[131] 師云く、「太多生《はなはだおおし》!」[132] 潙云く、「黄檗師兄《すひん》も亦《ま》た少なからず。」[133]

八　相送

【八】師は潙山を辞す。仰山は相《あ》い送りて云く、「汝《なんじ》北に向《むか》って去《ゆ》かば箇《こ》の住処《じゅうしょ》有らん。」[134] 師云く、「豈《あ》に恁麼《かく》なる事有らんや?」[135] 仰山云く、「但《た》だ去《ゆ》け。一人《いちにん》有りて汝を佐輔《さほ》せん。此の人は頭《あたま》有れども尾《しっぽ》無く、始め有れども終り無し。」

師、鎮州《ちんしゅう》に到るに、普化《ふけ》彼《かしこ》に在《あ》り。師住《じゅう》して後、師を賛佐《さんさ》し、師正《まさ》に化《け》すること旺《さかん》なるとき、普化は全身脱去《ぜんしんだっきょ》す。[136]

九　超師

505c

【九・1】師は黄檗を辞す。檗問う、「什麽処《いずこ》にか去《ゆ》く?」師云く、「河南《かなん》に不是《あら》ずんば便是《すなわ》ち河北《かほく》なり。」檗便ち打つ。[137] 師約住《やくじゅう》して一掌《いっしょう》を与《あた》う。[138] 檗大笑《たいしょう》し、侍者《じしゃ》を喚《よ》ぶ、「百丈先師《ひゃくじょうせんし》の禅板《ぜんばん》と几案《きあん》を将《も》ち来《きた》れ!」[139] 師云く、「侍者よ、火を将《も》ち来《きた》れ!」[140] 黄檗云く、「是《かく》の如しと雖然《いえど》も、汝但《た》だ将《も》ち去《ゆ》け。已後《いご》、天下《てんか》の人の舌頭《した》を坐却《くじ》き去《さ》らん。」[141]

506a

【九・2】後、潙山は此の話《わ》を挙《こ》して仰山に問う、「臨済は他の黄檗に辜負《そむ》く莫《な》きや?」[142] 仰山云く、「然《しか》らず。」潙山云く、「子《し》は又《は》た作麽生《いかん》?」[143] 仰山云く、「恩を知りて方《はじ》めて解《よ》く恩に報ずるなり。」[144] 潙山云く、「従上《じゅうじょう》の古人《こじん》は還《は》た相い似《に》たる底《もの》有りや?」[145] 仰山云く、「有り。祇是《た》だ年代深遠《しんえん》なれば、和尚に挙似《こじ》するを欲せず。」潙山云く、「是《かく》の如しと雖然《いえど》も、吾且《しば》らく知らず。子《し》但《た》だ挙《こ》し看《み》よ!」[146] 仰山云く、「祇《た》だ楞厳会上《りょうごんえじょう》に阿難《あなん》、佛《ぶつ》を讃《さん》じて、〈此の深き心を将《もっ》て塵《じん》刹《せつ》に奉《たてまつ》る、是《こ》れ則ち名づけて佛恩《ぶつおん》に報ずと為《な》す〉と云うが如き、豈《あ》に報恩の事に不是《あら》ずや?」[147] 潙山云く、「是《かく》の如し、是《かく》の如し。見《けん》の師と斉《ひと》しきは師の半徳《はんとく》を減《げん》ず。見の師に過《す》ぎて方《はじ》めて伝授《でんじゅ》するに堪《た》えたり。[148]」

Ⅱ　河北臨済院（一）

496c

一〇　上堂（一）無位の真人

【一〇】上堂《じょうどう》[149]して云く、「赤肉団上《しゃくにくだんじょう》[150]に一無位《いちむい》の真人《しんにん》[151]有りて、常に汝等諸人《なんじらしょにん》の面門《めんもん》より出入《しゅつにゅう》す。[152]未だ証拠《しょうこ》せざる者は看《み》よ看よ！[153]」時に僧有りて出《いで》て問う、「如何《いか》なるか是れ無位の真人？[154]」師禅牀《ぜんしょう》を下《お》り把住《はじゅう》して云く、「道《い》え！道え！[155]」僧擬議《ぎぎ》[156]す、師拓開《たっかい》して云く、「無位の真人は是れ什麼《なん》たる乾屎橛《かんしけつ》ぞ！」便ち方丈《ほうじょう》に帰る。[157]

503ab

一一　什麼処《いずこ》よりか来る

【一一】師、僧に問う、「什麼処《いずこ》よりか来《きた》る？[158]」僧便ち喝《かっ》す。師便ち揖《ゆう》して坐《ざ》せしむ。[159]僧擬議《ぎぎ》するや、師便ち打つ。[160]

一二　払子を立てる（一）

【一二】師、僧の来《きた》るを見て、払子《ほっす》を竪起《た》つ。[161]僧礼拝《らいはい》す。[162]師便ち打つ。[163]又た僧の来《きた》るを見て、亦た払子を竪起《た》つ。僧顧《かえり》みず。[164]師亦た打つ。[165]

496c

一三　上堂（二）喝

【一三】上堂す。僧有りて出《いで》て礼拝す。[166]師便ち喝す。[167]僧云く、「老和尚、探頭《たんとう》すること莫《な》くんば好《よ》し。[168]」師云く、「你《なんじ》道《い》え、什麼処《いずこ》にか落在《らくざい》する？[169]」僧便《すなわ》ち喝《かっ》す。[170]又《ま》た僧問う、「如何《いか》なるか是《こ》れ佛法《ぶっぽう》の大意《たいい》？[171]」師便ち喝す。[172]僧礼拝《らいはい》す。[173]

師云く、「你は好《よ》き喝なりと道《おも》うや?[174]」僧云く、「草賊大敗《そうぞくたいはい》す。[175]」師云く、「過《とが》は什麼処《いずこ》にか在る?[176]」僧云く、「再犯は容《ゆる》さず。[177]」師云く、「大衆《だいしゅ》よ、臨済の賓主《ひんじゅ》の句を会《え》せんと要せば、堂中の二禅客《ぜんきゃく》に問取《もんしゅ》せよ。[178]」便ち座を下《くだ》る。

Ⅲ　河北臨済院（二）

一四　普化（一）赴斎

【一四】師一日《あるひ》、普化《ふけ》[179]と同《とも》に施主家《せしゅけ》の斎《さい》[180]に赴《おもむ》く次《おり》、師は普化に問う、「毛《け》は巨海《きょかい》を呑《の》み、芥《けし》は須弥《しゅみ》を納《い》るるは、為是《はた》神《じん》 503b 通妙用《づうみょうゆう》なりや、本体如然《ほんたいにょねん》なりや?[181]」普化飯牀《はんしょう》を踏み倒す。師云く、「太麤生《たいそせい》![182]」普化云く、「者裏《ここ》は是れ什麼《なん》の所在《しょざい》にして、麤《そ》と説《い》い細《さい》と説《い》うや![183]」師来日《らいじつ》[184]又た普化と同《とも》に斎に赴く。師云く、「今日の供養《くよう》は昨日に何似《いかん》?[185]」普化前《まえ》に依《よ》りて飯牀を踏み倒す。師云く、「得《よ》きことは即ち得《よ》きも、太麤生《たいそせい》![186]」普化云く、「瞎漢《かっかん》!佛法は什麼《なん》の麤細《そさい》をか説《い》わん![187]」師乃《すなわ》ち舌《した》を吐《は》く。[188]

一五　普化（二）掣風掣顚

【一五】師は一日《あるひ》、河陽《かよう》、木塔長老《もくとうちょうろう》[189]と同《とも》に僧堂の地炉内《ちろない》に坐す。[190]因《よ》りて説《い》う、「普化は毎日、街市《まち》に在りて掣風掣顚《せっぷうせってん》す。[191]他《かれ》の是れ凡《ぼん》なるか是れ聖《しょう》なるかを知らんや![192]」言いて猶お未だ了《おわ》らざるに、普化入《い》り来《きた》る。師便ち問う、「汝《なんじ》は是れ凡《ぼん》か是れ聖《しょう》か?」普化云く、「汝且《しば》らく道《い》え、我《われ》は是れ凡か是れ聖か。」師便ち喝す。[193]普化手を以て指して云く[194]、「河陽は新婦《しんぷ》子《す》[195]、木塔は老婆禅《ろうばぜん》[196]、臨済は小廝児《しょうしじ》にして、却《かえ》って一隻眼《いっせきげん》を具《ぐ》す。[197]」師云く、「者《こ》の賊め![198]」普化云く、「賊!賊![199]」便ち出《いで》去る。

504b

一六　普化（三）驢鳴

【一六】一日、普化は僧堂前に在りて生菜《さんさい》[200]を喫《くら》う。師見て云く、「大いに一頭の驢《ろば》に似《に》たり。[201]」普化便ち驢鳴《ろめい》を作《な》す。[202]師云く、「者《こ》の賊め！」普化云く、「賊！ 賊[203]！」

一七　普化（四）揺鈴

【一七】因《ちな》みに普化は常に街市中《まちなか》に於いて鈴を揺らして[204]云く、「明頭《めいとう》より来《きた》らば明頭に打《だ》し、暗頭《あんとう》より来《きた》らば暗頭に打《だ》し、四方八面より来らば旋風《せんぷう》もて打し、虚空《こくう》より来らば連架《れんか》もて打す。[205]」師は侍者《じしゃ》をして去《ゆ》かしめ、纔《わず》かに是《かく》の如く道《い》うを見るや、便ち把住《はじゅう》して「捴《すべ》て与麼《かくのごとく》ならずして来る時は如何《いかん》？」と云わしむ。[206]侍者は教えの如くするに、普化は拓開《たっかい》[207]して云く、「来日《らいじつ》、大悲院《だいひいん》裏に斎《さい》有り。[208]」侍者迴《かえ》りて師に挙似《こじ》す。[209]師云く、「我《われ》は従来より者《こ》の漢《かん》を疑著《うたが》えり。[210]」

一八　普化（五）全身脱去

【一八】普化は一日、街市中に於いて人《ひと》に就き直裰《じきとつ》[211]を乞《こ》う。人皆《み》な之《こ》れを与うるも、普化俱《とも》に要《よう》せず。師は院主《いんじゅ》[212]をして棺一具《かんいちぐ》[213]を買わしむ。普化帰《きた》り来る。師云く、「我《われ》は汝が与《ため》に箇《こ》の直裰を做《つく》り了《おわ》れり。[214]」普化便ち担《かつ》ぎ出《いだ》して街市を繞《めぐ》り、叫んで云く、「臨済は我が与《ため》に直裰を做《つく》り了れり。我は東門に往《ゆ》きて遷化《せんげ》[215]し去《さ》らん。」市人《しじん》競いて随《したが》い之《こ》れを看《み》んとす。普化云く、「我《われ》は今日《いま》は未だし。[216]来日《らいじつ》南門に往きて遷化し去らん。」是《かく》の如くすること三日、人已《すで》に信ぜず。第四日に至るに、人の随い看んとするもの無し。独り城外に出《いで》て、自《みずか》ら棺の内に入り、路行《みちゆ》く人に倩《こ》うて之《こ》れに釘《くぎう》たしむ。即時《ただち》に伝え布《ひろ》まり、市人競い往きて、棺を開くに、乃ち全身脱去《だっきょ》せるを見る。[217]

一九　一老宿

503b 【一九】一老宿《ろうしゅく》[218]有りて師に参じ、未だ曾《かつ》て人事《じんじ》せざるに、[219]便ち問う、「礼《らい》するが即ち是《よ》きか、礼せざるが即ち是《よ》きか？[220]」師便ち喝《かっ》す。老宿便ち礼拝《らいはい》す。[221]師云く、「好箇《こうこ》の草賊《そうぞく》！[222]」老宿云く、「賊！　賊！」便ち出《いで》去る。[223]師云く、「無事《ぶじ》好《よ》しと道《おも》う莫《なか》れ！[224]」首座《しゅそ》侍立《じりゅう》する次《おり》、[225]師云く、「還《は》た過《とが》有りや？[226]」首座云く、「有り。」師云く、「賓家《ひんけ》に過有りや、主《しゅ》
503c 家《け》に過有りや？」首座云く、「二俱《とも》に過有り。[227]」師云く、「過は什麼処《いずこ》にか在《あ》る？」首座便ち出去る。[228]師云く、「無事《ぶじ》好《よ》しと道《おも》う莫れ！[229]」後に僧有りて南泉《なんせん》[230]に挙似《こじ》す。南泉云く、「官馬《かんば》相い踏《あ》む。[231]」

二〇　晩参示衆　四料簡

497a 【二〇】晩参《ばんさん》[232]に、衆《しゅ》に示して云く、「有る時は人を奪い境《きょう》を奪わず、有る時は境を奪い人を奪わず、有る時は人境俱に奪う、有る時は人境俱に奪わず。[233]」時に僧有りて問う、「如何《いか》なるか是《こ》れ〈人を奪い境を奪わざる〉？」師云く、「煦日《くじつ》発生して地に錦を鋪《し》き、瓔孩《えいがい》髪を垂れて白きこと糸の如し。[234]」云く、「如何なるか是れ〈境を奪い人を奪わざる〉？」師云く、「王令已《すで》に行われて天下《てんか》に徧《あまね》し、将軍塞外《さいがい》に烟塵《えんじん》を絶《た》つ。[235]」云く、「如何なるか是れ〈人境俱に奪う〉？」師云く、「幷汾《へいふん》信を絶ち、一方に独処す。[236]」云く、「如何なるか是れ〈人境俱に奪わざる〉？」師云く、「王は宝殿に登り、野老《やろう》は謳歌《おうか》す。[237]」

二一　露柱

503c 【二一】師軍営《ぐんえい》に入《い》り斎《さい》に赴くに因《よ》りて、門首《もんしゅ》に員僚《いんりょう》に見《あ》う。[238]師露柱《ろちゅう》[239]を指して問う、「是れ凡《ぼん》か、是れ聖《しょう》か？[240]」員僚

語無し。師露柱を打って、「直饒《たとい》道《い》い得《う》るも、也《ま》た秖《た》だ是れ箇《こ》の木橛《もくけつ》」と云いて、便ち入り去《ゆ》く。[241]

二二　糶米《ちょうまい》

【二二】師は院主《いんじゅ》[242]に問う、「什麽処《いずこ》よりか来《きた》る？」主云く、「州中に黄米《こうまい》を糶《う》り去《ゆ》き来《きた》る。[243]」師云く、「糶《う》り得《え》て尽《つ》きたるや？[244]」主云く、「糶《う》り得《え》て尽《つ》きたり。」師拄杖《しゅじょう》を以て面前に画一画《かくいっかく》して云く、[245]「還《は》た者箇《これ》を糶《う》り得《う》るや？[246]」主便ち喝す。[247]師便ち打つ。[248]典座《てんぞ》[249]至る。師前話《ぜんわ》を挙《こ》す。[250]典座云く、「院主は和尚の意を会《え》せず。[251]」師云く、「你《なんじ》は作麽生《いかん》？」典座便ち礼拝《らいはい》す。[252]師亦《ま》た打つ。[253]

二三　座主

【二三】座主《ざす》[254]有り、来《きた》りて相《あ》い看《まみ》ゆ。[255]師は座主に問う、「何《なん》の経論《きょうろん》をか講ずる？[256]」主云く、「某甲荒虚《それがしこうきょ》[257]にして、粗《ほ》ぼ『百法論』を習う。[258]」師云く、「一人《いちにん》有りて三乗十二分教《さんじょうじゅうにぶんきょう》に於《お》いて明《あき》らめ得《え》、一人有りて三乗十二分教に於いて明らめ得ず。此《こ》の二人《ににん》は是れ同じなるか、是れ別なるか？[259]」主云く、「明らめ得たらば即ち同じ、明らめ得ずんば即ち別なり。[260]」楽普《らくふ》[261]は侍者《じしゃ》為《た》りて師の後《うしろ》に立ち、云く、「座主よ、者裏《ここ》は是れ什麽《なん》の所在《しょざい》にして、同じと説《い》い別と説《い》うや。[262]」師首《こうべ》を迴《めぐ》らして侍者に問う、「汝《なんじ》は《は》又た作麽生《いかん》？[263]」侍者便ち喝《かっ》す。[264]師は座主を送り迴《かえ》り来《きた》りて、遂《かく》て侍者に問う、「適来《さきほど》は是れ汝老僧《われ》を喝せしや？[265]」侍者云く、「是《しかり》。[266]」師便ち打つ。[267]

二四　徳山三十棒

【二四】師は第二代徳山《とくさん》[268]の垂示《すいじ》[269]に、「道《い》い得《え》たるも也《ま》た三十棒、道《い》い得《え》ざるも也《ま》た三十棒[270]」と云うを聞く。師は楽《らく》普《ふ》をして、「去《ゆ》きて問え、道《い》い得《え》たるに為什麽《なにゆえ》にか也《ま》た三十棒なる、と。伊《かれ》の打つを待って、汝棒を接住《うけと》めて送一送《そういっそう》し、他《かれ》の作麼生《いかん》するやを看《み》よ。[271]」楽普彼《かしこ》に到り、教えの如く問う。徳山便《すなわ》ち打つや、普接住《うけと》めて送一送《そういっそう》す。徳山便ち方《ほう》丈《じょう》に帰る。[272] 普迴《かえ》りて師に挙似《こじ》す。[273] 師云く、「我《われ》従来より者《こ》の漢《かん》を疑著《うたが》えり。[274] 是《かく》の如《ごと》しと雖然《いえど》も、汝《なんじ》は還《は》た徳山を見るや？」普擬議《ぎぎ》するや、師便ち打つ。[275]

V　河陽府王常侍昇座を請う

二五　大悲千手眼

496c 【二五】師河陽府《かようふ》[276]に到るに因《よ》り、府主王常侍《おうじょうじ》[277]、師に昇座《しんぞ》を請《こ》う。[278] 時に麻浴《まよく》[279]出《いで》て問う、「大悲千手眼《だいひせんじゅげん》、那箇《いずれ》か是《こ》れ正《しょう》眼《げん》なる？[280]」師云く、「大悲千手眼、那箇か是れ正眼なる？ 速《すみ》やかに道《い》え！ 速やかに道え！[281]」麻浴は師を拽《ひきず》りて座より下《おろ》し、麻浴却《かえ》って坐《ざ》す。[282] 師近前《すす》みて云く、「不審《ふしん》。[283]」麻浴擬議《ぎぎ》するや、師亦《ま》た麻浴を拽《ひきず》りて座より下《おろ》し、師却《かえ》って坐す。[284] 麻浴便ち出去《いでさ》り、師便ち座《ざ》を下《くだ》る。[285]

二六　金屑

503c 【二六】常侍一日《あるひ》師を訪《と》う。師を僧堂内に同《とも》ない、乃《すなわ》ち問う、「者《こ》の一堂の僧、還《は》た経を看《よ》むや？[286]」師云く、「経を看《よ》まず。」侍云く、「還《は》た禅を学ぶや？」師云く、「禅を学ばず。」侍云く、「経も又《ま》た看《よ》まず、禅も又《ま》た学ばず。畢竟箇《ひっきょうこ》の什麼《なに》をか作《な》す？」師云く、「摠《すべ》て伊《かれら》を教《し》て佛と成《な》り祖と作《な》り去らしむ。[287]」侍云く、「金屑《きんせつ》は貴《たっと》しと雖《いえど》も、眼に落つれ
504a ば翳《かげ》と成《な》る、又《は》た作麼生《いかん》？[288]」師云く、「你《なんじ》は是れ箇《こ》の俗漢《ぞくかん》なりと将為《おも》いしに。[289]」

二七　昇座（一）　称揚大事

496b

【二七】常侍又《ま》た諸官と師に昇座《しんぞ》を請う。師昇座して云く、「山僧《さんそう》今日事已《ことや》むを獲《え》ず、曲《つぶ》さに人情に順《したが》い、方《はじ》めて此《こ》の座に登る。[290]若《も》し祖宗門下《そしゅうもんか》に約《やく》して、大事《だいじ》を称揚《しょうよう》せば、直是《まった》く口を開き得ず、你らの足を措《お》く処《ところ》無し。[291]山僧は此の日、常侍の堅《かた》く請うを以て、那《なん》ぞ綱宗《こうじゅう》を隠《かく》さん。[292]還《は》た作家《さっけ》の戦将の直下《ただち》に陣を展べ旗《の》を開くもの有りや？[293]衆《しゅ》に対《たい》して証《しょう》拠《こ》し看《み》よ！[294]」時に僧有りて問う、「如何《いか》なるか是れ佛法《ぶっぽう》の大意《たいい》？[295]」師便ち喝《かっ》す。僧礼拝《らいはい》す。師云く、「者箇《こ》の師僧《しそう》、却《かえ》って論を持《じ》するに堪《た》う。[296]」

二八　昇座（二）師承

【二八】問う、「師は誰《たれ》家の曲《きょく》をか唱《うた》い、宗風《しゅうふう》は阿誰《たれ》をか嗣《つ》ぐ？[297]」師云く、「我は黄檗《おうばく》の処に在《あ》りて、三度問いを発し、三度打たる。[298]」僧擬議《ぎぎ》するや、師便ち喝し、随後《ただち》に打って云く、「虚空裏《こくうり》に橛《くい》を釘《う》ち去《さ》る可《べ》からず！[299]」

二九　昇座（三）佛性

【二九】座主《ざす》有りて問う、「三乗十二分教《さんじょうじゅうにぶんきょう》は豈《あ》に佛性《ぶっしょう》を明《あき》らむるに不是《あら》ずや？[300]」師云く、「荒草曾《かっ》て鋤《す》かず。[301]」主云く、「佛は豈《あ》に人を賺《すか》さんや！[302]」師云く、「佛は什麼処《いずこ》にか在《あ》る！[303]」主語無し。師云く、「常侍の前に対して老僧を謾《まん》ぜんと擬《ほっ》す。速《すみ》やかに退け！速やかに退け！他別人《たにん》の請問《しんもん》を妨《さまた》ぐ！[304]」復《ま》た云く、「此の日の法筵《ほうえん》は一大事の為《ため》の故《ゆえ》なり。[305]更に問話《もんな》する者有りや？速やかに問いを致《も》ち来《きた》れ！[306]你の纔《わず》かに口を開くや、早《つと》に交渉《かかわり》勿《な》し。[307]何《なに》を以《もっ》てか此《かく》の如くな

496c

る？見ずや、釈尊の云く、〈法は文字を離《はな》る。因に属せず、縁に在《かか》わらざるが故に〉と。[308]你の信不及《しんじきれざる》が為に、所以《ゆえ》に今日葛藤《かっとう》す。[309]常侍と諸官員を滞《わずらわ》せて、他《そ》の佛性を味《くら》まさんことを恐る。[310]且《ま》ずは退くに如《し》かず。[311]信根少《しんごんな》き人は終《つい》に了日《りょうじつ》無し。[312]」喝一喝《かついっかつ》して便ち座を下《くだ》る。

VI 増補

506a

三〇 初祖塔

【三〇】師は初祖塔頭《しょそたっちゅう》に到る。[313] 塔主《たっす》[314]云く、「長老は先に佛を礼《らい》するや、先に祖を礼するや？」[315] 師云く、「佛祖《ぶっそ》倶《とも》に礼せず。」[316] 塔主云く、「佛祖は長老と是《こ》れ什麼《なん》の冤家《おんけ》ぞ？」[317] 師便《すなわ》ち払袖《ほっしゅう》して出《い》づ。[318]

496c

三一 上堂（三） 払子を立てる（二）

【三一】上堂《じょうどう》す。僧問う、「如何《いか》なるか是れ佛法《ぶっぽう》の大意《たいい》？」[319] 師払子《ほっす》を竪起《た》つ。[320] 僧便ち喝《かっ》す。[321] 師便ち打つ。[322] 又《ま》た僧問う、「如何なるか是れ佛法の大意？」師亦《ま》た払子を竪起《た》つ。僧便ち喝す。[323] 師亦た喝す。僧擬議《ぎぎ》す。師便ち打つ。[324]

497a

三二 上堂（四） 更に一頓を思《おも》得う

【三二】上堂[325]して云く、「我《われ》二十年前、[326] 黄檗先師《おうばくせんし》の処《ところ》に在《あ》りしとき、三度佛法的的《ぶっぽうてきてき》の大意を問い、三度他《そ》の杖《じょう》を賜《たま》うを蒙《こうむ》るも、蒿枝《こうし》の払《はら》著うが如くに相《あ》い似《に》たり。[327] 如今《いま》更に一頓《いっとん》を思《おも》得う。[328] 誰人《たれ》か我《わ》が為《ため》に行《つか》い得ん？」[329] 時に僧有りて衆《しゅ》を出《いで》て云う、[330]「某甲《それがし》行《つか》い得たり。」[331] 師棒を拈《と》りて僧に与う。其《そ》の僧接《うけと》らんと擬《ほっ》するや、師便ち打つ。[332]

三三 剣刃上の事

【三三】問う、「如何なるか是れ剣刃上《けんにんじょう》の事？」[333] 師云く、「禍事《かじ》！ 禍事！」[334] 僧擬議す。師便ち打つ。[335]

三四 石室行者

【三四】問う、「秖《た》だ石室行者《せきしつあんじゃ》の碓《うす》を踏みて脚を移すを忘却するが如きは、什麽処《いずこ》に向《むか》ってか去《ゆ》ける？」[336] 師云く、「深泉《しんせん》に没溺《もつでき》せり。」[337]

504a

三五　杏山

【三五】師は杏山《あんざん》[338]に到る。問う、「如何なるか是れ露地《ろじ》の白牛《びゃくご》？」[339] 山云く、「吽吽《こうこう》！」[340] 師云く、「唖《あ》なるか？」[341] 山云く、「長老は作麼生《いかん》？」[342] 師云く、「者《こ》の畜生《ちくしょう》！」[343]

三六　趙州

【三六】趙州《じょうしゅう》[344] 行脚《あんぎゃ》の時、師に参ずるに、師の脚を洗う次《おり》に遇《あ》う。[345] 州便ち問う、「如何なるか是れ祖師西来意《そしせいらいい》？」[346] 師云く、「恰《あたか》も老僧の脚を洗うに値《あ》う。」[347] 州近前《すす》みて聴く勢《いきおい》を作《な》す。[348] 師云く、「更に第二杓《だいにしゃく》の悪水《あくすい》を潑《ま》かんと要《ほっ》す！」[349] 州便ち下《さが》り去《ゆ》く。[350]

504b

三七　龍牙

【三七】龍牙《りゅうげ》[351]問う、「如何なるか是れ西来意《せいらいい》？」[352] 師云く、「我が与《ため》に禅版《ぜんぱん》を過《てわた》し来《きた》れ！」[353] 牙便ち禅版を過《てわた》して師に与《あた》う。[354] 師接得《うけと》りて便ち打つ。[355] 牙云く、「打つことは即ち打つに任《まか》すも、要且《つま》りは祖師意無し。」[356] 龍牙は後に翠微《すいび》[357]に至りて問う、「如何なるか是れ西来意？」 微《び》云く、「我が与《ため》に蒲団《ふとん》[358]を過《てわた》し来《きた》れ！」 牙《げ》便ち蒲団を過《てわた》して翠微に与《あた》う。 翠微接得《うけと》りて便ち打つ。 牙《げ》云く、「打つことは即ち打つに任《まか》すも、要且《つま》りは祖師意無し。」 牙住院《じゅういん》して後、[359] 僧有りて入室請益《にっしつしんえき》[360]して云く、「和尚行脚の時、二尊宿《にそんしゅく》に参ぜし因縁、還《は》た他《かれら》を肯《うべな》うや？」[361] 牙《げ》云く、「肯うことは即ち深く肯うも、要且《つま》りは祖師意無かりき。」[362]

三八　径山

【三八】径山《きんざん》[363]に五百衆有るも、人の参請《さんせい》するもの少《な》し。[364] 黄檗《おうばく》、師をして径山に去《ゆ》かしむ。[365] 檗、師に謂《い》いて曰く、「汝《なんじ》彼《かしこ》に到りて作麽生《いかん》？」師云く、「某甲《それがし》自《もとよ》り方便有り。[366]」師は径山に到り、装腰《そうよう》にして法堂《はっとう》に上《のぼ》り、径山に見《あ》う。[367] 径山方《まさ》に頭《こうべ》を挙《あ》ぐるや、師便《すなわ》ち喝《かっ》す。径山口を開かんと擬《ほっ》するや、師払袖《ほっしゅう》して便ち行く。[368] 尋《のち》に僧有りて径山に問う、「者《こ》の僧適来《いましがた》什麽《なん》の言句《ごんく》有りてか便ち和尚を喝する？[369]」径山云く、「者《こ》の僧は黄檗の会裏《えり》より来《きた》る。你《なんじ》知らんと要《ほっ》せば、自《みずか》ら去《ゆ》きて他《かれ》に問取《もんしゅ》せよ。」径山の五百衆、太半奔趁《たいはんほんちん》す。[370]

497a

三九　上堂（五）与麽《よも》と不与麽《ふよも》

【三九】上堂《じょうどう》して云く、[371]「但有《おおよ》そ来《きた》る者《もの》は、[372] 伊《かれ》[373]を虧欠《きかん》[374]せず、摠《すべ》て伊《そ》の来処《らいしょ》を識《し》る。[375] 与麽《かくのごとく》来《きた》るは恰《あたか》も失却《うしな》うが似《ごと》く、与麽《かくのごとく》来《きた》らざるは無縄自縛《むじょうじばく》なり。一切時中《いっさいじちゅう》、乱《みだ》りに斟酌《しんしゃく》する莫《なか》れ。[376] 会《え》するも会《え》せざるも都来《すべ》て是《こ》れ錯《あや》まりなり。[377] 分明《ふんみょう》に与麽《かくのごとく》道《い》いて、一《ひと》えに天下《てんか》の人《ひと》の貶剝《へんばく》するに任《まか》す。[378] 久立《きゅうりゅう》、珍重《ちんちょう》！[379]」

四〇　上堂（六）孤峯頂上と十字街頭

【四〇】上堂して云く、「一人《いちにん》は孤峯頂上《こほうちょうじょう》に在《あ》りて、出身《しゅっしん》の路《みち》無し。[380] 一人《いちにん》は十字街頭《じゅうじがいとう》に在りて、亦《ま》た向背《こうはい》無し。[381] 那箇《いずれ》か前《まえ》に在り、那箇《いずれ》か後《うしろ》に在る？[382] 維摩詰《ゆいまきつ》と作《な》らず、傅大士《ふだいし》と作《な》らず。[383] 久立《きゅうりゅう》、珍重《ちんちょう》！」

四一　上堂（七）途中と家舎

【四一】上堂して云く、「一人有り、論劫《ろんごう》に途中《とちゅう》に在りて、家舎《かしゃ》を離《はな》れず。一人有り、家舎《かしゃ》を離れて、途中《とちゅう》に在らず。[384]

那箇《いずれ》か合《まさ》に人天《にんてん》の供養《くよう》を受くべき?[385]」便ち座を下《くだ》る。[386]

504a

四二　両手を展開す

【四二】師は僧の来《きた》るを見て、両手を展開《てんかい》す。[387]僧語無し。師云く、「会《え》するや?」云く、「会《え》せず。」師云く、「渾崙《こんろん》にして擘《さ》き開《ひら》けず。[388]你に両文銭《りょうもんせん》を与えん。[389]」

Ⅶ　遷化

506c

四三　遷化時の上堂

【四三】師は遷化《せんげ》に臨《のぞ》みし時、上堂して云く、[390]「吾《わ》が滅後、吾が正法眼蔵《しょうぼうげんぞう》[391]を滅却《めっきゃく》することを得ざれ。」三聖《さんしょう》[392]出《いで》て云く、「争《いずく》んぞ敢えて和尚の正法眼蔵を滅却せん!」師云く、「已後《いご》人有りて汝に問わば、他《かれ》に向《むか》って什麼《なん》と道《い》うや?」三聖便ち喝す。[393]師云く、「誰《たれ》か知らん、吾が正法眼蔵者《こ》の瞎驢《かつろ》辺《へん》に向《お》いて滅却せんとは![394]」乃《すなわ》ち頌《じゅ》有りて曰く、「流《なが》れに沿うて止《や》まざるに如何《いかん》と問う。真照《しんしょう》は無偏《むへん》なりと他《かれ》に説似《と》く。相を離れ名を離るるに人稟《う》けず。吹毛《すいもう》用い了《おわ》りて急《いそ》ぎ還《ま》た磨《みが》かん。[395]」言い訖《おわ》りて、法座上に於いて端然《たんねん》として示寂《じじゃく》せり。[396]時に咸通《かんつう》七年丙戌《へいじゅつ》四月初十日なり。[397]勅《ちょく》して慧照禅師《えしょうぜんじ》と諡《おくりな》し、塔《とう》を澄霊《ちょうれい》と号す。[398]

Ⅷ　示衆

497ab

四四　示衆一（1）真正の見解を求めよ

【四四】師示衆《じしゅ》[399]して云く、「今時《こんじ》の佛法《ぶっぽう》を学ぶ者は、且《ま》ずは真正《しんしょう》の見解《けんげ》を求むることを要《よう》す。若《も》し真正の見解を得たらば、生死《しょうじ》にも染《そ》まず、去住《きょじゅう》も自由《じゆう》なり。殊勝《しゅしょう》を求むるを要《ほっ》せずして、殊勝 自《おのずか》ら至る。[400] 道流《どうる》[401]よ！ 秪《た》だ古《いにしえ》自《よ》りの先《せん》徳《とく》の如きは、皆《み》な出人底《しゅつじんてい》の路《みち》有り。山僧《さんそう》の人に指示する処《ところ》の如きは、秪《た》是だ你《なんじ》らの人惑《にんわく》を受けざらんことを要《ほっ》するのみ。用いんと要《ほっ》せば便《すなわ》ち用いよ。更に遅疑《うたが》う莫《なか》れ[402]！ 如今《いま》の学者の得《よ》からざる、病《やまい》は甚処《いずこ》にか在《あ》る[403]？ 病は自《みずか》らを信ぜざる処に在り。你ら若《も》し自らを信不及《しんじきれず》んば、即便《すなわ》ち忙忙地《ぼうぼうじ》として一切の境《きょう》に徇《したが》って転《てん》じ、他《そ》の万境《ばんきょう》に迴換《えかん》せられ、自由《じゆう》なるを得ず。[404] 你ら若し能《よ》く念念《ねんねん》に馳求《ちぐ》する心を歇《や》め得《え》なば、便ち祖佛《そぶつ》と別ならず。你らは祖佛を識《し》らんと欲得《ほっ》すや？ 秪《た》だ你らという、わが面前に法を聴く底《もの》こそ是《こ》れなる。[405] 学人信不及《がくにんしんじきれず》して、便ち向外《そと》に馳求《ちぐ》す。設《たと》い求め得たるも、皆な是れ文字名相《もじみょうそう》にして、終《つい》に他《か》の活祖意《かっそい》を得ず。[406] 錯《あや》まる莫《なか》れ！ 禅徳よ！ 此《こ》の時遇《あ》わずんば、万劫千生《まんごうせんしょう》に三界《さんがい》を輪廻《りんね》し、好悪《よしあし》の境に徇《したが》って掇《はこ》ばれ、驢牛肚裏《ろぎゅうとり》に去《ゆ》きて生れん。[407] 道流《どうる》よ！ 山僧《さんそう》の見る処に約《やく》せば、釈迦と別ならず。毎日多般《たはん》の用処《はたらき》、什麼《なに》をか欠少《かんしょう》す？ 六道の神光《すじくすしきひかり》、未だ曾《かつ》て間歇《かんけつ》せず。[408] 若し能く是《かく》の如く見得《みえ》なば、秪《た》だ是れ一生無事《いっしょうぶじ》の人なり。[409]

四五　示衆一（2）但だ外に求むる莫れ

【四五】大徳よ！ 三界《さんがい》は安《やす》きこと無く、猶《な》お火宅《かたく》の如し。此《ここ》は你らの久しく停住《とど》まる処に不是《あら》ず。無常の殺鬼《さっき》は一《いち》刹那《せつな》の間《かん》に、貴賤老少《きせんろうしょう》を揀《えら》ばず。[410] 你ら祖佛《そぶつ》と別ならざらんと要《ほっ》せば、但《た》だ外に求むる莫れ。[411] 一念心上《いちねんしんじょう》の 清浄光《しょうじょうこう》は是れ你らが屋裏《おくり》の法身佛《ほっしんぶつ》、你らが一念心上の無分別光《むふんべっこう》は是れ你らが屋裏の報身佛《ほうじんぶつ》、你らが一念心上の無差別光《むさべっこう》は是れ你らが屋裏の化身佛《けしんぶつ》。此の三種の身は是れ你らという、今目前《もくぜん》に法を聴く底《ところ》の人なるも、秪《た》だ向外《そと》に馳求《ちぐ》せざるが為《ため》に、

497c

此の功用《くゆう》有り。412 経論家《きょうろんけ》に拠らば、三種の身を取《も》って極則《ごくそく》と為す。山僧《さんそう》の見る処に約《やく》せば然《しか》らず。此の三種の身は是れ名言《みょうごん》、亦《ま》た是れ三種の衣《え》なり。古人《こじん》云く、〈身《み》は義に依りて立て、土《ど》は体《たい》に拠りて論ず〉と。法性身《ほっしょうしん》、法性土《ほっしょうど》は、明らかに知る、是れ光影《ひかり》なるを。413

四六　示衆一（3）光影を弄する人

【四六】大徳よ！　你ら且ずは光影《ひかり》を弄《ろう》する底《ところ》の人こそ是れ諸佛の本源にして、是れ一切の道流《どうる》の帰舎《きしゃ》する処なるを識取《しきしゅ》せよ。414 是れ你らという四大色身《しだいしきしん》、解《よ》く説法聴法《せっぽうちょうぼう》せず。脾胃肝胆《ひいかんたん》、解《よ》く説法聴法せず。虚空《こくう》、解《よ》く説法聴法せず。是れ什麼《なん》ぞ解《よ》く説法聴法す？　是れ你らという、目前に歴歴《れきれき》たる底《もの》、一箇《いっこ》の形段《ぎょうだん》勿《な》くして孤明《こみょう》なる、是れ者箇《これ》こそ解《よ》く説法聴法す。若《も》し是の如く見得《みえ》なば、便ち祖佛《そぶつ》と別ならず。415 但《およ》そ一切時中《いっさいじちゅう》に、更に間断《かんだん》すること莫《な》くんば、触目《そくもく》皆な是れなり。416〈秖《た》だ情《じょう》生じて智隔《へだ》つが為に、想変《へん》じて体殊《こと》なる。〉所以《ゆえ》に三界《さんがい》に輪廻《りんね》して、種種の苦を受く。417 山僧の見る処に約《やく》せば、甚深《じんじん》ならざる無く、解脱《げだつ》せざる無し。418

四七　示衆一（4）心法無形、通貫十方

【四七】道流《どうる》よ！　心法《しんぽう》は形《かたち》無くして、十方《じっぽう》に通貫《つうかん》す。419 眼に在《あ》りては見ると曰《い》い、耳に在《あ》りては聞くと曰《い》い、鼻に在《あ》りては香りを齅《か》ぎ、口に在《あ》りては談論《だんろん》し、手に在《あ》りては執捉《しゅうそく》し、足に在《あ》りては運奔《うんぽん》す。本《も》と是《こ》れ一精明《いちせいめい》にして、分れては六和合《ろくわごう》と為る。420 一心《いっしん》既に無くんば、随処《ずいしょ》に解脱《げだつ》す。421 山僧《さんそう》の恁麼《かく》説く、意は什麼処《いずこ》にか在《あ》る？　秖《た》だ道流《どうる》の一切の馳求《ちぐ》する心歇《や》む能《あた》わず、他《か》の古人の閑機境《かんききょう》に上《のぼ》るが為なり。422

四八　示衆一（5）山僧の見処

【四八】道流《どうる》よ！ 山僧の見る処を取《と》らば、報化佛頭《ほうけぶっとう》を坐断《ざだん》し、十地《じゅうじ》の満心《まんしん》も猶《な》お客作児《きゃくさじ》の如《ごと》く、等妙《とうみょう》の二覚《にかく》も枷《かせ》を担《かつ》ぎ鎖《くさり》を負《お》う漢にして、羅漢《らかん》と辟支《びゃくし》も猶お厠穢《しわい》の如《ごと》く、菩提《ぼだい》、涅槃《ねはん》も繋驢橛《けろけつ》の如《ごと》し。[423] 何《なに》を以《もっ》てか此《かく》の如《ごと》くなる？ 秖《た》だ道流《どうる》の三祇劫《さんぎごう》の空《くう》なるに達《たっ》せざるが為《ため》の所以《ゆえ》に此《こ》の障礙《しょうげ》有るなり。[424] 若《も》し是れ真正《しんしょう》の道人《どうにん》ならば、終《つい》に是《かく》の如《ごと》くならず。但《た》だ能《よ》く縁《えん》に随《したが》って旧業《くごう》を消《もち》い、運《うん》に任《まか》せて衣裳《いしょう》を著《き》、行《ゆ》かんと要《ほっ》せば即ち行《ゆ》き、坐《すわ》らんと要《ほっ》せば即ち坐《すわ》り、一《いち》念《ねん》として心《こころ》の佛果《ぶっか》を希求《きぐ》する無し。[425] 何に縁《よ》りてか此《かく》の如《ごと》くなる？ 古人云く、〈若し業《ごう》を作《つく》って佛《ぶつ》を求めんと欲《ほっ》せば、佛《ぶつ》は是れ生死《しょうじ》の大兆《だいちょう》なり[426]〉と。

四九　示衆一（6）時光惜しむべし

【四九】大徳よ！ 時光《じこう》惜しむ可《べ》し。秖《た》だ傍家《のきなみ》に波波地《あたふた》と禅を学び道を学び、名《みょう》を認め句《く》を認め、佛を求め祖を求め、善知識《ぜんちしき》の意度《おしはか》らんことを求めんと擬《ほっ》す。[427] 錯《あや》まる莫《なか》れ！ 道流《どうる》よ！ 你《なんじ》らに秖だ一箇の父母《ふぼ》有り、更に何《なに》物をか求むる？ 你ら自《みずか》らを返照《へんしょう》し看《み》よ！ 古人《こじん》云く、〈演若達多《えんにゃだった》は頭《こうべ》を失却《うしな》い、求心《ぐしん》歇《や》む処《ところ》即ち無事《ぶじ》なり〉と。[428] 大徳よ！ 且《ま》ずは平常《へいじょう》なるを要《よう》す。模様《もよう》を作《な》す莫《なか》れ！ 一般《いっぱん》の好悪《よしあし》を識《し》らざる禿兵《とくへい》有りて、便即《すなわ》ち神《しん》を見、鬼《き》を見、東を指し西を劃《かく》し、『好《よ》き晴《はれ》かな』、『好《よ》き雨《あめ》かな』という。是《かく》の如きの流《りゅう》は、尽《ことごと》く須《すべか》らく債《さい》を抵《いた》して、閻老《えんろう》の前に向《お》いて熱鉄丸《ねってつがん》を呑むこと日《ひ》有り！ 好《よ》き人家《いえ》の男女《こども》なるに、者《こ》の一般《いっぱん》の野狐《やこ》精魅《せいみ》に著《とら》われて、便即《すなわ》ち捏怪《ねっかい》す。瞎屢生《かつるせい》！ 飯銭《はんせん》を索《もと》めらるること日《ひ》有り！[429]」

五〇　示衆二（1）無事是れ貴人

【五〇】師又《ま》た云く、「道流《どうる》よ！ 切《せっ》に真正《しんしょう》の見解《けんげ》を求取《もと》めて、天下《てんか》に向《お》いて横行《おうこう》し、者《こ》の一般《いっぱん》の精魅《せいみ》に惑乱《わくらん》さるるを

498a

免《まぬか》れんことを要《よう》す。[430] 無事《ぶじ》是《こ》れ貴人《きにん》なり。更《さら》に造作《ぞうさ》する莫《なか》れ。秖《た》是だ平常《へいじょう》なれ。[431] 你ら向外《そと》に傍家《のきなみ》に求過《もとめまわ》り、脚手《きゃくしゅ》を覓《もと》めんと擬《ほっ》す、錯了《あやまれり》！ 秖《ひたす》ら佛《ぶつ》を求《もと》めんと擬《ほっ》するも、佛《ぶつ》は是《こ》れ名句《みょうく》なり。你《なんじ》ら還《は》た馳求《ちぐ》する底《もの》を識《し》るや？[432] 三世《さんぜ》十方《じっぽう》の佛祖《ぶっそ》の出来《いできた》るは、也《ま》た秖《た》だ法《ほう》を求《もと》むるが為《ため》なり。如今《いま》の参学《さんがく》の道流《どうる》も也《ま》た秖《た》だ法《ほう》を求《もと》むるが為《ため》なり。法《ほう》を得《え》て始《はじ》めて了《おわ》る、未《いま》だ得《え》ずんば依前《いぜん》として五道《ごどう》に輪廻《りんね》す。云何《いか》なるか是《こ》れ法《ほう》？ 法《ほう》とは是《こ》れ心法《しんぽう》なり。心法《しんぽう》は形《かたち》無くして十方《じっぽう》に通貫《つうかん》し、目前《もくぜん》に現《げん》に用《はたら》く。人は信不及《しんじきれず》して便乃《すなわ》ち名《みょう》を認《みと》め句《く》を認《みと》め、文字《もじ》中《ちゅう》に向《お》いて求《もと》め、佛法《ぶっぽう》を意度《おしはか》る。天地のごとく懸殊《かけはな》る！[433]

五一　示衆二（2）山僧の説法

【五一】道流《どうる》よ！ 山僧《さんそう》が説法《せっぽう》は什麼《なん》の法《ほう》をか説《と》く？ 心地《しんち》の法《ほう》を説く。[434] 便《たと》い能《よ》く凡《ぼん》に入《い》り聖《しょう》に入《い》り、浄《じょう》に入《い》り穢《え》に入《い》り、真《しん》に入《い》り俗《ぞく》に入《い》るとも、要且《つま》りは你ら真俗凡聖《しんぞくぼんしょう》に不是《あら》ず。能《よ》く一切《いっさい》の真俗凡聖の与《ため》に名字《みょうじ》を安著《つ》く。真俗凡聖は此《こ》の人《ひと》の与《ため》に名字を安著《つ》け得《え》ず。[435] 道流よ！ 把《つか》み得《え》たらば便《すなわ》ち用《もち》いて、更《さら》に名字に著《じゃく》せず。之《こ》れを号《よ》んで玄旨《げんし》と為《な》す。[436] 山僧が説法は天下《てんか》の人と別《べつ》なり。秖如《たと》えば箇《こ》の文殊《もんじゅ》、普賢《ふげん》有《あ》りて出来《いできた》り、目前《もくぜん》に各《おの》おの一身《いっしん》を現《あら》わし問法《もんぽう》して、纔《わず》かに『和尚《おしょう》に咨《と》う』と道《い》うや、我早《つと》に弁《べん》じ了《おわ》れり。老僧穏坐《ろうそうおんざ》し、更《さら》に道流有りて、来《きた》り相《あ》い見《まみ》ゆる時、我尽《ことごと》く弁じ了《おわ》れり。何《なに》を以《もっ》てか此《か》くの如《ごと》くなる？ 秖《た》だ我が見る処別《べつ》なるが為《ため》なり。外《そと》に凡聖《ぼんしょう》を取《もと》めず、内《うち》に根本《こんぽん》に住《じゅう》せず、本《ほん》法《ぽう》を見徹《みとお》して、更《さら》に疑謬《うたが》わず。[437]」

五二　示衆三（1）平常無事

【五二】師又《ま》た云《いわ》く、「佛法《ぶっぽう》は功《こう》を用《もち》うる処《ところ》無し。秖《た》是だ平常無事《へいじょうぶじ》、屙屎《あし》送尿《そうにょう》、著衣喫飯《じゃくえきっぱん》、〈困《つか》れ来《きた》らば即《すなわ》ち臥《ふ》すのみ。愚人《ぐにん》は我《われ》を笑《わら》うも、智《ち》は乃《すなわ》ち焉《これ》を知《し》る。〉古人云く、〈向外《そと》に功夫《くふう》を作《な》すは、捴《すべ》て是《こ》れ痴頑漢《ちがんかん》。[438]〉你ら且ずは随処《ずいしょ》に主《しゅ》と作《な》れ！ 立《た》つ処《ところ》は皆《み》な真《しん》なり。[439] 境来《きょうきた》るも迴換《えかん》し得ず。縦《たと》い従来《じゅうらい》の習気《じっけ》、五無間業《ごむけんごう》有りとも、自《おのずか》ら解脱《げだつ》の大海《たいかい》と為《な》る。[440]

今時《こんじ》の学者《がくしゃ》揔《すべ》て法を識《し》らざること、猶《な》お触鼻羊《そくびよう》の物《もの》に逢著《あわ》ば口裏《くち》に安在《いる》るが如《ごと》し。奴郎《ぬろう》も弁《べん》ぜず、賓主《ひんじゅ》も分《わか》たず。是《かく》の如《ごと》きの流《りゅう》は、邪心《じゃしん》もて入道《にゅうどう》し、鬧処《にょうしょ》には即《すなわ》ち入《い》る。名づけて真《しん》の出家人《しゅっけにん》と為すを得《え》ず。正《た》だ是《こ》れ俗家人《ぞくけにん》なり。[441]

夫《そ》れ出家《しゅっけ》とは須《すべか》らく平常真正《へいじょうしんしょう》の見解《けんげ》を弁じ得て、佛《ぶつ》を弁じ魔《ま》を弁じ、真《しん》を弁じ偽《ぎ》を弁じ、凡《ぼん》を弁じ聖《しょう》を弁ずべし。若《も》し是《かく》の如く弁じ得たらば、真の出家と名づく。若《も》し魔佛《まぶつ》をも弁ぜずんば、正是《た》だ一家《いっか》を出《いで》て一家《いっか》に入《い》るのみ、喚《よ》んで造業《ぞうごう》の衆生《しゅじょう》と作《な》し、未だ名づけて真の出家と為すを得ず。[442] 秖如《たと》えば今一箇《いまいっこ》の佛魔《ぶつま》有りて同体不分《どうたいふぶん》なること、水《みず》と乳《ち》の合《がっ》するが如し。鵝王《がおう》は乳《ちち》を喫《きっ》す。明眼の道流の如きは、魔佛倶《まぶつとも》に打つ。你ら若《も》し聖《しょう》を愛《あい》し凡《ぼん》を憎《にく》まば、生死海裏《しょうじかいり》に浮沈《ふちん》せん。[443]」

498b

五三　示衆三（2）佛魔

【五三】問う、「如何《いか》なるか是《こ》れ佛魔《ぶつま》？」師云く、「你《なんじ》が一念心《いちねんしん》の疑処《ぎしょ》是れ佛魔なり。你若《も》し万法《ばんぽう》は無生《むしょう》、心は幻化《げんけ》の如くして、更《さら》に一塵一法《いちじんいっぽう》無く、処処清浄《しょしょしょうじょう》なるに達《たっ》し得《え》たらば、即ち佛魔無《ぶつまな》し。[444] 佛と衆生《しゅじょう》は是れ染浄《ぜんじょう》の二境《にきょう》なるも、山僧《さんぞう》の見る処に約《やく》せば、佛も無く、衆生も無く、古《いにし》えも無く、今も無し。得《う》る者は便《ただ》ちに得《え》たり、時節《じせつ》を歴《へ》ず。修《しゅう》することも無く、証《しょう》することも無く、得《う》ることも無く、失《うしな》うことも無し。一切時中《いっさいじちゅう》、更に別法《べっぽう》無し。設《たと》い一法《いっぽう》の此《こ》れに過《す》ぎたる者有《ものあ》るも、我《われ》は夢《ゆめ》の如く化《け》の如しと説《い》わん。山僧《さんぞう》の説《と》く所《ところ》は皆《み》な是《こ》れなり。[445]

五四　示衆三（3）孤明歴歴地に聴く者

【五四】道流《どうる》よ！　即今目前《そっこんもくぜん》に孤明歴歴地《こみょうれきれきじ》に聴く者、此《こ》の人《ひと》は処処《しょしょ》に滞《とどこお》らずして、十方《じっぽう》に通貫《つうかん》し、三界《さんがい》に自在《じざい》にして、一切《いっさい》の境《きょう》の差別に入《い》るも、迴換《えかん》する能《あた》わず。[446] 一刹那《いちせつな》の間《かん》に、法界《ほっかい》に透入《とうにゅう》して、佛《ぶつ》に逢《あ》いて佛を説《と》き、祖《そ》に逢いて祖を説き、羅漢《らかん》に逢いて羅漢を説き、餓鬼《がき》に逢いて餓鬼を説き、一切処《いっさいしょ》に向《お》いて、国土《こくど》を遊履《ゆうり》して、衆生《しゅじょう》を教化《きょうけ》するも、未《いま》だ曾《かつ》て一念《いちねん》を離《はな》れず。随処《ずいしょ》に清浄《しょうじょう》にして、光《ひかり》は十方《じっぽう》に透《とお》り、万法一如《ばんぽういちにょ》なり。447

五五　示衆三（4）禅宗の見解

【五五】道流《どうる》よ！ 大丈夫児《だいじょうぶじ》よ！ 今日方《こんにちはじ》めて知る、本来無事《ほんらいぶじ》なるに、秖《た》だ你《なんじ》ら信不及《しんじきれざる》が為《ため》に、念念《ねんねん》に馳求《ちぐ》して、頭《こうべ》を捨《す》てて頭を覓《もと》め、自《みずか》ら歇《や》む能《あた》わざるを。448 圓頓《えんどん》の菩薩《ぼさつ》の如きは、法界《ほっかい》に入り、身《み》を浄土中《じょうどちゅう》に現《げん》じて、凡《ぼん》を厭《いと》い聖《しょう》を忻《よろこ》ぶ。此《かく》の如《ごと》きの流《りゅう》は、取捨未《しゅしゃいま》だ忘《ぼう》ぜず、染浄《ぜんじょう》の心在《こころのこ》れり。449 禅宗《ぜんしゅう》の見解《けんげ》の如《ごと》きは、又《ま》た且《しば》らく然《しか》らず。直是《ただ》ちに見今《いま》にして、更《さら》に時節《じせつ》無し。山僧《さんそう》が説《と》く処《ところ》は皆《み》な是《こ》れ一期《いちご》の薬病相治《やくへいそうじ》にして、総《すべ》て実法《じっぽう》無し。若《も》し是《かく》の如く見得《みえ》なば、是れ真の出家なり、日《ひび》に万両《ばんりょう》の黄金《おうごん》を銷《もち》う。450

五六　示衆三（5）真正の学道人

【五六】道流《どうる》よ！ 取次《しゅじ》に諸方《しょほう》の老師《ろうし》に面門《めんもん》を印破《いんぱ》せられ、『我《われ》は禅《ぜん》を解《かい》し道《どう》を解《かい》す』と道《い》う莫《なか》れ！ 弁《べん》は懸河《けんが》に似《に》たるも、皆《み》な是《こ》れ造地獄《ぞうじごく》の業《ごう》なり。若《も》し是《こ》れ真正《しんしょう》の学道人《がくどうにん》ならば、世間《せけん》の過《とが》を求《もと》めず。切急《せっきゅう》に真正《しんしょう》の見解《けんげ》を要求《もと》めよ。若《も》し真正《しんしょう》の見解《けんげ》の圓明《えんみょう》なるに達《たっ》せば、方始《はじ》めて了畢《おわ》らん。451」

五七　示衆三（6）真正の見解

【五七】問う、「如何《いか》なるか是《こ》れ真正《しんしょう》の見解《けんげ》？452」師云く、「你ら但《およ》そ一切《すべて》、凡《ぼん》に入《い》り聖《しょう》に入《い》り、染《ぜん》に入《い》り浄《じょう》に入《い》り、諸佛《しょぶつ》の国土《こくど》に入《い》り、弥勒《みろく》の楼閣《ろうかく》に入《い》り、毗盧遮那《びるしゃな》法界《ほっかい》に入《い》るとも、処処《しょしょ》に皆《み》な国土《こくど》の成住壊空《じょうじゅうえくう》するを現《げん》ずるのみ。453 佛《ぶつ》は世《よ》に出《いで》て大法輪《だいほうりん》を転《てん》じ、即《すなわ》ち涅槃《ねはん》に入《い》るも、去来《きょらい》の相貌有《そうぼうあ》るを見《み》ず。其《そ》の生死《しょうじ》を求《もと》むるも、了《つい》に得可《うべ》からず。454 便《たと》い
498c
無生法界《むしょうほっかい》に入《い》り、処処《しょしょ》に国土《こくど》を遊履《ゆうり》し、華蔵世界《けぞうせかい》に入《い》るとも、尽《ことごと》く諸法《しょほう》の空相《くうそう》にして皆《み》な実法無《じっぽうな》きを見《み》るのみ。455 唯《た》だ

法《ほう》を聴《き》く無依《むえ》の道人《どうにん》のみ有《あ》りて、是《こ》れぞ諸佛《しょぶつ》の母《はは》なり。所以《ゆえ》に佛《ぶつ》は無依《むえ》従《よ》り生《しょう》ず。若《も》し無依《むえ》なるを悟《さと》らば、佛《ぶつ》も亦《ま》た得《う》る無《な》し。若《も》し是《かく》の如《ごと》く見得《みえ》なば、是《こ》れぞ真正《しんしょう》の見解《けんげ》なり。[456]

五八　示衆三（7）表顕の名句

【五八】学人《がくにん》は了《さと》らずして、名句《みょうく》に執《しゅう》し、他《か》の凡聖《ぼんしょう》の名に礙《さ》えらるるが為《ため》に、所以《ゆえ》に其の道眼《どうげん》を障《さえぎ》り、分明《ふんみょう》なるを得《え》ず。秖如《たと》えば十二分教《じゅうにぶんきょう》は皆な是れ表顕《ひょうけん》の説《せつ》なるに、学者《がくしゃ》は会《え》せずして、便《すなわ》ち表顕《ひょうけん》の名句上《みょうくじょう》に向《お》いて解《げ》を生《しょう》ずるは、皆な是れ依倚《えい》にして、因果《いんが》に落《お》ち、未《いま》だ三界《さんがい》に生死《しょうじ》するを免《まぬか》れず。[457] 你《なんじ》ら若し生死《しょうじ》、去住《きょじゅう》、脱著《だっちゃく》の自由《じゆう》なるを欲得《ほっ》せば、即今法を聴く底《ところ》の人《ひと》の、形《かたち》無《な》く相《すがた》無く、根《ね》無《な》く本《もと》無《な》く、住処《じゅうしょ》無《な》くして活撥撥地《かっぱつぱつじ》なるを識取《しきしゅ》せよ！[458] 応是《およ》そ万種《ばんしゅ》の施設《せせつ》も、用《もち》うる処《ところ》秖《た》是だ処所《しょしょ》無し。所以《ゆえ》に覓著《もと》むれば転《うた》た遠《とお》く、之《こ》れを求《もと》むれば転《うた》た乖《そむ》く。之《こ》れを号《よ》んで秘密《ひみつ》と為《な》す。[459]

五九　示衆三（8）夢幻伴子

【五九】道流《どうる》よ！ 你《なんじ》ら箇《こ》の夢幻伴子《むげんばんす》を認著《みと》むる莫《なか》れ！ 遅晩中間《ちばんちゅうけん》に便《すなわ》ち無常《むじょう》に帰《き》す。[460] 你ら此の世界の中に向《お》いて箇《こ》の什麼物《なに》を覓《もと》めて解脱《げだつ》と作《な》し、一口《いっく》の飯《めし》を覓取《もと》めて喫《くら》い、毳《ぜい》を補《つくろ》って時《とき》を過《す》ごし、且《か》つ知識《ちしき》を訪尋《たず》ねんと要《ほっ》すや？ 因循《いんじゅん》して楽《らく》を逐《お》い時《とき》を過《す》ごす莫《なか》れ！[461] 光陰《こういん》惜《お》しむ可《べ》し。念念無常《ねんねんむじょう》なり。麁《そ》には則ち地水火風《ちすいかふう》に、細《さい》には則ち生住異滅《しょうじゅういめつ》の四相《しそう》に逼《せま》らる。道流よ！ 今時《こんじ》且《ま》ずは四種無相《ししゅむそう》の境《きょう》を識取《しきしゅ》して、境《きょう》に擺撲《はいぼく》せらるるを免《まぬか》れんことを要《よう》す。[462]」

六〇　示衆三（9）四種無相の境

【六〇】問う、「如何《いか》なるか是《こ》れ四種無相《ししゅむそう》の境《きょう》？」師云く、「你《なんじ》が一念心《いちねんしん》の疑《ぎ》、地《ち》の来《きた》り礙《さまた》ぐるを被《こうむ》るなり。你《なんじ》が一《いち》念心《ねんしん》の愛《あい》、水《みず》の来《きた》り溺《おぼ》るるを被《こうむ》るなり。你《なんじ》が一念心《いちねんしん》の瞋《しん》、火《ひ》の来《きた》り焼《や》くを被《こうむ》るなり。你《なんじ》が一念心《いちねんしん》の喜《き》、風《かぜ》の来《きた》り飄《ただよ》わすを被《こうむ》るなり。若《も》し能《よ》く是《かく》の如く弁《べん》じ得《え》なば、境《きょう》に転《てん》ぜられず、処処《しょしょ》に境《きょう》を用《もち》う。[463] 東《ひがし》に涌《わ》き西《にし》に没《ぼっ》し、南《みなみ》に涌《わ》き北《きた》に没《ぼっ》し、中《ちゅう》に涌《わ》き辺《へん》に没《ぼっ》し、辺《へん》に涌《わ》き中《ちゅう》に没《ぼっ》す。水《みず》を履《ふ》むこと地《ち》の如《ごと》く、地《ち》を履《ふ》むこと水《みず》の如《ごと》き、何《なに》に縁《よ》りてか此《かく》の如くなる？ 四大《しだい》は夢《ゆめ》の如く幻《まぼろし》の如きに達《たっ》するが為《ため》の故《ゆえ》に。[464]

499a

六一　示衆三（10）五台山に文殊無し

【六一】道流《どうる》よ！ 你《なんじ》らという秖今《いま》法《ほう》を聴《き》く者《もの》は你らという四大《しだい》に不是《あら》ず。能《よ》く你らという四大《しだい》を用《もち》うるものなり。若《も》し能《よ》く是《かく》の如く見得《みえ》なば、便乃《すなわ》ち去住自由《きょじゅうじゆう》なり。[465] 山僧《さんそう》の見る処に約《やく》せば、嫌《きら》う底《ところ》の法勿《ほうな》し。你ら若《も》し聖《しょう》を愛《あい》し凡《ぼん》を憎《にく》まば、聖凡《しょうぼん》の境《きょう》に縛《ばく》せらる。[466] 一般《いっぱん》の学人《がくにん》有りて、五台山裏《ごだいさんり》に向《お》いて文殊《もんじゅ》を求《もと》む。早《つと》に錯了《あやまれり》！ 五台山《ごだいさん》に文殊無《もんじゅな》し。你《なんじ》ら文殊《もんじゅ》を識《し》らんと欲《ほっ》すや？ 秖《た》だ你《なんじ》らという目前《もくぜん》の用処《はたらき》、始終異《しじゅうこと》ならずして、処処《しょしょ》に礙《さまた》げざる、此箇《これ》ぞ是《こ》れ活《い》ける文殊《もんじゅ》なり。[467] 你《なんじ》らが一念心《いちねんしん》の無差別光《むさべっこう》、処処総《しょしょすべ》て是《こ》れ真《しん》の普賢《ふげん》なり。你《なんじ》らが一念心自《いちねんしんおのずか》ら能《よ》く縛《ばく》を解《と》き、随処《ずいしょ》に解脱《げだつ》する、此《こ》れぞ是《こ》れ観音三昧法《かんのんざんまいほう》なり。互《たが》いに主伴《しゅはん》と為《な》り、出《い》づれば則《すなわ》ち一時《いちじ》に出《い》づ。一即三《いちそくさん》、三即一《さんそくいち》。是《かく》の如く解《かい》し得《え》なば、始《はじ》めて教《きょう》を看《よ》むを得《え》たり。[468]」

六二　示衆四（1）自らを信ぜよ

【六二】師又《ま》た云く、「如今《いま》の学道人《がくどうにん》は且ずは自《みずか》らを信《しん》ぜんことを要《よう》す。向外《そと》に覓《もと》むる莫《なか》れ！ 総《すべ》て他《か》の閑塵境《かんじんきょう》に上《のぼ》るは、都《すべ》て邪正《じゃせい》を弁《べん》ぜざるなり。『祖有《そあ》り、佛有《ぶつあ》り』というが秖如《ごと》きは皆な是れ教迹中《きょうしゃくちゅう》の事《こと》なり。[469] 人有《ひとあ》りて一句子語《いっくすご》を拈起《ねんき》し、或《ある》いは隠顕中《おんけんちゅう》より出《いだ》せば、便即《たちま》ち疑《うたが》い生《しょう》じ、照天照地《しょうてんしょうち》して傍家《のきなみ》に尋問《じんもん》し、也《ま》た大《おお》いに忙然《ぼうぜん》たり。[470] 大丈夫児《だいじょうぶじ》よ！ 秖麼《た》だ王《おう》を論《ろん》じ賊《ぞく》を論じ、是《ぜ》を論じ非《ひ》を論じ、色《しき》を論じ財《ざい》を論じ、閑話《かんわ》して日《ひ》を過《す》ごす莫《なか》れ[471]！

六三　示衆四（2）境に乗ずる人

【六三】山僧《さんそう》が此間《ところ》は僧俗《そうぞく》を論《と》わず、但有《およ》そ来《きた》る者《もの》は、尽《ことごと》く伊《かれ》を識《し》得る、任《たと》い伊《かれ》が甚処《いずこ》より出来《いできた》るとも。但有《およ》そ声《しょう》名文句《みょうもんく》は皆な是れ夢幻《むげん》なり。却《かえ》って境《きょう》に乗《じょう》ずる底《ところ》の人こそ是れ諸佛《しょぶつ》の玄旨《げんし》なるを見る。佛境《ぶっきょう》は自《みずか》ら『我《われ》は是れ佛境《ぶっきょう》なり』と称《しょう》する能《あた》わず、還是《かえ》って者箇《こ》の無依《むえ》の道人《どうにん》こそ、境《きょう》に乗《じょう》じ出来《いできた》る。[472] 若《も》し人有《ひとあ》りて出来《いできた》り、我に問《と》うて佛《ぶつ》を求《もと》めなば、我《われ》は即《ただ》ちに清浄《しょうじょう》の境《きょう》に応《おう》じて出《い》づ。人有りて我に菩薩《ぼさつ》を問《と》わば、我《われ》は即《ただ》ちに慈悲《じひ》の境《きょう》に応《おう》じて出《い》づ。人有りて我に菩提《ぼだい》を問《と》わば、我は即《ただ》ちに浄妙《じょうみょう》の境《きょう》に応《おう》じて出《い》づ。人有りて我に涅槃《ねはん》を問《と》わば、我は即《ただ》ちに寂静《じゃくじょう》の境《きょう》に応《おう》じて出《い》づ。境《きょう》は即《すなわ》ち万般差《ばんぱんさ》別《べつ》あるも、人《ひと》は即《すなわ》ち別《べつ》ならず。所以《ゆえ》に〈物《もの》に応《おう》じて形《かたち》を現《あら》わすこと、水中《すいちゅう》の月《つき》の如《ごと》し〉と。[473]

六四　示衆四（3）随処に主となる

【六四】道流《どうる》よ！　你《なんじ》ら若《も》し如法《にょほう》ならんと欲得《ほっ》せば、直《た》だ須是《すべか》らく大丈夫児《だいじょうぶじ》にして始《はじ》めて得《よ》し。若《も》し萎萎《いい》随随地《ずいずいじ》ならば、則《すなわ》ち得《よ》からざるなり。[474] 夫《そ》れ嘶《せい》【音西】嗄《さ》【所嫁切】の器《き》の如《ごと》きは醍醐《だいご》を貯《たくわ》うるに堪《た》えず。大器《たいき》なる者《もの》の如《ごと》きは直《た》だ人惑《にんわく》を受《う》けざらんと要《ほっ》す。随処《ずいしょ》に主《しゅ》と作《な》れ！　立つ処皆な真《しん》なり。[475] 但有《およ》そ来《きた》る者《もの》は皆《み》な受《う》くるを得《え》ざれ。你《なんじ》らが一《いち》念《ねん》の疑《うたが》いは、即ち魔《ま》の心《こころ》に入《い》るなり。菩薩《ぼさつ》疑《うたが》う時、生死《しょうじ》の魔《ま》、便《たより》を得《え》たるが如《ごと》し。但《た》だ能《よ》く念《ねん》を息《や》め、更《さら》に外《そと》に求《もと》むる莫《なか》れ！　物来《ものきた》らば即ち照《て》らせ。[476] 你《なんじ》ら但《も》し現今《いま》の用《はたら》く底《もの》を信《しん》ぜば、一箇《いっこ》の事《こと》も也《ま》た無《な》し。你《なんじ》らが一念心《いちねんしん》に三界《さんがい》を生《しょう》じ、縁《えん》に随《したが》って境《きょう》を被《こうむ》り、分《わか》れて六塵《ろくじん》と為《な》る。你ら如今《いま》応用《おうゆう》する処《ところ》、什麼《なに》をか欠少《かんしょう》する？[477] 一刹那《いちせつな》の間《かん》に、便《たと》い浄《じょう》に入《い》り穢《え》に入《い》り、弥勒《みろく》の楼閣《ろうかく》に入《い》り、又《ま》た三眼国土《さんげんこくど》に入《い》り、処処《しょしょ》に遊履《ゆうり》するも、唯《た》だ空名《くうみょう》なるを見《み》るのみ。[478]」

六五　示衆四（4）三眼国土

【六五】問う、「如何《いか》なるか是れ三眼国土《さんげんこくど》？[479]」師云く、「我《われ》は汝《なんじ》と浄妙国土中《じょうみょうこくどちゅう》に入《い》りて、清浄衣《しょうじょうえ》を著《つ》け、法身佛《ほっしんぶつ》を説《と》

499b

かん。又《ま》た無差別国土中《むさべつこくどちゅう》に入《い》りて、無差別衣《むさべつえ》を著《つ》け、報身佛《ほうじんぶつ》を説かん。又《ま》た解脱国土中《げだつこくどちゅう》に入《い》りて、光明衣《こうみょうえ》を著《つ》け、化《け》身佛《しんぶつ》を説かん。此《こ》の三眼国土は皆な是れ依変《えへん》なり。経論家《きょうろんけ》に約《やく》せば、法身《ほっしん》を取《も》って根本《こんぽん》と為し、報化《ほうけ》二身《にしん》を用《ゆう》と為す。山僧《さんそう》の見る処は、法身《ほっしん》は即ち説法《せっぽう》を解《よ》くせざるなり。所以《ゆえ》に古《こ》人《じん》云《いわ》く、〈身《み》は義《ぎ》に依《よ》りて立《た》て、土《ど》は体《たい》に拠《よ》りて論《ろん》ず〉と。法性身《ほっしょうしん》、法性土《ほっしょうど》は、明《あき》らかに知《し》る、是《こ》れ建立《こんりゅう》の法《ほう》、依通《えつう》の国土《こくど》なることを。空拳黄葉《くうけんこうよう》、用《もっ》て小児《しょうに》を誑《たぶらか》す。蒺藜《しつり》菱刺《りょうし》、枯《こ》骨上《こつじょう》に什麼《なん》の汁《しる》をか覓《もと》むる！ 心《こころ》の外《そと》に法無《ほうな》く、内《うち》にも亦《ま》た得《う》可《べ》からず、什麼《なに》物をか求むる？[480]

六六　示衆四（5）佛と祖は無事の人

【六六】你《なんじ》ら諸方《しょほう》は言道《い》う、『修《しゅう》有り、証《しょう》有り』と。錯《あや》まる莫《なか》れ！ 設《たと》い修し得《う》る者《もの》有るも、皆《み》な是れ生死《しょうじ》の業《ごう》なり。你《なんじ》らは言う、『六度万行《ろくどまんぎょう》斉《ひと》しく修せん』と。我は見るに、皆な是れ造業《ぞうごう》なり。佛《ぶつ》を求め法《ほう》を求むるは即ち是れ造地獄《ぞうじごく》業《ごう》、菩提《ぼだい》を求むるも亦《ま》た是れ造業、看経看教《かんきんかんきょう》も亦た是れ造業なり。佛と祖師《そし》は是れ無事《ぶじ》の人なり。所以《ゆえ》に有漏有為《うろうい》、無漏無為《むろむい》を清浄《しょうじょう》の業《ごう》と為《な》す。[481] 一般《いっぱん》の瞎禿子《かっとくす》有りて、飽《あ》くまで飯《めし》を喫《くら》い了《おわ》りて便ち坐禅観行《ざぜんかんぎょう》し、念漏《ねんろ》を把捉《はそく》して起《お》こさ令《し》めず、喧《けん》を厭《いと》い静《せい》を求むるは、是れ外道《げどう》の法《ほう》なり。祖師《そし》云く、〈你《なんじ》ら若《も》し心を住《とど》めて浄《じょう》を看《み》、心を起《お》こして外《そと》に照《て》らし、心を摂《せっ》して内《うち》に証《さと》り、心を凝《こ》らして定《じょう》に入《い》らば、是《かく》の如《ごと》きの流《りゅう》は皆な是れ造作《ぞうさ》なり〉と。[482] 是《こ》れ你《なんじ》ら、如今《いま》与麼《かくのごとく》に法を聴く底《ところ》の人《ひと》、作麼生《いかん》が他《それ》を修し、他《それ》を証《しょう》し、他《それ》を荘厳《しょうごん》せんと擬《ほっ》する？ 渠《それ》は且《しば》らく修する底《てい》の物《もの》に不是《あら》ず、荘《しょう》厳《ごん》し得《う》る底《てい》の物《もの》に不是《あら》ず。若《も》し他《それ》を教《し》て荘厳《しょうごん》せしめば、你《なんじ》ら一切《いっさい》の物《もの》は即《すなわ》ち荘厳《しょうごん》し得《え》ん。你《なんじ》ら且《ま》ずは錯《あや》まる莫《なか》れ[483]！

六七　示衆四（6）大善知識

【六七】道流《どうる》よ！ 你らは者《こ》の一般《いっぱん》の老師《ろうし》の口《くち》裏の語《ご》を取《も》って真《しん》と為《な》是して道《い》う、『是《こ》れ善知識《ぜんちしき》不思議《ふしぎ》なり！ 我は是れ凡夫《ぼんぷ》心《しん》なれば、敢《あ》えて他《か》の老宿《ろうしゅく》を測《は》度《か》らず』と。[484] 瞎屢生《かつるせい》！ 你ら一生祇《た》だ者箇《こ》の見解《けんげ》を作《な》して、者《こ》の一双《いっそう》の眼《め》に辜《そむ》負《む》き、冷噤噤地《れいきんきんじ》たること凍凌上《とうりょうじょう》の驢駒《ろく》の如《ごと》くに相《あ》い似《に》て、『我は敢《あ》えて善知識を毀《こぼ》たず。口業《くごう》を生《しょう》ずるを怕《おそ》る』と。[485] 道流よ！ 夫《そ》れ大善知識《だいぜんちしき》にして始めて敢えて佛を毀ち祖を毀ち、天下《てんか》を是非《ぜひ》し、三蔵《さんぞう》の教《きょう》を排斥《はいせき》し、諸《もろもろ》の小児《しょうに》を罵辱《めじょく》し、逆順中《ぎゃくじゅんちゅう》に人を覓《もと》む。所以《ゆえ》に〈我は十二年中に、一箇の業性《ごっしょう》の芥子《けし》許《ばか》りの如きを求むるも得可《うべ》からず〉と。[486] 新婦《しんぷ》子禅師《すぜんじ》の若似《ごと》きは便《すなわ》ち院を趂《お》い出《いだ》し、飯《めし》を与《あた》えて喫《くら》わしめず、不安不楽《ふあんふらく》ならんことを怕《おそ》る。古《いにしえ》自《よ》りの先輩《せんぱい》は、到《いた》る処《ところ》に人《ひと》信ぜず、逓《たが》いに出《おいいだ》されて、始めて是れ貴《たっと》きことを知る。若《も》し到る処に人尽《ことごと》く肯《うべな》わば、什麼《なに》を作《な》すに堪《た》えん

499c
や！ 所以《ゆえ》に〈師子《しし》一《ひと》たび吼《ほ》ゆれば、野干《やかん》は脳裂《のうさ》く〉と。[487]

六八　示衆五　平常心是れ道

【六八】道流《どうる》よ！ 諸方《しょほう》は説《い》う、『道《みち》の修《しゅう》す可《べ》き有り、法《ほう》の証《しょう》す可《べ》き有り』と。你《なんじ》ら説《い》え、何《なん》の法をか証し、何の道をか修する？ 你ら今の用処《はたらき》に什麼《なに》物をか欠少《かんしょう》し、何処《いずこ》をか修補《しゅうほ》する？ 後生《こうせい》の小阿師《しょうあし》は会《え》せずして、便《すなわ》ち者般《こ》の野《や》狐精魅《こせいみ》を信じ、他《かれ》の事を説《と》いて他人《たにん》を繋縛《けばく》し、『理行相応《りぎょうそうおう》し、三業《さんごう》を護惜《ごしゃく》して、始めて成佛するを得ん』と言道《い》うを許《ゆる》す。此《かく》の如く説《い》う者《もの》は、春の細雨《さいう》の如し。[488] 古人《こじん》云く、〈路《みち》に道を修する人に逢《あ》わば、第一《だいいち》に向《むか》って道《い》う莫《なか》れ〉と。所以《ゆえ》に言う、〈若《も》し人《ひと》、道を修せんとせば道は行《ある》けず、万般《ばんぱん》の邪境《じゃきょう》頭《こうべ》を競《きそ》いて生《しょう》ず。智剣出来《いできた》らば一物《いちもつ》も無し、明頭《みょうとう》未だ顕《あら》われず暗頭《あんとう》明らかなり〉と。所以《ゆえ》に古人云く、〈平常心《へいじょうしん》是《こ》れ道《みち》なり〉と。[489]

六九　示衆六（1）無依の道人

【六九】大徳よ！ 什麼《なに》物をか覓《もと》むる？ 現今《いま》わが目前《もくぜん》に法を聴く無依《むえ》の道人《どうにん》は、歴歴地《れきれきじ》に分明《ふんみょう》にして、未だ曾《かつ》て欠《かん》少《しょう》せず。你ら若《も》し祖佛《そぶつ》と別《べつ》ならざらんと欲得《ほっ》せば、但《た》だ是《か》くの如く見よ。疑誤《うたが》うを用《もち》いざれ。[490] 你らの心と心の異ならざる、之《こ》れを活祖《かっそ》と名《な》づく。心若し異なること有らば、則ち性相別《しょうそうべつ》なり。心異ならざるが故に、即ち性《しょう》は相《そう》と別ならず。[491]

七〇　示衆六（2）心心不異

【七〇】問う、「如何《いか》なるか是れ心と心の異ならざる処《ところ》？」師云く、「你問わんと擬《ほっ》するや、早《つと》に異なり了《おわ》れり。性《しょう》と相《そう》は各《おの》おの分《わか》る。[492] 道流よ！　錯《あや》まる莫れ！　世《せ》と出世《しゅっせ》の諸法は皆《み》な自性《じしょう》無く、亦《ま》た生性《しょうしょう》も無し。但《た》だ空名《くうみょう》有るのみ、名字《みょうじ》も亦た空なり。[493] 你らは秖麼《ひたすら》に他《か》の閑名《かんみょう》を認めて実《じつ》と為す。大いに錯了《あやまれり》！　設《たと》い有りとも、皆な是れ依変《えへん》の境《きょう》なり。箇《こ》の菩提依《ぼだいえ》、涅槃依《ねはんえ》、解脱依《げだつえ》、三身依《さんしんえ》、境智依《きょうちえ》、菩薩依《ぼさつえ》、佛依《ぶつえ》有り。你らは依変国土中《えへんこくどちゅう》に什麼物《なに》をか覓《もと》むる？　乃至《たと》い三乗十二分教《さんじょうじゅうにぶんきょう》なりとも、皆な是れ不浄《ふじょう》を拭《ぬぐ》う故紙《こし》なり。佛は是れ幻化《げんけ》の身、祖は是れ老比丘《ろうびく》なり。你らは還《は》た是れ娘生《じょうしょう》なりや？　你ら若《も》し佛を求めなば、即ち佛魔《ぶつま》に摂《せっ》せらる。你ら若し祖を求めなば、即ち祖魔に縛《ばく》せらる。你ら若し求むること有らば皆《み》な苦《くる》し。無事《ぶじ》にして休歇《きゅうけつ》し去《さ》るに如《し》かず。[494]

七一　示衆六（3）佛は今いずこにか在《あ》る

【七一】一般《いっぱん》の禿比丘《とくびく》有りて、学人《がくにん》に向って道《い》う、『佛は是れ究竟《くぎょう》なり。三大阿僧祇劫《さんだいあそうぎごう》に修行し、果《か》満ちて、始めて成道《じょうどう》せり』と。道流《どうる》よ！　你ら若《も》し『佛は是れ究竟なり』と道わば、什麼《なに》に縁《よ》りてか、八十年後、拘尸羅城双林樹《くしらじょうそうりんじゅ》の間《かん》に側臥《そくが》して死去《しきょ》せる？　佛は今何《いずこ》にか在《あ》る？　明らかに知る、我《われ》らが生死《しょうじ》と別ならざるを。[495] 你らは言う、『三十二相《さんじゅうにそう》、八十種好《はちじっしゅこう》こそは是れ佛なり』と。転輪聖王《てんりんじょうおう》は応《まさ》に是れ如来《にょらい》ならん。明らかに知る、是れ幻化《げんけ》なるを。古人云く、〈如 500a 来挙身《こしん》の相《そう》は、世間の情に順《したが》うが為《ため》なり。人の断見《だんけん》を生ずるを恐れ、権《かり》に且《しば》らく虚名《こみょう》を立つ。仮《かり》に三十二と言い、八十も也《ま》た空声《くうしょう》なり。身《み》有《あ》るは覚体《かくたい》に非《あら》ず、無《む》相《そう》乃《すなわ》ち真形《しんぎょう》なり〉と。[496] 你らは道《い》う、『佛に六通《ろくつう》有り、是れぞ不可思議なり』と。一切の諸天《しょてん》、神仙《しんせん》、阿修羅《あしゅら》、大力鬼《だいりきき》も亦《ま》た神通《じんづう》有り。応《まさ》に是れ佛ならんや？　道流《どうる》よ！　錯《あや》まる莫れ！　秖如《たと》えば阿修羅の天帝釈《てんたいしゃく》と戦って、戦い敗れ、八万四千の眷属《けんぞく》を領《ひき》いて藕糸《ぐうし》の孔中《こうちゅう》に入《い》りて蔵《かく》るるは、是れ聖《しょう》なる莫《な》きや？山僧《さんそう》の挙《あ》ぐる所の如きは、皆な是れ業通《ごっつう》、依通《えつう》なり。夫《か》の佛の六通《ろくつう》の如きは然《しか》らず。色界《しきかい》に入《い》りては、色惑《しきわく》を被《こうむ》らず。声界《しょうかい》に入りては、声惑《しょうわく》を被《こうむ》らず。香界《こうかい》に入りては、香惑《こうわく》を被《こうむ》らず。味界《みかい》に入りては、味惑《みわく》を被《こうむ》らず。触界《そくかい》に入りては、触惑《そくわく》を被《こうむ》らず。法界《ほっかい》に入りては、法惑《ほうわく》を被《こうむ》らず。所以《ゆえ》に六種《ろくしゅ》の色声香味触法《しきしょうこうみそくほう》は皆な是れ空相《くうそう》なるに達せば、繋縛《けばく》する能《あた》わず。此《こ》の無依《むえ》の道人《どうにん》こそは、五蘊《ごうん》漏質《ろぜつ》なりと雖是《いえど》も、便《すなわ》ち是れ地行《ちこう》の神通《じんづう》なり。[497]

七二　示衆七　真佛無形、真法無相

【七二】道流《どうる》よ！　真《しん》の佛《ぶつ》は形《すがた》無く、真《しん》の法《ほう》は相《かたち》無きに、你《なんじ》らは秖麼《ひたすら》に幻化《げんけ》の上頭《うえ》に模《も》を作し様《よう》を作《な》す。設《たと》い求め得たる者も、皆《み》な是《こ》れ野狐《やこ》の精魅《せいみ》にして、並《た》えて真の佛には不是《あら》ず。是れ外道《げどう》の見解《けんげ》なり。[498]夫《か》の真の学道人《がくどうにん》の如きは、並《た》えて佛を取《もと》めず、菩薩《ぼさつ》、羅漢《らかん》を取《もと》めず、三界《さんがい》の殊勝《しゅしょう》を取《もと》めずして、迥然《けいねん》として独脱《どくだつ》し、物の与《ため》に拘《こう》せられず。乾坤《けんこん》の倒覆《さかしま》となるとも、我《われ》は更《た》えて疑わず。[499]十方《じっぽう》の諸佛現前《げんぜん》するも、一念《いちねん》たりとも心の喜ぶこと無く、三塗《さんず》地獄《じごく》頓《とみ》に現《あら》わるるも、一念《いちねん》たりとも心の怖《おそ》るること無し。何《なに》に縁《よ》りてか此《かく》の如くなる？　我は諸法の空相《くうそう》なること、変《へん》ずれば即ち有り、変ぜざれば即ち無く、三界《さんがい》は唯心《ゆいしん》、万法《ばんぽう》は唯識《ゆいしき》なるを見ればなり。所以《ゆえ》に〈夢幻空花《むげんくうげ》は、何《なん》ぞ把捉《はそく》を労《ろう》せん？〉と。[500]唯《た》だ道流というわが目前《もくぜん》に現今《いま》法を聴く底《ところ》の人《ひと》のみ有りて、火に入《い》るも焼けず、水に入《い》るも溺《おぼ》れず、三塗地獄に入《い》るも園観《おんかん》に遊ぶが如く、餓鬼畜生に入《い》るも報《ほう》を受けず。何に縁《よ》りてか此《かく》の如くなる？　嫌《きら》う底《てい》の法無ければなり。〈你《なんじ》ら若《も》し聖《しょう》を愛し凡《ぼん》を憎まば、生死海裏《しょうじかいり》に沈浮《ちんぷ》せん。煩悩は心に由《よ》るが故に有り、心無《な》くんば煩悩何ぞ拘《こう》せん？　分別《ふんべつ》して相《かたち》を取《もと》むるを労《ろう》せずんば、自然《じねん》に道を得《う》ること須臾《しゅゆ》なり。〉你らは傍家《のきなみ》に波波地《あたふた》として学得《まな》ばんと擬《ほっ》するも、三祇劫中《さんぎごうちゅう》に於《お》いて終《つい》には生死《しょうじ》に帰《き》す。無事《ぶじ》にして叢林中《そうりんちゅう》に向《お》いて牀角頭《しょうかくとう》に交脚《こうきゃく》して坐《ざ》するに如《し》かず。[501]

七三　示衆八　主客相見

【七三】道流《どうる》よ！　如《たと》えば諸方《しょほう》より学人《がくにん》の来《きた》る有りて、主客相《あ》い見《まみ》え了《おわ》れば、便《すなわ》ち一句子《いっくす》の語《ご》を有《もちいだ》して前頭《まえ》を弁《みわ》けんとす。善知識《ぜんちしき》は学人に箇《ひとつ》の機権《きけん》の語路《ごろ》を拈出《とりいだ》し、善知識の口角《くち》頭に向《むか》って攛過《ざんか》せらる。『看《み》よ！　你《なんじ》は識《し》るや識《し》らざるや？』と。你若《も》し是《こ》れ境《きょう》なりと識《し》得らば、把《つか》得みて便ち坑《あ》子《な》裏に抛向《なげう》つ。学人は便即《すなわ》ち尋常《じんじょう》なり。然《しか》る後《のち》便ち善知識の語を索《もと》むるに、依前《いぜん》として之《こ》れを奪う。学人云く、『上智《じょうち》なるかな！　是れぞ大善知識なる！』即ち云く、『你は大《はなは》だ好悪《よしあし》を識《し》らず！[502]』

如《たと》えば善知識は箇《ひとつ》の境塊子《きょうかいす》を把出《とりいだ》して、学人の面前に向《お》いて弄《ろう》す。前人《ぜんじん》は弁得《みわ》けて下下《いちいち》に主と作《な》りて、境惑《きょうわく》を受けず。善知識は便即《すなわ》ち半身を現わす。学人便《すなわ》ち喝《かっ》す。善知識は又《ま》た一切の差別語路中《さべつごろちゅう》に入りて擺撲《はいぼく》す。学人云く、『好《よし》悪《あし》を識《し》らざる老禿兵《ろうとくへい》！』善知識歎《たん》じて曰く、『真正《しんしょう》の道流《どうる》[503]！』

如《たと》えば諸方の善知識は邪正《じゃせい》を弁《わか》たずして、学人の来《きた》りて菩提《ぼだい》、涅槃《ねはん》、三身境智《さんしんきょうち》を問うに、瞎老師《かつろうし》は便《すなわ》ち他《かれ》の与《ため》に解《かい》説《せつ》し、他《そ》の学人に罵著《ののし》らるるや、便《すなわ》ち棒を把《と》って他《かれ》を打ち、『礼度《れいど》無し』と言う。自是《もとよ》り你善知識に眼《まなこ》無し。他《かれ》を瞋《いか》るを得ず[504]。

有《あ》る一般《いっぱん》の好悪《よしあし》を識《し》らざる禿奴《とくど》は、即ち東を指し西を劃《かく》し、『好《よ》き晴《はれ》かな、好《よ》き雨《あめ》かな、好《よ》き灯籠《とうろう》、露柱《ろちゅう》かな！』と。你看《み》よ！　眉毛《びもう》に幾茎《いくけい》か有る？『者箇《これ》ぞ機縁《きえん》を具《ぐ》す！』と、学人は会《え》せずして、便即《すなわ》ち心狂《こころくる》う。是《かく》の如《ごと》きの流《りゅう》は、総《すべ》て是れ野狐《やこ》の精魅《せいみ》、魍魎《もうりょう》にして、他《そ》の好《よ》き学人に嗌嗌《あくあく》と微笑《びしょう》して言わる、『瞎老禿兵《かつろうとくへい》！　他《か》の天下《てんか》の人を惑乱《わくらん》す！』と。[505]

七四　示衆九（1）人惑を受くる莫れ

【七四】道流《どうる》よ！『出家児《しゅっけじ》は且《ま》ずは道を学ばんことを要《よう》す』と。山僧《さんそう》の秖如《ごと》きも往日曾《おうじつかっ》て毗尼《びに》中に向《お》いて心を留むること数十年、亦《ま》た曾て経論に於いて尋《たず》ね討《もと》む。後に方《はじ》めて是れ済世《さいせい》の薬方《やくほう》、表顕《ひょうけん》の説なりと知り、遂乃《かく》て一時に抛《す》て却《さ》り、即《ただ》ちに道を訪ね禅に参ず。後に大善知識に遇《あ》い、方乃《はじ》めて道眼分明《どうげんふんみょう》にして、始めて天下の老和尚を識《みわ》け、其《そ》の邪正を知れり。娘生下《にょうしょうげ》にして便ち会《え》するに不是《あら》ず、還是《かえ》って体究錬磨《たいきゅうれんま》して一朝《いっちょう》に自《みずか》ら省《さと》れり。[506]

道流よ！ 你《なんじ》ら如法《にょほう》の見解《けんげ》を得《え》んと欲《ほっ》せば、但《た》だ人惑《にんわく》を受くる莫《なか》れ！ 向裏《うち》にも向外《そと》にも、逢著《あわ》ば便ち殺せ！ 佛《ぶっ》に逢《あ》わば佛を殺せ！ 祖《そ》に逢わば祖を殺せ！ 羅漢《らかん》に逢わば羅漢を殺せ！ 父母《ふぼ》に逢わば父母を殺せ！ 親眷《しんけん》に逢わば親眷を殺せ！ かくて始めて解脱《げだつ》するを得《え》、物《もの》の与《ため》に拘《こう》せられず、透脱《とうだつ》して自在《じざい》ならん。[507]

七五　示衆九（2）一法の人に与うる無し

【七五】諸方の学道流《がくどうる》の如きは、未だ物に依《よりかか》らずして出来《いできた》る底《もの》有らず。山僧は此間《ここ》に向《お》いて頭従《はじめよ》り打《だ》す。手上《しゅじょう》に出《いで》来《きた》るは手上《しゅじょう》に打《だ》し、口裏《くち》に出来《いできた》るは口裏《くち》に打《だ》し、眼裏《がんり》に出来《いできた》るは眼裏《がんり》に打《だ》す。未だ一箇の独脱《どくだつ》して出来《いできた》る底《もの》有るを見ず。皆是《み》な他《か》の古人《こじん》の閑機境《かんききょう》に上《のぼ》る。[508] 山僧《さんそう》には一法の人に与《あた》うる無し。秖是《た》だ病《やまい》を治《いや》し縛《しばり》を解《と》くのみ。你《なんじ》ら諸方《しょほう》の道《どう》 500c 流《る》よ！ 試《こころ》みに物に依《よりかか》らずして出来《いできた》れ！ 我《われ》は你らと商量《しょうりょう》せんと要《ほっ》するも、十年五載《じゅうねんごさい》、並《た》えて一人《いちにん》も無し。皆是《み》な依草《えそう》附葉《ふよう》、竹木《ちくぼく》の精霊《しょうりょう》、野孤《やこ》の精魅《せいみ》の、一切の糞塊上《ふんかいじょう》に向《お》いて乱咬《らんこう》するなり。瞎漢《かっかん》！ 枉《むな》しく他《か》の十方《じっぽう》の信施《しんせ》を消《う》けて道《いわ》く、『我は是れ出家児《しゅっけじ》なり』と、是《か》くの如き見解《けんげ》を作《な》す。你らに向《むか》って道《い》わん、『佛無く法無く、修無く証無し』と。秖《ひたす》ら与麼《かくのごとくのきなみ》傍家に什麼《なに》物をか求めんと擬《ほっ》する？ 瞎漢《かっかん》！ 頭《あたま》の上に頭《あたま》を安《お》くとは！ 是れ你らに箇《こ》の什麼《なに》をか欠少《かんしょう》する！[509]

七六　示衆九（3）三界

【七六】道流《どうる》よ！ 是《こ》れ你らというわが目前《もくぜん》に用《はたら》く底《もの》こそ、祖佛《そぶつ》と別《べつ》ならず。秖麼《た》だ信ぜずして、更に向外《そと》に求む。錯《あや》まる莫《なか》れ！ 向外《そと》に法無く、内《うち》にも亦《ま》た得可《うべ》からず。你ら山僧の口裏《くち》の語を取るは、業《ごう》を歇《や》め無事《ぶじ》にし去るに如《し》かず。已《すで》に起こりし者は続《つ》がしむる莫《な》く、未だ起こらざる者は起こさ要放《し》めずんば、便《すなわ》ち你らが十年の行脚《あんぎゃ》に勝《まさ》らん。山僧の見る処に約《やく》せば、如許多般《おおきこと》無し。秖是《た》だ平常《へいじょう》に衣《きもの》を著て飯《めし》を喫《くら》い、無事《ぶじ》に時を過ごすのみ。[510] 你ら諸方《しょほう》より来《きた》る者は皆《み》是な心に佛を求め、法を求め、解脱《げだつ》を求め、三界《さんがい》を出離《しゅつり》せんと求むる有り。痴人《ちじん》！ 你ら出《いで》て什麼処《いずこ》にか去《ゆ》かんと要《ほっ》する？ 三界、佛祖は是れ賞繋底《しょうけいてい》の名句《みょうく》なり。你らは三界を識《し》らんと欲《ほっ》すや？ 你らが今《いま》法を聴く底《ところ》の心地《しんち》を離《はな》れず。你らが一念心《いちねんしん》の貪《とん》こそ是れ欲界《よくかい》なり。你らが一念心の嗔《しん》こそ是れ色界《しきかい》なり。你らが一念心の痴《ち》こそ是れ無色界《むしきかい》にして、是れ你らが屋裏《おくり》の家具子《かぐす》なり。三界は自《みずか》ら『我は是れ三界なり』とは道《い》わず。還是《かえ》って道流という目前《もくぜん》に霊霊地《れいれいじ》に万般《ばんぱん》を照燭《てら》し、世界《せかい》を酌度《はか》る底《ところ》の人こそ、三界の与《ため》に名を安《つ》くるなり。511

七七　示衆一〇　菩提に住処無し

【七七】大徳《だいとく》よ！ 四大色身《しだいしきしん》は是《こ》れ無常《むじょう》なり。乃《すなわ》ち脾胃《ひい》、肝胆《かんたん》、髪毛《はつもう》、爪歯《そうし》に至るまで、唯《た》だ諸法《しょほう》の空相《くうそう》なるを見るのみ。512 你《なんじ》らが一念心《いちねんしん》の歇《や》み得《え》たる処《ところ》を喚《よ》んで菩提樹《ぼだいじゅ》と作《な》す。你らが一念心の歇《や》み得《う》る能《あた》わざる処《ところ》を喚《よ》んで無明樹《むみょうじゅ》と作《な》す。無明《むみょう》に住処《じゅうしょ》無く、無明に始終《しじゅう》無し。你ら若《も》し念念《ねんねん》の心歇《こころや》み得《え》ずんば、便ち他《か》の無明樹《むみょうじゅ》に上《のぼ》り、便《すなわ》ち六道四生《ろくどうししょう》に入《い》り、毛《け》を披《き》て角《つの》を戴《いただ》く。你ら若《も》し歇《や》み得《え》なば、便ち是《こ》れ清浄身界《しょうじょうしんかい》なり。你らが一念生《いちねんしょう》ぜずんば、便是《すなわ》ち菩提樹《ぼだいじゅ》に上《のぼ》り、三界《さんがい》に神通変化《じんづうへんげ》し、意《い》に化身《けしん》を生《しょう》じ、法喜禅悦《ほうきぜんえつ》し、身光《しんこう》自《おのずか》ら照《て》らし、衣《き》んと思《おも》えば羅綺千重《らきせんちょう》、食《くら》わんと思《おも》えば百味具足《ひゃくみぐそく》、更《た》えて横病《おうびょう》無し。菩提《ぼだい》に住処《じゅうしょ》無く、是《こ》の故《ゆえ》に得《う》る者《もの》無し。513 道流《どうる》よ！ 大丈夫《だいじょうぶ》の漢《かん》よ！ 更《さら》に箇《こ》の什麼《なに》をか疑う？ 目前《もくぜん》の用処《はたらき》、更《さら》に是《こ》れ阿誰《たれ》ぞ？ 把《つか》み得《え》たらば便《すなわ》ち用《もち》い、名字《みょうじ》に著《とら》わるる莫《な》き、号《よ》んで玄旨《げんし》と為《な》す。与麼見《かくのごとくみ》得《う》れば、嫌《きら》う底《ところ》の法勿《ほうな》し。古人云く、〈心《こころ》は万境《ばんきょう》に随《したが》って転《てん》じ、転《てん》ずる処実《ところじつ》に能《よ》く幽《ゆう》なり。流《なが》れに随《したが》って性《しょう》を認得《みと》むれば、喜《よろこ》びも無く亦た憂《うれ》いも無し〉と。514

501a

七八　示衆一一　四賓主

【七八】道流《どうる》よ！ 禅宗《ぜんしゅう》の見解《けんげ》の如きは死活循然《しかつじゅんねん》たり。参学《さんがく》の人よ、大いに須《すべか》らく子細《しさい》なるべし。如《たと》えば主客《しゅきゃく》相《あ》い見《まみ》ゆるや、便《すなわ》ち言論《げんろん》の往来《おうらい》有り。或《ある》いは物に応《おう》じて形を現わし、或いは全体作用《ぜんたいさゆう》す。或いは機権《きけん》を把《も》って喜怒《きど》し、或いは半身を現わす。或いは師子《しし》に乗り、或いは象王《ぞうおう》に乗る。[515]

如《たと》えば真正《しんしょう》の学人《がくにん》有らば便ち喝《かつ》して、先《ま》ず一箇《いっこ》の膠盆子《こうぼんす》を拈出《とりいだ》す。善知識《ぜんちしき》は是れ境《きょう》なることを弁ぜずして、便ち他《そ》の境上《きょうじょう》に上《のぼ》って模《も》を作し様《よう》を作《な》す。学人便ち喝するも、前人《ぜんじん》肯《あ》えて放《はな》さず。此《こ》れぞ是《こ》れ膏肓《こうこう》の病にして医《いや》すに堪《た》えず。喚んで〈客の主を看《み》る〉と作《な》す。[516]

或是《あるい》は善知識は物を拈出《とりいだ》さずして、学人の問《とい》処に随《したが》って即ち奪う。学人奪わるるも、死に抵《いた》るまで放《はな》さず。此れぞ是《こ》れ〈主の客を看《み》る〉なり。[517]

或いは学人《がくにん》有りて一箇の清浄境《しょうじょうきょう》に応《おう》じて善知識《ぜんちしき》の前に出《い》づ。善知識は是れ境《きょう》なるを弁得《みわ》けて、把得《つか》みて坑裏《あな》に抛向《なげう》つ。学人言《い》く、『大いに好《よ》き善知識なるかな！』即ち云く、『咄哉《とっさい》！　好悪《よしあし》を識《し》らず。』学人は便《すなわ》ち礼拝《らいはい》す。此《こ》れを喚《よ》んで〈主の主を看る〉と作《な》す。[518]

或いは学人有りて枷《かせ》を披《かぶ》り鎖《くさり》を帯《お》びて、善知識の前に出《い》づ。善知識は更に為《ため》に一重《いちじゅう》の枷鎖《かさ》を安《お》く。学人歓喜《かんき》し、彼《ひ》此《し》ともに弁ぜず。呼んで〈客の客を看る〉と為す。大徳よ！　山僧《さんそう》の是の如《ごと》く挙《あ》ぐる所は、皆《み》是な魔《ま》を弁じ異《い》を揀《えら》び、其《そ》の邪正《じゃせい》を知らしむるなり。[519]

七九　示衆一二　信不及

【七九】道流《どうる》よ！『実情《まこと》に大《おお》いに難《かた》し！　佛法《ぶっぽう》は幽玄なるも、解《わか》り得《う》ること可可地《かかじ》なり』と。山僧は竟日《ひねもす》他《かれ》の与《ため》に説《せっ》破《ば》するも、学者は総《すべ》て意《い》に在《お》かず。千徧万徧《せんぺんばんぺん》、脚底《きゃくてい》に踢過《とうか》して黒没窣地《こくぼつそつじ》たり。一箇の形段《ぎょうだん》無く、歴歴《れきれき》として孤明《こみょう》なるを、学人《がくにん》は信不及《しんじきれず》して、便ち名句上《みょうくじょう》に向《お》いて解《げ》を生じ、年半百《はんひゃく》に登るまで、秖管《ひたすら》に傍家《のきなみ》に死屍《しかばね》を負《お》うて行《ゆ》き、檐子《たんす》を担却《かつ》いで天下《てんか》に走《ある》く。草鞋銭《そうあいせん》を索《もと》めらるること日《ひ》有り！[520]

501b

八〇　示衆一三（1）動不動

【八〇】大徳よ！　山僧、『向外《そと》に法無し』と説《い》わば、学人会《え》せずして、便《すなわ》ち裏《うち》に解《げ》を作《な》し、便《すなわ》ち壁《かべ》に倚《よ》りて坐《ざ》し、舌《した》は上齶《うわあご》を拄《ささ》え、湛然《たんねん》として不動《ふどう》、此《こ》れを取《も》って祖門《そもん》の佛法《ぶっぽう》と為《な》是す。大《おお》いに錯《あや》まれり！　是《こ》れ你《なんじ》ら若《も》し不動清《ふどうしょう》浄境《じょうきょう》を取《も》って是《ぜ》と為《な》せば、你《なんじ》らは即ち他《か》の無明《むみょう》を認《みと》めて郎主《ろうしゅ》と為《な》すなり。古人云《こじんいわ》く、〈湛湛《たんたん》たる黒暗《こくあん》の深坑《しんこう》は実に怖《お》畏《そ》る可《べ》し〉とは、此《こ》の是《いい》なり。你《なんじ》ら若《も》し他《か》の動《うご》く者是《こ》れなりと認《みと》めなば、一切《いっさい》の草木《そうもく》は皆《み》な解《よ》く動《うご》く。応《まさ》に是《こ》れ道《みち》なる可《べ》し。所以《ゆえ》に動く者は是れ風大《ふうだい》、不動《ふどう》なる者は是れ地大《ちだい》にして、動と不動は倶《とも》に自性《じしょう》無し。你ら若し動く処《ところ》に他《それ》を捉《とら》えんとせば、他《それ》は不動の処に立つ。你ら若し不動の処に他《それ》を捉《とら》えんとせば、他《それ》は動く処に立つ。譬《たと》えば泉に潜《ひそ》む魚《うお》の波《なみ》を鼓《こ》して自《みずか》ら躍《おど》るが如し。大徳よ！　動と不動は是れ二種《にしゅ》の境《きょう》なり。還是《かえ》って無依《むえ》の道人《どうにん》こそ動を用い不動を用うるなり。[521]

八一　示衆一三（2）三種の根器

【八一】如《も》し諸方《しょほう》の学人来《がくにんきた》らば、山僧《さんそう》が此間《ところ》には三種の根器《こんき》と作《な》して断《だん》ず。如《も》し中下の根器来《きた》らば、我は便ち其の境《きょう》を奪い、其の法《ほう》を除かず。或《も》し中上の根器来《きた》らば、我は便ち境法倶《とも》に奪う。如《も》し上上の根器来《きた》らば、我は便ち境法倶に奪わず。如《も》し出格《しゅっかく》の見解《けんげ》の人有りて来《きた》らば、山僧が此間《ところ》には便ち全体作用《ぜんたいさゆう》して、根器を歴《へ》ず。[522]

大徳よ！　者裏《ここ》に到りて、学人の力を著《つ》くる処、風をも通ぜず、石火電光《せっかでんこう》に即《ただ》ちに過《す》ぎ了《おわ》る。学人若し眼定動《まなこうご》かさば、即ち交渉没《かかわりな》し。心を擬《さしむ》けば即ち差《たが》い、念を動《はたら》かせば即ち乖《そむ》く。人有りて解《かい》すれども、目前《もくぜん》を離《はな》れず。[523]

大徳よ！　你らは鉢嚢《はつのう》、屎檐子《したんす》を担《かつ》いで傍家《のきなみ》に走《あ》き、佛を求め法を求む。即今与麼馳《そっこんかくのごとくち》求《ぐ》する底《もの》を、你ら還《は》た渠《それ》を識《し》るや？　活撥撥地《かっぱつぱつじ》として、秖是《た》だ根株勿《こんしゅな》く、擁《かか》うるも聚《あつ》まらず、撥《はら》うも散《ち》らず、求著《もと》むれば即ち転《うた》た遠く、求めざれば還《かえ》って目前に在《あ》りて、音を聆《き》くこと耳に嘱《たよ》る。若し人信ぜずんば、徒《いたず》らに労《つか》るること百年ならん。[524]

道流よ！一刹那《いちせつな》の間《かん》に便《たと》い華蔵《けぞう》世界《せかい》に入《い》り、毘盧遮那《びるしゃな》国土《こくど》に入り、解脱国土《げだつこくど》に入り、神通国土《じんづうこくど》に入り、清浄国土《しょうじょうこくど》に入り、法界《ほっかい》に入り、穢《え》に入り浄《じょう》に入り、凡《ぼん》に入り聖《しょう》に入り、餓鬼畜生《がきちくしょう》に入り、処処《しょしょ》に討《たず》ね覓尋《もと》むるも、皆な生《しょう》有り死《し》有るを見ず、唯《た》だ空名《くうみょう》有るのみ。幻化《げんけ》と空花《くうげ》は把捉《はそく》するを労せず。得失是非《とくしつぜひ》を一時に放却《ほうきゃく》せよ！525

八二　示衆一四（1）山僧の佛法

【八二】道流よ！山僧が佛法は的的相承《てきてきそうじょう》して、麻浴《まよく》和尚、丹霞《たんか》和尚、道一《どういつ》和尚、盧山《ろざん》の石頭《いし》を拽《ひ》く和尚、石鞏《せっきょう》和尚従《よ》りの一路は、行《おこな》わるること天下《てんか》に徧《あまね》きも、人の信得《しん》ずる無く、尽《ことごと》く皆な謗《そしり》を起こす。526 道一《どういつ》和尚の用処《はたらき》の純一無雑《じゅんいつむぞう》なるが如きは、学人《がくにん》三百、五百、尽く皆な和尚の意を見《み》ず。盧山《ろざん》和尚の自在真正《じざいしんしょう》なる順逆《じゅんぎゃく》の用処《はたらき》の如きは、学人涯際《はて》を測《はか》らず、悉《ことごと》く皆な忙然《ぼうぜん》たり。丹霞《たんか》和尚の翫珠隠顕《がんしゅおんけん》の如きは、学人の来《きた》る者、皆な悉く罵《ののし》らる。麻浴《まよく》の用処《はたらき》の如きは、苦《にが》きこと黄蘗《おうばく》の如く、近づかんとして皆な得《え》ざるなり。石鞏《せっきょう》の用処《はたらき》の箭頭上《せんとうじょう》に人を覓《もと》むるが如きは、来《きた》る者皆な懼《おそ》る。527

八三　示衆一四（2）山僧今日の用処

【八三】山僧《さんそう》の今日の用処《はたらき》の如きは、真正《しんしょう》に成壊《じょうえ》し、神変《じんぺん》を玩弄《がんろう》し、一切の境《きょう》に入《い》るも、随処《ずいしょ》に無事《ぶじ》なれば、境も
501c 換《か》うる能《あた》わず。528 但有《およ》そ来り求むる者には、我《われ》は即便《ただ》ちに出《いで》て渠《かれ》を看《み》るも、渠《かれ》は我を識《し》らず。我は便《すなわ》ち数般《すうはん》の衣を著《つ》くるや、学人は解《げ》を生じ、一向《ひたすら》に我《わ》が言句《ごんく》に入る。苦哉《にがにがしきかな》！瞎禿子《かっとくす》！無眼人《むげんにん》！我が著《つ》くる底《ところ》の衣を把《も》って青黄赤白《しょうおうせきびゃく》を認む。我は脱ぎ却《さ》りて清浄《しょうじょう》の境中に入《い》らば、学人は一見して便ち忻欲《きんよく》を生ず。我又《ま》た脱ぎ却《さ》るや、学人は心を失い、忙然《ぼうぜん》として狂走して言う、我に衣無しと。我は即ち渠《かれ》に向《むか》って道《い》う、『你《なんじ》は我《わ》が衣を著《つ》くる底《ところ》の人を識《し》るや？』と。忽爾《たちま》ち頭《こうべ》を迴《めぐ》らして我を認め了《おわ》れり。529

八四　示衆一四（3）衣を認むる莫れ

【八四】大徳よ！　你ら衣を認むる莫《なか》れ。衣は動かす能わず、人能《よ》く衣を著《つ》く。箇《こ》の清浄衣《しょうじょうえ》有り、箇の無生衣《むしょうえ》、菩提《ぼだい》衣《え》、涅槃衣《ねはんえ》有り、祖衣《そえ》有り、佛衣《ぶつえ》有り。大徳よ！　但有《およ》そ声名文句《しょうみょうもんく》は皆な悉く是《こ》れ衣変《えへん》なり。〈臍輪《せいりん》の気《き》海中《かいちゅう》従《よ》り鼓《こ》激《げき》し、牙歯《がし》もて敲磕《こうこう》して、其《そ》の句義を成《な》す。〉明らかに知る、是れ幻化《げんけ》なるを。[530]大徳よ！〈外に声語《しょうご》の業《ごう》を発し、内に心所の法を表わす。〉思うことを以て念の有《おこ》るは、皆な悉く是れ衣なり。你らは秖麼《ひたすら》に他《そ》の著くる底《ところ》の衣を認めて実解《じつげ》を為す。縦《たと》い塵劫《じんごう》を経《ふ》るも、秖《た》だ是れ衣通《えつう》なるのみ。三界《さんがい》に循還《じゅんかん》し、輪廻《りんね》生死《しょうじ》す。無事なるに如《し》かず。〈相《あ》い逢《お》うて相い識《し》らず、共に語って名を知らず〉と。[531]

八五　示衆一四（4）名字を認むる莫れ

【八五】今時《こんじ》の学人の得《よ》からざるは、蓋《けだ》し名字《みょうじ》を認めて解《げ》を為《な》すが為《ため》なり。大策子上《だいさくすじょう》に死老漢《しろうかん》の語を抄《うつ》して、三重五重に複子《ふくさ》に裹《つつ》み、人を教《し》て見せしめず、『是れ玄旨《げんし》なり』と道《い》いて、以て保重《ほじゅう》を為す。大いに錯まれり！　瞎屢《かつる》生《せい》！　你らは枯骨上《ここつじょう》に向《お》いて什麼《なん》の汁《しる》をか覓《もと》むる？[532]　一般の好悪《よしあし》を識らざるもの有りて、教中に向《お》いて意度商量《いたくしょうりょう》し、句義を成さんと取《もと》む。屎塊子《しかいす》を把《も》って口《くち》裏に向《お》いて含み了《おわ》り、吐いて別人に過与《あた》うるが如く、猶お俗人の伝口令《でんくれい》を打《や》るが如くに相い似《に》て、一生虚しく過ごさん。『我は出家なり』と道《い》うも、他《ひと》に佛法《ぶっぽう》を問著《とわ》るるや、便即《すなわ》ち口を杜《とざ》して詞《ことば》無く、眼は漆突《しっとつ》に似、口は褊檐《へんだん》の如し。此《かく》の如きの類《たぐい》は、弥勒《みろく》の出世《しゅっせ》に逢《あ》うも、他方世界に移し置かれ、地獄に寄せて苦を受けん。[533]

八六　示衆一五（1）佛の求むべき無し

【八六】大徳よ！　你ら波波地《あたふた》と諸方《しょほう》に往《ゆ》きて、什麼《なに》物を覓《もと》めてか你らの脚版《きゃくばん》を踏みて闊《ひろ》からしむる？　佛の求む可《べ》き無く、道の成《な》す可き無く、法の得《う》可き無し。〈外に有相《うそう》の佛を求むるも、汝《なんじ》と相い似ず。汝が本心を識《し》らんと欲《ほっ》せば、合《がっ》するに非ず亦《ま》た離《はな》るるに非ず〉と。道流《どうる》よ！　真の佛は形《かたち》無く、真の道は体《たい》無く、真の法は相《すがた》無し。三法混融《こんゆう》し、一処に和合《わごう》す。弁ずること既に得ざれば、喚《よ》んで忙忙《ぼうぼう》たる業識《ごっしき》の衆生《しゅじょう》と作《な》す。[534]」

八七　示衆一五（2）真佛、真法、真道

【八七】問う、「如何《いか》なるか是れ真佛、真法、真道？　乞《こ》う師よ開示《かいじ》せよ。」師云く、「佛なる者は心の清浄、是《こ》れなり。
502a
法なる者は心の光明《こうみょう》、是れなり。道なる者は処処に無礙《むげ》なる浄光《じょうこう》、是れなり。三は即ち一にして、皆な是れ空名《くうみょう》にして、実有《じつう》無きこと、志公《しこう》の作《さく》の如し。[535] 道人《どうにん》は念念《ねんねん》の心間断《かんだん》せず。達磨大師《だるまだいし》の西土《せいど》従《よ》り来《きた》りて、秖《た》是だ箇《ひとり》の人惑《にんわく》を受けざる底《ところ》の人を覓《もと》めて自《よ》り、後に二祖に遇《あ》い、一言もて便《すなわ》ち了《さと》りて、始めて従前《じゅうぜん》に虚しく功夫《くふう》を用いしを知れり。[536] 山僧《さんぞう》の今日の見る処《ところ》は、祖佛と別ならず。若《も》し第一句中に得なば、祖佛に与《たい》して師と為る。若し第二句中に得なば、人天《にんてん》に与《たい》して師と為る。若し第三句中に得なば、自《みずか》らをも救い了《おお》せず。[537]」

八八　示衆一五（3）西来意

【八八】問う、「如何《いか》なるか是《こ》れ西来意《せいらいい》？」師云く、「若《も》し意有らば、自《みずか》らをも救い了《おお》せず。」云く、「既に意無くんば、云何《いか》んが二祖は法を得たる？」師云く、「得たりとは是れ得ざるなり。」云く、「既若《も》し得ずんば、云何《いか》なるか是れ得ざる底《ところ》の意？」師云く、「你《なんじ》一切処に向《お》いて馳求《ちぐ》する心歇《や》む能《あた》わざるが為《ため》に、所以《ゆえ》に祖師《そし》言く、『咄哉《とっさい》！　丈夫よ！　頭《こうべ》を将《もっ》て頭を覓《もと》むとは！』你言下《ごんか》に便《すなわ》自《え》ち迴光返照《こうへんしょう》して、更に別に求めず、身心《しんじん》の祖佛と別ならざるを知りて、当下《ただち》に無事《ぶじ》なるを、方《はじ》めて法を得たりと名づく。[538]

八九　示衆一五（4）用処に蹤跡無し

【八九】大徳よ！ 山僧は今時《こんじ》、事已《ことや》むを獲《え》ず、話度《わたく》して許多《あまた》の不才浄《ふさいじょう》を説き出《いだ》すも、你ら且《ま》ずは錯《あや》まる莫《なか》れ！ 我《わ》が見る処に拠《よ》らば、実に許多般《おおく》の道理無し。用いんと要《ほっ》せば便ち用いよ。用いずんば便ち休《や》むのみ。[539] 諸方《しょほう》の六度万行《ろくどまんぎょう》を説いて以て佛法《ぶっぽう》と為すが秖如《ごと》き、我《われ》は道《い》う、『是れ荘厳門《しょうごんもん》、佛事門《ぶつじもん》にして、佛法に非是《あら》ず』と。乃至《たと》い斎《さい》を持《たも》ち戒を持《たも》つこと、油を擎《ささ》げて灩《こぼ》さざるも、道眼《どうげん》明らかならずんば、尽《ことごと》く須《すべか》らく債《さい》を抵《いた》し、飯銭《はんせん》を索《もと》めらるること日《ひ》有り！ 何が故にか此《かく》の如くなる？ 〈入道《にゅうどう》して理に通ぜずんば、身を復《ふく》し信施《しんせ》を還《かえ》さん。長者八十一にして、其《そ》の樹は耳《たけ》を生《しょう》ぜず〉と。乃至《たと》い孤峯《こほう》に独宿《どくしゅく》し、一食卯斎《いちじきぼうさい》し、長坐《ちょうざ》して臥《ふ》さず、六時に行道《ぎょうどう》するも、皆《み》な是れ業《ごう》を造る底《ところ》の人なり。乃至《たと》い頭目《ずもく》、髄脳《ずいのう》、国城《こくじょう》、妻子《さいし》、象馬《ぞうめ》、七珍《しっちん》を尽く皆な捨施《しゃせ》するも、是《かく》の如き等《とう》の見ならば、皆是《み》な身心を苦しむ故に、還《かえ》って悪果を招く。無事にして純一無雑《じゅんいつむぞう》なるに如《し》かず。乃至《たと》い十地満心《じゅうじまんしん》の菩薩《ぼさつ》なるも、皆な此《こ》の道流《どうる》の蹤《しょう》跡《せき》を求めて、了《つい》に得可《べ》からず。所以《ゆえ》に諸天は歓喜《かんき》し、地神は足を捧《ささ》げ、十方《じっぽう》の諸佛も称歎せざる無し。何《なに》に縁《よ》りてか此《かく》の如くなる？ 今の聴法《ちょうほう》の道人の用処《はたらき》に蹤跡《しょうせき》無きが為《ため》なり。[540]」

九〇　示衆一五（5）大通智勝佛

【九〇】問う、「〈大通智勝佛《だいつうちしょうぶつ》は十劫《じゅうごう》に道場に坐するも、佛法は現前《げんぜん》せず、佛道を成《な》すを得ず〉と。未審《はた》此の意如何《いかん》？
502b
乞《こ》う師よ指示せよ。[541]」師云く、「〈大通〉とは是れ自己の処処に於いて其の万法《ばんぽう》の無性無相《むしょうむそう》なるに達するを、名づけて大通と為す。〈智勝〉とは一切処に於いて疑わず、一法をも得ざるを、名づけて智勝と為す。〈佛〉とは心清浄《しょうじょう》なる光《こう》明《みょう》の法界《ほっかい》に透徹《とうてつ》するを、名づけて佛と為すを得たり。〈十劫に道場に坐す〉とは、十波羅蜜《じっぱらみつ》是れなり。〈佛法は現前せず〉とは、佛は本《も》と不生《ふしょう》、法は本《も》と不滅《ふめつ》、云何《いか》んが更に現前すること有らん？ 〈佛道を成《な》すを得ず〉とは、佛は応《まさ》に更に佛と作《な》るべかざるなり。[542] 古人《こじん》云く、〈佛は常に世間に在《あ》るも、而《しか》も世間の法に染《そ》まず〉と。道流よ！ 你ら佛と作《な》らんと欲得《ほっ》せば、境縁《きょうえん》に随《したが》って分別《ふんべつ》する莫れ。所以《ゆえ》に〈心生ずれば種種の法生じ、心滅すれば種種の法滅す〉、〈一心《いっしん》生ぜずんば、万法咎《とが》無し〉と。世《せ》と出世《しゅっせ》ともに、佛無く法無く、亦《ま》た現前せず、亦た曾《かっ》て失わず。設《たと》い有るも、皆な是れ名言章句《みょうごんしょうく》にして、小児《しょうに》を接引《せついん》する施設《せせつ》、病《やまい》を薬《いや》す表顕《ひょうけん》の名句《みょうく》なり。且《か》つ名句は自《みずか》ら名句ならず、還是《かえ》って你らという目前《もくぜん》に昭昭霊霊《しょうしょうれいれい》として鑑覚聞知《かんかくもんち》し照燭《てら》す底《もの》こそ、一切の名句《みょうく》を安《お》く。大徳よ！　五無間業《ごむけんごう》を造って方《はじ》めて解脱《げだつ》するを得ん。[543]」

九一　示衆一五（6）五無間業

【九一】問う、「如何《いか》なるか是れ五無間業《ごむけんごう》？」師云く、「父を殺し、母を害し、佛身《ぶっしん》より血を出《いだ》し、和合僧《わごうそう》を破り、経《きょう》像《ぞう》を焚焼《ふんしょう》すること等、此《こ》れぞ是《こ》れ五無間業《ごむけんごう》なる。[544]」云く、「如何《いか》なるか是れ父？」師云く、「無明《むみょう》是れ父なり。你《なんじ》が一《いち》念心《ねんしん》の起滅《きめつ》する処《ところ》を求め得《え》ざること、響《ひびき》の空《くう》に応《おう》ずるが如し。随処《ずいしょ》に無事《ぶじ》なるを、名づけて父を殺すと為す。」云く、「如何なるか是れ母？」師云く、「貪愛《とんあい》を母と為す。你が一念心もて欲界中《よくかいちゅう》に入《い》るも、其《そ》の貪愛を求むるに、唯《た》だ諸法の空相《くうそう》なるを見るのみ。処処に著《とら》わるる無きを、名づけて母を害すと為す。」云く、「如何なるか是れ佛身《ぶっしん》より血を出《いだ》す？」師云く、「你ら清浄法界中《しょうじょうほっかいちゅう》に向《お》いて、一念心の解《げ》を生ずること無くんば、便《すなわ》ち処処に分別《ふんべつ》せざる、是れぞ佛身血を出すなり。」云く、「如何なるか是れ和合僧《わごうそう》を破る？」師云く、「汝《なんじ》が一念心の正《まさ》に煩悩結使《ぼんのうけっし》の依る所空無《くうむ》なるが如きに達する、是れぞ和合僧を破るなり。」云く、「如何なるか是れ経像《きょうぞう》を焚焼《ふんしょう》する？」師云く、「因縁の空なる、心の空なる、法の空なるを見て、一念に決定《けつじょう》して、迥然《けいねん》として無事なる、便ち是れぞ経像を焚焼するなり。[545]大徳よ！　若《も》し是《かく》の如く達し得《え》なば、他《か》の凡聖《ぼんしょう》の名に礙《さ》えらるることを免《まぬか》る。你ら秖《た》だ空拳《くうけん》と指上《しじょう》に向《お》いて実解《じつげ》を生ずるが為《ため》に、根境《こんきょう》の法中《ほうちゅう》に虚しく捏怪《ねっかい》す。自《みずか》らを軽んじ退屈して言《いわ》く、『我《われ》は是れ凡夫《ぼんぷ》にして、他《かれ》は是れ聖人なり』と。禿屢生《とくるせい》！　502c 甚《なん》の死急《しきゅう》有りてか、他《か》の師子《しし》の皮を披《かぶ》って、却《かえ》って野干鳴《やかんめい》を作《な》す！　大丈夫の漢《かん》なるに丈夫の気息《きそく》を作《な》さず、自家屋《じかおく》裏《り》の物を肯《あ》えて信ぜず、秖麼《ひたすら》に向外《そと》に覓《もと》めて、他《か》の古人《こじん》の閑名句《かんみょうく》に上《のぼ》り、陰に倚《よ》り陽に博《つ》き、特達《とくだつ》すること能《あた》わずして、境《きょう》に逢《あ》わば便ち縁《えん》じ、塵《じん》に逢わば便ち執《しゅう》し、触処《そくしょ》に惑《まど》い起こるは、自《みずか》ら準定《じゅんじょう》無ければなり。[546] 道流《どうる》よ！ 山僧《さんそう》の説《せつ》処《しょ》を取る莫《なか》れ。何《なに》が故《ゆえ》ぞ？ 説に憑拠《よりどころ》無く、一期《いちご》の間《かん》に虚空に塗尽《とじん》すること、彩画像《さいがぞう》等の喩《たと》えの如きなればなり。[547]

九二　示衆一六　佛を究竟と為す莫れ

【九二】道流よ！ 佛を将《もっ》て究竟《くぎょう》と為す莫れ！ 我は見るに猶お厠孔《しく》の如し。菩薩《ぼさつ》、羅漢《らかん》は尽《ことごと》く是れ枷鎖《かさ》もて人を縛る底《ところ》の物なり。所以《ゆえ》に文殊《もんじゅ》は剣に仗《よ》りて瞿曇《くどん》を殺さんとし、鴦掘《おうくつ》は刀を持《もっ》て釈氏《しゃくし》を害せんとせり。[548] 道流よ！ 佛の得《う》可《べ》き無し。乃至《たと》い三乗《さんじょう》、五性《ごしょう》、圓頓《えんどん》の教迹《きょうしゃく》なるも、皆《み》な是れ一期《いちご》の薬病相治《やくへいそうじ》にして、並《た》えて実法《じっぽう》無し。設《たと》い有るも、皆な是れ相似《そうじ》の表顕《ひょうけん》、路布《ろふ》の文字《もじ》、差排《さはい》せんとして且《しば》らく是《かく》の如く説きしのみ。[549] 道流よ！ 一般の禿子《とくす》有りて便ち裏許《うち》に向《お》いて功《こう》を著《もち》い、出世《しゅっせ》の法を求めんと擬《ほっ》す。錯了也《あやまれり》！ 若《も》し人、佛を求めなば、是《こ》の人、佛を失う。若《も》し人、道を求めなば、是《こ》の人、道を失う。若《も》し人、祖を求めなば、是《こ》の人、祖を失う。[550]

九三　示衆一七　無事底の阿師

【九三】大徳よ！ 錯《あや》まる莫れ！ 我は且《しば》らく你らの経論を解《かい》するを取《もと》めず、我亦《ま》た你らの国王大臣なるを取《もと》めず、我亦た你らの弁の懸河《けんが》なるが似《ごと》きを取《もと》めず、我亦た你らの聡明なる智慧を取《もと》めず、唯だ你らの真正《しんしょう》の見解《けんげ》を要《もと》むるのみ。道流よ！ 設《たと》い百本の経論を解し得たるも、一箇の無事《ぶじ》なる底《ところ》の阿師《あし》に如《し》かず。你ら解し得たれば、即ち他人を軽蔑する勝負の修羅《しゅら》、人我《にんが》の無明《むみょう》にして、地獄の業《ごう》を長ぜしむるのみ。如《たと》えば善星比丘《ぜんしょうびく》は十二分教《じゅうにぶんきょう》を解するも、生身《しょうしん》にして地獄に陥りて、大地にも容《い》れられず。無事にして休歇《きゅうけつ》し去《さ》るに如《し》かず。〈飢《う》え来《きた》らば飯《めし》を喫《くら》い、睡り来《きた》らば眼を合《と》ず。愚人《ぐにん》は我を笑うも、智は乃《すなわ》ち焉《これ》を知る。〉道流《どうる》よ！ 文字中に向《お》いて求むる莫《なか》れ。心動けば疲労して冷気を吸う。

益無し。〈一念に縁起《えんぎ》無生《むしょう》にして、三乗の権学菩薩《けんがくぼさつ》を超出《ちょうしゅつ》するに如《し》かず。[551]〉

九四　示衆一八（1）山僧往日未だ見処有らざる時

【九四】大徳よ！因循《いんじゅん》して日を過ごすこと莫れ！山僧は往日《おうじつ》未だ見処《けんじょ》有らざる時、黒漫漫地《こくまんまんじ》にして、光陰《こういん》空しく過ごす可からずと、腹熱《あつ》く心忙《せわ》しく、奔波《あたふた》と道を訪《たず》ぬ。後に還《かえ》って力を得て、始めて今日に到りて、道流と是の如《かく》く話度《わたく》す。諸道流に勧《すす》む、衣食《えじき》の為にする莫れ！看《み》よ！世界は過ぎ易《やす》く、善知識《ぜんちしき》には遇《あ》い難《がた》きこと、優曇華《うどんげ》の時に一《いち》現《げん》するが如きのみ。[552]

你ら諸方《しょほう》は箇《ひとり》の臨済老漢《りんざいろうかん》なるもの有りと聞《き》道くや、出来《いでき》たりて便ち問難《もんなん》し、語り得ざらしめんと擬《ほっ》す。山僧に全体作《ぜんたいさ》用《ゆう》せられて、学人《がくにん》は空しく眼を開《ひら》き得、口は惣《すべ》て動かし得ず、懵然《ぼうぜん》として何《なに》を以て我《われ》に答うるやを知らず。我は伊《かれ》に向《むか》って道《い》う、『龍象《りゅうぞう》を蹴踏《しゅくとう》するは驢《ろ》の堪《た》うる所に非ず』と。你《なんじ》ら諸処に秖《た》だ胸を指し肋《あばら》を点じて、『我は禅を解《かい》し道を解す』と道《い》い、三箇両箇、者裏《ここ》に到るも奈何《いかん》ともせず。咄哉《とっさい》！你ら者箇《こ》の身心《しんじん》を将《もっ》て、到る処《ところ》に両片皮《りょうへんぴ》を簸《あお》って、閭閻《りょえん》を誑謼《きょうこ》す。鉄棒を喫《くら》うこと日有り！出家児《しゅっけじ》に非ず。尽《ことごと》く阿修羅界《あしゅらかい》に向《お》いて摂《せっ》せられん。[553]

夫《そ》れ至理《しいり》の道の如きは、諍論《じょうろん》して激揚《げきよう》を求め、鏗鏘《こうそう》して以て外道《げどう》を摧《くだ》くに非ず。佛祖の相承《そうじょう》に至りては、更に別意無し。設《たと》い言教《ごんきょう》有るも、化儀《けぎ》の三乗五性《さんじょうごしょう》、人天《にんてん》の因果に落在《らくざい》す。圓頓《えんどん》の教えの如きは、又《ま》た且《しば》らく然《しか》らざるも、童《どう》子善財《じぜんざい》、皆な求過《もとめまわ》らず。[554]

九五　示衆一八（2）你ら但だ自家に看よ

【九五】大徳よ！錯《あや》まって心を用うる莫れ！大海の如きは死屍《しかばね》を停《とど》めざるに、秖麼《ひたすら》に担却《かつ》いで天下《てんか》に走《ある》かんと擬《ほっ》して、自《みずか》ら見障《けんしょう》を起こして以て心を礙《さ》う。日上に雲無くんば、麗天《れいてん》普ねく照らし、眼中に翳《かげ》無くんば、空裏《くうり》に花無し。[555]

503a

道流よ！ 你ら如法《にょほう》ならんと欲得《ほっ》せば、但《た》だ疑いを生ずる莫れ！〈展《ひろ》ぐれば則ち法界《ほっかい》に弥綸《みりん》し、収《おさ》むれば則ち糸髪《しはつ》も立たず。〉歴歴《れきれき》として孤明《こみょう》なるもの、未だ曾《かつ》て欠少《かんしょう》せず。眼にも見えず、耳にも聞こえず、喚《よ》んで什麼《なん》物と作《な》すや？ 古人《こじん》云く、〈一物《いちもつ》と説似《と》かば則ち中《あた》らず〉と。你ら但《た》だ自家《じか》に看《み》よ！ 更に什麼《なに》か有らん？ 説くも亦《ま》た尽くる無し。各自《かくじ》に力を著《つ》けよ。珍重《ちんちょう》せよ！[556]」

506a

Ⅸ 補遺

九六 龍光

【九六】師行脚《あんぎゃ》の時、龍光《りゅうこう》に到る。光上堂《じょうどう》す。師出《いで》て問う、「鋒鋩《ほうぼう》を展《の》べずして、如何《いかん》が勝つを得ん？」光拠坐《こざ》す。師云く、「大善知識《だいぜんちしき》、豈《あ》に方便無からんや！」光瞪目《とうもく》して云く、「嗄《さ》！」師は手を以て指して云く、「者《こ》の老漢《ろうかん》、今日敗闕《はいけつ》せり！[557]」

九七 三峯

【九七】三峯《さんぼう》に到る。平《へい》和尚問う、「什麼処《いずこ》よりか来《きた》る？」師云く、「黄檗《おうばく》より来《きた》る。」平云く、「黄檗に何《なん》の言句《ごんく》か有る？」師云く、「金牛《こんぎゅう》は昨夜塗炭《とたん》に遭《あ》い、直《ただ》ちに如今《いま》に至るまで蹤《あと》を見ず。」平云く、「金風《きんぷう》は玉管《ぎょくかん》を吹《ふ》くに、那箇《いずれ》か是れ知音《ちおん》なる？」師云く、「直《ただ》ちに万重《ばんちょう》の関《かん》を透《とお》って、青霄《せいしょう》の内に住《とど》まらず。」平云く、「子《おんみ》の者《こ》の一問、太高生《はなはだたかし》！」師云く、「龍は金鳳《きんぽう》の子を生んで、碧琉璃《へきるり》を衝破《しょうは》す。」平云く、「且《ま》ずは坐して茶を喫《きっ》せよ。」又た問う、「近くは甚処《いずこ》をか離《はな》る？」師云く、「龍光。」平云く、「龍光は近日如何《いかん》？」師便《すなわ》ち出去《いで》る。[558]

九八　大慈

【九八】大慈《だいじ》に到る。慈は方丈内《ほうじょうない》に在《あ》りて坐す。師問う、「丈室《じょうしつ》に端居《たんきょ》する時は如何《いかん》?」慈云く、「寒松《かんしょう》は一色《いっしき》にして千年別《わか》ち、野老《やろう》は花を拈《と》る万国の春。」師云く、「今古　永《とこしな》えに超《こ》ゆ円智《えんち》の体《たい》、三山《さんざん》は鎖断《さだん》す万重《ばんちょう》の関《かん》。」慈便ち喝《かっ》す。師も亦た喝す。慈云く、「什麼《なに》をか作《な》す!」師は払袖《ほっしゅう》して便ち出《い》づ。[559]

九九　華厳

【九九】襄州華厳《じょうしゅうけごん》に到る。厳拄杖《しゅじょう》に倚《よりかか》りて睡る勢《いきおい》を作《な》す。師云く、「老和尚、瞌睡《かっすい》して作麼《いかんせん》!」厳云く、「作家《さっけ》の禅《ぜん》客《きゃく》、宛爾《えんに》として同じからず。」師云く、「侍者《じしゃ》よ、茶を点じ来《きた》りて和尚の与《ため》に喫せしめよ。」厳乃《すなわ》ち維那《いの》を喚《よ》び、「第三位に者《こ》の上座《じょうざ》を安排《あんばい》せよ」と。[560]

一〇〇　一尼

504b 【一〇〇】師は一尼に問う、「善来《ぜんらい》か、悪来《あくらい》か?」尼便《すなわ》ち喝《かっ》す。師棒を拈《と》りて云う、「更に道《い》え! 更に道《い》え!」尼又《ま》た喝するや、師便ち打つ。[561]

一〇一　翠峯

506ab 【一〇一】翠峯《すいほう》に到る。峯問う、「甚処《いずこ》よりか来《きた》る?」師云く、「黄檗《おうばく》より来《きた》る。」峯云く、「黄檗に何《なん》の言句《ごんく》有りてか人に指示する?」師云く、「黄檗に言句無し。」峯云く、「為什麼《なにゆえ》にか無き?」師云く、「設《たと》い有るも、挙《こ》する処《ところ》無し。」峯云く、「但《た》だ挙し看《み》よ!」師云く、「一箭《いっせん》、西天《さいてん》に過ぐ。[562]」

一〇二　象田

【一〇二】象田《ぞうでん》に到る。師問う、「凡《ぼん》ならず聖《しょう》ならざるを、請《こ》う師よ、速《すみ》やかに道《い》え！」田云く、「老僧は秖《た》だ与麼《かくのごと》くなるのみ。」師便ち喝して云く、「許多《あまた》の禿子《とくす》、者裏《ここ》に在《あ》りて什麼《なん》の椀《わん》をか覓《もと》むる！[563]」

一〇三　明化

【一〇三】明化《みょうけ》に到る。化問う、「来来去去《らいらいきょきょ》して作什麼《いかんせん》！」師云く、「秖《た》だ草鞋《そうあい》を踏み破らんと徒《ほっ》するのみ。」化云く、「畢竟《ひっきょう》作麼生《いかん》？」師云く、「老漢《ろうかん》、話頭《わとう》も也《ま》た識《し》らず[564]！」

一〇四　婆

【一〇四】鳳林《ほうりん》に到らんとして、路《みち》に一《ひとり》の婆《ば》に逢《あ》う。婆問う、「甚処《いずこ》にか去《ゆ》く？」師云く、「鳳林に去《ゆ》く。」婆云く、「恰《あたか》も鳳林の不在《ふざい》なるに値《あ》う。」師云く、「甚処《いずこ》にか去《ゆ》ける？」婆便ち行く。師乃《すなわ》ち婆を喚《よ》ぶ。婆頭《こうべ》を迴《めぐ》らす。師便ち行く。[565]

一〇五　鳳林

【一〇五・1】鳳林に到る。林問う、「事《じ》有り、相《あ》い借問《しゃもん》せん、得《よ》きや？」師云く、「何《なん》ぞ肉を剜《えぐ》りて瘡《きず》を作るを得ん！」林云く、「海月《かいげつ》澄みて影《かげ》無きに、遊魚《ゆうぎょ》独《ひと》自り迷う。」師云く、「海月既《すで》に影無くんば、遊魚何ぞ迷うを得ん！」林云く、「風を観《み》て浪《なみ》の起こるを看《み》、水を翫《もてあそ》んで野帆《やはん》飄《ひるがえ》る。」師云く、「孤輪《こりん》独《ひと》り照らして江山《こうざん》静かなり、自《みずか》ら笑うこと一声《いっせい》して天地驚く。」林云く、「三寸を将《もっ》て天地を輝かすに任《まか》すも、一句機《き》に臨《のぞ》んで試みに道《い》い看よ！」師云く、「路《みち》に剣客に逢わば須《すべか》らく剣を呈《てい》すべし、詩人に不是《あら》ずんば詩を献ずる莫《なか》れ。」林便ち休《きゅう》す。師乃ち頌《じゅ》有り、「大道は同じきを絶《ぜっ》し、西東に向《むか》うに任す。石火《せっか》も及ぶ莫《な》く、電光《でんこう》は枉《むな》しく通ず。[566]」

【一〇五・2】潙山《いさん》、仰山《きょうざん》に問う、「〈石火も及ぶ莫《な》く、電光は枉《むな》しく通ず〉とならば、従上《じゅうじょう》の諸聖《しょしょう》は什麼《なに》を将《もっ》てか為《い》人《にん》せし？」仰山云く、「和尚、意は作麼生《いかん》？」潙山云く、「但有《あらゆ》る言説《ごんせつ》は都《すべ》て実義無し。」仰山云く、「然《しか》らず。」潙山云く、「子《なんじ》は又《は》た作麼生《いかん》？」仰山云く、「官には針《はり》を容《い》れざるも、私《し》には車馬《しゃば》を通す。[567]」

一〇六　金牛

【一〇六・1】金牛《こんぎゅう》に到る。牛《ぎゅう》は師の来《きた》るを見て、横ざまに拄杖《しゅじょう》を按《あん》じ、当門《とうもん》に踞坐《こざ》す。師は手を以て拄杖を敲《たた》くこと三下《さんげ》し、堂中に却帰《かえ》りて、第一位に坐す。牛は下り来り見て、乃ち問う、「夫《そ》れ賓主相見《ひんじゅしょうけん》するは、各《おの》おの威儀《いいぎ》を具す。上座《じょうざ》は何従《いずこよ》りか来《きた》る？太無礼生《はなはだぶれいなり》！」師云く、「老和尚よ！什麼《なん》と道《い》うや！」牛は口を開かんと擬《ほっ》するや、師便
506c ち打つ。牛は倒るる勢《いきおい》を作《な》す。師又た打つ。牛云く、「今日は著便《ちゃくべん》ならず。[568]」

【一〇六・2】潙山、仰山に問う、「此《こ》の二《に》尊宿《そんしゅく》は還《は》た勝負有りや？」仰山云く、「勝つは即ち総《すべ》て勝ち、負《ま》けたるは即ち総て負けたり。[569]」

臨済録　注

【一・１】

1　鎮州臨済院の義玄慧照禅師は曹州南華の人である。俗姓は邢氏、幼いころから目だつほど賢く、出家して具足戒を受けて正式な僧となってからは、禅宗に憧れて禅僧となった。洪州黄檗山の希運禅師のもとで、規律どおりのまじめな修行生活を三年過ごしたとき、首座は感心して「こいつは若いのに、他の者と違うな」と思い、話しかけた。「そなたはここに来て何年になるのか?」師、「三年です。」首座、「堂頭和尚に参問したのか?」師、「いいえ。したことはありません。何を問うたらよいのでしょうか?」首座、「そなたはどうして『佛法の偉大なる意義とは何か』と問わぬのか?」師はただちに和尚のもとに行って問うた、がその声の終らぬうちに黄檗は棒で打った。師は引き下がって首座のところへ行くと、首座、「質問してどうだったか?」師、「わたしの問いが終らぬうちに、和尚は棒で打ってきたのです。わけがわかりません。」首座、「もう一遍行って問え!」師はまた行って問うた。黄檗はまた打った。こうして三度問うて、三度打たれた。師は首座のところへ行って、ていねいに申しあげた。「わたくし幸いにご指導を得て、堂頭和尚におうかがいし、三度質問して三度棒を喰らいました。ざんねんなことに、道縁うすく、和尚のご指導をうけとめきれません。もうここをおいとましようと思います。」首座、「そうか。ここを出るなら、和尚に挨拶してから行け。」師は礼拝して退いた。首座は先に和尚のところへ行って、「あの質問した若いのは、なかなか見どころがありますぞ。和尚に挨拶に来たら、指導をしてやってください。そうしたら将来大樹に育って、必ずや世の人をその樹蔭に憩わせますよ。」師は言われたとおり和尚に辞去すると、黄檗、「よそへ行ってはならぬ。そなたは高安灘頭の大愚和尚のところへ行け。必ずやそなたのために教えてくれるであろう。」「鎮州」は今の河北省石家荘市正定区。漢に常山郡といい、隋に恒州と改称され、唐の元和十五年（西暦八二〇年）に穆宗（李恒）が即位したとき、その諱《いみな》を避けて鎮州と改められた（州治は真定県）。安史の乱後の河北は、幽州・成徳・魏博の三鎮（河北三鎮）を各節度使が治め、鎮州は趙州・冀州・深州とともに成徳府節度使に属した。五代後晋天福七年（九四二）に再び恒州に復し、後漢にまた鎮州に復し、北宋慶暦八年（一〇四八）真定府と改めた（常、恒、鎮はみな同義）。したがって『天聖広灯録』（天聖年間［一〇二三―一〇三二］に編纂開始、景祐三年［一〇三六］に完成）では鎮州と称する。「臨済院」は鎮州城外東南の滹沱《こだ》河の済（渡し）に臨む村の小院であった。滹沱河は鎮州城の南五里を流れていた（范成大「呼沱河」詩の自注に「真定の南五里に在り」、范成大『石湖居士詩集』巻一二「呼沱河」）。日本僧圓仁《えんにん》はその在唐日記『入唐求法《にっとうぐほう》巡礼行記《じゅんれいぎょうき》』の開成五年（八四〇）四月二十一日の条に、山東から五台山への巡礼の途次、真定県（のち清朝に正定県と改称）にあった鎮州（成徳）節度府を通過し、城内西南の金沙禅院で昼食をとったと記している。鎮州については、第八段注134も参照。「慧照」は咸通八年（八六七）示寂後に懿宗から贈られた諡号という（『古尊宿語録』巻五、興化語録に附す「臨済慧照禅師塔記」）。臨済義玄禅師の主な伝記資料は『祖堂集』巻一九、『宋高僧伝』巻一二、『景徳伝灯録』巻一二。語録には『四家録』と『古尊宿語録』の二系統があり、本訳注では前者の古形を存する『天聖広灯録』を底本に用いる。

2　曹州南華県は唐代の河南道に属し、州治済陰県《さいいんけん》から西北百二十里、今の山東省菏沢《かたく》市の西北にあった（金代に黄河に埋没して廃された）。

3　『新集天下姓望氏族譜』（S．二〇五二、七七九―八〇六の間の成書。八世紀末の郡望《ぐんぼう》を記す）の「曹州済陰郡八姓」中に邢氏はない（鄭炳林『敦煌地理文書滙輯校注』甘粛教育出版社、一九八九）。義玄はおそらく寒門士族あるいは庶民の出身であろう。

4　子供のころから賢いと評判だった。「穎異」は目立つこと。

5　出家者は一般に得度して二十歳になると具足戒を受け正式な僧となるのであるが、義玄の場合、落髪出家した寺、授業師、受戒師、戒壇、授戒師の名などすべて未詳である。また義玄の歿年は咸通七年（八六六）と知られるが、年寿は未詳。

6　このことは、みずから回想して、「道流よ！『出家児は且《ま》ずは道を学ばんことを要す』と。山僧の秖如《ごと》きも往日曾《かつ》て毘尼《びに》（律）中に向《お》いて心を留むること数十年、亦た曾て経論に於いて尋ね討《もと》む。後に方《はじ》めて是れ済世の薬方、表顕の説なりと知り、遂乃《かく》て一時に抛《す》て却《さ》り、即《ただ》ちに道を訪ね禅に参ず」（【七四】示衆九（1））と言っている。教理学から禅学への転向をいう。

7　洪州高安県黄檗山の希運禅師（？―大中年間［八四七―八五九］）のもとにいた。黄檗の説法と問答の記録に文人裴休の編した『伝心法要』、『宛陵録』（入矢義高訳注、禅の語録八、筑摩書房、一九六九）がある。伝記資料は『宋高僧伝』巻二〇、『祖堂集』巻一六、『景徳伝灯録』巻九（訓注『景徳伝灯録』第三冊、禅文化研究所）、『天聖広灯録』巻八。

8　「行業」は心口意《しんくい》（三業）の所作。「行業純一」とは、下文に首座が「如法」と評しているように、規矩どおりの、まじめな、ひたむきな修行ぶりをいう。

9　「首座」は叢林にあって修行者を統率する職位。南宋の睦庵善卿の禅語辞書『祖庭事苑』に「今の禅門に所謂《いわゆ》る首座は、其の人や必ず其の己事《こじ》已に弁じ、衆の服従する所にして、徳行兼備の者を択《えら》びてこれに充《あ》つ」（巻八）。覚範慧《かくはんえ》洪《こう》（一〇七一―一一二八）は睦州道蹤《ぼくじゅうどうしょう》がこの首座であったとしている（『石門文字禅』巻二三「陳尊宿影堂序」）。

10　若者の意。『論語』子罕篇の「後生畏《おそ》る可《べ》し」にもとづく。

11　この「然」は「雖」（譲歩［～ではあるが］を表わす）と同義。二字結合して「雖然」、「然雖」となる。

12　「什磨」は従前の「何」系の疑問詞に替って、唐代から使われ始めた新興の二音節口語疑問詞（なに、なんの）。第二音節は唐五代には「摩」とも書いたが、宋代にはしだいに「麼」に統一される（「麼」は「麽」とも書かれるが、『祖庭事苑』巻一に「麼、正从幺作麽」という）。本書はこのみが古い形式の「什磨」を留めているが、このあとではすべて「麼」に統一規範化されている。動詞（問）と目的語（什磨）の間に置かれる量詞「箇」は「一箇」の省略形で、口語文の特徴である。「不知～？」は丁寧な疑問句。

13　上文に「禅宗を志慕す」といい、黄檗山に行き、黄檗禅師の説法を聞いていながら、「何を質問したらよいのでしょうか？」とは一見不可解であるが、このとき義玄は「精神的袋小路の心境」（鈴木大拙『禅と日本文化』第七章「禅と俳句」岩波新書、一九四〇）にあり、のちの示衆に「山僧は往日未だ見処有らざる時、黒漫漫地にして、光陰空しく過ごす可からずと、腹熱く心忙《せわ》しく、奔波《あたふた》と道を訪ぬ」

〔【九四】示衆一八（1）〕と回想している求道の行き詰まった時期にあたるのであろう。臨済大悟の物語は修行の「行業純一」に加えて「大疑」（深刻な煩悶）を抱えることが開悟を導くのであり、首座がその激発の契機をつくったという構想である。

14 「去」は「去る」（ここを立ち去る、ここから離れる）から「行く」の義に転じた動詞。

15 「堂頭」は方丈、住持の居処をいう（無著道忠『禅林象器箋』巻六）。ここは堂頭和尚すなわち黄檗を指す。

16 「佛法の核心とは何でありましょうか?」もしくは「師は何をもって佛法の核心となさるか?」「的的」は明確な、だれも否定することのできない貌。「大意」は偉大なる意義。すなわち「佛教の根本義はなにか?」という問い。「如何なるか是れ〜」という問いかたは、通常知らないことを教えてもらおうとするのではなく、すでに心得のあることにつき、相手の意見を徴するもの。「如何なるか是れ佛法の大意」は唐末にさかんに問われたもうひとつの問い「如何なるか是れ祖師西来意」（達磨が伝えた禅とはなにか?）と同じ意義をもつ。

17 「如何なるか是れ佛法的的の大意」と問い終らぬうちに。

18 「質問して、どうだったか?」「問話」は質問すること、唐代から現われる口語。「作麽（摩）生」は状態、方法を問う、唐代から使われる口語疑問詞（どのような、どのように）。

19 口語の一人称代名詞で、長上に対して使う謙称、わたくし。

20 「なぜ棒打されたのかわかりません。」問えば教えてもらえるものと思っていた。

21 「但」は限定（ただ〜のみ）から軽い命令（〜せよ）に転じた副詞。

22 「ざんねんなことに、煩悩深く、和尚のご指導をうけとめきれません。」「障縁」は悟りを妨げる煩悩をいう。

23 「須是」の「是」は副詞を二音節化する機能の口語成分。下の「甚是」も同じ。

24 「さきの棒打は第一義に立った指導でしたが、今度は義玄の機根に対応した懇切な指示を与えてやってください。」「問話底後生」の「底」は修飾関係を示す助詞。「方便」は指導をいう。禅宗にとって本来指導というものは不要なのであるが、そこを実情に応じて手立てを施すことを「方便」という。「接」は接化、指導。「伊」は南方方言の三人称代名詞。

25「以後、大樹に育てて世界のひとびとを樹蔭に憩わしめん。」「穿鑿」は穴をうがつことが原義、引申して、手を加えること。ここではよい意味で、義玄を盛り立てて大樹に育てる。「陰涼」は『大般涅槃経』聖行品にもとづく。「是諸《すべて》の衆生の是の佛樹の陰涼中に住《とど》まる者は、煩悩の諸毒悉く消滅するを得たり。」原文「作陰涼去在」の文末の「在」は強調して確信を表わす語気詞（きっと〜です）。

26「他のところへ行ってはいけない。高安灘頭の大愚のもとへ行けば、必ずやきみに解き明かしてくれるだろう。」「不得」は禁止を表わす。「往」は介詞、「〜へ（向かって）。」あとの「向」と同義。大愚禅師は帰《き》宗常智《すうちじょう》に嗣ぎ（『景徳伝灯録』巻一〇の目録）、大愚灘頭に庵居した。大愚は山名で、筠州（唐代の洪州）高安県城の東の行春門外にあった（『輿地紀勝』巻二七）。「灘頭」は河川の水辺が水没し、その水が引いたあと露出した地をいう。『祖堂集』巻一九、臨済章によれば、大愚は希運とともに馬祖に参じた道友で、諸方を行脚して道眼明徹、群居を好まず、高安の山舎に住んでいたが、希運に有望な弟子がいたら寄こすよう約束していたのだという。黄檗山と大愚山は唐代ではともに洪州高安県に属していた。その間約五十キロメートルで、義玄の健脚なら二日の行程であろう。大愚という人は平生の履歴はおろか、その僧諱さえも知られず、臨済義玄との接触によってわずかにその存在が後生に知られた人である。


【一・2】

27 師は大愚山に至った。大愚、「どこから来たのか？」師、「黄檗山から来ました。」大愚、「黄檗和尚は何と言っていたのか？」師、「わたしが三度『佛法の偉大な意義とはなにか？』と問うたところ、三度とも棒打を喰らいました。わたしに過ちがあったのでしょうか？」大愚、「黄檗和尚はかくも親身になって、懸命にそなたにヒントを与えてやっているのに気づかず、そのうえここへ来て『過ちがあったのでしょうか』などと問うとは！」これを聴くや、師は大悟した。「ああ！ なんと黄檗の佛法はただひとつだったのだ！」大愚はひっつかまえて、「この寝小便小僧め！ さっきは『誤りがあったのでしょうか』だったのが、いまは『なんと黄檗の佛法はただひとつだったのだ』と言うか！ そなたは何の道理を見たのか、言え！ 言え！」師は大愚和尚の脇腹を三回突き上げた。大愚は突き放して、「そなたの師匠は黄檗だ。わしの知ったことではない。」「什麼処」は「何処」に替って唐代から使われ始めた、場所を問う口語疑問詞。

28「わたしに過ちがあったのでしょうか?」「知らず～」は丁寧な疑問形式。「過有りや過無しや」は反復疑問形式。

29「恁麼」は近称の口語指示代名詞（このように、そのように、こんなにも）。唐代から「与（與）摩」が使われ始め、五代のころから「任摩」「恁麼」に替ってゆき、宋以後はしだいに「恁麼」に規範化される。

30「老婆《ろうば》心切《しんせつ》」（「老婆心の切なる」）、懇切丁寧、世話やきの略。希運が三度までも何も言わずに棒打したことをこのようにいう。

31「希運はくたくたに疲れるまで、きみを導いてやろうとしたのだ。」「汝が為にす」は「為《い》人《にん》」（方便をもちいて人を導く）の意。「汝が為にし得て徹困なり」で、「徹困」（ひどくくたびれる）がその程度を表わす補語を構成している。

32「者」は近称指示代名詞（これ、ここ、この）。「此」に替って唐代から現われた口語で、この字が当てられたが、「者」字の通常の連詞的用法（～のもの）と区別するため、しだいに同音の「這」、「遮」に規範化されてゆく。「裏」は名詞のあとについて場所を示す口語の接尾辞（もとは「中」の意）。

33「黄檗和尚の佛法に複雑深遠なところはなかった、端的だったのだ。」すなわち、黄檗が平素から説いていた「即心即佛」（自心が佛にほかならぬ）ということだった、という真意を悟ったことをいう。『伝心法要』には「唯だ頓《とみ》に自心本来是れ佛にして、一法の得可き無く、一行の修す可き無きことを了《さと》らば、此れぞ是れ無上の道、此れぞ是れ真如の佛なり」、「学道の人、若し佛に成らんと欲《ほっ》得せば、一切の佛法は総て学ぶを用いず。唯だ求むる無く、著《とら》わる無きことを学べ。求むる無くんば即ち心生ぜず、著《とら》わる無くんば即ち心滅せず。生ぜず滅せずんば、即ち是れ佛なり」と説き明かしている。「多子」は多いことをいう口語。「無多子」は「多子」の否定で、一つである意（無ではない）。宋の胡宏の「人に贈る」詩に「孝弟（悌）は須是《すべか》らく本根なることを知るべし。万般の功行は且らく論ずるを休《や》めよ。聖門の事業は多子無し、此の心を守るを第一門と為す」（『五峰集』巻一）。黄檗は「道人は是れ無事の人。実に許多《おおく》般の心無く、亦た道理の説く可き無し」（『伝心法要』）と言い、義玄もこれを継承して、「山僧の見る処に約せば、如許多般《おおきこと》無し。秖是《た》だ平常に衣《きもの》を著て飯《めし》を喫《くら》い、無事に時を過ごすのみ。」（【七六】示衆九（3））、「大徳よ！山僧は今時、事已《ことや》むを獲《え》ず、話度《わたく》して許多《あまた》の不才浄を説き出《いだ》すも、你ら且《ま》ずは錯《あや》まる莫れ！我が見る処に拠らば、実に許多般《おおく》の道理無し。用いんと要《ほっ》せば便ち用いよ。用いずんば便ち休《や》むのみ」（【八九】示衆一五（4））。「即心即佛」はすなわち外に求めぬ「無事」でもある。「元来」は気づいてようやくわかったときにいう。「おおっ、なんと、～だったのか！」

34 「搊」は手で物を取る意であるから、同音の「搊」（つかむ、拘束する）字を用いるべきである。『集韻』尤韻、初尤切に「『博雅』：搊，拘也。搊，手取物也。」『四家録』、『古尊宿語録』は「搊」に改めている。

35 「この寝小便たれのガキめ！」「者」は罵倒するときに用いる（この～め！）。「尿牀子」は子どもを罵っていう罵語。『四家録』、『古尊宿語録』は「尿牀鬼子」に作る。「鬼子」は「子ども」を悪罵していう「ガキ」。

36 「適来」は近い過去（さきほど、このあいだ）をいう口語。「来」は時間を表わす口語成分。

37 「言道」は「言う」、「話す」意の同義結合の二音節口語。

38 「如今」は「いま」の意の口語。「而今」ともいう（「如」、「而」音通）。

39 「おまえはいったいどういうことがわかったというのか？」「你」はもと長安方言であった、唐代から現われる二人称代名詞。

40 「築」は手または道具で推す、撃つ、突く、刺すなどの動作をいう。ここは大愚に抱えられていたから、その脇腹を拳で三ぱつ小突いた。「黄檗和尚に三度痛打されたこれの意味に気づいたのです！」「三築」は回数。

41 「大愚は義玄を突き放した。」「拓」は両手で物を推す、「開」はその結果離れる意の補語。

42 「おまえの師は黄檗だ。わしと関わりはない。」黄檗のところへ帰れ。

【一・3】

43 師は大愚和尚のもとを辞して黄檗山に帰った。黄檗和尚は帰って来たのを見るや、声をかけた、「この野郎！行ったり来たり、いつまでうろついておるのだ！」師、「和尚の懇切な導きのお蔭です」と言って、作法どおりのあいさつをし、そばに控えた。黄檗、「どこへ行っていたのか？」

師、「先日和尚のご指導を得て、今大愚和尚に参じてまいりました。」黄檗、「大愚和尚は何と言っていたのか?」師はいきさつを話した、「大愚和尚はわたくしに『黄檗和尚は何と言っていたのか?』と訊かれたので、いきさつを申しまして、『過ちがあったのでしょうか?』と訊ねました。和尚は『黄檗はかくも親身になって、懸命にそなたにヒントを与えてやっているのに気づかず、そのうえここへ来て『過ちがあったのでしょうか』などと問うとは!』と。これを聴くや、わたくしは大悟したのです。」黄檗、「その野郎をこっちに来させて、一発ぶん殴ってやる。」師、「何を『こっちに来させて』などと!今喰らえ!」と言うなり、パチンとビンタを喰らわせた。黄檗、「この呆け者め!ここに来て虎の鬚をしごくとは!」師は一喝した。黄檗、「侍者よ!この呆け者を僧堂へ連れてゆけ!」「却迴」は帰る意の同義結合の二音節口語動詞。日本中世の禅林では「きゃうい」と中国音で読んだ。

44 「こいつめ!いったいいつまでうろうろしているのか。」「来来去去」は「来去」する動作のくりかえし。「了期」は終る時、結着がつく時。

45 「ひとえに和尚の懇切なご指導のおかげです。」大愚の言葉をそのまま用いて感謝した。

46 「人事」は正規の挨拶の礼をおこなうこと。礼拝し、寒《かん》暄《けん》の口上を叙べ、贈り物を差し出す等(注219も参照)。開悟に導いてくれた黄檗和尚への感謝の気持ちが、義玄にあらたまった礼儀をさせた。「侍立」は師のそばに謹直に立って指示を待つこと。

47 「昨日は和尚のご慈悲を頂戴いたしまして、今日は大愚和尚に参じて来ました。」「~去来」は回想(~していた、~して来た)をいう。ここに合わせて上を「什麽処去来?」として「去」を補った。

48 「挙」は以前起こった事のいきさつ、故事などを話すこと。

49 「下」字を上文によって補う。

50 「そいつが来たら、いっぱつ痛いめにあわせてやる。」ここの「者漢」は大愚を指す。「作麽生得者漢来」は「どうにかしてこやつを来させて、そうしたら……」の意。「得」は使役の口語。大慧『正法眼蔵』巻下の引用は委細を尽くした口語的叙述になっている。「檗曰く、『遮《こ》の大愚老漢めは饒舌《じょうぜつ》なり。作麽生《いかで》か佗《やつ》を来《きた》ら得《し》めん。』云く、『佗《やつ》を来《きた》ら要《し》めて作麽《いかん》せん?』檗曰く、『佗《やつ》を来《きた》ら待《し》めて、痛く一頓を与えん。』済云く、『甚麽《なん》の佗《やつ》を来《きた》ら待《し》めてと説《い》わんや?

即今《いま》便ち喫せよ。』随後便《ただち》に掌《ひらてうち》す。」大愚が黄檗の意図を明かしてしまったことを「饒舌」（おしゃべり）と言っているのである。ここの「待」は口語で「要」と同義の「欲す」意で、「待要」と同義複詞にもなり、「得」と同じ使役の用法である（下文には「得来」を「待来」と言い換えている）。

51「何を『来てから』などと言うか、今喰らえ！」と言うなり、黄檗和尚に平手打ちを喰らわせた。大愚が自分の意図を明かしたことに、いつまでも拘泥しているとは！「随後」は前の動作をして「すぐその後に」の意の副詞。「掌」はビンタをくらわすこと。

52「風顛漢」は常識はずれをしでかす呆け者。「捋」は物をつかんでその端の方へ撫でるしぐさ。牛乳をしぼる、鬚をしごく、鬚をひねるなどの動作。鬚はあごひげ。「虎の鬚をしごく」とは、危険を冒す大胆さ、挑発をいう譬喩。『三国志』巻五六、呉書朱桓伝に引く『呉録』に出る語。朱桓は呉の孫権の信任厚い武将で、外地へ赴任するとき、「願わくば陛下の鬚をひとたび捋《しご》かば、復た恨む所無からん」と言うと、孫権は几《き》に凴《よ》って前に乗り出す。桓は進み出て鬚を捋《しご》き、「臣は今日真に虎鬚《こしゅ》を捋《しご》くと謂うべし。」孫権は大笑いした。

53「喝」はかすれた大声の罵声。否定、反撥、批判の反応を示す。「喝」とはもと「かすれ声」を意味し、これを意図して大声で発すると「喝采」や怒声になり、警覚・叱責の表明となる。さらに馬祖禅の「作用即性」説の発揮としての覚醒せる自己の提示という用法を派生したが、禅宗が大衆化するなかで安易な模倣者を生んだ。拙稿「喝のフィロロジー」参照（『禅文化』第二四四、二四五、二四六号、禅文化研究所、二〇一七）。

54「侍者よ、この呆け者を僧堂へつれてゆけ！」ひきつづき黄檗山にいてよい、という指示である。

【一・4】

55 潙山がこの因縁を話して仰山に問うた、「臨済がそのとき悟ったのは大愚のおかげか、黄檗のおかげか？」仰山、「虎の鬚をしごいたばかりか、虎の首に跨って手なづけたのです。」潙山霊祐《いさんれいゆう》（七七一―八五三）は百丈懐海《ひゃくじょうえかい》の法を嗣ぐ、当時の馬祖系禅宗を代表する禅僧。黄檗希運の弟《おとうと》弟子。義玄の師叔《ししゅく》にあたる。仰山慧寂《きょうさんえじゃく》（八〇七―八八三）はその弟子。ここに潙山と仰山の評論が附されているということは、以上の「臨済大悟の話」がかれらの伝承であることを示している（以下第九段まで）。

56 「義玄の開悟は大愚のおかげか、希運のおかげか？」どちらの弟子というべきか。並挙した選択疑問形式。当時義玄の法系に疑惑があったのであろう。

57 「虎の鬚をしごく大胆さだけでなく、虎の首に跨って手なづける力量を見せた。」大愚、黄檗どちらかの力によったのではない、そのいずれをもはるかに超えていると、師叔とその弟子が証明した。「解」は「能」の義の口語。

【三・1】

58 それからのこと、師が松の植林をしていたとき、黄檗和尚は訊ねた、「こんな山奥にたくさんの松の木を植えて、どういうつもりかね？」師、「ひとつには、黄檗山寺の美化のため。ふたつには、後人の目印とするためです」と言って、クワで地面をコン、コンと打った。黄檗、「それはよいとしても、そなたはわたしの三十棒を喰らったのだぞ。」師はもういちどクワで地面をコン、コンと打って、「シュッ、シュッ」とやった。黄檗、「わが宗はそなたの代になって、おおいに栄えるであろう。」これは「臨済栽松話《りんざいさいしょうわ》」と称される一段であるが、もっとも古い『景徳伝灯録』（大中祥符二年［一〇〇九］刊刻宣布）に載せる形態では「栽松」ではなくて「栽杉」であり、『宗門統要集』（紹興三年［一一三三］序）になると「栽杉松」となっていて、話にも発展変化がある。松は冬も凋まぬ貞潔の象徴として、法統の連続不断を暗示する。青林和尚が洞山で松を植え一頌を作ったとき、洞山が「そなたは三十年後にここの住持となるだろう」と予言すると、果してそのとおりになったという話が『祖堂集』巻八、青林章に見える。「因～次」は「ちょうど～していた時に。」

59 「許多」は「如許多」（かくのごとくおおし）の省略で、「多」の口語形式。

60 「景致」は風景のこと。「山門の与《ため》に景致を作す」とは黄檗山に風景を添えて美化し、「後人の与に標榜を作す」とは後人の指標（めじるし）とすることで、二句によって黄檗山が臨済禅の発源地たることを示した（これは後世の視点である）。

61 「钁頭」はクワ（「頭」は口語接尾辞）。クワで地をコン、コンと打ったのは、この地であることを明示する。「下」は動作の回数を表わす動量詞、「一両下」は一、二回。

62 「子」はていねいな第二人称。「三十棒」は罰棒。「しかし、そなたはわたしの罰棒を喰らったはずだ」とは、黄檗希運の指導によって義玄の禅が誕生したことをいう。

63 もういちどクワで地をコン、コンと打って、「シュッ、シュッ。」「噓！噓！」は不満、制止を示す擬音。相手の対応を認めないしぐさ。ここで義玄は黄檗に対して超師の気概、自信のほどを示している。『祖堂集』巻一〇、鏡清章に、「新到参ずる次《おり》、師問う、『闍梨 什摩処《いずこ》よりか来《きた》る？』対《こた》えて云く、『佛国より来《きた》る。』師云く、『佛の只如《ごと》きは何を以てか国と為す』対えて云く、『清浄なる荘厳を国と為す。』師云く、『国は何を以てか佛と為す？』対えて云く、『妙浄たる真宰を以て佛と為す。』師云く、『闍梨は妙浄より来るや、荘厳より来るや？』僧は対答せざる無し。師云く、『噓！噓！別所に到りて、人ありて汝に問わば、這个《こ》の語話を作《な》す可《べ》からず。』」

64 「わが宗旨はそなたによって世に隆盛を極めることになるであろう」という予言。超師の気概を認めた。

【二・2】

65 潙山がこの話をとり挙げて仰山に問う、「黄檗希運がそのとき遺嘱したのは臨済義玄ひとりだったのか、それともほかにもいたのか。」仰山、「いました。ただし古い昔のことですから、和尚に申しあげにくいのです。」潙山、「そうかもしれぬが、わしもとりあえず知りたいのでな。さあ、言ってくれ。」仰山、「ひとりが南を指して行き、呉越でその教えが広まって、大風に遇って止まる。」【風穴を預言する】「黄檗はそのとき、臨済ひとりに附嘱《ふしょく》したのか、ほかにも附嘱した人がいたのか」とは、希運の「吾が宗は汝に到りて大いに世に興らん」という予言が、臨済の代には実現されず、後代になって可能になるであろうという含み（これも後世の視点である）。原文の「更有人在」の文末の「在」は「有人」を強調、確信する語気の助詞。

66 「います。しかしかなり古いことですから、和尚には申しあげにくいのです」と、ことさらに神秘めかして言う。「挙似」の「似」は「与」（〜に対して）の義。

67 「但」は限定から命令に転じた副詞。「看」は文末に加えられて請願、軽い命令を表わす助詞。

68 讖は謎めいた予言。「ある者が南方をめざし、呉越の地で名声が揚がる。大風に遭遇したらそこに留まる」が謎で、あとの「風穴を讖す」（風穴延沼《ふけつえんしょう》の出現を予言する）が謎解きである。臨済下四世の風穴が臨済禅を再興して、世に広めることの予言。潙山霊祐（七七一―八五三）の問いは風穴（八九六―九七三）の存在を知っていて発せられ、仰山慧寂（八〇七―八八三）は同時代の臨済義玄（？―八六六）のことを「年代深遠」と言っている。それらはあきらかに時代錯誤である。すなわち後世の作意が露呈している。『景徳伝灯録』の臨済章に載せる本段のもっとも古いかたちでは、「一人指南，呉越令行【南塔和尚注云：独坐震威，此記方出。又云：若遇大風，此記亦出。】」となっていた。仰山の予言は「一人指南，呉越令行」だけで、その弟子の南塔光涌《なんとうこうゆう》（八五〇―九三八）が「一人指南，呉越令行」の句に注をつけて解釈を示した。つまり「独坐震威」、臨済の名声が揚がって、臨済禅が南方へ伝播し、「若遇大風」、動乱期に乗じて、呉越の地に振うであろう、と予言したのだとするのである。ただし、この段階ではまだ風穴の名はここに出現せず、『天聖広灯録』になって明言される。すなわち仰山の語「一人指南，呉越令行」の下の南塔光涌の注が消えて、「遇大風即止」の一句が仰山の予言に加わり、そのあとに小字で「讖風穴」とその意が明かされ、この「大風」が風穴延沼の出現を予言するということになった。したがって『景徳伝灯録』（一〇〇九）から『天聖広灯録』（一〇三六）のあいだに、この最終的なかたちができあがったわけで、この間に臨済の系譜につらなる、興化存奨《こうけそんしょう》（八三〇―八八八）――南院慧顒《なんいんえぎょう》（推定八六〇―九三〇）――風穴延沼《ふけつえんしょう》（八九六―九七三）――首山省念《しゅざんしょうねん》（九二六―九九三）――汾陽善昭《ふんようぜんしょう》（九四七―一〇二四）――石霜楚圓《せきそうそえん》（九八七―一〇四〇）らのひとびとによる活動があり、そこからさかのぼって臨済禅振興の予言としての「栽松話」が生み出された（柳田聖山「臨済栽松の話と風穴延沼の出生」、『禅学研究』第五一号、一九六一）。禅の思想と無関係なこの「臨済栽松話」は、臨済下四世以後のひとびとが潙仰に仮託した予言を創作して『臨済録』中に加えたものであることが明らかである。

【三・1】

69 師は普請のおり、黄檗和尚がこちらへ来るのを見るや、クワにもたれて立った。黄檗、「こいつ、疲れたのかっ？」師、「クワも振り上げぬのに、何に疲れたりするものか！」黄檗がやにわに棒で打ちかかってきたところを、師は受けとめて、押し返し押し倒した。黄檗は維那を呼んで、「維那！ わたしを起こしてくれ！」維那が近寄ってきて、「和尚！この無礼な呆け者を許しませんぞ！」黄檗は起こされるや、維那のほうを打った。師は地面をクワでひと堀りして、「よそは火葬だが、おれのところではいっぺんに生き埋めだ。」「普請」は一山の大衆が総出でおこなう作務《さむ》。黄檗の師百丈懐海が定めたという禅院の生活規則たる清規《しんぎ》「禅門規式《ぜんもんきしき》」に「普請の法を行うは、上下力を均しくするなり」（『景徳伝灯録』巻六、百丈章附録）という。

70 「拄」はものを支えにすること。住持の黄檗が来るのを見て、わざと作務に参加しない行動に出た。

71 「こいつ、疲れたのかっ？」の原文「者漢困也那？」の「也那」は強い疑問の口調を表わす口語助詞。

72 「クワも振り上げていないのに、何で疲れるものか！」と、まったく作務をする気のない反抗的な態度を見せた。

73 黄檗が棒で打とうとすると、義玄はその棒を受けとめ、逆に押し倒した。「送」は「接」（迎える）の逆の動作、向こうへやる意。

74 「維那」は寺院で規律を維持する監督者。維は綱紀維持、那は梵語の羯磨陀那（仕事を指図する者）の略で、これを組み合わせた梵漢合璧詞《ぼんかんがっぺきし》（義浄『南海寄帰内法伝』巻四、無著道忠『禅林象器箋』巻八）。

75 「維那よ、わたしを助け起こしてくれ！」の原文「扶我起」は補語をともなう構造。目的語（我）を動詞と補語のあいだに置くのは六朝～唐の用法で、宋代（景徳伝灯録、古尊宿語録）になると補語のあとに置くようになる（陸游『老学庵筆記』巻四にその指摘がある）。

76 「和尚、この無礼な呆け者は許せません。厳しく処分しましょう」という「争得！」は強い反問の句。叢林の上下秩序を維持するのが維那の役目である。

77 黄檗は維那に助け起こされるや、義玄ではなく維那を棒で打った。規律破壊者の義玄を擁護するのである（次段「閉目坐睡」参照）。

78 地にひとクワ入れて、「よそでは火葬だが、おれのところではいっぺんに生き埋めだ！」とは儀礼などいらぬということ。「一時」は「一斉に、全部を」。黄檗と維那を仕末する。師の仕末をつけるのは弟子の役目である。

【三・2】

79 「黄檗が維那を打ったのは、どういう意図だったのだろうか。」打つべきは義玄のはずであるのに。

80 「犯人はまんまと逃げ去って、追っ手の捕吏がとばっちりの棒を喰らったのです。」 黄檗は僧院の制度の規矩に反抗し破壊する義玄を認め、規矩どおりに遵守する維那を罰して、仰山がこの一幕に喝采を送ったという話。これはおそらく仰山の時代に禅宗が大衆化して、寺院規模が膨張し、整備されていった当時の状況を背景に語られた話であろう。

【四・1】

81 師はある日、僧堂の前で坐禅をしていたところ、黄檗和尚がこちらへ来るのを見るや、両目を閉ざした。和尚はそれを見て、大袈裟に恐れるしぐさをして、すぐに方丈へ帰った。師はそのあとを追っかけて行き、方丈へうかがって謝罪した。首座がその場に控えていた。和尚は首座に、「この僧は若いが、本分事の究明を心得ておる。」首座、「老和尚ともあろうおかたが、こんな若造をお認めになるとは!」和尚は聞くや、自分の口をパチンと打った。首座、「おわかりならよろしい、おわかりならよろしい。」 義玄は僧堂の前で坐禅をしていて、黄檗和尚が来るのを見るや、わざと眼を閉じた。坐禅においては眼を閉じてはならない。昏睡を防ぎ、妄想の窟に陥らないためである。「目は須《すべか》らく微《わず》かに開いて、昏睡を致《いた》すを免《まぬか》るべし。古《いにし》えに習定《しゅうじょう》の高僧あり、坐しては常に目を開く。向《さき》の法雲圓通禅師も亦た人の目を閉じて坐禅するを訶《か》して以て黒山鬼窟《こくざんきくつ》と謂うは、蓋し深旨あり、達者は焉《これ》を知る」(「坐禅儀」、『禅苑清規』)。義玄の行動はあきらかにこの規範への反抗である。「閉却」の「却」は動作が実現したことを表わす補語。

82 「作~勢」は「わざとらしく~のふりをする」意。

83 黄檗はこれを知って、叢林の規矩が壊されるのを恐れ、わざとおおげさに恐怖のしぐさをして見せ、何も言わずに自室へ帰った。義玄は黄檗の意を察して、すぐにそのあとを追い、黄檗のもとへ行き謝罪した。

84 「この僧は若造だが、本分事があることをわかっている。」「却」は予想外、意外性を表わす副詞。「此の事有るを知る」は「此の事の他より得ざること有るを知る」(『圜悟語録』巻一三、T四七、七七五上)とも言われ、「此の事」とは自己本分の究明をいう。「自己の事」は叢林の規矩に縛られるものではないとする義玄を認めた。

85 「なんと、老和尚がこんな若造を認めなさるとは!」「証拠」は証明して正しいと認めること。古尊宿系テクストには「老和尚」のあとに「脚跟地に点ぜず」(足が地についていない)が加わっている。

86　首座にたしなめられて、黄檗はみずからの口を手でひっぱたいた。「摑」はビンタを打つこと。叢林の規矩を遵守する首座の忠告に、黄檗は自分の立場を思い出した。ここは次段で首座を批判する伏線になっている。

87　「おわかりになれば、それでよろしい。」「得」は「よい」という意の口語。文言の「可」にあたる。

【四・2】

88　師は僧堂内で居眠りしていた。黄檗和尚は禅牀を下り、拄杖で義玄の板頭をバシッと打って警覚した。師は顔をあげて、和尚だと見たが、また寝入った。和尚はもう一度牀を打ってから上間へ行き、坐禅している首座の前に来て、「下間《げかん》の若い者のほうが坐禅しているのに、そなたはここで妄想して何になるか！」首座、「この呆け者！　何のつもりか！」和尚は首座の牀をバシッと打って、僧堂を出て行った。「僧堂」は禅堂とも言い、坐禅をする場所でもあって、居眠りはもっとも叱責さるべきことである。ここも義玄の挑発行為である。「在～」は場所を表わす介詞（～で）。

89　同じく僧堂内に坐していた黄檗和尚は、義玄が居眠りをしているのを見て、禅牀を下り、拄杖で義玄の板頭をバシッと打って警覚した。「板頭」は僧堂内の坐位（単）の板。下文では「牀」と言っている。

90　義玄は眠っていた頭をもたげ、黄檗だと見ると、また眠った。ここも義玄のわざとする挑発行為である。

91　黄檗はもういちど板頭を叩いて、僧堂の上間《じょうかん》へもどり、作法どおり坐禅を行じている首座のところへ行った。僧堂内は中央に安置される聖僧《しょうそう》（文殊菩薩像）を境に、右側の上間と左側の下間に分かれる。首座位は右側（上間）にある（無著道忠『禅林象器箋』巻一、殿堂類上）。

92　「下間の若造のほうが坐禅をしている。そなたはここで妄想して何になるか！」と、またしても黄檗は義玄の肩を持つ。作法どおりの坐禅を、かえって妄想（坐への執着）と見て非難を浴びせた。

93　「この呆け者め！　何のつもりだ！」ここはむろん首座が義玄を非難したのである。古尊宿系テクストおよび『四家録』は「風顚漢」を「老漢」に改めている。「老漢」ならば黄檗を指す。おそらく宗演は、首座が黄檗を罵ったと理解し、「風顚漢」と称するのを不適切とみて改めたのであろうが、しかし本書の「風顚漢」はすべて義玄を指している。

【四・3】

94 坐禅にかかわる閉目と坐睡の二話を一対として論ずる。「両彩一賽」は筒にいれた骰子《とうす》を振って盤上に一擲して出た目の数を競う摴蒱《ちょぼ》の用語で、「彩」は勝ちを収めること、「賽」は一回の勝負（宋程大昌『演繁露』巻六「投」）。「両彩一賽」とは、一回の勝負に二人とも勝ちを収める、すなわち同点で勝負がつかぬことをいう。黄檗は初めの閉目坐禅のときは首座の意見を受け入れながら、つぎの居眠り坐禅では受け入れなかった。黄檗はいったい義玄と首座どちらを是とするのか。仰山は勝負なしと見た。坐禅に執することも否定し去ることも、ともに非であるという。「両彩一賽」は、ひとつの問いにふたつの答えがあって、ともに可とする場合に用いられる評語である。

【五・1】

95 師はある日、黄檗和尚と普請に出かけた。黄檗が先に、師は後れて歩いた。和尚は振り返って師を見ると、手に何も持っていない。「クワはどこにあるのか?」師、「もう誰かが持って行きました。」和尚、「こっちへ来なさい。そなたとこの問題について商量しよう。」師は和尚のところへ行った。和尚はクワを立てて、「これは世界中の誰も持ち上げられぬぞ。」師はすばやく和尚から奪い取って、自分で立てて、「おや、どうしてわたしの手にあるのですかな?」和尚、「ああ、今日はちゃんと普請してくてる者がいたわい。」と言って山院に帰った。「もう誰かが持って行きました。」ここからこの話の主題が法身と肉身の問題であることがわかる。肉身はクワを持って作務をおこなうが、法身は尊貴ゆえに労働はしない。『祖堂集』巻四、薬山章にいう、「師、雲巌に問う、『什摩《なに》をか作《な》す。』対えて曰く、『水を担う。』師曰く、『那箇尼《あれは》?』対えて曰く、『在り。』師曰く、『你の来去するは阿誰《たれ》の為ぞ?』対えて曰く、『渠《かれ》に替って東西《ゆきき》す。』師曰く、『何ぞ伊《かれ》をして並頭《とも》に行かしめざる?』対えて曰く、『和尚、他を謾《あなど》る莫れ。』師曰く、『合《まさ》に与摩《よも》に道《い》うべからず。』師代りて曰く、『還《は》た曾て担担《かつ》ぎしや。』」

96 「ちこう寄れ、きみとこのことについて議論したい。」「箇事」（このこと）とは、宗乗にかかわる重要事をいう。ここでは法身と肉身の関係の問題。「商量」はものごとの是非利害を検討すること。

97 「ちこう寄れ」と呼ばれて、すっと前に進み出た。これが「作用」である（小川隆『語録のことば 唐代の禅』第一部「馬祖系の禅」の「近前来」の項参照。禅文化研究所、二〇〇七）。黄檗の誘いにうっかり乗せられて、法身のつもりでいたのが、作用する肉身にもどされてしまった。

98 「そういうことだと、これなんぞは世界じゅうのだれも持ち上げられない。」すべての衆生には佛性がある（悉有佛性）、だれもが法身としてふるまうなら、クワを持って作務をする者はいなくなるではないか。文頭の「衹」は強調。

99 義玄はいきなり黄檗からクワをひったくって、地面に立て、「どうしてわたしの手のなかにあるのでしょうか？」法身と肉身は一体にして不即不離ゆえ、わたしはいつでも肉身として、このとおりクワを持てますぞ。これも黄檗の作略にひっかかった。「就手」はすぐに、すばやく。「掣得」の「掣」は手で引き取る、ひったくる意。「得」は動作が実現したことを示す。あとの潙山の評語では「奪却」と言っている（「却」は動作の実現を表わす補語）。

100 「そういうことなら、今日はさいわい作務をする者がいてくれる。その者にまかせよう。よろしく頼んだぞ。」「自有」はもとからちゃんと（作用する者が）いた。義玄は結局作務に従うことになってしまった。

【五・2】

101 のち潙山がこの話を仰山にして、問うた、「クワは黄檗が持っていたのに、どうして義玄に奪われたのか。」仰山、「〈盗賊の知慧は君子も顔負け〉ということです。」潙山は黄檗と義玄のクワを話題にした話が宗乗の問題であることを、このような問いかけで気づかせようとした。

102 〈盗賊の知慧は君子も顔負け〉という盗賊の狡猾をいう俗諺をもちいて、義玄を翻弄した黄檗を褒めた。仰山は潙山の意図を了解したうえで、主題である法身と肉身の問題には直接ふれず、義玄の考えを理解し籠絡した黄檗の度量を讃えたのである。宋の費袞『梁谿漫志』巻一〇「俚語盗智」に「俚語に〈盗は小人なりと雖も、智は君子に過ぐ〉と謂う。この語固《もと》より鄙笑すべし。然れども盗の姦詐《かんさ》、実に人の意表に出づる者あるは、誅すべし」と言ってふたつの実例を挙げている（入矢義高訳「宋代随筆選」『近世随筆集』中国古典文学大系、平凡社、一九七一）。

【六・1】

103 黄檗和尚は厨庫に入って飯頭を見かけて問うた、「何をしているのか？」飯頭、「雲水たちの食べる米を揀《えら》んでいます。」和尚、「一日どれほど食べるのか？」飯頭、「二斛五斗。」和尚、「それは多すぎはしないか？」飯頭、「いいえ、まだ少ないかと心配しているほどです。」和尚はやにわに飯頭を棒で打った。飯頭はあとでこのことを師に話した。師は「おれがきみに代わってこの親爺を調べて来てやろう。」和尚のところへ行って控えていると、和尚のほうからさきの因縁を話した。師、「飯頭は和尚の意図がわからぬのです。どうか、どう言うべきか教えてやってください。」そこで師は和尚の語を言う、「それは多すぎはしないか？」和尚、「『明日もう一回喰らいますから』と言わぬか！」師はがまんならず、「何を『明日』などと言うか！今喰らえ！」とばかりに、和尚に平手うちを喰らわした。和尚、「この呆け者め！またここで虎の鬚をしごくとは！」師は一喝して出て行った。「厨」は黄檗山寺の厨房。「飯頭」は主食たる米飯の係。「禅門規式」に「十務を置き、これを寮舎と謂う。毎《つね》に首領一人を用《もっ》て多人を管して事を営《いとな》ましめ、各おの其の局を司《つかさど》らしむ。【飯を主《つかさど》る者を目《もく》して飯頭と為し、菜《さい》を主る者を目して菜頭《さいじゅう》と為す。他は皆これに倣え。】」（『景徳伝灯録』巻六、百丈章附録）という。

104 「米を揀ぶ」とは、搗《つ》いた米を良いものと悪いものに分別する作業をいう。日本僧圓仁も揚州開元寺に滞在中この仕事を割り当てられたことがある。「衆僧これ（米）を得て、好し悪しを揀択《けんじゃく》す。破せる者（破損米）を悪と為し、破せざるを好と為す。設《たと》い一斗の米を得たる者も、分けて二分と為せば、其の好きもの纔《わず》かに六升のみ」（『入唐求法巡礼行記』巻一、開成四年［八三九］正月十八日条）。こういう米の状態であるから、「揀米」は重要な作業であった。なお米から小石などの不純物をはねるのは「淘米」という（『雪峯語録』巻上）。

105 二斛五斗（約百五十リットル）。黄檗山七百衆と言われる合山《がっさん》の一日の米の量である。

106 「多すぎはしないか？」の原文「莫太多？」は推量疑問。

107 「それでも足りないのではないかと心配しているのです」とは、職務に忠実な飯頭の答えである。原文は「猶恐少在。」「恐」はよくない事態を心配すること。「少」は「すくない」ではなく「たりない」（欠少）意。文末の「在」は強調して確信を表わす語気詞。

108 黄檗はとうとうがまんならず、飯頭を棒で打った。この飯頭は台所仕事をするただの俗人にすぎぬ、修行者として失格だとわかったからである。最初に「何をしているのか」と問われた時から、本来性（法身、佛性）の次元で答えることが求められていたのに、これではいつまでたっても「禅問答」（修行対話）にならない。たとえば『洞山録』巻上に、洞山で飯頭となった雪峯の対話がある。「飯を蒸す次《おり》、師（洞山）問う、『今日蒸すこと多少《いかほど》ぞ？』峯云く、『二石《せき》。』師曰く、『足らざる莫きや？』峯云く、『中に喫《くら》わざる者有り。』師曰く、『忽然《もし》総て喫わば、又た作麼生《いかん》？』峯対《こた》うる無し。雲居《うんご》（道膺《どうよう》）代りて云く、『総て喫わば、即ち足らざる者有るを見ず。』」ここの「喫わざる者」とは法身のこと。法身は実際に飯を喰うわけではない。

109 飯頭はなぜ棒で打たれたのかわからなかったので、あとで義玄に相談した。「却」は後（のち）の意。

110 「わたしがきみのために、この親爺を調べてきてやろう。」飯頭は自分で訊ねに行けない小心者だったからであろう。

111 義玄が黄檗和尚のところへ行ってそばに立つや、和尚はさっそく飯頭を打ったことを告げた。「纔～便……」は「～するとすぐに……。」

112 「飯頭はなぜ打たれたのか、わかっていないのです。和尚、どうかかれに代って言ってやってください。」何と答えたらよかったのかを、教えてやってください。「一転語」（一回の答話）の「転」は回数をいう南方方言の量詞。転換の意味ではない。

113 「明日またいっぱつ喰らいます（わたしはわかりませんので、明日またぶっ叩いてください）と言え！」黄檗には飯頭が「多すぎはしないか」にどう答えるべきだったか、答え方を教えてやる気などまったくないのである。ここで黄檗は「喫一頓」に「一回食事をする」と「いっぱつ棒を喰らう」の両義があることにひっかけて言っているわけである（相関語）。

114 「何が明日だ！ 今喰らえ！」というや、義玄は黄檗を平手打ちにした。「掌」は掌で張りたおすこと。

115 「この呆け者め！ またここに来て虎の鬚をしごくとは！」「虎の鬚を捋《しご》く」は第一段の注52を見よ。

116 黄檗和尚と飯頭との機縁は失敗に終った、という失望。

【六・2】

117 のち潙山が仰山にこの話をして問うた、「黄檗と義玄のふたりは、どういう意図だったのだろうか。」仰山、「和尚はどうお考えですか？」潙山、「〈子を育ててはじめて親の恩を知る〉ということだ。」仰山、「いいえ、そういうことではありませぬ。」潙山、「そなたはどう考えるのか?」仰山、「まったく〈賊を引き入れて家財をごっそり持って行かれた〉というやつですよ。」

118「潙山和尚はどう思われますか」と、仰山はしばしばすぐには答えず、相手に意見を言わせてから、それに勝る予想外の自説を持ち出す。

119「自分が子供を育てて、はじめて父親の深い愛情がわかる」という俗諺。黄檗を打つまでに義玄を育てたと、黄檗を褒める。ただし、『宗門方語』はこの俗諺の意を「醜きを覚えず」という（『禅語辞書類聚』禅文化研究所、一九九一）。「児《こ》を憐《かわいが》って醜きを覚えず」、つまり親が子どもを盲目的にかわいがって、その子がはた目に不細工なのも目に入らない。これに拠るならば、甘やかされた義玄のわがままを許している黄檗への皮肉ということになるが、潙山は師匠の立場で言っているのである。

120「そなたはいったいどう評するのか。」「又」はいぶかる語気を表わす。

121「みずから泥棒を引き入れて、財産を全部取られたようなもの。」これも俗諺。師の黄檗が育てた弟子の義玄にしたたか打たれたことを指す。仰山は弟子の（したがって超師の）立場である。

【七】

122 師は黄檗和尚の書信を潙山に届けた。仰山が知客《しか》をつとめており、書信を受け取ると訊ねた、「これは黄檗和尚のものだ。どれがそなたのものかね?」師は平手打ちをいっぱつ喰らわせようとすると、仰山は師を押さえこんで、「おっと、兄さん、このことをおわかりなら、もうやめなされ。」いっしょに潙山和尚のところに参上した。潙山が問う、「黄檗兄さんのところは雲水はどれほどかね?」師、「七百衆。」潙山、「どういう人が指導者かね?」師、「先ほどその方の書信をお渡しいたしました。」今度は潙山和尚に問う、「和尚のところは雲水はどれほどですか?」潙山、「千五百衆。」師、「それは多過ぎます!」潙山、「黄檗兄さんのところも少なくないぞ。」黄檗と潙山はともに百丈懐海の同門弟子である。

123「知客」は「職として賓客を典《つかさど》る。凡そ官員、檀越、尊宿、諸方名徳の士の相い過《よ》ぎる者には、香茶もて迎え待《もてな》し、随って行者《あんじゃ》をして方丈に通報せしめ、然る後引上《いんじょう》して相見《しょうけん》せしむ」（『勅修百丈清規』巻下、T四八、一一三一中）。

124 仰山は書信を受け取って言った、「これは黄檗和尚のもの、どれがそなた義玄上座のものか。」「上坐（座に通ず）」は修行者をていねいに呼びかける呼称。

125 「約住」は打とうとする手を受けとめ、おさえこむ。「約」は束縛する義、「住」は動詞のあとについて動くものを静止させる義を補助的に加えた補語。

126 義玄は「これがわたしだ！」とばかりに平手打ちを喰わせようとした。仰山はとっさに義玄の手を受けとめて、「おっと、兄さん、このことをおわかりなら、もうやめなされ」と言った（「休」は禁止）。義玄がただのメッセンジャーでないとわかったのである。「老兄」は同門、身内の年上の人を親しく丁寧に呼ぶ呼称。義玄と仰山とは法系の上では従兄弟になる。「者の一般の事」とは「この種のこと、その様なこと」、ここでは初対面で本分事、つまり自己の力量を提示すること。

127 「希運兄さんのところは雲水が何人いますか。」師兄は兄弟子。こう呼んでいるところから、黄檗は百丈門下で潙山の兄弟子であったことがわかる。「衆」は大衆《だいしゅ》（雲水、修行者）。「七百衆」は黄檗山寺の在住者七百人。

128 「什麼人」はどういう類の人かを問う。「導首」は教団の指導者（領導の首領）の意の佛教語。黄檗希運だとはわかっているが、その希運の禅をきみはどう受けとめているのかと問う。

129 「さきほどその方の手紙をお渡ししました。」それがわたしの師です。潙山は弟子によって黄檗の力量を確認した。

130 こんどは（「却」）義玄が潙山に問うた、「和尚のところは雲水が何人いますか。」「此間」はここ、「間」は場所を表わす名詞につく口語接尾辞。

131 『祖堂集』巻一六、潙山章には千六百人という記述もある。晩唐期の潙山はそれほどの盛況ぶりであった。陶岳『五代史補』巻三「斉己」条に「長沙に潙山同慶寺有り、僧多くして地広く、佃戸僅かに千余家」（寺領の小作人は千軒余りにも達した）。また後注148参照。

132 「それは多すぎる！」の「太〜（形容詞）生！」は程度の高いこと、程度を超えていることを表わす口語。

133 「黄檗兄さんのところも少ないとは言えぬぞ。」数を競っているのではない。禅宗社会の大衆化（禅僧の質の低下）が問題になっているのである。潙山霊祐には『潙山警策《いさんけいさく》』（T四八、一〇四二中）という初心者を戒めた入門書がある。

これはとくに禅学への入門書なのではない。こうした出家者の心がまえを説く基礎的な手引きが必要とされていたのであった。

【八】

134 師が潙山を辞去するとき、仰山が見送った。「そなたは北地へ行けば、住持するところがあろう。」師、「まさかそんな事があり得ようか?」仰山、「行ってみなさい。そなたを補佐する者がいる。その人は頭があっても尻尾がなく、始めがあっても終りがない。」師が鎮州に到ると、果して普化和尚がそこにいた。師がその地に住すると、師の教化を助け、教化が盛んになった時、普化は尸解仙《しかいせん》となって去って行った。「北地に行けば、落ち着き先があるだろう」の「箇」は「一箇」(ひとつ)の略。「住処」は禅僧が行脚を終え一寺の住持として参問者を指導する場をいう。唐代後期の北地、すなわち河北道は河朔三鎮《かさくさんちん》と呼ばれる地域で、交通の要衝にして、経済的にも塩鉄、絹糸の産ゆたかな富庶の地であった。ゆえに唐朝に対して半独立政権が跋扈し、兵乱頻発する武人社会であって、のち義玄の住処となる鎮州はその中心にあった。乱世にあって成徳節度使鎮州は武人の佛教信仰がかえって厚く、三鎮のうち佛寺のもっとも多い地域であった。五代後唐時代の諸国名山遊歴の記録『諸山聖跡志』(擬題、敦煌写本S.五二九V)に記すところによると、鎮州は「其の城《まち》は周囲四十里(二十二キロメートル)、大寺一十三所、大禅院三十六所、小院五十七所、僧尼五、七千余人。禅律盛行し、僧徒は粛穆たり。園林池沼は特に諸方に異なる。法寺清宮は帝輦《ていれん》(帝都)に殊《こと》ならず」(鄭炳林『敦煌地理文書滙輯校注』甘粛教育出版社、一九八九)と記されている。これは臨済禅師歿後六十年の情況である。敦煌石窟第六一窟西壁には五代の壁画「五台山図」があり、その東端に鎮州城が描かれている(敦煌研究院編『敦煌石窟全集』第二六巻交通画巻、香港商務印書館、二〇〇〇)。鎮州は五台山進香道の東側の出発点としても有名であった(厳耕望『唐代交通図考』第五巻、河東河北区篇四四「五台山進香道」、中央研究院歴史語言研究所専巻之八十三、一九八九)。唐末河北の歴史地理については、陳磊「唐代後期河北地区的文化分区与社会分群」(『隋唐対河北地区的経営与双方的互動』、中央民族大学出版社、二〇〇八)、馮金忠『唐代河北藩鎮研究』(科学出版社、二〇一二)参照。

135 「そんなことがあり得ようか?」 仰山の予言に驚いた。唐末動乱期にあって、ここ湖南の潙山も江西の黄檗山も相対的に平穏で豊かな土地柄である。そこを離れて危険地帯へ行けとは。仰山の予言はのちの展開を先取りして言うもので、臨済下四世以後の一〇〜一一世紀の視点から構想されている。江西湖南にも吹き荒れた会昌の廃佛や、鎮州臨済院に住して北地の武人社会にふさわしい思想が展開することを暗示している。

136 仰山の讖《しん》（謎かけ）は後年の普化の出現を予言したもの（第一四〜一八段）。「頭有れども尾無く」とはつまり「始め有れども終り無し」、その意味するところは「師を賛佐《さんさ》し、師正《まさ》に化《け》（教化）すること旺《さかん》なるとき、普化は全身脱去《ぜんしんだっきょ》す」であって、ここでは謎かけと謎解きの答えをすべて明かす形式をとっている。「全身脱去」とは死にさいして肉体を脱し仙去する道教的な尸解仙《しかいせん》の術。普化のことは後段に詳しく叙述されるが、臨済の教化を正面から助けたというような記述ではなく、一個の風狂僧として登場し、義玄をさんざん虚仮にし揶揄する。それを「佐輔」、「賛佐」というならば、普化の登場は仰山が演出したことになる。

【九・1】

137 師は黄檗山を辞去した。和尚が問う、「どこへ行くのか?」師、「河南でなければ河北です。」黄檗は拄杖で打とうとした。師は打ってきた和尚の棒を押さえこんで、逆に平手打ちを一ぱつ喰らわせた。和尚は呵々大笑し、侍者を呼ぶ、「百丈先師の禅板と几案を持ってきてくれ!」師は拒否して、「侍者よ! 火を持ってこい!」和尚、「まあそう言わずに、持って行きなさい。今後、これが天下の人の舌を抑え込むことになるのだ。」 黄檗が打ったのは、河南、河北いずれにせよ「一処に住する」ことを戒める意図である。河南は出身地曹州（唐代は河南道に属した）、河北は仰山が示唆したところ（第八段）。古尊宿系テクストでは「便帰河北」に改めているが、後に河北鎮州に帰したという結果をもちこんだ改変であろう。

138 義玄は打ってきた黄檗の棒を押さえこんで、逆に平手打ちを一ぱつ喰らわせた。「一処に住する」ことを戒めるのも、かえって自由を束縛する囚われとなる。「約住」は第七段注125参照。「一掌を与う」、原文は「与」の下に「師」があるが、衍字とみて削除した。

139 黄檗は義玄の対応に満足を示し、侍者に先師百丈懐海から授かった禅板と几案を持ってこさせ、印可の証拠として贈ろうとした。「禅板」（禅版）は坐禅に疲れて後ろにもたれるときに支える板（ゆえに倚版ともいう）。「几案」はここでは禅板と併称されているから机《つくえ》ではなく、「隠几」（几に隠《よ》る）という場合の身体を脇にもたれさせる支え。いずれも坐禅の道具である。『碧巌録』第六八則「仰山問三聖」の圜悟の評唱によると、百丈は禅板と蒲団（坐禅の道具）を黄檗に、拄杖と払子（説法教化の道具）を潙山に授けたという。潙山はそれを仰山に与え、仰山はさらに三聖慧然に与えようとしたが、三聖は断ったという由来のものとされる。ただし、この段のもっとも古い記録の『景徳伝灯録』では百丈のものとは言っていない。

140　「侍者よ、そいつを火でもって焼いてしまえ！」　伝法（百丈―黄檗―臨済）とその証拠という考えかたを否定するもの。

141　「それはその通りだが、ともかく持ってゆけ。これがあれば世人にとやかく言われなくてすむ。」　末句の原文は「已後坐却天下人舌頭去在！」「坐却」は『景徳伝灯録』は「坐断」に作るから、意味は「占住」（要衝を独占する）、「把住」（把捉して動きを封ずる）と同義（張相『詩詞曲語辞匯釈』巻四、台湾中華書局、一九七三）である。つまり「舌《した》頭を坐却《くじ》く」とはものを言えなくさせる、議論を封ずること。ここでも義玄の師承関係に疑惑が存したことを暗示している。「舌頭」の「頭」は名詞の口語接尾辞。「去」は動詞句に附して趨勢（〜になる）を表わし、「在」は確信の語気を示す。『景徳伝灯録』にはこのあとに「師即便発去」（受け取らずに行ってしまった）の一句がある。

【九・2】

142　のち潙山がこの話をして仰山に問うた、「臨済は黄檗のせっかくの好意に背いたのではないか？」仰山、「いや、そうではありません。」潙山、「そなたはどう思うのか？」仰山、「〈恩が身に沁みてこそ恩に報いようと思う〉ということです。」潙山「古人にもそういう人がいたかな？」仰山、「ええ、おりましたが、なにせ古いことですから、申し上げにくいのです。」潙山、「まあそう言わずに、わしも知りたいので、言ってみてくれ。」仰山、「〈楞厳会上に阿難、佛を讃じて『此の深き心をもって無尽の国土の佛に奉る。これを佛恩に報ずと名づけます』〉と。これぞ報恩のことではありますまいか？」潙山、「うむ、その通りだ。

師匠と同じような見識では、師匠の徳を半減させる。師匠を超える見識も持ってこそ、法を伝授するにふさわしい。」「辜負」（正しくは「孤負」）は申し訳なくもせっかくの期待、好意を裏切る、無駄にしてしまうこと。第三九段注374参照。

143 仰山が「そうではない」と答えたので、「では、そなたはいったいどう思うのか？」「又」はいぶかる語気。

144 「知恩報恩」は佛恩、または四恩（父母、衆生、国王、三宝の恩）について言う。のち佛教から一般道徳に取り入れられた格言。「恩を知りて恩に報ずるは、風流儒雅。恩有りて報ぜずんば、豈《あ》に人と成らんや？」（敦煌本「太公《たいこう》家教《かきょう》」、周鳳五『敦煌写本太公家教研究』明文書局、一九八六）。仰山は義玄の行為こそがまことの報恩であると評価した。

145 「いにしえにもその先例があるのか？」「従上」は二字ともに以前の意の複音節口語、「従前」に同じ。

146 この潙仰のやりとりは第二段とほぼ同じ。その注66、67参照。

147 『首楞厳経』巻三の偈に、本心は常住不滅であるという佛の説法を聞いて、阿難と大衆はつぎのような誓願を発する。「願わくば今果《か》を得て宝王《ほうおう》と成りて、還《ま》た是《かく》の如きの恒沙《ごうしゃ》の衆を度《ど》さんことを。此の深き心を将《もっ》て塵刹に奉る、是れ則ち名づけて佛恩に報ずと為す」（願わくば今こそ道果を得て宝王の徳を完成し、さらにあまたの衆生を悟りへと導かんことを。この甚深微妙なる心を無尽の国土の佛陀にささげたてまつる。これを佛恩への報謝と申します。T一九、一一九中）。

148 「なるほど、そのとおりだ。師匠の見解を祖述するようでは、その徳を半減させる。師匠を超えてこそ、弟子と称するに足るというものだ。」これはじつは百丈懐海が黄檗を評した言葉で、つづけて「子《そなた》は甚だ超師の作あり」と言った（『景徳伝灯録』巻六、百丈章）。また巌頭全奯《がんとうぜんかつ》も師の徳山に、「豈に聞かずや、〈智慧の師に過ぎて、方《はじ》めて師の教えを伝う。其或《もし》も智慧の斉等《ひと》しければ、他後《のち》恐るらくは師の半徳を減ぜん〉と」と言っている（『景徳伝灯録』巻一六、巌頭章）。以上の九段の臨済の伝記はすべて潙山・仰山の伝承としてまとまって伝えられたものである。潙山と仰山は当時江南禅界の領袖と目されていた。「其（潙山）の徒、以て千有余人に至る。……数十年佛を言う者、天下以て称首と為す」（鄭愚「潭州大潙山同慶寺大圓禅師碑銘幷序」、『文苑英華』巻八六三）と言い、また「（仰山の）接機利物は禅宗の標準と為る」（『景徳伝灯録』巻一一、仰山章）とされた。おそらく臨済の弟子三聖慧然や興化存奬《こうけそんしょう》が南方行脚をへて伝えた臨済の伝記的逸話にもとづいているのであろうが、潙仰の伝承とすることは攀龍附鳳《はんりゅうふほう》の意義をもつ。その主題は最後に潙山が総括する「超師の機」（黄檗下より出て、黄檗に勝る）に集約されている。

【一〇】

149 師は上堂して言った、「諸君の裸一貫の身に位階なき真人がいる。それが顔から出入りしておるぞ！　まだ確認しておらぬ者は、今こそ看とどけよ！」すると僧が一歩踏み出して問うた、「位階なき真人とは、何でありましょうか？」師はただちに禅牀を降りてひっ捕まえて、「言え！　言え！」僧は何か言おうとするや、師は突き放して、「位階なき真人が何たる屎棒か！」と言うなり、方丈へ帰ってしまった。「上堂」は長老が法堂《はっとう》に上って修行者を前に説法し、ついで問答応酬する行事。百丈懐海の「禅門規式」に「其の闔《こう》院《いん》の大衆は朝参夕聚《ちょうさんせきしゅう》し、長老は上堂陞堂《じょうどうしんどう》し、主事と徒衆は鴈立《がんりつ》して側聆《そくれい》し、賓主問醻《ひんじゅもんしゅう》して宗要を激揚するは、法に依りて住することを示すなり」（『景徳伝灯録』巻六、百丈章附録）。朝参の上堂は粥罷《しゅくは》（朝食後）に行われた。この上堂は臨済院における朝参の一回の記録であろう。

150 「赤肉団」は身体をいう。「肉団」は肉のかたまり、生身のからだ。ゆえに「肉団身」ともいう。また「赤肉」ははだかの身。つまりみな肉体のことである。「上」は場所を表わす（～のところ）。『祖堂集』巻一九、『宗鏡録』巻九八、『景徳伝灯録』巻二八などの早い時期の資料では同じく身体をいう「五《ご》蘊身田内《うんしんでんない》」と書かれているが、南宋版『景徳伝灯録』巻一二、臨済章では「肉団心上」つまり心臓に改められ、密教的な具象化がなされている。

151 「真人」は道家で用いられた道の体得者（『荘子』大宗師篇）で、魏晋南北朝時代の漢訳佛典では阿羅漢（修行の最高位に到達した人）の訳語としてもちいられた。しかしここでは「無位」という修飾語を冠して、地位・位階の価値枠に収まらないものを形象化している。しかもそれが生身の人間と一体であること、古い『祖堂集』等が「五蘊身田内に無位の真人有りて堂堂と顕露《あら》われ、毫髪許《けひとすじばか》りの間隔《へだて》も無し」と表現していることからも明らかである。

152 「面門」は顔面をいう口語。『水滸全伝』第二三回に「武松は只《いっぽん》の脚《あし》を把《つか》んで大虫《とら》の面門上の眼睛《まなこ》裏を望《めが》けて只顧《ひたす》ら乱踢《けりまく》る」、『蘇軾文集』巻二二「賛禅月所画十八大阿羅漢」第一一羅怙羅尊者賛に「面門は月のごとく満《まる》く、瞳子《ひとみ》は電《いなずま》のごとく爛《かがや》く」、北涼曇無讖訳『悲華経』巻一、陀羅尼品に「広長舌を出《いだ》して遍《あまね》く面門を覆い、其の舌根従《よ》り六十億光明を放つ」（T三、一七四上）。伝統的な佛教学では口を意味し、如来が口から五色の光を放つ（説法の喩え）というように用いられるが、義玄は面門から発するものを「六道《すじ》の神光《くすしきひかり》」（示衆の語）、すなわち六根のはたらきに置き換えている。それは『宗鏡録』巻九八、『景徳伝灯録』巻二八がこのあとに続けて、「心法は形無くして、十方に通貫す。眼に在りては見ると曰《い》い、耳に在りては聞くと曰い、鼻に在りては香りを嗅《か》ぎ、口に在りては談論し、手に在りては執捉《しゅうそく》し、足に在りては運奔《うんぽん》す。元《もと》と是れ一精明《いちせいめい》にして、分れては六和合と為る」（【四七】示衆一（4）の語）と敷衍していることからも明らかである。すなわち「無位の真人」とは心法（心なるもの）であり、かつ感覚器官の活動に現われる、つまりは活動する生身の人間のことに他ならない。

153 「まだこれを認めていない者は、さあとくと見よ！」「証拠」は正しいと証明して認めること。

154 そのとき僧が前に出て問うた、「無位の真人とは何のことを言っておられるのか？」

155 師は禅牀を降り、僧をギュッとつかまえて、「言え！言え！」「無位の真人」とはそなたのことだ。問うのでなく、「無位の真人」たるところを、みずから言ってみよ。

156 僧が何かを言おうとしたところを、すかさず～。「擬」は「欲」（～しようとする）の義の口語。下に「便」で承ける構文。

157 師は突き放し、「無位の真人がなんたるクソ棒か！」と言いのこして、方丈へ帰ってしまった。ここの「什麼」は「なんという（すばらしい、くだらない）～か！」という感嘆詞。「乾屎《かんし》橛《けつ》」とはひからびて棒状になった糞。大慧宗杲の語「人の屎橛を咬《かじ》るは好《よ》き狗《いぬ》にあらず」（『大慧語録』巻一四「秦国太夫人請普説」T四七、八七二上）というのも、人まねをすること、とくに他人の言葉をありがたがるのを叱る譬喩（入矢義高「乾屎橛」『増補 自己と超越―禅・人・ことば―』、岩波現代文庫、二〇一二）で、「無位の真人」が僧自身に他ならぬことに、咄嗟に気づくべきところ、「それは何なのか」と、学んだ知識で議論しようとした僧をあざけるもの。しかしこの一段は、上堂が格調高く切り出されながら、結局失敗に終わったことを、「便ち方丈に帰る」と結んでいるのであって、「無位の真人」の揚言を悔いつつ不機嫌に自室へ帰ったという話である。そして義玄は「無位の真人」の語を、以後二度と使わなかったようである。このような誤解を恐れたためである。

【一一】

158 師は僧に問うた、「どこから来たのか?」僧は喝した。師は叉手低頭《しゃしゅていず》して、坐するよう促した。僧が何かを言おうとしたとたん、師は打った。「什麽処よりか来る?」は初相見で問われる定型の問い。これによって修行者の境位を見究める。したがって地名や場所を問うているのではなく、そこでなにを得たのか、あるいは自己の拠って立つところ（本分事）を示せと求めるもの。

159 僧は察して、怒鳴った。「わたしはこれだ!」馬祖禅の「作用即性」によって自己を提示して見せたのである。あるいは臨済下で「喝すること」がおこなわれていたことを聞き知っていたか。義玄はこの対応をいちおう受けとめて、軽く会釈し、禅牀に坐るよう指示した。「揖坐」の「揖」は叉手低頭《しゃしゅていず》する問訊《もんじん》（あいさつ）。こうして相手に坐るよう促す動作。『入衆須知』に「（維那は新到に）揖して、坐して喫茶せしむ。（新到は）茶罷《おわ》りて身を起こし……」、『嘉泰普灯録』巻三、黄龍慧南章に「（慧南は）室に造《いた》りて発薬《はつやく》（処方箋を書く）を求む。（慈《じ》）明《みょう》揖して坐せしむるも、師は固辞して哀懇す」とある。

160 僧が何かを言おうとしたところを、師はすかさず拄杖で打った。僧がなにかを言おうとしたのは、さきの「喝」が自己本分の全体提示ではなく、借り物であったからであった。

【一二】

161 あるとき師は行脚僧が来たのを見るや、払子を立てた。僧はそれを見て礼拝した。師は棒で打った。またあるとき、行脚僧が来るのを見て、また払子を立てた。その僧は無視した。師はまた棒で打った。ある修行者が臨済院を訪れ、初相見のとき、義玄は何も言わずに払子を立てた。「竪起」は「立てる」意の同義複詞。下文第三一段では初相見のとき、僧が「祖《そ》師《し》西来意《せいらいい》」（祖師達磨はなにを伝えたのか）を問うたのに対して、払子を立てている。もうひとつの場合は、払子を立てて「これが見えるか?」と問うもの（『景徳伝灯録』巻六、百丈章）。これらは同じ主題の行為である。すなわち、相手が払子を「見る」という、自己の本心

（佛性）の作用に気づかせるための作略である。黄檗は「祖師は西来して、唯だ佛心を伝え、汝等の心の本来佛なることを直示するのみ」（『宛陵録』）と言っている。これは馬祖禅の「作用即性《さゆうそくしょう》」（佛性は感官の作用として表われる）という思想にもとづき、その弟子百丈懐海、潙山霊祐のころからさかんに使われた手法であった。「見えるか」と指示する例は少なく、黙って物を示すだけの場合が多いのは、そのことに気づくまでの迂路（疑惑、大疑）を計算に入れているわけである。払子はインドでもとは蚊を追い払う用途に、糸や樹皮の繊維などで作られた。中国では儀式用となり、禅椅に掛けておき、説法のとき手にする。

162 僧は義玄の意図を察して「お教えありがとうございました」と礼拝した。

163 「他人を拝して何になる！ 打たれた痛みで自己を思い知れ！」

164 この僧は前の僧とは逆に、払子を無視した。「払子を竪起《た》つ」ことを馬祖禅の常套手段と見て、故意に無視したのである。『祖堂集』巻一〇、玄沙章に「問う、『古人の拈槌竪《ねんついじゅ》払《ほっ》は還《は》た宗乗中《しゅうじょうちゅう》の事《じ》に当たるや？』師云く、『当たらず。』進んで云く、『古人の意は作麼生《いかん》？』師は払子を竪起《た》つ。進んで云く、『宗門中の事は作麼生《いかん》？』師云く、『你の自ら悟るを待って始めて得し《よ》。』」という。玄沙師備は払子を立てることは禅の精神ではないが、方便に用いて接化するのはかまわない、示された相手が解ったか否かが問題であって、自己にかかわることだというのである。

165 「棒打されたこの痛みを感ずる自己だ！」

【一三】

166 師は上堂すると、何も言わぬのに、僧が進み出て礼拝した。師は喝した。僧、「老和尚、人の自己がどこにあるかなど、探らないでいただきたい。」師、「言え！ きみはどこにいるのか？」僧は喝した。また別の僧が問うた、佛法の核心とは何でありましょうか？」師は喝した。僧は礼拝した。師、「今の喝がそういうありがたい喝だというのか？」僧、「和尚、賊軍は大敗です。」師、「ではわたしの誤りはどこだったのか？」僧、「この次に同じ誤りを犯したら、許しませんぞ」師、「諸君、いまのわたしの対応がどういうものであったか知りたいなら、ふたりの禅者にたしかめなさい。」師が何も言わぬのに、僧が「お教えありがとうございました」と礼拝したのは、究極の説法とは、説く者は「示すこと無く、説くこと無し」、聞く者は「聞くこと無く、得《う》ること無し」(『維摩経』弟子品、T一四、五四〇上)であると早合点したからである。

167 「この維摩《ゆいま》気取りめ！　そなた自身はどこにいるのか！」

168 「探頭」は「探頭探脳」、きょろきょろとものを探すこと。「莫～好！」は禁止だが、ていねいな言いかた。

169 「落在～」はいずれかのランク、位置にあること。必ずしもそこへ落ち込むという意味ではない。自己をどう据えているのか？

170 「わたしはここだ！」とばかりに僧も怒鳴り返す。

171 べつの僧の質問。「師は何をもって佛法の核心となさるか？」　義玄の意見を徴し、力量を試みる。義玄が江西で黄檗に問うたあの問いである。第一段注16参照。

172 師は怒鳴った。佛の教えの核心は、自己とはなにかを知ること(己事究明)にほかならない。黄檗も言った「即心是佛」(みずからの心こそが佛である)ということだ。それを他人に尋ねる者があるか！

173 僧は礼拝した。お教えありがとうございました。佛法の核心は大声で怒鳴ること(喝という作用)と受け取った。

174 「今の喝がそういうありがたい喝だというのか？」「好喝」は「胡喝乱喝」(でたらめな喝)に対する。「道」は口に出して言う、心のなかで思う、いずれにも用いる。

175 「和尚、賊軍は大敗です。」　義玄がみずからの喝の意図を僧に問うたところで主客が逆転したと思い、それを「草賊大敗」と評したのである。「草賊」は叛乱軍のことで、唐末では王仙芝や黄巣などがこう呼ばれた。

176 「ではわたしの誤りはどこだったのか？」　いったいどちらが誤っているのか。

177 義玄が誤りを認めたような言いかたをしたのを受けて、「この次に同じ誤りを犯したら、許しませんぞ」とたたみかけた。どこまでもすれちがっているのに気づかない。

178 「諸君、いまのわたしの対応がどういうものであったか知りたいなら、ふたりの禅者にたしかめなさい。」　ふたりの僧の誤解を棒打してもよかったところを、ことさら「禅客」と敬意を払った呼び方をし、聴いていた大衆に商量判定をゆだねた。ただし、この一段の「臨済の賓主の句」という第三者的な言いかたは、義玄自身ではなく、その系統の人が喝や賓主の対応を分類しようとする関心から構成されたもののようである。この二則を組み合わせたまったく同じ話が、『南院語要』に南院慧顒の問答として見えるからであり（無著道忠校写『古尊宿語要』六一頁下段、禅学叢書、中文出版社、一九七三。また『聯灯会要』巻一一）、『首山語録』にはこの話を「胡喝乱喝」を戒める主題だと言っている（『古尊宿語要』巻八、六九頁下段）。すなわち本段は臨済下二、三世の時代におこなわれたものが、義玄に投影されて、ここに収められたのである。「問取」の「取」は「問」という動作を積極的におこなう意味を加える補語。

179 【一四】

師はある日、普化とともに施主家の斎に赴いたとき、師は普化に問うた、「〈一本の髪の毛に大海原の海水が呑みこまれ、一粒の芥子に須弥山が入りこむ〉とは、道の神通のはたらきなのか、それとも道の本体としてそうなのか？」聴くや、普化は出された斎の飯牀をひっくり返した。師、「おい、荒っぽすぎるぞ！」普化、「ここをどこだと思って、荒いだの細かいだの言うのか！」翌日、師はまた普化と一緒に斎に赴いた。師、「今日の供養は昨日に比べてどうかいな？」普化はまた同じように飯牀を蹴倒した。「わかった、わかった。それにしても荒っぽすぎるな。」普化、「ボンクラめ！佛法に荒いも細かいもあるものか！」師は舌を巻いた。普化和尚は盤山宝積《ばんざんほうしゃく》（生卒年未詳、馬祖道一の弟子）の弟子（『宋高僧伝』巻二〇、『祖堂集』巻一五、『景徳伝灯録』巻一〇）。『臨済録』では仰山慧寂が「鎮州に行けば、普化が待っている」と予言していた（第八段）。「普化」とはもともと普《あま》ねく教化《きょうけ》する意で、教化が托鉢・乞食をも意味するように、普化和尚とは乞食坊主という意味である。俗姓、僧諱、生卒年ともに未詳。「尋常《ひごろ》、暮れには塚間《はかば》に宿り、朝には城市《まち》に遊《でか》け、鈴を振る」（『祖堂集』巻一五）というのは、葬式に従事するなりわいをいう（大慧『正法眼蔵』巻中、盤山和尚の条に、葬儀屋の歌郎が鈴を振って挽歌を歌うくだりがある）。最後には棺桶に入ってみずからを葬る（第一八段）という普化のアウトローな言動は、当時の禅僧の方外的性格の一面を示している。

180 「施主家斎」とは、檀越が僧を家に招いて法事を催し、僧に食事を供養すること。僧はこれに際して読経する。「（施主は）庭宇を灑掃し、道場を厳飾し、佛を請い僧を延《まね》き、斎を設け追福す。又た浄財を捨し、某のための功徳を造《な》す」（S．三四三、黄征・呉偉編校『敦煌願文集』一二三頁、岳麓書社、一九九五）などの願文（疏）を宣読する。

181 『維摩経』不思議品によると、菩薩が「不思議解脱」の状態にあるとき、「巨大な須弥山を一個の芥子粒の中に入れこんでも、芥子粒は増減せず、須弥山の姿にも変化はなく、また大量の海水を一本の毛孔《けあな》の中に注ぎこんでも、魚《ぎょ》鼈《べつ》は驚かず、海の姿にも変化はない」という経験をする。これは空の立場から見るとき、ものの存在や現象は仮の姿をとって現われているにすぎず、「巨細相い容《い》るるは、物に定まれる体無く、常ならざることを明らかにす」(『注維摩経』不思議品羅什注、T一四、三八二中)ることを示す。それは〈道〉のパワーが神通を起こしたのか、それとも〈道〉の本体の世界とはこのような不可思議なものなのか、と義玄は普化に問うたのである。「為是～，～？」は選択疑問形式。しかしなぜ食事を前にこんなことを問うのか。おそらく宣読した願文にそうした叙述があったのであろう。上掲の願文に如来の功徳を述べて、「蓋《けだ》し聞く、大雄は寥廓にして、浩汗(瀚)なること無辺、量は虚空に等しく、体は無極に同じ。須弥を芥子に納め、大地を微塵に坼《くだ》き、巨海を腹中に吸い、山河を毛孔に綴《の》(啜)む」という一節がある。これに触発されての問いであろう。

182 「なんと荒っぽい!」「太～生!」は甚辞(～すぎる)。

183 「荒いだの細かいだのと、ここをどこだと思っているのか! 場所をわきまえろ!」くだらぬ議論などやめて食事をしろ。『頓悟要門』に大珠慧海が源律師に答えていう、「他《ひと》は喫飯する時、肯《あ》えて喫飯せず、百種須索す。睡る時は肯えて睡らず、千般計校す」(人は飯を食う時、あれこれ注文をつけて、食おうとしない。寝る時は、あれこれ考えて寝ようとしない。平野宗浄『頓悟要門』一三七頁、禅の語録六、筑摩書房、一九七〇)。

184 「来日」は翌日をいう。

185 「今日の供養の斎食は、昨日と比べてどうかね?」「～何似……?」は比較形式。しばしば後ろにくる方をよしとするニュアンスがある。

186 「得」は「可」の義。普化が飯牀を蹴り倒すのを認める。「～即……」は譲歩を表わす。「それはそうだが、……。」

187 「ボンクラめ! 佛法に何の荒い細かいがあるものか!」「瞎漢」は物を見る眼がついていないながら真実を見ない者を罵倒する呼称。

188 「吐舌」は驚嘆の動作。日本語の「舌を巻く」に相当する。ここに登場する普化は先輩格で、義玄は斎に臨んで俗物を演じている。

【一五】

189 師はある日、河陽院長老、木塔院長老と臨済院で僧堂内の火炉にあたりながら談義していた。「普化は毎日街へ出て瘋癲をやらかしているが、あいつが凡夫か聖者か、とんとわからぬ。」と、言い終らぬうちに、普化が入ってきた。師、「そなたは凡夫か聖者か?」普化、「あんたこそ言え、わしは凡夫か聖者か?」師は喝した。普化は指さして、「河陽は嫁はん、木塔はかかあ禅、臨済は下僕だが、片目は開いておる。」師、「この賊め!」普化、「賊だ!賊だ!」と言って出て行った。河陽長老は未詳。河陽は河(滹沱河)の陽(北)、鎮州の別称。鎮州城内に河陽院と称する寺院があったのであろう。木塔は今も鎮州城内天寧寺にある八角九層の凌霄塔《りょうしょうとう》のこと。表面は磚で被われているが、木構であることから「木塔」の俗称がある。一九八二年の勘測調査で塔基から石函が発見され、金代正隆六年(一一六一)の銘文から、塔寺は唐の代宗朝(八世紀)に建築され、現存する凌霄塔は金代再建のものと知られた(河北省文物保管所編『正定古塔』一九八六)。天寧寺は城外東南の臨済院からも近く、木塔長老はそこの住持であろう。

190 地炉は僧堂内にしつらえた暖房具。元代の『敕修百丈清規』巻七「月分須知」の項に「十月初一日、炉を方丈に開く」といい、南北を問わず、禅院の各堂には十月一日の開炉から二月一日の閉炉まで設置され、炉頭《ろじゅう》・炭頭《たんじゅう》が火を管理した。宋代に禅院の制度が整うと、開炉の日には上堂示衆がおこなわれたが、唐代河北の臨済院の情況はそうした規矩以前であろう。ここは長老たちの炉端談義というところか。

191 「掣風掣顛」は風狂の行為をすること。盤山宝積が遷化に際して「わたしの真面目《しんめんもく》を邈《えが》ける者はいるか」と問うたとき、普化が筋斗《とんぼがえり》をきって出て行ったのを、盤山は「こいつはのちどこかへ行って〈掣風顛〉し去るぞ」(大慧『正法眼蔵』巻中、盤山章)と予言したという。これが本段の伏線になっている。『祖堂集』では「打風顛」(巻一五、盤山章)とし、『景徳伝灯録』では「如風狂接人」、『大光明蔵』巻上では「徹風顛」と表現しているから、これらはほぼ同義であろう。「掣」(昌母薛韻入声)は牽引の義。ここでは瘋狂の行為を引き起こす意であろう(「徹」の徹母［知組］と「掣」の昌母［照組］の通用現象にもとづく)。「風顛」はもともと突然吹き荒れる春風などの狂風をいう。加藤一寧「〈掣風掣顛〉蠡測」(『禅学研究』第九一号、二〇一三)

参照。具体的には、第一七段のような普化の行乞《ぎょうこつ》のしかたを、臨済を含む近隣の寺の長老たち管理者が炉を囲んで、「普化はこの寒空に街へ出かけ、素っ頓狂な振る舞いをして、困ったものだ」と噂話をしているのである。

192　原文「知他是凡是聖！」の「知」のあとに「他是～是～？」という選択疑問形式を取ると反語に転ずる。「あいつは阿呆なのか偉いのか、てんでわからぬ。」

193　義玄は平素「凡聖を弁別せねばならぬ」（【五二】示衆三（1）「夫れ出家者は須らく平常真正の見解を弁得し、佛を弁じ魔を弁じ、真を弁じ偽を弁じ、凡を弁じ聖を弁ずべし。若し是《かく》の如く弁得せば、真の出家と名づく」）と言い、そのうえで「凡聖の概念に執われてはならぬ」（【五八】示衆三（7）「若し無依を悟らば、佛も亦た得ること無し。若し是《かく》の如く見得せば、是れ真正の見解なり。」【五九】示衆三（8）「学人は了《さと》らずして、名句に執し、他《か》の凡聖の名に礙《さ》えらるるが為に、所以《ゆえ》に其の道眼を障《さえぎ》り、分明なるを得ず」）と言っていた。ところがここでは、普化という筋金入りの出家者の前で、つい俗流に堕してしまい、「そなたは凡か聖か？」と口にしてしまった。普化にその語をつかまえられ、もう一度言わされるはめに陥り、赤面してごまかし喝したのであろう。

194　普化はひとりひとり指さして。

195　「新婦子」は老若にかかわらず嫁をいう（新妻とは限らない。「子」は口語接尾辞）。嫁は夫の家人の評価ばかりを気にするもの。「河陽長老は評判ばかり気にする臆病禅だ。」

196　「老婆」は家内、奥さんをいう俗称（年齢にかかわらずいう）。「木塔長老はいらざるおせっかいばかり焼きたがるかかあ禅だ。」

197　「小廝児」は下僕。「廝」は「廝養」、主人に対する召使い、家内奴隷をいう。「小」と「児」は蔑称につける接頭辞と接尾辞。義玄を下僕奴隷あつかいするのは、二人の長老に唯々諾々と従っているからである。「一隻眼を具す」とは片眼しか開いていない意である。上引の「名句に執して、他の凡聖の名に礙《さ》えらるるが為に、所以《ゆえ》に其の道眼を障《さえぎ》り、分明《ふんみょう》なるを得ず」というとおり、道眼なきエセ出家人。『宗鏡録』巻四一に「大凡《おおよ》そ参玄の士は須らく二眼を具すべし。一に己眼、宗を明らむ。二に智眼、惑を弁ず。所以《ゆえ》に禅宗云く、単《た》だ自己を明らむるのみにして目前を了《さと》らず、此《かく》の如き人は、只だ一隻眼を具すのみ、と」（T四八、六六〇上）。「禅宗云く」として引くのは落浦元安の句（『祖堂集』巻九）。普化が三長老の囲炉裏評定を痛烈にからかった語である。この一則を収録する『宗門統要』、『聯灯会要』もみな「臨済は小廝児、却って一隻眼を具す」となっているが、「一隻眼」は貶義であるから、「却って」という語を用いるのは不適切なのであって、『景徳伝灯録』巻一〇、普化章が「臨済は小廝児、只だ一隻眼を具すのみ」とするのによって訂すべきである。もとは「只」であったのを、後人が義玄を救うために「却」に妄改したとおもわれる（『景徳伝灯録』は金版大蔵経本、四部叢刊本までが「只」、東禅寺本から「却」に変えられている）。

198 「賊」は外からの侵入者をいう。悪党、ワルというニュアンス。

199 「どっちが悪党か！」普化は義玄を「小廝児」と罵り、義玄は普化を「賊」呼ばわりして罵りあう。

【一六】

200 ある日、普化が僧堂の前で生野菜を食っていた。師はそれを見て、「まったく驢馬みたいだな！」すると普化は驢馬の鳴き声をしてみせた。師、「この賊め！」普化、「賊だ！ 賊だ！」「生菜」は生野菜の類。「生」は「熟」に対する語。古来中国では人間は生ものは食べない習慣である。生ものを食べるのは動物か野蛮人で、『三国志』魏志倭人伝には「倭地は温暖にして、冬夏に生菜を食う」という。

201 「まったく驢馬そっくりだな！」人間のすることではない。

202 普化は驢馬の鳴き声を出した。悪びれるどころか、豁達に驢馬になって見せた。驢馬の声は『玉篇』に「㰦，於訝反。㰦，驢鳴也」（『原本玉篇残巻』欠部、中華書局、一九八五）とあって、[ia]という音を充てている。驢馬は人間に駆使される哀れな畜生で、人間が生前の借金を返せず、生まれかわって債主に償還する姿だと目されていた。禅語録では禅僧が信者の布施を受けて生活しながら、それに恥じないまっとうな修行ができないと「驢胎馬腹」に転生すると言って戒めとする。普化のこのしぐさは「おれは言われるとおり驢馬だ。おまえはどうなんだ?」という反駁。

203 義玄「この悪党め！」普化「悪党だ！ 悪党だ！」という結末は前則と同じ。この「驢鳴」の話は、『宋高僧伝』では「嘗て臨済玄公と相い見《まみ》え、乃ちこれに対するに驢鳴を以てす。旁侍のもの哂笑《しんしょう》せざる無し」という簡単な記述であったが、『祖堂集』では具体化され、「久しきに非ざる間に、普化自ら林際（臨済）に上り来る。林際便ち歓喜して、飯食を排批《しつらえ》て対坐して喫う。師（普化）は凡是《およ》そ下《だ》さるる底《ところ》の物は惣《すべ》て喫《くら》い却《さ》る。林際云く、『普化の食を喫うや一頭の驢に似たり。』師便ち座を下り、両手もて地を托し、便ち驢声を造《な》す。林際は語無し。師云く、『林際廝児《しじ》、只だ一隻眼を具すのみ』」と、義玄が食事を供養したとし、結末は驢鳴の対応に窮した義玄が、普化に「一隻眼」の語で罵倒されている。『景徳伝灯録』では「非時に食に遇うも亦た喫う。嘗て暮れに臨済院に入り、生菜飯を喫う。臨済曰く、『這《こ》の漢、大いに一頭の驢に似たり。』師便ち驢鳴を作す。臨済乃ち休す。」普化が食べたのは「生菜飯」であり、結末は「臨済休す」（まいってしまった）である。してみると、本則はかなり手が入ったあとの形になっていることがわかる（「飯食」→「生菜飯」→「生菜」）。同時代の趙州従諗がこの話（『祖堂集』の後半部に近い本文）を聞き、義玄が「臨済は小廝児、只だ一隻眼を具すのみ」と言われて黙ってしまったのに対し、「但だ本分の草料を与えよ」（驢馬には驢馬のまぐさを喰わしてやれ）と答えるべきだと批評している（『趙州録』巻下）。

【一七】

204 普化はいつも人の集まる街なかで鈴を振りながら、「明るみから来たら、明るみでやる。暗がりから来たら、暗がりでやる。四方八方から来たら、旋風でやる。虚空から来たら、連架でやる」と歌っていた。師は侍者に、その歌を聴いたら、普化を捕まえて、「それ以外で来たらどうする？」と問うよう言い含めた。侍者は言われたとおりにすると、普化は突き放して、「明日大悲院でお斎《とき》のふるまいがある！」と言った。侍者は帰ってきて報告した。師、「以前からあいつをただ者でないと思っていたが、やはりそうだった。」ここは普化の行乞のしぐさを描写している。『景徳伝灯録』では「凡そ人に見《あ》うや、高下と無く皆な鐸《たく》を振ること一声す。時に普化和尚と号す。或いは鐸を将《もっ》て人の耳辺に就きてこれを振り、或いは其の背を拊《つ》き、迴顧《ふりかえ》る者有らば、即ち手を展《の》べて云う、『我に一銭を乞《めぐ》みたまえ』」と。鐸と鈴は大小のちがいがあり、口中に木片または金属片の舌をつけ、揺らして音を出す（『淮南子』説林訓「毀鐘為鐸」高誘注）。鈴は葬列でこれを振りつつ挽歌を歌う（注179参照）。これが普化の鈴の由来であろう。

205 「明頭来」云々は普化が乞食《こつじき》のときに唱えたいっぷう変

わった口上であろう。「明頭」は明るみから、正面から。「暗頭」は暗がりから、背後から。「明頭」、「暗頭」の「頭」は形容詞について名詞化する接尾辞（明るい→明るみ）。ここでは場所を表わす。「打」は代動詞で、ここでは「対応する」、「受けとめる」意とおもわれる（欧陽修『帰田録』巻二、呉曾『能改斎漫録』巻五に「打」字の口語的代動詞の用例を列挙している）。「正面から来たら正面で受け、背後から来たら背後で受ける。」受けるのは信施。『祖堂集』、『景徳伝灯録』、金蔵版『天聖広灯録』などの古い資料では五言の二句「明頭来也打，暗頭来也打」のみで、「四方八面来，旋風打；虚空来，連架打」はない。おそらく附加されたもので、鐸鈴を振って唱えるリズムを失っているうえに、意味も「打つ」意に変わっている。「連架」は一枚の細長い板を竿の先につけて振り回し、稲麦や豆を打って脱穀する農器具（周密『癸辛雑識』後集、趙翼『陔餘叢考』巻三三参照）。

206 義玄は侍者に、普化が行乞しているところへ行かせ、れいの歌を聴いたら、すぐさまつかまえて、「それ以外のやりかたで来たら、どうするんだ？」と問わせた。

207 普化は侍者を突き放して。「拓開」は第一段「大悟」の注41を見よ。

208 「明日は大悲院の斎にありつける！」つまり「観音菩薩が救ってくださるんだ。」大悲院は鎮州城外西にあった大悲閣。四十九尺の高さの大悲像（千手千眼観音銅像）が僧自覚（？—七九五）によって鋳造されていた（『宋高僧伝』巻二六、唐鎮州大悲寺釈自覚伝）。この大悲像を蓋う大悲閣が敦煌石窟第六一窟内の五代壁画「五台山図」の右端の鎮州城外（図では上部）に「鎮州城西大悲閣」と題され四層の高楼として描かれている。ここに造成された千手千眼観音はその千本の手眼によってあらゆる衆生を救済すると言われる。「明頭、暗頭、四方八面、虚空」以外のいかなる方面からにも、これで対応する。げんに明日そこで無遮大会が開かれるではないか。これが普化の自在な応答であった。大悲像はのち契丹の兵火に半身が焼かれ、五代後周顕徳二年（九五五）の廃佛で銅身が剝がされ、泥で補修して泥像になったが、宋太祖の命により城内龍興寺に移されて七十三尺四十二臂の金銅大悲像が鋳造され、これを蓋う大悲閣が建立された（『常山貞石志』巻一四「真定府龍興寺大悲閣記」および碑陰「真定府龍興寺鋳金銅像菩薩幷蓋大悲宝閣序」）。清代に隆興寺と改名されたが、現在も高さ二十一・三メートルの中国古代最大の千手観音像として保存されている。明治四十一年（一九〇八）に桑原隲蔵がここを訪れ当時の情況を叙している（『考古遊記』岩波文庫、山東河南遊記、二九六頁、図版一八八、一八九、二〇〇一）。また拙稿「河北正定に臨済禅師の遺跡を訪ねる（二）」（『禅文化』第二三五号、二〇一五）参照。

209 「挙似」は「挙」（話をとりあげる）に対象をもつことを表わす口語の介詞「似」がついて「〜に話す」意であるが、使われているうちに二字で一語の複合動詞となり、対象を明示しない場合にも用いられるようになった。

210 「わたしはこいつを以前から疑っていたのだ。」やはり徹底した任運無事の禅僧だと認めた。『祖堂集』では「林際（臨済）便ち歓喜して云く、『作摩生《いかん》が他《かれ》に見《まみ》ゆるを得ん』（なんとかして会ってみたいものだ）」とし、食事を与える第一六段「驢鳴」の話につづく。ならば、義玄は「ひと癖ある奴だ、ただ者ではないぞ」と疑っていたことになる。潙山で仰山慧寂から噂を聞いていたという第八段「相送」につながる筋書であろう。

【一八】

211 普化はある日、街なかで人に「直裰を恵んでくれ」と言い歩いていた。人がそれを与えると、みな要らぬと言う。師はそれを聞くと、院主に命じて棺桶をひとそろい買ってこさせ、普化が臨済院に帰ってくると言った、「わたしはそなたに直裰をこしらえておいたぞ。」普化はすぐに棺桶を担いで街なかを歩きまわって、大声で叫んだ、「臨済がおれに直裰をこしらえてくれた。これから東門へ行って遷化するぞ。」街の人たちは見とどけようと、ぞろぞろついて行った。すると普化は「おれは今日は死ねない。明日南門へ行って遷化する。」こんなふうに三日間東門、南門、西門と言ううち、人は信じなくなった。四日目、誰もついて来なくなった時、普化はひとり北門を出て、自分で棺桶に入り、通りかかった人に釘を打ってもらった。うわさはただちに広まり、街のひとびとは競って見に来て、棺桶を開けてみると、中味は空っぽ、身ぐるみ脱け出ていた。「直裰」は上半身の偏衫（シャツ）と下半身の裙子（ズボン）を合わせて縫う（直に綴る）普段着をいう（無著道忠『禅林象器箋』巻一八、章服類）。

212 「院主」（または寺主）は監院（または監寺）の古称。住持（長老）の下にあって院内の諸事（対外交渉、財務、行事等）を総管する。第二二段注242も参照。

213 ひとそろいの木棺。

214 「わしはそなたのために服をこしらえてやったぞ。」原文「做得箇直裰了也」の「做」（音は子賀切、去声）は「作」（則落切、入声）の後起俗字。この字は正史では『旧五代史』周書世宗紀顕徳六年（九五九）の条に現われるのが最初であるから、おそらく五代のころから使われ始めたと推測される。『祖堂集』、『景徳伝灯録』には見えない文字である。したがってここの叙述のもとづく資料は義玄の時代よりのち、宋代のものであろう。「得」は動詞について、実現を表わす。直裰と称して棺を贈ったのは、普化を葬り去る意図である。

215 「遷化」は僧の死を「他方世界で教化をつづける」と美化した表現であるから、自分が死ぬことをかく言うのは不自然である。おそらく「死」を後人が妄改した。『宋高僧伝』では「普化《おれ》は明日死し去らん」となっている。

216 「おれは今日はまだ死ねない。」『宋高僧伝』、『景徳伝灯録』では「今日の葬は青烏に合わず。」「青烏」は『青烏子相冢書』という墓相学の書（今は伝わらず）による墓地の選定などに関わる吉凶占い。

217 棺の中に屍はなかった。すなわち尸解仙《しかいせん》の術。普化の風狂の極致を表象するもの。普化遷化のくだりは、資料によって大きく異なり、説話的展開がある。『宋高僧伝』では「一旦、郊野に坐し、禅定に入るが如し」、これは高僧としての坐化《ざけ》をいう。『祖堂集』では「自ら甓《かわら》もて塚門（墓門）を甃《きず》きて卒《しゅっ》せり」、ひとり古墓に入り、瓦で人が見に来るのを防ぐ門をこしらえて、ひっそり死んだのであった（劉長東氏の示教による）。『景徳伝灯録』から尸解仙となり、「棺を掲《あ》けて之《こ》れを視るに已に見えず。唯だ鐸声《たくせい》漸《ようや》く遠ざかるを聞くも、其の由《よし》を測る莫し」という。『続開古尊宿語要』から末尾に「秪だ空中に鈴響の隠隠として去るを聞くのみ」の一句が加わる。清代の『欽定盤山志』には、この「木鐸《ぼくたく》の声」の響きが鎮州から数百里離れた盤山翠屏峰の南の天成寺まで聞こえたので、そこに普化の塔を建てたという記事まである。

【一九】

218 老宿が師に参じたが、挨拶もせずに問うた、「礼拝すべきでしょうか?」師は喝すると、老宿はすぐに礼拝した。

師、「たいした賊だな。」老宿は「賊だ！　賊だ！」と言って出て行った。師はおっかぶせて、「無事がよいのだと思ってはならぬぞ。」首座がそばに控えていたので、師は、「今の対応は間違っていたか？」首座、「はい。」師、「客が間違っていたのか、主が間違っていたのか？」首座、「おふたりともです。」師、「どこが間違っていたのか？」首座は黙って出て行った。師、「無事がよいのだと思ってはならぬぞ。」のち、ある僧がこの話を南泉にした。南泉、「官馬の競走だ。」「老宿」は一般に住持せぬ年長の修行僧をいう呼称で、長年行脚してあちこちの叢林を偏参し、各地の禅の消息に通じた老僧をいう。

219 「人事」は世間の交際を言い、それに伴う口頭の挨拶、礼拝、贈与（賄賂を含む）、応酬を含む。清郝懿《かくい》行《こう》『晋宋書故』にいう、「今世の饋送《きそう》、品物と雅俗の通詞とを論ずる無く、これを人事と謂う。……此れ魏末晋初に在りて已に此の名有り。」第一段注46参照。ここは動詞として用いられている。初対面の挨拶もせず、いきなり問うた。

220 「礼拝すべきでしょうか」と問うのは、この老宿が入門師事の必要を認めていないことを前提している。礼拝は右の「人事」にあたり、通常行脚僧の初相見では、挨拶ののち問答をして、機に投ずれば礼拝して師事するのであるが、この老宿は臨済義玄の対応を試そうという魂胆である（義玄がしばしば賓主応対のパターンを示衆で分類しているのは、こうした一筋縄ではゆかない老練な行脚僧がいたためである）。学ぶべき法があり、修すべき道があるとする立場なのか、徳山が言ったように「一法の与うべき無し」という立場なのか。

221 義玄が喝したのを見て、評判どおりだと恐れ入って、老宿は礼拝した。

222 「たいした賊だ！」「好箇～！」は感嘆の語。ここは老練な老宿を皮肉って言う。「草賊」は手ごわい叛乱軍をいう（第一三段注175参照）。ここで「草賊」と言ったのは素直な修行態度に非ざるため。

223 老宿は最初から入門の意志などなく、義玄を試しただけであった。

224 「〈無事〉がよいのだと思ってはならぬぞ！」「無事」とは、自心が佛である以上、悟りを求めて看経坐禅することは不要、無修無証であって、むしろ作佛の意を起こすことこそ却って清浄心を汚すものとする、中唐の新興馬祖禅の基調思想で、大珠慧海、黄檗希運らが格調高く唱道した。

義玄も基本的にその思想に遵い、『臨済録』にはここを除き一五回も「無事」の語を使用している。「無事是れ貴人なり」、「佛と祖師は是れ無事の人」、「山僧の見る処に約せば、如許多般《おおきこと》無し。祇是《た》だ平常に衣《きもの》を著て飯《めし》を喫《くら》い、無事にして時を過ごすのみ」等。しかしここの二例のみが「無事」に否定的で、老宿と首座の態度を「無事禅」とみて批判するのである。「無事禅」批判が高まるのは北宋初からであるから（そしてそれが宋代臨済禅の基調となる）、それが本段に反映したものであろう。「無事」の思想は高らかな理想であって、禅宗が大衆化すると、理解が庸俗化しやすい。早くも馬祖の弟子の時代から、そのことへの警告があった。「無為無事の人、猶お是れ金鎖の難」（もはや為すべきことはなく、無事がよいとする高尚な生きかたも、金の鎖で身が縛られているにひとしい。『祖堂集』巻一五、盤山章）。

225 首座がその場にいた。「～次」はちょうどその時の意。圜悟『佛果撃節録』第六五則では「首座後《うしろ》に在りて侍立《じりゅう》す。」

226 「今の対応に過失があったか?」首座のそぶりで察し、訊ねてみた。

227 「客（老宿）に過失があったのか、主人（わたし）にあったのか?」「おふたりともまちがいです。」老宿の過失とは、「無事」に自得しておればよいものを、臨済を訪ねて試すなど、「無事」ではなく「多事」（よけいなしわざ）である。また「無事」にあぐらをかいて一生を終ろうとする老宿に、義玄が適切な指導を与えず、機縁のかなわなかったことを首座は過失と見た。

228 首座は敢えて何も言わずに出て行った。「ご自身でおわかりになっているなら、それでよいのです。」

229 老宿の「無事禅」の立場を認めた首座を批判した。

230 南泉普願（七四八—八三四）は馬祖の弟子で、法系上は臨済義玄の師黄檗の師叔にあたる。その人を指すなら義玄の時代とは合わないが、この話の成立は義玄の時代より遅れると思われるから、時代錯誤もありうる。

231 「官馬の蹴りあい」、両者互角をいう評語。義玄にも老宿にも理があるとするもの。首座が両方駄目だとしたのを斥ける立場であるが、その裁定役を南泉に負わせた。

【二〇】

232 師は晩参のとき大衆に語った、「ある場合は人を奪うが、境は奪わぬ。ある場合は人を奪わず、境を奪う。ある場合は人も境も奪う。ある場合は人も境も奪わぬ。」そのとき、僧が問うた、「〈人を奪い、境は奪わぬ〉場合とは？」師、「陽光が万物を成育させると陽炎が現われ、子供の髪の毛が真っ白に見える。」僧、「〈人を奪わず、境を奪う〉場合とは？」師、「王の定めた法令が天下に施行され、派遣された将軍は国境で紛争を鎮圧した。」僧、「〈人も境も奪う〉場合とは？」師、「幷州、汾州は朝廷へ信物を送らず、地方に独立政権を建てた。」僧、「〈人も境も奪わぬ〉場合とは？」師、「王は無為にして天下が治まり、農民は太平を謳歌する。」「晩参」は斎後の午後、夕刻の参集。『敕修百丈清規』巻二「晩参」に「凡そ衆を集めて開示する、皆な之《こ》れを参と謂う。古人は徒を匡《ただ》しこれをして朝夕に咨扣《しこう》せしめ、時として此の道を激揚せざる無し。故に毎晩必ず参ずるは則ち晡時《ほじ》（斎罷《さいは》）に在り」（T四八、一一一九中）。この晩参示衆は圓覚宗演が重開（一一二〇）に際して「示衆」の冒頭に移したため、古尊宿系テクストではすべて「示衆」に含まれることになった。

233 来参の修行者にいかに対応するかを、「人」と「境」を奪う場合と奪わぬ場合に分け、四つのパターンを提示するもので、「四料簡（揀）」（四種の選択）と呼ばれる。義玄は示衆においてしばしば参問者への対応のしかたを分類描写している。「如《たと》えば諸方より学人の来《きた》る有りて、主客相《あ》い見《まみ》え了《おわ》れば、便ち一句子の語を有して前頭《まえ》を弁《みわ》けんとす。善知識は学人に箇《ひとつ》の機権《きけん》の語路《ごろ》を拈出《とりいだ》し、善知識の口《く》角頭《ち》に向《むか》って攙過《ざんか》せらる。『看よ！ 你は識《し》るや識らざるや？』と。你若《も》し是れ境《きょう》なりと識《し》得らば、把《つか》得みて便ち坑子《あ》裏《な》に抛向《なげう》つ。学人は便即《すなわ》ち尋常《じんじょう》なり。然る後便ち善知識の語に索《もと》むるに、依前として之《こ》れを奪う。学人云く、『上智なるかな！ 是れぞ大善知識なる！』即ち云く、『你は大《はなは》だ好悪《よしあし》を識らず！』（【七三】示衆第八段）また、「如《たと》えば主客相い見《まみ》ゆるや、便ち言論の往来有り。……或是《あるい》は善知識は物を拈出《とりいだ》さずして、学人の問処《とい》に随って即ち奪う。学人奪わるるも、死に抵《いた》るまで放さず。此れぞ是れ〈主の客を看る〉なり」（【七八】示衆第一一段）などである。これらの例から、「境」とは参問者が住持を試す仕組んだ言葉（「機権語路」、「境塊子」などという）を指し、「境を奪う」とはそのトリックを見破ることをいう。「人」とは参問者、「人を奪う」とは参問者を完全に籠絡、教化する意である。

234 「煦日」は暖日。「発生」は陽光が万物を成長させること。「地に錦を鋪く」は陽光が陽炎を現出することをいう。「瓔孩」の「孾」は「嬰」の増旁俗字、生まれたばかりの赤ん坊を言い、「孩」は赤ん坊が笑うのが原義で、「孾孩」二字は幼児をいう。「垂髪」は女または少年の長く垂れた髪。「赤ん坊の長い髪が絹糸のように白い」という意味であるが、これは『楞伽経』に妄想の例として出る「垂髪」にもとづく。求那跋陀羅訳（四巻本）『楞伽阿跋陀羅宝経』巻二に、心の想念が外境を現出させること（これを楞伽経の術語で「自心現量」という）を十二の妄想の例を挙げて論ずる一段があり、その例として「陽炎」（「春時の炎を見て水想を作す」）とともに「垂髪」を挙げ、「瞖目して垂髪有るを見る」（眼病によって視野に毛の網がちらつく）ことである（魏の菩提流支訳、唐の実叉難陀訳では「毛輪」という）。したがって二句はともに幻覚によって起こる妄想をいう。

235 「王の定めた法令が天下に施行され、派遣された将軍は国境で紛争を鎮圧した。」天下泰平の状態。

236 「并州と汾州は朝廷へ信物を送らず、地方に独立政権を建てた。」天下大乱の状態。

237 「王は無為にして天下は治まり、農民は太平を謳歌する。」天下泰平の状態。ただし、もっとも早く「四料簡」を収録する『景徳伝灯録』巻一二、涿州《たくしゅう》紙衣《しえ》和尚章では「人境倶に奪う」と「人境倶に奪わず」の義玄の答えが逆になっている。すなわち、こうした来参者への対応の型を詩句によって形象化する試みは、往々にして曖昧なイメージしか与えず、後世にさらに加えられた詩句による解釈も、かえって難解煩瑣を増し、牽強附会に陥るのを免れず、不毛な結果しかもたらさなかった。にもかかわらず、日本の室町、江戸期の抄物においては、臨済禅の一種の教理として解釈学の知的興味からさかんに論ぜられ、近代においても依然衰えず、その解釈の例は、前田《まえだ》利《と》謙《がま》「臨済」（『宗教的人間』岩波書店、一九三二。岩波文庫版『臨済・荘子』一九九〇）、柳田聖山「臨済義玄の人間観」（『禅文化研究所紀要』第一号、一九六九、佛典講座三〇『臨済録』三八〇頁、大蔵出版、一九七二）、ポール・ドミエヴィル「臨済録叙説」（一九七二、林信明訳『ポール・ドミエヴィル禅学論集』花園大学国際禅学研究所研究報告第一冊、一九八八）、加藤周一「一休という現象」（日本の禅語録一二『一休』講談社、一九七八）、里道徳雄『臨済録―禅の神髄―』（NHKライブラリー、一九九五）まで、さまざまに試みられたのであるが、肝心の師資対応の実践との関係が明瞭に説明されるには至っていない。この示衆と問答は『景徳伝灯録』

巻一二、涿州紙衣和尚章に初めて見え、そこでは紙衣和尚（克符道者）が質問者である。『聯灯会要』巻一〇、涿州克符道者章では質問者は別の僧で、克符道者は義玄の答えた詩句それぞれに五言八句の頌を添える構成になっている。さらに臨済下第四世風穴延沼《ふけつえんしょう》（八九六―九七三）がその師南院慧顒《なんいんえぎょう》に答えて、これを「四料簡」と称し、義玄の詩句それぞれに七言二句を附し（『禅林僧宝伝』巻三、風穴沼禅師伝。『禅林僧宝伝』は一一二四年成立）、さらに風穴の弟子首山省念《しゅざんしょうねん》（九二六―九九三）が四言または五言、七言の二句を加えて、各人が「四料簡」に対する比喩的、暗示的解釈を示す。こうして臨済下の弟子たちが競ってこれに倣い、佛鑑慧懃《ぶつかんえごん》（一〇五九―一一一七）の七言四句偈に至る多くの唱和が出現し、これを『人天眼目』（南宋淳熙十五年［一一八八］序）が臨済宗の宗派綱要として集成した（巻一）。克符と言う人は生卒年、平生すべて未詳であるが、義玄が臨済院に住した初めのころ、「黄檗の宗旨を建立する」ために、普化と克符に協力を要請したという話が『続開古尊宿語要』（一二三八年刊）に挿入されている。『景徳伝灯録』紙衣和尚章では、義玄の説く「四料簡」を聞いて「言下に旨を領じ、深く三玄、三要、四句の門に入り、頗る化道に資す」（克符は臨済の〈三玄〉、〈三要〉、〈四料簡〉をおおいに利用して接化した）というから、克符は臨済宗の綱要形成の役割を担って創作され登場した人物のようである。

【二二】

238 師は軍営内で営まれる斎会に招かれ、門前で幕僚に出逢った。師は露柱を指さして問うた、「これは凡か聖か？」幕僚は無言。師は露柱を拄杖で打って、「たとい言えても、木材にすぎぬ。」この斎会はあるいは軍営に祀られた毘沙《びしゃ》門天《もんてん》にちなむ法要であったかも知れない。華厳休静の問答に「大軍、天王斎を設けて勝を求む。未審《はた》天王は阿誰《たれ》の願に赴くや？」（『景徳伝灯録』巻一七）。毘沙門天はイラン起源の軍神であり、唐の天宝以来、軍営および城楼に像が安置された（宮崎市定「毘沙門天信仰の東漸について」、『中国文明論集』岩波文庫、一九九五）。『禅林方語』に「軍営裏の天王」（「門に入れば便ち見ゆ」の意と説明している）の語がある（『禅語辞書類聚』）。

239 「露柱」は建物の外に立つ二本の柱（項楚『敦煌変文選

注（増訂本）』「醜女縁起」注、中華書局、二〇〇六）。灯火を掛ける場合もあった（下注の陸游詩参照）。

240 露柱を指して幕僚に「これは凡か聖か」と問うた。この場合の露柱は「無情説法《むじょうせっぽう》」の例として言われたものであろう。無情とは有情に対する外界の「もの」をいう。山水のなかで理を悟る、桃花を見て道を悟る、投げ捨てた石が竹に当たった音を聞いて悟るなど、「見色見心《けんしきけんしん》」、「聞声悟道《もんしょうごどう》」と言われるように、外境に触れて真理に気づく（見る、聞くという自らの見聞覚知の作用が佛性のはたらきにほかならぬと悟る）ことを「無情物の説く法を聞く」という。雲門文偃（八六四—九四九）がこのことについて多く取り上げている。いわく、「我尋常《ひごろ》汝に向って道《い》う、『微塵刹土《みじんせつど》中《ちゅう》の三世の諸佛、西天二十八祖、唐土六祖、尽く拄杖頭《しゅじょうとう》に在りて法を説く』、と」（『雲門広録』巻上、T四七、五五〇上）、「無情説法を挙《こ》すとき、忽《ふ》と鐘の声を聞き、云く、『釈迦《しゃか》老子《ろうし》法を説くなり。』驀《やにわ》に拄杖を拈起して僧に問う、『者箇《これ》は是れ什麼《なん》ぞ。』僧云く、『拄杖子《しゅじょうす》。』師云く、『驢年《ろねん》に夢見ん！』」（同、巻中、T四七、五五四中）。これが「拄杖説法」であり、「古佛が露柱と交わる」（同、T四七、五六一下）と言うのは、古佛が露柱にのりうつって法を説く「露柱説法」である（南宋の陸游「拄杖歌」に「灯前に帰り来《きた》れば夜半《なか》ばならんと欲す、露柱の説法君応《まさ》に聞くべし」、『剣南詩稿校注』巻二八）。すなわち、外境に触れて法を悟るべし、と示唆するのである。しかし雲門はのち自らこれを「佛法中の見」として否定に転じ、「拄杖は是れ法身ならず」、「露柱を見れば秖だ喚《よ》んで露柱と作す」（『雲門広録』巻中、T四七、五五六中）と言い、このことを自らを演じて、「師（雲門）行く次《おり》、拄杖を以て露柱を打つこと一下して云く、『什麼処《いずこ》より来《きた》る？』自ら云く、『西天より来《きた》る。』復た云く、『這裏《ここ》に来《きた》りて什麼《なに》をか作《な》す？』自ら云く、『佛法を説く。』乃ち喝して云く、『我が唐土の人を欺く！』又た拄杖を以て打つこと一下して便ち行く。」（同、巻中、T四七、五六六中）また「師或る時、拄杖を以て露柱を打つこと一下して云く、『三乗十二分教、説き得著《おお》せるや？』自ら云く、『説き著《おお》せず。』復た云く、『咄《とつ》！ 這《こ》の野狐精！』」（同、巻中、T四七、五五八下）また「或るとき云く、『佛法は学ぶを用いず。灯籠、露柱你を欺き去る。作麼生《いかん》が你を欺き去らざるを得ん？』」（同、巻中、T四七、五六一下）。雲門文偃は義玄の一世代あとの人ではあるが、露柱をめぐる唐末の問題意識には共通するものがあり、本段の理解には以上のような思想史的背景をふまえる必要がある（入矢義高「雪峰と玄沙」、「雲門の禅・その〈向上〉ということ」、『増補 自己と超越』参照）。この幕僚は義玄と知り合いで、禅についても関心があり、「無情説法」について議論していたのであろう。

241 問われた幕僚は咄嗟に答えられなかった。義玄は拄杖で露柱をいっぱつ打って言った、「凡か聖か、何と言おうと、ただの木材にすぎぬ。」

【二二】

242 師は院主に問うた、「どこへ行っていたのか？」院主、「城内へ黄米を売りに行ってきました。」師、「全部売れたのか？」院主、「全部売れました。」師は目の前で拄杖をさっとひと振りして、「これは売れるか？」院主は喝した。師は拄杖で院主を打った。そのあとで、典座が来たので、師はさきのいきさつを話した。典座、「院主は和尚の意図がわからなかったのでしょうな。」師、「そなたならどうするのか？」典座は礼拝して見せた。師は典座をも打った。

「院主」は禅院にあって「院門の諸事を総領し、……院門の歳計、銭穀の有無、収支出入および逐年の受用、斎料を準備し、米麦等を時に及んで収買す。并びに醤醋《みそす》を造ること須らく時節に依るべし。及び油を打ち変磨すること等も亦た当に心に経《お》くべく、衆僧の斎粥は常に勝心を運らせ、四来を管待《もてな》すこと、宜しく軽易《かろん》ずべからず」（『禅苑清規』巻三「監院」）といった、主として経営の任に当たる重要な役職（院主の称はおおむね唐代に用いられ、宋代以後は監院と呼ばれた）。第一八段「普化」注212参照。

243 「州中」は鎮州城内。臨済院は城外の東南にあった。「黄米」は秫《じゅつ》（もちあわ）の脱穀したものをいう北方人の俗称。粳《こう》（うるち）、糯《じゅ》（もちごめ）とともに稲の一種で、粘り気があり、酒の醸造に適している（『本草綱目』巻二三、穀部、『植物学大辞典』商務印書館、一九一八）。臨済院の黄米は寄進された寺田で収穫されたものであろう。当時の河北成徳鎮は安史の乱後、節度使李宝臣（生卒七〇七―七八一。在任七六三―七八一）が滹沱河の治水を行い、生産を恢復発展させていた時期であった（馮金忠『唐代河北藩鎮研究』一一五頁、科学出版社、二〇一二）。「糶《ちょう》」（他弔切）は穀物を売り出す義、「糴《てき》」（徒歴切、買い入れる）に対する語。「～去来」は過去の回想を表わす（～していた）。冒頭の「什麼処来？」の「来」も「去来」の義。

244 「羅得尽」は「全部売れた」。結果を表わす「羅尽」（売りつくす）に「得」を挿んで可能補語を構成する。

245 義玄は拄杖をさっと一振りした。「面前」は義玄の面前で。「画一画」は画（劃）という動作を一回やる。これは洪州宗《こうじゅうしゅう》でいう「作用即性《さゆうそくしょう》」説にもとづく「施為動作《せいどうさ》」の一例。「拄杖をさっと一振りする」動作が佛性のはたらきであることを示す。馬祖道一《ばそどういつ》は言う、「一切衆生は無量劫より来《このか》た法性三昧《ほっしょうざんまい》を出《いで》ず。長《つね》に法性三昧中に在りて著衣《じゃくえ》喫飯《きっぱん》し、言語祇対《げんごしたい》す。六根の運用、一切の施為は尽く是れ法性なり」（『馬祖語録』）。宗密は洪州宗を総括して、「洪州宗の意は、心を起こし念を動かし、指を弾《はじ》き目を動かす所作所為は、皆な是れ佛性の全体の用《はたらき》にして、更に別の用無し」（『中華伝心地禅門師資承襲図』）とした。張商英「洪州宝峰禅院選佛堂記」に、「凡そ吾が選に与《あずか》る者は、心空なるのみ。弟子、堂に造《いた》りて問う有り。宗師踞坐《こざ》して答うる有り。或いは之《こ》れに示すに玄要を以てし、或いは之れに示すに料揀《りょうけん》を以てし、或いは之れに示すに法鏡三昧《ほうきょうざんまい》を以てし、或いは之れに示すに道眼《どうげん》の因縁を以てし、或いは之れに示すに向上の一路を以てし、或いは之れに示すに末後の一句を以てし、或いは之れに示すに当頭《とうとう》を以てし、或いは之れに示すに平実を以てし、或いは揚眉瞬目《ようびしゅんもく》し、或いは挙払敲床《きょほっこうしょう》し、或いは圓相を画《かく》し、或いは劃一画《かくいっかく》し、或いは掌《て》を拍《う》ち、或いは舞いを作す。吾が機に契う者は、其の心の空なるを知る。其の心の空なるを知らば則ち佛は果して以て選ぶ可《べ》し」（『緇門警訓』巻三）。これは求那跋陀羅訳『楞伽経』巻二に説かれる、言葉によらずに法を示す手段を列挙する一節にもとづく。「或いは佛刹《ぶっせつ》有りて瞻視《せんし》して法を顕わす。或いは相を作《な》す有り。或いは眉を揚ぐる有り。或いは睛《ひとみ》を動かす有り。或いは笑い、或いは欠《あくび》す。或いは謦咳《せきばらい》し、或いは刹土《せつど》を念じ、或いは動揺《どうよう》す」（常盤義伸『楞伽阿跋陀羅宝経　本文校訂と訓読』自家版、二〇〇三）。

246 「これは売れるか。」「これ」とは上述の佛性のはたらき（道）を暗示する。義玄は院主に「これ」も売るつもりか、と警覚した。院主は臨済禅院の経営に奔走しているのであるが、それは禅院での職務のこと、そなた自身は「これ」をどうはたらかせているのか。

247 院主は怒鳴った。「なんということを言われるか！」 院主には義玄の警覚がひどくこたえた。

248 義玄は拄杖で院主を打った。わたしが問題にしているのは、この痛みを感ずるそなた自身のことだ。

249「典座の職は大衆の斎粥を主《つかさど》る」（『禅苑清規』巻三）。寺院管理職の主事（監寺《かんす》、維那《いの》、典座《てんぞ》、直歳《しっすい》）の一で、禅院の要職。潙山霊祐や雪峰義存など、のちに大叢林を経営する手腕のある人が任ぜられた。

250 典座に院主とのやりとりを話した。そなたはどう受けとめるのか。

251「院主は和尚の意図がわかっていないのです。」

252 典座は礼拝した。わたしなら「和尚のお教え、ありがたく感謝します」と礼拝します。

253 義玄は典座をも拄杖で打った。わかる、わからぬということではない。そなたみずからのことだ。

【二三】

254 座主が訪ねてきて師と相見した。師、「何の経論を講じておられるのか?」座主、「わたくし、浅学匪才にて、『百法論』をざっと修めた程度です。」師が問う、「三乗十二分教を理解できる者と理解できない者と、この二人は同じか否か?」座主、「理解した立場から言えば同じで、理解できなければ別です。」そのとき楽普元安が侍者として師の後ろに控えていて、口をはさんだ、「座主どの、ここをどこだと思って、同じだ別だと言うのか!」師はふり向いて問うた、「そなたはどうなのか?」侍者は喝した。師が座主を送り出して、戻ってきてから、侍者に問うた、「さきほどは、わたしを喝したのか?」侍者、「はい。」師は打った。

「座主」とは寺院内で出家者に経論を講ずる法師（経師、論師）をいう。宋初の道誠『釈氏要覧』巻一に、座主の名はもと科挙試験の主管（礼部侍郎）を指したが、「今釈氏は学解《がくげ》の優贍穎抜《ゆうせんえいばつ》なる者を取《も》って座主と名づく」という。大珠慧海『頓悟要門』「諸方門人参問語録」巻下に律師、法師、禅師の比較論があり、法師を「師子《しし》の座に踞《すわ》り、懸河《けんが》の弁を瀉《そそ》ぎ、稠人広衆《ちゅうじんこうしゅう》に対して玄関《げんかん》を啓鑿《けいさく》し、般若の妙門を開き、三輪の空施《くうせ》に等しくす。若し龍象の蹴蹋《しゅくとう》するに非ずんば、安《いづく》んぞ敢えて斯《こ》れに当たらん」という。禅師と法師（座主）とはしばしば対立し、法師は禅師を「禅師ものを知らず（佛教学の素養を欠いている）」と言い、禅師は法師を「字面に拘泥して経典の真意を悟らぬ」と難ずるが、佛語を究めることと佛心を明らかにすることは会通すべきものである。黄檗の弟子睦州道蹤の語録には「講経論座主大師を勘《かん》す」という章があって、こうした座主との問答を多く収める。禅僧のなかにも西山亮座主《せいざんりょうざす》（『景徳伝灯録』

巻八）、夾山善会《かっさんぜんね》（『祖堂集』巻五、華亭和尚章）、徳山宣鑑《とくさんせんかん》（同、巻五、徳山和尚章）や太原孚上座《たいげんふじょうざ》（大慧『正法眼蔵』巻下）のように座主から転向した人もあった。

255 「相看」は「相見」と同義の口語。正式に面会する。おそらく評判を聞いて特に座主から面会を求めて来たのであろう。

256 「どういう経論を研究講説なさっているか？」座主には各自専門とする経論があり、複数に及ぶこともあり、何度講じたかを誇ることもある。

257 「荒虚」はもと土地が荒れること。引伸して学問の成果なきこと。「学問荒虚、知識寡浅」という。

258 『百法論』とは天親菩薩《てんじんぼさつ》の『大乗百法明門論《だいじょうひゃっぽうみょうもんろん》』（貞観二年［六二八］玄奘訳）。唯識学の入門書で、「色法」十一、「心法」八、「心所有法」五十一、「不相応行法」二十四、「無為法」六の百法の名数を分類して「一切法無我」を明らかにするもの。わずか二紙の短い論であるが、玄奘の弟子窺基《きき》以来それぞれの名数を解説する注釈があり、それにもとづいて学ぶ。「粗《ほ》ぼ習う」とは、少しかじったという程度をいう。むろん謙遜していう言葉。

259 「三乗十二分教」は三乗（声聞、縁覚、菩薩の修行者を載せる乗り物。機根の分類）のためにさまざまに説かれた十二種類の経典を総括していう。すなわち佛説のすべての教えをいう。「於」は対象を表わす介詞（〜を）で、「把」、「将」に相当し、目的語を提前して、後ろを強調する新興の語法。「明得」は理解できる、「明不得」は理解できない。「是〜是〜？」は選択疑問形式。「三乗十二分教を理解できる人とできない人に違いはあるか」という問い。

260 「理解できたら同じですが、理解できなければ別です。」その意味は「佛の教えを理解した立場から見れば、佛典の内容がわかる人もわからぬ人も、その法性をもつことにおいて平等である。」「悉有佛性《しつうぶっしょう》」の教理による答え。無著道忠『臨済録疏瀹《りんざいろくそやく》』（以下、『疏瀹』と略称）は「言《いうこころ》は明らめ得たる者は、明不明の同じなる理を知り、明らめ得ざる者は、明不明の同じなる理を知らず。元来は明得と不明得は別なり。座主の見解《けんげ》此《かく》の如し」（柳田聖山編『臨済録抄書集成』下冊、禅学叢書唐代資料編、中文出版社、一九八〇）、岡田乾児『臨済録贅弁《りんさいろくぜいべん》』は「三乗十二分教を明して得たる者の上から見れば、佛、衆生皆一つに見る故に同じなり。未だ明らめ得ざる者は、明暗色空各《おの》おの別に見る故に別なり」（同）。ふたつの「即」は「〜の場合は……」という区別を表わす副詞。

261 楽普は元安和尚（八三四―八九八）。鳳翔府麟遊県《ほうしょうふりんゆうけん》（今の陝西省麟游県）の人。「経論に至りては該通せざる無し」と言われた。翠微山《すいびざん》（今の西安の南、終南山にある）をへて河北の臨済院で侍者をつとめたあと、湖南澧陽《れいよう》の夾山善《かっさんぜん》会《ね》（八〇五―八八一）の法を嗣ぎ、洛浦山《らくほざん》（錦州洛浦県、今の湖南省保靖県西）に住した（伝記資料は『宋高僧伝』巻一二、『祖堂集』巻九、『景徳伝灯録』巻一六等）。洛浦は洛水と浦水の合流地であるから洛浦と表記するのが正しいが、同音の当て字で「楽普」、「落浦」と書かれることもある。

262 「おい、座主！ ここをいったいどこだとわきまえて、同じだ別だなどと言うのか！」 ここは禅寺だ。そんな教理を問題にしているのではない。

263 義玄はふり返って、「そなたはいったいどうなのか。」「又」は疑問のいぶかる語気を表わす副詞。

264 楽普は威勢よく怒鳴り声を揚げた。ここでは佛性をこうはたらかせるのだ。

265 義玄は座主を門まで送り出して、もどって来てから、楽普に問うた、「さきほどの怒鳴り声は、わしに向けたのだな。」「遂」は、さまざまに曲折があってから、その段階で次の行動が起こることを表わす副詞。「適来」は近い過去を表わす「適」に時間を表わす「来」がついた口語副詞。「是」は確認を表わす副詞。「老僧」は僧侶が一人称として用いる代名詞。義玄の問いと座主の答えが教理問答に堕していると楽普は思った（と義玄は察した）。

266 「そのとおりです。おわかりでしたか。」 自信に満ちた答え。

267 義玄は楽普を拄杖で打った。いかにも佛性の問題を言葉で議論するのは戯論《けろん》であり、大声で怒鳴る作用は佛性の発露ではある。しかし「喝」することが佛性なのではなく、もともと問われたらやむなく示す方便のひとつにすぎない。しかもこの場で楽普が座主に一方的な喝を浴びせたことは、座主を作法に則って遇し、門送した義玄の意にはそぐわなかったであろう。臨済門下では喝を家風と見做して模倣し、やたらに喝しまくる「胡《こ》喝乱喝《かつらんかつ》」の嫌いがあった。法眼文《ほうげんもん》益《えき》（八八五―九五八）はその弊風を指摘している。「近代の宗師は拠《よりどころ》を失い、学者は稽《かんが》うる無く、人我《にんが》を用いて以て鋒を争い、生滅を取《も》って所得と為す。接物《せつもつ》の心安《いづ》くにか在る？ 破邪の智奇は聞く蔑《な》し。棒喝乱《みだ》りに施し、自ら云う、

『曾て徳嶠《とくきょう》、臨済に参ず』と。圓相互いに出《いだ》して、惟だ言う、『深く潙山《いさん》、仰山《きょうさん》に達す』と。対答は既に綱宗を弁《わきま》えず、作用は又た焉んぞ要眼を知らんや？ 群小を誷誑《たぶらか》し、聖賢を欺昧《あざむ》く。誠に笑いを傍観に取り、兼ねて尤《とが》を現報に招く」(『宗門十規論』、「対答は時節を観《み》ず、兼ねて宗眼無きこと第四」)。これは禅宗が五家と言われる潙仰《いぎょう》・臨済・曹洞・雲門・法眼の法系に分かれ、それぞれ綱要を立てて門風を鮮明にすると同時に、禅宗社会の大衆化のなかで形骸化してゆく時代の観察である。楽普の喝を義玄が戒めた本段は、「胡喝乱喝」を義玄自身がつとに警戒していたという一連の虚構された問答のひとつに位置づけられる。

【二四】

268 師は第二代徳山和尚が大衆への垂示で「言えても三十棒で叩きのめし、言えなくとも三十棒で叩きのめす」と言ったのを聞いた。そこで侍者の楽普に命じて、「そなたは徳山に行って和尚に問え、『どうして言えても三十棒で叩きのめすのか』と。やつが打ってきたら、そなたは受け止めて、押し返し、やつがどうするかを見てこい。」楽普は徳山まで行って、教えられたとおりに問うた。はたして徳山は打ってきた。楽普は受け止めて、押し返した。徳山は方丈へ帰ってしまった。楽普は臨済院に帰ってきて顚末を報告した。師、「わたしは以前からあいつを疑っていたのだ。そうではあるが、そなたは徳山和尚に会ってきたのか？」楽普は何かを言おうとしたとたん、師は打った。 第二代徳山は宣鑑《せんかん》和尚(七八〇—八六五)。『景徳伝灯録』巻一五、徳山章の夾注に「(三角)総印禅師開山創院し、鑑は即ち第二世住なり。」宣鑑は剣南西川(今の四川省成都市)の人。俗姓周氏。『金剛経』の青龍疏を講ずる座主で「周金剛」と称されたが、「南方禅宗の大いに興るを聞き、疏鈔を将《もっ》て巻衣して南邁し、龍潭《りゅうたん》(崇信)に見《まみ》えて心地を発明す」(『祖庭事苑』巻五引『徳山広録』)。澧陽《れいよう》(今の湖南省澧県)に三十年住したあと、会昌の廃佛に遭って山に隠れ、大中の初め(八四七)武陵太守に見いだされて朗州(同、常徳市)徳山古徳禅院に住した。

269 「垂示」は大衆に語った言葉。法堂にて陞座し大衆に説法する「上堂」、「示衆」を指す場合もある。

270 「言えても打つ、言えなくとも打つ。」「三十棒」は罰棒。なにを言って三十棒なのか、ここでは示されていないが、佛教用語でいえば「佛性」、「法性」、「真如」、中国ふうにいえば「道」、今ふうにいえば「絶対の真理」、その獲得であることは、じつは暗黙の了解であった。つまり「道とはなにか」、「道を体得した佛とはなにか」（「佛法の大意」）、「禅とはなにか」（「祖師西来意」）などと、幾度もくりかえし問われたテーマに他ならない。ただし、それを言葉で言いとめることがじつは不可能事であることも、原則として確認されてきたところだった。なぜなら言葉で限定してかかるのは、全一なる道そのものを破壊することになり、言えば誤るからである。しかしまた、絶対なる真理を欲するのは、人のやみがたい希求でもある。ここにアポリアがある。徳山和尚は「問わば即ち（それを）犯す。問わざれば則ち（それに）乖く」（『景徳伝灯録』巻一五）とも言っている。道を問い求めれば、かえって道を傷つけることになる。といって、問い求めないなら、道と乖離してしまうのである。このジレンマをどう処理するか。徳山はこのジレンマを果敢に断ち切ったのである。言いとめたと思ったら誤る。言えなかったとしても、言わんとしたこと自体が誤りである。いずれも三十棒に値する。したがって徳山は「我が這裏に一法の人に与うる無し」（わたしのところには、人に教えるべきものはなにもない）と言った。道とは、言葉で表現することも人に伝えることもできず、ひとりひとりがみずから体得するしかないものである。ゆえに何も教えない、外に求めることをやめさせる、教えを乞うて来参する者は、峻拒して追い返し、そのことを知らしめることしかできぬ。これを「第一義に立つ」接化という。徳山は拄杖で来参者を打ちすえて叩き出した。これが「徳山の棒」と言われ、「臨済の喝」と並び称された。

271 楽普に言い含めた、「そなたは湖南の徳山へ行って問うてこい、『どうして言えても三十棒なのか』と。そいつが棒で打って来たら、棒を受けとめて押し返せ。やつがどうするかを見てこい。」「伊」、「他」ともに第三人称代名詞で徳山を指す。「接住」の「住」は動詞の後について動作（ここは棒の動き）を止める意を表わす結果補語。「送一送」は一回向こうへ押す。

272 楽普に棒を奪われ押し戻されて、徳山はなすすべなく、すごすごと方丈へ引きあげた。

273 楽普はもどって、いきさつを義玄に報告した。「挙似」は話を取りあげ、聞かせること。

274 「わしは以前からあいつを疑っていたのだ。果してそうだったか！」「疑著」の「著」は動作の持続態を表わす助詞。楽普の「なぜ言いとめても三十棒なのか」に対し、徳山和尚はそれも葛藤であると、いつものように棒打しようとして、逆に棒を奪われ、なすすべなく方丈へ逃げ帰ったのであるから、まったく精彩を欠く対応であった。おそらく徳山も老いて、若い楽普（五十四歳も若い）の体力にはかなわなかったのであろう。「徳山は一條の脊梁骨《せきりょうこつ》」と言われ、第一義に立つ棒打一本槍を生涯貫いたのであった。が、ここにおいて棒打以外に臨機応変の接化の手段を持ちあわせていなかったことが端なくも露呈し、それを臨済に見破られたのである。『景徳伝灯録』巻一五、徳山章に収めるこの一段には徳山の弟子の巌頭全豁《がんとうぜんかつ》の評語が附してある。「徳山老人は尋常《ひごろ》只だ目前の一个の杖子《つえ》に把り、佛来《きた》るも亦た打ち、祖来るも亦た打つ。較《たが》うこと些子《さし》なるを争奈《いかん》せん」（徳山老人はいつもただ一本の杖を頼りに、佛が来ても打ち、祖師が来ても打つだけだった。いま一歩の感があるのは否定しがたい）。

275 「『そういうことではあるが、そなたは自身の眼で徳山和尚を見て取ったのか。』楽普はなにか言おうとした、義玄はすかさず打った。」この部分は本段を収録する早い時期の資料、十世紀後半に泉州で編纂された『祖堂集』臨済章（巻一九）、十一世紀初の『景徳伝灯録』徳山章にはなく、『天聖広灯録』（景祐三年［一〇三六］序）の段階に至って現われる。つまり『祖堂集』、『景徳伝灯録』の本文は「我従来疑著這漢」までであったが、『天聖広灯録』からこのあとに臨済と楽普との問答が付加される。付加されたことによって、楽普はただの伝語の漢にすぎず、みずからは徳山の面目を見ていなかったという結末になり、この一則の話のテーマが不鮮明になっている。

【二五】

276 師が鎮州城内の節度府に行くと、節度使王常侍は昇座説法を願った。説法が終るや、麻浴和尚が踏み出て問うた、「大悲千手千眼観音は、どれが正眼であるか？」師、「大悲千手千眼観音は、どれが正眼であるか？ さっさと言え！」麻浴は師を座から引きずり降ろして、自分が坐った。師は麻浴の前に出て言った、「ご機嫌よろしゅう！」麻浴が何か言おうとすると、師も麻浴を引きずり降ろして、自分が坐った。麻浴は出て行くと、師は座を降りた。「河陽府」は正式名では河陽三城懐州節度府（治所は孟州河陽県、今の河南省孟県）であるが、ここでは滹沱河《こだが》の陽（北側）の鎮州成徳軍節度府（真定）を指す。金蔵版『天聖広灯録』はここを「師は臨済を離れて河府に到る」としている。したがって「河陽府」は「河府」とも称し、『古尊宿語録』巻四が「河北府」とするのはみな通称であろう。これは「臨済慧照禅師塔記」に「適《たま》たま兵革に丁《あた》り、師即ち（臨済院を）棄てて去る。太尉黙君和《もくくんわ》、城中に於いて宅を捨てて寺と為し、亦た臨済を以て額と為し、師を迎えて焉《ここ》に居らしむ。後に衣を払って南邁《なんまい》し河府に至るに、府主王常侍延《まね》くに師礼を以てす」（『古尊宿語録』巻五、巻末）という経緯にあたる。楊曾文氏はこの「兵革」を王紹鼎《おうしょうてい》からその弟王紹懿《おうしょうい》への成徳軍節度使交代時（八五七年）の政変を指し、まず城北の小寺院に避難し、それから王紹懿に迎えられて城内に入ったと推測している（「臨済義玄河北伝法考」）。

277 「府主」は州の長官をいう俗称。王常侍は鎮州成徳軍節度使王紹懿（在任八五七―八六六）。大中十一年（八五七）に検校左散騎常侍の称号を贈られた（『旧唐書』宣宗本紀）。散騎常侍は皇帝側近の職であるが、藩鎮の実力者が地方権力を掌握したあとに朝廷が追認して与える名誉職（『旧唐書』巻一四、二王廷湊伝附元逵子紹懿伝では「右散騎常侍」とする）。河北鎮州は安史の乱後、安禄山の部下であった李宝臣が成徳軍節度使となってより、「土地を以て子孫に伝付し、朝旨を稟《う》けず、自ら官吏を補《ほ》し、王賦を輸《おく》らず」（『旧唐書』李宝臣伝）という独立政権が支配した。李宝臣のあとはその部下王武俊《おうぶしゅん》が受け継ぎ、養子王廷湊《おうていそう》、その子王元逵《おうげんき》、またその子王紹鼎、その弟王紹懿があいついで成徳軍節度使となって支配した。

278 鎮州城内の節度府に迎えて説法を請うた。昇座は要請に応じて須弥座に登る。陞座に同じ。

279 僧諱未詳。『景徳伝灯録』巻一二、臨済章にこの問答を載せ、「麻谷《まよく》」として、「第二世」と注する。馬祖の弟子に麻谷宝徹があり、蒲州《ほしゅう》（今の山西省永済市）麻谷山に住した人が第一世で、その席を継いだ人という。

280 「大悲千手眼」は千手千眼観世音菩薩。千手に眼を具えて衆生の救済の願いを観察しこれに応ずる化身。『千手千眼観世音菩薩大悲心陀羅尼』（不空訳）の発願頌に「稽首《けいしゅ》す観音大悲の主、願力洪深《こうしん》なり相好《そうごう》の身。千臂《せんぴ》の荘厳《しょうごん》もて普《あま》ねく護持し、千眼の光明もて遍《あま》ねく観照す。真実の語中に密語を宣《の》べ、無為の心内に悲心を起こし、速《すみ》やかに諸《もろもろ》の希求を満足せしめ、永《とわ》に諸《もろもろ》の罪業を滅除せしむ」（T二〇、一一五中）という。実際の千手観音像は四十二臂であり、鎮州城西大悲閣に僧自覚の発願した大悲像が存した。『宋高僧伝』巻二六、唐鎮州大悲寺自覚伝に「挙高四十九尺、梵相端厳にして、眼臂全て具わる。」『祖堂集』巻七、雪峰和尚章に「但有《あら》ゆる施為《せい》は尽く是れ傍通鬼眼《ぼうつうきがん》なり。如何なるか是れ正眼」という問いがあるが、本段に「千手千眼は救済のための方便の手だてである。では何が方便ならざる第一義の正眼か」と問うのと同じ主題である。麻浴は千眼ならざる正眼、義玄自身の正眼、すなわち主人公を示せ、と迫るのである。「那箇」は中古漢語の口語選択疑問詞「どれ」。なお『景徳伝灯録』巻一二、臨済章には麻谷が「十二面観音、阿那面か是れ正」と問うやりとりがあるが、同一主題の異伝であろう。

281 義玄は麻浴に言う、「正傍があると分別しているなら、そなたが言えばよかろう。」

282 麻浴は義玄を正面の座から引きずり降ろして、自分が座に坐った。

283 「不審」は僧侶社会のあいさつの辞。『大宋僧史略』礼儀沿革に「又た比丘相見《しょうけん》し、曲躬合掌《きょくきゅうがっしょう》して口に不審と云うが如きは何ぞや。此れ三業もて帰仰《きごう》するなり（曲躬合掌は身なり。不審と発言するは口なり。心に若し崇重《すうちょう》を生ぜずんば、豈《あ》に能く身口《しんく》を動かさんや）。これを問訊《もんじん》と謂う。其或《もし》も卑の尊に問うときは、則ち『不審《しら》ず、病少《な》く悩み少《な》く、起居軽利《ききょけいり》なりや』と。上の下を慰むときは、則ち『不審《しら》ず、病悩無く、乞食得易《こつじきえやす》く、住処に悪き伴《とも》無く、水陸に細《さい》虫《ちゅう》無しや』と。後人其の辞を省き、止《た》だ『不審《ふしん》』とのみ云うなり。大《ほ》ぼ歇後語《けつごご》の如きか。」ここは義玄が麻浴の主人公に「ごきげんよう」とあいさつをした。「ほほう、これがそなたの〈主人公〉か」という揶揄である。主人公は「法身」、「法身は無相」であるのに。

284 麻浴はなにかを言おうとした（あわてて否定しようとした）。義玄はそこを衝いて、麻浴を座から引きずり降ろしてから、自分が坐った。これがわたしの〈主人公〉だ。

285 麻浴は自身のしかけた作略を後悔して、引き下がった。義玄もこうした席争いの児戯に類する行為をやめて、座から降りた。王常侍に対しては「これで説法は終り」ということを示した。

【二六】

286 王常侍はある日、師を臨済院に訪ね、僧堂を案内されて、そこで問うた、「この僧堂の僧らは、いったい経典を学んでおるのか。そのようには見えぬが。」師、「いえ、経典を学んではおりません。」王常侍、「では、坐禅を修しておるのか。そのようにも見えぬが。」師、「いえ、坐禅を修してはおりません。」王常侍、「経典も学ばず、坐禅も修しておらぬと。では結局何をしておるのか。」師、「かれらを全員佛祖に仕上げるのです。」王常侍、「金の粉は貴重だが、眼に入れば病いになるというが、どうだ?」師、「あなたを無知な俗人だとばかり思っておりました。恐れ入りました。」

「看経」は読経をいう口語。

287 「伊」(かれら)は不特定の第三人称代名詞。「成佛作祖去」の「去」は佛祖になるという趨勢を表わす補語。

288 「金屑雖貴、落眼成翳」は有価値のものの絶対化、教条化を戒める禅宗の諺。馬祖の弟子興善惟寛(七五五―八一七)と白居易との元和十年(八一五)の問答に、「第三問に云う、『垢《く》は即ち念ず可からず、浄《じょう》は念ずること無くして可なるか。』師曰く、『人の眼睛《がんせい》上には一物も住《とど》むる可からざるが如し。金屑は珍宝なりと雖も、眼に在りては亦た病と成る』」(『白居易集箋校』巻四一「伝法堂碑」)。興善惟寛は「人は本来清浄であるのなら、〈無事〉でよいのか」という問いに対して、「〈無事〉は高次の理想ではあるが、それを教条化してはならぬ」と戒めた。盤山宝積の上堂の語にいう、「無為無事の人も、猶お是れ金鎖の難」(『景徳伝灯録』巻七)。

289 「将為《おも》いしに」は誤解をいう(「為」は同音の「謂」(去声)に通ず)。「……だとばかり思っていた」。通常そのあとに「元来」をともない、「……だとばかり思っていたら、~だったのか」という句。この話は王常侍が居士として禅的見識を具えていたことを示す一段。ただし古い『祖堂集』巻七、雪峯和尚章、『景徳伝灯録』巻一六、雪峯義存禅師章では、雪峯と鏡清道怤《きょうしょうどうふ》の対話に、ある老宿と俗官とのやりとりとして引かれ、内容にも相違がある。『祖堂集』は「師(雪峯)挙《こ》す、古来《むかし》老宿、俗官を引きて巡堂し云く、『這裏《ここ》に一二三百の師僧有り、尽く是れ佛法を学ぶ僧なり。』官云く、『金屑は貴しと雖も、又《は》た作摩生《いかん》。』(老宿)対《こた》うる無し。師拈《ねん》じて鏡清に問う。鏡清代って云く、『比来《さき》は塼《せん》を拋《な》げて玉《ぎょく》を引《ひ》けり。』」ここでは老宿は一二三百の修行僧を擁する大寺院の長老であり、「佛法を学ばせている」と庇護者の俗官におもねったところを、「禅宗は違うはずですぞ」とやりこめられている。本段では一歩進んで「禅宗的教条」を戒める主題になっていて、〈無事禅〉への批判を主題としているのは、これの新しいかたちとおもわれる。また「揔《すべ》て伊《かれら》をして佛と成り祖と作り去らしむ」という「成佛作祖《じょうぶつさそ》」への意欲は、義玄が示衆にくりかえしいう、「佛を求め祖を求める」ことへの否定、「佛の求む可き無く、道の成す可き無く、法の得可《うべ》き無し」、「你ら祖佛と別ならざらんと要せば、但だ外に求むる莫れ」などの〈無事禅〉の主張とは背馳するものである。

【二七】

290 王常侍はさらに諸官とともに、師に昇座説法を願った。師は座に昇って言った、「わたしは今日、やむを得ぬ事情で世間のならいに従い、説法の座に昇ることとなった。だが、もしわが禅宗の伝統に依拠して禅の第一義を宣揚するならば、口を開くこともできず、また諸君の居場所さえない。わたしは今日、常侍どのの強い要請があったのであるから、どうして要諦を明らかにせずにおれようか？ さあ、武勲の誉れをもって出陣して来る者はおるか？ 大衆の前で作家たるところを証明してみよ。」すぐに僧が出て問うた、「佛法の核心とは何でありましょうか？」義玄は一喝した。僧は礼拝した。『この坊さんは意外に解っておるな。』」

「山僧」は僧みずからをいう謙称。「事已《や》むを獲ず」はやむなき事情のため断りきれずに。「曲《つぶ》さに人情に順《したが》う」は世間通常の礼に従うこと。「曲順」は委曲順従、全面的に従うこと。「曲」を「曲《ま》げて」と読んで、己の信念を曲げて権力者に随順すると解するのは正しくない。「人情」は「道情」に対す。「人情濃厚ならば道情は微なり」（「龍牙頌」、『景徳伝灯録』巻二九）、「佛法は人情に当たらず」（湛堂文準、『嘉泰普灯録』巻二六）という。方便をもちいること、この場合は説法をすることをいう常套句。いやいや説法をするのではなく、このように口上を述べて原則を打ち出し、禅宗の立場を闡明しているのである。

291 「祖宗」は先祖。「約」は原則、立場に依拠すること。「直是」は否定を極度に強める口語副詞。「開口不得」は文語の「不能開口」を可能補語の口語形式で言うもの。「你らの足を措く処無し」は諸君の身を置く場がない。つまり説法を聴こうという立場は成り立たない。禅の第一義から言えば、「説くべき法というものはない」からである。黄檗希運『伝心法要』にいう「佛は唯だ直下《じきげ》に自心を頓了《とんりょう》せしむ。本来是れ佛にして、一法の得可《うべ》き無く、一行の修す可き無し。此れぞ是れ無上道、此れぞ是れ真如佛なり。」薬《やく》山惟儼《さんいげん》（七五一—八三四）は院主の要請で上堂したが、一言も言わず、方丈に帰った。咎める院主に対して、「経には経師あり、論には論師あり、律には律師あり。又た争《いずく》んぞ老僧《わし》を怪《とが》め得ん」と答えた（『景徳伝灯録』巻一四、薬山章）。『維摩経』弟子品にも「夫れ法を説く者は、説く無く示す無し。其の法を聴く者は、聞く無く得る無し」（T一四、五四〇上）と言っている。「足を措く処無し」の語は『論語』にもとづく。「刑罰中《あた》らずんば、民は手足を措く所無し」（子路篇）。また夾山善会《かっさんぜんね》の語に、「枯樹に横枝《おうし》無くんば、鳥来《きた》るも足を措き難し」（『景徳伝灯録』巻一六）。

292 「那」は中古漢語の疑問詞。反語を表わす。「綱宗」は宗旨の根本。「那ぞ綱宗を隠さん」という口上は、表現は反語で屈折しているように見えるが、むしろ積極的姿勢をいうのである。

293 「作家《さっけ》」の語はもと家を治める義（袁宏『後漢紀』霊帝紀中和二年「桓帝《かんてい》は家《いえ》を作《な》す能わず。曾《かつ》て私銭《しせん》無し」）、そこから能手、高手を評する語となり、文学的才能を褒める義も唐代から見えるが、禅宗でも優れた応答をする人を「作家」と評するようになった（『祖堂集』巻六、洞山章）。「作家戦将」はそういう禅僧を秀でた武将に擬する語で、唐末乱世の雰囲気を反映している。義玄の弟子興化存奬《こうけそんしょう》の示衆にも「若し是れ作家の戦将ならば、便ち単刀直入なるを請う。更に如何《いかん》せん若何《いかん》せんという莫《なか》れ」（『景徳伝灯録』巻一二、廬州澄心院旻徳和尚章）。「陣を展べ旗を開く」は戦闘態勢が整い出陣する様子。ここの「還」は疑問副詞で、文末に疑問の語気詞をともなわずとも、疑問を表わす（『続古尊宿語要』以降のテクストでは文末に語気詞「麼」を補っている）。

294 「対衆」は大衆の前で。「証拠」は（作家たることを）証明して認めさせる。「〜看！」は嘗試の義を表わす文末語気詞。相手に「〜してみよ」、または自分が「〜してみよう」の意。「試〜看！」という、文頭に副詞「試みに」を置く形式もある。

295 「如何なるか是れ佛法の大意」は佛法の核心を問う定型句で、知らぬことを問うのではなく、相手の意見を徴し、力量を試みる問い（第一段注16参照）。

296 「師僧」はがんらいは「師とすべき僧」という尊称であったが、のちにただ僧の敬称としてもちいられるようになった。「却」は意外性を表わす副詞。「持論」は議論すること。「持論するに堪う」はその人の考え方、論の立てかたに力量があることをいう。「佛法の核心」とは、自己（がすなわち佛であること）を悟ることに他ならず、その問いを他人に向けること自体が顚倒だと、義玄は一喝した。僧はその意を受けとめて、「お教えありがとうございました」と礼拝したのである。

【二八】

297 問う、「師はどなたの曲を歌い、どなたの宗風を嗣がれたのか？」師、「わたしは黄檗和尚のもとで、『如何なるか是れ佛法的的の大意？』と三度質問して、三度打たれた。」僧は何かを言おうとしたところ、師はすかさず一喝し、ただちに打ちすえて言った、「空《そら》に杭《くい》を打ちこむのをやめよ。」「師は誰家の曲をか唱い、宗風は阿誰をか嗣ぐ？」という師承を問う定型句は五言二句の詩のリズムで唱える。『祖堂集』には見えず、『景徳伝灯録』では臨済下第四世の風穴《ふけつ》延沼《えんしょう》（八九六―九七三）、その弟子の第五世首山省念《しゅざんしょうねん》（九二六―九九三）の記録に現われる（巻一三）。つまりこの問いは義玄の時代にはいまだ現われず、五代末から宋代初めに始まる（賈晋華『古典禅研究』修訂版二四一頁、上海人民出版社、二〇一三）。のち宋代以降には開堂のときになされる儀礼的な質問となった。「誰家」の「家」は人称代名詞や団体（たとえば「寺家」、「県家」等）につく口語接尾辞。「阿誰」の「阿」は人称代名詞や人名につく口語接頭辞（「阿」は詩では仄声に読まれる）。

298 義玄は黄檗希運門下で修行し、黄檗に「佛法的的の大意」を三度問うて三度打たれ、大愚に教えられて黄檗の意「即心是佛」を悟った（第一段参照）。このことを持ち出したのは、前の問答の意図を説明するためである。

299 「釘橛」はもと密教で結界を画するときの語。慧琳『一切経音義』に「『広雅』に橛は杙《くい》なり。案ずるに橛とは若《も》しくは鉄、若しくは竹、若しくは木、これを纖《ほそ》くして以て地及び牆壁に釘《う》つなり」（巻三六『金剛頂経曼殊室利五字心経』音義）という。「虚空裏に橛を釘つ」は無駄な試みの行為をいう成句。「地を掘りて天を討《もと》む」、「鉢盂《はつう》に柄《とって》を安《つ》く」、「好肉に瘡《きず》を剜《えぐ》る」、「風を捕え月を捉う」等の成句としばしば並挙される。「不可」は不可能、禁止いずれとも解しうる（できないから、するな）が、「不可～也」は禁止の語気を帯びる場合が多い。「向」は文語の「於」に相当する場所・方向を表わす介詞。「去」は趨向（こちらから向こうへ）を表わす補語。僧は義玄の師承を問い、黄檗会下での開悟の因縁を聞いたとき、そこでただちにその意味を我が事として受けとめるべきであったのに、それについて議論、質問をしようとした。義玄はそれを一喝して封じ、さらに拄杖で打って言った、「無駄な議論をすることではない。痛みを感ずるそなた自身のことだ！」と。

【二九】

300 座主が出て質問した。「すべての経典は、佛性を明らかにするために書かれたのではありませぬか？」師、「わが田地の荒れ草を鋤いたことなど一度もない。」「佛はよもやわれらを騙したりなさるものか！」師、「その佛は今どこにいるのか！」座主は黙ってしまった。師、「常侍の面前でわたしに恥をかかせるつもりか！ さあ、そこをどきなされ！ 他の者の質問の邪魔ですぞ！」また言った、「今日の法筵は一大事因縁を開示するためのものである。質問する者がまだいるか？ いたら早く問うがよい。だが、口を開けたとたん、もうすれ違ってしまう。何ゆえか？ 知ってのとおり、釈尊は『真理は文字言語では表わされない。因縁によって作られたものではないからだ』と言われた。諸君がこの釈尊の言葉を信じきれないために、今日もよけいな穿鑿をするのだ。こんなことでは、王常侍どのと官僚がたに、みずからの佛性を見失わせる仕儀となるだけだ。諸君はひとまず引き下がったほうがよかろう。確信を欠いている者に決着のつく時はけっしてない。」師は一喝して座を降りた。この座主はおそらく義玄の昇座説法にさいして王常侍に呼ばれたのであろう。経論の研究講説を職とする座主の立場から、義玄の教外別伝の禅を試す問いである。「三乗十二分教」は経典の分類（第一二三段注259参照）。経典はすべて佛性を明らかにするために説かれたもの、和尚は真面目に研究しておられるか？

301「荒草」は煩悩の喩え。経典の教えるところでは、佛性は人人具有であるが、煩悩の雲に覆われて発揮されない。それゆえ戒律に依る生活と煩悩を対治滅除する修行が必要だとする。『大般涅槃経《だいはつねはんぎょう》』に「一切衆生は悉く佛性有り。煩悩の覆うが故に、知らず見えず。是《こ》の故に応当《まさ》に方便を勤《ごん》修《しゅ》して煩悩を断壊《だんね》すべし」（巻七、如来性品）。これに対して禅宗では、たとえば永嘉玄覚の「証道歌」には「絶学無《ぜつがくむ》為《い》の閑道人《かんどうにん》、妄想を除かず真を求めず、無明《むみょう》の実性即《そく》佛性、幻化《げんけ》の空身即《そく》法身」という。『祖堂集』巻五、雲巌和尚章に「僧、石頭に問う、『如何なるか是れ祖師意？』」石頭曰く、『老僧《わし》が面前の一踏の草、三十年来曾て鋤かず。』」

302 座主は叫んだ「佛陀が人を欺くなど、滅相もない！ 経典に誤りがあろうはずはない。」「賺《たん》」（『集韻』直陥切）は欺く、騙す意の口語。がんらいは「賤《やす》く買って貴《たか》く売る」、「物を市《あきな》うに実を失う」といった商売上のかけひきの意味であり、そこから「俗に相い欺誑《あざむ》くを賺と曰《い》う」（『正字通』貝部）。北宋の趙彦衛『雲麓漫鈔』巻六に「賺取」を「浙人の語」と言っているから、南方方言から来た語であるらしい。佛教学というものは佛説が誤っていると疑いを差しはさむことは、原則として禁ぜられている。伝承されたあれこれの「佛説」を会通させる、つまりつじつま合わせをするだけである。ちょうど儒学で「注は経《けい》を破らず、疏は注を破らず」と言うように。

303 「その佛は今どこにいるのか！」 佛陀を究極の高みに置くのではなく、われわれと同じく一個の人間と見る。【七一】示衆六（3）に「一般の禿比丘《とくびく》有りて、学人に向って道《い》う、『佛は是れ究竟《くぎょう》なり。三大阿僧祇劫《さんだいあそうぎごう》に修行し、果満ちて、始めて成道《じょうどう》せり』と。道流《どうる》よ！ 你ら若し『佛は是れ究竟なり』と道《い》わば、什麼《なに》に縁《よ》りてか、八十年後、拘尸羅城《くしらじょう》双林樹《そうりんじゅ》の間に側臥して死去せる？ 佛は今何《いずこ》にか在る？ 明らかに知る、我らが生死と別ならざるを。」南泉普願の上堂の語にいう、「佛は道を会《え》せず。我自ら修行するのみ。知を用いて作麼《いかん》せん」（『景徳伝灯録』巻二八）。

304 「常侍の面前でわたしに恥をかかせるつもりか！ さあ、そこをどきなされ！ 他の者の質問の邪魔ですぞ！」「謾」は欺謾（馬鹿にする）の義。「他別人」は他人または別人。南嶽懐譲《なんがくえじょう》と嵩山慧安《すうざんえあん》の問答に、「問う、『如何なるか是れ祖師西来の意旨？』師云く、『何ぞ自家《じか》の意旨を問わざる。他別人《たにん》の意旨を問うて什麼《なに》をか作《な》す』」（『宗鏡録』巻九七）。

305 「今日の法座は佛出世の一大事因縁を明らかにするためである。」『法華経』方便品に「諸佛世尊は唯だ一大事因縁を以ての故に世に出現するのみ。舎利弗よ、云何《いか》んが『諸佛世尊は唯だ一大事因縁を以ての故に世に出現するのみ』と名づく。諸佛世尊は衆生をして佛の知見を開かしめ、清浄を得しめんと欲するが故に世に出現す。衆生に佛の知見を示さんと欲するが故に世に出現す。衆生をして佛の知見を悟らしめんと欲するが故に世に出現す。衆生をして佛の知見の道に入らしめんと欲するが故に世に出現す。舎利弗よ、是れを〈諸佛は一大事因縁を以ての故に世に出現す〉と為す」（T九、七上）というのにもとづく。

306 「問話」は質問の意の口語（第一段注18参照）。「問いを致《も》ち来れ」は問いかけてこいという誘い。

307 「だが、口を開けたとたん、もうそれとはかけ離れてしまう。」「纔~早……」は「~するやいなや、早くも……。」「勿交渉」は関わりを持たないこと。「没交渉」というに同じ（「勿」明母、入声物韻、「没」明母、入声没韻。ともに「無」の義の口語。「勿」はおそらく南方方言）。質問し議論することは「一大事因縁」と関わりがない。禅月大師貫休の「無相道人の順世を聞く」詩に「百千万億の偈、他《それ》と交渉勿《な》し。所以《ゆえ》に那《か》の老人（佛陀）は、密《みつ》に迦葉に伝う」（五首の五、『禅月集』巻九）。

308 『楞伽経』巻四に、「大慧よ、若し如来は文字に堕せる法を説くと説《かた》る者有らば、此れは則ち妄説なり。法は文字を離るるが故に。是の故に、大慧よ、我等諸佛及び諸菩薩は一字をも説かず、一字をも答えず。所以《ゆえ》は何ぞ。法は文字を離るるが故に」（T一六、五〇六下）。「法は文字を離る」とは、真理は文字によっては表現されない、文字というものは分別の所産であるから、ということ。『維摩経』弟子品の維摩が目連に語った語に、「夫れ法を説く者は、当に如法に（真理のままに）説くべし。……法は名字無し、言語断たるるが故に。……法は因に属せず、縁に在《かか》わらざるが故に」（T一四、五四〇上）。無著道忠『疏瀹』に『注維摩詰経』の僧肇注「前後相い生ずるは因なり。現相を助け成すは縁なり。諸法は要《かな》らず因と縁相い仮りて、然る後に成立す。若し法は縁に在《かか》わらざるを観れば、則ち法は因に属さざるなり」（T三八、三四六下）を引いて、この「法」は「真法」のことだ（万法ではない）と注意している。

309 「信不及」は上に述べたこと（ここでは釈尊の語）を信じきれない意。一般的に人の信念、信心について言うのではない（「自信不及」は自己を信じきれない。示衆にいう「自己が祖佛と異ならぬこと」が信じきれない）。「~不及」は動作がそこに至ることができない意の補語。「葛藤」はもと葛《くず》や蔦《つた》の類。「摩楼樹《まろうじゅ》の初生《しょしょう》にして葛藤の纏《まつ》わる所と為り、長じては便ち枯死するが如し。愛欲の意も亦た是《かく》の如し」（『出曜経』巻五、愛品）というように断ち切るべき束縛をいう。また「禅家者流《ぜんけしゃりゅう》は凡そ事を説くこと枝蔓《しまん》にして径捷《けいしょう》ならざる者を見て、之れを葛藤と謂う」（『叢林盛事』巻一に引く富弼の語）という言語のもつ煩瑣をいう。ここでは「法は文字を離る」という、言葉を挿しはさむ余地なき世界であるにもかかわらず、しいて詮なき議論をすること。これを「閑葛藤」（むだな議論）という。

310「恐」は心配する、「滞」は迷惑をかける「滞累」の義。「昧」は「迷昧」（暗くて迷わせる）の義。

311「諸君はひとまず引き下がったほうがよかろう。」もうこれ以上いても「閑葛藤」するだけだ。「且」は勧奨の副詞。

312「信根」は五根（解脱へ赴く五つの根柢）の第一、佛意を確信すること（羅什訳『坐禅三昧経』巻下）。「少」は「欠《かん》少《しょう》」、欠けていること。「了日」は終る日、決着のつく時。「終無～」の「終」（最後まで）は否定を強める副詞。

【三〇】

313「師は初祖達磨塔に到った。塔主が問う、「長老は佛陀を先に礼拝なさるか、達磨大師を先に礼拝なさるか？」師、「佛陀も祖師も礼拝しませぬ。」塔主、「佛陀と祖師は長老と何の仇《あだ》がおありなのか？」師は袖を払って出て行った。

「初祖塔頭」は震旦初祖すなわち中国における禅宗の第一代祖師達磨大師の墓塔。「塔頭」の「頭」は名詞につく口語接尾辞。菩提達磨は南北朝（北魏、斉梁）のころに来た西域または印度僧で、『洛陽伽藍記』永寧寺、修梵寺の条（巻一）にその片影が知られるが、そのイメージが鮮明になってゆくのは唐代からである。道宣『続高僧伝』習禅篇、『神会語録《じんねごろく》』、『伝法宝紀《でんほうぼうき》』、『歴代法宝記《れきだいほうぼうき》』にその伝記が記され、対話を記録した『二入四行論《ににゅうしぎょうろん》』がまとまり、唐中期の『宝林伝《ほうりんでん》』（八〇一）に至って総括される。これらによると、『続高僧伝』達摩伝では「自ら云う、年は一百五十余歳と。遊化《ゆげ》を務めと為し、終りを測らず」、慧可伝に「達摩は洛濱に滅化し、可は亦た形を河涘《かし》（黄河の水辺）に埋む」、『神会語録』には「嵩山に葬る」、『歴代法宝記』に「洛州熊耳山《ゆうじさん》に葬る」、そして『宝林伝』に至って、卒年を北魏太和十九年（四九五）とし、「熊耳山の呉坂《ごはん》に葬る」と言い、さらには梁昭明太子による祭文、梁武帝による塔銘までも収録されているから、すでに伝説化が甚だしく、卒年にも諸説が出現する。今は河南省陝県《せんけん》（洛陽の西、三門峡市の東五十九キロメートル）に達磨塔と空相寺が存する。一九八八年の情況はつぎのようであった。「一面の畑の中に一つの伽藍と塔・碑が見える。熊耳山は熊の耳のようにきれいな三角形をした小山であった。かつては百名もの僧侶がいたという大寺院は、現在は佛殿の跡と思われる建物と碑が四基、それと達磨の塔が残るのみである。伽藍の西側にあり、西を正面にして立っていた」（尾崎正善「熊耳山呉坂の達摩塔について」、駒澤大学中国佛教史蹟参観団「行程記録」、『中国佛蹟見聞記』第一〇集、一九九〇)。『景徳伝灯録』巻三、菩提達磨伝では定林寺と言う。達磨塔参拝の記事は、じつは『臨済録』の本段が最初である。五代後唐（九二三―九三六）時代の『諸山名蹟志』（擬題、S.五二九）には四祖塔、五祖塔、六祖塔遊歴の記録はあるが、初祖塔はいまだ現われない。熊耳山空相寺住持の名も宋代の碑刻に初めて現われることから、初祖塔が熊耳山に建立されたのは宋代になってからのようである。唐末の時代には達磨は馬祖がいうように、「今汝ら各おの自心是れ佛なるを信ぜよ。此の心こそ即ち佛心なり。是《こ》の故に達摩大師は南天竺国より来《きた》り上乗一心の法を伝え、汝らをして開悟せしめ」（『祖堂集』巻一四、江西馬祖章）んとした祖師と信じられていた。【八七】示衆一五（2）に「達磨大師の西土従《よ》り来りて、秖《た》是だ箇《ひとり》の人惑《にんわく》を受けざる底《ところ》の人を覓《もと》む」と言う。『臨済録』では、この一段は義玄が黄檗山を出て、いったん帰郷するまでに、諸方を行脚した（観方《かんぼう》という）ときのことに位置づけられている。

314 達磨塔に附設された定林寺（空相寺）の住持。

315 「長老は定林寺の佛陀と塔の達磨のどちらを先に礼されるか。」塔守は行脚して来た禅僧と見て、義玄を「長老」と呼び、慇懃な態度で、佛陀と達磨のどちらを重んずるかと問う。

316 「佛陀も祖師も礼拝しない。」義玄の立場は示衆にくりかえし言うように、「祖佛は自己と別ではない」のであるから、自己の外なる佛陀も祖師も礼拝の対象ではない。【四四】示衆一（1）に「你ら若《も》し能く念念に馳求《ちぐ》する心を歇《や》め得《え》なば、便ち祖佛と別ならず。你らは祖佛を識らんと欲《ほっ》得すや？秖《た》だ你らという、わが面前に法を聴く底《もの》こそ是れなる」、【七六】示衆九（3）に「道流《どうる》よ！是れ你らというわが目前に用《はたら》く底《もの》こそ、祖佛と別ならず。」

317 「長老は佛祖に対してなんの怨みをお持ちなのか。」「冤家」は憎く思う相手をいう（仇敵）。

318 義玄はもう相手にせず、さっさと出て行った。「払袖」（袖を払う）は立ち去るときの動作。拝塔もせずに立ち去ったわけである。

【三二】

319 師は法堂に上った。僧が問う、「佛法の核心は何でありましょうか。」師は払子を立てた。僧は喝した。師は打った。

また別の僧が問う、「佛法の核心は何でありましょうか。」師はまた払子を立てた。僧は喝した。師もまた喝した。僧は何かを言おうとするや、師は打った。「如何なるか是れ佛法の大意？」は義玄自身がかつて黄檗に問うたことであった。第一段注16参照。

320 払子を立てて相手に示した。示された払子を「見る」相手の僧に、「見る」という自己の見聞覚知の作用（佛性のはたらき）に気づかせるためである。すなわち馬祖禅の「作用即性」説にもとづく対応。第一二段注161参照。

321 僧は義玄の対応に怒鳴って不満を示した。「佛法の大意」の問いに払子を立てることが諸方に広く行われていて、陳腐な模倣と受け取ったのであろう。

322 義玄は拄杖で僧を打った。「佛法の大意」とは、「ほかならぬ自己に佛性の具われること」に気づくことである。「打たれて痛みを感ずるそなた自身のことだ。」

323 ここまでは前半と同じ。本書の編者はこうした同じ問いと対応を並挙して、機縁問答の習慣化したすがたを示す意図があるようである。当時唐末時代の行脚僧は各地の禅院を渡り歩き、師家をこうした定型化した質問で試して品評するという気風が蔓延していた。義玄も【四九】示衆一（6）にいう、「大徳よ！ 時光惜しむ可し。秖《た》だ傍家《のきなみ》に波波地《あたふた》と禅を学び道を学び、名を認め句を認め、佛を求め祖を求め、善知識の意度《おしはか》らんことを求めんと擬《ほっ》す。錯《あや》まる莫れ！」雲門文偃もいう、「各自箇《ひとつ》の託生の処を覓《もと》むれば好《よ》し。空しく遊州猟県《ゆうしゅうりょうけん》して秖《ひたす》ら閑言語を捏搦《こねまわ》さんと欲する莫れ。老和尚の口の開くを待って、便ち禅を問い道を問い、向上《うえ》だの向下《した》だの如何若何《いかんいかん》と、大巻に抄《うつ》し将《も》ち去って、皮袋裏《あたま》に塑向《つめこ》んで卜度《おしはか》り、到る処の火炉辺《いろりばた》に三箇五箇、頭を聚めて挙《もちだ》しては口喃喃地《べちゃくちゃ》と、……」（『雲門広録』巻上）。

324 「如何なるか是れ佛法の大意」と問うた僧には、この問いがかつての義玄のような「深刻な煩悶」に裏打ちされた問い（第一段参照）になっていなかったため、義玄の対応を己事究明の契機として受けとめず、反撥（喝）したり言葉で応じ（擬議）たりしようとした。義玄はこの僧をも打つしかなく、接化は失敗に終った。

【三二】

325 師は法堂に上って言った、「わたしは二十年前、黄檗先師のところで三度〈佛法の核心〉を問うて、三度先師の拄杖を頂戴したのだが、あれはヨモギの枝で軽く払われたようであった。今ももう一度頂戴したいものだ。たれかわたしのためにやってみてくれぬか?」するとひとりの僧が衆中から出てきて言う、「わたくしがやりましょう。」師は棒をその僧に向け、僧が受け取ろうとしたとたん、師は打った。『景徳伝灯録』巻一二、臨済章では、ここと同じく別時の上堂としているが、古尊宿系統のテクストでは前段(「払子を立てる」(2)につづく構成をなし、「師乃ち云く」として「大衆よ! 夫れ法の為にする者は、喪身失命を避けず」という一句を加えて、黄檗山での体験を「求道は命がけなのだ」と総括させているが、これは義玄個人の回想の語というよりは、宗祖の口吻を帯びさせているようである。これは圓覚宗演の重開時の編輯である。

326 底本の開元寺版『天聖広灯録』は「二十年」(二十年間の意)であるが、金蔵版に拠って「前」字を補う。此の段を収める『景徳伝灯録』には「二十年」の語はない。

327 義玄は当初黄檗に「如何なるか是れ佛法的的の大意」と問うて打たれ、再び同じく問うてまた打たれ、三たび同じく問うてまた打たれたのであった(第一段)。このときのことを「ヨモギの枝で軽く払われたようであった」と回想しているのは、その時は打たれながら痛みを感じなかった、痛打された意味が理解できなかったことをいう。のち大愚に「それが黄檗らしい老婆心の切なる指導なのだ」と諭されて、はじめて「佛法の大意」とは「即心是佛」に他ならなかったと悟ったのであった。四部叢刊南宋本および金版の『景徳伝灯録』では「我は黄檗和尚の処に於いて、三徧(遍)棒を喫するも、一《ひと》えに等閑《なおざり》なるに似たり」と直叙の語になっているが、その意味である。「他の杖を賜うを蒙る」の「蒙」と「賜」はともに「受ける」意の敬語表現で、二字かさねて丁寧な口語表現を使っている。「先師はかたじけなくも、お慈悲でわたくしを三度も打ちすえてくださったものだ」というニュアンス。「蒿枝《こうし》の払著《はら》うが如くに相《あ》い似《に》たり」の「如~相似」の句型は口語の言いかたで、文語では「如」だけで表わされる。

328 「如今《いま》更に一頓を思得《おも》う」の「頓」は打つ度数(一回)を表わす量詞。「思得」の「得」は動作の到達(思い到った)を表わす。「いまもう一度わたしを打ってもらいたいと思う」。四部叢刊南宋本および金版の『景徳伝灯録』は「如今更に一頓の痛棒を喫さんと思渇《しかつ》す」に作る。「思渇」は切に望むこと。

329 「誰人」は「誰」を二音節化した口語形式。「行」は「行

棒」（棒をつかう）。「誰かわしのために拄杖で打てる者は
いるか。」

330 「衆を出て」とは、並んで説法を聴いていた列から一僧が踏み出して、義玄の前に出たこと。百丈懐海が制定したとされる「禅門規式」に「其の闔院《こういん》の大衆は朝参夕聚《ちょうさんせきしゅう》し、長老は上堂陞堂《じょうどうしんどう》し、主事と徒衆は鴈立《がんりつ》して側聆《そくれい》し、賓主問醻《ひんじゅもんしゅう》して宗要を激揚するは、法に依りて住するを示すなり」（『景徳伝灯録』巻六、百丈章附録）。

331 「わたしなら拄杖を使えます。」 四部叢刊南宋本および金版の『景徳伝灯録』ではこのあとに「和尚は合《は》た多少《いくつ》をか喫する」（和尚はなんぱつ棒を喰らうのがふさわしいのですか）の一句が加わっている。

332 義玄はこの一段でみずからの経験を話して、黄檗の棒打が老婆心の切なる指導の意味をもっていたことを理解してもらおうとしたのであったが、この僧は義玄の意図を受けとめなかった。すなわちここに至って、この一段の主題が、盲喝乱棒の気風を戒める義玄の姿勢を示そうとするところにあったことがわかる。

【三三】

333 問う、「剣刃上の事とは何でありましょうか？」師、「大変だ！ 大変だ！」僧は何かを言おうとするや、師は打った。

「剣刃上の事」とは文字どおり「剣の刃《やいば》の上でのこと」であるが、これはいったいなにか。またなぜこれが問題になるのか。「作家《さっけ》は相見《しょうけん》すること、両刃の相い向うが如く、剣刃上に性命を安立して、相い触れず。個中《も》し是れ好手ならずんば、便是《すなわ》ち喪命す。所以《ゆえ》に作家は相見して、語無かる可からず」（『（重編）曹洞五位顕訣』巻二「宝篋論」）。この記述から知られるように、「剣刃上の事」とは相見問答の場合の真剣勝負を指している。ゆえに勝れた禅僧の応対を「剣刃上に走る」、「剣刃上に翻身する」、「剣刃上に殺活を顕わす」などと言うのは、一瞬のうちに相手を覚醒にみちびく対応の俊敏さを意味している。「剣刃上の事」の語の文献に見えるもっとも早い例は潙山霊祐（七七一―八五三）である。「師臥《が》する次《おり》、僧問う、『法身は還《は》た解《よ》く説法するや。』師曰く、『我は説き得ず。別に一人有りて説き得たり。』曰く、『説き得る底《ところ》の人は甚麼処《いずこ》に在りや。』師枕子《まくら》を推し出す。潙山聞きて云く、『寂子は剣刃上の事を用いしなり！』」（『仰山語録』、『景徳伝灯録』巻一一、仰

山章)。佛の三身(化身、応身、法身)のうち真理の法を説くことができるのは法身であることは佛教学の常識であるから、このことを僧は知ったうえで、「和尚は法身としてわたしに法を(なにが真理かを)説いてください」と言うのである。しかも仰山慧寂(八〇七—八八三)が横臥していた非時の参問で、切羽詰まって、やむにやまれず押しかけての問いである。「我説不得、別有一人説得」とは、わたしは肉身だということ。「では法身はどこか」の問いに仰山が寝ていたときの枕を押し出し、「作用するもの」(本性=法身)を現わして見せ、これによって「肉身と法身は不即不離の一体なること」を即座に示した。潙山はこれを「剣刃上の事」と評して、瞬時のみごとな対応だと仰山を褒めたわけである。本段の問答で、ある僧が「如何なるか是れ剣刃上の事?」と問うたのは、「剣刃上の事」の意味を知らぬから問うたのではなく、「真剣勝負で対応してください」、つまり「方便ではなくて、わたしに真理を直指してください」と要求したのである。

334 「禍事」とは恐ろしいこと、驚くべきこと(凶事)をいう。例えば金の董解元《とうかいげん》『西廂記諸宮調《せいしょうきしょきゅうちょう》』巻一に、「天暁《あ》け、衆僧恰も斎の罷《おわ》りしとき、忽ち一小僧走り、荒急《あわ》て来りて称す、『禍事!』と。」(人民文学出版社、一九六二)張生の止寓する河中府普救寺に、軍兵が突如現われて寺を取り囲んだのを「大変です!」と報じた。「剣刃上の事とは何か」=「真剣勝負で対応してください」=「方便ではなくて、わたしに直指してください」の要求に、義玄が「そりゃあ、えらいこっちゃ!」とわざとあわてて応じたのは、如上の意味である。

335 しかし要求した僧は、大上段に大真面目に問うたので、義玄の意外な対応に意図をはかりかねた。そこで、「擬議」した。「擬」は「欲」の義の口語、「〜しようとする。」「議」は「語也」(『説文』言部)、言葉で言うこと。おそらく「真面目に答えてくれ」とでも言おうとしたのであろう。義玄が拄杖で打ったのは、「そなた自身の問題ではないか。打たれて痛みを感ずる〈自己〉のことだ」と、懇切な対応をしたのである。義玄の棒打は、自身がかつて黄檗に打たれた時のあの「老婆心切」の意味をもつ。

【三四】

336 問う、「石室行者は碓を踏んでいて脚を運ぶのを忘れたということですが、心はどこへ行ったのでしょうか?」師、

「深淵に沈んだのだ。」 石室善道《せきしつぜんどう》（生卒年未詳、長髭曠《ちょうしこう》禅師の弟子）は『祖堂集』巻五、『景徳伝灯録』巻一四に伝記がある。会昌の廃佛（八四二―八四五）のとき還俗し僧形をやめて行者となり、「沙《さ》汰《た》の後、師僧聚集するも、更に僧と造《な》らず、毎日碓を踏んで師僧に供養す」（『祖堂集』）。「碓を踏みて脚を移せしを忘却す」とは、寺内に設置された脚踏み式の米搗き機で、作務をするうちに三昧の忘我境に入って自他を忘却し、左右の脚で交互に碓を踏んでいる自己を忘れたことをいう。「什麼処に向ってか去《ゆ》ける」は、そのときかれ自身の心はどこへ行っていたのか。「秖如（只如）～？」はことがらを特に取りあげて質問する形式。

337 「深泉」は「深淵」の避諱（唐高祖李淵の諱「淵」字を避けて「泉」に替えた）。「深淵」とは【八〇】示衆一三（1）にいう「是れ伱ら若《も》し不動清浄境を取《も》って是《ぜ》と為せば、伱らは即ち他《か》の無明《むみょう》を認めて郎主《ろうしゅ》と為すなり。古人云く、〈湛湛たる黒暗の深坑は実に怖畏《おそ》る可し〉とは、此の是《いい》なり。」古人とは百丈懐海（七四九―八一四）が「解脱の深坑畏るべき処」（『百丈広録』）と言ったのに当たる。「没溺」は溺れ死ぬこと。禅定、三昧に執着するのを禅病として戒める意である。『維摩経』文殊師利問疾品にいう、「禅味《ぜんみ》に貪著《とんじゃく》するは是れ菩薩の縛《ばく》。」この問答では石室行者の三昧に対して「什麼処に向ってか去《ゆ》ける？」と問うているが、それは『真歇清了語録』の引用のように「什麼処にか去来せる？」（どこをうろついていたのか？）という意味合いであるから、「深泉に没溺せり」という答えが予想されているごとくで、はなはだ不自然である。また「淵」を「泉」に替えたことは、一見この段が唐代の資料たることを示すようだが、本書にはこの他に唐代避諱の例（たとえば「虎」、「世」、「治」、「顕」など）が見られぬことから推測するに、本段の作者（または書写者）が唐代の記録として提示しようとした配慮であったかとおもわれる（「淵」「泉」の例は【八〇】示衆一三（1）にも見える）。石室行者が碓坊で米搗きをして衆僧に供養したことは『祖堂集』、『景徳伝灯録』に見えているが、「忘却」を問題として取りあげるのは、楊岐《ようぎ》方会《ほうえ》（九九二―一〇四九）が「石室行者は碓を踏みて、甚《なに》に因りてか脚を下ろすを忘却せる？」（『楊岐語録』）、圜《えん》悟《ご》克勤《こくごん》（一〇六三―一一三五）が「石室行者は碓を踏む毎《ごと》に歩を移すを忘る」（『碧巌録』第三四則評唱）、真歇清了《しんけつせいりょう》（一〇九〇―一一五一）が「石室は杏山に在りて（両脚で）碓を踏み、（片）脚を擡起了《もちあ》げて、放下《おろ》すを忘却す。什麼処《いずこ》にか去来せる?」(『真歇清了語録』)などと、忘我を否定的な茫然自失と言うのに始まる。

【三五】

338 師は杏山に到った。杏山和尚に問う、「露地の白牛とは何でしょうか?」杏山、「モー、モー。」師、「和尚は口がきけぬのか?」杏山、「長老はどうなのか?」師、「この畜生め!」本段は『景徳伝灯録』巻一五、涿州杏山鑒洪禅師章に収録されているから、杏山は河北道涿州范陽県(今の北京の南、涿州市)の山である。杏山鑒洪は雲巌曇晟(七八二—八四一)の弟子で、この他に石室善道との対話二則が伝わる(『聯灯会要』巻一九、石室善道章、うち一則は『汾陽無徳禅師語録』巻中では杏山ではなく甘贄行者と石室との対話として引いている)。なお『景徳伝灯録』巻一二、臨済章では杏山を「木口和尚」としているのは、「杏」の一字を誤って二字に分かったものであろう。

339 「露地の白牛」は『法華経』譬喩品に出る火宅の故事。ある老いた長者の古い屋敷が火事になった。燃えさかる家のなかには、子どもたちが遊び呆けていて、火事に気がつかない。長者は一計を案じて、子どもたちが欲しがっていた羊車、鹿車、牛車の玩具を門の外に用意してあるから、速く露地に出なさいと呼んだ結果、子どもたちは助かり、長者は喜んで褒美に立派な白牛に引かせた宝車を与えた。三車は方便として三乗(声聞乗、辟支佛乗、佛乗という機根による選択)を示したのであり、最後には一佛乗を与えて衆生を済度するという譬喩譚である。李通玄『新華厳経論』巻二にこれを解釈して、「露地の白牛は方《はじ》めて無依の処に至るを明らかにす。露地とは即ち佛地なり。佛智は依止する無きが為の故に。故に露地と云う。白牛とは即ち法身、悲智なり。法身は無相なるを以て、之《こ》れを名づけて白と為す。智能は機を観て、悲心もて物《ひと》を済《すく》う。之《こ》れを名づけて牛と為す」(T三六、七三三下)という。「露地の白牛とはなにか」という問いはこの解釈に拠って、「一佛乗」(佛教の唯一最高の教え)すなわち「法身」を問うもの。『雲門広録』巻上に「問う、『如何なるか是れ露地の白牛?』師云く、『帰依佛、帰依法、帰依僧。』進んで云く、『白牛は何《いず》こにか在る?』師これを咄《とつ》す。」(僧は「露地の白牛」の譬喩を知っていて問うたはずなのに、「白牛はどこか」などと訊ねて、答えが自己にほかならぬことを忘れ、馬脚を露わした。)

340 「吽吽」は牛の鳴き声の擬音。「吽」の音は「吼」に同じ（『広韻』呼厚切、上声）。杏山は牛になって「法身」のはたらきをして見せた。

341 「和尚は口がきけなくなったのかね。」『景徳伝灯録』巻一五では「唖却杏山口！」（露地の白牛がそなたに口をきけなくさせたか！）。文末の「～那？」は疑惑の語気をともなう疑問助詞（太田辰夫「中古語法概説」、『中国語史通考』八八頁、白帝社、一九八八）。

342 「長老はどうお思いか？」義玄を臨済院の「長老」と呼んで敬意を表わすと同時に、自分の答えに確信がないことを示す。つまりさきにはただ「法身」を演じてみせたにすぎなかった。

343 「この畜生め！」「者《こ》の～！」は罵倒する言いかた。杏山は人として「法身」をはたらかせることができなかった。「露地の白牛」という言葉にひきずられ、かれにとっては「法身」ということも言葉以上ではなかったのである。趙州従諗にも、「問う、『如何なるか是れ露地の白牛？』師云く、『者の畜生！』」というまったく同じ対話があり（『古尊宿語録』巻一四）、この一段はつぎの第三六段とともに成立上の問題をのこす。

【三六】

344 趙州和尚は行脚して師に参じた。ちょうど師が脚を洗っていた時であった。趙州、「祖師が西から来た意図とはなにか？」師、「そなたはちょうどわたしが脚を洗っておるところに来た。」趙州《じょうしゅう》従諗《じゅうしん》（七七八―八九七）は義玄と同時代の人、しかも従諗の住していた趙州柏林寺観音院（『宋高僧伝』は東院と称す）は滹沱河を隔てた南の趙県にあり、わずか百里（五十数キロメートル）の距離にあった（『入唐求法巡礼行記』巻二、開成五年四月一九、二〇、二一日。北宋趙彦衛『雲麓漫鈔』巻八に「趙州平棘駅より百里にして（鎮州）真定駅に至る」）。出身地も近く、『景徳伝灯録』巻一〇は同じ曹州の郝郷（今の河北省泊頭市郝村鎮。ただし「行状」、『宋高僧伝』巻一一、『祖堂集』巻一八では青州臨淄［今の山東省淄博市］の人とする）。南泉普願（七四八―八三四）の弟子。「趙州八十にして行脚す」（『虚堂録』巻一〇）と言われ、一生を行脚生活のうちに送ったが、晩年は趙州観音院に住し、鎮州の成徳軍節度使王鎔（八七二―九二一）の帰依を受け、百二十歳まで生きた。「口唇皮《くしんぴ》禅《ぜん》」と言われる巧みな問答で知られ、「趙州古佛」と讃えられたのは、唐末五代の禅の精神をもっともよく体現しているからである。その問答と伝記は『趙州真際禅師語録』三巻（古尊宿語要、古尊宿語録）にまとまって存する。

345 従諗が臨済院に来たとき、義玄はちょうど脚を洗っているところであった。「〜次」は「ちょうど〜している時。」

346 従諗の問い「達磨が印度から来た目的とはなにか」とは、すなわち「その伝えた禅とはなにか」。ただし「如何なるか是れ〜？」は知らないことを教えてもらおうという問いではなく、質問者には自分なりの答えがあるうえで相手の意見を徴し、その力量を測る試問である。この問いは馬祖門下に始まり、馬祖自身つぎのように言っているのが前提になっている。「汝ら今、各おの自心是れ佛なるを信ぜよ。此の心こそ即ち是れ佛心なり。是の故に達磨大師は南天竺国より来り、上乗一心の法を伝えて、汝らをして開悟せしめんとす」（『祖堂集』巻一四）。義玄みずから「如何なるか是れ西来の意？」に答えた【八八】示衆一五（3）を参照せよ。またこの問いに対する種々の答えおよびその思想史的意義は小川隆『語録のことば　唐代の禅』参照。

347 「恰も〜に値う」は「いまちょうど〜しているところだ」の意。これが義玄の自己の作用を示した当意即妙の答え。

348 従諗はさらに義玄の答えの意図を聴こうとして身を乗り出した。「作〜勢」はその姿勢をとること。わざとらしくその動作をすること。

349 「（そなたは）もう一杯汚水をまこうとしておる！」「悪水」は汚水。これは譬喩であって、義玄が脚を洗ったあとの汚れ水を指すのではない。「潑」は潑水。柄杓の水を前にまく、まき散らす。原文「更要第二杓悪水潑在！」の文末の「〜在！」は、文全体の語気を強める確信無疑の語気助詞。この一句の主語は従諗である。従諗がまこうとした「第二杓の悪水」とはなにか。第一杓は「人に〈祖師西来意〉を訊ねたこと。」〈祖師西来意〉とはつまるところ「自己の意」（自己本分事とはなにか）である。義玄に向けて「汚水を浴びせた」とは、自己不在の愚をさらしたことをいう。第二杓は「もういちど説明を訊こうとしたこと」。「二杯めの汚水を浴びせようとした」とは、自己の自己たるゆえんを教えてもらおうという料簡の愚をいう。金蔵本『天聖広灯録』では「更覓第二杓悪水便潑！」（さらに二杯目の汚水をもってきて、わしにひっかけおった！）となっている。

350 従諗は義玄の意図をさとって引き下がった。両雄互角のこの話にはもとづくところがある。投子《とうす》大同《だいどう》（八一九—九一四）とその師翠微《すいび》無学《むがく》（生卒年未詳。僖宗朝〔八七三―八八八〕に入内説法した）の対話である。「又た因《ちな》みに一日、翠微法堂《はっとう》に在りて行道する次《おり》、師は近前《すす》みて接礼《せつらい》し、問うて曰く、『西来の密旨、和尚は如何《いかん》が人に指示する？』翠微は歩みを駐《とど》むること須臾《しばし》。師又た進みて曰く、『請う、和尚指示せられんことを。』翠微答えて曰く、『不可なり。事須《すべか》らく第二杓の悪水漿《あくすいしょう》を要《もと》め潑《ま》いて作麼《いかん》せん！』師は言下に旨を承け、礼謝して退く」（『祖堂集』巻六、投子和尚章）。義玄と従諗の出会いの本段はこれとまったく同じであり、この投子と翠微の話をもとに後人が両雄の出会いを実現させようと創作したかとの疑いを抱かしめる。本段はさらに『趙州録』にも収録されている。「師（趙州）臨済に到り方始《はじ》めて脚を洗うに因り、臨済便ち問う、『如何なるか是れ祖師西来の意？』師云く、『正に脚を洗うに値《あ》う。』臨済乃ち近前《すす》みて側聆《き》かんとす。師云く、『若し会《え》せば便ち会せ。若し会せずんば、更に啗啄《つつ》く莫れ！　作麼《いかん》！』済払袖して去る。師云く、『三十年行脚して、今日人の為に錯《あや》まって注脚を下せり』」（『古尊宿語要』）。ここでは主客が逆になっているほか、やや内容に変化がある。従諗を主人公とするこの話は、『古尊宿語要』（南宋紹興八―九年〔一一三八―九〕）に『趙州語録』が収録されたころと同時期に、雪峰慧空（一〇九六―一一五八）、瞎堂慧遠（一一〇三―一一七六）、松源崇嶽（一一三二―一二〇二）らの語録に取り上げられている。

【三七】

351　龍牙和尚が問う、「祖師が西から来た意図とはなんでありましょうか？」師、「わたしに禅版を持ってきてくれ！」龍牙は禅版を師に手渡した。師は受け取るや、打った。龍牙は言った、「打つなら打ってもよろしいが、結局祖師に意図はなかったということですな。」龍牙はのち翠微山に行って、問うた、「祖師が西から来た意図とはなんでありましょうか？」翠微、「わたしに蒲団を持ってきてくれ！」龍牙は蒲団を翠微に手渡した。翠微は受け取るや、打った。龍牙は言った、「打つなら打ってもよろしいが、結局祖師に意図はなかったということですな。」龍牙は妙済禅院に住持となったあと、僧が入室して教えを請うた、「和尚が行脚されていた時、ふたりの尊宿に参じた経験ですが、ふたりの対応を認められたのでしょうか？」龍牙、「認めることは深く認めるが、結局祖師の意図はなかったということだ。」 龍牙《りゅうげ》居《こ》遁《とん》（八三五—九二三）は十四歳で出家して後、諸方に参じた苦修の人であったが、「祖師西来意」を問いまわって、洞山良价（八〇七—八六九）のもとでようやくその意を悟り、その弟子となった。洞山の答えは「洞水の逆流するを待って、則ち汝が与《ため》に説かん」であった。本段はその遍歴の過程をのべるものであろう。この話は当時から有名であったらしく、『景徳伝灯録』巻一七、『碧巌録』第二〇則、『従容録』第八〇則にも採録されている。ただしそれは先に翠微に問い、後に臨済に問うたのであって（したがって禅版と蒲団も逆）、本段はそれをもとに順序を入れ替えて収めたものとおもわれる。居遁は撫州南城（今の江西省撫州市）の人。住した龍牙山妙済禅院は潭州（今の湖南省益陽市）にある。『宋高僧伝』巻一三、『祖堂集』巻八、『景徳伝灯録』巻一七、『禅林僧宝伝』巻九に伝記と問答があり、「祖佛を透過せよ」（達磨と佛陀を乗り越えよ）と言ったことで有名で、また偈頌の作者として「龍牙和尚偈頌」九十五首が伝わる（『禅門諸祖師偈頌』巻上之上）。

352 「達磨が伝えた禅とはなにか」を問う。前段の注参照。

353 「わたしに禅版を持って来てくれ。」「与～」は誰かのために、誰かに対して。動作の対象を表わす介詞の「与」は中古漢語で、文語（古代漢語）では「為」、現代漢語では「給」にあたる。「過～来」はなにかをこちらに持ってきて手渡すこと。禅版（禅板）は坐禅するときに用いる背靠れの板。第九段注139参照。

354 龍牙は言われたとおりに禅版を義玄に手わたした。この原文「牙便過禅版与師」の「与」は、訓読では「与《あた》う」と読まざるを得ないが、やはり対象を表わす介詞の「於」に相当する。

355 義玄は禅版を受け取るや、その禅版でもって居遁をぶっ叩いた。「接得」の「接」は受けとめる、「得」は補語であるが、なお獲得の義を残している。

356 「わたしをぶっ叩くのはかまいませんが、結局（西来意は）ないのですな。」「要且」は「（たとい～でも）結局は……」という譲歩の句を構成する。「良公は箭《や》を発せしと雖も、要且《つま》りは未だ的《まと》に中《あた》らざりき」（『景徳伝灯録』巻一七、欽山文邃章）。

357 翠微無学（生卒年未詳、丹霞天然［七三九—八二四］の弟子）。翠微山は長安の南の終南山中にある。

358 蒲団は坐禅時の敷き物。道忠はいう、「坐の物にして、蒲を以て編造す。其の形は団圓、故に蒲団と言う」（『禅林象器箋』巻一九、器物類上)。

359 洞山の法を嗣いでのち、潭州龍牙山妙済禅院に住し衆生接化をしていたとき。ここでは洞山で「祖師西来意」を悟ったことは伏せられている。

360 「入室請益」は修行者が晩に個人的に長老を方丈に訪ね、長老の説法について質問すること。おそらく龍牙は上堂で自己の経験を語ったのであろう。そのことについて僧が質問に来た。

361 「和尚は行脚時代に臨済・翠微おふたりの尊宿に参問されましたが、そのときの指導を、和尚は首肯なさったのですか?」龍牙はそのとき「打つことは即ち打つに任すも、要且《つま》りは祖師意無し」と言ったが、今はどう受けとめているのかと問うた。「因縁」は師資応対の経緯をいう語。「還~無?」は南方口語の是非疑問句。

362 「今は二尊宿の接化の正しさを深く認めるが、結局〈西来意〉はなかったのだ。」「ふたりがともに禅版・蒲団を持って来させ、それでわたしを打ったことの意味を、今は深く受けとめている。」禅版・蒲団を持って来させたとは、龍牙自身に「作用」させ、「作用」する自己の佛性に気づかせようとしたのである。それがふたりの「祖師意」であった。しかしかれはそのとき、その意図がわからず、言われたとおり手渡したにすぎなかった。そこで義玄と翠微は龍牙を打って、「打たれて痛みを感ずるわが身のことだ」と教えたのであった。ふたりが何も言わずに打った、そのことが、龍牙をして長く疑惑煩悶せしめ、のちに洞山との出会いをみちびいたのであった。それはかつての黄檗の義玄に対する「老婆心切」とまったく同じであった。たしかに〈西来意〉などないのである。塩官斉安(?—八四二、馬祖道一の弟子)は「如何なるか是れ西来意」の問いに、ずばり「西来無意!」と答えた(『祖堂集』巻一五、大梅和尚章)。義玄も答えていう、「若し意有らば、自《みずか》らをも救い了《おお》せず。」(【八八】示衆一五(3))。洞山の答え「洞水の逆流するを待って、則ち汝が与《ため》に説かん」も、「言うことはできない」の意であるが、それは自己を措いて、人に訊ねて得られる〈西来意〉などはないということである。龍牙のこの総括の語「要且《つま》りは祖師意無かりき」は前と同じ語でも、そのように解すべきであろう。

【三八】

363 径山は五百衆を擁する大寺院であったが、請益する者がないという噂であった。そこで黄檗和尚は義玄に径山へ赴かせることにした。「そなたはあちらへ行って、どうするのか。」「わたしにはちゃんとした手立てがございます。」義玄は到るや旅装束も解かずに、ずかずかと法堂にのぼり、見るとそこに径山がいた。径山和尚が気づいて、頭を挙げたとたん、義玄は一喝を放った。何か言おうとしたら、義玄はもう立ち去っていた。そのあと、会下の僧が訊ねた、「さきほどの僧はどういう料簡で和尚を怒鳴ったりしたのですか。」「あいつは黄檗のところから来たのだ。どういう料簡か知りたいなら、自分であいつに訊きに行け。」径山五百衆の大半は、いっせいに駆け出し追いかけて行った。径山は唐代の江南道杭州余杭県（今の余杭市、杭州市の東北）。「径山は乃ち天目山の東北峰なり。中に径路有りて、後に天目に通ず。故に径山と名づく」（南宋の地志『方輿勝覧』巻一、臨安府「径山寺」の項）。唐天宝のころ（八世紀中葉）法欽（または道欽、七一四―七九二）がここに宴坐し、大暦三年（七六八）代宗から国一大師の号を賜わり、寺を径山寺と号したのに始まる。第二祖が鑑宗《かんしゅう》（七九三―八六六）、第三祖が鴻諲《こういん》（八一三―八九五）、これを径山三祖という。『祖堂集』、『景徳伝灯録』には、浙中の名刹として、禅僧がしばしばここを訪れた記事が見える。

364 「参請」は師のもとに参じて請益《しんえき》する（親しく教えを請う）こと。特別に師の方丈に入って個人的に質問し教えを受ける場合は「入室参請」という。「少」は「あっても少ない」というよりは「ほとんどない」という否定的ニュアンスがつよい。師資が問答によって真理を確認しあうという禅宗の修行形態が、五百衆を擁する径山道場にはなかった、というのである。このときの径山の住持が誰であったかについて、無著道忠は「鑑宗が径山に住したのは咸通三年（八六二）であるから、法欽が貞元八年（七九二）に示寂してから七十年間は、住持はあっても名徳の禅師ではなかったのであろう。希運が洪州黄檗山に住したのは『伝心法要』序によると会昌二年（八四二）であり、それ以後に径山に住した人であろう」と推測している（『五家正宗賛助桀』巻六、臨済慧照章）。第三世鴻諲（潙山に嗣ぐ）は径山に住したが、会下の指導ができず、弟子を石霜慶諸（八〇九―八八八）のもとに遣ってその説法を聴かせ、ようやく上堂説法ができるようになったという（『祖堂集』巻一八）。この一段と類似した話である。

365 『宗門統要』巻五、『聯灯会要』巻九の臨済章に詳しい記述が見える。「毎日佛殿前の大樹を繞《めぐ》って行道し、観音を念じて人を接す。（径）山は黄檗【是れ同参なり】に書を寄せ来りて、具《つぶ》さに其の事を言う。」これに拠ると、このときの径山の住持は黄檗希運とともに百丈懐海に同参した仲であるという。無著道忠は「観音を念じて人を接すとは、径山その人をいうのではなく、門下の衆が後生や俗人に観音の名号を唱えさせ、参禅は不要だとしているので、径山はこれを憂えていたが、いかんともしがたく、黄檗に手紙で相談したのだ」という（『五家正宗賛助桀』巻六、臨済慧照章）。

366 そこで黄檗は義玄に径山へ赴かせることにした。「そなたはあちらへ行って、どうするのか?」「わたしにはちゃんとした手立てがございます。」「自《もとよ》り」は他に依存せず、わたくし自身に。

367 義玄は旅装束も解かずに、ずかずかと法堂にのぼり、見るとそこに径山がいた。「装腰」は「装腰包」、腰に旅の道具を入れた包みを巻きつけたまま。通常の相見は旅装を解き、威儀を正して礼拝するもの。

368 径山和尚が気づいて、頭を挙げたとたん、義玄は一喝を放った。何か言おうとしたら、義玄はもう立ち去っていた。喝と機敏な所作、これが禅だと示したわけである「方～便……」はちょうど～したときに……。「擬～便……」は～しようとしたとき、すかさず……。

369 そのあと、会下の僧が訊ねた、「さきほどの僧はどういう料簡で和尚を怒鳴ったりしたのですか。」

370 「あいつは黄檗のところから来たのだ。どういう料簡か知りたいなら、自分であいつに訊きに行け。」径山五百衆の大半は、いっせいに駆け出し追いかけて行った。その結果どうなったか、みな黄檗の門下に降り弟子になった、と言わんとするのであろう。古尊宿系テクストでは「太半分散」（大半が散りぢりになった）とする。「太半」は三分の二をいい、三分の一を「少半」という（『史記』項羽本紀韋昭注）。この一段の話は不明な点が多い。『宗門統要』の補足がなければ、この話の趣旨をつかみがたいが、それに拠って理解しても、道忠のように、径山が会下の観音信仰に手を焼いて同参の黄檗に相談した、と解するのには無理がある。径山は義玄の「喝」から黄檗会下の者と知ったという。ならば黄檗希運の禅は「喝」を特徴としていたことになるが、黄檗の関連資料を見てもそれはあり得ない。「喝」を特徴とするのは、臨済下においてであり、その時代の投影であろう。

【三九】

371 上堂して言った、「わたしのところに参問する者には、その意図を見抜き、期待に背かず対応してやる。つまり、〈あるがままでゆく〉のは、失ったも同然。〈あるがままでゆかない〉のは、自縄自縛である。いかなる時もむやみにみずからを忖度してはならぬ。〈わかった〉と思うのも〈わからぬ〉と思うのもすべて誤っている。わたしの立場をはっきりとこのように表明しておく。評論家どもには勝手に言わせておこう。」この上堂は古尊宿系テクストでは、第三三段「剣刃上の事」を上堂の語とし、第三四段「石室行者」をそれにつづく問答とし、本段には「師乃ち云く」を加えて総括の語とする構成をとる。それは圜覚宗演が黄龍慧南校訂『四家録』を北宋末宣和二年（一一二〇）に福州鼓山で重開（再版）したときの編集である。しかし本段の内容は第三三、三四段と関連がなく、宗演の改変は適切とは言えない。宗演はまた第三一段上堂「払子を立てる」と第三二段上堂「更に一頓を思《おも》得う」をも同様に処理して一段に改めているが、かれの改変は形式を整えようとする意図に出るものである。

372 「但」は「凡」（およそ〜は）の義。ある範囲内に例外のないことをいう総括詞で、「但有」、「但凡」、「但是」（あらゆる、すべての）という同義複詞を構成し、あとにくる名詞を修飾する。ここも「但有《およ》そ〜は総《すべ》て……」という形式である。【六三】示衆四（2）にも「山僧《わし》が此間《ところ》は僧俗を論《と》わず、但有《およ》そ来《きた》る者は、尽《ことごと》く伊《かれ》を識《し》得る、任《たと》い伊《かれ》が甚処《いずこ》より出来《いできた》るとも」と言っている。『父母恩重経講経文』に「慈母の心は、順（境）逆（境）と無く、但是《およ》そ男女《こども》は皆な護惜《いとお》しむ」（黄征・張涌泉『敦煌変文校注』九七六頁、中華書局、一九九七）。

373 「伊」は不特定の人を指す第三人称代名詞。臨済院へ義玄に参問に来る者を指す。

374 「虧欠」は「欠けて足りない」義から、のち「期待にそむく」意に転じた。元の李治『敬斎古今黈《けいさいここんとう》』巻一に「世俗に孤負《こふ》の語有り。孤は以て酬対《しゅうたい》する無きを謂い、負は虧欠する所有るを謂う。而るに俚俗は孤を変じて辜《こ》と為す。辜は自《もと》より罪と訓ずるに、乃ち以て孤負の孤に同ぜんとす。大《はなは》だ義理《ぎり》無し」（中華書局、学術筆記叢刊、一九九五）。「孤負」は「期待にそむく」、「せっかくの好き条件を無駄にする」

意の同義複詞、「孤」と「辜」は同音（古胡切）。元代では「虧欠」が「孤負」の意味であったということであり、本段はその早い例と言える。無著道忠『疏瀹』は「伊を虧欠せずとは、僧俗、凡聖、善悪、邪正を択ばず、凡そ進前し来《きた》らば、其の見解《けんげ》を識《し》得るなり」と、文脈から説明している。

375 「来処を識る」とは、参問者の意図を見抜くこと。「来処」は、相見のさいにまず「近くは什麼処《いずこ》をか離るる?」、「甚処《いずこ》よりか来《きた》る?」などと問うことによって知られる参問者の問題意識のこと。参問者のさまざまな機根、境位にどう対応すべきか。師資が問答によって真理を確認することが、この時代の禅宗の課題であったから、義玄は示衆でしばしばそうした主客応対の型に言及している。

376 「あるがままで来るのは、失ったも同然、あるがままで来ないのは、みずからを縛るもの。いかなる時もむやみに忖度してはならぬ。」「与麼来《かくのごとくきた》る」（そのように来る）とは、当時の禅林の行語（業界用語、陰語）で、現実のいまかくあるわれこそが佛性のそなわれる〈本来の自己〉に他ならぬ、とする馬祖禅の主張する立場をいう。「それはじつは〈本来の自己〉を失っているようなものだ。」「与麼来《かくのごとくきた》らざる」（そのように来ない）とは、それに反対する立場で、現実の自分を本来性に安易に同定しない。「それもじつは見えない縄で自己を縛るものだ。」「現実性か本来性か、自己をあれこれとみだりに規定しようとしてはならぬ。」ここに述べられるのは、馬祖禅とこれを批判する薬山系の禅（すなわちのちの臨済禅と曹洞禅）の対立を不毛と見る思想的立場である。雲巌曇晟と尼僧の対話にいう、「師は尼衆《あま》に問う、『汝《そなた》の阿爺《とつぁん》は還《な》お在《おわ》すや?』対《こた》えて曰く、『在《おわ》す。』師曰く、『年多少《よわいいかほど》ぞ?』対えて曰く、『年《よわい》八十なり。』師云く、『个《ひとり》の爺《とつぁん》の年《よわい》八十なるに非《あら》ざる有るを、汝《そなた》は還《は》た知るや?』対《こた》えて曰く、『与摩《かくのごとく》来る底《もの》、是《これ》なるに莫《あら》是ずや?』師曰く、『這个《これ》は猶《な》お是れ児子《こども》なり。』洞山云く、『直饒《たと》い（与摩《かくのごとく》）来《きた》らざるとも、也《な》お是れ児子《こども》なり』」（『祖堂集』巻五、雲巌章）。この「年《よわい》八十なるに非《あら》ざる爺《とつぁん》」とは自分の根拠たる本来の自己を指し、尼僧はそれが「与麼来《かくのごとくきた》る底《もの》」だと言うのは、いまある現実の自分をおいて〈本来の自己〉はない、とする馬祖禅の考えかたに依拠しているわけであるが、雲巌はそれに批判的なのであり、洞山良价はさらにその両者を相対的な二項対立の立場に立つものとして認めない。この構図はつぎの対話に表われている。「薬山和尚初めて石頭に参ず。石頭に問うて云く、『三乗十二分教は某甲粗《ほ》ぼ亦た研窮《きわ》めたり。曾《かつ》て聞く、南方に〈直指人心、見性成佛〉有りと。実に未だ明了ならず。乞う師よ指示せよ。』石頭云く、『恁麼《かく》なるも也《ま》た得《よ》からず。恁麼《かく》ならざるも也《ま》た得《よ》からず。恁麼なるも恁麼ならざるも、総《すべ》て得《よ》からず。』薬山契《かな》わず。石頭云く、『爾《なんじ》は江西に往《ゆ》きて馬大師に問取し去れ！』薬山は教えに依りて馬大師の処へ到り、前の如く問う。馬大師曰く、『有る時は伊《かれ》をして揚眉瞬目せしむ。有る時は伊をして揚眉瞬目せしめず。有る時は伊をして揚眉瞬目せしむるは是《よ》し。有る時は伊をして揚眉瞬目せしむるは是《よ》からず。』薬山言下に大悟し、更に伎倆の呈す可《べ》き無く、但だ低頭礼拝《ていずらいはい》するのみ。馬大師曰く、『子《なんじ》は箇《こ》の甚麼《なん》の道理を見てか便ち礼拝する？』山曰く、『某《それがし》は石頭和尚の処に在りて、蚊子《ぶんす》の鉄牛《てつぎゅう》に上るが如くに相い似たり。』馬大師之《こ》れを然《しか》りとす」（『大慧語録』巻二二、法語「永寧郡夫人に示す」、T四七、九〇四上）。これは石《せき》頭希遷《とうきせん》、薬山惟儼《やくさんいげん》、馬祖道一《ばそどういつ》が登場して、薬山が馬祖のもとで開悟するという物語であるが、この三者のいずれもが元来の思想からすでに修正を経た折衷的な思想になっている。こうした図式的構成をもつ話は、北宋の五祖法演（？—一一〇四）、圜悟克勤（一〇六三—一一三五）、大慧宗杲（一〇八九—一一六三）になって現われるものである。「失却」は「失ってしまった。」「～却」は動作の完成を表わす補語。「無縄自縛」は見えない縄でみずからを縛る、みずからの観念によって自由を失うこと。明の呆庵普荘（一三四七—一四〇三）の語に、「禅は参ず可からず、道は学ぶ可からざるに、道を学び禅に参ぜんとするは、無縄自縛なり」（『呆庵普荘禅師語録』上堂）。また無門慧開（一一八三—一二六〇）が「無縄自縛なること、蚕《かいこ》の繭《まゆ》を作るが如し」（『無門慧開禅師語録』巻下）というように「自縄自縛」と同じ。「斟酌」は酒を柄杓で杯に注ぐ義の同義複詞で双声語（章母）。量を勘案しながら注ぐところから忖度、思量の義に転じた。

377 「〈わかった〉も〈わからぬ〉も、すべて誤っている。」なにが〈わかる〉のかが伏せられているが、ここの文脈は「自己とはなにか」である。探究の結果「自己とはなにか」がわかったとしたら、現にある自己のほかに第二の自己なるものを作り出したにすぎず、「わからぬ」なら、やはり現にある自己を措いて別に探求しているに他ならない。晦堂祖心（一〇二五—一一〇〇）の語に「若し会と不会を言わば、尽く是れ三首二頭」という（『宝覚悟祖心禅師語録』

上堂）。偃渓広聞（一一八九―一二六三）もいう、「思いてこれを知るも、思わずして知るも、総て是れ二頭三首」（『偃渓広聞禅師語録』巻下）。「二頭三首」は第二、第三の自己の譬喩。

378 「わたしの立場をはっきりとこのように表明しておく。天下の評論家どもには勝手に言わせておこう。」「貶剝」はけなす義の双声語（幫母）。「一任」は他人のするままにさせる。

379 「久立、珍重！」は『禅門規式』に「其の闔院《こういん》の大衆は朝参夕聚し、長老は上堂陞堂し、主事と徒衆は鴈立《がんりつ》して側《そく》聆《れい》す」（『景徳伝灯録』巻六、百丈章附録）というように、大衆は上堂説法を立ったまま聴いていたから、長老は説法の終りに「長く立って聴いてくれて、ご苦労！」と挨拶するのが習慣であった。「珍重」は別れの挨拶の語、「お身体をお大事に。」本段は四字句を基調として、文字表現も整えられ、内容的にも宋代の視点が入っている。「示衆」と比較して考えるべき材料である。

【四〇】

380 上堂して言った、「一人は高く聳える山の頂上にいて、救済の方便を持たぬ。一人は往来のはげしい十字路に院を建てて接化し、迎合も見捨てもしない。諸君はどちらが優れていると思うか？ わたしは維摩詰を気取らず、また傅大士をまねない。長らく立たせて、ご苦労！」前の一人は孤高激越の禅者徳山宣鑑（七八二―八六五）を指す。徳山は龍潭崇信（生卒年未詳）のもとで開悟し、龍潭は評して「可中《ここ》（箇中）に一箇の漢有り、牙《は》は剣樹の如く、口は血盆に似て、一棒もて打つも頭《こうべ》を迴《めぐ》らさず。他時《たじ》孤峯頂上に向《お》いて吾が道を立てん」と言い、のち潙山霊祐（七七一―八五三）に会って問答をすると、潙山は評して「此の子《ひと》は已後《いご》、孤峯頂上に向《お》いて草庵を盤結《ばんけつ》して、佛を呵《か》し祖を罵り去らん」と言った（『聯灯会要』巻二〇）。「出身」は解脱する、解脱せしめるの二義があるが、本段は徳山悟後の接化についていうのであるから、後者の義である。徳山の法を嗣いだ巌頭全豁《がんとうぜんかつ》（八二八―八八七）は評していう、「雪峯問う、『従上の宗風、何の法を以てか人に示す？』師曰く、『我が宗に言句《ごんく》無し。実に一法の人に与うる無し。』巌頭これを聞いて曰く、『徳山老人は一条の脊梁骨《せきりょうこつ》、硬きこと鉄に似て、拗《ねじ》り折れず。此《かく》の如しと然雖《いえ》ども、唱教門中に於いては猶お些子《さし》を較《たが》う』（『景徳伝灯録』巻一五、徳山章）。また、「巌頭云く、『徳山老人は尋常《ひごろ》只だ目前の一个の杖子《つえ》に拠り、佛来《きた》るも亦た打つ、祖来《きた》るも亦た打つ。些子《さし》を較《たが》うを争奈《いか》んせん！』」（同、夾注）。「教えることは何もない」、そのことを知らしめるために、徳山は参問する者を棒で打って追い返した（巌頭は「指導者としては、やや資格に欠ける」と評した）。これが「徳山の棒」と称された。第二四段「徳山三十棒」参照。

381　後の一人は雪峯義存（八二二―九〇八）を指す。「十字街頭」は街中の十字路。「頭」は口語接尾辞。雪峯義存は言う、「某甲は十字路頭に院を起て、如法に師僧を供養せん」（『祖堂集』巻七、雪峯章）。雪峯は徳山遷化（八六五、臨済遷化の前年）の後に福州へ帰るが、これはその時巌頭・欽山と別れた時の言志の語である。香厳智閑の問答に、「師、楽普《らくふ》と同行し、相い別れんと欲得《ほっ》する時、楽普云く、『同行よ、什麼処《いずこ》にか去《ゆ》く？』師云く、『東京《とうけい》に去く。』普云く、『去《ゆ》きて什麼《なに》をか作《な》す？』師云く、『十字路頭に庵を卓《た》てに去《ゆ》く。』普云く、『庵を卓てて什麼《なに》をか作す？』師云く、『為人《いにん》す。』普云く、『作麼生《いかん》が為人する？』師便ち払子を挙起《た》つ。」（『祖堂集』巻一九）。「向背」は正面を向くことと背面を見せること、そこから迎合と背棄、擁護と反対、服従と背叛などの義が生ずる。ここは「無出身之路」と対句を構成しているから、誰をも相手にすること。「亦」は転折（しかし）を表わす。禅宗の接化というものは通常多くの修行者のなかから上根の者のみを択んで開悟への手だてを講ずる（夾山善会《かっさんぜんね》の語に「閙市裏《どうしり》に天子を識取《しきしゅ》せよ」［衆人のなかから天子を見分けよ］という）のであるが、ここでは相手の機根を択ばぬことをいう。徳山に対して雪峯を取りあげるのであるが、ここでは義玄みずからの姿勢の表明でもあろう。前段にいう、「但有《およ》そ来《きた》る者《もの》は、伊《かれ》を虧欠《きかん》せず、揔《すべ》て伊の来処《らいしょ》を識る。」

382　「諸君はどちらが優れていると思うか？」「那箇」は口語疑問代名詞で、ここは並挙した選択疑問。「前後」は優劣をいう。ただし、禅の語録に出る選択疑問は、どちらが正しいかを問うのではないことに注意。

383　「維摩詰を気取らず、また傅大士をまねない。」　維摩詰は『維摩詰所説経』（鳩摩羅什訳）の主人公として有名な印度毘耶離城《びやりじょう》の長者居士。高度な思弁で名だたる佛弟子をやりこめたり、「諸もろの淫舎《いんしゃ》に入りては、欲の過《あやま》ちを示し、諸もろの酒肆《しゅし》に入りては、能く其の志を立《た》たしめ」（方便品）たりもする。しかしここではいわゆる「維摩の一黙」

を意識している。「入不二法門品」に文殊菩薩ら三十二人が二項対立を超える弁証法「不二の法門」を提示したあと、維摩詰はそれらすべてに対して、黙することによって「文字語言有る無き」道を示した。中国における佛教は、士大夫階級がこうした維摩詰を理想とし、庶民階級が観世音菩薩を信仰したところに特徴がある（孫昌武『中国文学中的維摩与観音』高等教育出版社、一九九六）。傅大士は梁代の散聖善慧《ぜんね》大士《だいし》傅翕《ふきゅう》。『景徳伝灯録』巻二七の伝記によると、昼は庸作《ようさく》して夜は行道し、泥棒が入って菽麦瓜《しゅくばくか》果《か》を盗もうとしたら、わざわざ籠を出して籠ごとくれてやったり、妻子を売って無遮大会《むしゃたいえ》を営んだりした奇行の人で、梁の武帝や昭明太子と問答をして感服せしめ、寿光殿では宝誌の推薦で『金剛経』を講じて四十九頌を作り、婺州《ぶしゅう》の宅を喜捨して双林寺としたという（生卒は四九七―五六九）。「孤峯頂上」の人が維摩詰、「十字街頭」の人が傅大士という配当であるが、しかしそうした古人のタイプのいずれにもくみしない、という義玄自身の立場を示そうとしている。ただし義玄の立場は後者であること、第三九段を見よ。

【四一】

384 上堂して言う、「ひとりはいつまでも途中にいながら、家郷を離れない。ひとりは家郷を離れず、また途中にもいない。さて、どちらのありかたが修行者として人天の供養を受けるのにふさわしいか？」答えを待たずに座を降りた。

「論劫」は「論劫数」、「劫」は印度の時間観念で、「一大城有り、東西千里、南北四千里。中《なか》に芥子《けし》を満たし、百歳ごとに諸天来り下りて、一《ひと》つぶの芥子を取って尽きたるも、劫は猶お未だ尽きず。」また「一大石有り、方四十里。百歳ごとに諸天来り下りて、羅縠《らこく》の衣を取《も》って石を払って（石は）尽きたるも、劫は猶お未だ窮まらず」（『法苑珠林』巻一、時節部引『楼炭経』）という。すなわち無限の時間。「論」はひとつひとつ数えあげる義。要するに永遠に終らぬこと。「論劫」は副詞的にもちいる。「途中」と「家舎」、「途中」は旅の途上、「家舎」は帰りつくべき家。旅人は家郷をめざして旅の途上にある（「家舎」を離れて、「途中」に在る）、というのが通常の位置関係である。「家舎」を本来の家郷（法身としての存在、本来性）、「途中」を現実の存在（肉身としての存在、現実性）という譬喩による図式とみれば、馬祖禅の考えかたでは、人は本来的に悟りの世界にあって、日常的に言語動作しているのであるから、つまり「家舎」を離れることなく、常に「途中」に在って歩んでいる、と言ってよい。では、「家舎」を離れながら、しかも「途中」にはいない、とはいかなる形態か。これは「家舎」があって、そこへ至る「途中」にいるという考えかたを否定しているのである。馬祖禅の考えかたに批判的であった薬山系のひとびとは、「家舎」と「途中」という図式に属さない。薬山惟儼《やくさんいげん》は「渠《かれ》（法身、本来人）は我《われ》（肉身、現実のわたし）に似ず、我は渠に似ず」（『祖堂集』巻四、薬山章）と言った。洞山良价《とうざんりょうかい》は渓水をわたったとき、水に映った自分の影（他）を見て、そこに無常なる自身（我）を認めた瞬間、そのように見るものこそが真のわれ（渠）に他ならぬと気づいた。そのことを「渠は今正しく是れ我、我は今是れ渠ならず」（同、巻五、雲巌章）と言っている。法身と肉身の関係については、「我は常に此《ここ》に於いて切《せつ》なり」（同、巻六、洞山章）と言った。

385 「このいずれが修行者として人天の供養を受ける資格があるだろうか？」「人天の供養を受く」とは、印度で天上の神々と衆生から阿羅漢として賞讃されること。阿羅漢（修行の完成者）は「応供」（供に応ずるもの）と訳される。「合」は古代漢語では適合する義の動詞であったが、中古漢語で適合の副詞の用法が派生した。伊藤東涯『操觚字訣』巻三、語辞下の「ベシ」と訓ずる条に、「合ハサフスルハズト云コト。応ノベシニ近シ。俗字ナリ。」

386 本段は、上堂して問いを投げかけただけで終っているが、ふたつの型を挙げて、あとの方を是とする示唆である。大慧『正法眼蔵』巻中にこの上堂を引いて、大慧宗杲（一〇八九―一一六三）が「賊身已に露わる」（意図が見え透いておる）と評しているのは、北宋のころにはふたつの型を代表する教団（つまりのちの臨済宗と曹洞宗）が形成され、前者の思想（の庸俗的理解）を後者によって匡正しようとする動きがあったことを指している。「家舎」と「途中」の関係として禅の教理を説明する本段は、北宋のころから引用が現われるようになる。圜覚宗演が再編したときに加えた馬防（?―一一二四）の宣和二年（一一二〇）の序には、ここのところを「常在家舎，不離途中」（古尊宿系テクストに拠る）に作っており、それでは本段の趣旨と合わないのであるが、そういうテクストもあったのである（たとえば『虚堂録』巻二の引用は「常在途中，不離家舎；常在家舎，不離途中」）。

【四二】

387 師は行脚僧が来たのを見て、両手を広げて見せた。僧は無言。師、「わかるか?」僧、「わかりません。」師、「まったく手がつけられぬ。きみに二銭を恵んでやる。」

388 「手がつけられない」という義の「渾崙」は、「渾」の字を二音節に延ばしてできた熟語で、いわゆる聯綿詞《れんめんし》。「渾」（または同音の「混」）には「はっきりしない」、「渾然一体で分割できない」意があり、これを二音節にした「渾沌」（混沌）や「渾崙」の熟語ができた。後者は「渾」の音（『広韻』戸昆切）に「崙」（同、盧昆切）を加えて畳韻語にしたもの。音による生成であるから、第二音節は近音の文字を使って「渾淪」、「渾侖」、「渾圇」とも書かれる。『聯灯会要』巻九、臨済章では「完圝」になっているが、これも「完」（まるい、完全）を二音節化した聯綿詞で、「完」（『広韻』胡官切）に「圝」（同、落官切）を加えて畳韻にした語である。「擘不開」の「擘」は両手で引き離す、抉《こ》じ開《あ》ける意、「〜開」は動作の結果離れる意で、ここは可能補語を構成し、「〜不開」は不可能を表わす。したがって「渾崙擘不開」は「まるっきり手がつけられない」という意味になる。なお「昆侖」の「昆」も無限の意味で「渾」と通じ、同じく聯綿詞であり、崑崙山の語源でもあるが、ここは西域の崑崙山とは直接関係しない。

389 「きみに二銭めぐんでやる」とは、ここにきみの要求するものは何もない、これは駄賃だ、と追い返した。義玄は僧が来たのを見て、問われない先に両手をひろげて見せたのである。「展開両手」は、何も持たぬしぐさ。『祖堂集』巻一四、百丈政和尚章にいう、「師、僧に向って道う、『汝我が与《ため》に開田《かいでん》し了《おわ》らば、汝が為に大義を説かん。』僧云く、『開田し了れり。請う師よ、大義を説け。』師乃ち両手を展開す。」また同書巻一九、霊樹和尚章にいう、「問う、『佛法畢竟《ひっきょう》の事《じ》は如何《いかん》?』師は両手を展開す。」「（佛法の）大義」、「佛法畢竟の事」を問われて両手を広げて見せるのは、説くべき法はないことを示すもの。佛法の究極も、禅の教えも、つまるところ、自己を知る（自己が佛なることを体会する）ことに他ならない。なお、この「両文銭」を室町以来の抄物は「草鞋銭」と見て、二銭で草鞋を買って、もういちど江湖を行脚してこい、と解釈している。唐宋時代に草鞋が二銭で買えたか、確実なことはわからないが、トルファン高昌出土文書には「細鞋壹量　上直銭壹佰文、次

鞋壹量　上直銭玖□□（拾文）」、また「鞋参下　各估壹拾文、鞋肆下　各估壹拾文」とある（王仲犖『金泥玉屑叢考』巻六、唐西陲物価考、中華書局、一九九八）。また北宋時代に渡宋した成尋の日記『参天台五台山記』には、延久四年（宋熙寧五年、一〇七二）四月十七日に杭州で自分用の糸鞋一足を八十文で買い、翌日に弟子たちには一足四十文の糸鞋を買ってやったことを記している（藤善真澄訳注『参天台五台山記』上冊、関西大学出版部、二〇〇七）。「糸鞋」は皮底、絹糸で織られたくつであるが、「草鞋」に作るテクストもある。「草鞋」といっても、粗末な皮底のくつであって、日本のワラジではない。しかも、本段の義玄の意図は、外に求めまわるのをやめよ、というのであるから、行脚を勧めるものではない。

【四三】

390　師は遷化せんとする時に上堂して言った、「わたしの死後、わが正法眼蔵を滅ぼしてならぬ。」三聖慧然が出て言う、「和尚の正法眼蔵を滅ぼすなど、めっそうもございません！」師、「では、のちにわたしの禅を問われたなら、そなたはどう答えるのか?」三聖はすぐに喝した。師、「やれやれ！　わたしの正法眼蔵がこのボンクラ驢馬のところで滅び去ったとは！」そして偈頌を述べた、「逝きてやまぬ水に流されながら、どうしよう、どうしようと問う手合いには、きみの真実の光は遍く照らしていると答えてやろう。真の佛は名前や姿かたちの束縛を受けないと言っているのに、たれも本気で受けとめようとせぬ。吹きかけた羽毛さえ斬れるわが利剣、ひと太刀したらすぐまた磨くだけだ。」言い終るや、法座に坐したまま逝去した。時に咸通七年丙戌（八六六）四月初十日。勅して慧照禅師と諡《おくりな》し、塔を澄霊と号した。遷化に臨んでの上堂。『景徳伝灯録』巻一二、『宗門統要集』巻五、『祖庭事苑』巻二、『聯灯会要』巻九、『禅門拈頌集』巻一六にも収める。義玄の遷化の地について、大覚（興化）存奨の塔銘「魏府州故禅大徳奨公塔碑」（公乗億撰）によれば、義玄が鎮州を出て蒲州蒋公の請に赴いたという消息を得た存奨は、滞在していた江西の仰山から急ぎ駆けつけて中条山で出あい、随侍して黄河の白馬渡を渡ろうとしたとき、魏博節度使何弘敬が派遣した専使によって魏府観音寺江西禅院に迎えられ、義玄は一年を経ずしてここに遷化し、存奨が荼毘の礼を尽くし、魏府の南の貴郷縣薫風里に塔を建てたという。『続開古尊宿語要』以下の古尊宿系テクストに附された「塔記」には、義玄は鎮州城内の臨済院に移ったあと、「住して未だ幾《いく》ばくならざるに、即ち大名府《だいめいふ》の興化寺《こうけじ》に来《きた》りて、東堂に居《す》まう。師は疾《やまい》無くして、忽《ふ》と一日《あるひ》、衣を摂めて坐に拠り、三聖と問答し畢《おわ》りて、寂然として逝く」という。すなわち大名府興化寺における義玄の最後の記録である。『祖庭事苑』巻二、『禅門拈頌集』には、このとき三聖慧然が院主だったという。大名府はもと唐の魏州の地、唐の建中三年（七八二）に節度使田悦が魏王を称して魏州を大名府と改名したのに始まる（今の河北省の南端、大名県）。

391 「正法眼蔵」は正しき法の眼目を蔵するところ、核心的真理のありか、すなわち心をいう。中唐の『宝林伝』（八〇一）に叙述される西国二十八代、東土六代の伝法説において、「如来は大法眼を以て迦葉に付嘱し、展転相い伝えて、今我に至る。我今此の正法眼蔵を将《もっ》て汝に付嘱す。汝当《まさ》に護持して断絶せしむる無かれ」（巻三、第九祖伏駄密多章）という形式で言われる。この形式を承けて、「わたしの死後、わたしが伝えた釈尊以来の正法眼蔵を滅ぼしてはならぬ」と遺嘱した。

392 三聖慧然（生卒年未詳）は義玄の弟子。臨済院で義玄に師事したのち、南方を行脚して義玄の禅を伝えた。『景徳伝灯録』巻一二、『天聖広灯録』巻一二の伝記によると、河南の香厳《きょうげん》、湖南の徳山、茱萸《しゅゆ》、道吾、江西の洞山、仰山《きょうさん》、福建の雪峯をへて鎮州に帰り、三聖院に住した。

393 三聖はすぐに怒鳴った。「和尚の禅の真髄をこうだと体得しました。」佛性のはたらきを「喝」することによって示すもの（作用即性）。義玄の本領は「喝」にある、と三聖は受け取っていたわけであるが、それは当時からすでに広まっていたらしく、三聖が香厳山に行くと、香厳智閑（?—八九八）は「臨済の喝を持ってきたか」と言っている（『天聖広灯録』巻一二）。

394 「やれやれ、わしの正法眼蔵がこのボンクラ驢馬のところで滅び去るとは！」義玄の禅の眼目を見てとることができぬ愚鈍なやつだと三聖を罵り、絶望した。「瞎驢」は禅宗で使う、人を貶めるもっともひどい罵語。驢馬は人が前世の負債を返せずに、生まれ変わって債主に酷使され返済する哀れな畜生で、それが盲目で役立たずなのだから、救いようがない（「三脚瞎驢」とまで言う）。ここも「胡喝乱喝」を戒める意図であるが、この語は義玄の弟子たちのあいだでさかんに使われて広まった。

395「沿流不止」は孔子が無常を歎いた「川上の歎」（「逝《ゆ》く者《もの》は斯《か》の如《ごと》きかな、昼夜《ちゅうや》を舎《お》かず」、『論語』子罕篇）、「問如何」は「これを如何《いかん》せん、これを如何せんと曰《い》わざる者、吾これを如何ともする末《な》きのみ」（同、衛霊公篇）をふまえた言いかた（ただし用いかたは逆）。義玄の語に「今日更に如何《いかん》せん若何《いかん》せんを用いず、便ち須《すべか》らく単刀直入なるべし」（『禅林僧宝伝』巻三、首山伝）。第二句「真照無偏説似他」の「真照無偏」は人の六根の作用を放光に譬えた「六道の神光、未だ曾て間歇せず」と同旨で、作用する自己こそが佛にほかならぬこと（『景徳伝灯録』は「無辺」に作る。「偏」と「辺」は近音）。「説似他」の原文は「説自他」に作るが、『景徳伝灯録』に拠って改めた（「自」は「似」の近音による誤り）。第三句「離相離名」は、「心法」は固定した相を持たず、言葉の規定を離れていること。【五〇】示衆二（1）に「心法は形無くして十方に通貫し、目前に現に用《はたら》く。人は信不及《しんじきれず》して便乃《すなわ》ち名を認め句を認め、文字中に向《お》いて求め、佛法を意度《おしはか》る。天地のごとく懸殊《かけはな》る！」【七二】示衆七に「道流《どうる》よ！　真の佛は形《すがた》無く、真の法は相《かたち》無きに、你らは秖麼《ひたすら》に幻化《げんけ》の上頭《うえ》に模《も》を作《な》し様《よう》を作す。設《たと》い求め得たる者も、皆な是れ野狐《やこ》の精魅《せいみ》にして、並《た》えて真の佛には不是《あら》ず。是れ外道の見解なり。夫《か》の真の学道人の如きは、並《た》えて佛を取《もと》めず、菩薩、羅漢を取《もと》めず、三界の殊勝を取《もと》めずして、迥然《けいねん》として独脱《どくだつ》し、物の与《ため》に拘《こう》せられず」と言い、義玄が示衆で「自己の外に真理を求めてはならぬ」と、くりかえし強調したことである。「人不稟」は弟子たちがそのこと（「外に求めるな、言葉に執われるな」）をまっとうに受けとめない。第四句「吹毛用了急還磨」の「吹毛」は吹きかけた羽毛も斬れる、干将《かんしょう》・莫邪《ばくや》のごとき利剣。「剣刃上に毛を吹いてこれを試すに、其の毛自《おのずか》ら断《た》つは乃ち利剣なり。これを吹毛と謂う」（『碧巌録』第一〇〇則「巴陵吹毛剣」評唱）。葛藤を断ち切るはたらきをいう。「急還磨」は「還た急ぎ磨く」というべきを、偈の平仄のため倒置した（南宋版『景徳伝灯録』は「急須磨」に作る）。利剣を使ったあと、急いで磨いておく意。賈島の「剣客」詩に「十年一剣を磨く、霜刃《そうじん》未だ曾《かつ》て試さず」（『長江集』巻一）。

396 偈を述べおわるや、法座に坐したままの姿で逝去した。

397 遷化の年について、本書と『祖堂集』巻一九、『宋高僧伝』巻一二、『景徳伝灯録』巻一二は「咸通七年丙戌（八六六）四月十日」とするが、『続開古尊宿語要』（天集、一二三八年）の臨済語要の末尾に附す小伝に「咸通八年丁亥（八六七）孟陬月（正月）十日」とする異伝がある。これはのち『古尊宿語録』（巻五、興化語録末尾、一二六七年）に「臨済慧照禅師塔記」と題して収められ、さらに単行本『臨済録』末尾に移されて引き継がれている。

398 諡号のことは他に徴すべき資料がない。「澄霊」は『祖堂集』、『宋高僧伝』では「澄虚」に作る（「虚」は「霊」の俗写体の形似による誤り）。澄霊塔は現存し、金代大定二十五年（一一八五）に修築された八角九層、高さ三〇・四七メートルの塔である。近年さらに修理がおこなわれ、俗に「青塔」と呼ばれている。なお、元の至大二年（一三〇九）に日本人として初めてこの澄霊塔を拝したのは、鎌倉時代の雪村友梅（一二九〇―一三四六）で、「臨済塔を拝す」という詩をのこしている（『岷峨集』巻下、『五山文学新集』第三巻）。本段には成立上の問題がある。古いかたちをとどめる南宋版『景徳伝灯録』（四部叢刊三編）および金版（金蔵広勝寺本）には、上堂そのものがなく、したがって三聖との問答もなく、頌のみが「伝法偈」として収められている。一方、『天聖広灯録』の古いかたちをとどめる金版には「頌」（伝法偈）がない。「頌」はあとから加えられたものであろう。上堂語と三聖との問答は、三聖への絶望を表明しているが、そのあとに「頌」が置かれることによって、三聖に対し最後の教誨を垂れた、すなわち三聖が遺弟となったという構成になるわけである。上堂・問答と頌は北宋版『景徳伝灯録』（東禅寺版大蔵経、刊刻は早いが本文は新しい）および開元寺版『天聖広灯録』（一〇三六年）になって組み合わされて収録されたのである。上堂語と三聖との問答がなければ、「伝法偈」と言っても誰に「伝法」したものなのか明瞭でないし、内容も「伝法偈」にそぐわない。しかしそもそも「山僧には一法の人に与うる無し。秖是《た》だ病を治《いや》し縛を解くのみ」（【七五】示衆九（2））と言っていた義玄が、死に臨んで「法を伝える偈」を作るというのも不可解である。こういう不自然さを臨済下第三世、第四世の南院慧顒《なんいんえぎょう》（推定八三〇―八八八）と風穴延沼《ふけつえんしょう》（八九六―九七三）も問題として論じ、弁護している。「（南院）問うて曰く、『汝は臨済将《まさ》に終らんとする時の語を聞くや？』（風穴）曰く、『之《こ》れを聞く。』曰く、『臨済曰く、誰か知らん、吾が正法眼蔵、這の瞎驢辺に向《お》いて滅却せんとは、と。渠《かれ》は平生師子《しし》の如く、見《あ》わば即ち人を殺せしに、其の将に死なんとするに及んで、何故にか膝を屈し尾を妥《た》るること此《かく》の如き?』対《こた》えて曰く、『密《みつ》に付して将に終らんとし、主を全《まっと》うして即ち滅せり。』又た問う、『三聖は如何《いかん》ぞ亦た語無き?』対えて曰く、『親しく承《う》けて室に入る真の子は、門外の遊人と同じからざればなり。』南院之れに頷く」(『禅林僧宝伝』巻三、風穴伝)。これはいかにも法系を盾にした護教論的な結論である。また弟子が義玄の禅の特徴を「喝」に見、これを義玄が批判するというのも後代の「胡喝乱喝」を戒めるという主題であり、つまるところ、この遷化時の上堂の一段は後代の成立にかかる可能性が高い。

【四四】

399 「示衆」は大衆への垂示説法。「晩参示衆」(第二〇段)、「上堂示衆」と言うように、夕刻に法堂に上って大衆に説示された。義玄の「示衆」の記録は咸通七年(八六六)の圓寂から百年後、北宋の初めにはすでに定型ができていたことは、『宗鏡録』(九六一)、『祖堂集』(一〇世紀後半—一一世紀前半)の引用から知られ、それはのちに『天聖広灯録』(一〇三六)に収録されることになる『四家録』中の『臨済録』にもとづいている。北宋末宣和二年(一一二〇)圓覚宗演による開版時に「上堂」、「勘弁」、「行録」等に分類された諸記録は、いずれも成立上の問題を含むが、この「示衆」は義玄がみずから語ったもっとも信頼の置ける資料である。この『天聖広灯録』巻一一に収める長段の「示衆」は、臨済院における一時の上堂説法ではなく、長期にわたっておこなわれた説法の整理・集成であろうとおもわれるが、適宜分段して訳注を加える。

400 「いま佛法を学ぼうとする者は、とりあえず、正しい考えかたを求めなくてはならぬ。正しい考えかたを身につけたなら、輪廻にも陥らず、行くも留まるもみずから決める。解脱を求めずとも、解脱はひとりでにわがものとなる。」「且《ま》ずは要す」とは次善の策を勧める場合に言う。「佛法を学ぶ必要は、本来ないのであるが、もし学ぼうとしている者があれば、ひとまず……」と言うニュアンスである。「真正の見解」は義玄の示衆の核心であり、示衆の全体は「真正の見解」とはなんであるかをめぐって開陳される。「生死にも染まず、去住も自由なり」という「生死」は輪廻の意味の漢訳語。「不染生死」(生死に染まらず)というべきところを、「生死不染」と倒置して「不染」を強調する。「去住」は、行くことと留まることで、「脱著」(着物を着る、脱ぐ）と並挙される「生死」の譬喩である。「自由」は「自《みずか》らに由《よ》る」、自分で決めること。三祖僧粲が「生死自由なり」と言って立化《りゅうげ》（立ったまま遷化）したといわれ（『楞伽師資記』）、先達が「火に入るも焼けず、水に入るも溺れず、倘《も》し焼けんと要《ほっ》せば即ち焼け、溺れんと要せば便ち溺れ、生きんと要せば即ち生き、死なんと要せば即ち死し、去住自由なり。者箇《こ》の人自由の分有り」（『古尊宿語録』巻二、百丈懐海）であったように、世人が生を喜び死を厭うのに対して、生に執着せず、いつでも死ねることを示すのに用いたが、義玄が継承するのは、敦煌本『六祖壇経』にいう「六塵中に於いて離れず染まず、来去自由なる、即ち是れ般若三昧にして、自在に解脱するを、無念行と名づく」という独立独歩の自在な生きかたである。百丈懐海も言う、大智の人は「生に処して生に留められず、死に処して死に礙《さ》えられず、五陰《ごおん》に処して門の開くが如く五陰に礙えられず、去住自由、出入無難なり」（『百丈広録』）。【五八】示衆三（7）にも、「你ら若し生死、去住、脱著の自由なるを欲《ほっ》得せば、即今《そっこん》法を聴く底《ところ》の人の、形《かたち》無く相《すがた》無く、根無《ねな》く本無《もとな》く、住処無くして活撥撥地《かっぱつぱつじ》なるを識取せよ！」と言っている。また天童如浄（一一六三―一二二八）も言う、「生死脱著も相い干《かか》わらず、一道の神光常に独り露わる」（『如浄和尚語録』巻下「一上座下火」）。「殊勝」は「めでたく勝れたること」であるが、義玄は【七二】示衆七で「夫《か》の真の学道人《がくどうにん》の如きは、並《た》えて佛を取《もと》めず、菩薩、羅漢を取《もと》めず、三界の殊勝を取《もと》めずして、迥然《けいねん》として独脱《どくだつ》し、物の与《ため》に拘《こう》せられず」と言っている文脈から見れば、一般的なめでたきことではなく、われわれが生きる三界における殊勝、すなわち解脱を意味している。真の学道人は三界からの脱出を求めたりはしない。【七六】示衆九（3）に言う、「山僧の見る処に約せば、如許多般《おおきこと》無し。祇《た》是だ平常に衣《きもの》を著て飯《めし》を喫《くら》い、無事に時を過ごすのみ。你ら諸方より来《きた》る者は皆是《み》な心に佛を求め、法を求め、解脱を求め、三界を出離《しゅつり》せんと求むる有り。痴人《ちじん》！ 你ら（三界を）出《い》で什麽処《いずこ》にか去《ゆ》かんと要《ほっ》する？」

401 「道流」の語は義玄が修行者に呼びかけた独特の呼称。「諸方学道流」（【七五】示衆九（2））の省略であろう。「道流」はもと、後漢の班固《はんこ》が劉向《りゅうきょう》『七略《しちりゃく》』にもとづき、『漢書』芸文志で分類した儒家・墨家・法家など九流学派の一つの道家者流（道教、道士）を指し、唐代においてもその用法が主であった。禅の修行者への呼称として用いるのは、義玄以外では同時代の宗密（七八〇—八四一）と洞山良价（八〇七—八六九）にわずかの例があるのみで、後世まれに用いられる場合も「真正《しんしょう》の道流《どうる》」・「本色《ほんじき》の道流《どうる》」など、義玄その人を回想する口吻を帯びている。

402 「古来の先覚がたは、みなすぐれた方便をわきまえておられたものだが、今わたしが忠告してやれるのはただ、きみたちは人に騙されてはならぬ、ということだけだ。忠告に従うなら、従うがよい。迷ったりしていてはだめだ。」「出人底の路」は人よりすぐれた手だて。「出人」は「出人頭地」（人より一頭地出る）、つまり人より優れた、並みはずれた、抜群の意。ここは「人を救う」という意味ではない。王維「従弟司庫員外絿に贈る」詩に「少年は事を識《し》ること浅く、彊《し》いて名利《みょうり》を干《もと》むるを学ぶ。徒《いたず》らに聞く躍馬《やくば》の歳、苦《はなは》だ出人の智無し」（若いときは見識が浅くて、がむしゃらに科挙の勉強をしたものだ。富貴を築くに十分な時間はあったが、ざんねんなことに人より優れた智慧がなかった［『王右丞集箋注』巻二］）。呉融「李長吏《りちょうり》に贈る歌」に「咨嗟《しさ》す長吏の出人の芸、如何《いかん》せん此の艱難の際に値《あ》うを」（ああ、あなたの人並外れた技量も、今時の災難に遭遇しては発揮されなかった［『全唐詩』巻六八七］）。「～底」は修飾関係を表わす口語の構造助詞。文語では右の「出人智」、「出人芸」のように使わない。「路」は方法。「人惑《にんわく》」は他人からする惑乱。善意、悪意を問わず、他人からの示教をいう。意図的なかどわかしは無論のことだが、とくに聖なる教え、魅力的な価値、壮大な理論など、みずからのめり込む高尚な観念についていう。「人惑を受くる莫れ」は徳山宣鑑（七八〇—八六五）が言った言葉（大慧『正法眼蔵』巻上）、義玄も示衆において繰り返し用いた。【七四】示衆九（1）に言う、「道流よ！你ら如法《にょほう》の見解《けんげ》を得んと欲《ほっ》せば、但《た》だ人惑を受くる莫れ！向裏《うち》にも向外《そと》にも、逢著《あわ》ば便ち殺せ！佛に逢わば佛を殺せ！祖に逢わば祖を殺せ！羅漢に逢わば羅漢を殺せ！父母に逢わば父母を殺せ！親眷に逢わば親眷を殺せ！かくて始めて解脱するを得《え》、物の与《ため》に拘《こう》せられず、透脱して自在ならん。」また【七五】示衆九（2）「山僧には一法の人に与うる無し。秖是《た》だ病を治《いや》し縛を解くのみ。」【八七】示衆一四（6）にも「達磨大師の西土従《よ》り来《きた》りて、秖是《た》だ箇《ひとり》の人惑を受けざる底《ところ》の人を覓《もと》めて自《よ》り、後に二祖に遇い、（二祖は）一言もて便ち了《さと》りて、始めて従前に虚しく功夫を用いしを知れり。」つまり義玄にとっては「人惑を受くる莫れ」ということが、達磨が伝えた禅の意義であった。「人惑」のほか「法惑」（悟りの誘惑）、「境惑」（外境の誘惑）についても同じく「受くる莫れ」とくりかえし言っている。南泉普願（七四八―八三四）も「我行脚せし時、一个《ひとり》の老宿有りて某甲《それがし》に教えて道《い》わく、『返本還源《へんぽんげんげん》せよ』と。噫《ああ》！ 禍事《かじ》なり！ 我は十八の上に時《とき》に解《よ》く活計《かっけい》を作《な》す。三乗十二分教も我に因りて有る所なり」（『祖堂集』巻一六、南泉和尚章）と言った。「要用便用、更莫遅疑」は、「人惑を受くる莫れ」という忠告を受けとめるのも拒否するのも、きみたちの自由だ、迷い疑い、議論することではない。【八九】示衆一五（4）にも、「大徳よ！ 山僧は今時、事已《ことや》むを獲《え》ず、話度《わたく》して許多《あまた》の不《ふ》才浄《さいじょう》を説き出《いだ》すも、你ら且《ま》ずは錯《あや》まる莫れ！ 我が見る処に拠《よ》らば、実に許多般《おおく》の道理無し。用いんと要《ほっ》せば便ち用いよ。用いずんば便ち休《や》むのみ」と言っている。「遅疑」は迷うこと。「遅」はおそい義から疑い迷って進まないことをいう。ゆえに二字は同義複詞である。白居易「陶潜《とうせん》の体《たい》に効《なら》う詩」十六首之十五に「但《しか》し未だ生死の、勝負は両《ふた》つながら如何なるかを知らず。遅疑して未だ知らざる間は、且《ま》ずは酒を以て娯《たの》しみと為さん」（『白居易集』巻五）。

403 「いまの修行者の欠点は、どこに原因があるか？」「学者」は道を学ぶ者、修行者。「得」は文語の「可」（よろしい）に相当する口語。「甚処」は場所を問う口語疑問詞（文語の「何処」にあたる）。

404 「原因は自己を信じないところにある。きみたちが自己を信じきれないから、臨終に際して現われる幻覚のままにあたふたと運ばれ、よろずの場面に振りまわされて、自由になれないのだ。」「不自信」は自分で自分を信じない。「自信不及」は自分で自分を信じきれない。「～不及」は動作が至らない、徹底できない意の可能補語。【六二】示衆四（1）に「如今《いま》の学道人《がくどうにん》は且《ま》ずは自らを信ぜんことを要す。向外《そと》に覓《もと》むる莫れ。」自己の何を信じきれないのかは言われていないが、【七五】示衆九（2）に「你らに向って道《い》わん、『佛無く法無く、修無く証無し』と。祇《ひたす》ら与麼《かくのごとく》傍家《のきなみ》に什麼《なに》物をか求めんと擬《ほっ》する？ 瞎漢！ 頭の上に頭を安《お》くとは！ 是れ你らに箇《こ》の什麼《なに》をか欠少《かんしょう》する！」【七六】示衆九（3）に「道流よ！ 是れ你らというわが目前に用《はたら》く底《もの》こそ、祖佛と別ならず。祇麼《た》だ信ぜずして、更に向外《そと》に求む」というように、「自身が祖佛と同じである」ことである。「即便」は「若し」に呼応する口語の二音節同義複詞。「忙忙地」はせわしなく、あわただしく。「～地」は副詞を構成する口語の構造助詞。『景徳伝灯録』巻二八では楊億らが手を加えて文語的な表現にしたため「地」を省いている。「忙忙地として一切の境に徇って転じ」以下は臨終に際してのふるまいを言い、「憭（繚）乱して精神を失う」（王梵志詩第九首）情況を指す（項楚『王梵志詩校注』上、四六頁、上海古籍出版社、一九九一）。「徇」は随順の義であるが、ここでは望ましくないマイナスのニュアンスをもつ（ゆえに大慧『正法眼蔵』巻上、『指月録』巻一四は「狥」に作る）。本段後文にもまた「三界を輪廻し、好悪《よしあし》の境に徇《したが》って摂《はこ》ばれ、驢牛肚裏《ろぎゅうとり》に去《ゆ》きて生れん」と言う、その注407参照。「転」は底本『天聖広灯録』は「縛」であるが、『続開古尊宿語要』以下の古尊宿系テクスト、明版『四家録』、『聯灯会要』巻九に拠って改めた（おそらく「轉」、「縛」の形似による誤り。古い『景徳伝灯録』巻二八は「脱」になっているが、これに拠っている大慧『正法眼蔵』巻上は衍字とみて省いている）。【七七】示衆一〇に第二十二祖摩拏羅《まぬら》尊者の伝法偈「心は万境に随って転ず」の引用があり、【六〇】示衆三（9）にも「若し能く是《かく》の如く弁じ得《え》なば、境に転ぜられず、処処に境を用う」と言うように、「転」を用いている。「他の万境に廻換せらる」の「廻換」は取り換える、変更する意の同義複詞であるが、ここでは引伸して、振りまわす、引きまわす意で使われている。【五四】示衆三（3）にも「一切の境の差別に入るも、（境はこの人を）迴換する能わず。」「自由を得ず」とは悪趣（地獄、餓鬼、畜生道）に転生すること。

405

「きみたちが絶えず求めまわる、その心を終熄できたなら、そのときこそ達磨や佛陀と同じなのだ。きみたちは達磨がどんな人なのか、知りたいと思うか？ 今わたしの面前で説法を聴いているきみたちこそ、それなのだ。」「念念に馳求する心」の「念念」は「念念相続」、絶え間ない妄念（欲求）の連続。「歇得」は求めまわる心（馳求する心）を止《や》めることができる。「～得」と「能」とあわせて強く可能を表わすのは、口語表現の特徴である。「祖佛」は祖師と佛陀。通常いわれる「佛祖」と異なり「祖」に重点を置く禅宗の用語。「你らは祖佛を識らんと欲得《ほっ》すや？」という「識」は識別の義で、外表によって見分けること。「君たち、その祖佛に会いたいと思うか」（入矢義高訳）というニュアンスである。「祖」は古い『景徳伝灯録』巻二八では「祖師」であるが、古尊宿系テクストが「佛」を補って「祖佛」とするのは、上文に合わせたのであるが、下文に「活祖意」というように、義玄の念頭にあるのは祖師である。「秖だ你らという、わが面前に法を聴く底こそ是れなる」の「秖」は「是你」という場合の「是」と同じく、「その次にくる語を強く規定し、それを主題として大きく提示する機能をもつ。したがってその語は常にセンテンスの主語になる」（入矢義高『禅語つれづれ』、『増補 求道と悦楽―中国の禅と詩―』岩波現代文庫、岩波書店、二〇一二）。「你」と「面前聴法底」は同格で、「きみたちという、わが面前で法を聴く底《もの》」の意。「きみたちの面前で聴法する底《もの》」ではないことに注意。すなわち、いま現に義玄の話を聴いている修行者を「祖」と等置して言うのであって、「きみたちの前に現われ出ているもの」でも、「きみたちの中に内在している超越的なるもの」でもない。「秖你面前聴法底是」は「(祖) 是秖你面前聴法底」の語序を替えて「秖你面前聴法底」を特に強調した形式。

406 「修行者自身が自己を信じきれないから、外に求めまわるのだ。外に求めて、たとい得られたとしても、みな文字や言葉ばかりで、けっして活きた達磨の思想ではない。」「学人」は学地にある人。行脚して師友を求める修行者を言う。「名相」は名前と形、すなわち言葉（名辞や概念）。「活祖意」は「活祖師意。」活きた祖師の意図とは、達磨が伝えた禅の思想を指す。

407 「考え違いをしてはいかん！ 禅師がたよ。今生《こんじょう》に善知識に遇わなければ、永遠に三界を輪廻し、臨終に現われる好ましき境界、おぞましき境界のままに、驢馬や牛の腹に入って転生することになる。」「禅徳！」と改まった鄭重さで学人に呼びかけた。「此の時に遇わずんば」とは「今生で善知識のよき指導に遇わなければ」の意。今この場をいう。「三界」は佛教でいう苦の世界、人間の輪廻する三つの境界。欲望の世界（欲界）、精神の世界（無色界）とその中間（色界）。しかし義玄はみずから再定義していう、「你らは三界を識らんと欲すや? 你らが今《いま》法を聴く底《ところ》の心地を離れず。你らが一念心の貪こそ是れ欲界なり。你らが一念心の嗔こそ是れ色界なり。你らが一念心の痴こそ是れ無色界にして、是れ你らが屋裏の家具子なり」（【七六】示衆九（3））。「好悪の境に徇って掇《はこ》ばれ」、底本は「好境に徇って掇《はこ》ばれ」であるが、『景徳伝灯録』に拠って「悪」字を補った。「驢牛肚裏に去《ゆ》きて生る」のは悪境に順って行く先、三悪道《さんまくどう》の畜生道である。「掇」の原義は拾う、手に取る意であるが、上文には「転」と表現されていたから、ここでは「掇転」

と熟する場合の「向きを変える」意であろう。元末の楚石梵琦（一二九六―一三七一）の「中天竺の吾蔵主の日本に還るを送る」偈に「船頭《へさき》を掇転《てってん》せば是れ故郷、龍は呑み尽くさず瑠璃の碧」（『楚石梵琦禅師語録』巻一七）。「驢牛肚裏に去きて生る」とは、俗人が生前に借金を返せず、死後に驢馬や牛に生まれ変わり酷使されることで返済する運命をいうが、僧の場合は布施を受けて生活しながら、施主の期待に背いて無駄な生きかたをした結果をいう。百丈懐海の次の説法も「臨終の時の自由」を説いている。「臨終の際、所有《あらゆ》る習念《しゅうねん》、尽く勝境と為《な》って現前し、心の愛重《あいじゅう》する所の処に随って先に受く。秖《た》だ如今《いま》悪事を作《な》さずんば、此の時に当たっても亦た悪境無し。縦《たと》い悪境有るも亦た変じて好境と成る。若し臨終の時慞狂《しょうきょう》して自由を得ざるを怕《おそ》るれば、即ち須《すべか》らく如今《いま》便ち自由にして始めて得《よ》し。秖《た》だ如今《いま》、一一の境法に於いて都《すべ》て愛染無く、亦た依住《えじゅう》の知解《ちげ》莫《な》きは、便ち是れ自由の人なり」（『百丈広録』「臨終の時には、これまでに心に染みついた想念が、みな荘厳された場面として現前し、執着の激しいものから順に体験してゆくことになる。今、煩悩に任せて悪事をなさねば、臨終の時にも不幸なおぞましい場面は立ち現われぬ。現われたとしても、幸せな好ましい場面に変わる。臨終の時に慌てふためいて自由でなくなるのを心配するなら、今すぐに自由であらねばならぬ。今、ひとつひとつの対境に愛着を持たず、また愛着しないという知解にも安住しないなら、これぞ自由人というものだ。」）黄檗希運『伝心法要』にも言う、「凡そ人終《おわ》らんと欲《す》る時に臨んでは、……若し善相の諸佛来迎し、及び種種現前するを見るとも、亦た心の随い去《ゆ》かんとする無し。若し悪相の種種現前するを見るとも、亦た心の怖畏《おそ》るる無し。但自《た》だ心を忘れて法界に同じくせば、便ち自在なることを得ん」（入矢義高『伝心法要　宛陵録』三九頁、禅の語録八、筑摩書房、一九六九）。

408「諸君！わたしの見かたに拠れば、諸君は釈迦と何の違いもないのだ。毎日の種々の行いに、何の欠けたるところがあろうか。諸君の六根が放つくすしき光は、途切れることなく射しつづけているではないか。」「約」は準拠の義。「釈迦と別ならず」の主語は「道流」である（『宗鏡録』巻九八、『景徳伝灯録』巻二八では「如今の諸人は古聖と何の別かあらん」に作るのを参照）。その根拠は「六道の神光、未だ曾て間歇せず。」「六道の神光」とは六根の作用をいう。汾陽善昭（九四七―一〇二四、臨済下六世）の「都釈六根圓明短歌」はこのことを詳しく敷衍している。「眼耳鼻舌身と意、六用皆な一法の智を同じくす。百千巧妙、機縁に応じ、物物倶《とも》に圓かにして塵翳を離る。眼色は空にして、耳声は離れ、香味触法倶に滞る無し。和融自在にして圓通と号し、這箇の圓通は真偽を絶す。分明なるを要す、須らく審細なるべし、六道の神光は常に閉じず。心は万境に随うも境は唯だ心のみ、心と境は元より空にして総て周《あま》ねく備わる。重重たる帝網《ていもう》、六門開き、鏡と象は圓かに真にして一切明らかなり。」（『汾陽無徳禅師語録』巻下、T四七、六二五下）。この歌の「六用皆な一法の智を同じくす」は本段下文につぎのように言うのに相当する。「道流よ！心法は形無くして、十方に通貫す。眼に在りては見ると曰い、耳に在りては聞くと曰い、鼻に在りては香りを齅《か》ぎ、口に在りては談論し、手に在りては執捉し、足に在りては運奔す。本と是れ一精明にして、分れては六和合と為る。」つまり「六道の神光」とは「眼耳鼻舌身意の六用」であり、「一精明」たる「心法」（一法の智）の作用である。福州大安（七九三―八八三）も六根の作用を放光に譬えて言う、「汝ら諸人、各自の身中に無価の大宝有り、眼門より光を放ちて山河大地を照らし、耳門より光を放ちて一切の善悪の音響を領覧し、六門より昼夜常に光明を放つを、亦た放光三昧と名づく。汝ら自らに有り、何ぞ識取せざる！」（『祖堂集』巻一七）。また『宝蔵論』広照空有品にも、「夫れ天地の内、宇宙の間、中に一宝有りて、形山に秘在し、物を識り霊照するも、内外空然たりて、寂寞として見難し」（T四五、一四五中）と言う。

409
「このように見ることができたなら、諸君はただ一生無事の人である。」義玄は「佛と祖師は是れ無事の人」（【七九】示衆一二）、「古人云く、〈演若達多《えんにゃだった》は頭を失却《うしな》い、求《ぐ》心歇《しんや》む処即ち無事なり〉」（本段下文）、「無事是れ貴人なり」（【五〇】示衆二（1））と言い、「無事」なることを理想とした。「無事」とはもはや求める事の無いこと。佛は完成された人であるから、満ち足りて欠けたるところがない、ゆえに何も求めぬ。「無事」とはもと「有事」（戦争、また煩わしい事）に対する語であったが、禅宗では「多事」（司空山本浄「道は本と無事なるに、強《し》いて多事を生ず」、『祖堂集』巻四）に対して言い、その様相は懶瓚《らんさん》の「楽道歌」（『祖堂集』巻三）に詠ずるところを典型とする（土屋昌明、衣川賢次、小川隆「懶瓚和尚『楽道歌』攷―祖堂集研究会報告之三―」、『東洋文化研究所紀要』第一四一冊、二〇〇一)。義玄の「無事」の思想は徳山の示衆の影響下にある。いわく、「諸子よ! 老漢《わし》が此間《ところ》には一法として你ら諸子に与えて解会《げえ》を作《な》さしむるもの無し。自己も亦た禅を会せず。老漢《わし》も亦た善知識に不是《あら》ず、百《まった》く解する所無し。只是《た》だ屙《あ》屎放尿《しほうにょう》し、乞食乞衣《こつじきこつえ》するのみにして、更に甚麼事《なにごと》か有らん。徳山老漢は你らに勧む、無事にし去り、早く休歇し去るに如《し》かずと」(大慧『正法眼蔵』巻上)。

【四五】

410 「禅師がたよ! 周知のように〈三界は燃え熾る家のように、安住の場ではない〉。ここは諸君が長く住める所ではない。死神は貴賤、老若を択ばず、一瞬のうちに襲いかかる。」「大徳!」と改まった丁寧な口調で大衆に呼びかける。引用は羅什訳『妙法蓮華経』譬喩品の偈で佛陀が舎利弗に説いた語、「三界の無安なること、猶お火宅の如し。衆苦《しゅく》充満し、甚だ怖畏《おそ》る可《べ》し。常に生老病死の憂患《うげん》有ること、是等《これら》の火の熾然《しねん》として息《や》まざるが如し。如来は已に三界の火宅を離れ、寂然《じゃくねん》として閑居《げんご》し、林野《りんや》に安処《あんしょ》す」(T九、一四下)。「無常殺鬼」は死神、つまり死を擬人化した俗語。その姿は「蓬髪《ほうはつ》にして口を張《あ》け、長く両臂《りょううで》を舒《のば》し」と描写される(『根本説一切有部毘奈耶』巻三四)。敦煌俗文学にはしばしば、「煞鬼《さつき》忽然《こつねん》として来《きた》り到りし後《とき》、阿誰《たれ》か能く我が無常に替《か》わらん」(『妙法蓮華経講経文』)、「煞鬼《さつき》一朝来《きた》りて你を取らん、任《たと》君い貌《びぼう》有り及び才《さいのう》有るも」(『維摩碎金』)などと語られる(項楚『王梵志詩校注』第七二首「无常煞鬼至」注)。「一刹那」はインドでいう時間の極小単位で、最も短い時間、一瞬をいう。

411 「きみたちがもし祖師や佛陀と同じでありたいなら、けっして外に求めてはならぬ。」ここの「祖佛」は前文の引用に続く「如来は已に三界の火宅を離れ……」という如来を承けていう。「無常」(死)の不安を離れた佛のごとくであるためには、佛を外に求めてはならない。みずからが佛たる自覚をもつことだ。

412 「きみたちの心から発する清浄な光が、自身にそなわった法身佛だ。きみたちの心から発する無分別の光が、自身にそなわった報身佛だ。きみたちの心から発する無差別の光が、自身にそなわった化身佛だ。この三種の佛身とは、きみたちというわが目前で説法を聴いている者のことに他ならないのだが、ただ外に求めまわらぬからこそ、こうした輝かしい作用を発揮するのだ。」「一念心」とは一瞬ごとに生ずる心（心は一念一念が完結しつつ連続して生ずる）。そこから種々の光を放つとは、「一精明」たる「心法」のはたらきとして「六道の神光」を発するという構図（前段注408参照）と同じである。佛教学でいう「佛の三身」は、「法身は佛の説いた理法（真理）そのものを佛の不滅の本身と見たもの。報身は真理の体現者としてその果報（功徳）を具えた佛身をいう。化身は衆生救済のためこの世に色々な形をもって現われる佛の人格身をいう」（入矢義高『伝心法要 宛陵録』五三頁注）。六祖《ろくそ》慧能《えのう》は授戒に際して、衆生みずからの色身に具わる三身佛に帰依せよと説いた。いわく、「善知識よ、総て須《すべか》らく聴け。与《ため》に無相戒《むそうかい》を授《さず》けん。一時に慧能の口に道《い》うを逐《お》え。善知識をして自らの三身佛を見せしめん。『自らの色身に於いて清浄法身佛に帰依す。自らの色身に於いて百千億化身佛に帰依す。自らの色身に於いて当来圓満報身佛に帰依す』【已上《いじょう》三唱す】。色身は是れ舎宅なれば、帰すると言う可《べ》からず。向者《さき》の三身は自らに在る法性《ほっしょう》なり。世人には尽く有るも、迷うが為に見えず。外に三身如来を覓《もと》めて、自らの色身中の三身佛を見ず」（敦煌本『六祖壇経』）。「屋裏」は家をいう口語。ここでは身体（色身）の譬え。三身佛と光の配合について、無著道忠は「法身は本来的に清浄であり、報身の盧舎那佛は分別することなく光明を照らし、化身佛はいかなる境界にも無差別に姿を表わすから」と説明し、「分別とは心の側から言い、差別とは情況の側から言うもの」と言っている（『疏瀹』）。

413 「佛教学者はこの三身を佛法の究極と考えているが、わたしの見かたは違う。佛の三身など言葉にすぎない。衣裳にすぎない。古人も〈種々の佛身の名は功徳の内容から立てたもの、種々の佛国土は佛の居場所によって説いたもの〉と言っているとおりだ。〈法性身〉、〈法性土〉とは水面に映った月影にすぎぬことがわかる。」古人の語は窺基の『法苑義林章』巻七、「自性の身土は即ち真如の理なり。……義相を以て身と為し、体性を以て土と為す」（『疏瀹』）。

【四六】

414 「禅師がたよ！ 諸君はその光を発する人こそが、諸佛を生み出す本源であり、すべての修行者の帰りつくべき家なのだということを知れ。」「光影」、「是一切道流帰舎処」は底本はそれぞれ「光」、「一切処是道流帰舎処」に作るが『景徳伝灯録』巻二八、『宗鏡録』巻九八に拠って訂した。「且」は勧奨の語気を表わす副詞。「光影を弄する底の人」

の「光影」は「光」を二音節にしていう語。「弄」は代動詞でここでは「発する」、「放つ」義。上段にいう光明を発する佛としての「你らという今目前に法を聴く底の人」を指す。「諸佛の本源」は上段にいう「法身佛」、「報身佛」、「化身佛」などを生み出す根源。「識取」はポジティブに誤ることなく見て取ることで、「識」は弁識、「~取」は積極的に確実に動作することを表わす補語。「一切道流帰舎処」はすべての修行者が求道のはてに、求めることをやめ、「無事」にして安らぐ「帰家穏坐《きかおんざ》」の場所をいう。

415

「きみという地水火風合成の肉体が法を説き法を聴くことができるのではない、肉体の各部分が法を説き法を聴くことができるのではない、虚空のごとき心が法を説き法を聴くことができるのではない。ではいったい何が法を説き法を聴くことができるのか? ほかでもない、きみという、わが目前に歴然と立つもの、形なくしてひとり輝けるもの、これこそが法を説き法を聴くことができるのだ。かく見て取ることができたなら、そのままで佛陀や祖師と何ら違わない。」「四大色身」は佛教でいう物質を形成する四つの元素（地水火風）から合成された肉体。「脾胃肝胆」は肉体の五臓六腑を代表していう。「虚空」は大空のように広大無礙なる心の譬喩。「是れ你らという目前に歴歴たる底、一箇の形段勿くして孤明なる」の句、底本は「是你目前歴歴底物、一段孤明」に作るが、それだと「物」は「ひと」の義となり、後段の「無一箇形段、歴歴孤明」と齟齬する。したがって、ここも『景徳伝灯録』巻二八（是汝目前歴歴孤明、勿形段）、『宗鏡録』巻九八（歴歴地孤明、勿箇形段）に拠って訂した。法身を形象したこの句は、後段にもしばしば用いられる義玄の思想の核心である。「道流よ！ 你らという祇今《いま》法を聴く者は你らという四大に不是《あら》ず。能く你らという四大を用うるものなり」、「唯だ道流という目前に現今《いま》法を聴く底《ところ》の人のみ有り」等。またこれを「無依《むえ》の道人」とも呼ぶ。「現今《いま》わが目前に法を聴く無依の道人は、歴歴地に分明にして、未だ曾て欠少《かんしょう》せず」、「唯だ法を聴く無依の道人のみ有りて、是れぞ諸佛の母なり。所以《ゆえ》に佛は無依従《よ》り生ず。若し無依なるを悟らば、佛も亦た得る無し。若し是《かく》の如く見得なば、是れぞ真正の見解なり。」「勿」は「無」と同義の方言詞。「形段」は身体をいう佛教語。「孤明」は夜空にひとり輝く月の形象。駱賓王「寒夜独坐し、遊子懐《おも》い多く、知己に簡《かん》す」詩に「独り孤明の月有りて、時に客庭の寒きを照らす」（『駱臨海集箋注』巻三、上海古籍出版社、一九八五)。馬祖の弟子盤山宝積の示衆に「夫れ心月は孤圓にして、光は万象を呑む。光の境を照らすに非ず、境も亦た存するに非ず。光境倶に亡ず、復《ま》た是れ何物《なん》ぞ?」(『景德伝灯録』巻七)と言うのは、法身の光も対境もじつは空なるものであって、これを実体化して受け取ってはならぬとするのである。

416 「あらゆる時に、けっして途切れることなく、この輝きを失わないならば、いかなる場合もすべてにおいて祖佛と同じである。」「但《およ》そ一切時中に、更に間断すること莫《な》くんば」の「但」は全部をあらわす範囲副詞、「更」は禁止を強める副詞。「更に間断すること莫れ、さすれば……」の意。「間断せぬ」とは、前段の「六道の神光、未だ曾て間歇せず」という、つねに光明を発する見聞覚知の作用をいう。「触目皆な是れ」とは上述したことを指して皆然りとするときに言う慣用句。「触目」はすべての場において。四祖道信が牛頭法融に告げた語に、「大道は虚曠、絶思絶慮。是《かく》の如きの法、汝今已に得たり。更に闕少《かけ》たること無し。佛と何ぞ殊ならん。更に別法無し。汝但だ心に任せて自在なれ。観行を作《な》す莫れ、亦た澄心を作す莫れ。貪嗔を起こす莫れ、愁慮を懐《いだ》く莫れ。蕩蕩《とうとう》無礙《むげ》にして、任意に縦横なり。諸善を作さず、諸悪を作さず。行住坐臥、触目遇縁《そくもくぐうえん》、総て是れ佛の妙用なり。快楽《けらく》にして憂い無し。故に名づけて佛と為す」(『祖堂集』巻三、牛頭和尚章)。

417 「〈ただ情念が起こると、智慧は去るゆえに、すがたも変わり、本体は見失われる。〉ゆえに三界に輪廻して苦労することになるのだ。」「秖だ情生じて智隔つが為に、想(相)変じて体殊なる」は、妄念が生ずると本来のものが見失われることをいう、李通玄(六三五—七三〇)の『新華厳経論』序の冒頭の句をもちいている。「夫れ以《おも》んみるに有情《うじょう》の本は、智海に依るを以て源と為し、含識の流は、法身を総べて体と為す。只だ情生じ智隔つが為に、想変じて体殊なる。本に達し情亡ぜば、心と体と合するを知る」(T三六、七二一上)。「想」と「相」はしばしば混同されるが、ここは『祖庭事苑』(巻五)の説に従い形相の意と取る。

418 「だが、わたしのかんがえに依るならば、すべて深遠であって、すべて解脱しているというものだ。」

【四七】

419 「諸君!心というものは形なくして至るところに現われるのだ。」「心法無形、通貫十方」は『大乗起信論』の「心に形相無く、十方に之れを求むるも、終に得可《べ》からず」および「一切の境界は唯だ心の妄起する故にのみ有り。若し心妄動を離るれば、則ち一切の境界は滅し、唯だ一真心のみ、所として遍からざる無し」に拠る言いかた。義玄のもちいる「心法」の語は、通常の「心法双忘」（わが心と対象がひとつに冥合する。「証道歌」）という場合の意味ではなく、「教法」（経典の教え）に対する「心法」（心という法）である。これは師の黄檗希運の用法を継承している。『伝心法要』に「世人は聞道《きくなら》く、諸佛は皆な〈心法〉を伝うと。心上に別に一法の証す可く取る可き有りと将謂《おも》い、遂に心を将《もっ》て法を覓《もと》めんとす。知らず、心即ち是れ法、法即ち是れ心なるを。心を将《もっ》て更に心を求む可からず。されば千万劫を歴《へ》たるも終に得る日無し。当下《ただち》に無心（求むる心をやめる）なるに如《し》かず。便ち是れ本法なり」（入矢義高『伝心法要　宛陵録』二〇頁）、「学道の人多くは教法上に於いて悟らんとし、心法上に於いて悟らず。歴劫に修行すると雖も、終に本佛に不是《あら》ず。若し心に於いて悟らずんば、乃至《たと》い教法上に於いて悟るとも、即ち心を軽んじ教を重んじて、遂《かく》て塊を逐う（狗）と成りて本心を忘る。故に但だ本心に契うのみにして、法を求むるを用いざれ。心即ち法なればなり」（同、四四頁）、『宛陵録』に「上堂して云く、即心是佛（心こそが佛にほかならぬ）。上は諸佛に至るまで、下は蠢動含霊《しゅんどうがんれい》に至るまで、皆な佛性有りて、同一の心体なり。所以《ゆえ》に達摩は西天より来《きた》りて、唯だ一心の法を伝え、一切衆生は本来是れ佛にして、修行を仮らざることを直指《じきし》せるのみ。但だ如今《いま》自心を識取し、自らの本性を見よ。更に別に求むる莫れ」（同、一三四頁）。

420　「（心というものは）眼にあっては見るはたらきと言い、耳にあっては聞こえると言い、鼻にあっては香りを嗅ぐと言い、口にあっては語ると言い、手にあってはものをつかむと言い、足にあっては歩き走ると言うのだ。いわゆる〈もと一つの精明が六つの和合となる〉ということだ。」「在眼曰見」以下は、「作用即性」説の根拠とされる波羅提尊《はらだいそん》者《じゃ》の偈の引用。「（異見）王又た問うて曰く、『何者か是れ佛なる？』波羅提曰く、『性を見るが是れ佛なり。』王曰く、『師は性を見たるや？』波羅提曰く、『我は佛性を見たり。』王曰く、『性は何処《いずこ》にか在る？』波羅提曰く、『性は作用に在り。』王曰く、『是れ何の作用ぞ？今覩《み》見えず。』波羅提曰く、『今現に作用するも、王自らは識《し》らざるなり。』王曰く、『師の既に見る所、作用有りと云う。当《は》た我が処に於いて之れ有りや?」波羅提曰く、『王若し作用せば、現前総て是れなり。王若し用《はたら》かさずんば、体も亦た見難し。』王曰く、『若し当《は》た之れを用《はたら》かさば、幾処にか出現する?』師曰く、『若し出用《いではたら》かす時、当に其の八有らん。』雲端に卓立《た》ちて偈を以て告げて曰く、『胎に在りては身と曰い、世に処《お》りては人と名《なづ》け、眼に在りては見ると曰《い》い、耳に在りては聞くと曰い、鼻に在りては気《におい》を弁じ、口に在りては談論し、手に在りては執捉し、脚に在りては運奔す。遍く現わるれば倶に法界を該《おお》い、収摂せば微塵を出《いで》ず。識る者は是れ佛性なるを知るも、識らざる者は喚んで精魂と作す」(『宗鏡録』巻九七、T四八、九三九上)。ただしこの対話は古い資料になく、馬祖禅を根拠づけるために作られた『宝林伝』に初めて見えるもので、中国人の創作にかかる可能性が高い(現存する『宝林伝』は巻七を欠くが、『景徳伝灯録抄註』に引く逸文にここの一部が見える。椎名宏雄「『宝林伝』逸文の研究」、『駒澤大学佛教学部論集』第一一号、一九八〇。また『景徳伝灯録』巻三、菩提達磨章に全文が引かれている)。「本と是れ一精明にして、分れて六和合と為る」は『首楞厳経』巻六の文殊の偈「元《も》と一精明に依り、分れて六和合と成る。一処休《よ》く復《かえ》ることを成せば、六用皆な成らず」(T一九、一三一中)の引用。黄檗は『伝心法要』でこの偈句の解説をしている。いわく、「言う所の〈同じく是れ一精明なるが、分れて六和合と為る〉とは、一精明は一心なり。六和合は六根なり。此の六根は各《おの》おの塵《じん》と合す。眼は色と合し、耳は声と合し、鼻は香りと合し、舌は味と合し、身は触と合し、意は法と合す。その中間《あいだ》に六識を生じて十八界と為る。若し十八界の有る所無きを了《さと》らば、六和合を束ねて一精明と為る。一精明とは即ち心なればなり」(入矢義高『伝心法要 宛陵録』四五頁)。つまり「一精明」(一つの精妙にして明澄なる心)がはたらき出して「六和合」(六根との結合)をなし、感覚作用として現われる(六根は眼、耳、鼻、舌、身、意。塵はその対象たる色、声、香、味、触、法。六識は六根が六塵の対象にはたらきかけておこる心作用の眼識、耳識、鼻識、舌識、身識、意識。十八界はそれらを合わせ、現象世界を成り立たせる要素の総称を言い、実体なきもの)。心が対象世界を現出するという唯識説にもとづく現実世界の成立の説明を応用している。なお「運奔」の「運」(『広韻』王問切、去声)を原文は「雲」(同、王分切、平声)と書いているが、古音では同音通用した。

421 「その一心がじつは実体なきものだと見れば、いかなる現象世界にあろうと解脱しているのだ。」「一心無し」とは上述の「一精明」たる心も実体的主宰者として存在するのではないこと。『首楞厳経』巻六に「一根既に返源せば、六根は解脱を成す。見聞は幻翳の如く、三界は空花の若《ごと》し。聞復《かえ》りて翳根は除かれ、塵銷《き》えて覚は圓浄なり」（T一九、一三一上）という言いかたをまねて、「一心に収束する」ことの陥りやすい本体論的傾向からきっぱりと離れた言明。「一心既に無くんば」は『祖堂集』巻一九、『宗鏡録』巻九八では「一心生ぜずんば」となっている。それは『大乗起信論』にいう「心生ずれば則ち種種の法生じ、心滅すれば種種の法滅す」にもとづく言いかたである。

422 「わたしがかく言う意図はどこにあるか？ ただ諸君が求めまわるのをやめることができず、その結果、先人のくだらぬカラクリに騙されているからなのだ。」「他の古人の閑機境に上る」は「先人のくだらぬ一機一境に惑わされる」こと。「上」は「上他古人名句」（先人の言葉に惑わされる）、「上他閑塵境」（ろくでもない対象に惑わされる）、「上他圏繢」（枠にはまりこむ）という場合の「はまる」、「陥る」、「惑わされる」意。現代中国語の「上套児」、「上檔」（騙される、計略にひっかかる、わなに落ちこむ）にあたる（拙稿「臨済録札記」、『禅文化研究所紀要』第一五号、一九八八）。

【四八】

423 「諸君！ わたしの見かたによるならば、報身佛、化身佛の頭も尻に敷き、十地に至った菩薩も小作奴隷だ。等覚・妙覚も囚われの罪人だ。羅漢・辟支佛も糞尿だ。菩提・涅槃は驢馬を繋ぐ杭にほかならぬ。」「山僧の見る処を取らば」という「取」は「〜の立場に従う」という「拠」や「約」と同じく考えを提示する義の口語であろう（『景徳伝灯録』巻二八に引く示衆には「取」字はない）。「坐断」は「占住」の義（第九段の注141参照）。どっかと座を占めること。後世、外なる佛を踏み越えることを「報化佛頭を坐断し、毗盧頂上に高歩す」という。「十地」とは求道の菩薩が大乗経典に定められた五十二の階梯を佛位をめざして修行した最終段階（四十一位から五十位）をいい、ここに至った者を「満心」（階梯修行の完了）という。「十地とは是れ一切佛法の根本にして、菩薩は具足して是の十地を行ぜば、能く一切の智慧を得ん」（六十巻『華厳経』十地品、T九、五四三下）。そのあとは究極の「等覚位」（佛と等しき正覚）と「妙覚位」（無上絶妙の悟り）の「等妙二覚」のみとなる（天台教学でいうもの）。しかし黄檗『伝心法要』にはいう、「饒《た》你《と》い学んで三賢、四果、十地満心に得《いた》るとも、也た祇《た》是だ凡聖の内に在りて坐するのみ」（入矢義高『伝心法要 宛陵録』七七頁）と。「客作児」は傭人。ここでは傭人あつかいする罵語。「江西の俚俗、人を罵るに、〈客作児〉と曰うあり。……凡そ〈客作児〉と言うは傭夫なり」（宋呉曾『能改斎漫録』巻二「俗罵客作」条）。「担枷負鎖漢」は首に枷をはめられ足を鎖につながれた囚人。「羅漢」は阿羅漢。小乗の悟りを得た聖者。「辟支」は辟支佛。無師独悟の小乗の聖者。いずれも大乗佛教では貶義にもちいる。「厠穢」は便所の汚物。船子徳誠和尚の語に「一句合《いっくがっ》頭《とう》の語は万劫《まんごう》の繋驢橛《けろけつ》」（どんぴしゃりの究極の言葉こそが、そなたを永遠に拘束するロバの杭になる。『景徳伝灯録』巻一四、船子章）。この一連の教学否定の激越な口調は徳山宣鑑の示衆をそっくりまねたものである。いわく、「……徳山老漢の見る処は即ち然らず。遮裏《ここ》には佛も無く、法も無し。達磨は是れ老臊胡（わきが臭い印度人）、十地の菩薩は是れ担糞漢（肥担ぎ）、等妙の二覚は是れ破戒の凡夫、菩提と涅槃は是れ繋驢橛、十二分教は是れ鬼神簿（過去帳）、瘡膿を拭う紙、四果と三賢、初心と十地は是れ古塚を守る鬼にして、自らをも救い得んや？ 佛は是れ老胡の屎橛なり」（大慧『正法眼蔵』巻上、『聯灯会要』巻二〇）。

424 「なにゆえこう言うかといえば、それは諸君がただ修行の階梯が空名にすぎぬと達観できぬ障礙のためなのだ。」「三祇劫」は佛教学でいう菩提心を起こしてより修行して成佛に至る、五十二の階梯に要する無限の時間。「祇劫」は阿僧祇劫。インド人の考えた無央数の観念をいう。「証道歌」に「弾指に圓成す八万門、刹那に滅却す三祇劫」と言うのが「三祇劫の空なるに達する」ことである。

425 「まことの正しき道人ならば、けっしてそのようには考えぬ。ただ因縁のままに宿業を受けとめて生き、運に任せて身に合った衣裳をつけ、行こうと思えば行き、坐ろうと思えば坐り、ことさら悟りを得ようなどとはチラリとも思わぬ。」 達磨の「二入四行論」にいう「随縁行」には「衆生は無我にして、並《すべ》ては縁業《えんごう》に転ぜられ、苦楽斉しく受くるは、皆な縁より生ずればなり。若し勝報・栄誉等の事を得たるも、是れ我が過去の宿因の感ずる所、今方《はじ》めてこれを得たるなり。縁尽くれば還《ま》た無し。何の喜びか之《こ》れ有らん。得失は縁に従い、心に増減無し。喜風にも動ぜず、冥《めい》に道に順うのみ」（柳田聖山『達摩の語録』三二頁、禅の語録、筑摩書房、一九六九）という。これは道家の運命随順の考えかたである。ここは黄檗希運『宛陵録』の「但だ縁に順って旧業を消し、更に新殃を造る莫れ」（入矢義高『伝心法要 宛陵録』一三五頁）に拠っている。「縁に随って旧業を消《もち》い」の「消」は口語で受用の義。「業」というものは消すことができないのであるから、ここの「消」は「受けとめる」、「受けとめて用いる」義に解すべきである。

426 「なぜか？ 古人の言うとおり、〈もしも修行して佛になりたいなどと思うならば、そのとき佛こそは生死輪廻の重大な契機となる〉と。」 古人の語は宝誌の名で伝わる「大乗讃」十首の第一首。「有心もて相を取るを実と為せば、定めて知る、見性は了ぜざるを。若し業を作《な》して佛を求めなば、業は是れ生死の大兆なり」（『景徳伝灯録』巻二九）。もとは「業」であったのを義玄が「佛」に置き換えたのである。宝誌は梁代の神僧であるが、『景徳伝灯録』に収録される「大乗讃」、「十二時頌」、「十四科頌」に述べる思想は中唐馬祖の洪州宗から始まる新興禅宗のそれであり、その引用も馬祖以後から始まる。従来からその真偽が疑われていたが、賈晋華「伝世宝誌禅偈考弁」（『中国禅学』第三巻、二〇〇四。『古典禅研究』一七八頁、上海人民出版社、二〇一三）によって、その思想と押韻の分析から、馬祖の弟子の手に成ることが証明された。

【四九】

427 「禅師がたよ！ 時を大切にせよ。諸君は行脚を事としてあちこちの叢林を巡り、あたふたと禅を学ぼうとし、語句を覚えこみ、自己をなおざりにして佛祖を求め、師友に教えてもらおうとばかりしている。」 この一段は徳山宣鑑の示衆を背景にしている。「仁者《おんみら》よ！ 時は人を待たず。因循して日を過ごす莫れ。時光惜しむ可し」、「仁者《おんみら》は波波地として傍家に走り、『我は禅を解し道を解す』と道い、胸を点《さ》し肋を点《さ》し、楊と称し鄭と称するも、遮裏《ここ》に到りて須らく尽く吐却《はきだ》して始めて無事なるを得ん」（大慧『正法眼蔵』巻上）。「傍家」は「一軒から一軒へと、軒なみに」。ここでは行脚して江湖の叢林をひとつひとつ渉猟してまわること。四字にすれば「傍他家舎。」黄檗希運『伝心法要』に「汝如今《いま》心を将《もっ》て心を求め、他《ひと》の家舎《いえ》に傍《そ》うて、秖《た》だ学取せんと擬《ほっ》す。什麼《なん》の得《う》る時か有らん！」（入矢義高『伝心

法要 宛陵録』六一頁)。「波波地」は奔走するさま。「地」は副詞を作る口語助詞。「維摩詰経講経文」(四)に「波波として法を求むるは、影を趁《お》う人に殊ならず。劫劫として名に趨るは、氷に映る士に異ならず」(『敦煌変文校注』巻五、八六七頁、八七八頁注一三二)。「学禅学道」は禅を学ぶこと。「禅道」は「禅」の口語表現。「認名認句」は語句を覚えこむ。「名句《みょうく》」は佛教語で、「名」は単語、「句」は文章。語句、術語をいう。「意度《いたく》」は推量・穿鑿すること(意もて度《はか》る、度の音は徒落切[タク])。後段に「一般の好悪を識《し》らざるもの有りて、教中に向《お》いて意度商量し、句義を成さんと取《もと》む」(【八五】示衆一四(4))、「人は信不及《しんじきれず》して便乃《すなわ》ち名を認め句を認め、文字中に向《お》いて求め、佛法を意度《おしはか》る」(【五〇】示衆二(1))というように、経典に説かれる教義を解釈することをいう。各地の叢林を行脚して「佛法の大意」(佛法の核心)や「祖師西来の意」(禅とはなにか)を老師に問うてまわる当時の行脚僧を諷刺する。

428 「誤解してはならぬ。諸君! きみたちにはちゃんとした父母があるではないか。それだけで十分なのに、そのうえ何を求めようというのか? みずからをとくと顧みよ! 古人も〈演若達多は頭を失くしたと思って捜しまわったあげく、捜すのをやめたとき、何事もなかったのだと気づいた〉と言うとおりだ。」「你らに秖だ一箇の父母有り、更に何物《なに》をか求むる?」とは、父母が生んでくれた自己の一身に欠けたるところはなく、佛と同じく完全であること。「一箇の父母」は「父母所生の身」と言うように父母を一組とするもの。懶瓚和尚《らんさんおしょう》の「楽道歌」に「謾《みだ》りに真佛を求むる莫れ、真佛は見る可からず。妙性及び霊台は、何ぞ曾て勲練《くんれん》を受けん? 心は是れ無事の心、面《かお》は是れ嬢生《じょうしょう》の面《かお》」(『祖堂集』巻三)。人は生まれながらに佛性を授かっているのだという確信は、唐代禅の基調で、日本の江戸初期の盤珪禅師が播州弁で説いた「人々皆親のうみ附てたもつたは、佛心ひとつで、よのものはひとつもうみ附はしませぬわいの」という「不生の佛心」のことである(『盤珪禅師語録』九頁、鈴木大拙編校、岩波文庫)。義玄も後段に「佛は是れ幻化の身、祖は是れ老比丘なり。你らは還《は》た是れ娘生《じょうしょう》なりや?(おっかさんが生んでくれたのかね?)你ら若し佛を求めなば、即ち佛魔に摂せらる。你ら若し祖を求めなば、即ち祖魔に縛せらる。你ら若し求むること有《あ》らば皆な苦《くる》し。無事にして休歇《きゅうけつ》し去るに如《し》かず」(【七〇】示衆六(2))と言っている。「你自ら返照し看よ!」の「返照」は「迴光返照」、外を見ていた眼を転じて内に向けること、自己省察。後段に「你一切処に向《お》いて馳求《ちぐ》する心歇《や》む能わざるが為に、所以《ゆえ》に祖師言く、『咄哉《とっさい》！　丈夫よ！　頭を将《もっ》て頭を覓《もと》むとは！』你言下《ごんか》に便《すなわ》ち自ら廻光返照《えこうへんしょう》して、更に別に求めず、身心の祖佛と別ならざるを知りて、当下《ただち》に無事なるを、方《はじ》めて法を得たりと名づく」（【八八】示衆一五（3））というのはここと同じ文脈である。演若達多の故事は『首楞厳経』巻四に述べるところ。「室羅城《しつらじょう》中の演若達多《えんにゃだった》、忽《ふ》と晨朝《あるあさ》に於いて鏡を以て面《かお》を照《うつ》し、鏡中の頭の眉目《こうべびもく》見る可きを愛す。また己が頭は面目《めんもく》を見ざるを瞋責《いか》りて、魑魅《ちみ》なりと以為《おも》いて無状《むやみ》に狂走す。……彼の城中の演若達多の如きは、豈に因縁有らんや。自ら頭を怖れて走るなり。忽《ふ》然と狂歇《や》めば、頭は外より得たるに非ず。縦《たと》い未だ狂を歇めざるも、亦た何ぞ遺失《うしな》わん。……汝の心中の演若達多も、狂性自《おのずか》ら歇む。歇まば即ち菩提なり」（T一九、一二一中）。ただし引用の古人両句の出典は未詳。

429 「禅師がたよ！　まずは平常であれ！　人まねをするでない！　もののよしあしもわきまえぬゴロツキ坊主どもは、狐ツキをやって、あれこれ指さしたり、『よき晴れかな』、『よき雨かな』などとほざいておる。こいつらこそ借金を償うために、死んでから閻魔王の前に引き出され、焼けた鉄の玉を呑まされる日がくる。きみたちよいところのお坊ちゃん、お嬢ちゃんが、あんな狐ツキに騙されて奇怪なまねをするとは！　ボンクラども！　飯代を請求される日が来るぞ！」　文頭に置かれる「且」は「～するがよかろう」という軽く勧める語気。「平常なるを要す」は、つづけて「模様を作す莫れ」と対挙しているように、人まねや格好づけでない態度、それが本来の自己自身（本来心）である。馬祖道一が言った「平常心是れ道」を継承する。「模様」はもと陶芸で使われる、形態を作り出す鋳型のことで、そこから造られるのはみな同じもの。つまりワンパターンである。ここでは下文にいう、「作用即性」を表わす常套手段を皮肉っている。徳山宣鑑の示衆に「你らは佗《か》の諸方の老禿奴の魔魅に著《とら》われて、便ち道《い》う、『我は是れ修行人なり』と。打硬《しい》て模《も》を作《な》し様《よう》を作《な》し、恰も得道の人の面孔《かおつき》に似たり」（大慧『正法眼蔵』巻上）。『投子語録』に「問う、如何なるか是れ沙門行？　師云く、模様を作す莫れ！」（『無著校写古尊宿語要』一三頁下）というのも、沙門としての行いにことさらな形式があるのではなく、平常であれという示唆である。「一般の好悪を識らざる禿兵」の「一般」

は一類、「～の連中」の意。「禿兵」は僧を悪しざまにののしる罵語。「禿」は禿頭、剃頭。「兵」は中国では古くから俗に「好き鉄は釘に当《な》らず、好き人は兵に当《な》らず」と言われたように、傭兵になるのは世間からはみ出し恐れられた無法者のゴロツキであった。古尊宿系のテクスト（『続古尊宿語要』以下の諸本）および明版『四家語録』は「兵」を「奴」に替えている。ここの部分は本書と南京図書館蔵『四家録』および大慧『正法眼蔵』巻上の引用が古い文字をとどめているのである。「見神見鬼」は「鬼神」（幽霊、ありもしないもの）を見てうわごとを言う、神がかり・狐ツキをやること。ここも徳山宣鑑の示衆に拠っている。「……便ち問う、『如何なるか是れ祖師西来の意？』遮《こ》の老《ろう》禿奴《とくど》便ち禅牀を打って境致《きょうち》を作《な》し、払子を竪《た》て云う、『好き雨かな』、『好き晴れかな』、『好き灯籠かな』」と。巧みに言詞を述べ、強《し》いて節目を生ず」（大慧『正法眼蔵』巻上）。ここに列挙された「指東劃西」、「好晴好雨」、「打禅牀」、「竪払子」、「好灯籠」はみな馬祖禅の「作用即性」を示す動作や言葉である（示された対象を見てわが心の佛性の作用を発見する）。馬祖以後、法孫の潙山霊祐が「祖師西来意」の問いに払子を立てたり、「好き雨かな」、「好き灯籠かな」と言って、これを「色を借りて心を明らめ、物に附して理を顕わす」と称していた（『五家語録』潙山語録）。それがすでに庸俗化して陳腐なものまねになっていることへの批判である。無著道忠『疏瀹』にいう、「宗門の模様にも亦た来由有り。或いは目を以て視（百丈再参）、或いは直上《うえ》に覷《み》（馬祖）、或いは指を竪て（天龍）、或いは手もて劃す（仰山）。然るに学者は真正に依らず、只管に模様を学びて、禅道佛法と為す。故に一斉にこれを呵斥す。臨済の喝を下せば、学者はこれに効って、東の廊下にも亦た喝し、西の廊下にも亦た喝す。故に興化呵責するは、亦た此の類なり。」「須らく～せん」は必然を表わす副詞。「抵債」は借金を他の物で弁償すること。つぎに「閻老の前に向《お》いて熱鉄丸を呑む」と言うから、死んで（償債）、地獄で責苦に遭い、それから畜生に生まれ変わり酷使されることで償還する。借金を負うというのは、信施を受けながら、それにふさわしい禅僧としての修行生活をしなかったことを負債と見るのである。「有日」は「必ず～という日が来る。」「好き人家の男女」の「男女」は口語で子どもの意。「野狐」は狐、「精魅」は妖怪。徳山宣鑑の示衆に「若し一塵一法有りて、諸人に示して、『佛有り、法有り、三界の出《い》づ可き有り』と説言《い》うは、皆な是れ野狐精魅なり」（同上）。「揑怪」は「造妖揑怪」、奇怪なものをでっちあげること。「瞎屢生」は罵語。「禿屢生」、「鈍屢生」、「屢生子」などと言い、無著道忠『葛藤語箋』巻六および『疏瀹』には、「屢」は同音の「婁」に通じ、愚の意という（『集韻』虞韻：婁，龍珠切，牽也。一曰愚也）。「飯銭を索めらるること日有り」は後段にも「道眼明らかならずんば、尽く須らく債を抵《いた》し、飯銭を索めらるること日有り！ 何が故にか此《かく》の如くなる？〈入道して理に通ぜずんば、身を復し信施を還さん……〉」（【八九】示衆一五（４））。

【五〇】

430 別時の示衆。「諸君！ 必ずや正しい見かたを求めなくてはならぬ。そうすれば天下を闊歩したとしても、あんな狐ツキどもに惑わされなくてすむ。」「求取」の「取」は求める義、したがって二字は同義複詞である。「横行天下」は兵隊ややくざの集団が徒党を組んで、わがもの顔にのし歩くこと。『荘子』盗跖篇に「盗跖は従卒九千人、天下に横行して、諸侯を侵暴す」。ここでは隊を組んで各地の叢林をわたり歩き、不見識な老師に惑わされる行脚の禅僧を皮肉っていう。

431 「無事であることが高貴の人である。このうえ余計なことをしてはならぬ。平常であれ！」「無事」は中唐馬祖以来の禅宗の基調。自身が佛である以上、外に何も求める必要がない、これを「無事」という。第一九段の注224参照。「無事是れ貴人なり」は義玄の創唱にかかる語であるが、「無事を貴と為す」（無事が貴い）という言いかたは、すでに南北朝の終り頃に現われている。劉峻《りゅうしゅん》（四六二―五二一）の「山栖志《さんせいし》」に「夫《か》の蚕《さん》して衣《き》、耕《たがや》して食《くら》い、日《ひ》出《いで》て作《はたら》き、日《ひ》入《い》りて息《いこ》い、晩《おそ》く食《くら》うを肉《にく》と当《な》し（空腹になって食事をすれば、何でも美味しい）、無事《ぶじ》を貴《たっと》しと為《な》し、世《よ》に求《もと》めず、物《ひと》に忤《さから》わず、栄辱《えいじょく》を弁《べん》ずる莫《な》く、毀誉《きよ》を知《し》る匪《な》く、天《てん》地《ち》の間《かん》に浩蕩《こうとう》して、心《こころ》に怵惕《じゅってき》の警《いまし》め無《な》きが若《ごと》き、豈《あ》に嵇生《けいせい》（嵇康）の剣《けん》を歯《か》み、楊子《ようし》（楊雄）の閣《かく》より墜《お》つると、其《そ》の優劣《ゆうれつ》を較《くら》ぶる者《もの》ならんや？」（『広弘明集』巻二四、T五二、二七七上）、祖《そ》鴻勳《こうくん》（？―五五〇）の「陽休之《ようきゅうし》に与《あた》うる書《しょ》」に「緩歩《かんぽ》を車《くるま》と当《な》し、無事《ぶじ》を貴《たっと》しと為《な》す。斯《こ》れ已《すで》に適《かな》えり、豈《あに》に必《かなら》ずしも麈《しゅ》を撫《ぶ》さんや？」（『北斉書』本伝）。これらはみな『戦国策』斉策四の顔斶《がんしょく》の語「罪無きを貴しと為す」（仕官しなければ罪せられることもないから、無官でも貴顕と同じである）を言い替えたもので、身の危険から逃れて隠遁する誇りをいう言葉であったが、中晩唐の時期には馬祖の禅宗の影響によって、「外に求めない」義としてさかんに用いられるようになった。たとえば杜荀鶴（八四六—九〇四）の「溪居叟《けいきょそう》」詩に「君《きみ》の無事《ぶじ》にして老《お》いたるを見《み》、我《われ》の求《もと》むること有《あ》りて非《ひ》なるを覚《さと》る」（『全唐詩』巻六九一）。「造作」は不必要なことをすること。【六六】示衆四（5）に神会《じんね》の語を引いて「你ら若《も》し心《こころ》を住《とど》めて浄《じょう》を看《み》、心《こころ》を起こして外《そと》に照《て》らし、心を摂《せっ》して内《うち》に証《さと》り、心を凝《こ》らして定《じょう》に入《い》らば、是の如《ごと》きの流《りゅう》は皆《み》な是《こ》れ造作《ぞうさ》なり」というように、悟ろうとして坐禅修行をする行為をいう。「祇是《た》だ平常なれ」の「祇是」は限定から命令に転じた副詞。前段にも「大徳よ！　且《ま》ずは平常《へいじょう》なるを要《よう》す。模様《もよう》を作《な》す莫《なか》れ」という。

432　「諸君は自己を棄て措いて、叢林を軒並みに訪ねまわって、規範を求めようとばかりしているが、それは大間違いだ！　佛を求めようとばかりしているが、佛というのは言葉にすぎないのだ。きみらは探しまわっているそのご本人が何者かわかっているのか！」「求過」は探しまわること。【九四】示衆一八（1）に「童子善財、皆な求過《もとめまわ》らず」という。善財童子は五十三員の善知識を訪ねたが、最終的に求めるものはみずからにそなわっていたことに気づいたのであった（『華厳経』入法界品の禅宗的解釈）。「脚手」は行為の規範。石霜慶諸（八〇九—八八八）の示衆に「佛陀の一代時教は時人の脚手を整理しようとしたものにすぎない」（『景徳伝灯録』巻一六、石霜章）という。「佛は是れ名句なり」は徳山宣鑑の示衆に「汝《なんじ》ら聖《せい》を愛《した》う莫《なか》れ。聖は是れ空名《くうみょう》なり」（大慧『正法眼蔵』巻上）というのに同じ。「你還《なんじは》た馳求《ちぐ》する底《もの》を識《し》るや？」は「頭を以て頭を求めた」演若達多の故事を思い出させる言いかた。

433　「過去、現在、未来の諸佛諸祖がたが出現したのも、みな法を求めんがためである。いま諸君たちが参禅学道するのも、法を求めてのことに他ならぬ。法が得られたなら、大事了畢だ。得られなければ、またもとどおり五道に輪廻するのをくりかえすばかりだ。しかし、法とはなんであるか？　法とは心という法である。心というものは形なくして至るところに現われ、今この場に、現にはたらいているのだ。このことを信じられぬから、言葉にしがみついては、文字の中に佛法を捜し求め、穿鑿ばかりすることになるのだ。ああ、そんなことではまったく天地懸隔だ！」「心法は形無くして、十方に通貫す」は【四七】示衆一（4）注419を見よ。「信不及」は直前に言ったことを信じられぬことで、一般的に言うのではない。「五道輪廻」は人間が死んで、生前の業によって地獄道・餓鬼道・畜生道・人道・天道へとくり返し生まれ変わること。修羅道を加えて「六道輪廻」とも言う。「天地懸殊」は「信心銘」の「毫釐《ごうり》も差《さ》有れば、天地のごとくに懸隔す」（『景徳伝灯録』巻二八）にもとづく。

【五一】

434 「諸君！ わたしの説法は何を説くか？ 心という法を説くのである。」「心地」は『大乗本生心地観経』巻八、観心品に「善男子よ！ 三界の中は心を以て主と為す。能く心を観る者は究竟解脱し、能く観ざる者は究竟沈淪す。衆生の心は猶お大地の如し。五穀五果は大地より生ず。是《かく》の如く心法は世、出世、善悪五趣、有学、無学、独覚、菩薩及び如来を生ず。是《こ》の因縁を以て、三界は唯だ心のみにして、心を名づけて地と為す」と言うように説明されるのであるが、実際には「心」の二音節語として口語的にもちいられる。「心地の法」とは義玄の師黄檗希運禅師のいう「一心の法」、「心地の法門」である。『伝心法要』にいう、「諸佛と一切衆生とは唯だ是れ一心にして、更に別法無し。此の心は無始已来《むしいらい》、曾て生ぜず、曾て滅せず、青ならず黄ならず、形《かたち》無く相《すがた》無く、有無に属せず、新旧を計らず、長に非ず短に非ず、大に非ず小に非ず、一切の限量名言《げんりょうみょうごん》、蹤《しょう》跡対待《せきたいたい》を超過し、当体《とうたい》便ち是《こ》れにして、念《ねん》を動《どう》ずれば即ち乖《そむ》く。猶お虚空《こくう》の辺際《へんざい》有る無く、測度《そくたく》す可《べ》からざるが如し。唯だ此の一心こそ即ち是れ佛なり。佛と衆生とは更に別異《べつい》無し。」また、「所謂る心地の法門とは、万法は皆な此の心に依りて建立することとなり。境に遇わば即ち有り、境無くんば即ち無し」（入矢義高『伝心法要 宛陵録』六頁、三〇頁）。黄檗の説く「心地の法門」（心についての教え）とは、みずからの心が佛であり、心は清浄かつ霊妙であるという説である。黄檗はこの心に超越性を付与されることを恐れて、ただちに「無心であれ」、「心を忘却せよ」と言っている。

435 「たとい凡聖・浄穢・真俗二諦の世界に入ることができても、しかし心は凡聖・真俗となる諸君なのではない。心が真俗・凡聖などあらゆる観念に対して名前を付与するのであって、真俗や凡聖の観念がこの人を、そうした名前でもって枠づけすることはできぬ。」第一句の「便～要且

「……」は「たとい〜だとしても、しかし結局は……」という譲歩の句型。たとえば、白居易「夜に玉泉に題す」詩に「客に遇わば多く言う山水を愛すと、僧に逢わば尽く道う囂塵《ごうじん》を厭うと。玉泉の潭畔松間に宿るは、要且《つま》りは経年一人も無し」（ひとに遇えば山水に逍遥するのが好きだと言い、僧に逢えば世俗がいやだと言う。わたしはいま湖畔の松林の玉泉寺に泊っているが、結局いつまでたっても、そう言って出家した人にお目にかからぬ。『白居易集』外集巻上）。また「（同）安云く、良公は箭を発すと雖も、要且《つま》りは未だ的に中らず。」（同安和尚は言った、「良禅客は矢を放ったけれども、しかし結局は的《まと》に当たらなかったのだ」『景徳伝灯録』巻一七、欽山文邃章）。ここの主語は省略されているが「心地」である。「（心が）凡聖・浄穢・真俗の世界に入る」とは人がさまざまな精神世界を探求、経験すること。義玄は示衆でこの種の言いかたをくりかえし用いている。【五七】示衆三（6）に「你《なんじ》ら但《およ》そ一切《あらゆる》（時中《とき》に）、凡《ぼん》に入《い》り聖《しょう》に入《い》り、染《ぜん》に入り浄《じょう》に入り、諸佛の国土に入り、弥勒《みろく》の楼閣《ろうかく》に入り、毗盧遮那《びるしゃな》法界《ほっかい》に入るとも、処処《しょしょ》に皆な国土の成住壊空《じょうじゅうえくう》するを現ず（見）るのみ。……便《たと》い無生法《むしょうほっ》界《かい》に入り、処処に国土を遊履《ゆうり》し、華蔵世界《けぞうせかい》に入るとも、尽く諸法《しょほう》の空相《くうそう》にして皆な実法《じっぽう》無きを見るのみ。唯だ法を聴く無依《むえ》の道人《どうにん》のみ有りて、是れぞ諸佛の母なり。所以《ゆえ》に佛は無依従《よ》り生ず。若し無依なるを悟らば、佛も亦た得《う》る無し。若し是《かく》の如《ごと》く見得《みえ》なば、是れぞ真正《しんしょう》の見解《けんげ》なり」、また【六四】示衆四（3）に「你らが一念心に三界を生じ、……一刹那《いちせつな》の間《かん》に、便《たと》い浄に入り穢に入り、弥勒の楼閣に入り、又た三眼国土《さんげんこくど》に入り、処処に遊履するも、唯だ空《くう》名《みょう》なるを見るのみ」、【六五】示衆四（4）に「我は汝と浄《じょう》妙国土中《みょうこくどちゅう》に入りて、清浄衣《しょうじょうえ》を著《つ》け、法身佛《ほっしんぶつ》を説かん。又た無差別国土中《むさべつこくどちゅう》に入りて、無差別衣《むさべつえ》を著け、報身佛《ほうじんぶつ》を説かん。又た解脱国土中《げだつこくどちゅう》に入りて、光明衣《こうみょうえ》を著け、化身佛《けしんぶつ》を説かん。此の三眼国土は皆な是れ依変《えへん》なり」、【八一】示衆一三（2）に「道流よ！一刹那の間に便《たと》い華蔵世界《けぞうせかい》に入り、毗盧遮那国土《びるしゃなこくど》に入り、解脱国土《げだつこくど》に入り、神通国土《じんづうこくど》に入り、清浄国土《しょうじょうこくど》に入り、法界《ほっかい》に入り、穢《え》に入り浄《じょう》に入り、凡に入り聖に入り、餓鬼畜生《がきちくしょう》に入り、処処に討《たず》ね覓《もと》むるも、皆な生有り死有るを見ず、唯だ空名《くうみょう》有るのみ」等々。このように一念を起こしてさまざまな国土に入るというのは、ちょうど善財童子のように多くの善知識にまみえてその教えを受け、思想遍歴をかさねることを指す。それがじつは空しい観念の名辞の世界を遍歴するにすぎず、名辞に惑わされないのが「無依の道人」なのだ、と義玄は言う。当時の修行者の行脚遍歴をこうした皮肉な口吻で述べていることに注意すべきである。したがってこういう遍歴を「無依の道人の自由自在なはたらき」と取り違えてはならず、まして「個一者にして超個者たる人《にん》のはたらき」（鈴木大拙『臨済の基本思想』）などとかんがえるのは誤りである。第二句の主語は「心地」。義玄の説法を忠実に写そうとしたためか、主語が省略されている。「心地」が「名字を安著《つ》く」とは、後文【七六】示衆九（3）に言うつぎの意味である。「你らは三界《さんがい》を識《し》らんと欲すや？ 你らが今法を聴く底《ところ》の心地を離れず。你らが一念心の貪《とん》こそ是れ欲界なり。你らが一念心の嗔《しん》こそ是れ色界なり。你らが一念心の痴《ち》こそ是れ無色界にして、是れ你らが屋裏《おくり》の家具子《かぐす》なり。三界は自ら『我は是れ三界なり』とは道《い》わず。還《かえ》是って道流という目前に霊霊地《れいれいじ》に万般を照《てら》燭し、世界を酌《はか》度る底《ところ》の人こそ、三界の与《ため》に名を安《つ》くるなり。」

436 「諸君！ 心地の法をつかんだなら、決してあれこれの名前をつけるのでなく、それをはたらかせるのだ。そうしてこそ道の奥義と呼ぶのだ。」「把得」の「得」は可能補語、手でつかむことができる。つかむ対象は道理や真理といった抽象的な事柄のことで、ここは上述の「心地の法」。「玄旨」は『信心銘』の語、「玄旨を識らずんば、徒労に静を念ず」（道の奥義を知らぬと、無駄な坐禅をするばかりだ）にもとづく。この一句は【七七】示衆一〇にも、「道流よ！ 大丈夫の漢よ！ 更に箇の什麼《なに》をか疑う？ 目前の用処《はたらき》、更に是れ阿誰《たれ》ぞ？ 把《つか》み得たらば便ち用い、名字《みょうじ》に著《とら》わる莫き、号《よ》んで玄旨と為す。」

437 「わたしの説法は天下の老師がたとは違う。たとえば、文殊や普賢ほどの者が変身してわたしの前に出て来て、『和尚に訊ねたい』と言うや、わたしはとっくに見破っておる。わたしが方丈でくつろいでいるとき、諸君のうちの誰かが突然やって来ても、すべてわかる。どうしてか？ わたしの見かたが、ほかの老師がたと違うからだ。わたしは外面には凡聖の名に執われず、内面には本体に依りかからず、根本の法を徹見して、決して動揺せぬ。」 諸方から来る行脚の僧とどう対応するかは、義玄の示衆のもうひとつの重要な主題である。「秖如」は例挙の辞。「箇の文殊、普賢」という言いかたの「箇」は、ものを数える量詞であるが、計量の対象にはならない「文殊・普賢」という固有名詞に冠する場合は、類型として提示する用法である。すなわち「知と行に秀で、神通を現ずる」者を指す。「外に凡聖を求めず、内に根本に住せず」は石頭希遷の「諸聖を慕わず、己霊を重んぜず」(『景徳伝灯録』巻五、青原行思章)の変奏であるが、義玄の見処として有名である。ただしここも徳山の示衆「你但だ外に声色に著《とら》われず、内に能所の知解無くあれ。体に凡聖無くんば、更に甚麼《なに》をか学ばん?」に拠っている「疑謬」は「疑誤」、「遅疑」と同義で、疑い躊躇すること。

【五二】

438 別時の示衆。「佛陀の教えでは、修行に手間ひまかけることはいらない。ただ普段どおりに、求める事もなく、クソをひってションベンをたれ、着物を着て飯を喰らい、眠くなったら横になるだけのこと。〈愚者は笑うが、智者は解ってくれる〉のだ。古人も言う、〈形式的な修行をするやつは、みんな愚か者〉と。」 ここは典型的な無事禅の表明。「功を用う」とは手間ひまをかけ、努力して何かをなすこと。「平常」と「無事」については【五〇】示衆二(1)「無事是れ貴人なり」の注431参照。ここは徳山宣鑑の示衆に拠っている。「諸子よ! 別処に求覓《もと》むる莫れ。乃至《たと》い達磨なる小碧眼の胡僧、此《ここ》に到り来《きた》るとも、也《ま》た只是《た》だ你らをして無事にし去らしめ、你らをして造作《ぞうさ》すること莫《なか》らしむるのみ。著衣喫飯、屙屎送尿、更に生死《しょうじ》の怖る可《べ》き無く、亦た涅槃《ねはん》の得可《うべ》き無く、菩提の証す可《べ》き無し。只是《た》だ尋常一箇の無事の人なるのみ」(大慧『正法眼蔵』巻上)。「困《つか》れ来《きた》らば」以下四句と古人の二句は懶瓚《らんさん》和尚「楽道歌」(『祖堂集』巻三)の引用。「我は天に生るるを楽《ねが》わず、亦た福田を愛さず。饑《う》え来《きた》らば飯を喫し、困《つか》れ来《きた》らば即ち眠る。愚人は我を笑うも、智は乃ち焉《これ》を知る。是れ痴漢《ちかん》ならず、本体然《かく》の如し」(第三段)、「兀然《ごつねん》として無事に坐し、何ぞ曾《かつ》て人の喚《よ》ぶもの有らん。向外《そと》に功夫《くふう》を覓《もと》むるは、総て是れ痴頑漢《ちがんかん》」(第一段)。土屋昌明、衣川賢次、小川隆「懶瓚和尚『楽道歌』攷」(『東洋文化研究所紀要』第一四一冊、二〇〇一)参照。

439 「諸君、いかなる場においても主人公たれ。そのとき、そこが真実の世界となるのだ。」「且」は勧奨の副詞。「随処に主と作《な》る」は義玄独自の言葉で、「主と作る」とは境惑・人惑を受けず、みずからが主体として決定すること。「立つ処皆な真なり」は僧肇(三八四―四一四)の「不真空論」の句にもとづく。「……故に経に云く、『甚だ奇なり！世尊よ。真際《しんさい》を動かさずして、諸法の立つ処と為す』と。真を離れて立つ処あるに非ず。立つ処即ち真なり。然らば則ち道は遠からんや、事に触れて真なり。聖豈に遠からんや、之れを体せば即ち神なり」（『肇論』、T四五、一五三上）。僧肇のいう「立処」は諸法を建立する場所（ものが立ち現われる場、すなわち現実の世界）の意である。馬祖道一の示衆にもこれを引いて、「種種の成立は皆な一心に由《よ》るなり。建立《こんりゅう》も亦た得《よ》し、掃蕩《そうとう》も亦た得《よ》し、尽《ことごと》く是れ妙《みょう》用《ゆう》、尽く是れ自家《じか》なり。真を離れて立つ処有るに非ず、立つ処即ち真にして、尽く是れ自家の体なり」（『馬祖の語録』三六頁、禅文化研究所、一九八四）という。これが義玄の直接に拠るところで、「みずから立つ処」という意味で用いている。

440 「臨終にさいして幻覚が現われても、主人公を引き回して悪趣に陥れることはできぬ。たとい過去の煩悩の滓があろうとも、また無間地獄に陥る大罪があろうとも、すべてがそっくり解脱の大海に変わるのである。」「境来るも迴換し得ず」は【四四】示衆一（1）に出た、臨終にさいして現われる幻覚に振りまわされないこと。「習気《じっけ》」は余薫（薫習《くんじゅう》の緒余）をいう唯識学の用語。煩悩が断たれても、なおのこる習慣。たとえば『沙弥律儀毗尼日用合参』巻下「人聚落」に「纔《わず》かに女人《にょにん》に見《あ》うに、便ち貪心《とんしん》を起して之《こ》れを視、及び眼角《ながしめ》に偸《ぬす》み看《み》るは、皆な是れ俗人の習気《じっけ》なること、故《もと》より論ずるを必せず。」「五無間業」は無間地獄（絶え間ない責め苦を受ける極苦の地獄）に陥る五逆罪。害母、害父、害阿羅漢（聖者を殺す）、破和合僧（僧団を破壊する）、悪心出佛身血（悪意で佛に危害を加える）をいう（『倶舎論』巻一七）。【九二】示衆一五（6）では「害阿羅漢」に替えて「焚焼経像」とする。そうした悪業が変じて解脱の海となる、とはいかにも新興宗教らしい説教である。ただしそこではその一一が譬喩であることを説明している。ここは過去にいかなる悪業があろうとも、いまここで主体性を確立できたならば、臨終に臨んでうろたえることはない、というのである。無間地獄は佛教が造り出した暴力装置であり、またこれに対する極楽も救済装置という観念に他ならない。

441 「近ごろの修行者はてんで法ということがわかっていない。まるで触鼻羊が物に当たると何でも口に入れて食うようなものだ。奴隷と主人、主と客さえも区別しない。かかる連中は出家の理由が不純であるから、賑やかな大叢林へばかり行きたがる。これではほんものの出家人とは言えぬ。ただの俗人にすぎぬ。」「触鼻羊」は一山一寧《いっさんいちねい》の語釈に「触鼻羊とは羊の総名なり。羊は目に物を弁ぜず。故に総《すべ》て鼻に触るる者有れば、即ち誤って之れを食らう」（『臨済録夾山抄』巻四）。「安在口裏」は口中に置く、口に入れる。「奴郎不弁、賓主不分」は目的語を提前して、後ろの動作を強調する倒装句。「是の如きの流」以下は禅宗社会の大衆化現象を指す。当時は時代の混乱期にあって、さまざまな禅僧がいたのである。「鬧処」はにぎやかな市場、盛り場のことであるが、ここでは多くの僧を擁する豊かな大叢林を指していう。たとえば湖南の潙山は千五百衆（第七段参照）、福建の雪峯山は千七百衆と号し、いずれも地方軍閥の支持を得て規模が膨張したところである。したがってがんらいは少数先鋭者の過激な新興宗教であった禅宗も、大衆化による禅僧の質の低下が深刻な問題となる時代であった。

442 「そもそも出家というものは、平常で正しいかんがえかたをよく見分けねばならぬ。すなわち何が佛で何が魔であるのか、何が本物で何が偽物であるのか、何が俗で何が聖であるのか。ここのところをよく見分けることができてこそ、ほんものの出家と言えるのだ。魔と佛さえも見分けられないなら、家を出たり入ったりするだけの、いわば地獄行きの衆生であって、ほんものの出家とは言えない。」「夫～者」は改まって大局的に切り出すときの口上。「いったい～というものは」、「およそ～というものは。」「真正の見解」は義玄が示衆において一貫して主張するところであるが、ここでは「平常な」という語を冠して、出家者として当然の、しかも人まねでない、ひとりひとりがみずからの眼で正邪を見分ける必要を説いている。

443 「ただし、たとえば佛魔なるものがあって、佛と魔が水と乳の溶け合ったごとくに一体不可分であったとしよう。鵝王ならば乳だけを飲む。しかし道眼を具えた禅僧ならば、魔も佛もともに打ちのめすのだ。〈きみがもし聖を慕って俗を憎むなら、煩悩の海に浮き沈みをくりかえすほかない。〉」「秪如今」の「秪如」も「今」も例挙の辞。「一箇の佛魔」という場合の「一箇」は「その名称だけわかっていて、その特性については未知なもの。……というものの意」（太田辰夫『中国語歴史文法』七四頁）。「佛魔」（佛という魔）という未知の新概念を持ち出して、その特性をつぎに説明する。義玄はここで「佛魔」（佛という魔）と「魔佛」（魔と佛）を区別して用いていることに注意。「佛魔」という語は百丈懐海が、「佛見を作す莫れ」（佛に執着するかんがえを持ってはならぬ）と言って、「凡夫魔」、「二乗魔」、「菩薩魔」と並べて用いた例がある（『百丈広録』）。義玄も言う、「你ら若《も》し佛を求めなば、即ち佛魔に摂《せっ》せらる。你ら若し祖を求めなば、即ち祖魔に縛《ばく》せらる。你ら若し求むること有らば皆な苦《くる》し。無事にして休歇し去るに如《し》かず」（【七〇】示衆六（2））。「鵝王」というのは、『正法念処経』巻六四、身念処品に「譬えば水と乳を同《とも》に一器に置き、鵝王之《こ》れを飲むに、但《た》だ乳汁のみを飲み、其の水は猶お存《のこ》すが如し。鬱単越《うつたんおつ》の人も亦復《ま》た是《かく》の如し。但《た》だ衆香のみを聞《か》ぎ、臭気を聞《か》がず」（T一七、三七九下）。宝誌「大乗讃」第二首に「妄身もて鏡に臨んで影を照《うつ》す。影は妄身と殊《こと》ならず。但《た》だ影を去って身を留めんと欲するは、身は本《も》と虚と同じにして、身は本と影と異ならざるを知らず。一は有り一は無きことを得ず。若し一を存して一を捨てんと欲せば、永《とわ》に真理と相い疎《とお》し。更に若し聖を愛し凡を憎まば、生死海裏に沈浮せん。煩悩は心に因りて有るが故に、心無くんば煩悩何《いず》こにか居《お》らん。分別して相を取るを労せずんば、自然に道を得《う》ること須臾《しゅゆ》なり」、第六首に「内見外見

総て悪、佛道魔道倶に錯《あや》まりなり。此の二大波旬を被らば、便即《すなわ》ち苦を厭い楽を求む。生死に本体の空なるを悟らば、佛魔は何処《いずこ》にか安著《お》かん？」（『景徳伝灯録』巻二九）。前には出家者として区別せよと言い、後にはその区別の価値意識そのものを打破せよと言う。自己の外に佛を措定して求めようとするとき、佛は汝にとって魔にほかならない。義玄はさらに言う、「外に凡聖を取《もと》めず、内に根本に住せず」（【五一】示衆二（2））。玄沙師備も言う、「上徳云く、情に聖量存《のこ》らば、猶お法塵《ほうじん》に落ち、己見《こけん》未だ忘れずんば、還《かえ》って滲漏《じんろ》と成る」（『玄沙広録』巻下）。これが教家とは異なる明眼の禅僧の立場である。

【五三】

444 問う、「佛魔とは何なのでしょうか？」師答う、「きみの不信の念が佛魔だ。きみがもし、あらゆるものは空《くう》、心も幻《まぼろし》、何物も実体として存在せず、世界はカラリと清浄なのだとわかったとき、佛魔はいない。」「疑処」は「疑」を名詞化する口語的用法。義玄のいう「疑」とは「信」の反義語であって、疑う余地のない「正しい見かた」に対して、却って怪しみ、惑い、擬議し、是非を決着できない態度を指

す。たとえば、「夫《か》の真の学道人《がくどうにん》の如きは、並《た》えて佛を取《もと》めず、菩薩《ぼさつ》、羅漢《らかん》を取《もと》めず、三界《さんがい》の殊勝《しゅしょう》を取《もと》めずして、迥《けい》然《ねん》として独脱《どくだつ》し、物《もの》の与《ため》に拘《こう》せられず。乾坤《けんこん》の倒覆《さかしま》となるとも、我は更《た》えて疑わず」（【七二】示衆七）とは、まことの修行者のありかたを確信しているということであり、「現今《いま》わが目前に法を聴く無依《むえ》の道人《どうにん》は、歴歴地に分明にして、未だ曾《かつ》て欠少《かんしょう》せず。你ら若《も》し祖佛と別ならざらんと欲得《ほっ》せば、但《た》だ是《かく》の如《ごと》く見よ。疑誤《うたが》うを用《もち》いざれ」（【六九】示衆六（1））とは、諸君自身が無依の道人たることを信ずべきを言い、「道流《どうる》よ！ 大丈夫《だいじょうぶ》の漢《かん》よ！ 更に箇《こ》の什麼《なに》をか疑う？ 目前《もくぜん》の用処《はたらき》、更に是れ阿誰《たれ》ぞ？」（【七七】示衆第一〇）とは、いまわが目前に見聞覚知の作用をはたらかせているそなた以外に、主人公などいないことを信ぜよと言うのである。【六四】示衆四（3）では「你らが一念の疑いは、即ち魔の心に入るなり。菩薩疑う時、生死《しょうじ》の魔、便《たより》を得《え》たるが如し」と言っているから、ここでは「佛魔」の魔の側面を指摘している。ゆえにこの部分は後世の版本になると本文を改変するものが現われる。ここは古型を存する大慧『正法眼蔵』巻中（およびこれを承ける『聯灯会要』巻九、『指月録』巻一四所引）に拠ったのであるが、たとえば元代以後に単行化されたテクストは、（甲）「你一念心疑処是佛魔」の「佛魔」を「箇魔」に改め、（乙）「処処清浄即無佛魔」の「無佛魔」を「是佛」に改めて、魔と佛とを別々に説明したと解釈している。それでは義玄が「佛魔」を持ち出した意義を失い、さらに「你若達得……処処清浄」を佛の境涯だとしてしまうと、価値意識を打破せよと言った義玄の意図を誤ることになる。他の諸テクストはその間に位置する。すなわち底本『天聖広灯録』および『四家録』、『四家語録』、『続開古尊宿語要』、『古尊宿語録』は（甲）「佛魔」、（乙）「是佛」である。「万法は無生、心は幻化の如し」は対境と心がともに空なることを言う。前句は「諸法は無生」と言うに同じ。四十巻『華厳経』巻六に、「佛は説く、『諸法は生ずる無く滅する無く、亦た三世も無し』と。何を以ての故に？ 自心の現ずる五塵境界の如く、本《も》と有ること無きが故に。有無の諸法は本《も》と不生なるが故に。兎角等の如し。聖者は自ら境界の是《かく》の如くなるを悟る」（T一〇、六八八上）、また下句は『金光明経』巻一、空品に、「心は幻化の如く、六情《ろくじょう》に馳騁《ちてい》し、而も常に妄想して、諸法を分別す」（T一六、三四〇上）というなど、佛典に見えるところ。徳山宣鑑の示衆に「三界十方世間に向《お》いて、若し一塵一法の得可《うべ》き有りて、你に与《たい》して執取して解《げ》を生じ、保任貴重《ほにんきちょう》せしむるならば、尽《ことごと》く天魔外道《てんまげどう》に落つ」（大慧『正法眼蔵』巻上）。

445「佛と衆生は一方は清浄、他方は汚染の境涯とされているが、わたしの見かたでは、佛と衆生の区別はなく、古えも今もない。得ている者は始めから得ているのであって、時間をかけ修行によって得たのではない。修行もいらねば、悟りもない。新たに何かを得たわけでも、失ったりもしない。わたしの見かたはいつでもこういうことだ。これ以外のものはない。〈たといこれに勝る見かたがあろうと、そんなものは夢まぼろしに過ぎぬ〉。わたしの言いたいことは、以上のとおりである。」 ここの冒頭にも本文の乱れがあり、底本や『四家録』以下、単行本に至るまでのテクストは「然佛与魔是染浄二境」となっているが、大慧『正法眼蔵』巻中（およびこれを承ける『聯灯会要』巻九、『指月録』巻一四所引）に拠った。染浄に配されるのは、下文にあるように凡聖（衆生と佛）であって、佛と魔ではないからである。「無修無証」は「修行して悟る」考えかたの否定。馬祖はいう、「道は修むるを用いず。但《た》だ汚染《おぜん》する莫れ」（『景徳伝灯録』巻二八）。馬祖禅を投影した達磨論のひとつ『血脈論』にも「心性《しんしょう》は本《も》と空なれば、亦た垢《く》の浄《きよ》くなるに非ず。諸法は修する無く、証する無く、因も無く果も無し」（『少室六門』）と言う。「設有……」は『大品般若経』の一節をまねたもの。「若《も》し当《まさ》に法の涅槃に勝る者有るべくとも、我は説《い》わん、亦復《ま》た幻の如く夢の如しと。何を以ての故に？ 諸天子よ！ 是れ幻夢と涅槃は不二不別なればなり」（『摩訶般若波羅蜜経』巻八、幻聴品、T八、二七六中。無著道忠『疏瀹』に指摘）。『禅源諸詮集都序』巻上之二「泯絶無寄宗」、『景徳伝灯録』巻四、牛頭第二世智巌禅師章にこれをまねた語が見え、これらがもとづくところであろう。

【五四】

446「諸君！ いまわたしの目前でひとり輝きを発しながら聴いているこの人、きみたちこそは、いかなる処にあろうと礙げなく、輝きは十方を照らし、現世にあっては、境遇の違いにかかわらず自由自在、引き回されることがない。」 いま義玄の目前で説法に聴き入る修行者ひとりひとりを直指して、じかに呼びかける。「即今目前」はいま義玄の目の前で。「孤明歴歴地に聴く者」は、【四六】示衆一（3）に「是れ你らという、目前に歴歴たる底《もの》、一箇の形段勿《ぎょうだんな》くして孤明なる、是れ者箇《これ》こそ解《よ》く説法聴法す」と、見聞覚知をはたらかせる法身を光として形象していたが、ここでは直接に「此の人」と言って具体的に臨済院で説法を聴いている個々の修行者を指して言う。「処処に滞らずして、十方に通貫し、三界に自在」は、やはり修行者ひとりひとりの法身の活動を、礙げなき光として表現している。「十方に通貫す」は本段後文に「随処に清浄にして、光は十方に透る」、また「心法は形無くして、十方に通貫す」（【四七】示衆一（4）、【五〇】示衆二（1））と言うように法身たる「心法」の光としての形象。「一切の境の差別に入るも、迴換する能わず」とは、「此の人」は現実世界のいかなる境遇に在っても、振りまわされることがないということ。

447 「諸君はたとい一瞬のうちに法界へ直入し、佛に逢って佛法を語り、祖師に逢って祖師の法を語り、羅漢に逢って羅漢の法を語り、餓鬼に逢って餓鬼の法を語り、いかなるところに在っても、そのままでさまざまの世界をへめぐり、そこで衆生を教化したとしても、すべては妄念の所産なのである。しかしそれらの世界はきみの照らす光に満ちて清らかで、あらゆるものは差別なく空なる世界である。」この一節は、修行者が行脚して、善財童子の遍歴よろしく、善知識の指導を受け、さまざまな思想世界をへめぐることを、自在だと皮肉って述べている。「逢佛説佛」（佛に出逢って佛法を学び、佛法を語る）を「佛に逢わば佛に説く」つまり「佛に出逢ったら佛に説法する」と解することはできない。それならば「為（または「与」）佛説法」と書かれねばならない。「説佛」は佛意・佛法を説く意である。そもそも「法の説く可き無し」のはずなのに、「シャカに説法」など烏滸の沙汰であり、「餓鬼に逢いて餓鬼を説く」などナンセンスであるのに、義玄は皮肉ってつけ加えているのである。『摘葉鈔』、『夾山鈔』などの抄物は、観世音菩薩の三十二応身が衆生を救済することにもとづくとしているが、たしかに「遊履国土、教化衆生」という文字づらは『法華経』観世音菩薩普門品の「以種種形、遊諸国土、度脱衆生」と似ているから、ついその言いかたにあてはめたのかも知れない。しかし義玄はこうした言いかたで、修行者の行脚を空しい観念世界（空名）の遍歴として批判し、一刻も早く求めることのなき「無事」の「無依の道人」なることを勧めるのである（後段【七〇】示衆六（2）、【七一】示衆六（3）参照）。「未だ曾て一念を離れず」の「一念」は「一刹那の間」と同じ。『華厳経』巻六四、入法界品に善財童子が「一念に普ねく三世の境界に入り、分形して遍く十方の国土に往き、智身もて普ねく一切の法界に入る」（T一〇、三六四上）ということ。しかしそれは一瞬の妄念にすぎない。「万法一如」は『信心銘』の「眼若し睡らずんば、諸夢自《おのずか》ら除く。心若し異ならずんば、万法一如なり」（眼を閉じて眠らねば、夢を見ることがないように、心が佛心と異ならないなら、すべての存在は差別なく空であることがわかる）にもとづく（『景徳伝灯録』巻三〇）。

【五五】

448 「諸君！　大丈夫の漢よ！　きみたちは今日にしてはじめて知ったのだ、本来無事であるにもかかわらず、ただそのことを信じきれぬために、絶えず外に求めまわって、自己をないがしろにして外に自己を捜す愚をやめられなかったことを。」「大丈夫児」は立派な体躯をそなえた男子を指す語であるが、いま義玄の目前に立って説法を聴いている修行者を、佛と変わらぬ資格（佛性）をそなえている点において、その人によびかけた呼称。かつて馬祖道一は六尺の巨漢汾州無業《ふんしゅうむごう》に対して語りかけた、「大丈夫児よ！　如《し》かず、直下《じきげ》に休歇《きゅうけつ》し去《さ》るが好《よ》く、頓《とん》に万縁《ばんえん》を息《や》め、生死《しょうじ》の流《なが》れを截《た》ち、逈《はる》かに常格《じょうかく》を出《いで》、霊光独《れいこうひと》り照《て》らし、物類《ぶつるい》にも拘《こう》せられず、巍巍堂堂《ぎぎどうどう》として、三界《さんがい》に独歩するに」（『宗鏡録』巻九八）。「本来無事」は馬祖禅が打ち出した、「ほかならぬわが心こそが佛であり（即心是佛）、それは見聞覚知の作用に発揮されている（作用即性）からには、佛になるためのいかなる修行も必要としない」という思想。圭峯宗密は『禅源諸詮集都序』において「泯絶無寄宗《みんぜつむきしゅう》」（牛頭宗《ごずしゅう》）の説として、「法の拘《こう》す可《べ》き無く、佛の作《な》る可《べ》き無し。凡そ作《な》す所有《ところあ》るは、皆な是れ迷妄なり。此《か》の如くに本来無事にして心に寄する所無きに了達せば、方《はじ》めて顚倒《てんどう》を免《まぬか》れ、始めて解脱と名づく」という。「頭を捨てて頭を覓む」は演若達多の故事（【四九】示衆一（6）注428参照）。

449 「圓頓の菩薩すら、俗を嫌って聖を慕い、浄土の世界に生まれかわろうと願っている。こういう連中は分別取捨の意識が払拭できず、清浄と汚染の分別に執われた心がなお残存しているのだ。」「圓頓の菩薩」は大乗の究極の境位を完成した修行者を指していう天台学の用語。それさえも凡聖に執われているというのは、ほかに例を見ない。

450 「わが禅宗のかんがえとなれば、まったく異なる。いま無条件に現在だけを問題にして、無限の修行の果てに時節因縁が熟してから成佛するなどとは言わぬ。わたしの説法は、ただ凡聖の執着に対する一時の対症療法なのであって、けっして固定して受け取るべきものではない。このように見ることができたなら、真の出家者である。〈日《ひび》に万両の黄金の供養さえ受けてよい。〉」「圓頓の菩薩」という佛教教学に対して、禅宗の立場、義玄の言葉では「外に凡聖を取《もと》めず、内に根本に住せず」（【五一】示衆二（2））という立場からの表明。「又た且らく」は、「……は又た且らく然らず」、「……は又た且らく如何《いかん》？」という例から推して、異なる立場や見解を表明するさいに用いる副詞。「一期」はその場限りの。寒山詩に「陂《つつみ》を決《こわ》して以て魚を取るは、是れ一期の利を取るなり」（第二三五首「国以人為本」、項楚『寒山詩注』、中華書局、二〇〇〇）。「薬病相治」の語は「応病与薬」（病に応じて薬を与う）と同義に用いられる。「薬病」は【九〇】示衆一五（5）に「小児を接引する施設、病を薬《いや》す表顕」と言って、方便の意味で用いている。「万両の黄金」の句は「証道歌」の「不思議なる、解脱の力、此れぞ即ち吾が善知識と成る。四事の供養は敢《なん》ぞ労するを辞さん？ 万両の黄金も亦た銷《もち》い得たり」にもとづく。「銷」は「消」に同じ。受け取って用いる義の口語。『百丈広録』につぎのような問答がある。「問う、『如今《いま》の沙門は尽《ことごと》く言う、我は佛の教えに依り、一経一論、一禅一律、一知一解を学ぶと。合《は》た檀越の四事の供養を受くや、為《は》た銷《もち》い得《う》るや？』師云く、『但《た》だ如今《いま》一声一色、一香一味を照用《しょうゆう》するに約《やく》して、一切の有無の諸法、一一の境上に於いて、都《すべ》て纖塵《せんじん》の取染《しゅぜん》無く、亦た取染無きに依住《えじゅう》せず、亦た不依住《ふえじゅう》の知解《ちげ》も無き、者箇《こ》の人こそ日《ひび》に食万両の黄金をも亦た能く銷《もち》い得ん』」（『天聖広灯録』巻九）。

【五六】

451 「諸君！ 軽率にもよその老師に印可の判を顔に押されて、『おれは禅がわかった』などと言ってはならぬ。きみが立て板に水式にまくしたてても、すべて地獄行きの業《ごう》だ。ほんものの修行人なら、他人の過ちなど捜すのでなく、みずからが正しい見かたを持つことこそが、本当に必要なのだ。完全無欠な正しい見かたに達したとき、はじめてきみの行脚は終るのだ。」「取次」はあわてて、軽率に、粗忽に（蒋礼鴻『敦煌変文字義通釈』、上海古籍出版社、一九八八）。

「莫取次……」は軽挙妄動を戒める言いかた。杜甫「元二《げんじ》の江左《こうさ》に適《ゆ》くを送る」詩に「経過して自らを愛惜せよ、取次に兵を論ずる莫れ」（行く先々ではご自分を大切に。戦争について軽率な議論を差し控えられよ）。「諸方」は義玄の臨済院から見た外部。「如《たと》えば諸方の善知識は邪正を弁《わか》たず」（【七三】示衆八）などと言うように、当時は各地に禅師が修行者を集めて説法し、互いに非議しあい、その情報が行きかっていた。「面門を印破する」とは顔に印《しるし》を押すこと。「面門」は顔面（第一〇段「無位の真人」の注152参照）。顔に刺青《いれずみ》を施すことを「印面」という（『酉陽雑俎』前集巻八「黥」）。「印破」の「破」は結果補語。印をつけて、その結果傷つける意。ここでは印可されることを「顔にレッテルを貼られる」と揶揄して言ったもの。「解禅解道」は、「解禅」（禅が解る）を四字句にした言いかたで、「禅道」は「禅」を二音節でいう口語。「黄龍死心禅師小参」に「只管《ひたすら》に冊子上《さくすじょう》に言《げん》を念《おぼ》え語《ご》を念《おぼ》え、禅《ぜん》を討《もと》め道《どう》を討《もと》むる莫《なか》れ。禅《ぜん》道は冊子上に在《あ》らず」（『禅関策進』）。「弁如懸河」の「懸河」は瀧のこと。瀧のごとき雄弁が「地獄行きの業」だとは、不妄語戒を犯した罪によって抜舌地獄に陥ること。「説くべき法はない」（『金剛経』）からである。「若し是れ真正の学道人ならば、世間の過を求めず」は『六祖壇経』の偈にもとづく。「若し真の修道の人ならば、世間の過《とが》を見ず。若し世間の非を見なば、自らの非は却是《かえ》って左《とお》ざく（疎遠になる）」、「常に己《おの》が過《とが》を見るこそ、道と即ち相当《そうとう》す。」慧能の偈は通俗道徳に近い。たとえば敦煌本「太公家教」に「他人を量《はか》らんと欲せば、先ず須らく自らを量るべし」（周鳳五『敦煌写本太公家教研究』明文書局、一九八六）。義玄はむしろ修行者みずからが「圓明なる真正の見解」をもつように激励するのである。当時の行脚僧が隊を組んで各地の叢林を訪ね、聚まっては評論しあっていたことは、同時代の雲門文偃がつぎのように描写している。「我は汝に向って『直下《じきげ》に什麼事《なにごと》か有る？』と道《い》うすら、早是《つと》に相《あ》い埋没《まいぼつ》し了《おわ》れり。你若《も》し実に未だ入頭《にっとう》の処を得ずんば、且《ま》ずは中私《こころ》に独自《ひと》り参詳《かんが》えよ。著衣喫飯《じゃくえきっぱん》、屙屎送尿《あしそうにょう》を除《のぞ》却いて、更に什麼《なに》か有る？ 無端《むたん》に如許多《おおく》の妄想《もうぞう》を起《おこ》得して什麼《なに》をか作《な》す？ 更に一般《いっぱん》の底《もの》有り、等閑《とうかん》の如くに相《あ》い似て、頭《こうべ》を聚《あつ》めて箇《こ》の古人の語を挙《あげ》得て、識性《しきしょう》もて記《おぼ》持え、妄想卜《もうぞうぼく》度《たく》して道《い》う、『我は佛法を会《え》し了《おわ》れり』と。秖管《ひたすら》に葛藤《かっとう》を説き、取性《きまま》に日を過ごし、更に嫌って意に称《かな》わず、千郷万里《せんきょうばんり》に父母師資を拋却《すて》て、這《こ》の去就《きょしゅう》を作《な》す。這箇《こ》の打野㮧漢《だやたいかん》、什麼《なん》の死急《しきゅう》有りてか行脚し去る！」（『雲門広録』巻上、T四七、五四八中）。「若し真性の見解の圓明なるに達せば、方始《はじ》めて了畢《おわ》らん」と言うが、何が終るのか？ 正しいかんがえかたが得られたなら、はじめて外に求めまわる行脚が終るのである。「本来無事」なることを知って、行脚をやめよということ。「了畢」は後世のいわゆる「一生参学の大事了畢」であるが、具体的には行脚の終了である。

【五七】

452 問う、「正しいかんがえとはどういうことなのでしょうか。」 大慧『正法眼蔵』巻中の引用では、僧の問いはこの句のあとに、「乞う再び指示せよ」の句がある。「真正の見解」は義玄が初めて提起した言葉であって、聴聞の僧たちの新鮮な注目を引き、さらなる説明を求めたのである。

453 師は答う、「諸君がいつものように俗人の世界に入り、佛の世界に入り、汚れた世界に入り、清浄な世界に入り、さまざまな佛のおわす世界に入り、弥勒菩薩の住む高殿に入り、毘盧遮那佛の光明世界に入って探究したとしても、それはさまざまの世界が成立し、持続し、壊滅し、空無となることを、諸君の心が現出しただけなのだ。」「但一切」は前に「但一切時中」（【四六】示衆一（3））とあったように「時中」を補って、以下「入凡入聖……」という修行者が行脚してさまざまな精神世界を探求するときに、と解する。「入凡入聖……」は前段にしばしば言っていたように（【五二】示衆二（2）、【五四】示衆三（3））、『華厳経』入法界品の善財童子の南方遍歴になぞらえている。修行者の遍歴は、「一刹那の間に、法界に透入する」（【五四】示衆三（3））という心の遍歴であるから、結局は空しい名辞の世界の彷徨に終る。これを「処処に皆な国土の成住壊空するを現ずるのみ」と言っているのである。

454 「たとえば、〈佛陀はこの世に出生し、教えを説き、涅槃に入りたもうた〉とは言うが、そこに佛陀その人が現われ、去って行った姿が、本当にあると思ってはならぬ。そこに生きて死んだという実像を求めようとしても、つかむことはできぬ」。ここで注意すべきは、義玄が問題にしているのは、教理上の佛陀であること、またそれは結集家、学者の研究の結果の記述であること、そしてそれを受容するのは、修行者の心（心に現出すること）だということである。義玄は後段にもいう、「佛は是れ幻化《げんけ》の身《み》、祖は是れ老比《ろうび》丘《く》なり。……你ら若《も》し佛を求めなば、即ち佛魔《ぶつま》に摂《せっ》せらる。

你ら若し祖を求めなば、即ち祖魔《そま》に縛せらる。」（【七〇】示衆六（2））、「一般の禿比丘《とくびく》有りて、学人に向《い》って道う、『佛は是れ究竟《くぎょう》なり。三大阿僧祇劫《さんだいあそうぎこう》に修行し、果満《かみ》ちて、始めて成道《じょうどう》せり』と。道流よ！你ら若し『佛は是れ究竟なり』と道《い》わば、什麽《なに》に縁《よ》りてか、八十年後、拘尸羅城双林《くしらじょうそうりん》樹《じゅ》の間に側臥《そくが》して死去せる？佛は今何《いずこ》にか在る？明らかに知る、我らが生死と別ならざるを」（【七二】示衆六（3））、『祖有り、佛有り』というが秖如《ごと》きは皆な是れ教迹中《きょうしゃくちゅう》の事《こと》なり」（【六二】示衆四（1））、「道流よ！佛の得可き無し。乃至《たと》い三乗、五性、圓頓の教迹なるも、皆な是れ一期《いちご》の薬病相治《やくへいそうじ》にして、並《た》えて実法無し。設《たと》い有るも、皆な是れ相似の表顕《ひょうけん》、路布《ろふ》の文字《もじ》、差排《さはい》せんとして且《しば》らく是《かく》の如く説きしのみ。道流よ！一般の禿子《とくす》有りて便ち裏許《うち》に向《お》いて功を著《もち》い、出世の法を求めんと擬《ほっ》す。錯了也《あやまれり》！若し人、佛を求めなば、是《こ》の人、佛を失う。若し人、道を求めなば、是《こ》の人、道を失う。若し人、祖を求めなば、是《こ》の人、祖を失う」（【九二】示衆一六）。こういう佛陀に対するかんがえかたには、会昌の廃佛がもたらした禅者の深刻な反省があると思われる。

455 「たとい諸君が不生不死の真実世界に入らんと、あちこち訪ねてさまざまな佛の世界を遍歴し、ついに蓮華蔵世界に行きついたとしても、結局のところ〈一切は空なり〉であって、実体がないことがわかるのだ。」なぜなら、佛典に説かれた理想世界は虚構された名辞の世界（空名）にすぎないからである。後段にも言う、「一刹那の間に、便《たと》い浄に入り穢に入り、弥勒の楼閣に入り、又た三眼国土に入り、処処に遊履するも、唯だ空名なるを見るのみ」（【六四】示衆四（3））。「無生法界」は不生不滅の空の理の世界。『菩薩瓔珞経』巻三、識界品に、「如来は無生法界に等正覚を成じて従《よ》り、悉く諸法の幻の如く化の如きを観る」（T一六、二四上）。「華蔵世界」は八十巻本『華厳経』巻八、華蔵世界品にいう、香水海に華開く蓮華の薫る光明に満ちた極楽世界。義玄は醒めた眼でこれらを見ているわけである。

456 「ただ、今ここにわが面前で説法を聴いている無依の道人だけが、諸佛を生み出す母なのである。ゆえに佛はその無依なるところから生み出される。もし無依なるありようを悟ったならば、佛すらもまた外から手に入れるものではなくなる。かくのごとく見ることができたなら、これが正しいかんがえというものだ。」くりかえし言われる「わが面前で法を聴く」行脚僧を、ここでは「無依の道人」と言い換えているのは、外なる佛の権威、すなわち佛典の言説に惑わされず、見聞覚知する孤明なる自己のみに拠って立つひとりの修行人であれ、と激励しているのである。「無依の道人」は臨済義玄の重要なキーワード。この時代の禅僧は佛陀を「無依の人」と見ていたことが背景にある。たとえば巌頭全豁はいう、「道うを見ずや、無依無欲、便ち是れ能仁と」（大慧『正法眼蔵』巻上）、また百丈懐海も「佛は是れ無著の人、無求の人、無依の人なり」（『古尊宿語録』巻二）と言っている。「諸佛の母」は経典では通常、般若波羅蜜、文殊菩薩、『金剛経』などをそれに充てるのであるが、前段に「大徳よ！你ら且《ま》ずは光影を弄する底の人こそ是れ諸佛の本源にして、是れ一切の道流の帰舎する処なるを識取せよ」（【四六】示衆一（3））と言うように、光明を発する佛としての「目前に聴法する人」を指している。「若し無依なるを悟らば、佛も亦た得る無し」とは、修行人みずからが「佛と別ならざる」以上、外に佛を求める必要はないことをいう。

【五八】

457 「修行者はこのことがわからず、名辞に執着して、聖俗といった言葉に礙げられ、その結果みずからに具わった道眼を曇らせ、はっきりと見えないのである。経典というものは、佛陀の法を伝える文字にすぎない。そのことがわからず、用いられた言葉に対する解釈に血眼になるのは、言葉への依存であって、因果の連鎖のなかに陥り、三界の輪廻から免れることができないのだ。」「名句」は言葉、文字言説をいう。前段に「秖《ひたす》ら佛を求めんと擬《ほっ》するも、佛は是れ名句なり」（【五〇】示衆二（1））。義玄は「名」、「名字」、「名文」、「名言」とも言っている。「道眼」は「已に真諦《しんたい》を見て道眼を得たる者は、復た生死無し」（『般泥洹経』巻上、T一、一七七中）と言われるが、禅僧にあっては正邪を見分ける眼を言う。圓通徳縁禅師は言う、「諸上座よ！道眼を明取せば好し。是れ行脚僧の本分事なり。道眼若し明らめば、何の障礙か有らん。若し未だ明らめ得ずんば、強説すること多端なるも也《ま》た用うる処無し。無事なるも也た好《よろ》しく尋求せよ」（『景徳伝灯録』巻二六、廬山圓通院縁徳禅師示衆）。義玄が参じた大愚和尚は「諸方に行脚して、道眼明徹」であったと言われる（『祖堂集』巻一九、臨済章）。「十二分教は表顕の説である」とは、経論は佛意を言語文字によって表現したもので、佛意そのものではないということ。『禅林僧宝伝』巻二三、黄龍死心伝にいう、「三乗十二分教は還《かえ》って食《しょく》を説いて人に示すに同じ。食の味は既に他《ひと》の説くに因るなり。其の食は要《かな》らず自己親《みずか》ら嘗《な》めよ。既自《すで》に親ら嘗むれば、便ち能く其の味の是れ甘きか是れ辛きか、是れ鹹《しおから》きか是れ淡《あわ》きかを了《あき》らかに知る。達磨の西より来《きた》りて、人心を直指《じきし》し見性成佛せしむること、亦復《ま》た是《かく》の如し。真性は既に文字に因りて顕わるも、要《かな》らず自己親《みずか》ら見よ。若し能く親ら見なば、便ち能く目前は是れ真か是れ妄か、是れ生か是れ死かを了らかに知る。既に能く真妄生死を了らかに知りて返観《へんかん》せば、一切の語言文字は皆な是れ表顕の説にして、都《すべ》て実義無し。」「依倚《えい》」は「無依」の反義語。言語文字に倚りかかること。「落在因果」の「在」は文語の「於」に相当する口語の介詞（つぎに場所が来ることを示す）。「因果に落つ」は経典解釈上の原因結果の論理から、「修因証果」（修行して悟る）の修道論までを含めていう。後段に、「你ら諸方は言道《い》う、『修有り、証有り』と。錯《あや》まる莫れ！ 設《たと》い修し得る者有るも、皆な是れ生死の業《ごう》なり。……佛を求め法を求むるは即ち是れ造地獄業、……佛と祖師は是れ無事の人なり」（【六六】示衆四（5））と言うように、禅宗の考えかたは因果論の枠外にある。黄檗希運もいう、「故に（浄名）経に云う、『諸佛国土も亦復《ま》た皆な空なり』と。若し『佛道は是れ修学して得《う》るなり』と言わば、此《かく》の如き見解は、全て交渉《かかわり》無し」、「忽若《も》し未だ無心を会《え》せず、相《そう》に著《じゃく》して作《な》せば、皆な魔業《まごう》に属す。乃至《たと》い浄土の佛事を作《な》すとも、並《すべ》て皆な業《ごう》と成《な》る。乃ち佛障《ぶっしょう》と名づく、汝の心を障《さ》うるが故に。因果に管束《かんそく》されて去住に自由の分《ぶん》無し。所以《ゆえ》に菩提等の法は本《もと》より有るに不是《あら》ず。如来の説く所は皆な是れ人を化《け》するものにして、猶お黄葉を金銭と為して、権《かり》に小児《しょうに》の啼《な》くを止《や》むるが如し。故に実に法の阿耨菩提《あのくぼだい》と名づくる無し」、「如今《いま》但《およ》そ一切時中の行住坐臥に、但《た》だ無心を学び、亦た分別する無く、亦た依倚する無く、亦た住著《じゅうじゃく》する無く、終日任運騰騰《にんぬんとうとう》として痴人《ちじん》の如くに相《あ》い似よ」（入矢義高『伝心法要 宛陵録』一三五頁）。

458 「諸君がもし輪廻に陥らず、死ぬも生きるも自分で決める自由を得たいならば、いまここで説法を聴いている、固定した姿もなく、活きいきと自由に活動する人間が誰であるかを、しかと見とどけよ！」「生死、去住、脱著の自由」の「去住、脱著」は「生死」の譬喩であって、つまりは死を恐れないこと。【四四】示衆一（1）注400参照。「即今法を聴く底の人の、形無く相無く、根無く本無く、住処無くして」とは、「心法は形無くして、十方に通貫する」という見聞覚知の光を発する佛たる主人公として言うもの。「活撥撥地」は魚が網のなかで跳ねる様子。古く『詩経』衛風碩人篇に「発発」という形で見える語。同音の「潑潑」は、鱍鱍という表記で用いられることが多い。『朱子語類』巻一二六（釈氏）に「活潑潑地は禅語なのか」という問いに、朱子は「禅語ではなく俗語である。もとは儒家の語であったのが佛家に盗用され、後人は逆に佛教から出た語だと思いこんでいるのだ」と答えている。この語は義玄が使ってから、禅僧の活潑なはたらきの形容として宋代に流行していた。

459 「この人に対しては、どんな方便も施す場所がない。ゆえにこの人を捉えようとすれば、ますます離れ遠ざかるばかりだ。これを名づけて「秘密」というのだ。」「応是」は「すべての」、「あらゆる」という意の口語の包括詞（文語の「凡是」、「所有」）で、「応是～」とは「すべて～は例外なく。」「応」と「是」は同義（蒋礼鴻『敦煌変文字義通釈』）ここで「万種」と意味が重複しているのは口語文の特徴である。「施設」は仮の手だて、方便。後段【九〇】示衆一五（5）に「（無佛無法なるに）設《たと》い有るも、皆な是れ名言章句にして、小児を接引する施設、病を薬《いや》す表顕の名句なり」というように、病む人に与える薬のような「方便」を言い、経典の教えを指す。いま「目前に聴法する人」は、外に求める必要のない（無心）、無事の人である以上、方便を施す必要はない。「応是《およ》そ万種の施設も、用うる処秖是《た》だ処所無し」の「秖是」は予想に反する意外性を表わす副詞。応病与薬の処置は一般にのぞましいこととされるが、禅宗にあっては無用のことだからである。「処所無し」は「存在する場所がない」意。「無形無相、無根無本、無住処、活撥撥地」の人を捉えて方便を施そうとしても施しようがなく、またその必要もないのである。『維摩経』不思議品に「法は処所無し」（真理は置くべき場所がなく、固定して捉えることができない）、敦煌本『六祖壇経』に「妄は処所無し。故に看る者却って是れ妄なるを知る」（妄念は置き場がなく、実体がない）。「所以《ゆえ》に覓著《もと》むれば転《うた》た遠く、之《こ》れを求むれば転《うた》た乖《そむ》く」の「覓著」（捜しつづける）の「～著」は持続の義の助詞。「転～転……」は漸層表現の副詞で、「～すればするほどますます……」。太田辰夫『中国語歴史文法』に「古代語では〈益〉、〈愈〉、〈弥〉などを、中世では〈転〉を、近世では〈越〉、〈越発〉、〈越一〉

などを用いる」（一七九頁）。「秘密」は経典には秘して伝えぬこと。なぜなら「無形無相、無根無本、無住処、活撥撥地」の人を捜し求めても捉えられぬのは、捜す人がまさしくそれに他ならぬからで、この「おまえだ！」という具体的な「自己」のことは経典には書かれていないのである。「無処所所以」の箇所は底本が「無処所」、大慧『正法眼蔵』巻中が「無処，所以」となっていて、両本とも通じはするが、底本に「所以」二字を補ったほうが通順とかんがえて校訂した。

【五九】

460 「諸君！このいずれは死すべき夢幻の同伴者を自己と認めてはならぬ！」「夢幻なる伴子」とは肉体を指す。「伴子」は連れ合い、お伴の者。「子」は口語接尾辞。四大五蘊より成る肉体が無常なることは常識であって、それへの執着を戒めるなど最初から問題にはならないのであるから、ここでは見聞覚知の主体と認めてはならぬ、という意味であろう。「認著」の「著」は執着の義。「遅晩中間」の「遅晩」はおそい意の同義複詞、「中間」は時間を表わす口語。敦煌本『六祖壇経』に「両月中間」（二か月して）、敦煌変文に「良久中間」（しばらくの間）、「瞬息中間」（一瞬の間）、「弾指中間」（指をはじく一瞬）、「思惟中間」（考えている間）、「不経旬日中間」（十日たたぬうちに）などの例がある。杜牧「竇列女伝」に「賊を為すこと兇悪不道なるは、遅晩に必ず敗れん」（『樊川文集』巻六、上海古籍出版社、一九七八）という用法があることから見て、「遅晩中間」は「遅かれ早かれ、いずれは……」の意の口語。「無常」は死を意味する慣用語。「帰す」とは、本来帰るべきところへ行きつく意。

461 「きみたちはこの無常の世にいったい何を捜し求めて解脱するつもりか？それなのに一口の飯を求め、破れ衣をつくろって過ごし、行脚して老師を訪ねまわっておるとは！ぐずぐずと楽な方へ流れて、無駄に時を過ごしてはならぬ。」「你ら此の世界の中に向《お》いて箇の什麼物《なに》を覓めて解脱と作し……」は後文の「你ら諸方《しょほう》より来《きた》る者は皆是《み》な心に佛を求め、法を求め、解脱を求め、三界を出離《しゅつり》せんと求むる有り。痴人《ちじん》！你ら出《いで》て什麼処《いずこ》にか去《ゆ》かんと要する？」（【七六】示衆九（3））と同義。「什麼物を覓《もと》めて解脱と作すや」とはつまり「佛を覓め、法を覓め、解脱を覓めて、この世界から出離しようとする」こと。「毳」は毳衣（毛織の衣）。頭陀行に用いて、随意に坐し、随意に臥し、洗濯が容易で、破れにくいなどの特長がある（『十住毘婆沙論』巻一六、解頭陀品）。圓仁『入唐求法巡礼行記』には五台山の善住閣院で出逢った禅僧を、「五十余人の禅僧有り。尽く是れ毳納錫杖《ぜいのうしゃくじょう》にして、各おの諸方より来《きた》りて巡看《じゅんかん》する者なり」（巻三、開成五年［八四〇］五月十七日）と記録している。これが行脚する禅僧の風体であった。「且要」は本書では勧奨の語気としての用例が多いが、ここでは「そのうえ……しようとする」意である。その用例はたとえば大慧の「黄德用請普説」に、「今時《こんじ》の参禅者は、生死《しょうじ》を了《さと》り得たると生死を了《さと》り得ざるとを問わず、只だ速効《そっこう》を求め、且《か》つ禅を会《え》せんと要《ほっ》し、一箇の道理を説かざるもの有る無し。」（『大慧語録』巻一四、T四七、八六八下）、また明代の呉山浄端禅師「豊年詞」に、「料《はか》り想《おも》うに曹谿路《そうけいろ》上《じょう》には応《まさ》に如許多般《おおきこと》無かるべきに、更に文章四六を学び、広く荘老詩篇を覧《み》て、自《みずか》らを風流雅措と視《みなし》て、且《か》つ官員を攀接《はんせつ》して出入《でい》りせんと要《ほっ》し、纔《わず》かに宝座に登るや、拄杖を拈起し敷宣《ふせん》して『我は即心即佛なり』と道《い》い、絶妙絶玄なるを挙著《こじゃく》するも、那個《たれ》か至理を悟り得たる？」（『呉山浄端禅師語録』）など。義玄のこの一文は「知識を訪尋する」ことを勧めるのではなく、戒めているのである。いかにも後文に「大徳よ！　因循して日を過ごすこと莫れ！　山僧は往日《おうじつ》未だ見処《けんじょ》有らざる時、黒漫漫地にして、光陰空しく過ごす可《べ》からずと、腹熱《はらあつ》く心忙《こころせわ》しく、奔波《あたふた》と道を訪ぬ。後に還《かえ》って力を得て、始めて今日に到りて、道流と是《かく》の如《ごと》く話《わ》度《たく》す。諸道流に勧む、衣食《えじき》の為にする莫れ！　看《み》よ！　世界は過ぎ易く、善知識には遇い難きこと、優曇華《うどんげ》の時に一現《いちげん》するが如きのみ」（【九四】示衆一八（1））と言っているが、これは自己のむなしき行脚遍歴の回想であって、行脚を勧めて言っているのではない。善知識に出逢うのはまことに優曇華の開花に遭遇するほどの難しさなのである。善知識を捜し求めるのではなく、いまこの場で「本来無事」なることを悟って、行脚を完了せよ、というのが義玄の言わんとするところである。従来からこの一文を「作解脱」で区切って、「且要」以下を勧奨の義で解しているが、臨済院に来て義玄の説法を聴いている行脚僧に向かって、また他所へ老師を求めに行け、と言うのなら、義玄の説法はいったい何だというのか。

462　「〈光陰惜しむ可《べ》し。念念無常なり。〉」われわれは、大にしては地水火風の四大に、小にしては生住異滅の四相に迫られている。諸君！今こそこれら四種の無相なる世界をはっきりと見て取り、対境に振りまわされぬことが肝要である。」「光陰惜しむ可し」は『顔氏家訓』勉学篇に「光陰惜しむ可きこと、諸《これ》を逝《ゆ》く水に譬う」と言うように、勤勉を勧める世俗道徳。「念念無常」は佛教語。『大方便佛報恩経』巻一、孝養品に「生老病死の遷滅する所、念念無常なり」（T三、一二八上）など、一瞬一瞬に時が過ぎ去ること。「四種無相の境」は生じて住《とど》まり、変異して消滅するという、変化するすがたをもつものは実体なく無常なること。つぎの一段に義玄らしい解説がある。「擺撲」は何かに絡みつかれて逃れられずに、体を揺すりのたうちまわること。後段に「善知識は又た一切の差別語路中に入りて擺撲す」（【七三】示衆八）。

【六〇】

463 問う、「四種の無相なる世界とはなにを言うのでしょうか？」師、「きみの心に生じた一瞬の疑念は、〈地〉によって礙《さまた》げられたのである。きみの心に生じた一瞬の愛は、〈水〉に溺れたのである。きみの心に生じた一瞬の瞋《いか》りは、〈火〉に焼かれたのである。きみの心に生じた一瞬の喜びは、〈風〉に舞い上げられたのである。このように見きわめることができたなら、外に現われるものに動かされず、いかなる場にも自在にふるまえるのだ。」生住異滅（四相）を引き起こす地水火風（四大）は、また疑愛瞋喜などの感情の動因でもある。疑惑は堅固なるもの（地）の礙げによって固まった。愛情の念は潤うもの（水）によって溺れさせられた。憤怒の念は熱きもの（火）の炎によって噴出した。喜悦の情は流動するもの（風）によって舞い上がった。その動因たる四大が無常であることに思い至れば、これらの感情に動かされることはないと説く。後文にも「十方の諸佛現前するも、一念たりとも心の喜ぶこと無く、三塗地獄頓《とみ》に現わるるも、一念たりとも心の怖るること無し。何に縁《よ》りてか此《かく》の如《ごと》くなる？我は諸法《しょほう》の空相《くうそう》なること……を見ればなり」（【七二】示衆七）という。「境に転ぜられず、処処に境を用う」は義玄の「随処《ずいしょ》に主と作《な》れ」という示衆の主旨。「你ら且《ま》ずは随処《ずいしょ》に主と作《な》れ！立つ処は皆な真なり。境来《きた》るも迴換《えかん》し得ず」（【五二】示衆三（1））、また「直《た》だ人惑《にんわく》を受けざらんと要す。随処に主と作れ！立つ処皆な真なり。但有《およ》そ来《きた》る者は皆な受くるを得ざれ。你らが一念の疑いは、即ち魔の心に入るなり」（【六四】示衆四

（3））。

464 「〈そのとき天地の神祇は歓喜し、大地は震動して、東に涌き西に没し、南に涌き北に没し、中央に涌き端に没し、端に涌き中央に没する〉。〈水の上を地面のごとく歩き、地下を水中のように歩く〉。なぜこのようなことが起こるのか？　地水火風の四大は夢まぼろしのごとく無常だとわかっているからなのだ。」「東に涌き西に没し」以下の四種は佛典にいう「六種震動《ろくしゅしんどう》」、「水の上を地面のごとく歩き」以下の二種は「十八神変《じゅうはちじんぺん》」と言われるもの。「地を履むこと水の如し」は、『四家録』では「地に入ること水の如し」となっているから、「地下の世界を水中のように歩く」という意味である。それぞれ佛菩薩が引き起こす感応や、その神通力が現わす奇跡として、佛典にしきりに描写されるもの。しかしここでは、これらの奇瑞・奇跡は四大無相（固定した相をもたぬ）の例として挙げているのであって、けっして「境を用うる」自在さや「無依の道人」の行履を神通力として言うのではない。すぐ後の段で、文殊・普賢という菩薩の霊験を慕う考え方を戒めているからである。義玄は一貫して神通力や佛の三十二相・八十種好などを迷信として否定している（【七二】示衆六（3）参照）。

【六一】

465 「諸君！　きみたちという、いまここでわが説法を聴いているものは、四大色身のきみたちなのではなく、四大色身のきみたちを使うものなのだ。かく見ることができたなら、死ぬも生きるも意のままである。」この一節は、「你ら且《ま》ずは光影を弄する底の人を識取せよ。……是れ你らという四大色身、解く説法聴法せず」（【四六】示衆一（3））と同旨。「能く你四大色身を用うるもの」とは「光影を弄する底の人」（みずから光を発する人）を指す。「去住自由」も「若し真正の見解を得たらば、生死にも染まず、去住も自由なり」（【四四】示衆一（1））、「你ら若し生死、去住、脱著の自由なるを欲《ほっ》得せば、即今法を聴く底《ところ》の人の、形無く相無く、根無く本無く、住処無くして活撥撥地なるを識取せよ！」（【五八】示衆三（7））参照。

466 「わたしの見かたからすれば、厭うべきものはないのである。しかしきみたちは聖を慕い、俗を憎むから、みずからの設定した凡聖の対象にひきまわされるのだ。」「勿嫌底法」は後文にも、「唯だ道流というわが目前に現今《いま》法を聴く底の人のみ有りて、火に入るも焼けず、水に入るも溺れず、三途地獄に入るも園観に遊ぶが如く、餓鬼畜生に入るも報を受けず。何に縁《よ》りてか此《かく》の如くなる？　嫌う底の法無ければなり」（【七二】示衆七）という。諸法は空相であるから、これに徹すれば、揀択して執われたり、惜しんだり、また嫌って捨てたりすべきものは、まったくないからである。この例では「凡」（俗人）が畏れる六道輪廻について言う。「勿嫌底法」は義玄独特の言いかたで、「勿」は「無」と同義の方言、「底」は修飾関係を表わす口語の構造助詞。「你若愛聖憎凡，被聖凡境縛」の一文は古尊宿系テクストでは「你若愛聖，聖者聖之名」となっている。

467 「いま五台山に行って文殊菩薩の霊験を見ようとする連中がいるが、とんだ見当ちがいだ。五台山に文殊はいない。諸君は文殊に逢いたいと思うか？　いまわが目前で説法を聴いている者、いついずこにおいても、文殊と一体にして礙げなき者、それこそが活きた文殊だ。」「活きた文殊」はきみたちのことだ、という主旨。『華厳経』に説かれる文殊菩薩の住処が唐の代州五台山であるという信仰が唐代に広まり、多くの参拝者が訪れるようになると、次第に五台山への道（進香道）が整備されてゆき、鎮州はその東ルートの出発点となった（第八段注134参照）。「いま五台山で文殊の霊験に出逢おうとして出かける連中がいるが……」と義玄が言うのを聴いている僧のなかには、臨済院で一宿一飯を得て、これから五台山へ向かおうという行脚僧がいたのである。文殊菩薩の五台山、観音菩薩の普陀山、普賢菩薩の峨眉山、地蔵菩薩の九華山が佛教の四大名山として、僧俗のあいだに巡礼がさかんになるのは唐代に始まる。巡礼の目的は霊験を目睹することであり、じじつさまざまな霊験譚が喧伝されていた。『清涼伝』は伝記体の五台山霊験譚集であり、圓仁『入唐求法巡礼行記』は自身の巡礼のドキュメントである。「五台山に文殊はいないぞ」と言う義玄の口調にはリアリティーがある。「你ら文殊を識らんと欲すや」の「識」は顔を識別する義。「你らは祖佛を識らんと欲すや？　秖だ你らという、わが面前に法を聴く底《もの》こそ是れなる」（【四四】示衆一（1））と同工の句。「秖だ你らという目前の用処」の「用処」（「用」を名詞化した口語）とは「説法を聴いている」という見聞覚知の作用。つぎの「始終異ならずして、処処に礙げざる」は互文で、「始終・処処に異ならず・礙げず」の意。「異ならず」とは、「秖だ你らという目前の用処」が佛と異ならぬことである。「不礙」は底本では「不疑」であるが、大慧『正法眼蔵』

巻中によって改めた。「此箇」は「此」の口語形。示衆下段につぎのように言うのと同旨。「大徳よ！ 什麼物《なに》をか覓むる？ 現今わが目前に法を聴く無依の道人は、歴歴地に分明にして、未だ曾て欠少《かんしょう》せず。你ら若し祖佛と別ならざらんと欲得《ほっ》せば、但《た》だ是《かく》の如く見よ。疑誤《うたが》うを用いざれ。你らの心と心の異ならざる、之れを活祖と名《な》づく。心若し異なること有らば、則ち性相別なり。心異ならざるが故に、即ち性は相と別ならず」（【六九】示衆六（1））。

468 「きみたちの心から発する無差別の光が、いずこにあっても照らし出すのが、真の普賢である。きみたちの一瞬一瞬の心のはたらきが、束縛からみずからを解き放ち、いずこにおいても解脱する、これこそが観音三昧法である。この三菩薩が主となり従となってはたらき出すのだ。そのとき三菩薩が同時に出現する。これが〈一即三、三則一〉ということだ。このように理解できて、はじめて経典を読むことができる。」 文殊の智慧、普賢の行を一身に兼ねる実践的な解釈は李通玄『新華厳経論』巻五に見える。「文殊は是れ佛の法身、普賢は是れ佛の行身、無作の智果は是れ佛の報身にして、常に文殊の法身、無相の妙慧を以て、以て先導と為す。説く時先後して証すは則ち三身一時なり。法は合《まさ》に是《かく》の如くなるべく、一を廃するも可ならず」（T三六、七四七中）。また文殊と普賢が「二人体を斉しくして、互いに主伴と為る」とも言っている。これは教理の新解釈であった。「観音三昧法」というのは、苦難救済の修法であろう。中国撰述の疑偽経典に『観世音三昧経』があり、受持の三昧力による霊験を説いている（牧田諦亮『六朝古逸観世音応験記の研究』、平楽寺書店、一九七〇）。「三即一、一即三」も三位一体をいう教理用語。要するに教理を禅的に解釈する「看経《かんきん》の眼《まなこ》」を説く。この「看経の眼」によって経典を読むとき、すでに教理を超え出て、経典に説かれる文殊、普賢、観音の三菩薩はもはや、自己の外なる、信仰し救済を求める対象ではなくなっている。

【六二】

469 別時の示衆、「いま、道を学ばんとする人は自らを信ぜよ。外に求めてはならぬ。つまらぬ物に騙され、正邪も見分けられぬことになるだけだ。〈佛陀が現われて教えを垂れた、達磨が現われて迷いを覚ました〉などというのは、みな経典に書いていることにすぎぬ。」「且要～」はおだやかな勧奨の義。「他の閑塵境に上《のぼ》る」は【四七】示衆一（4）

の「他《か》の古人の閑機境に上る」（あの古人がしかけたカラクリに騙される）や本段の「他の古人の閑名句に上る」（あの古人のくだらぬコトバに惑わされる）と同工異曲の句。「閑塵」はやくたいもない、くだらない意。「境」とは古人の開悟の契機となった一機一境の因縁。「上他」の「他」は「そのことに対する無関心、無責任、軽視の語気をあらわす」（太田辰夫『中国語歴史文法』一一九頁）。「秖如」は例挙の義。「教迹」は教えの言葉。「聖人出現して物《ひと》の為に範を垂る、之《こ》れを教跡と謂う」（『四分律行事鈔資持記』巻上、T四〇、一七三中）。「閑塵境」の第一は佛説、祖説である。

470 「もし人がもったいぶって言葉をちらつかせると、とたんに飛びついていぶかり出し、到るところ軒並みに訊ねまわって、おおわらわだ。」「閑塵境」の第二は老師の禅の説教である。「一句子語」は「一句語」の口語形で、ひとまとまりの文をいう。「拈起」は持ち出す、取り出す。出来あいの語句をやおら提示する気分である。「或いは隠顕中より出す」は、もったいぶって、正面から示さず、見え隠れするようなやりかたで、ちらつかせる。「便即」は迅速な呼応をいう同義複詞の口語。「照天照地」はがんらいは明るい光が隈なく照らすことであるが、そこから意味が転移して「質問する」意を生じた。ただし批判的なニュアンスがある。ここでは「傍家尋問」（のきなみに訊きまわる）と並挙して用いられ、「どこでも訊ねまわる」意。北宋真浄克文の語録の「檀越の入山するに因む小参」に「師云く、衆中還《は》た頂門上の眼《まなこ》を具《そな》うる底《ところ》の衲子《のっす》有りや？ 出《いで》来《きた》りて照天照地し看よ」という例がある（『古尊宿語録』巻四二）。道忠『疏瀹』に「疑怪而瞠目、仰天俯地也」と解するのは「驚天動地」と混同した憶解であろう。

471 「大丈夫の漢よ！ 政治論議にうつつをぬかし、是非善悪にこだわり、はては女や金《かね》の無駄話に興じて、時間を過ごしてはならぬ。」こうしたことへの言及は禅宗社会大衆化の産物である。出家者が俗事に関心を移さぬよう戒めることは、種々の経典にも言及がある。『大般若経』巻三二七、初分不退転品に、王事、賊事、軍事闘諍の事、男女の事、聚落、城邑、国土、諸相を「観察し論説するを楽《ねが》わざれ」と列挙するのをはじめ、種々の世間の戯論綺語を戒めている（無著道忠『疏瀹』）。

【六三】

472「わたしのところでは、僧俗にかかわらず、どこから来ようとも、来る者はすべて、その意図を見ぬくことができる。およそ言葉というものは、みな実体なき夢まぼろしにすぎぬ。持ち出された言葉を、逆に自在にあやつる人こそが、佛教の奥義を体しているのだ。佛という境界は、自分から『わたしは佛という境界だ』などと言えはしない。一箇の無依の道人こそが境界を自在にあやつるのだ。」本段は第三九段（上堂（五））の「但有《およ》そ来《きた》る者は、伊《かれ》を虧欠《きかん》せず、揔《すべ》て伊《そ》の来処《らいしょ》を識《し》る」と言うのと同旨。「任《たと》い伊《かれ》が甚処《いずこ》より出来《いできた》るとも」の原文「任伊向甚処出来」の「向」は口語の介詞。文語の「於」に相当し、ここでは起点を表わす「〜から」（従）の意。「声名文句」（通常は「声名句文」という）は教理の言葉。「声」は佛の声、「名」は一字（たとえば「天」）、「句」は二、三字の熟語（たとえば「天眼」）、「文」は一文（たとえば「天眼遙観」）をいう（清来舟『大乗本生心地観経浅注』巻二）。ここの「境」とは言葉によって表わされたものをいう。「境に乗ずる」とは馬に騎って車を操るように、言葉を自在に使いこなすことで、義玄独自の用語である。ちょうど上文の「境に上る」（言葉に騙される）の反義語で、相手の持ち出す言葉を主体的に使うことである。

473「もしわたしに佛を求める者が来たら、わたしはすぐに清浄を装って見せてやる。もし菩薩を求める者が来たら、わたしはすぐに慈悲を装って見せてやる。もし菩提を求める者が来たら、わたしはすぐに清浄微妙を装って見せてやる。もし涅槃を求める者が来たら、わたしはすぐに寂静を装って見せてやる。装う姿はさまざまだが、装う人は同じ人だ。ゆえに〈物に応じて形を現わすこと、水中の月の如し〉と言われるのだ。」「我に問うて佛を求む」の「問」は「向」（〜に向かって、〜に対して）の義。唐代から現われた口語の介詞の用法。京兆韋衮《いこん》の桃符という奴隷が功績によって良民となり、「衮に問うて姓を乞うた」（張鷟『朝野僉載』巻三、唐宋史料筆記叢刊、中華書局、一九七九、五九頁）。「わたしに佛、菩薩、菩提、涅槃を求める」とは、行脚僧が臨済院へ来て義玄に「如何なるか是れ佛？」などと問うことをいう。邪正を弁ぜず好悪をわきまえぬ老師は「学人の来りて菩提、涅槃、三身境智を問うに、瞎老師は便ち他《かれ》の与《ため》に解説」（【七三】示衆八）するが、義玄にあっては、「佛の求む可き無く、道の成す可き無く、法の得可き無し」（【八五】示衆一五（1））であって、「若し人、佛を求めなば、是の人、佛を失う。若し人、道を求めなば、是の人、道を失う。若し人、祖を求めなば、是の人、祖を失う」（【九二】示衆一六）と言う。これが馬祖以来の禅宗の基本思想である。徳山宣鑑は「我が宗に一法の人に与うる無し」と言って、棒でもって来参者を叩き出した。では義玄はどうしたか？本段のように行脚僧の「境に応じ」（言葉に対応し）て、求めるものを示してやるのである。下段ではこのことを、「但有《およ》そ来《きた》り求むる者には、我は即便《ただ》ちに出《いで》て渠《かれ》を看るも、渠は我を識らず。我は便ち数般《すうはん》の衣《ころも》を著《つ》けて対応してやると言っている。その衣は「清浄衣」、「無生衣」、「菩提衣」、「涅槃衣」、「祖衣」、「佛衣」などである。そして「衣を著る底《ところ》の人《ひと》を識《し》」らしめる。これが「境に乗ずる」という義玄の方便であった。「境に応ずる」とは、教理にもとづいて理解された境界に対応すること。「佛境」とは清浄法身という教理的理解に拠った境界（言葉や態度）。かつて馬祖は第一義に立つ接化以外に、巧みな方便を駆使して、「雑貨舗」と呼ばれたが、義玄はこの点においてたしかに馬祖の後継者である。「所以《ゆえ》に」以下の二句は『金光明経』巻二、四天王品の偈の末尾、「佛の真法身は、猶お虚空の如し。物に応じて形を現わすこと、水中の月の如く、障礙《しょうげ》有ること無く、焔《かげろう》の如く化《まぼろし》の如し。是《こ》の故《ゆえ》に我は今、佛月に稽首《けいしゅ》す」にもとづく（T一六、三四四中）。

【六四】

474 「諸君！きみたちがもしもまっとうでありたいと思うならば、大丈夫の漢の気概がなくてはならぬ。おめおめと人の言いなりになるようではいけない。」「直《た》だ須《すべか》らく……にして始めて得《よ》し」は「必ずや～でなくてはならぬ」という強い要請の句。「如法」は「正しい教えのとおりに」の意であるが、義玄の用いる意味は、「真正の見解」に支えられた独立不羈の禅僧のありようを言う。示衆の後文に「道流よ！你ら如法《にょほう》の見解《けんげ》を得《え》んと欲《ほっ》せば、但《た》だ人惑《にんわく》を受《う》くる莫《なか》れ！向裏《うち》にも向外《そと》にも、逢著《あわ》ば便《すなわ》ち殺《ころ》せ！佛《ぶっ》に逢《あ》わば佛を殺せ！祖《そ》に逢わば祖を殺せ！羅漢《らかん》に逢わば羅漢を殺せ！父母《ふぼ》に逢わば父母を殺せ！親眷《しんけん》に逢わば親眷を殺せ！かくて始めて解脱《げだつ》するを得《え》、物《もの》の与《ため》に拘《こう》せられず、透脱《とうだつ》して自在《じざい》ならん」（【七四】示衆九（1））と言うのと同旨である。「大丈夫児」は志気堅固な男子。【五五】示衆三（4）注448を見よ。「萎萎随随地」は主体性なく人の言うままに随う形容。「〜地」は副詞を作る口語助詞であるが、ここでは「萎萎随随地」が述語として用いられている（太田辰夫『中国語歴史文法』三五二頁「地」の項参照）。「不得」の「得」は文語の「可」（よろしい）にあたる口語。

475 「およそひびの入った器には、醍醐を貯えられぬ。大器たる者は、けっして人に騙されてはならぬ。いずこにあっても主人公たれ！ 居場所がただちに真実解脱の場となるのだ。」「⿱斯瓦（音西）嗄（所嫁切）」は堅い物がひび割れる音の擬音語。『広韻』斉韻「⿱斯瓦，先稽切，瓦破声」（西と同音）。同、禡韻「嗄，所嫁切。」「嘶嗄」とも書く。『宋高僧伝』巻一七、周洛京福先寺道丕伝に「未だ終らざる前に、寺鐘故《ゆえな》無くして嘶嗄《せいさ》す」（T五〇、八一九中。ゆえなくして梵鐘にひびが入ったとは凶兆をいう）。「大器」はもと玉製《ぎょくせい》の宝器や大きな鐘鼎《しょうてい》などの重器を指していうが、佛教では機根の優れた人を指す譬喩（上根大器）。「醍醐」は上質のヨーグルト、正法の譬喩。ここの「直要」は「必ずや〜しなくてはならぬ」という強い要請の義。大器たる者は本来無事なることを知っているゆえに、「人惑」を受けない。「人惑」は【四四】示衆一（1）注402、「随処に主と作れ」二句は【五二】示衆三（1）注439を見よ。

476 「すべて外から来るものに随ってはならぬ。きみが一瞬でも自己を信じないで躊躇する時、それは悪魔がつけ込んだのだ。〈菩薩が疑いを抱く時、死の悪魔がつけ入る〉と言われるように。みずからを疑う一念を起こさず、また外に求めてはならぬ。外から来る物があれば、ただちに見とどけよ。」「但有」はある範囲（ここでは「来者」）に例外のないことを表わす総括詞（【三九】上堂（五）の注372参照）。「門より入る者は家珍に不是《あら》ず」という諺はこの時代のもの。『摩訶般若波羅蜜経』巻一九、魔愁品に、「復《ま》た次に阿難よ！ 菩薩は是《こ》の深般若波羅蜜《じんはんにゃはらみつ》を聞説《き》く時、意《こころ》に『是《こ》の般若波羅蜜は為《は》た実《じつ》に有りや、為《は》た実《じつ》に無しや？』と疑う。是《かく》の如き菩薩に、魔は其の便《たより》を得《う》るなり」というように、佛典にいう「菩薩の疑い」は悟りを求めて修行する人が、悟りがほんとうにあるのかと迷うことであるが、義玄の「一念の疑い」は自己を信じきれず、自己の外に悟りを設定して求めることを指す。「但」は限定から命令に転じた副詞。「照」とは光が射してものが見えるように、眼で見ること。示衆の後段では「照燭」という。「還《かえ》是って道流という目前に霊霊地《れいれいじ》に万般《ばんばん》を照燭《てら》し、世界を酌度《はか》る底《ところ》の人」（【七六】示衆九（3））、「還《かえ》是って你らという目前に昭昭《しょうしょう》霊霊《れいれい》として鑑覚聞知《かんかくもんち》し照燭《てら》す底《もの》」（【九〇】示衆一四（5））。

477 「きみたちがいま作用している自己を信ずるならば、それが〈無事〉なのだ。きみたちが一瞬でも欲求の心を起こすや、迷いの世界が生起し、種々の条件に随い、環境に影響されて、煩悩を起こす対象となる。きみたちのいまの作用にいったい何が欠けているというのか！」「現今の用《はたら》く底」、「如今応用する処」はいずれも見聞覚知の作用をいう。「自己にこの作用があることを信ぜよ」とは、自己にこの作用のあることが佛性を具えた佛と同じなのだ、という馬祖禅の主張である（見聞覚知の感覚作用が佛性なのではない。しかしそこを離れて佛性を具えた人を考えることはできない）。「一箇の事も也た無し」とは「無事」であることを言う。みずから作用することが佛性の現われなのであるから、これ以上何も求める必要はない。「你が一念心……」は「心生じて種々の法生ず」（大乗起信論）というように、心が動くとき対象世界が現われること。「三界」は人が輪迴する三つの境界（欲界、色界、無色界）。「境」は外なる世界、「六塵」は感覚の対象（色、声、香、味、触、法）。

「你如今……」以下二句は、【四四】示衆一（1）にいう「道流よ！山僧の見る処に約せば、（你らは）釈迦と別ならず。毎日多般の用処《はたらき》に什麼《なに》をか欠少す？六道の神光、未だ曾て間歇せず。若し能く是の如く見得なば、秖だ是れ一生無事の人なり」と同じ。

478 「きみたちは一瞬の間に浄土にも穢土にも、善財童子のように弥勒菩薩の楼閣にも入り、善見比丘の三眼国土に入るなど、さまざまの世界を遍歴するだろうが、それらは空しい名辞の世界にすぎぬことがわかるであろう。」「一刹那の間に……」は修行者の精神的探究を行脚の遍歴に擬していう。【五一】示衆二（2）注435、【五四】示衆三（3）注447を参照せよ。このことをここでまた言うのは、欲求を起こして行脚するのをやめよという忠告である。この一節はここだけ読むと通じがたいところがあるが、義玄が示衆でしばしば言うところを繰り返し言っているのである。「空名」は【七〇】示衆六（2）注493を見よ。「三眼国土」については次節で問題にしている。

【六五】

479 「三眼国土とはなんでありましょうか？」八十巻『華厳

経』巻六五、入法界品に、善財童子が「漸次《ぜんじ》遊行《ゆぎょう》して三眼国に至り、城邑聚落、村隣市肆、川原山谷、一切諸処に周遍《あまね》く善見比丘《ぜんけんびく》を求覓《もと》む」(T一〇、三四九下)とあり、李通玄『新華厳経論』は善見比丘が三眼（智眼、慧眼、法眼）を具えているから国土の名としたと説明している（巻三五、T三三、九六六中）。

480 答う、「わたしがきみを浄妙国へつれて行って、そこで清浄な衣装を着て〈法身佛〉について教えてやろう。また無差別国へつれて行って、そこで無差別の衣裳を着て〈報身佛〉について教えてやろう。また解脱国へつれて行って、そこで光明の衣裳を着て〈化身佛〉について教えてやろう。これがわたしの三眼国土だ。が、みな変奏にすぎない。教理学では、法身を本体とし、報身と化身を作用とみなしているが、わたしの見かたからすれば、法身は説法することができないのだ。ゆえに古人も、〈種々の佛身の名は功徳の内容から名づけたもの、種々の佛国土の説明は佛身の居場所によってつけたもの〉と言っている。してみれば、〈法性身〉や〈法性土〉などというのは、方便でつけた名前、言葉だけの国だとわかる。空拳と黄葉で子どもをだます類である。ハマビシの刺《とげ》や干《ひ》からびた骨を齧ったところで汁が出るものか！　心の外に求むべき法はなく、また心の中に得ることもできぬ。何を求めようというのだ！」　この一節は教理問答なのではなく、禅僧は教理の言葉に執われぬことをいう。「三眼国土」は善見比丘の住む国の名であるが、義玄はわざと三つの国の名を随意に挙げ、三身佛に充てている（「無差別国土」、「解脱国土」というものは佛典には見えない）。そして名前も説明も「依変」だと言う。「依変」とは変化に対応すること。場合に依り、必要に応じて変奏するだけのことだと言うのである。【四五】示衆一（2）に「諸君の一念心に三身佛がそなわっている。しかしその三身も名辞にすぎない。三種の衣のようなものだ」と言うのを参照。教理学では「佛の三身」の説法について諸説があるが、禅宗では『六祖壇経』に「自らにそなわる佛の三身に帰依せよ」と言うように「自性自度」であって、人を救うために法を説く佛を認めず、「度すべき衆生はいない」（金剛経）のである。黄檗希運は「法身の説法は、言語、音声、形相、文字を以て求む可《べ》からず、所説無く、所証無く、自性虚通《じしょうきょつう》するのみ」（『宛陵録』）と言う。「自性虚通」とは言語・文字なく、所説・所証なき真の法には、自らの本性によってのみ通達できるという意味で、結局は

「自性自度」ということになる。義玄はしかしきっぱりと「法身は説法できないのだ」と言い切った。南泉普願もいう、「佛は人を度（すために説法）せず。我自ら修行するのみ」と。「古人」の語は窺基『法苑義林章』巻七に出る（【四五】示衆一（2）注413参照）。「空拳」は握っただけの拳にものがあると見せかて騙すこと（『大般若経』巻五九九等）。「黄葉」とは黄色の葉を黄金だと言って、泣く子をあやすこと（『大般涅槃経』巻一八、嬰児行品）。いずれも実義なき方便の譬喩。「蒺藜菱刺」はハマビシの実の菱型の刺。『本草綱目』巻一六「蒺藜《しつり》は多く道上及び墻上に生《お》う。葉は地に布《し》き、子《み》に刺《とげ》有りて、状《かたち》は菱に似て小なり。」「枯骨……」は『雑宝蔵経』巻八「佛弟難陀為佛所逼出家得道縁」に五欲に執着する愚を「狗《いぬ》の枯骨を齧り、涎唾《よだれつば》共に合して、味有りと謂《おも》い、脣歯破れ尽くるも、厭き足るを知らざるが如《ごと》し」（T四、四八六下）など、佛典に多く見える。この句は下段にも、他人の語句をありがたがる修行者を罵って、「今時の学人の得《よ》からざるは、蓋し名字を認めて解《げ》を為すが為なり。大策子上《だいさくすじょう》に死老漢の語を抄《うつ》して、三重五重に複子《ふくさ》に裹《つつ》み、人を教《し》て見せしめず、『是れ玄旨なり』と道《い》いて、以て保重を為す。大いに錯まれり！瞎屢生《かつるせい》！你らは枯骨上に向いて什麼《なん》の汁をか覓《もと》むる？」（【八五】示衆一四（4））と言う。「心の外に法無し」の句は経典には見えず、中国で南北朝末から言い出された語。「心の外に法無し。唯だ一心のみ有り」（南岳慧思『大乗止観法門』巻三、T四六、六五七下）、「三界は虚妄《こもう》にして、但《た》だ一心の作《おこ》すのみ。心の外に法無し」（浄影寺慧遠『大般涅槃経義記』巻五、梵行品、T三七、七四九下）。禅宗では、たとえば黄檗は「此の法即ち心なり。心の外に法無し。此の心即ち法なり。法の外に心無し。心は自《もとよ》り無心（求める心を起こさない）なれば、亦た無心なる者も無し。心を将《もっ》て心を無《なみ》せば、心は却って有《う》と成る。黙契《もっけい》するのみ」、「世人は諸佛は皆な心法を伝うと聞道《きき》て、心上に別に一法の証す可《べ》く取る可き有りと将謂《おも》い、遂《かく》て心を将《もっ》て法を覓《もと》む。心即ち是れ法、法即ち是れ心なるを知らず。心を将《もっ》て更に心を求むべからず」、「万法は唯だ心のみ。心も亦た得《う》べからず。復《は》た何をか求めん」（『伝心法要』）と言い、結局は「心も法も不可得」ということである。義玄が「内にも亦た得可からず」というのは、後文に「道流よ！是れ你らというわが目前に用《はたら》く底《もの》こそ、祖佛と別ならず。秖麼《た》だ信ぜずして、更に向外《そと》に求む。錯《あや》まる莫れ！向外《そと》に法無く、内にも亦た得可からず」とも言うように、心の中に法を求めても得られない意であるが、「その（求める）心も不可得」という含みである。「什麼物」は「什麼」と同義の、より口語的な三音節語。

481 【六六】「諸君のところでは『修行して真理を悟る』と言っているが、考えちがいをしてはならぬ！　たといそういう修行をしたところで、みな生死輪廻の業にほかならぬ。諸君は『六度万行のすべてを修せん』と言うが、わたしから見ればみな造業、佛を求め法を求めるのは地獄行きの業、悟りを求めるのも造業、経典を読むのも造業である。佛陀と祖師がたは、外に何も求めず為すことのない無事の人であった。したがって、煩悩の有為のおこないも、煩悩なき無為のおこないも、清浄という業なのである。」冒頭の「你ら諸方」は各地（諸方）から行脚に来る修行者に向かって「きみたちのところでは」と言ったのである。現代中国語でいう「你們那裏」にあたる。「言道」は二字で「言う」義の口語。「修有り、証有り」は修行によって悟りを得ること。後文にも言う「道流よ！（你ら）諸方は説《い》う、『道の修す可き有り、法の証す可き有り』と。你ら説《い》え、何の法をか証し、何の道をか修する？」（【六八】示衆五）と同義。その注488参照。「生死の業」は三界に輪廻する行為。とくに死して悪趣に陥る行為をいう。「六度万行」は六波羅蜜（布施、持戒、忍辱、精進、禅定、智慧）を実践して悟りに至らんとする、出家者に課せられるすべての修行。これは佛教学ではむろん善因である。法（真理の教え）を求め、菩提（悟り）を求め、佛となることを求めて、そのことを説いた経典を学ぶことは、佛教信者としての当然のつとめであるが、義玄はそのすべてが地獄行きの業を造る（悪果を招く）ことになると言う。後段にも言う、「諸方の六度万行を説いて以て佛法と為すが秖如《ごと》き、我は道《い》う、『是れ荘厳門、佛事門にして、佛法に非《あら》ず』と。乃至《たと》い斎を持《たも》ち戒を持つこと、油を擎《ささ》げて灑《こぼ》さざるも、道眼《どうげん》明らかならずんば、尽く須らく債を抵《いた》し、飯銭を索《もと》めらるること日有り！……乃至《たと》い孤峯に独宿し、一食卯斎《いちじきぼうさい》し、長坐して臥《ふ》さず、六時に行道するも、皆な是れ業を造る底《ところ》の人なり」（【八九】示衆一五（4））と。徳山宣鑑は言う、「万劫千生、三界に輪回するは、皆な有心《うしん》（目論む心）なるが為なり」、「一大蔵経は只是《た》だ你ら今時《こんじ》の人を整理するのみ。諸人よ！　別処に求覓《もと》むる莫れ！　乃至《たと》い達磨なる小碧眼の胡僧、此《ここ》に到り来《きた》るとも、也《ま》た只《た》是だ你らをして無事にし去らしめ、你らをして造作すること莫《なか》らしむのみ。著衣喫飯、屙屎送尿、更に生死の怖る可き無く、亦た涅槃の得《う》可き無く、菩提の証す可き無し。只《た》是だ尋常一箇の無事の人なるのみ」（大慧『正法眼蔵』巻上）。「有漏」は煩悩にまみれた状態、「有為」は造作。「無漏」、「無為」はそれを克服して離れたありよう。いずれも目論む心を持ってなすおこないであり、その点から言えば、みな「清浄という業」と言うほかない。従来よりここの「有漏有為、無漏無為を清浄の業と為す」の解釈は善業、悪業の両義があって、無著道忠はいう、「言うこころは、有漏無漏、有為無為の一切の作業《さごう》は尽く是れ清浄の業ならざる無し。何が故に此《かく》の如くなる？　但だ是れ無事の人にして揀択憎愛無きが故なり。或いは解して清浄の業を以て悪業と為して解す。故《もと》より文穏やかならざれば非なり」（『疏瀹』）。解釈の分岐は「清浄」の理解にある。義玄は「清浄」を望ましき佛の世界といちおうは言うが、その後ただちに「無佛」と否定し去っている。【五三】示衆三（2）に「你若し万法は無生、心は幻化の如くして、更に一塵一法無く、処処清浄なるに達し得たらば、即ち佛魔無し。佛と衆生は是れ染浄の二境なるも、山僧の見る処に約せば、佛も無く、衆生も無く、古えも無く、今も無し。得る者は便《ただ》ちに得たり。時節を歴ず。修することも無く、証することも無く、得ることも無く、失うことも無し」、【八七】示衆一五（2）に「佛なる者は心の清浄、是れなり。法なる者は心の光明、是れなり。道なる者は処処に無礙なる浄光、是れなり。三は即ち一にして、皆な是れ空名にして、実有《じつう》無し」、【八〇】示衆一三（1）に「是れ你ら若し不動清浄境を取《も》って是《ぜ》と為せば、你らは即ち他《か》の無明を認めて郎主《ろうしゅ》（主人）と為すなり」などを参照。『百丈広録』に、「問う、『如何《いか》なるか是れ心解脱及び一切処解脱？』師云く、『佛を求めず、法を求めず、僧を求めず、乃至《ないし》福智知解等を求めず、垢浄の情尽き、亦た此れを守りて求むる無きを是《ぜ》と為さず、亦た尽くる処にも住せず、亦た天堂を忻《よろこ》ばず、地獄を畏れず、縛脱無礙なるを、即ち身心及び一切処皆な解脱すと名づく』」と言い、黄檗『伝心法要』にも、五祖弘忍のもとで五百僧の首座に任ぜられた教授師神《じん》秀《しゅう》がなぜ五祖を嗣げなかったのかの問いに、「他《かれ》は有心《うしん》なるが為なり。是れ有為法《ういほう》の所修所証を将《もっ》て是《ぜ》と為せばなり」と答えていることも参考になる。「清浄の業」の「業」は善悪にかかわらず果報を生む行為をいうが、ここの文脈ではすべて悪業を指している。「菩提を求む」は、原文および諸本はすべて「菩薩を求む」であるが、そういう言いかたは佛教文献にはないのであり、おそらく写本の略体で「菩薩」を「廾廾」、「菩提」を「卅卅」と表記するところから混同が起こったのであろう。

482 「近頃のボンクラ坊主どもときたら、たらふく飯を喰らいおわってから、やおら坐禅にとりかかって、煩悩を抑えこむのに懸命だが、喧噪を嫌って静寂を求めるのは外道の方法である。祖師が〈もしも心のはたらきを止めて浄心を看ようとしたり、心をはたらかせて外界を観察したり、心をととのえて内面を明らかにしたり、心を集中して禅定に入ろうとしたりするならば、こういうやりかたはみな作意の坐禅だ〉と言われるとおりだ。」「有一般……」は、こういう輩がいる意。「一般」は一種の意。「禿子」は僧に対する蔑称。ここの「瞎」は眼が開いていながら、物を正しく見分けられない意。「飽くまで飯を喫い了って」何をするか？ 以下の用例から、信施に背く行為であることが知られる。「……顚言倒語して作麼生《いかん》せん？」（『睦州語録』）、「……脱空妄語す」（『雲門広録』）、「……真如涅槃を説く。皮下に還《は》た血有りや？」（徳山示衆）と続けられるとおりである。「念漏を把捉して起こさ令《し》めず」は煩悩をつかまえて起こらぬようにする坐禅。しかし「妄は処所《しょしょ》無し」、煩悩妄念には実体がないのであるから、これをつかまえることは不可能、しかも抑えこもうとすること自体が却って妄念である（『六祖壇経』）。「心を将《もっ》て心を用うるは、豈に大錯《おおまちがい》に非ずや？ 迷わば寂乱を生じ、悟らば好悪無し。一切の二辺は良《まこと》に斟酌するに由る。夢幻の虚華《きょか》は、何ぞ把捉《はそく》を労せん？」（「信心銘」）。「令放」は二字で使役を表わす。「放」も使役動詞（自由に～させる）。宝誌「十四科頌・静乱不二」に「声聞の喧を厭い静を求むるは、猶お麺《めん》を棄て餅《へい》を求むるが如し。餅は即ち従来《もとより》是れ麺にして、造作し人に随いて百変す」（『景徳伝灯録』巻二九）。心を調伏するのは声聞の法と言われる（『維摩経』文殊問疾品）。引用の祖師の句は荷《か》沢神会《たくじんね》（六八四—七五八）の著作に見える。「〈心を凝《こ》らして定に入る〉が只如《ごと》きは、無記空《むきくう》（昏沈）に堕す。定を出て已後、心を起こして世間一切の有為を分別す、此れを喚びて恵《え》と為すも、経中には名づけて妄心と為す。……〈心を住《とど》めて浄を看、心を起こして外に照らし、心を摂して内に証《さと》る〉は、解脱心に非ずして法縛心なり。

用う中《べ》からず」（「南陽和上頓教解脱禅門直了性壇語」、唐代語録研究班編『神会の語録　壇語』禅文化研究所、二〇〇六）。この四句は神会が批判的にまとめた神秀の禅法（神秀に「観心論」がある）。四句の順序は文献によって異なるが、まず坐禅して清らかなるものを観察し（住心看浄）、さらに心を一点に集中させて禅定に入る（凝心入定）。このままに持続させると内面が明らかとなり、ここに真実があると覚る（摂心内証）。そののち禅定を出て外界を観照する（起心外照）。これは禅定体験の総括ではあったが、神会の非難は、本来空寂なる心を浄心と染心に分け、その浄心を観察するのは作意的（造作）で、坐禅に執われた声聞の思想だとする点にある。原文および諸本はみな「凝心看静」、「挙心外照」、「摂心内澄」であるが、神会のテクストに拠って改めた。そうしないと意味の通順を欠くからである。「静」と「浄」、「挙」と「起」、「澄」と「證（証）」はみな形似または近音による通用字。

483 「諸君といういまこうしてわが説法に聴き入っているその人を、いったいどう修行させ、悟らせ、崇め飾りたてようというのか？　その人は修行させて変え得るようなものではない。崇め飾り得るようなものではないのだ。もしも逆にそれに崇め飾らせるならば、諸君の一切のものは飾りたてられようが。諸君！　間違ってはならぬ。」　この一節の「他」と「渠」はいずれも不特定の第三人称代名詞で、「如今与麼に法を聴く底の人」を指す（二語は同義であるが、ここでは「他」は目的格、「渠」は主格に用いられている）。「渠は且らく修する底の物に不是《あら》ず」の「且」は断定するときの確実性の語気を表わす副詞（たしかに、本来～なのだ）。「你ら且《ま》ずは錯まる莫れ」の「且」はこの場合勧奨の語気。「若し他を教《し》て荘厳せしめば……」の一文の意は、もともと「荘厳」という行為は前注に言うように第二義的・外面的なことであり、「無事の人」にとっては必要のないことであるが、もし「無事の人」としての作意なき行為ならば否定されるわけではなく……、ということであろう。「即ち」は「そういう場合に限っては」という区別を表わす副詞。

【六七】

484 「諸君よ！　きみたちはああいう類いの老師の口車に乗せられて、『さすがすばらしき善知識よ！　おれの凡夫の心では、あの老宿の思想の深さは到底うかがい知れぬ』などと言う。」「取〜為是……」は文語「以〜為……」（〜を……と思う）の口語形。また「口裏の語を取って……」の「語を取る」には言葉に従う、言いなりになる義がある（蒋礼鴻『敦煌変文字義通釈』「取」の条）。「為是」は同義複詞（為＝是）。『南泉語要』に「以何是道？」（何を道というのか）という例がある。「者一般〜」は「こういう類いの〜」、「こういった輩の〜」。さきの「修有り、証有り」と教えている諸方の老師を指す。「是れ善知識不思議なり！ 我は是れ凡夫心なれば、敢えて他の老宿を測度《はか》らず」は義玄が行脚僧たち同士でやっている評定をまねた口吻。文頭の「是れ〜」は主語を強く提示する用法。「不思議」は讃歎の語。「敢えて〜せず」は「畏れ多くて〜できない」意。「測度《そくたく》」も口語の同義複詞（推しはかる）。

485

「ボンクラどもめ！ きみたちは一生こういう料簡を持つばかりで、せっかくの自分の両眼をあだにして、氷の上を渡る驢馬みたいにブルブルふるえて、ろくに口もきけぬくせに、『善知識を謗るなどめっそうもない！ 悪口の報いが心配で』などと言う。」「瞎屢生」は罵語、「屢」は愚の義。【四九】示衆一（6）注429参照。「辜負」はせっかくの良きものを無駄にすること。第九段注142、第三九段注374参照。「冷噤噤地」は寒さにふるえてものが言えない状態の副詞。「凍凌」は氷のこと、通常は技術書・医学書に用いられる口語。「驢駒」は幼い驢馬。「驢駒の如くに」とは軽蔑の言葉。「如〜相似」は比擬の口語形式。「我不敢……」二句も、「（你らは）道う」という直接話法の指標はないが、義玄が行脚僧の口吻を再現したものである。「口業」は報いをもたらす言語行為、とくに両舌（かげぐち）をいう（不説過は十戒の一）。

486

「諸君！ 佛陀や祖師を批判し、天下の老師がたの是非をあげつらい、三蔵の経典を排斥し、小うるさいガキどもをどやしつけ、順境逆境を示すなかでまっとうな人を見い出すのは、大善知識にしてはじめてでき得ることなのだ。ゆえに、〈わたしは十二年の間、報いをみちびく業の本性を捜し求めたが、芥子粒ほども得られなかった〉と言われる。」呵佛罵祖、経典排斥、諸方老師批判のすさまじい弁舌は義玄が徳山宣鑑から受け継いだところ（拙稿「徳山と臨済」参照、『東洋文化研究所紀要』第一五八冊、二〇一〇）。すべて自己をなおざりにして外の権威を追い求める行脚僧への批判をこれに託したのである。無著道忠は「諸小児」を「但だ小根の学者のみならず、無眼の悪知識、其の愚蒙宛《あたか》も小児の如きのみ」と、また「逆順中に人を覓む」について「褒貶与奪の手を垂れて接得し、佛種を続《つ》がしむる人を求む。或るときは順に善知識を褒め、或るときは逆に善知識を貶《けな》すも、但だ意は人を求むるに在るのみ」と説明している（『疏瀹』）。「逆順」の「逆」は方便接化における否定的な手段、「順」は肯定的な手段をいう。『首楞厳経』に「聖性は通ぜざる無く、順逆も皆な方便なり」（巻六、T一九、一三〇上）。「我は十二年中に……」の句は引用らしいが未詳。上に言語の「口業」によって地獄に堕ちるという考えを否定するもの。『大乗本生心地観経』に「一切の諸の罪性は皆な如にして、顛倒の因縁もて妄心起こるなり。是《かく》の如く罪相は本来空にして、三世の中に得る所無し」（巻三、報恩品、T三、三〇四上）。

487 「若嫁みたいな和尚は、寺を追い出され、食い物ももらえなくなるかと、おっかなびっくりだ。昔の先輩和尚がたは、どこに行っても理解されず、どこに住持しても追い出されたものだ。追い出されてこそ、はじめて本当に立派だったと知られるのだ。もしどこでも安心して受け入れられるようでは、何の役に立つか！ ゆえに、〈獅子がひとたび咆哮するや、野干《やかん》は肝を潰す〉という。」「若似」は同義複詞の口語。「新婦子禅師」は義玄の命名で、他に用例がない。「新婦子」は嫁をいう口語。姑のご機嫌をそこねないかとびくびくしている。第一五段に普化が鎮州の長老を「河陽は新婦子、木塔は老婆禅」と評した。「古え自《よ》りの先輩……」は、坐禅もせず看経もせず、無事を標榜した洪州宗の僧が、はじめは到るところで擯斥されたという、いかにも新興宗教らしい実態をつたえるもの。「処処展転して趁《お》い出《いだ》す、故に逓出と云う」（『疏瀹』）。「師子一たび吼ゆれば、野干は脳裂く」は永嘉玄覚「証道歌」の「師子吼、無畏の説、百獣之れを聞きて皆な脳裂く」（ライオンの咆哮は何者をも畏れぬ真実の説、すべての野獣は聞くや肝を潰す）にもとづく（『景徳伝灯録』巻三〇）。「野干」は狐に似て木に登り、墓場で屍体を漁る、師子と対挙される惰弱な野犬。『思益経』に、「一切の野干は師子王の前に自ら其の身を現わすこと能わず。況んや其の吼ゆるを聞くをや。世尊よ、一切の外道、諸《もろもろ》の論議師は無上の師子の吼ゆるに堪忍する能わざること、亦復《ま》た是《かく》の如し」（巻四、授不退転天子記品、T一九、五六中）。野干は「射干」、「夜干」とも書かれる（王観国『学林』巻四「射干」条）。

【六八】

488「諸君よ！ きみたちのところでは『修すべき道があり、悟るべき法がある』と言っている。では訊くが、いったい何の法を悟り、何の道を修するのか？ いまこうして活動しているきみたちに、いったい何が欠けているというのか？ どこを修理して繕おうというのか？ 新米坊主どもはこのことがわからず、ああいった狐ツキの輩が説法して人をしばりつけ、『教えられた教理どおりに自ら修行し、心口意の三業の清浄を大切に守って、はじめて成佛できる』などと言うのに丸め込まれている。このように言う者は春の細雨のごとく絶えない。」「道の修す可き有り、法の証す可き有り」は「修行して道を悟る」こと。言うまでもなく、これは佛教学の立場。【六六】示衆四（5）注481参照。「你ら今の用処《はたらき》に什麽物《なに》をか欠少《かんしょう》す」は【四四】示衆一（1）の「道流よ！ 山僧の見る処に約《やく》せば、釈迦と別ならず。毎日多般《おおく》の用処《はたらき》、什麽《なに》をか欠少《かんしょう》す？ 六道《ろくどう》の神光《しんこう》、未だ曾て間歇《かんけつ》せず」の注408参照。「後生」は若者、ここでは未熟者の意。「小阿師」は僧を軽蔑した呼称。「野狐精魅」はキツネの化け物。瞎老師をこう罵るのは徳山宣鑑に始まる。【四九】示衆一（5）注427参照。「理行相応」は経典の教えるとおりに修行すること。一般には「行解相応《ぎょうげそうおう》」と言われる。「理行」は達磨のいう「道に入る手だてには、理論から入る〈理入〉と修行から入る〈行入〉とがある」（『二入四行論』）にもとづく。「三業（心口意）を護惜する」こととともに佛教徒の行なうべき生活規範とされるが、義玄はそれを「繫縛」と見る。「許す」は信用して言うに任せる義で、上の「信」と同義。「春の細雨の如し」は（涙が止めどなく流れて）絶え間ないこと。『増壹阿含経』巻一八、四意断品に「時に舎利弗已《すで》に取《も》って滅度す。諸天皆な空中に在りて悲号啼哭《ひごうていこく》して、自《みずか》ら勝《た》うる能わず。虚空の中、欲天、色天、無色天、悉《ことごと》く共に涙堕《お》つること、亦た春月の細雨の和暢《おだや》かなるが如し」（T二、六四〇下）。

489「古人は言う、〈道を修している人に出逢ったら、けっして話しかけてはならぬ〉と。ゆえにまた、〈もし道を修しようとするなら、道は歩けない。あらゆる邪鬼悪魔が現われて妨げるのだ。智慧の剣を一振りすれば、すべて消え失せ、光明が真っ暗に、暗黒が明るい〉と言われる。ゆえにまた、〈平常の心が道である〉と言う。」冒頭の引用の古人は六祖慧能の弟子司空山本浄（六六七―七六一）。その「背道逐教偈」に「道体は本《も》と修する無し、修せずんば自《おのずか》ら道に合《がっ》す。若し道を修せんとする心を起こさば、此の人は道を会《え》せず。一真性を棄て却《さ》って、却《かえ》って鬧浩浩《さわが》しきに入る。忽《も》し道を修せんとする人に逢わば、第一《だいいち》に向《むか》って道《い》う莫れ」（『祖堂集』巻三、『景徳伝灯録』巻五）。「路逢修道人」の「修道」を本書および諸本はみな「達道」に作るが、この一段は「道を修する」ことが主題であるから、入矢義高『臨済録』（岩波文庫、八一頁、岩波書店、一九八九）に従って改めた。おそらく「路逢達道人、莫将語黙対」と混同した誤りであろう。「修道の人」とは「修すべき道ありと勘ちがいしている修行者のこと」（同注）。「第一に向って道う莫れ」の「第一」は禁止を強める口語副詞。「向って道う莫れ」はその人に「道の話」をしてはならぬ、ということ。司空山本浄は「道体は本と修する無し」と言い、馬祖道一も「道は修に属せず。若し修し得たると言わば、修し成るや還《かえ》って壊れ、即ち声聞《しょうもん》に同じ。若し修せずと言わば、即ち凡夫に同じ」、「道は修するを用《もち》いず、但だ汚染《おぜん》する莫れ。何をか汚染と為す？ 但有《あら》ゆる生死の心、造作趣向、皆な是れ汚染なり。若し直《ただ》ちに其の道を会《え》んと欲せば、平常心《へいじょうしん》是れ道なり。何をか平常心と謂う？ 造作無く、是非無く、取捨無く、断常《だんじょう》無く、凡無く聖無し。……只だ如今《いま》の行住坐臥、応機接物《おうきせつもつ》、尽く是れ道なり」、「自性本来具足せり。但だ善悪の事中に滞らざるを、喚んで修道の人と作す」（『馬祖の語録』二三、三二、二四頁）。「平常心是れ道なり」は南泉普願（七四八―八三四）が趙州従諗の「何を道というのか」の問いに答えた語でもある。「師（趙州）南泉に問う、『如何《いか》なるか是れ道？』泉云く、『平常心是れなり。』師云く、『還《は》た趣向す可きや？』泉云く、『擬《ぎ》すれば即ち乖《そむ》く。』師云く、『擬せずんば争《いず》んぞ是れ道なるを知らん？』泉云く、『道は知不知に属せず。知は是れ妄覚、不知は是れ無記。若し不擬の道に達せば、猶お太虚の如く、廓然として蕩豁たり。豈に強《し》いて是非す可けんや？』師言下に玄旨を頓悟し、心は朗月の如し」（『趙州録』巻上）。これが唐代禅宗の修道論であり、義玄はその忠実な継承者である。中間の「所以に言う」以下の引用は誰の語であるか未詳。「若し人、道を修せんとせば道は行《あ》けず」は、あらかじめ定められた「修行」（たとえば六度万行）に従うことを「修行」と思っている人は、いま自己が歩いているのが道なのだということがわかっていない。石頭希遷「参同契《さんどうかい》」にいう、「言《げん》を承《う》くれば須《すべか》らく宗《しゅう》を会《え》すべし。自《みずか》ら規矩《きく》を立つ勿《なか》れ。触目《そくもく》に道を会せずんば、足を運ぶも焉《いず》んぞ路《みち》を知らん？ 歩を進むるも近遠に非ず、迷いて山河の固きを隔つ」（教えの言葉を学んだら、その根本を会得せよ。言葉に引かれて勝手に規範を立ててはならぬ。眼に見るものすべてに道が現われ出ていると気づかねば、自己が道を歩んでいることがわからない。ゆえに歩んでいてもどこを進んでいるのか知らず、道を見失ってはるか遠く離れてしまう。（『景徳伝灯録』巻三〇））。「智剣出来《いできた》らば一物も無し、明頭未だ顕われず暗頭明らかなり」の「明頭」、「暗頭」は「明」、「暗」を名詞化した口語で、明るさ、暗さの意。智慧の剣で迷妄を一掃すると、明るさは明るくなく、暗さは明るい。つまり迷妄なき真如の世界では明暗という二項対立が意味を失い、現実の秩序が反転しているように見える。やはり「参同契」にいう、「暗中に当たって明有り、暗相を以て遇する勿れ。明中に当たって暗有り、明相を以て観《み》る勿れ。明暗各《おの》おの相い対して、比《たと》うるに前後の歩《ほ》の如し」（暗の中に明があるから、暗の面だけで見てはならぬ。明の中に暗があるから、明の面だけで見てはならぬ。明と暗は相依相対、前歩後歩のごとく循環しているのだ）。洞山良价が雲巌曇晟より受けたという「宝鏡三昧歌《ほうきょうざんまいか》」にいう「夜半は正に明るく、天暁《あ》けて露われず」（真夜中に太陽が輝き、朝になって真っ暗闇）も彼岸の真如の世界を現実世界の反転として、表現したものであろう。

【六九】

490 「禅師がたよ！ 何を求めておいでか？ いまここでわが説法に聴き入っている無依の道人は、紛れもなくここにあり、そのはたらきに何の欠けたるところもない。きみたちは祖師や佛陀と何の違いもないようでありたいなら、かく見るだけでよいのだ。疑い躊躇することはいらぬ。」この一段からは別時の示衆で、「大徳よ！」と改まった口調で切り出す。「疑誤」は疑う義の同義複詞、双声（疑母）の口語。王梵志詩に「有る時《いのちあ》に急ぎ福を造《な》せ、実《まこと》に相《あ》い疑悞《うたが》う莫れ」（項楚『王梵志詩校注』第六六首）。

491 「きみたちの〈心と心が異ならぬ〉のが、活きた祖師と呼ばれる。もしも異なる心を起こしたら、性と相が別になる。〈心と心が異ならぬ〉から、性と相が別ではないのだ。」「心心不異」は黄檗希運が言った言葉であるから、その『宛陵録』と『伝心法要』の文脈で理解すべきである。「祖師は西来して唯だ心佛《しんぶつ》を伝えしのみ。汝等の心の本来是れ佛なるを直指《じきし》せり。心と心は異ならず、故に名づけて祖と為《い》う。」「如来の迦葉に付法してより已来《いらい》、心を以て心に印《しる》して、心と心は異ならず。空《くう》に印著《しる》せば、即ち印《しるし》は文《あや》と成らず、物に印《しる》せば、即ち法と成らず。故に心を以て心に印《しる》して、心と心は異ならず。能印《のういん》も所印《しょいん》も、倶《とも》に契会《かいえ》し難《がた》し。故に得《う》る者少《な》し。然《しか》も心は即ち無心なれば、得るとは即ち得たるもの無し」（入矢義高『伝心法要 宛陵録』一一七、四四頁）。つまり、佛の心と衆生の心が異ならぬことをいう。達摩はそのことを直指した。ただし、心は空なるものであるから、「佛が印証した」とは言っても、衆生の心に印がついたわけでも、両者が契合したわけでも、佛が何かを与え衆生がそれを得たわけでもないというものであった。また黄檗は「大道は本来平等なり。所以《ゆえ》に深く〈含生《いきとしいけるもの》の同一真性《どういつしんしょう》にして、心《こころ》と性《ほんしょう》は異ならず、即性即心《そくしょうそくしん》にして、心は性とは異ならず〉と信ずるを、これを名づけて祖と為《い》う」（同、九七頁）、「今の学人は自心中に悟らずして、乃ち心外に相《そう》に著《じゃく》し境《きょう》を取《と》るは、皆な道と背《そむ》く。……一切の相を離るれば、衆生と諸佛は更に差別無し」（同、一三頁）と言っている。「心若し異なること有らば、性と相とは別なり」とは、本来は佛と同じであるのに、邪心（他に求める心）を起こしたなら、現象《あらわれ》（相）は佛性と異なってしまうということ。黄檗はこの邪心なき心を「無心」と呼んだ。義玄のいう「無依の道人」とは、つまり黄檗のいう「一箇の無心の道人」（同、一二頁）のことである。

【七〇】

492 問う、「〈心と心が異ならぬ〉とはどういうことでしょうか？」答う、「それ！きみがそれを問うたとたん、もう異なってしまった！性《しょう》と相《そう》が別になってしまった！さきほど、『你ら若《も》し祖佛と別ならざらんと欲得《ほっ》せば、但《た》だ是《かく》の如く見よ。疑誤《うたが》うを用いざれ』と言ったではないか。」〈佛の心とわたしの心が異ならぬ〉とは、論証できることではない（「知不知に属さぬ」）。「深く信ずる」のみ、信じてそのままに生きるのみである。馬祖が言った「平常《へいじょう》の心」とは、つまりみずからを疑って佛を外に求めぬ心のことである。

493 「諸君！間違ってはならぬ！世間のことも、出世間のものごとも、すべて恒久不変の自性を持たず、ものを生ずる造物主があるのではない。ただ空しき名辞あるのみ、名辞もまた空なるものである。」「世出世の諸法」は世俗を生きる知恵と俗世から超出するための修行の体系（例えば六度万行、涅槃など)。「自性無く、亦た生性無し」は因縁所生のものであるゆえに、恒久不変の実体はなく、生み出す主体(造物主)があるのではないこと。『般若灯論釈』に、「一切諸法は、若しくは世間も、若しくは出世間も、生性無く空にして、皆な寂滅の相なり」(巻一一、観法品、T三〇、一〇七中)。天親菩薩『佛性論』に、「生性無しとは、一切諸法は因縁に由りて生ずるが故に、自らに由りて生ずる能わずして、自他並びに成就せざるが故に、生性無しと名づく」(巻二、三性品、T三一、七九四中)。『維摩経』問疾品に、「我《が》及び涅槃《ねはん》、此の二は皆な空なり。何を以てか空と為す? 但だ名字なるを以ての故に空なり。此《かく》の如きの二法は、決定《けつじょう》の性《しょう》有ること無し。」「空名」もこのことを指す。『大般若経』巻四五三、増上慢品に「虚名に妄執する菩薩も亦た爾《しか》なり。但だ魔の『成佛は空名なり』と説《い》うを聞きて、便ち慢心を起こし、諸余《ほか》の菩薩摩訶薩衆を軽弄毀蔑す」(T七、二八六上)。徳山の示衆に「汝聖を愛する莫れ。聖は是れ空名なり」(大慧『正法眼蔵』巻上)。宝誌「十四科頌」境照不二に「地獄と天堂は一相、涅槃と生死は空名」(『景徳伝灯録』巻二九)。傅大士「行路難」第九、明無断煩悩に「諸佛如来は何所《いずこ》にか住する? 併《すべ》て貪婬愛欲中に在り。今貪婬愛欲を断つを勧むるは、但是《た》だ方便にして童蒙を化するなり。貪欲の本相は真の清浄にして、仮に空名を説く、名も亦た空なり」(『善慧大士語録』巻三)。

494 「きみたちはひたすらそんな碌でもない名辞を実体視している。大間違いだ! たといあったとしても、せいぜい必要に応じて作られた物事にすぎない。それはたとえば、菩提というもの、涅槃というもの、解脱というもの、法身佛・報身佛・化身佛というもの、認識する智慧・認識される対象というもの、菩薩というもの、佛というものなど、いくらでもある。きみたちはこうしたものの世界に何を求めようというのか? たとい佛説の経典であろうと、すべて尻の糞を拭う古紙にすぎない。佛陀は生きて死んだ生身の人、祖師は老いぼれ出家人である。きみたちは本当におっかさんに産んでもらった、血の通った人間か? きみたちが佛を求めるなら、佛魔にからめ取られ、祖を求めるなら、祖魔に縛られる。外に何かを求めるなら、苦しむしかない。無事で安らぐのがいちばんよいのだ。」「秖麼」は「秖」と接尾辞「麼」が結合した口語副詞。意味は「秖」(=只)と同じで、「ただ~だけ」(限定)、そこから「ただひたすら」（専心）の意が派生し、ここではその意味に取る。「閑名」は役立たずの名前。名辞だけで中身のないもの。「閑」はもと「闌」（防ぐ）の義、「間」と通用して「暇」の義の代用字となり、のち貶義では「役立たずの」、「無駄な」という意味で用いられるようになった（「閑家具」、「閑人」、「閑功夫」）。「依変の境」は情況の変化に応じて作り出された方便としての言葉。【六五】示衆四（2）では「三眼国土」を「依変」と言っていた（その注480参照）。「菩提依」以下は実体のない名辞だけ（空名）の、しかし人を魅惑する観念。「乃至《たと》い三乗十二分教なりとも」以下は徳山宣鑑に倣って言う。いわく、「遮裏《ここ》には佛も也た無く、法も也た無し。達磨は是れ老臊胡《ろうそうこ》、十地の菩薩は是れ担糞漢《たんふんかん》、等妙の二覚は是れ破戒の凡夫、菩提と涅槃は是れ繫驢橛《けろけつ》、十二分教は是れ鬼神簿《きしんぼ》、瘡膿《そうのう》を拭う紙、四果と三賢、初心と十地は是れ古塚を守る鬼《き》にして、自らをも救い得んや？　佛は是れ老胡《ろうこ》の屎橛《しけつ》なり。仁者《おんみら》よ！　錯まる莫れ！　身に瘡疣《そうゆう》の衣を被《き》て、甚麼事《なにごと》をか学ぶ？　飽《あ》くまで飯を喫《くら》い了りて、真如、涅槃を説く。皮下に還《は》た血有りや。須らく是れ箇《ひとり》の丈夫にして始めて得《よ》し」（大慧『正法眼蔵』巻上）。「還～否？」の「還」は疑問の副詞。「娘生」はおっかさんが生んでくれた子。「娘」（嬢）は母親をいう口語。懶瓚《らんさん》「楽道歌」に「謾《みだ》りに真佛を求むる莫れ。真佛は見る可からず。妙性及び霊台《れいだい》は、何ぞ曾《かつ》て勲練《くんれん》を受けん？　心は是れ無事の心、面《かお》は是れ嬢生《じょうしょう》の面《かお》。劫石《ごうせき》は移動す可きも、个中《ここ》は改変し難し」（『祖堂集』巻三）。懶瓚も「母から生まれたまますべて満ち足りている」と言う。それを義玄が「娘生なりや？」と問うのは、中国人にとって甚しい侮辱冒瀆の言葉（戒法法師、雷漢卿氏の示教による。現在でもひどい侮辱の語として使われるという）。行脚僧たちが自己を捨てておいて外に求めまわるのを叱責する意図であり、肯定的には「好人家の男女」と言い、否定的には「娘生か？」と罵るのである。なお、「娘」はここでは母親を意味しているが、唐代の規範的な書き方では「嬢」を用い、『祖堂集』では正しく使い分けられている。「娘」は少女を指し、そこから妻、女主人の意味が派生した。唐末五代から二字の混用が始まる（張涌泉「説爺道娘」、『中国語文』二〇一六年第一期）。ここの用字は北宋時代のものである。「你ら若し佛を求めなば」云々は、神会の「壇語」に「心作《しんさ》して涅槃に住せば涅槃に縛せられ、浄に住せば浄に縛せられ、空に住せば空に縛せられ、定に住せば定に縛せらる。此の用心を作《おこ》せば、皆是《み》な菩提の道を障《さまた》ぐ」という口調をまねる（『神会の語録　壇語』五六頁。「心作」とは作意して求めること）。黄檗も言う、「纔《わず》かに佛見を作《な》せば便ち佛に障《さ》えられ、衆生見を作せば衆生に障えらる。凡を作し聖を作し、浄を作し穢を作す等の見は、尽く其の障と成る」（入矢義高『伝心法要　宛陵録』一〇二頁）。徳山の示衆にもいう、「仁者《おんみら》よ！　佛を求むる莫れ！　佛は是れ大殺人の賊、多少《いかほど》の人を賺《だま》して婬魔《いんま》の坑《あな》に入《おとしい》れたるか！」また「徳山老漢は你らに勧む、無事にし去り、早く休歇し去るに如《し》かずと」（大慧『正法眼蔵』巻上）。「祖魔」を底本は「祖」に作るが、古尊宿系テクストが「魔」を補うのに従った。「求むること有らば皆な苦し」は達摩『二入四行論』に引く未詳経典の語として知られる。「経に曰く、『求むること有らば皆な苦し。求むること無くんば則ち楽し』と」（柳田聖山『達摩の語録』三二頁）。

【七一】

495「『佛陀こそは究極のかたにおわす。三大阿僧祇劫の長きにわたって修行を積まれ、その成果としてはじめて成道されたもうたのだ』などと修行者に向かって説教を垂れる坊主がおるが、諸君よ！　もしきみたちまでがそのまねをして、『佛陀こそは究極のおかたである』と言うなら、いったいどうして八十歳で拘尸羅城の双林樹のもとで横たわってくたばったのか？　佛陀は今どこにいるのか？　われわれの生き死にと何ら変わらぬことがわかるであろう。」ここも徳山宣鑑に倣って言う。いわく、「你は豈《あ》に聞かずや、『老胡は三大阿僧祇劫を経て修行す』と。即今《いま》何《いずこ》にか在る？　八十年後に死去せり。你と何ぞ別なる？　諸子よ、狂う莫れ！　你らに勧む、休歇《きゅうけつ》し去り、無事にし去るに如《し》かずと」（大慧『正法眼蔵』巻上）。「一般」は一種の意。「禿比丘」は僧を悪罵する呼称。「佛は是れ究竟」は佛教学で言われる。たとえば吉蔵『勝鬘宝窟』に「佛は是れ究竟にして、更に作《な》す所無し」（巻下、T三七、六九上）、宗密『圓覚経略疏』に「佛は是れ究竟覚《くぎょうかく》」（巻上、T三九、五四六下）。『金剛仙論』に「如来自ら説《い》う、『我は三大阿僧祇劫に修道し、最後身《さいごしん》に釈種白浄王家に生れ、六年苦行し、道場に成佛し、八十余年世に処《お》りて説法す』と。自ら云う、『我が身は無常なり。却後《のち》三月にして当《まさ》に般涅槃《はつねはん》し、双林に滅度《めつど》せん』と」（巻二、T二五、八一一上）。「三大阿僧祇劫」は無量数をいう印度的表現。人が修行して佛位に至る無限の長き時間、それにも段階があって三に分かつ。『大乗起信論』では「佛が『無量阿僧祇劫に於いて当《まさ》に佛道を成ぜん』と説《い》うのは、懈怠惰弱の衆生を叱り励ますためだ」（岩波文庫本八七頁）と言うのであるが、中国人にとっては到底理解しがたく受け入れがたい説であったろう。徳山宣鑑や臨済義玄が、佛教学で説かれる至高超越的な佛陀像を容認せず、八十年を生きて死んだひとりの人間としての佛陀を想い描くのには、かれらが会昌破佛の徹底的破壊を目睹した体験が影響していると思われる。

496 「きみたちは『三十二相、八十種好こそは佛のあかしだ』と言うが、それならあの転輪聖王だって聖人であろう。ゆえに佛陀も現身《うつしみ》の人だったとはっきりとわかる。古人が〈如来の全身のすがたは、眼に見たいという世間の人情に随って表わしたにすぎぬ。疑り深い人は虚無の心をいだきやすいゆえ、間に合わせに名目を立てたのだ。でまかせに三十二と言っただけで、八十と言うのもでたらめである。かたちあるは覚者の身体ではない、かたちなきこそが真のすがたである〉と言うとおりである。」「三十二相、八十種好」は『大荘厳経』巻三、誕生品によると、悉達多が生まれた時、五通仙人阿斯陀仙は「三十二相、八十種好」を具えているのを見て、出家し佛となって衆生を救うであろうと予言し、瑞相のいちいちを数えあげている（T三、五五七上）。また『大智度論』には「転輪聖王は三十二相有りと雖も、威徳無く、具足せず、処を得ず、愛等の煩悩と倶《とも》なり。八十随形好の具足せるは、唯だ佛菩薩のみ之《こ》れ有り」という（巻八八、T二五、六八三上）。「応に是れ～ならん」は推量。「転輪聖王」は印度の理想の天子。この一節は『金剛経』と傅大士「金剛経頌」に拠っている。「『須菩提よ！意に於いて云何《いかん》？三十二相を以て如来を観る可けんや？』須菩提言《いわ》く、『如是《しかり》、如是《しかり》。三十二相を以て如来を観る可からず。』佛言く、『須菩提よ！若し三十二相を以て如来を観る可くんば、転輪聖王は則ち是れ如来ならん』」（鳩摩羅什訳『金剛経』の諸テクストは「不可以三十二相観如来」の「不可」を脱す。玄奘訳、義浄訳に拠って補う）。引用の古人は傅翕《ふきゅう》。「梁朝傅大士頌金剛経」の「如理実見分第五」に見える頌。梁の武帝が宝誌《ほうし》に講経を請うと、魚行（魚屋）にいる傅翕を推薦し、宮廷に呼び出された傅翕は、拍板を打ちながら五言四十九頌を歌って去ったという伝承を記す序とともに、唐末に広く流行した。敦煌写本に九本が存する（T八五、二中）。傅大士は第四〇段注383を見よ。末二句「身有るは覚体に非ず、無相乃ち真形なり」の意味を、宋の長水子璿は説明していう、「夫れ一切の相は皆な妄念より生ず。是の故に佛の相も亦た是れ虚妄なり。若し分別起こらざれば、相自《おのずか》ら生ずること無し。即ち相に非ざるを見る。諸相既に亡《な》く、唯だ是れ覚体のみなるを、如来を見ると名づく。是れに由らば則ち佛身には相無きことを知る」（『金剛経纂要刊定記』巻四、T三三、二〇一下）。

497 「きみたちは『佛陀はすばらしき六神通を発揮なさる』と言う。ならば、天の神、地の神、阿修羅、大力鬼もみな神通を発揮するのであるから、佛陀ということになるであろうか？ 諸君！ 間違えてはならぬ！ 阿修羅は帝釈天と戦って敗れるや、八万四千の眷属を率いて蓮の糸の中に隠れたというが、こんなのを聖人と言えるか？ わたしがいま挙げたのは、みな業通、依通にすぎない。しかしあの佛陀の六通は違う。色《しき》の世界に入っては、色に惑わされぬ。声の世界に入っては、声に惑わされぬ。香りの世界に入っては、香りに惑わされぬ。味の世界に入っては、味に惑わされぬ。触《そく》の世界に入っては、触に惑わされぬ。法の世界に入っては、法に惑わされぬ。ゆえに、色・声・香・味・触・法の六種の外境が空なるものと達観したならば、それらが拘束することもできはしない。この無依の道人こそが、空なる身体でありながら、大地を歩む仙人と言えるのだ。」「六通」は佛菩薩が修行によって獲得した六種の神通力（超能力）で、神足通・天耳通・宿命通・他心通・天眼通・漏尽通をいう（『長阿含経』巻九、「十上経」）。「不可思議」は讃歎の語。「阿修羅」はインドの闘争の神で、帝釈天に嫉妬してつねに争い修羅場を演じた。「大力鬼」は冥界から来て人の精気を吸う、鬼神も恐れる悪鬼（『長阿含経』巻二二、「世紀経」三中劫品）。「応に是れ〜ならんや（否）？」は推量疑問（〜であろうか）。阿修羅と帝釈天の戦いの話は八十巻『華厳経』に「譬《たと》うるに三十三天は阿修羅と闘戦《たたか》いし時、諸天は勝つを得、修羅は退き衄《やぶ》れ、阿修羅王は其の身の長大なること七百由旬、四兵囲遶《いにょう》すること無数千万なるも、幻術力を以て諸軍衆を将《ひき》い、同時《すみやか》に藕糸《ぐうし》孔中《こうちゅう》に走《のが》れ入るが如し」（巻四二、十定品、T一〇、二二〇上）とあり、その委細は『観佛三昧海経』巻一、六譬品に見える（T一五、六四六下）。以上の部分は徳山宣鑑の示衆にもとづいている。いわく「汝らは道《い》う、『神通こそは是れ聖なり』と。諸天龍神、五通神仙、外道修羅も亦た神通有り、応《まさ》に是れ佛なる可けんや？ 孤峯独宿、一食卯斎、長坐不臥、六時礼念するも、佗《か》の生死を疑《さ》えんや？ 老胡言う有り、『諸行は無常にして、是れ生滅の法なり』と。若し定《じょう》に入《い》り神《こころ》を凝らし、静慮《じょうりょ》して得たると言わば、尼乾子《にけんし》等の諸《すべて》の外道の師も亦た八万劫の大定に入り得たり。是れ佛なる莫きや？ 明らかに知る、邪見の精魅なるを」（大慧『正法眼蔵』巻上）。「業通、依通」は五種通（道通、神通、依通、報通［業通］、妖通）のうちの二種。「何をか報通と謂う？ 鬼神逆知し、諸天変化し、中陰に生を了じ、神龍のごとく隠変す、此れを報通と謂う。何をか依通と謂う？ 法に約して知り、身に縁りて用い、符に乗りて往来し、薬餌もて霊変す、此れを依通と謂う」（『宝蔵論』離微体浄品、T四五、一四七中）。「かの佛の六通」として義玄が列挙するのは新解釈で、空なる六塵の外境に惑わされない無依の道人の行履《あんり》（生きかた）をいう。「五蘊漏質」は空なる身体。五蘊から成る有漏《うろ》の質礙《ぜつげ》という合成語で、他書には見えぬ義玄の造語であろう。「地行の神通」は『百丈広録』にいう無神通菩薩《むじんづうぼさつ》。「眼耳鼻舌は各各《おのおの》一切の有無の諸法に貪染《とんぜん》せず。六入《ろくにゅう》（六識）の迹《あと》無きを亦た六通と名づく。秖《た》だ如今《いま》但《あら》ゆる一切の有無の諸法に礙《さ》えられず、亦た依住《えじゅう》せざる知《ち》解《げ》も無き、是れを神通と名づく。此の神通を守らざる、是れを無神通と名づく。〈無神通菩薩は足跡《そくせき》尋ぬ可からず〉と云うが如し。是れ佛の向上《うえ》なる人、最も不可思議《すばらし》き人なり」（『天聖広灯録』巻九）。龐居士《ほうこじ》の偈にいう「神通幷《なら》びに妙用《みょうゆう》は、水を運び及び柴《まき》を搬《はこ》ぶ」と同じである（入矢義高『龐居士語録』一五頁、禅の語録、筑摩書房、一九七三）。

【七二】

498

「諸君！ 真の佛はすがたを持たず、真の法はかたちがない。しかるにきみたちはひたすら現身《うつしみ》の上にひとまねばかりして、それで佛や法を求め得たと思っても、そんなものはみな狐に化かされたに過ぎず、けっして真の佛ではない。外道の考えかただ。」「真の佛は無形」は、教理学では「法身無相」（『景徳伝灯録』巻一五、夾山章）と言われるのを、義玄が言い替えたものであろう。『金剛経』には「身相を以て如来を見る可からず」、「凡そ所有《あら》ゆる相は皆な是れ虚《こ》妄《もう》なり」、「一切諸相を離るるを則ち諸佛と名づく」と言われる。「真の法は無相」は義玄自身が言うように、「云何《いか》なるか是れ法？ 法とは是れ心法なり。心法は形無くして十方に通貫す」（【五〇】示衆二（1））、「眼に在りては見ると曰い、耳に在りては聞くと曰い、……」（【四七】示衆一（4））ということで、一定の相はなく、定言を離れている。南泉普願もいう、「真理は無形、如何が知見せん？ 大道は無対（対比できるものが無い）、理として思量を絶す」（『無著校写古尊宿語要』、『南泉語要』八下）。「幻化の上頭に模を作し様を作す」とは、「佛とはなにか？」、「法とはなにか？」と問われて、馬祖禅の「作用即性」を示す身体動作のパターンで応じるやりかたをいう。たとえば「眼を開閉する」、「払子を持ちあげる」など。【四九】示衆一（6）にも「大徳よ！ 且《ま》ずは平常なるを要す。模様を作す莫れ！ 一般の好悪を識らざる禿兵《とくへい》有りて、便即《すなわ》ち神《しん》を見、鬼《き》を見、東を指し西を劃し、『好《よ》き晴かな』、『好き雨かな』という。……好《よ》き人家《いえ》の男女《こども》なるに、者《こ》の一般の野狐精魅に著《とら》われて、便即《すなわ》ち捏怪《ねっかい》す」と言っていた。その注429参照。このパターンの新しいものに義玄の弟子たちがさかんにまねた「喝」も入る。「幻化」は身体。「上頭」は場所を表わす口語（「頭」は口語接尾辞）。そういう身体上の動作を「模様を作す」（ひとまね、ワンパターン）と言っているわけである。これを「外道の見解」というのは、『維摩経』弟子品「阿那律《あなりつ》天眼」の段で、天眼第一と言われる阿那律の見るところを、維摩詰が「相を作す」（形あるものとして見る）ものだと批判した言葉をふまえている。「仮使《もし》相を作せば、則ち外道の五通に等しく、若し相を作す無くんば、即ち是れ無為にして、応《まさ》に見ること有るべからず」（T一四、五四一中）。「並」は否定を強める副詞（絶えて、決して「〜しない」）。

499 「ほんものの修行人は、けっして佛とならんことを求めず、菩薩・羅漢とならんことを求めず、解脱しようと求めたりせずとも、超然として三界を脱け出て、何物にも拘束されぬ。このことを、たとい天地がひっくり返ろうとも、わたしは絶えて疑わぬ。」「真の学道人」は外なる佛を設定して希求せず、修行の階梯を踏んで菩薩・羅漢に到ろうとは思わず、三界から逃れようと齷齪せずとも、今あるがままが三界を超出していて、自由自在なのだ。諸君はそんなうまいことがあろうかと信じられぬかも知れぬが、わたしはたとい天地がひっくり返ろうとも、けっして疑わぬ。」「疑わぬ」（不疑）とは、信ずること。上に言う真の修行人は、みずからが佛に等しく、欠けたるものなく、何物をも求めず、何物にも依りかからぬ無依の道人たることを信ずるのである。「取」は求める義。同義複詞となった「求取」も用いられる（【五〇】示衆二（1））。【五一】示衆二（2）に「外に凡聖を取《もと》めず、内に根本に住せず、本法を見徹《みとお》して、更に疑謬《うたが》わず」と言っていたのに同じ。「三界の殊勝」は、三界におけるめでたきこと、すなわち解脱をいう。【四四】示衆一（1）に「若し真正の見解を得たらば、生死にも染まず、去住も自由なり。殊勝を求むるを要せずして、殊勝自《おのずか》ら至る」とある、その注400参照。「迥然」は遙かに抜きんでる意。『百丈広録』にも「若し垢浄の心尽《つ》きて、繋縛に住せず、解脱に住せず、一切の有為、無為、縛脱の心量有ること無くんば、生死に処《お》るとも、其の心自在にして、畢竟《ひっきょう》じて諸妄、虚幻、塵労、蘊界、生死、諸入と和合せず、迥然として寄る無く、一切に拘せられず」という（『四家語録』巻三）。「独脱」は超然として独立していること。寒山詩に「你ら三界の子《し》に勧む、道理勿《な》きことを作《な》す莫れ。……見ずや無事の人の、独脱すること能《よ》く比ぶる無きを」（第二二四首、項楚『寒山詩注』）。この寒山詩でも三界に在って、精神的に三界に繋縛されぬ「無事の人」をいう。「物の与《ため》に拘《こう》せられず」は外境に拘束されず自由なる意。下段にも「物の与《ため》に拘せられず、透脱して自在なり」（【七四】示衆九（1））と。「与」は受動を表わす介詞。「乾坤倒覆」は『肇論』「物不遷論」に、物の動転は相対的であるから、「乾坤倒覆するも、静かならずと謂うこと無く、洪流滔天するも、其の動くと謂う無し」というのを部分的に使っている。

500 「臨終のときになって、たといお迎えの佛たちが目の前に現われようとも、微塵もありがたいとは思わず、三塗地獄がいきなり現われようとも、少しも恐しいとは思わぬ。なぜか？ あらゆるものは本来空なのであって、因縁によって現われもすれば消えもするに過ぎず、〈三界は心の現出、万物は意識の産出〉なることが、わたしにはわかっているからだ。ゆえに〈夢幻《ゆめまぼろし》、空に現われる幻影は、把もうとしても無駄なこと〉と言われる。」「三塗地獄」は火塗（地獄道）、刀塗（餓鬼道）、血塗（畜生道）に導かれる三悪道を一括していう。教理的な説明は智顗《ちぎ》『摩訶止観』巻一、澄観『華厳経随疏演義鈔』巻三五等にあるが、当時の人は偽経『十王経』や語り物「目連変文《もくれんへんぶん》」、寺院壁画などの通俗的な地獄描写を通して地獄の恐怖を感じ、懸命に設斎や予修生七法要をおこなっていた（杜斗城『敦煌本佛説十王経校録研究』甘粛教育出版社、一九八九）。地獄と天堂（極楽浄土）はひとびとを恐れおののかせて善行功徳を迫る、佛教が作り出した巨大な暴力装置であった。達摩『二入四行論』にはこれこそ妄想に他ならぬとくりかえし説いている。「又た問う、『我は地獄を恐れて、懺悔修道す。』答う、『〈我〉とは何処《いずこ》にか有る？〈我〉とは復《は》た何物《なに》にか似たる？』又た言う、『知らず。』答う、『〈我〉すら尚《な》お知らざるに、阿誰《たれ》か地獄に堕つ？ 既に何物《なに》に如似《に》たるかを知らずんば、此れ並《すべ》て妄想して有ると計《はか》るなり。正に妄想して有ると計るが故に、即ち地獄有るなり。』」、「痴人は亦た言う、『我は罪を作れり。』智者は言う、『汝の罪は何物《なに》にか似たる？此れは皆な縁より生じて自性《じしょう》無し。生ずる時に既に我《が》無きを知らば、誰《たれ》か作り誰か受く？ 経に言《いわ》く、〈凡夫は強《し》いて分別し、『我は貪《とん》し、我は嗔恚《しんい》す』と。是《か》の如き愚痴なる人は、即ち三悪道《さんまくどう》に堕つ〉と。経に言く、〈罪の性《しょう》は内に非ず、外に非ず、両《ふたつ》の中間なる者にも非ず〉と。此れ罪には処所《ところ》無きを明らかにす。処所《ところ》無きは即ち是れ寂滅の処なり。人の地獄に堕つる者は、我《が》ありと心に計り、憶想分別《おくそうふんべつ》して、『我は悪を作し、我は受く。我は善を作し、我は亦た受く』と謂《おも》うに由るなり。此れぞ是れ悪業なり。本より已来《いらいな》無きに、横《ほしいま》まに憶想分別して、是れ有るなりと謂為《おも》えり。此れぞ是れ悪業なり』」（柳田聖山『達摩の語録』二二四、一七〇頁）。一生の修行の決算として「臨終のときになってうろたえぬ」ことが、当時の修行者の通念であった（【四四】示衆一（1）の注400参照）。「三界唯心」の語は早く劉宋の求那跋多羅訳『楞伽経』に出るが「万法唯識」と併せて使われるのは唐末になってからのようである（黄檗『宛陵録』、『睦州語録』、『雲門広録』など）。「夢幻空花」一句は三祖僧璨の作として伝わる「信心銘」（『景徳伝灯録』巻三〇。ただし「空」を「虚」に作る）。「幻」は幻師（魔術師）が幻出するもの。「空花」は眼疾（たとえば飛蚊症）によって見える幻覚。

501 「ただ諸君という、わが目前でいま説法に聴き入っている人こそは、火に入っても焼けず、水に入っても溺れず、地獄に入っても花園に遊ぶがごとく、餓鬼道・畜生道に入っても苦しみを受けることがない。なにゆえか？ 厭うべき法というものはないからである。〈きみたちが聖を慕って俗を憎むなら、煩悩の海に浮き沈みをくりかえすほかはない。煩悩は心によって起こるもの、外に求める心が無くなれば、きみたちを拘束する煩悩は起こらぬ。わざわざ分別をはたらかせて虚妄の相を求めなければ、立ちどころにおのずから道を得るのだ〉。きみたちはあたふたと軒なみに訊ねまわって学ぼうとしているが、長い長い修行の階梯を歩んでも結局は迷いの世界を出ることはできぬ。それよりも無事なることを心得て、道場で禅牀に脚を組んで坐っているほうがましというものだ。」冒頭の句は「道流」と「目前現今聴法底人」が同格。「火に入るも焼けず、水に入るも溺れず」は得道の人の至った境地。『史記』秦始皇本紀（三十五年）に盧生という道士が始皇帝に説いていう、「真人《しんじん》なる者は水に入るも濡《ぬ》れず、火に入るも爇《や》けず、雲気を陵《しの》ぎ、天地とともに長久なり。」『荘子』大宗師篇に、「何をか真人《しんじん》と謂う? 古《いにし》えの真人は高きに登るも慄《ふる》えず、水に入るも濡《ぬ》れず、火に入るも爇《や》けず。是れ知《ち》の能く道に登仮《いた》ること此《かく》の如し。……古《いにし》えの真人は生を悦《よろこ》ぶを知らず、死を悪《にく》むを知らず。其の出《うま》るるも訢《よろこ》ばず、其の入《し》ぬるも距《こば》まず。翛然《ゆうぜん》として往《ゆ》き、翛然《ゆうぜん》として来《きた》るのみ。」義玄の表現はこのような古代の道を体得した超人的神仙の記述によっているが、そうした表現を使って地獄や六道輪迴の虚妄なることを言うのである。すなわち、ここでの意図は次に「三途地獄に入るも」と言うように、たとい死んでも三途の奈河《ないが》に溺れず、焦熱地獄にも焼かれぬ。なぜか? 「嫌う底の法無ければなり。」諸法は空相であるから、そのように受け入れるならば、空なる地獄の妄想に囚われることはないからである（【六二】示衆三（10）、【七二】示衆七）。「三途地獄に入るも園観に遊ぶが如し」は『法華経』譬喩品の偈「常に地獄に処《お》るも、園観に遊ぶが如し」にもとづくが、『法華経』では無明の愚かしさの譬えとして言っているのを、反転させて地獄という妄想を打ち破る智慧の結果とする。八十巻『華厳経』にも菩薩は「善能《よ》く禅定解脱に出入して、諸三昧に於いて、悉く自在を得、往来生死するも、園観に遊ぶが如く、未だ曾て疲厭の心を起こさず」（巻五六、離世間品、T一〇、二九六下）と言うが、これは禅定力（修行の力）を述べるもので、義玄とは異なる。「你ら若し聖を愛し凡を憎まば」以下六句は梁の宝誌和尚の作として伝わる「大乗讃」十首の第二（『景徳伝灯録』巻二九）。「大乗讃」の「心無くんば」という「無心」は外に求める心を起こさぬ意で、馬祖以後の思想に属する。「傍家波波地」は叢林を軒並みに訪ね奔走すること（【四九】示衆一（6）注427参照）。「学得」の「得」は獲得を表わす義の動詞。ただし『臨済録』の時代では「識得」、「認得」、「把得」、「接得」のように複音節化する口語的機能に傾いているようである。「三祇劫」は「三阿僧祇劫」、佛教学でいう発心から成道に至るまでの無限の時間（【四八】示衆一（5）注424参照）。「叢林」は修行僧が集まる僧伽を言う（『祖庭事苑』巻二に引く『大智度論』）。宋代の『釈氏要覧』によれば禅門の別号としても用いられた（巻下）。「牀角頭」の「角頭」は隅をいう口語。「漢将王陵変」に「二将勒《はな》れて帳《テント》の西の角《すみ》頭に在りて立《た》地つ」（『敦煌変文校注』六七頁）。ここは僧堂の長連牀でということ。

502 **【七三】**

「諸君！あちこちでやっておるのはこんな調子だ。行脚僧が師家のもとへやって来て主客相見すると、僧はまず一句を持ち出して、目の前の師家を試そうとする。かりそめの問いを善知識の口もとに抛り込んで、『さあ解るか』とやる。それがたんなる釣りの問いだと解ったなら、把んで穴へ抛り込んでやる。すると相手は急にしおらしくなって、今度は師家に教えを乞う。それも奪い取ると、相手は感歎して、『おおっ！これは立派な大善知識だ！』そこですかさず、『この大馬鹿者め！』とやる。」この一段は行脚僧が師家を訪ねて相見する時の類型を四つに分け、義玄が大衆の前でその問答を声色《こわいろ》を使って、実況のように再演して見せているのである。多少戯画化されてはいるが、当時の大衆化した禅宗社会で、行脚する禅僧と師家が禅院で見せた応酬の実態をうかがうことができる。参問者は叢林を渡り歩く行脚僧で、禅僧としての切実な問いを発するのではなく、師家の力量を試す定型句または難問を持ち出し、師家はこの類にいかに対応するかを描写する。これは義玄の接化の方法への関心を示すものであろう。まず第一のケース。「一句子」の「子」、「前頭」の「頭」は名詞の口語接尾辞。「一句子語」とは、例えば「如何なるか是れ祖師西来意？」（禅とはなにか）、「如何なるか是れ佛法の大意？」（佛の偉大な教えは何か、一言で言え）等。「前頭」は主体または話者の前の人を指す。ここは行脚僧の前の善知識。「機権語路」は「機に随って権《かり》に立て」た言葉。「語路」は言語表現をいう口語「言語路頭」（『朱子語類』巻八）の略。「言い廻し」（からくりを仕込んだ、いわくのある言い廻し」入矢義高『臨済録』岩波文庫、九四頁）。義玄独自の用語で、「箇」（「一箇」）を用いるのは、「機権語路なるもの」という新概念を持ち出す場合の用法である（【五二】示衆三（1）「一箇佛魔」の注443参照）。切実に問う問いではないという含みがある。「口角頭」は口もと、「角頭」は隅を表わす口語（【七二】示衆七注501参照）。「攛過」は投げ入れる、抛り込む（『集韻』平声桓韻，攛，七丸切，擲也）。答える口もとへ問いを投げ入れる意（耕雲子『摘葉鈔』、道忠『疏瀹』）。「看よ！ 你は識るや識らざるや？ 你若し……」は義玄の声色つきのナレーションである。「你」と言っても、このケースでの師家を指すのでもなく、義玄が大衆を指して言うのでもない。「こういう場合は」とリアルに話す時の修辞である。「境」は「機境」（場合に応じて持ち出した言葉）、右の「機権語路」のこと。「坑子裏」は不浄の穴、糞壷、便所のこと。僧の問いを糞壷に捨てるとは、問いの意図を見破って、相手の立場を崩すこと。「学人は便即ち尋常」は、行脚僧が師家の厳しい対応を見るや、師家を試そうとした姿勢を改め、参問の立場にもどった。「依然として之れを奪う」とは、示教を求めてきた僧に「教えるべきものはない」とはねつける等の対応。「上智なるかな！」は讃仰の語。『維摩経』弟子品に二比丘が維摩居士をこの語で讃えたのにもとづく。

503 第二のケース。「またたとえば、今度は師家がカラクリ方便を持ち出して、行脚僧に対し目の前で見せてやる。僧の方はまたかと見破り、ひとつひとつに対して主人公たるを発揮して、方便のカラクリに騙されない。すると師家はようやく半身を露わして向き直るや、僧は一喝を放つ。師家はそこで知る限りのさまざまな佛祖の語句の中に入りこんでのたうつ。僧は『なんたる不見識なゴロツキ坊主だ！』師家はまいって、『おおっ！ これは本物の修行人だ！』」これは行脚僧が師家よりもうわ手のケースで、方便というものの破綻を示唆する。「箇《ひとつ》の境塊子《きょうかいす》を把出《とりいだ》して、学人の面前に向《お》いて弄す」は、行脚僧が参問に来たのを見るや、師家のほうから、例えば払子を立てて見せるような場合をいう（【一二】「払子を立てる」注161を見よ）。「境塊子」も義玄独自の用語で、「境」は見聞の対象、「塊子」はモノ（「子」は口語接尾辞）。「痴狗《ちく》は塊を逐う」（犬はモノを投げつけた人でなく、モノを追い駆ける）という諺があるように、愚者は眼の前の対象に執われるという含みでいう。払子を立てて見せる場合、払子に執われて、見る本人の見聞覚知の作用に気づかない（趙州の「庭前の柏樹子」の話で、僧がそれを「境」と言うように）。「弄す」はここでは「示す、見せる」意の代動詞であるが、批判的、皮肉なニュアンス。「前人《ぜんじん》は弁得《みわ》けて下下《いちいち》に主と作《な》りて、境惑を受けず」の「前人」は善知識の眼の前の行脚僧。「下下」は

「一下一下」の省略形、一回ごとにの意（口語）。師家は自分が示した方便の手立てを僧が理解しないと思い、手を変え品を変えつぎつぎに方便を持ち出すが、僧はそれを使い古された手管と知っていて、相手にしないのである。ここから、馬祖の当初は衝撃的であった「作用即性」説にもとづく作略が、百年後の義玄の時代にはすでに庸俗的知識と化していたことが知られる。「半身を現わす」は真の姿を半分だけ見せること。相手を導いてやろうという態度を改めること。僧はここぞとばかりに「一喝」して自己を提示する。ところが、師家の方がこれに真正面から向き合わず、今度は自分が知るかぎりの佛祖の語句を持ち出してあれこれと理窟を並べたてる。これを「一切の差別語路中に入りて擺撲す」と皮肉って言う（「擺撲」は絡まれて脱れられず、のたうつこと、葛藤すること（【五九】示衆三（8）注462参照）。「老禿兵」は出家者を悪しざまに罵る呼称。古尊宿系のテクストは「老禿奴」に改めている（【四九】示衆一（6）注429参照）。

504 第三のケース。「またたとえば、よその師家には邪正をわきまえないのがいて、修行者が菩提、涅槃、三身佛を問うと、ボンクラ老師はごていねいに解説してやる。それを相手に馬鹿にされると、『礼儀知らずめ！』とばかりに棒打するが、師家のほうに鑑識眼がないだけで、腹を立てるのはてんで筋ちがいだ。」「邪正を弁《わか》たず」は誤った指導をすること。例に挙げているように、「如何なるか是れ菩提？」（悟りとはなにか）などと問われて、言葉（教理）で説明してやる類い。修行者は知識を欲しているわけではないし、悟りとは自己（に佛性の具われること）を切実に知ることであり、他人に答えを求めるのは大間違いなのに、それを糾してやることができない師家のこと。『祖堂集』巻五、華亭和尚章に、まだ座主であった夾山善会が、「如何なるか是れ佛？」と問われて「真佛は無相」と答え、「如何なるか是れ法眼？」に「法眼は無瑕」と答え、これを船子徳誠が聞いて耳を掩って出て行った話がある。船子はそのわけを訊かれて、「其の人に遇わざるに縁《よ》るを奈《いか》んせん」（しかるべき善知識の指導を受けなかったからだ）と答えている。また『祖堂集』巻八、曹山和尚章の説法に、「諸人よ！ 曹山《われ》の説かざるを怪《とが》むる莫れ。諸方には多く説き成す底《ところ》の禅師有りて、你ら諸人の耳《みみ》裏に総《すべ》て満《み》てり。一切の法は接《うけと》らず、借《か》らず。但《た》だ与摩《かくのごとく》体会《たいえ》せよ。他家《ひと》の差別《さまざま》の知解も闍梨《そなた》を奈何《いかん》ともする無し。……你らは見ん、他《か》の千経万論の説き成されし底《ところ》の事も、自在なるを得ず、始終を超えざるは、蓋し自己の事《じ》を明らめざるが為なり。若し自己の事を明らめば、即ち他《か》の一切の事を転じて自己の受用の具と為す」という。「礼度」は礼儀、法度。

505 第四のケース。「また、見識を欠くゴロツキ坊主は、あちこちを指さして、『今日はいい天気だ』、『いい雨だ』とか、『みごとな灯籠だ』、『立派な露柱だ』とやる。見よ！眉毛が抜け落ちておるぞ！『これぞすぐれた接化だ！』などと、修行者はてんでわからず、それに惑わされて舞い上がる。こういった連中はみな狐ツキ、化け物だ。まっとうな修行者にはあざ笑われて、『ボンクラのゴロツキ坊主め！天下の人をかどわかしおって！』とやられる。」「東を指し西を劃し」は手であちこちを指しながら言うこと。「好き晴れかな、好き雨かな、好き灯籠かな、好き露柱かな」は、それらの物を指さすことによって、物を見る自己の作用が佛性のはたらきなること（作用即性）を、相手に目覚めさせる接化の手段。当時は潙山霊祐が用いていた手段として知られていたが、徳山宣鑑がこれを批判していた（【四九】示衆一（6）注429参照）。ただし「好晴」、「好露柱」の例は見あたらない。露柱は建物の外に立つ二本の柱（【二一】「露柱」注239参照）。「眉毛に幾茎か有る？」は邪法を説くと眉毛が抜け落ちるという中国の俗信。翠巌令参《すいがんれいしん》（雪峯義存の弟子）は上堂して、「今夏《こんげ》、諸兄弟《しょひんでい》と語論す。看よ！翠巌《われ》の眉毛還《は》た在《のこ》れるや？」（『景徳伝灯録』巻一八）と言った。「者箇ぞ機縁を具す」は学人が「好悪を識らざる老禿兵」の上記の手段をありがたがって言った語。「者箇」はそれらの方便接化を指す。「機縁」は学人の機根と師家の接化の因縁。「機縁が契う」という場合のそれである。「野狐の精魅、魍魎」は人をたぶらかす狐の化け物、不見識な師家を指す（【四九】示衆一（6）注429参照）。「嗌《あく》嗌《あく》」は相手を馬鹿にして笑うさま。『韓詩外伝』巻九、第二九章の子張の語にいう、「小人の論ずるや、意を専らにして自らを是《ぜ》として人の非を言い、目を瞋《いか》らせ腕を搤《つか》み、疾言すること噴噴《ふんぷん》たり。口沸《あわふ》き目赤く、一たび幸いに勝つを得ては、疾笑すること嗌嗌《あくあく》たり」（「疾言」はまくしたてる、「疾笑」は狂笑すること）。ここで取り上げ批判している接化の手段は、馬祖の「作用即性」を悟道論として方法化したもので、「見色見心」（ものを見て、わが心の佛性を悟る）と呼ばれた。それが法孫の潙山霊祐の時代になると、教団が膨れあがり、潙山が馬祖から継承した「借色明心」

（ものを指して、それを見る相手に佛性の作用なることを悟らせる）は大衆化した禅僧たちにとって庸俗知識となっていたのである。「見色見心」の悟道論をどう克服するかが、馬祖から百年後の義玄や雪峯の時代の共通した問題であった。拙稿「感興のことば―唐末五代転型期の禅宗における悟道論の探究―」（『東洋文化研究所紀要』第一六六冊、二〇一四）参照。

【七四】

506 「諸君！『出家者はまずは道を学べ』というので、わたしなども以前は数十年も熱心に律に関心を持ち、また経論に道を追究したものだ。そうしてのち、結局はそれが病気の処方箋、効能書きにすぎぬとわかり、そこですべてを捨て去って、ただちに禅僧となって行脚に出たのだ。のち大善知識に出逢い、ようやく真理を見る眼が開いて、はじめて天下の老師がたを見分け、正しいか誤っているかの判断がつくようになった。おっかさんが産んでくれたときから解っていたのではない、自らの身体をもって心を究明して、ある日自らのことが解ったのである。」冒頭の「出家児は且《ま》ずは道を学ばんことを要す」は世間一般に言われている通念を持ち出しているのであって、「出家学道」は伝統的な言い方である。この一句を義玄が大衆に「道を学べ」と勧めた意に解してはならない。『臨済録』一書には「道を学べ」とは一切説かれていない。義玄はつぎのように言うだけである。「大徳よ！　時光惜しむ可し。秖だ傍家に波波地《あたふた》と禅を学び道を学び、名を認め句を認め、佛を求め祖を求め、善知識の意度《おしはか》らんことを求めんと擬《ほっ》す。錯まる莫れ！　道流よ！　你らに秖だ一箇の父母有り、更に何物《なに》をか求むる？　你ら自らを返照し看よ！」（【四九】示衆一（6））、これが義玄の立場である。したがって、「如今《いま》の学道人は且《ま》ずは自らを信ぜんことを要す。向外《そと》に覓むる莫れ」（【六二】示衆四（1））、「若し是れ真正の学道人ならば、世間の過《とが》を求めず。切急に真正の見解を要求《もと》めよ」（【五六】示衆三（5））、「夫《か》の真の学道人の如きは、並《た》えて佛を取《もと》めず、菩薩、羅漢を取《もと》めず、三界の殊勝を取《もと》めずして、迥然《けいねん》として独脱《どくだつ》し、物の与《ため》に拘《こう》せられず」（【七二】示衆七）などと言うように、「学道人」（道を学ぼうとしている人）に対して、学ぶのではなく、「真正の見解を求めよ」、「自らを信ぜよ」と言うのである。黄檗の『伝心法要』にいう、「学道の人若し佛と成らんと欲《ほっ》得せば、一切の佛法は総て学ぶことを用《もち》いず。惟《た》だ求むる無く著《とら》わるること無きを学べ。求むる無くんば則ち心生ぜず。著《とら》わるること無くんば則ち心染《けが》れず。生ぜず染《けが》れずんば即ち是れ佛なり」と。この立場を継承しているのである。したがって本段は、続く「你ら如法の見解を得んと欲せば、但だ人惑を受くる莫れ」の一節を連続する説法としてあつかう。「出家児は且《ま》ずは道を学ばんことを要す」は人惑の語なのである。龍牙居遁も言う、「夫れ〈修道〉と言うは、此れぞ是れ勧諭の詞、接引の語なり。従上已来《いらい》、法の人に与うる無し。只是《た》だ種種の方便を相承し、為に意旨を説き出して、自心を識らしめんとするのみ。究竟、法の得可き無く、道の修す可き無し」(『禅林僧宝伝』巻九)。「秖如」は例挙の辞。以下は自叙である。「毗尼中に向《お》いて心を留むること数十年」は長年律学を専門としていた(古尊宿系テクストは「数十年」三字を不自然として削除している)。「毗尼」は律蔵の音訳語(旧訳。新訳は毗奈耶)。「留心」は心を寄せる、関心を持つこと。通常熱心に打ち込んだことを控えめに言ういい方。僧に三種あり、律師・法師・禅師である。中晩唐時代にはそれぞれの長短比較論もおこなわれた(大珠慧海『頓悟要門』巻下)。律師は外律の規定に拘泥して内戒を識らずと批判される(『宗鏡録』巻四四引『像法決疑経』)。「経論に於いて尋ね討む」は経論中に道(真理)を探し求めたこと。『祖堂集』巻一九、臨済章には、大愚を訪問して瑜伽・唯識を論じたと言い、示衆にはそのほかに華厳学の素養がうかがえる。「済世の薬方、表顕の説」は世の病人を救う薬の処方箋、その文字の書きつけ。「遂乃」は、いきさつを叙述し、ある段階に至った時をいう辞。「一時に抛《す》て却り、即《ただ》ちに道を訪ね禅に参ず」、教学から転じて禅僧となって行脚に出たこと。「一時」はいっぺんにすべてを。「道を訪ね禅に参ず」は「証道歌」にもとづく。「江海に遊び、山川を渉り、師を尋ね道を訪《と》うは、禅に参ぜんが為なり。曹谿の路を認《し》り得て自《よ》従り、了《あきらか》に知る生死の相い干《かか》わらざるを。」「証道歌」は続けていう、禅とは「行くも亦た禅、坐するも亦た禅、語黙動静、体安然。」行脚も参禅も過程にすぎない。「大善知識」は「道眼分明」の指導者。黄檗と大愚を指す。『祖堂集』巻一九、臨済章に、黄檗が大愚を「此の人、諸方に行脚して、法眼明徹なり」という。「道眼分明」はこの「法眼明徹」と同じで、真理を見る曇りなき眼がそなわった人をいう。「娘生下」はおっかさんが生み落としたまま。盤珪和尚のいう「親の生み附《つけ》た」、「むまれつき」。唐代の口語では少女（または妻、女主人）は「娘」、母親は「嬢」と書かれて用字に区別があり、ここでは「嬢」と書くべきであるが、唐末五代から混用されるようになった（二字は同音、女良切。【七〇】示衆六（２）注494参照）。「不是〜還是……」は「〜ではなくて……だ」という構文。「体究錬磨」は自己の身体を働かせ心を究明すること。「一朝自省」はある日自らの誤りを知ること。以上の歴程を踏んで開悟に至ったと回顧を締めくくる。本書の冒頭【一】「大悟」の段の記述と相応するもので、黄檗と大愚の導きによって、「即心是佛」という真理をつかんで、自己をないがしろにして外に道を求めるのは誤りであったと知ったことをいう。

507

「諸君！　まっとうな見かたを得たいなら、人に騙されてはならぬ。内面においても外界においても、諸君を騙すものに出くわしたら殺せ！　佛に出逢ったら佛を殺せ！　祖師に出逢ったら祖師を殺せ！　羅漢に出逢ったら羅漢を殺せ！　父母に出逢ったら父母を殺せ！　親族に出逢ったら親族を殺せ！　そうしてはじめて解脱できるのだ。何者にも拘束されず、透脱して自在になれるのだ。」「如法の見解」は言い換えれば「真正の見解」（【六四】示衆四（３））。「人惑を受くる莫れ」の「人惑」は『臨済録』に頻出し、注意を引く説法の語である（【四四】示衆一（１）注402参照）。「裏」は上古漢語の「内」、「中」が中古漢語で交替したもの。内面（心）に権威として現われる者には。以下の「佛」、「祖」、「羅漢」は佛教（出世間）の、「父母」、「親眷」は世俗（世間）の尊重すべき権威。偶像となったこれらを悉く殺し尽せとは甚だ激越な言葉であるが、大乗経典の説にもとづくものである。貪愛を母に、無明を父に、諸使（煩悩）を羅漢に、覚境の識を佛に譬えて、これらを断滅することを「殺害する」と言うのは『楞伽経』に見え（四巻本巻三、Ｔ一六、二九八上）、この「父母を殺す」という修辞は『法句経』（二九四、二九五）に淵源するという（常盤義伸訳『ランカーに入る―大乗の思想と実践の宝経―』巻三注一二、私家版、二〇〇三）。また『宝積経』には、過去に犯した罪悪に悩む菩薩の分別心を除くために、文殊が剣を取って佛を殺害しようと斬りかかる演技を見せて、罪性の空なるを示した話が見える（巻一〇五、神通証説品、Ｔ一一、五九〇中）。同時代の曹山本寂（八四〇―九〇一）にも以下のような殺気立った問答があるのは、唐末の時代相であろう。「問う、『国内に剣を按ずる者は誰ぞ？』師云く、

『曹山。』僧云く、『何人《なんびと》をか殺さんと擬《ほっ》する？』云く、『但有《あらゆ》る一切を総て殺す。』云く、『忽《も》し本生の父母に逢わば作麼生《いかん》？』師云く、『什麼《なに》をか揀ばん！』」また、「問う、『教中に言う有り、一闡提を殺すは、福を獲ること無量なりと。如何《いか》なるか是れ闡提？』師云く、『佛見法見を起こす者。』云く、『如何なるか是れ殺す？』云く、『佛見法見を起こさざる、是れ殺すなり』」（『祖堂集』巻八、曹山章）。すなわち偶像視する考え方に対する激越な批判である。「透脱」の「透」は「跳」の義、拘束、羈絆から脱出すること。本段の殺佛殺祖は「五無間業」を解説する【九一】示衆一五（6）にも再説される。

【七五】

508「よそからここへやって来る行脚僧は、どいつもこいつも何かに依存して出て来る者ばかりだ。わたしがここで片っ端から始末してやる。手振りで来る者には手振りを始末する。口で来る者には口を始末する。眼で来る者には眼を始末する。そういうものから脱出して、わたしの前に出て来る者は一人もおらぬ。みな古人の手管に惑わされているのだ。」「物に依《よりかか》りて出来《いできた》る」というのは、あとに「古人の閑機境に上る」と言われるように、「禅とはなにか」」、「自己（の佛性）とはなにか」という問いに対して、手ぶりで動作し、眼の開閉や凝視、または口でものを言う等の「作用即性」説に寄りかかった答えを鵜呑みにして来る者を指していう。「従頭」は始めからひとつひとつ（口語）。「打」はここでは一種の代動詞で、「打畳」（かたづける、始末する意の口語）の義であろう。『宏智広録』小参に、「若し疾《はや》く相応し早く成弁せんと欲せば、従前の知見、参学して得たる底《もの》、商量して得たる底、伝授して得たる底を、一時に打畳《だじょう》し却《さ》り浄弁《じょうべん》し去れ」（巻一、T四八、一七下）、『碧巌録』第四五則頌評唱に、趙州の語「南から来た者には下載《あさい》（荷物をおろ）してやる」を解説していう、「若《も》是し下載なれば、更《たえ》て許多《あまた》の義理玄妙無し。有る底《もの》は一担《いったん》の禅を担《かつ》ぎて、趙州の処に至るや、一点《わずか》も使い著《え》ず。一時に他《かれ》の与《ため》に打畳して、灑灑落落《しゃしゃらくらく》として一星《わずか》の事も無からしむ」（T四八、一八二上）、『恕中無温禅師語録』巻四「贈項君礼」に、「佛祖の無上の大道は、黠慧《けつえ》もて知る可きに非ず。要須《すべか》らく頭《はじ》め従《よ》り打畳して直《ただ》ちに絶毫絶釐ならしむ。」「手上」、「口裏」、「眼裏」の「上」、「裏」は場所を表わす口語接尾辞で、これらを附して手・口・眼をいう口語。手振り

(手で一劃《ひとふり》する、指を立てる)、口(言語)、眼(開閉、凝視等の眼の動作)等によって佛性の発露を示す。その例には以下のものがある。仰山の一劃(『潙山語録』、『祖堂集』巻七、雪峯章[四七]にその評論がある。唐代語録研究班「『祖堂集』巻七、雪峯和尚章訳注」、『禅文化研究所紀要』第三二号、二〇一三参照)、天龍・倶胝《ぐてい》の一指頭禅(『祖堂集』巻一九)、大顛が石頭に「阿那个《いずれ》か是れ汝が心?」と問われて、「即ち和尚に秖対《したい》し言語する者是《こ》れなり」と答え、喝せられた(『祖堂集』巻五、大顛章)、坦然禅師が老安国師に「祖師西来意」を問うと、「自家の意を問え」、「では自家の意とは?」、「密作用せよ」、「密作用とは?」国師は目を閉じ、また開いて見せた(『祖堂集』巻三、老安章)。その他「拈槌竪払」など、みな古人が馬祖禅の「作用即性」説を応用具体化した方便であった。行脚僧は各地でこれを学んで、臨済院に来て披露するのである。馬祖から百年後の義玄の時代はこれを検証する時期にあった。「手上出来手上打」以下の三句は七言口訣のリズムで歌うように言ったもので、「打」の目的語は実際には「手上」、「口裏」、「眼裏」である。「古人の閑機境に上る」は、もとは古人の開悟の契機となった一機一境の方便が、今ややくたいもない常套手段と化し、修行者を惑わせていること(【四七】示衆一(4)注442、【六二】示衆四(1)注参469照)。

509 「わたしが諸君に与えるものは何もない。ただ諸君の病を癒し、自縄自縛を解いてやるだけだ。よそから行脚に来た諸君よ!何物にも依存しないで出て来い!わたしはきみたちとともに問題を突き詰めたいと思っているが、五年十年このかた、相手になる者はひとりもおらぬ。みな草葉に依りついた亡霊やら竹木の妖怪やら狐の化け物やらであって、他人の野糞によってたかって喰らいついておるのだ。ボンクラどもめ!多くの信者から施しを受けながら、それに報いることもできず、『わたくしは出家人ですから』などと言って、当然だという料簡でいる。きみたちに言おう、『他に求むべき佛もなければ法もない。修行をして得るべき悟りなどないのだ。』それなのにひたすら軒なみに叢林を訪ねまわって、何を求めておるのだ?ボンクラどもめ!自分の頭の上にもうひとつ頭をのっけるのか!きみたち自身にいったい何が欠けているというのか!」「一法の人に与うる無し」は徳山宣鑑の語として有名。「我が宗に言句無し。実に一法の人に与うる無し」(『景徳伝灯録』巻一五、徳山章)。「病を治し縛を解く」も徳山の「你が与《ため》に縄《なわ》索を解き却《さ》り、籠頭《かご》から脱《いだ》し却《さ》り、角駄《にもつ》を卸《おろ》し却《さ》りて、箇《ひとり》の好き人と作《な》らしむ」（大慧『正法眼蔵』巻上）と言うのによる。「依草附葉、野狐精魅」も徳山の「是有《すべ》て学び得たる底《もの》は亦た是れ依草附木、精魅野狐なり」に、「枉《むな》しく他《か》の十方の信施を消《う》けて道《いわ》く、『我は是れ出家児なり』と」も徳山の「斯《かく》の如き等の輩は、徳山老漢の見るに、毒箭《どくや》心に入り、花針《かしん》眼を乱し、先祖に辜負《そむ》き、我が宗を帯累《まきぞえ》にし、佗《それ》を図《もと》めて道《いわ》く、『我は是れ出家児なり』と。此《かく》の如く、佗《それ》を十方の施主より消《う》くるも、水さえも消《もち》い得ず」（同上）を承けて言う。「依草附木（葉）」とは、怨みを抱いて死んで、祀られることなくさまよえる霊魂が人に危害を加えるもの。次のような物である。「生民の未だ何故に歿せしかを知らざるもの、其間《そこ》に或いは兵刃に遭いて横死せる者あり、水火盗賊に死せる者あり、人に財を取られ逼られて死せる者あり、妻妾を強奪されて死せる者あり、負屈《むじつ》にして刑戮に遭いて死せる者あり、天災流行して疫死せる者あり、猛獣荼虫《とちゅう》の為に害死せる者あり、饑餓凍死せる者あり、戦闘に因りて身を殞《おと》せる者あり、急危に因りて自ら縊《くび》る者あり、牆屋の傾倒して圧死せる者あり、死没して子孫無き者あり。此れ等の鬼神、或いは前代に終り、或いは近世に没し、或いは兵戈擾攘して他郷に流移し、或いは人烟断絶して久しく其の祭祀を欠き、姓名は一時に泯滅して、祀典に文無くして載せられず。此れ等の孤魂、死して依る所無く、精魄未だ散ぜず、結ぼれて陰霊と為りて、或いは草に依り木に附し、或いは妖怪と作為《な》りて星月の下に悲号し、風雨の時に呻吟す」（明羅洪先「諶岡里社祭無祀鬼文」、『念菴文集』巻一七、四庫全書 集部別集類）。「竹木の精霊」は樹木の怪で、『太平広記』巻四一五、四一六「木怪」に説話伝承を収め、「野狐の精魅」は狐の妖怪で、同巻四四七—四五五「狐」に狐妖として説話を収める。バケモノどもが野糞にたかって喰らいつくとは、なんともおぞましいスカトロジーであるが、「糞塊上に向《お》いて乱咬す」（糞の塊りをやたらに咬《かじ》る）は、大慧の引く諺に「人の屎橛《しけつ》を咬《かじ》るは好《よ》き狗《いぬ》に不是《あら》ず」（『大慧語録』巻一四「秦国太夫人請普説」）と言うように、他人の言葉をありがたがることの譬えである。「信施を消《う》く」の「消」は受用の意（口語）。信者の布施を受けること。信施を受けるに恥じない生き方をしているかは、会昌の破佛（八四二—八四五）を経験した佛教者の深い反省に裏打ちされて言われているであろう。「無佛無法」は【八六】示衆一五（1）にいう「佛の求む可き無く、道の成《な》す可き無く、法の得可き無し。」「無修無証」は【五三】示衆三（2）の「山僧の見る処に約せば、佛も無く、衆生も無く、古えも無く、今も無し。得る者は便《ただ》ちに得たり、時節を歴ず。修することも無く、証することも無く、得ることも無く、失うことも無し。」その注445参照。「頭の上に頭を安《お》く」は「頭を捨てて頭を覓む」（【五五】示衆三（4））、「頭を将《もっ》て頭を覓む」（【八八】示衆一五（3））と同じで、『首楞厳経』巻四に出る演若達多の故事にもとづく（【四九】示衆一（6）注428参照）。黄檗『宛陵録』に言う、「語黙動静、一切の声色は尽く是れ佛事なるに、何処《いずこ》にか佛を覓めん？　更に頭上に頭を安《お》き、觜《くち》の上に觜を加う可からず」（入矢義高『伝心法要　宛陵録』一一八頁）。

【七六】

510　「諸君！　きみたちという、わが目前に活動している者こそが、佛陀や祖師と違わないのだ。このことを信じきれずに、ひたすら外に佛陀や祖師を求めまわるとは！　ここを間違ってはならぬ。外に法はない。内にも得られはせぬ。行脚に来てわたしの説法などを聴いているよりは、求めるのをやめて、無事でいるのがいちばんだ。外に求める心を、ここできっぱりとやめ、そして今後決して起こさぬ、それがきみたちの十年の行脚に勝る。わたしの見かたは、あれこれ多くは言わぬ。ただ平常であれ。衣装を着て飯を喰い、無事で過ごすということだ。」冒頭の「是你」は「你」を強く提示する用法で、「目前用処」と同格。「你の目前」ではないこと、【四六】示衆一（3）の「是れ什麼ぞ解《よ》く説法聴法す？　是れ你らという、目前に歴歴たる底《もの》、一箇の形段勿《な》くして孤明なる、是れ者箇《これ》こそ解《よ》く説法聴法す」の「是」と同じ。義玄にとって、「佛と祖師は是れ無事の人」（【六六】示衆四（5））だからである。しばしば次のように言っている。「你ら祖佛と別ならざらんと要《ほっ》せば、但《た》だ外に求むる莫れ」（【四五】示衆一（2））、「你ら若し能く念念に馳求《ちぐ》する心を歇《や》め得なば、便ち祖佛と別ならず」（【四四】示衆一（1））、「現今《いま》わが目前に法を聴く無依の道人は、歴歴地に分明にして、未だ曾《かつ》て欠少《かんしょう》せず。你ら若し祖佛と別ならざらんと欲得《ほっ》せば、但《た》だ是《かく》の如く見よ。疑誤《うたが》うを用いざれ」（【六九】示衆六（1））、「你言下に便自《すなわ》ち迴光返照して、更に別に求めず、身心の祖佛と別ならざるを知りて、当下に無事なるを、方《はじ》めて法を得たりと名づく」（【八八】示衆一五（3））等、義玄が「祖佛と別ならず」

と言う場合の祖師達磨と佛陀は、何も求めぬ無事なる人である。「向外《そと》に法無く、内にも亦た得可からず」の「向外」は「外」を二音節化した口語。「内」とは心。義玄の説法は「心法」、「心地の法」を説いている。法とは心（わが心）であるから、外に求めても無い。ではわが心に法があるかと言えば、心に法は無い。つまり、「心法は形無くして、十方に通貫す」（心というものは形なくして至るところに現われる）、心は見聞覚知のはたらきとして現われるが、「一心既に無くんば、随処に解脱す」（その心は実体がなく、妄念を起こすことがないなら、そのときが解脱である）。【六五】示衆四（4）にも「心の外に法無く、内にも亦た得可からず」と言う。その注480参照。「山僧の口裏の語を取る」の「語を取る」とは「人の指示に従う」、「人の話を信じこむ」意（蒋礼鴻『敦煌変文字義通釈』「取」の条）。「口裏の語」は言葉をいう口語。「歇業」の語は他に用例がないが、「造業を歇む」意であろう。【六六】示衆四（5）に「佛を求め法を求むるは即ち是れ造地獄業、菩提を求むるも亦た是れ造業、看経看教も亦た是れ造業なり。佛と祖師は是れ無事の人なり。」古尊宿系テクストは「歇業」を「休歇」に作っている。「已に起こりし者は続《つ》がしむる莫《な》く、未だ起こらざる者は起こさ要放《し》めずんば……」は、念（妄念）のことを言うが、こういう言い方は同時代の洞山良价（八〇六―八七九）の対話にもある。「問う、『如何《いか》なるか是れ病？』師曰く、『瞥起《べっき》すること是れ病。』進んで曰く、『如何なるか是れ薬？』師曰く、『続《つ》がざること是れ薬』」（『祖堂集』巻六、洞山章）。ここでは次に言うように「行脚」という修道学禅への意欲を含意している。「要放」は二字で使役を表わす。「如許多般」は多種をいう（許《かく》の如《ごと》き多《おお》くの般《しゅるい》）。「無如許多般」とはつまり一つ、「平常」ということ（「黄檗の佛法に多子《おおきこと》無し」が「即心是佛」というただ一つであったように）。「平常」は馬祖道一の語「平常の心こそ是れ道なり」による（【六八】示衆五注489参照）。

511 「きみたち他所から行脚に来た連中は、みな佛を求め、法を求め、解脱を求め、この三界を脱出しようという魂胆だ。馬鹿者め！　きみたちは三界を出て、どこへ行こうというのか！　三界や佛祖などと言うのは、きみたちが勝手に賞讃したり、自分を繋縛してつけた名辞に過ぎない。きみたちは三界とはなにか、知りたいか？　教えてやろう。三界とは、今わたしの説法を聴いているきみたちの心と離れてあるのではない。きみたちが起こす貪りの心が欲界だ。

怒りの心が色界だ。愚痴の心が無色界だ。これらはみなきみたちという家の中にころがっている家具なのだ。三界は自分で『われは三界なり』と言ったりしない。そうではなく、諸君という、わが目前で生き生きとあらゆる物を見分け、世界を観察する人こそが、三界に対して以上のように名づけるのだ。」「有心」は佛を求め、法を求める等の心を起こすこと。三界とは佛教学でいう人間の生きる苦の世界、人間はこの三界の六道を輪廻転生する存在で、ここからの解脱が印度佛教以来の課題であった。しかし義玄によれば、人が佛祖を賞讃してその名をつけて憧れるのと同じく、苦を厭うて三界という名をつけ、かえって自縄自縛に陥っているのであり、三界から逃れようとするのを、いたずらな「虚妄の逃走」と見るのである。四祖道信が牛頭法融に説いた「心要」に言う、「三界の出づ可き無く、菩提の求む可き無し」(『景徳伝灯録』巻四)、徳山の示衆にも言う、「老漢は生より死に至るまで、只だ是れ箇《ひとり》の老比丘なるのみ。三界に在ると雖も垢染無し。(三界を)出離せんと欲得《ほっ》して何処にか去《ゆ》かん? 設《たと》い去く処有らんも、亦た是れ籠檻なり」(大慧『正法眼蔵』巻上)。三界を三毒と結びつける発想は達磨に仮託された「悟性論」にも見える。「三界とは貪嗔痴是れなり。貪嗔痴を反《かえ》して戒定慧と為るを、即ち三界を超ゆと名づく。然るに貪嗔痴も亦た実性無し。但だ衆生に拠りて言うのみ。若し能く返照し了了と見なば、貪嗔痴の性は即ち是れ佛性にして、貪嗔痴の外に更に別に佛性有る無し」(椎名宏雄「諸本対校達磨大師三論」、『駒澤大学佛教学部論集』第八号、一九七七)。「悟性論」は九世紀の圓珍の入唐将来目録に名が見えるもので、義玄の時代には存在したから、義玄の拠るところであったと見られる。「三界に与《たい》して名を安《つ》く」とは、教理としての「三界」に対し、このような実践的な意味を附与することをいう。なお、古尊宿系テクストは「三界、佛祖は是れ賞繫底の名句」の「三界」を脱していて、文意を取ることができず、『天聖広灯録』に拠ってはじめて正しく理解できるのである(拙稿「書評入矢義高訳注『臨済録』」(『花園大学研究紀要』第二一号、一九九〇)。

【七七】

512 「禅師がたよ! 四大から成る肉体は無常である。五臓六腑、髪の毛、爪、歯にいたるまで、すべての物は空なる仮のすがたにすぎない。」「四大」は印度人がかんがえた人間の肉体（色身）をはじめとするすべての物質を生成する四元素、「地」（堅固）、「水」（湿潤）、「火」（煖熱）、「風」（流動）をいい、「四大色身」は四大和合して成る物質としての肉体をいう。「無常」は死すべきものなること。「乃至」は列挙する場合に中間を省略する辞。『圓覚経』に「我が今の此の身は四大和合す。所謂る髪毛、爪歯、皮肉、筋骨、髄脳、垢色は皆な地に帰す。唾涕、膿血、津液、涎沫、痰涙、精気、大小の便利は皆な水に帰す。暖気は火に帰す。動転は風に帰す。四大各おの離るれば、今者《いま》の妄身は当《は》た何処《いずこ》にか在る？ 即ち知る、此の身は畢竟体《たい》無く、和合して相《すがた》を為し、実に幻化に同じきことを」（Ｔ一七、九一四中）。この「畢竟体無く、和合して相を為す」ことが「諸法空相」である。

513 「きみたちの一瞬の妄念がやんだとき、これを〈悟りの木〉と呼ぶ。きみたちの一瞬の妄念がやまぬとき、これを〈煩悩の木〉と呼ぶ。しかし煩悩というものは本来置き場所がないのだ。煩悩はいつ始まっていつ終るという実体がないのだ。きみたちの一瞬一瞬の妄念がやまぬと、あの〈煩悩の木〉に登って、ただちに六道に輪廻する世界に入り込み、畜生に生まれかわることになる。きみたちの妄念がやんだなら、そこが清浄身の世界だ。きみたちの一瞬の妄念が起こらぬと、ただちに〈悟りの木〉に登って、迷いの世界の中で神通力を発揮して、意のままに変化身を現わし、法喜食・禅悦食を受け、身から輝きを発し、着んと思えば綺羅千枚、食べんと思えば百味全席、疫病の流行もない。ただし〈悟りは本来置くべき場所がない。それゆえ手に入れるものは誰もいない〉のだ。」「一念心」は妄念のこと。しかし妄念はひょいと起こる（『大乗起信論』「忽然と念の起こるを名づけて無明と為す」）。妄念を押さえこもうとするのは外道の法である（【六六】示衆四（5）「念漏を把捉して起こさ令《し》めず、喧を厭い静を求むるは、是れ外道の法なり」）。「菩提樹」は神秀の偈に「身は是れ菩提樹、心は明鏡台の如し」（『六祖壇経』）、「無明樹」は『華厳経』に「菩提心は猶お利《するど》き鋸《のこぎり》の如し、能く一切の無明樹を截《き》る故に」（巻三五、普賢行願品、Ｔ一〇、八二五下）という用例があるが、譬喩として対比的にもちいたのは義玄が初めてである。妄念を起こせば、六道（地獄・餓鬼・畜生・修羅・人間・天上）、四生（卵生・胎生・湿生・化生）だの「披毛戴角」（畜生に転生する）といった妄想に囚われる。しかしこれらに実体はない。妄念がやめば、それが悟りである。めでたい神通力を揮い、菩薩として衆生済度のために化身を現わし、聞法の喜び・禅定の悦楽によって飽食し、光の満ちた世界にあって、美服・美食も思いのままなる浄土に生まれ、疫病に罹る心配もない。しかしこんなことも実はとりとめのない空想にすぎない、と最後に言う。「菩提に住処無く、是の故に得る者無し」は『維摩経』観衆生品の天女の語。「我の阿耨多羅三藐三菩提を得るも亦た是処《ただしき》こと有る無し。所以《ゆえ》は何ぞ？ 菩提に住処無く、是《こ》の故に得る者有る無し。」僧肇の注に「菩提の道は無為無相にして自《もとよ》り住処無し。誰か得る者有らん？」（『注維摩詰経』巻六）。黄檗『伝心法要』にも「菩提は得る所無し。你今但だ無所得の心を発《おこ》せ。決定《けつじょう》して一法も得ず、即ち菩提心なり。菩提に住処無く、是の故に得る者有る無し。……明らかに知る、一切衆生本《も》と是れ菩提、更に菩提を得可からず。」本段は「無明樹」や「菩提樹」に登るという言い方で、修行者が抱く妄想をあげつらっているのである。「衣《き》んと思えば羅綺千重、食《くら》わんと思えば百味具足」は当時民間で語られていた変文の調子でふしをつけて歌ったもの。『目連変文』に、「目連の父母並《とも》に凶亡《なく》なり、六道を輪廻して各おの分《わか》張れ、母は悪報を招いて地獄に堕つるも、父は善力を承けて天堂に上り、衣《き》んと思えば羅繡千重現われ、食わんと思えば珍羞百味香る。足は庭台七宝の地を躡み、身は幃幌白銀の牀に倚《よ》る」（『敦煌変文集校注』一〇七五頁）。「意に化身を生ず」は『楞伽経』（四巻本巻二）に述べる「意生身」のことで、菩薩が衆生済度の本願のために、自在なる神通力によって妙相荘厳の身を現じて、衆生に自覚聖智を得せしむることをいう。「横病」は疫病の流行のために横死する。唐末戦乱の世相をうかがわせるもの。

514 「諸君！ 大丈夫のおのこどもよ！ このうえ何を疑うのだ？ わが目前に説法を聴く者は、いったい誰なのか？ これをしかとつかんだなら、あれこれの名前などかんがえるのでなく、はたらかせるのだ。そうしてこそ道の奥義と呼ぶのだ。ここがわかったなら、えり好みしたり厭うたりすべきものは何もない。古人の言うとおりだ、〈心はいかなる対境にも応じて転回するが、転回した所でみごとに落ちつく。流れに随順しつつ本性を見ているゆえ、境遇に喜ぶことも悲しむこともない〉と。」「大丈夫の漢」は志気堅固な勇士をいう。義玄は目前に立って説法を聴いている修行者を、佛と変わらぬ資格の人としてこう呼びかけて激励する（【五五】示衆三（4）注448参照）。「更に箇の什麼をか疑う？目前の用処、更に是れ阿誰ぞ？」のふたつの「更」は疑問を強める副詞。「把み得たらば便ち用い……」は【五一】示衆二（2）に既出、その注436参照。そこでは「得る」のは「心地の法」（心法＝一心）であった。「阿誰《たれ》ぞ」というのは【七六】示衆九（3）「是れ伱らというわが目前に用《はたら》く底《もの》こそ、祖佛と別ならざる」者である。「嫌う底の法勿し」は【六二】示衆三（10）に「山僧の見る処に約せば、嫌う底の法勿し。伱ら若し聖を愛し凡を憎まば、聖凡の境に縛せらる」というように、聖を慕い俗を厭う揀択をしないこと。その注466参照。古人の四句は摩拏羅尊者《まぬらそんじゃ》の伝法偈（『宝林伝』巻五、『祖堂集』巻二、『景徳伝灯録』巻二）。

【七八】

515「諸君！禅宗の考え方では、接化において臨機応変にやるから、修行者は十分に注意せよ。たとえば主客あい対して問答応対のやりとりがあるとする。相手に応じて姿を現わしたり、全身全霊で対処したり、場合に応じて喜怒を現わしたり、半身だけを現わしたり、獅子に乗る文殊を体現したり、象王に乗る普賢を体現したりする。」「禅宗の見解」は【五五】示衆三（4）に言うように、佛を究極の価値とはせず、何者にも依存せぬ、真の主体性を確立することである。「禅宗の見解の如きは、又《ま》た且《しば》らく然らず。直是《ただ》ちに見今《いま》にして、更に時節無し。山僧が説く処は皆な是れ一期《いちご》の薬病相治《やくへいそうじ》にして、総て実法《じっぽう》無し」（わが禅宗の考え方では、いま無条件に現在だけを問題にして、無限の修行の果てに時節因縁が熟してから成佛するなどとは言わぬ。わたしの説法はただ凡聖の執着に対する一時の対症療法なのであって、けっして固定して受け取るべきものではない）。つまり方便説法はするが、つねに第一義に立っている。「死活循然」はつぎに言う「或いは物に応じて形を表わす……」などの学人を接化するさいの臨機応変の自在な対応を指す。「循然」は「循循然」をつづめた言い方で、『論語』子罕篇にもとづく（『摘葉鈔』、『疏瀹』）。「顔淵喟然《がんえんきぜん》として歎《たん》じて曰く、『之れを仰げば弥《いよい》よ高く、之れを鑽《き》れば弥《いよい》よ堅し。之れを瞻《み》れば前に在り、忽焉《こつえん》として後《うしろ》に在り。夫子は循循然《じゅんじゅんぜん》として善《よ》く人を誘《いざな》う。我を博《ひろ》むるに文を以てし、我を約《やく》するに礼を以てす。罷《や》めんと欲するも能《あた》わず、既に吾が才を竭《つ》くすに、立つ所有りて卓爾《たくじ》たるが如し。之れに従わんと欲すと雖も、由末《よしな》き也已《のみ》』」（顔淵はため息をついて言った、「わが師は仰げばますます高く、切らんとすればますます堅い。前にいますかと思えば、忽然として後ろに在る。師は次々に手立てを講じて人を導かれる。わたくしを博学で教え、また礼節でしつけされる。従うのをやめようとしてもやめられない。わが才能を尽くしても、師は更に卓然として立ち、追いつくことができない。ついて行こうにも、行きようがないのだ」)。何晏注に「循循は次序ある貌」。つまりさまざまな手立てを次々と講じて誘掖する形容。したがって「死活の如く循然である」とは「死ぬも活くるも自在な如くに方便を施す」という意味で、義玄がいう「你ら若し生死、去住、脱著の自由なるを欲《ほっ》得せば、即今法を聴く底《ところ》の人の、形無く相無く、根無く本無く、住処無くして活撥撥地なるを識取せよ！」(【五八】示衆三(7))の含みで言われている。孔子の「循循然として善く誘う」を義玄は禅の考え方に応用して「死活」を加えたのであろう。この語は他に用例がないから、古来さまざまに解釈されてきた。「循然とは大自在を得るの義なり。或いは作家《さっけ》の一句は死句活句相い兼備す可きなり。言《いうこころ》は死中に活有り、活中に死有る底、循然として大自在を得るなり」(『臨済録鈔』巻四)、「禅宗真正ノ見解ヲ得ル底ノ人ハ、先《まず》ミツカラ大死一番シテ、死中ニ活ヲ得テ、是ニヨツテ大自在ノ三昧ヲ得テ、人ヲ活カサンモ殺サンモ心ノ儘《まま》ナリ、活カスカト思ヘバ殺シ、殺スカト思ヘバ活カスホトニ死活循然ト云也、循然ハ因循ソ、棒喝辛辣ノ手段ハ是《これ》人ヲ殺ス底也、師家此手段ヲ用ル時、学者死中ニ於テ忽チ眼開テ大自在ヲ得ル、是殺スカト思ヘバ却テ活ス者也、サルホトニ死活因循ソ、参学人受用大自在ナル事ヲ得ント欲セバ、死活循然ノ処ヲヨク子細ニスベシト也」(『臨済録直記』)。これらは「死句、活句」、「大死一番」などの後世の観念で解釈しようとするものであり、また「死活」は「殺活」ではない。

「物に応じて形を現わす」は『金光明経』巻二の偈。【六三】示衆四(2)にも引く。「若し人有りて出来《いできた》り、我に問うて佛を求めなば、我は即《ただ》ちに清浄の境に応じて出づ。……境は即ち万般差別あるも、人は即ち別ならず。所以《ゆえ》に〈物に応じて形を現わすこと、水中の月の如し〉と。」その注473を見よ。「全体作用」は極めて優れた修行者に対する、方便を用いない第一義の対応をいう。【八一】示衆一三に「如《も》し諸方の学人来《きた》らば、山僧が此間《ところ》には三種の根器と作《な》して断ず。……如《も》し出格の見解の人有りて来らば、山僧が此間《ところ》には便ち全体作用して、根器を歴《へ》ず。」「機権を把《も》って喜怒す」は相手の機根に随って権《かり》に喜怒の相を見せること。

「半身を現わす」は、見どころのある相手に対して半分だけ身を露わすこと。【七三】示衆八に、「（学人が）境惑を受けざれば、善知識は便即《すなわ》ち半身を現わす。」「或いは師子に乗り、或いは象王に乗る」は文殊のごとき智慧（理）、普賢のごとき威徳（行）による対応。李通玄『新華厳経論』巻四に、「文殊の師子に乗るは、法身佛性の根本智を創証して、断惑の駿なるを明らかにせんが為の故なり。普賢の香象王に乗るは、行の庠序ありて威徳を為すを表わすが故なり」（T三六、七四五上）。

516 「たとえば、ほんものの行脚僧ならば相見するや一喝してから、やおら膠盆なるものを持ち出す。すると師家の方はこれがカラクリだとは知らず、乗せられて禅宗的教条の型を並べる。僧は一喝して唾棄するが、目の前の師家は教条にしがみついて放さない。これこそ病膏肓に入るというもので、手の施しようがない。これを〈客が主を看破する〉という。」 まず第一のケース。以下後世「四賓主」と呼ばれる主客対応の四つのケースを述べる。前にも似た示衆があり（【七三】示衆八）、義玄は好んでこういう分類をしていたらしいのであるが、こうした接化の研究をせざるを得ない背景には、当時の禅宗社会の大衆化があった。「膠盆子」とは、獣皮を煮てできた膠《にかわ》（ゲル状の蛋白質）を移し入れた浅い箱のことで（「子」は名詞の口語接尾辞）、膠は接着剤の材料として用いるもの（『斉民要術』巻九「煮膠法」）。粘着する性質を人を束縛する文字、言語に譬え、「一箇」を冠してそういうものの譬喩であることを示す。「他の境上に上って模を作し様を作す」とは、持ち出された膠盆子の言説の機境（カラクリ）に乗せられて（持ち出した膠盆子のごとき言説にとらわれて）、人まねのワンパターンを演じること。具体的には「作用即性」説にもとづく動作・言語作用によって佛性のはたらきを示す種々のやりかた。【四九】示衆一（6）「模様を作す莫れ」注429、【七二】示衆七「幻化の上頭に模を作し様を作す」注498を見よ。「膏肓の病」は『春秋左氏伝』成公十年の故事にもとづく不治の病をいう。

517 第二のケース。「師家の方からは道具を持ち出さず、行脚僧が質問する端から、その拠りどころを見抜いて突き崩してやる。僧は崩されても必死にしがみついて、自分の立場を放そうとしない。これが〈主が客を看破する〉である。」行脚僧は各地の叢林を渡り歩いて、師家や仲間から禅的言説や教理の禅的解釈を仕入れ、それを持って更に各地の叢林へ至り、師家に質したり、あるいは師家の力量を試したりする。【八五】示衆一四（4）にいう、「今時の学人の得《よ》からざるは、蓋し名字《みょうじ》（言葉）を認めて解《げ》を為《な》すが為《ため》なり。大策子上に死老漢の語を抄《うつ》して、三重五重に複子《ふくさ》に裹《つつ》み、人を教《し》て見せしめず、『是れ玄旨なり』と道《い》いて、以て保重《ほじゅう》を為す。大いに錯まれり！」

518　第三のケース。「行脚僧が佛陀の清浄を装って師家の前に出てくる。師家はそれが衣装にすぎないことを見破って、取り上げて糞壷に抛り込んでやる。すると僧は讃嘆して、『おお！素晴らしい老師だ！』師家は、『ちぇっ！無見識者め！』僧はただちに礼拝する。これを〈主が主を看る〉という。」「境に応ずる」とは、教理にもとづいて理解された境界に応じて装うこと。たとえばここの「清浄境に応ず」とは、「佛は清浄法身なり」という教理的理解にもとづいてふるまうことである。行脚僧が「一箇の清浄境に応じて善知識の前に出」て来るとは、清浄法身を装って師家に示すことであるが、つまりは佛の清浄境を慕って「如何なるか是れ佛？」、「如何なるか是れ法身清浄？」と問う類である。これに対して見識なき師家は言葉で教理上の解説をしてやる（【七三】示衆八）が、義玄は「若し人有りて出来《いできた》り、我に問《と》うて佛を求めなば、我は即《ただ》ちに清浄の境に応じて出づ」（【六三】示衆四（2））場合もあり、また「你若し是れ境なりと識《し》得らば、把《つか》得みて便ち坑子《あな》裏に抛向《なげう》つ」（【七三】示衆八）場合もある。こうした自在な方便の対応を、義玄は「境に乗ずる」と言っている（【六三】示衆四（2））。本段では、師家はそれが「境」（教理にもとづく境界）だと見抜き、取り上げて不浄の穴に投げ捨てる（抛りどころを突き崩す）。これが「奪う」という作略である。僧は自分の立場を突き崩されて、目が覚め、師家を讃嘆するが、師家は一喝する。「咄哉！」は愚か者を譴責または悲嘆する声。僧の礼拝は師家の指導を受けとめ、「お教えありがとうございました」という礼謝。したがって、行脚僧も受け身の姿勢ばかりでない、それなりの主体性を示しているから、〈主が主を看る〉と呼ぶわけである。

519　第四のケース。「行脚僧が首に枷を担ぎ足に鎖を引きずって師家の前に出るや、師家はその上にもう一組の首枷や足鎖をはめてやると、僧はありがたがって大喜びだ。双方とも相手を見抜けない。これを〈客が客を看る〉と呼ぶ。禅師がたよ！わたしがこうした例を挙げるのは、すべて諸君に誤った魔説を弁別し、正邪を知ってもらうためなのだ。」首枷、足鎖は囚人がつける刑具。道忠はいう、「枷鎖は知見なり。佛祖の閑機境の繋縛する所と為るなり。」つまり、僧は得意になって誤った理解を披瀝し、師家は糾してやれないばかりか、さらに誤った指導をする。「諸方は説《い》う、『道の修す可き有り、法の証す可き有り』と」（【六八】示衆五）、「一般の禿比丘有りて、学人に向って道う、『佛は是れ究竟なり。三大阿僧祇劫に修行し、果満ちて、始めて成道せり』と」（【七一】示衆六（3））等の師家の説法を指す。

【七九】

520 「諸君！『しんじつまことに難しいことです！佛法は奥深い。が、いささか理解してはおります』などと言う。わたしはそう言う輩に朝から晩までこんこんと言い聞かせてやっておるのに、いっこうに気にも留めない。性懲りもなく千万回も地面を足の裏に踏んで、真っ暗なままにさまよっている。いかなる決まった姿形も持たず、しかもはっきりと独自に輝いているものを、行脚僧は信じきれず、言葉で理解しようとしておる。人生の半ばになるまでひたすら屍を背負い、荷物を担いで、あちこちあくせくと歩きまわっておる。草鞋銭を閻魔さまに取り上げられる日がいずれ来るぞ！」「実情大難，佛法幽玄，解得可可地」は行脚僧の言葉を義玄がまねて言ったいいぐさ。「実情大難」は、「ほんとうに難しい」ということ。「実情」（『古尊宿語要』以下のテクストでは「寔情」に作る。同義）は「真実の心情」であるが、会話文中には「まことに」、「ほんとうに」という口語副詞として用いることがある。『楚石梵琦禅師語録』巻一に、「三世の諸佛、歴代の祖師、天下の老和尚は心を説き性を説き、古を挙げ今を挙ぐるも、総て是れ無《む》風《ふう》帀帀《そうそう》の波、実情《まこと》に二十柱杖を与うるに好《よ》し。」「情実」も同義。『続高僧伝』巻九、釈羅雲伝に、「彼の道士は蜂飛び蟻聚まるがごとく、牛を掠《ぬす》み法を盗み、情実《まこと》に容《ゆる》し難し。」敦煌本「黄仕強伝」に「王即ち文書を把《つかさど》る人に語《つ》ぐ、『仕強を得《とら》え将《も》ち来《きた》り、猪《ぶた》の胎中《たいちゅう》に送置《そうち》せよ。』仕（強）は既に此の話を聞くや、即《ただ》ちに分疎《いいわけ》して云う、『仕強は小《ち》さきより来《このかた》実に猪雞の肉を食《くら》いしも、実に曾て猪《ぶた》を煞《ころ》さず。猪胎《ちょたい》に入らしむるは、情実《まこと》に伏《ふく》さず（まことに承服しがたい）。』と」（P．二一八六、P．二二九七）。「佛法幽玄」は佛教教理についての見解、または入門者の見解である。敦煌本「廬山遠公話」にいう、「我が佛如来の妙典は、義理は幽玄にして、佛法は思い難し。君の会《え》する所に非ず」（『敦煌変文校注』二六四頁）。敦煌本「頓悟真宗要決」に「（侯莫陳）琰は智達禅師に問う、『佛法は幽玄にして、凡人は測らず。文字は浩瀚にして、意義は知り難し。禅師に法要を請問《しんもん》せん』」（P．二七九九）。「解り得ること可可地なり」の「可可地」はここでは「相当に、かなり、甚だ」という程度の高さを表わす口語副詞（「地」は副詞をつくる口語接尾辞）。『遊仙窟』に「双《つがい》の燕子《つばめ》、可可《はなは》だ風流を事とす。即今《いま》人《われ》は伴《おあいて》を得たらば、更に亦た相い求めず」、寒山詩に「昔時は可可《はなは》だ貧しかりしが、今朝は最も貧凍《ひんとう》」（項楚『寒山詩注』第一五八首）、王梵志詩に「経紀《あきない》は須らく平直なるべく、心中は側斜《よこしま》なる莫れ。些些《すこ》しく微《わず》かに利を取るも、可可《かなり》に他家《ひと》を苦しむるなり」（項楚『王梵志詩校注』第二三三首）。ただし、張相『詩詞曲語辞匯釈』巻一に「可可」を解して「恰恰」（ちょうど）、「小小」（すこし）の義を挙げるように、文脈によって程度に幅があり、もともとあいまいな語なのである。したがって「可可」は日本語の「いささか」、「まあまあ」といった語に相当するようである。「脚底に蹋過す」は大地を踏んで行脚すること。【八六】示衆一五（1）にも「大徳よ！ 你ら波波地《あたふた》と諸方に往きて、什麼物《なに》を覓めてか你らの脚版を踏みて闊《ひろ》からしむる？」」「黒没窣地」の用例は未見。『朱子語類』に見える「黒窣窣地」と同義であろう。巻一二五「老子書」に「玄とは只是《た》だ深遠にして黒窣窣地の処に至る、那《そ》れぞ便ち是れ衆妙の所在なり」（『朱子語類』第八冊、二九九五頁、中華書局、一九八六）。その意味は「夜半は黒淬淬地」（巻一「大極天地」上、七頁）というように「まっくら闇」の意（「窣」，『集韻』蘇骨切，没韻／「淬」，『集韻』即聿切，術韻。ただし宋代では二韻は合併していたから畳韻語）。心理的な意にも用いる。「今文字を看るに未だ熟さず。所以《ゆえ》に鶻突《ぼんやり》して、都《すべ》て只だ一片の黒淬淬地と成るを見るのみ」（巻一〇「読書法」上、一六八頁）、「聖人の楽しみとは、且《しば》らく粗《あら》く之れを言えば、人の生るるや、各おの此の理を具うるも、但是《た》だ人は此の理を見ず。這裏《ここ》は都《すべ》て黒窣窣地にして、猫子狗児《ねこいぬ》の如くに相い似て、飢ゆれば便ち食《くら》わんことを求め、困《つか》るれば便ち睡《ねむ》らんことを思う」（巻二一「論語」一三、七九七頁）。「黒没窣地」は『古尊宿語要』以下のテクストでは「黒没《こくぼっ》焌地《そつじ》」に作る（「没」，『集韻』莫勃切，没韻／「焌」，同，促律切，術韻。宋代では二韻は合併）。「焌」は火の滅する意。「黒」（暗い）の意味に合わせて「窣」を「焌」に換えたのであろう。「一箇の形段無く、歴歴として孤明なる」は法身の形容。これは【四六】示衆一（3）の「是れ你らという、目前に歴歴たる底《もの》、一箇の形段勿くして孤明なる」、また【六九】示衆六（1）の「現今わが目前に法を聴く無依の道人は、歴歴地に分明にして、未だ曾て欠少《かんしょう》せず」と同趣。「学人は信不及《しんじきれず》して、便ち名句上に向《お》いて解を生ず」は【五〇】示衆二（1）にいう、「心法は形無くして十方に通貫し、目前に現に用《はたら》く。人は信不及《しんじきれず》して便乃《すなわ》ち名《みょう》を認め句《く》を認め、文字中に向《お》いて求め、佛法を意度《おしはか》る。天地のごとく懸殊《かけはな》る！」と同趣。「半百」は五十。唐李益「置酒行」に「百齢は久長に非ず、五十は将《まさ》に半百ならんとす。」百歳は理想的長寿。ひとは五十歳になって人生の蹉跌を知る。「秪管《ひたすら》に傍家《のきなみ》に死屍《しかばね》を負うて行き」以下は徳山宣鑑の示衆をまねた言い方。大慧『正法眼蔵』巻上に、「徳山老漢は你らに勧む、無事にし去り、早く休歇し去るに如《し》かずと。顚狂を学ぶこと莫れ。毎人箇《めいめいひとつ》の死屍《しかばね》を担ぎて浩浩地として去《ゆ》き、到る処に老禿奴の口《くち》裏より佗《そ》の涕唾《つば》を愛《この》んで喫《くら》って便ち道う、『我は是れ三昧に入り、蘊を修し行を積み、聖胎を長養し、願わくば佛果を成ぜん』と。斯《かく》の如き等輩《やから》は、徳山老漢の見るに、毒箭の心に入り、花針の眼を乱すが似《ごと》し。先祖に辜負《そむ》き、我が宗を帯累《まきぞえ》にし、佗《それ》を図《もと》めて道《いわ》く、『我は是れ出家児なり』と。此《かく》の如く、佗《それ》を十方の施主より消《う》くるも、水さえも消《う》け得ず。……閻羅王《えんらおう》你に草鞋銭を徴すること日有り！ 你の鼻孔《はな》を穿《うが》ち、橛《くい》上に繫著《つな》がれて、佗《そ》の宿債を償わん。老漢道《い》わざりしと言う莫れ！」「檐子」は下段【八一】示衆一三（2）に「大徳よ！ 你らは鉢囊、屎檐子を担いで傍家に走《ある》き、佛を求め法を求む」と言うのによれば肉体の譬喩で、「檐子を担却す」は「死屍を負う」と同義並列。「天下に走《ある》く」の「走」は「奔跑」（はしる）ではなく「行走」（あるく）の義。後漢から六朝期に「はしる」から「あるく」意に変化が生じ、唐代ではすでに一般化していた（蔣紹愚「従〈走〉到〈跑〉的歴史更替」、『漢語語彙語法史論文続集』商務印書館、二〇一二）。

【八〇】

521 「禅師がたよ！ わたしが『自己の外に法を求めてはならぬ』と言うと、修行者はその意味がわからず、では内面だ、心だ、とばかりに、壁を背に坐禅し、口をつぐんで舌で上顎を支え、じっとして動かず、そうすることが祖師門下の佛法であると心得ている。大間違いだ！ 君たちがもし不動清浄の境地を理想とするなら、それは無明を主人公と誤るものだ。古人の言った〈深い深い真っ暗な奈落こそはまことに恐ろしい〉とは、まさにこのことである。では、もし動くのを理想とするというならば、草木さえも動くのである。これが悟りだとは言えまい。なぜかと言えば、動くのは四大の風大、不動は地大に過ぎず、動も不動も実体なき空なのだ。もし動くところでそれを捉えたと思ったら、それは不動のところにいるし、不動のところでそれを捉えたと思ったら、それは動くところにいる。ちょうど水中の魚が波に乗ってぴちぴちと跳ねまわるように捉えられぬ。禅師がたよ！動と不動は現象として異なっているのに過ぎず、何者にも依存せぬ独立独歩の道人こそが、動も不動も使いこなすのである。」「向外《そと》に法無し」は、自己の外に法を求める修行者に対して義玄が忠告した語。前段に「道流よ！是れ伱らというわが目前に用《はたら》く底《もの》こそ、祖佛と別ならず。秖麼《た》だ信ぜずして、更に向外《そと》に求む。錯《あや》まる莫れ！向外《そと》に法無く、内にも亦た得可《うべ》からず」（【七六】示衆九（3））、また「心の外に法無く、内にも亦た得可《うべ》からず」（【六五】示衆四（5））。この「法」とはなにか？「云何《いか》なるか是れ法？法とは是れ心法なり。心法は形無くして十方に通貫し、目前に現に用《はたら》く」（【五〇】示衆二（1））。すなわち生きてはたらく修行者自身のことである。「壁に倚りて坐し、舌は上齶を拄え、湛然として不動」は坐禅に励む様子。「壁に倚りて坐す」とは、背中を壁につけて坐すこと。『続高僧伝』巻一七、釈慧思伝に「夏《げ》竟《おわ》り受歳のとき、獲《う》る所無きを慨《なげ》き、自ら昏沈を傷《いた》む。生《いっしょう》を空しく過ごせしと為《おも》い、深く慚愧を懐《いだ》く。身を放《たお》し壁に倚らんとして、背未だ至らざる間、霍爾《からり》として開悟す。」「壁に倚りて坐す」のは律では放逸として禁ぜられた坐であったから、ここでは安易な坐禅を言う。『弥沙塞部和醯五分律』巻二〇に「諸比丘は壁に倚りて坐す。諸居士は見て譏訶《そし》りて言《いわ》く、『此の沙門釈子、為是《は》た老出家なるか、為是《は》た威儀無きか？云何《いか》んが壁に倚りて坐する？』と。是《これ》を以て佛に白《もう》す。佛言く、『応《まさ》に壁に倚りて坐すべからず。』と」（T二二、一三七下）。「舌は上齶を拄う」はいわゆる北宗の煩悩対治の坐禅を指す。『禅源諸詮集都序』に「息妄修心宗」を叙べて、「故に須らく師の言教《ごんきょう》に依り、境に背き観心《かんじん》して、妄念を息滅すべし。念尽くれば即ち覚悟し、知らざる所無し。鏡の昏塵は須らく勤めて払拭し、塵尽き明現われば、即ち照《うつ》さざる所無きが如し。又た須らく明らかに禅境に趣入《しゅにゅう》する方便を解し、遠く憒閙《かいにょう》を離れ、閑静なる処に住して、調身調息し、跏趺宴黙し、舌は上腭を拄え、心は一境に注ぐべし。南侁北秀、保唐宣什等の門下は、皆な此の類なり」（T四八、四〇二中）。「祖門の佛法」は達磨禅。「取～為是……」は「以～為……」の口語形式。「無明を認めて郎主と為す」は無明煩悩という迷いを悟りと誤認すること。「郎主」は奴隷の主人をいう口語。『資治通鑑』巻一〇五、晋紀二七、孝武帝太元九年胡三省注「今の世俗は多く其の主を呼んで郎主と為す。又た其の主の子を呼んで郎君と為す」（蒋礼鴻『敦煌変文字義通釈』）。迷いと悟りの関係を奴隷と主人に擬している。引用の古人の語は未詳。おそらく百丈懐海が「教に云く、喚んで解脱の深坑畏る可き処と作す」（『百丈広録』）と言ったところと同旨であろう。禅定の三昧に執着することを「解脱の地獄」と批判した言葉である。「此の是《いい》なり」（此之是也）は「此之謂也」（～とはまさにこのことだ）の口語形。以下、動と不動をめぐって論ずるが、不動は禅定、動は作用を言い、禅定に執着する禅病も、馬祖禅の「作用即性」にこだわることもともに斥ける。草木の動きは風に揺れるに過ぎず、四大という条件による反応に過ぎない。本性（佛性）を動と不動の相に認めるわけにはゆかぬ。「所以に」以下は動不動を道と認めない理由を説いているから、「所以」は「なぜならば」の義に解さなければならない。この「所以」は結果（ゆえに）を表わす口語の連詞とは異なり、「なぜかといえば」という原因を以下に述べる用法（＝何以故）。漢訳佛典や『祖堂集』に少数ながら例のある特殊な用法である。「無形無相、無根無本、無住処にして活撥撥地」なる「即今法を聴く底《ところ》の人」（【五八】示衆三（7））のことだからであり、それが「無依の道人」である。これを「活撥撥地」たる魚に譬えるところから、「譬えば泉に潜む魚の波を鼓して自ら躍るが如し」と言うのは、世親造、玄奘訳『大乗成業論』の偈「外に身語を発するに由り、内なる心の思う所を表わす。譬えば彼の淵に潜む魚の、波を鼓して自らを表わすがごとし」（T三一、七八一中）に拠るもの。本書で「淵」を「泉」に替えているのは唐高祖李淵の避諱。この一段が唐代資料たることを示そうとするもの（【三四】注337参照）。

【八一】

522 「よそから行脚僧が来たら、わたしのところでは三種の機根に分けて断案を下す。まず、中下根の者の場合、わたしはそいつの境を奪い取って、法を除かない。つぎに、中上根の者の場合、境も法も奪い取る。上上根の者の場合、境も法も奪い取らない。もし出格の見解を具えた者が来たら、わたしのところでは、機根など問題にせず、全身全霊で応じてやるのだ。」 臨済のうわさを聞いて、河北鎮州の臨済院にまで行脚僧が訪ねて来ていた。唐代には鎮州は五台山進香道の東の起点にあたっていたから、圓仁が記録しているように、何十人もの禅僧が隊を組んで行脚と称して押しかけていたのであろう（『入唐求法巡礼行記』巻二、開成五年［八四〇］四月二十二日）。したがってそういう輩にも対応を迫られ、三種類に分けて対処するマニュアルが自然とできあがったものと思われる。中下、中上、上上の三種に下が含まれないことに、無著道忠は注意して、「禅宗は下根を接せず」（『疏瀹』巻四、一三三六頁上）と言っている。唐末の混乱期には禅宗社会は大衆化し、私度僧も多く、雑多な出自の禅僧を擁していた。本段では行脚僧の境と法に対して奪不奪で対処しているが、「四料簡」（【二〇】晩参示衆）で境と人を奪不奪で対処していたのと通じて理解すべきである。つまり法は人に属するから、「四料簡」の「人」はここでは法である。また、上上根に対して、『天聖広灯録』（『四家録』の系統）は「境法人倶奪」とするが、『続開古尊宿語要』以下のテクスト（古尊宿系）では「境法人倶不奪」となっている。三種のうちここにのみ「人」が出るのは不均衡であるから、『天聖広灯録』の「人」は「不」を誤ったもので、かつ語序を換えたと思われる（柳田聖山『臨済録』中公クラシックス、中央公論社、二〇〇四）。清の祖源超溟『万法帰心録』も「四料簡」と本段を合わせて叙述している。「問う、『如何なるか是れ〈人境倶に奪わざる〉？』答えて曰く、『心は自ら心に住し、境は自ら境に住す。上上の根来らば、境法倶に奪わず』」（巻下、禅分五宗、臨済）。中下に対して「其の境を奪う」とは、【七八】示衆一一に「学人の問処《とい》に随って即ち奪う」、「或いは学人有りて一箇の清浄境に応じて善知識の前に出づ。善知識は是れ境なるを弁得《みわ》けて、把得《つか》みて坑裏《あな》に抛向《なげう》つ」と言うように、質問者の拠って立つ教理的背景を突き崩す禅的作略である。これを受けとめて「学人便ち礼拝す」ると、「其の法を除かず。」『万法帰心録』にいう、「問う、『如何なるか是れ〈境を奪い人を奪わざる〉？』答えて曰く、『外境に住せず、惟だ心独照するのみ。中下根来らば、境を奪いて法を奪わず。』」中上に対して、『万法帰心録』にいう、「問う、『如何なるか是れ〈人境両つながら倶に奪う〉？』答えて曰く、『心境倶に空ならば、妄は何に従《よ》りてか有らん？ 中上根来らば、境法人倶に奪う。』」そうは言っても、具体的な対処が明らかになったわけではない。しかし義玄はここで行脚僧が三種のうちのどれに当たるかを見極めることを主眼とするのではなく、「出格の見解」を具えた者でなければならないと言おうとしているのである。「出格の見解」とは何か？ それはもはや行脚を必要としない「無事の人」、「無依の道人」である。それに向き合って「全体作用」するとは、達道者同士の出逢いであるから、もはや言葉はいらず、「目撃せば道存す」（『荘子』田子方篇）というように、出逢った瞬間に相契する、お互いに相手をそれと認めるだけでよいのである。もっとも、そういう人はめったにいないのであるが。

523 「禅師がたよ！ ここのところこそ、修行者としての力量の見せどころ、風をも通さぬ、電光石火の一瞬のうちにハッシと決まる。もしここで眼をきょろつかせたら、せっかくの機会を逃してしまう。〈心を差し向ければすれ違い、思念をはたらかせば、あらぬ方向へ逸れてしまう。〉アタマで解ろうとしても、それはわが目前にいるのだから、解るというものではない。」この一節は前節にいう達道者同士の出逢いを語る。ここにおいてこそ、学人が力量を発揮するところ、善知識が「全体作用」で応ずるところである。両者が相い対して、「風をも通さぬ、電光石火の一瞬に」出逢いは終る（過了也）。「石火電光」は火打石が火花を散らせ、稲妻が走るその一瞬。ここで思念をはたらかせてはならぬ。「定動」は眼を動かすこと。二字の熟語で一字の義のみが実質的意味をもつ偏義複詞である。江戸時代の無著道忠はすでにこのことに注意して、「定は眼睛の住《すわる》なり。動は眼睛の転動《きょろきょろとする》なり。定動と言うと雖も、其の意は但だ動のみに在り。双語偏用にして、急を緩急と言い、害を利害と言う類の如し」（『疏瀹』巻四、一三三七頁上）と言う。「心を擬《さしむ》けば即ち差《たが》い、念を動《はたら》かせば即ち乖《そむ》く」の二句はいずれも黄檗『伝心法要』に、外に求めるのを戒めるときに用いる句。「諸佛菩薩と一切の蠢動含霊《しゅんどうがんれい》は、此の大涅槃の性を同じくす。性は即ち是れ心、心は即ち是れ佛、佛は即ち是れ法なり。一念にも真を離るれば皆な妄想と為す。心を以て更に心を求む可《べ》からず、佛を以て更に佛を求む可からず、法を以て更に法を求む可からず。故に学道の人、直下《じきげ》に無心にして黙契《もくけい》するのみ。心を擬《さしむ》けば即ち差《たが》う。心を以て心に伝う。此れを正見《しょうけん》と為す。慎んで外に境を逐い、境を認めて心と為す勿れ」、また「諸佛と一切衆生とは唯だ是れ一心にして、更に別法無し。此の心は無始已来《いらい》、曾て生ぜず、曾て滅せず、青ならず黄ならず、形《すがた》無く相無く、有無に属せず、新旧を計らず、長に非ず短に非ず、大に非ず小に非ず、一切の限量名言、蹤跡対待を超過し、当体便ち是れにして、念を動《どう》ずれば即ち乖《そむ》く。猶お虚空の辺《へん》際《ざい》有る無く、測度《そくたく》す可《べ》からざるが如し。唯だ此の一心こそ即ち是れ佛なり。佛と衆生とは更に別異《べつい》無し。」黄檗のいう「無心」が義玄の「無事」であり、これが「出格の見解」の人である。「人有りて解すれども、目前を離れず」の「解」は、本書では概ね知解の義で用いられている（「名字を認めて解と為す」、「名句上に解を生ず」、「裏《うち》に向《お》いて解を作す」、「禅を解し道を解す」等）から、上文の「眼定動」、「擬心動念」して頭で考えることという。「目前」は本書では必ず義玄の目前に立って説法を聴いている修行者を直指する語として用いられる（「現今目前に法を聴く無依の道人」、「即今目前に孤明歴歴地に聴く者」、「道流よ！是れ你らというわが目前に用《はたら》く底こそ、祖佛と別ならず」）。したがって、ここは下文の「求著《もと》むれば即ち転《うた》た遠く、求めざれば還《かえ》って目前に在り」と同義。頭であれこれ思念しても、求めるものは自身を離れては無いということである。

524 「禅師がたよ！きみたちは鉢嚢と屎袋を担いで、叢林を軒並み行脚して、佛を求め、法を求めまわっているが、今そのように求めまわる者を、きみたちはそれが誰だか識っているのか？活き生きと活動し、まさに一箇所に安住する根をもたず、抱き寄せても近寄らず、押しやっても退かず、求めるとますます遠ざかり、求めなければ依然としてわが目前にあって、説法を傾聴しているその人のことを。これを信じないなら、あたら一生を無駄に終ることになる。」「鉢嚢」は行乞に使う鉢を入れる袋。行脚僧は鉄鉢を携えていた。圓仁は登州文登県の赤山法華院に至り県吏に差し出した状文中に、求法行脚の目的を記し、携行物を列挙して、「但《すべ》ての随身物は鉄鉢一口、銅鐃二具、銅瓶一口、文書廿余巻、遮寒の衣装等、更に別物無し」と書いている（『入唐求法巡礼行記』巻二、開成四年七月廿日）。「屎檐子」は糞のつまった荷物、つまり無常の肉体をいう。前段の「傍家《のきなみ》に死屍《しかばね》を負うて行き、檐子《たんす》を担却《かつ》いで天下に走《ある》く」（【七九】示衆一二）と同じ。「即今与麼《かくのごとく》馳《ち》求《ぐ》する底《もの》を、你ら還《は》た渠《それ》を識《し》るや？」は自己のことを言うのであるが、それを実体（たとえば「真人」）として誤って捉えないように、すぐさま「活撥撥地《かっぱつぱつじ》として、秖《た》是だ根株勿《こんしゅな》く……」と言う。「根株勿し」とは腰を落ち着け安住することのないこと。徳山の示衆にもいう、「你らは知解多きも、還《は》た曾て渠《そ》の面孔《かお》を識《し》るや？ 出家児より乃ち十地満心《じゅうじまんしん》の菩薩に至るまで、佗《そ》の蹤跡を覓《もと》め得ず。……此の虚空は活潑潑地として、根株無く、住処無きに縁《よ》る。若し遮裏《ここ》に到りて、眼孔《がんこう》定動《ご》かさば即ち交渉没《かかわりな》し」（大慧『正法眼蔵』巻上）。徳山が行脚僧その人の自己を指して「虚空」と言うのも、実体として把捉できぬためである。「擁《かか》うるも聚《あつ》まらず、撥《はら》うるも散《ち》らず」は、それを物として捉えようとしても無駄なこと。関南道常の「獲珠吟」に「心珠」を「之《こ》れを擁して聚まら令《し》むるも聚まらず、之れを撥いて散ら令むるも散らず」（『景徳伝灯録』巻三〇。『祖堂集』巻一七、関南和尚章では「楽道歌」）。では道常はいかにして「心珠」を獲得したかというと、「坐禅せず、修道せず、運に任せ逍遥して只麼《た》だ了《りょう》ぜり」と。すなわち義玄の言うように「求著《もと》むれば即ち転《うた》た遠く、求めざれば還《かえ》って目前に在り」と気づくのである。ここの趣旨は【五八】示衆三（7）「你ら若《も》し生死、去住、脱著の自由なるを欲得《ほっ》せば、即今法を聴く底《ところ》の人の、形無く相《すがた》無く、根無く本無く、住処無くして、活撥撥地なるを識取せよ！ 応是《およ》そ万種の施設《せせつ》も、用うる処《ところ》秖《た》だ処所《しょしょ》無し。所以《ゆえ》に覓著《もと》むれば転《うた》た遠く、之れを求むれば転《うた》た乖《そむ》く。之れを号《よ》んで秘密と為す」に同じ。「音を聆《き》くこと耳に囑《たよ》る」は説法を傾聴すること。窺基『妙法蓮華経玄賛』に「菩薩地に云く、夫れ法を聴く者は、音を聆《き》くこと耳に囑《たよ》り、掃滌《そうてき》し摂持《せつじ》す」（巻三、方便品）といい、唐の栖復『法華経玄賛要集』の注釈に「聆音囑耳とは、耳を以て声を取るを聆と為し、囑は聴く所の声を将《もっ》て之れを能くする耳に就くを囑と名づく（囑将所聴之声，就能之耳，名囑）。囑は託するなり」（巻一八）という。義玄の目前にあって説法を傾聴する行脚僧（目前聴法底人）のことをいう。この句、『天聖広灯録』、『四家録』は「霊音囑耳」（古尊宿系は「属」）に作るが、「霊音」は天人の奏でる音楽、あるいは説法を美化していう語であるから、「霊」は「聆」の同音（『広韻』郎丁切）による誤りであろう。「徒労百年」は「一生虚しく過ぐ」意（後文【八五】示衆一四（4））。

525 「諸君！ きみたちは行脚して、たとい一瞬のうちに華蔵世界に入りこみ、毗盧遮那国土に入りこみ、解脱国土に入りこみ、神通国土に入りこみ、清浄国土に入りこみ、法界に入り、汚穢にも入り、清浄にも入り、凡俗の世界にも入り、聖賢の世界にも入り、はては餓鬼畜生の世界にも入りこんで、あちこちと求めまわるが、われわれと同じ血の通った人は見あたらず、虚しき名辞の世界を見たにすぎない。〈幻師のあやかしと虚空の花は、把もうとしても無駄なこと。是非得失の無用な穿鑿は、ぜんぶ捨ててしまえ!〉」行脚を戒める説法がつづく。「便」は譲歩の辞(たとい~だとしても)。「一瞬のうちに……」以下は行脚僧が各地の叢林で老師から教えこまれるさまざまな説教。「華蔵世界」、「毗盧遮那国土」は八十巻『華厳経』に出るが、「解脱国土」、「神通国土」、「清浄国土」は義玄が随意につけた名前であろう。解脱、神通、清浄というめでたさを言葉によって想像させるもの。以下、法界(真実在の世界)、汚穢と清浄、凡俗と聖賢、餓鬼畜生といった言葉によって考えられた観念の世界。そうした観念の世界を、善財童子のようにひとつひとつ遍歴しても、そこに血の通った人間は見あたらず、名辞にすぎなかったと知るのである。この叙述はこれまでの義玄の説法に幾度か出てきた(【五四】、【五七】、【六四】)。「幻化と空花は、把捉するを労せず、得失是非を一時に放却せよ!」は三祖僧璨に擬せられる「信心銘」の句(『景徳伝灯録』巻三〇)。「幻化」は幻師が化作した者、「空花」は眼病によって空中に現われる花で、いずれも実体なき幻想。ここでは上に挙げた「華蔵世界」等を指す。「信心銘」の標準テクストでは「夢幻虚花」。「一時」は「いっぺんにすべて」をいう包括副詞(【七二】示衆七参照)。

【八二】

526 「諸君! わたしの佛法には、はっきりとした伝承がある。麻浴和尚、丹霞和尚、道一和尚、廬山の石拽き和尚、石鞏和尚以来の道は天下にあまねく知れわたっている。ただし俗受けはせず、非難ごうごうたるものであったが。」義玄の示衆に同時代の禅僧の名が出現するのはここだけであるが、五人の禅師の名を挙げて自身の禅の由来を述べている。「的的相承」は法の伝承に由緒正しい系譜があること。義玄は黄檗希運のもとで開悟して「その法を嗣いだ」のであるが、ここでそれを言わず、むしろ自身が共感を寄せる人の名を挙げているのは、かれ自身に後世のいわゆる法系意識がなかったことをものがたるようである。まず麻浴宝徹(生卒年未詳。「浴」は「谷」とも書く。同音)、馬祖道一に参じ、蒲州麻谷山（今の山西省永済市）に住した。丹霞天然（七三九―八二四、『宋高僧伝』巻一一）は馬祖道一に参じ、その指示で石頭希遷を訪ね、鄧州丹霞山（今の河南省南召県）に住した。丹霞と麻浴は行脚仲間である。馬祖道一（七〇九―七八八）は南嶽懐譲のもとで開悟し、洪州開元寺（今の江西省南昌市）に住した。その説法は「即心即佛」、「性在作用」（作用即性）、「任運過時」（無事）を主とし、中唐期に新興の禅宗「洪州宗」を形成、馬大師と呼ばれ、「大師の下、親しく承くる弟子は総て八十八人世に出現し、及び隠遁する者は其の数を知る莫し」（『祖堂集』巻一四、江西馬祖章）と言われ、大きな影響力をもった。帰宗智常《きすうちじょう》（生卒年未詳）は馬祖の弟子の麻浴、南泉普願（七八八―八三四）と行脚し、廬山帰宗寺（今の江西省九江市）に住した。「廬山の石頭《いし》を拽く和尚」と呼ばれるのは、『碧巌録』第四四則「禾山《かさん》解打鼓」頌評唱に引く話によると、「帰宗一日、普請して石を拽く。宗、維那に問う、『什麼処《いずこ》にか去《ゆ》く?』維那云く、『石を拽きに去く。』宗云く、『石は且《しば》らく汝の拽くに従《まか》すも、即ち中心の樹《き》子のみは動《うご》著かす可からず。』」『雲門広録』に禅僧接化の例として、「睦州喚僧」、「趙州喫茶」、「雪峯輥毬」、「帰宗拽石」、「国師水椀」、「羅漢書字」などを列挙する（巻中）。帰宗は大愚の師であり、黄檗が「馬大師の真正の法眼を得たる者」と高く評価し（『祖堂集』巻一六、黄檗章）、法眼文益「宗門十規論」（第三）にも「馬大師は八十余員《うん》の善知識を出《いだ》すも、問著《とわ》るれば箇箇阿《どいつも》碌碌地《ぼんくら》なるに、惟《た》だ廬山和尚のみ有りて些子《さし》に較《あた》れり」と評された。石鞏慧蔵《せっきょうえぞう》（生卒年未詳）はもと猟師であったが、馬祖と出逢って問答し、たちどころに弓箭を折り、自ら髪を截って出家した（『祖堂集』巻一四、『景徳伝灯録』巻六）。これら同時代の先輩和尚たちが「人の信《しん》得ずる無く、尽く皆な謗を起こす」というのは、【六七】示衆四（6）に「古え自《よ》りの先輩は、到る処に人信ぜず、逓《たが》いに出《おいだ》されて、始めて是れ貴《たっと》きことを知る。若し到る処に人尽く肯《うべな》わば、什麼《なに》を作《な》すに堪えんや!」というのに応ずる。これが当時の新興宗教禅宗「洪州宗」の、「心が佛だ」、「日常の営為のすべてが佛行だ」と公言して、坐禅看経を不要とし、「無事」を標榜した人々の、世間における評価であった。この一節、『天聖広灯録』は「道一和尚」の上に「東土」二字があり、「廬山踏石頭一路」に作り、『四家録』は「廬山而石鞏一路」に作るのを、『続開古尊宿語要』、『古尊宿語録』、『聯灯会要』巻九に拠って改め、後文に「石鞏」が出るのでここに補い校訂した。『古尊宿語録』から抽出単行化されたものの五山版（元応版、永享版）は『古尊宿語録』と同じであるが、のち美濃版（正法寺栖雲院版）が「道一和尚、廬山与石鞏和尚」に改め、以後の江戸刊本はこれに従っている。

527 「道一和尚の純然たる禅的接化に、会下の四、五百の修行僧たちは和尚の意図がわからず、右往左往するばかりだった。廬山和尚の正しさを失わぬ順逆自在なる接化に、修行者は意表を突かれて、ただ茫然とした。丹霞和尚は宝珠をあやつって、隠したり露わにしたり、修行者が迂闊に手を出すと、ことごとく罵られた。麻浴和尚の接化は味に譬えるなら黄檗の苦《にが》さ、まったく近づくこともできぬ。石鞏和尚の接化は箭をつがえて来参者を試み、みな懼れてたじたじであった。」 馬祖道一の接化に修行者がみな亜然としたというのは、かれの対話術がそれまでの佛教の教理問答とはまったく違った新しいものだったからである。「中国の禅は、実質的には馬祖から始まった」（入矢義高『馬祖の語録』序）と言われるように、馬祖の禅宗は対話の宗教であり、その「教える／教えられる」関係に立たない問答の性格によって、以後の中国禅の特色ともなった。「純一無雑」は『法華経』序品に、佛の正法の演説が「初めも善、中も善、後も善なり。其の義は深遠、其の語は巧妙、純一無雑にして、具足し、清白にして、梵行の相あり」というのにもとづく。馬祖の言葉による接化を佛陀の説法に擬するのである。廬山帰宗智常は上述のように、最も馬祖の意を得た弟子とされ、その問答も闊達自在である（『祖堂集』巻一五、『景徳伝灯録』巻七）。「自在」を底本は「一旦」に作るが、古尊宿系テクストに拠って改めた。丹霞天然には「孤寂吟」、「翫珠吟」、「驪龍珠吟」、「弄珠吟」の作があり、対象化できぬ心を見え隠れする宝珠（心珠）に譬えて詠じた（『祖堂集』巻四、『景徳伝灯録』巻三〇）。麻浴宝徹の接化が「黄檗の如く苦く、近づくこともできない」と言われるのは、例えば「佛法の大意」を問われて「良久した」のみであったこと（『祖堂集』巻一五、『景徳伝灯録』巻七）などを指すのであろう。石鞏慧蔵は出家し石鞏山（今の江西省臨川市宜黄県）に住して後、「常に弓箭を以て機を接す」（『景徳伝灯録』巻六）。つまり参問者を追い返した。義玄がここで挙げる五人の接化に共通するのは、かれが罵倒する「諸方の老禿兵」が「修す可《べ》き道あり、得可き法あり」と教える誤った接化とは対極にあるラディカルな峻厳さである。

【八三】

528「見たまえ、今日のわたしの対応はまことの成住壊空を示している。自在に変幻をあやつり、あらゆる境界に入りこんでも、到るところ、執着して求めることがないから、境界に引き回されることがない。」 前段に取り上げた先輩たちの参問者への対応に対比するかたちで、義玄みずからの接化のしかたを以下に述べる。「用処」とは「心法」のはたらき。それは「此の人は処処に滞らずして、十方に通貫し、三界に自在にして、一切の境の差別に入るも、迴換《えかん》する能わず」（【五四】示衆三（3））と言っていた観念世界の遍歴のことである。「真正に成壊する」とはあらゆる世界が成（生成し）住（継続し）壊（壊滅し）空（空に帰する）する物事の本当の姿を示すこと。「你ら但《およ》そ一切《すべて》、凡に入り聖に入り、染に入り浄に入り、諸佛の国土に入り、弥勒の楼閣に入り、毘盧遮那法界に入るとも、処処に皆な国土の成住壊空するを現ずるのみ」、「尽く諸法の空相にして皆な実法無きを見る」（【五七】示衆三（6））と言い、このように見ることが「真正の見解」であると言っている。

ここで義玄が以下に提示する境界は、実体をもたぬ空なるものにすぎず、行脚僧にかりに示す方便であることを言う。「神変を玩弄する」は、言葉によって観念世界を現出することを「あたかも幻人（魔術師）が幻像を現出するように」と諧謔的に表現した。「随処に無事なれば、境も換うる能わず」は「你ら且《ま》ずは随処に主と作れ！（しからば）立つ処は皆な真なり。境来るも迴換《えかん》し得ず」（【五二】示衆三（1））に同じく、いずこにおいても主人公の自覚をもってふるまうならば、外に権威を求める必要はなく（無事）、そのとき境（観念）に振り回されることはない。

529「諸君がここへ来て、いろいろと質問し、何かを求める。わたしはすぐにそいつが何者かを見破って要求を察知するが、そいつの方では、わたしの意図がわからぬ。わたしはそいつの要求に応じて何種類かの衣裳を著けて出てやると、諸君は解釈しようとして、ひたすらわたしの言葉のなかに入ろうとする。ああ、何たることだ！ ボンクラ坊主め！ 無眼子《むがんす》ども！ それはわたしが著けている衣裳なのだ。それによって青いだの黄色いだのと勘違いしているのだ。わたしが衣裳を脱いで、清浄の境界に入るそぶりを示すと、諸君はそれを見るや嬉しそうに擦り寄ってくる。清浄の衣裳を脱ぐと、諸君はたまげて、あわてて走りまわっては、わたしに衣裳がないと言う。そこでわたしは諸君に言ってやる、『きみにはわたしという、衣裳を著けている人間が見えるか?』するとようやく、ハッと振り返ってわたしを認める、というわけだ。」「但有」は「すべて」の義の範囲副詞。「但有《およ》そ来り求むる者」とは、臨済院へ来て義玄に「佛とはなにか」、「禅とはなにか」などと、佛や祖師の境界を得んと求める行脚僧をいう。「即便」は即時の義の口語副詞。「渠」は不特定の第三人称代名詞。「数般」は数種の義の口語。「数般の衣」とは、「浄妙国土中に入りて、清浄衣を著け、法身佛を説かん。又た無差別国土中に入りて、無差別衣を著け、報身佛を説かん。又た解脱国土中に入りて、光明衣を著け、化身佛を説かん。」(【六五】示衆四(4))と言っていたように、行脚僧が求める境界に応じて、それらしい方便説法を演出してやること。「解を生ず」は教理的解釈、または禅宗的教条によって理解すること。すべて術語が表わす観念世界である。これを「一向に言句に入る」と言う。「瞎禿子」は目明きなのに物が見えていない僧に対する罵倒の称。「無眼人」も同義で、道眼・択法眼(真理を見分ける眼、師の指導を鑑別する眼)を具えていない行脚僧のこと。「青黄赤白」は色を代表して言い、ここは「衣」に執われて穿鑿する義。「清浄の境中に入る」は上に言う「清浄衣を著けて法身佛を説く」、つまり「清浄法身」を解説してやること。「忻欲を生ず」は忻然として(喜んで)従わんと欲すること。「忙然狂走」は、わけがわからなくなって慌てて探しまわること。『古尊宿語録』巻四では「茫然狂走」に変えているが同義(「忙」、「茫」は同音、『広韻』莫郎切)。ここは宝誌「大乗讃」第九首を下敷きにしている。「世間の幾許《おお》くの痴人は、道を将《もっ》て復《ま》た道を求めんと欲す。広く諸義の紛紜たるを尋ね、自ら己身《おのれ》を救うこともなし了《え》ず。……但だ黄葉に執して金と為し、金を棄てて宝を求めしを悟らず。所以《ゆえ》に念を失いて狂走し、強《し》力いて相好を装持す」(『景徳伝灯録』巻二九)。「我が衣を著くる底の人」(我著衣底人)の「我」と「著衣底人」は同格(わたしという、衣装を着る人間)。ここを無著道忠『疏瀹』は「我とは臨済自らを言う。人とは本分那《ほんぶんな》一人《いちにん》なり」と言い、「頭を迴らして我を認め了れり」を「我とは臨済老比丘なり。言うこころは此の学人愚痴にして、『我が著くる底の人を識るや』と云うを聞きて、謬《あや》まって色相の臨済老漢を認め了れり」と説明して、「我」は肉身、「人」

は法身、この僧は法身を肉身だと誤解したと解釈している。これは鈴木大拙のいう「個一者にして超個者」という考えかたの先蹤をなすものである。しかし義玄自身は次段にも「人」と「衣」の関係をくりかえし述べているから、ここも同様に理解すべきである。義玄にとって「法身」（という語は慎重に避けて使っていないが）は言葉という衣裳にすぎず、こういう衣裳（観念）に惑わされてはならぬと言っているのである。また「本分那一人」という、肉身と区別される法身の存在の強調は、薬山系の思想であって、義玄にはないものであり、混同してはならない。

【八四】

530 「禅師がたよ！ 着けている衣裳に執われてはならぬ。衣裳が人を動かすのではない。人が衣裳を著けているのだ。清浄という衣裳、不生不滅という衣裳、菩提という衣裳、涅槃という衣裳、祖師という衣裳、佛陀という衣裳など、何でもある。禅師がたよ！ こういったすべての言葉は、みな衣裳の変奏にすぎない。言葉というものは、〈風ガ臍ノ輪ノ気海ヨリ出テ、歯デカチカチヤッテ、意味トナッタ〉にすぎず、明らかに実体なき幻である。」「箇の清浄衣」以下の「箇」は新概念であることを表わす量詞、「清浄衣なるもの」。「但有《およ》そ声名文句は皆な悉く是れ衣変なり」は【六三】示衆四（2）の「但有《およ》そ声名文句は皆な悉く是れ夢幻なり。却って境に乗ずる底《ところ》の人こそ是れ諸佛の玄旨なるを見る」と同じで、「境に乗ずる底の人」をここでは「衣を著くる底の人」と言っている。その注473を参照。「臍輪の気海中従《よ》り鼓激し、牙歯もて敲磕して、其の句義を成す」は言葉の空なることを教理の言い方をまねて言った。『大智度論』巻六「十喩釈論」に、「諸法は響の如し」を説明して、言葉は風の音にすぎず、罵られても怒るべきではないことを言うのに、言葉の性質を次のように述べている。「如《たと》えば人の語《かた》らんと欲《ほっ》する時、口中の風（出《い》づ）、憂陀那と名づく。（出已《いでおわ》って）還《ま》た入りて臍《へそ》に至り、臍に触れて響《ひびき》出づ。響の出づる時、七処に触れて起こる。是《こ》れを語言と名づく。偈に説くが如し、〈風を憂檀那と名づけ、臍に触れて上り去《ゆ》く。是《こ》の風七処に触る。項《くび》及び齗《はぐき》歯《は》脣《くちびる》、舌咽《したのど》及《およ》以び胸《むね》なり。是中《ここ》に語言生ず〉」（T二五、一〇三上）。「臍輪」は臍の円い孔を言い、入息は鼻孔から入って臍に至り、出息は臍から鼻孔に至って出ると考えられた（『瑜伽論記』巻七）。澄観『華厳経疏』巻五六に「〈腰より仙人を出《いだ》すとは）腰は臍輪の下を謂う。気海の間は是れ故《ふるき》を吐き新《あたらしき》を納む。仙を出《いだ》す所なるが故に。梵本には那髀曼陀羅と云い、此《ここ》には臍輪と云う」（T三五、九二九上）。「気海」は臍下のあたり（丹田）に気が出入りし留まるところからいう道家の用語。

531「禅師がたよ！〈音声をもって語業を外に発することにより、内なる心の思いを表現する〉と言うように、心に思うことによって観念が生まれる。それが言葉になるのであるから、みな衣裳である。諸君はひたすら衣裳に執われて実体があると思い込んでいるのだ。こんなことではいつまでたっても衣裳の専門家になるにすぎず、三界をぐるぐるまわって輪廻転生をくりかえすだけだ。外に求めぬ無事がいちばんよい。〈出逢っても誰だかわからぬ、言葉を交わしても名前も知らぬ〉、それでよいのだ。」「外に声語の業を発し、内に心所の法を表わす」は、世親造、玄奘訳『大乗成業論』の語「外に身と語（の業）を発するに由りて、内なる心の思う所を表わす」（T三一、七八一中）を言い換えたもの。『大乗成業論』は身語意の三業を解説した短篇の論で、その「語業」について次のようにいう、「語は語言を謂う。音声を性と為す。此れ能く説《い》わんと欲する所の義《いみ》を表了《あら》わす。故に名づけて語と為す。能く語らんとする思いを発するを、説《い》いて語業と名づく。或いは復《ま》た語なる者は字等の依る所にして、字等を帯《とも》なうに由りて、能く義《いみ》を詮表《あら》わす。故に名づけて語と為す。具足《つぶさ》には応《まさ》に発語の業と言うべきも、発の言を除きて、但《た》だ語業と名づく」（T三一、七八六上）。「実解を為す」とは方便に執われてそれを真実だと誤ること。「証道歌」に「亦た愚痴、亦た小騃《しょうがい》は、空拳指上に実解を生ず。指に執して月と為して枉《むな》しく功を施し、根境法中に虚《むな》しく捏怪《ねっかい》す」（『景徳伝灯録』巻三〇）。「塵劫」は塵のごとく無数の劫、多劫、すなわち無限の時間。「衣通」は義玄独自の用語で、人の著ける衣裳に通じた者の意、衣裳（言葉による観念）の専門家、つまり教理学者のこと。「依通」（六神通の一。【七二】示衆六（3））とは区別している。なお、こういう術語は観念に過ぎないという発想は趙州従諗にもある。いわく、「金佛は炉を度《わた》らず。木佛は火を度らず。泥佛は水を度らず。真佛は内裏《うち》に坐す。菩提、涅槃、真如、佛性は尽く体に貼る衣服なり。亦た煩悩と名づく。問《もと》めずんば煩悩も無し。実際理地には什麼処《いずこ》にか著《お》かん？」（『趙州録』巻中）。「三界に循還し、輪迴生死す」るのは、いくら教理を学んでも、悟って解脱することはできず、かえってその行為が悪業となるからである。「相い逢うて相い識らず、共に語って名を知らず」は南泉普願の語。「道は明暗の物に不是《あら》ざれば、一切《すべ》て認《みと》著むる莫れ。大道は冥通し、智もて能く測る莫《な》し。故に云う、〈相い逢うて相い識らず、共に語って名を知らず〉と。無事であれ!」(『古尊宿語要』南泉語要)。逢い語る相手は「道」である。人はつねに「道」とともにあるが、それが何であるかは意識しないし、強いて何であるかを求めない。それが「無事」である。『周易』繫辞伝上にいう「百姓は日用して知らず」という中国思想。上句は高適、李白の詩にも見える慣用句で、南泉がこれを中国禅の思想に応用したのである。

【八五】

532 「このごろの修行者どもがいかんのは、結局、言葉に執われて解釈ばかりしているためである。大判の帳面に死にぞこないの老いぼれ坊主の言った言葉をれいれいしく書き写してからに、三重五重に袱紗に包んでは、人に見せまいとしおって、『これぞ玄妙なる奥義だ』などと後生大事にしまっておる。大間違いだ!ボンクラどもめ!諸君は干乾びた骨を齧って何の汁を吸おうとするのか!」「得《よ》からず」の「得」は「可」(よろしい)の口語。「大策子」は大判のノート。「策子」は策子本(冊子本)の形態の書物で、大きな漉き紙を四半分に折り、下の袋を断ち、側面を糸で綴じて筆写する携帯に便利な本。行脚僧はこれを携帯して、各地の叢林で聞いた老師の語や行脚僧仲間から仕入れた情報を書き留め、またこれを見せ合ったりして仲間内で議論をしていた。雲門文偃(八六四—九四九)も同じようなことを言っている。「諸君!たといきみたちが『現実のわれあるのみだ』と宣言したところで、頭の上にもうひとつの頭をのっけたり、雪の上に霜を置き、死んでも眼をむき、かさぶたの上にまた灸をすえるようなものだ。まったくよけいな騒動だ。きみたち、どうか?めいめい自分の落ち着き先をみつけるがよかろう。行脚に明け暮れるでない!つまらぬ言葉をひねくりまわして、和尚が口を開くや、〈禅とは何か〉、〈道とは何か〉、上だの下だの、どうだこうだと問うては、答えを大判ノートに写し(大巻抄将去)、頭のなかに詰め込んでは推し量り、あちこちの炉端に三人五人と集まっては、ぺちゃくちゃ喋りあって、……飯を腹いっぱいつめこんでは、寝ぼけて、『おれは佛法がわかったぞ』などと言っておる。こういう行脚では、いつまでたっても決着がつかんぞ！」（『雲門広録』巻上）。多少戯画化されてはいるが、これが当時の行脚僧の生態であった。「抄」は「抄写」、書く、聞き書きする意。「複子」は小さなフロシキ。「複」は二重になった布で、無著道忠は「袱」（包袱）字を用いるべきで、「複」は俗字という（『疏瀹』）。「玄旨」は奥深い趣旨、玄妙な説。ここでは禅僧の語る言葉をただ高尚玄妙な道理として観念的に受け止め、ありがたがって言う。「保重」は大切にする意。「瞎屢生」は正しく物を見ない愚人を罵っていう罵語（【四九】示衆一（6）注429参照）。「枯骨上に向《お》いて什麼の汁をか覓む！」とは、人が捨てる骨を齧る飢えた犬のやること（【六五】示衆四（4））。

533 「見識のない連中どもは、経典をひねくりまわして、あてずっぽうで相談しては意味をでっち上げようとばかりしておる。人のウンコを口に入れてくちゃくちゃ咬んでは、また吐き出して他人に食わせてやるようなものだ。まるで俗人が早口言葉を言わせるようなことをやって、一生を無駄に送るつもりか！『おれは出家人だ』と口ではえらそうに言うが、『佛の教えとは何だ？』と問われたら、たちまちグウの音も出ず、眼はただのふし穴、口はへの字の天秤棒だ。こういう輩はたとい弥勒菩薩が救済に現われても、とっくに地獄の世界に連れて行かれて、責め苦に苛まれていることだろう。」 義玄が批判を浴びせる第一の類は教家（教理学者）、第二の類は禅家（禅の老師の教条的理解）である。教家は経典の言葉を解釈し、他の経典と整合させて敷衍するもので、すべて教理の言葉の操作につきる。これを義玄は犬や酒令（酒席の言葉遊び）のようだと悪罵するのである。「屎塊子」は「屎橛」に同じく、乾いて固まった人糞。徳山宣鑑は言った、「佛は是れ老胡の屎橛」（大慧『正法眼蔵』巻上）。老胡は印度人釈迦のこと。佛語は印度人のたれた屎だ。それをありがたがって服膺し、また人に説いて聞かせることをシニカルに言う。「人の屎橛を咬むは好き狗に不是《あら》ず」（『大慧語録』巻一四「秦国太夫人請普説」）というように、こんなのは犬でも上等の犬ではない。「打伝口令」の「打」は口語の代動詞（やる、する）。「伝口令」は早口を言わせる酒席の言葉遊び（酒令）の一種で「急口令」、「拗口令」という（王昆吾『唐代酒令芸術』知識出版社、一九九五）。唐牛僧孺『玄怪録』巻二「劉楓」にその実例が見え、幽霊の女たちが簪を順番に回して「令」の句「鸞老頭脳好、好頭脳鸞老」を早口で言わせ、吃音の下女をからかったという（古小説叢刊、中華書局、一九八二）。『雲門広録』巻上の上堂に、「諸方の老禿奴は曲木禅床上に座地《すわ》りて、名を求め利を求め、佛を問うては佛を答え、祖を問うては祖を答う。屙屎送尿《あしそうにょう》（クソったれ、ショウベンたれ）なり。三家村裏の老婆の伝口令に相い似たり。箇の什麼《なん》の好悪をか識らん！ 総て這般《これら》底の似《ごと》きは水も也《ま》た消《う》け難し。」また『大慧語録』巻一六「悦禅人請普説」に、「只だ適来《さき》の上座の如きは、〈奪人不奪境〉の一段の話を問うも、只知《た》だ冊子上より念じ将《も》ち来《きた》るのみにして、如法に他《かれ》に答うるも、又た理会し得ず。一段を問い未だ了《おわ》らざるに、又た一段を問う。恰かも村人の伝口令を打《や》るが如きに相い似たり」などの言いかたからすると、田舎者が興ずる他愛ない遊びであったらしい。「我は出家なり」と言う意図は、供養を受けて当然だという料簡。「漆突」はカマドから煙を出す窓となる穴（煙突）で、「漆」は黒色をいう。見開いた眼に譬える。「楄檐」は天秤棒（「扁擔」とも書く）。「弥勒出世」は、未来世に弥勒菩薩が兜率天から下生し説法して、衆生を救済するという『弥勒下生経』による信仰。唐代にたいへん流行した。「他方世界」は「此方世界」（この世）に対する語で、死んでからゆく世界。ここでは、出家して信施を受けながら、それに報いる生きかたをせず、地獄に堕ちて罰せられることをいう。弥勒菩薩が下生しても、そんな連中は救いきれない。ここは澄観『華厳経随疏演義鈔』巻一二に謗法の罪によって地獄に堕ちる説をふまえて言う。「此方に阿鼻地獄に堕ち、此方の劫の壊するも、罪は猶お未だ畢らず、他方の阿鼻地獄中に移置せられ、他方の劫の壊するも、罪は亦た未だ尽きず、復た他方に移さる。是《かく》の如く十方の阿鼻を巡歴し、各おの劫の尽くるを経て、還《ま》た此土の阿鼻獄中に生る。千佛の出世して之れを救わんとするも猶お難し」（T三六、八九上）。

【八六】

534 「禅師がたよ！ いったい何を求めて、あたふたとあちこちの叢林を、足の裏が扁平になるまで渡り歩いておいでか？ 求むべき佛などない。悟るべき道などない。手に入れるべき教えなどない。〈みずからの外に佛のすがたを探しても、それはきみ自身とはしっくりゆかぬ。きみの本心に出会おうとしても、合うも離れるもないものを〉と言う通りだ。諸君！ 真の佛は形がない。真の道は本体がない。真の教えは言葉がない。この三つが渾然一体となって一箇所にあるのだ。これは弁別できぬものとしてあるから、〈忙々たる業識の衆生〉と呼ばれるのである。」「波波地」は慌ただしく歩きまわる貌《さま》（【四九】示衆一（6）注427参照）。「你の脚版を踏みて闊からしむる」（「闊」は動詞「踏」の結果を表わす補語）という言い方は徳山宣鑑の示衆をまねたもの。「仁者《おんみら》よ！ 走《ある》き蹋《ふ》みて汝の脚板を闊《ひろ》くし去る莫れ。別に禅道の学ぶ可き無し」（大慧『正法眼蔵』巻上）。「脚板」は足の裏（「脚掌」、「脚底」とも言う）。「闊」は歩き過ぎて足の裏が扁平になったと感ずること。宋羅大経『鶴林玉露』巻一、乙編「住山僧」の詩に「老僧は脚底従来より濶《ひろ》し、未だ必ずしも枯髏を此《ここ》に就いて埋めず」（唐宋史料筆記叢刊、中華書局、一九八三）。「佛の求む可《べ》き無く、道の成す可き無く、法の得可き無し」は、すべてそれらは、みずからの外に求めんとし、成さんとし、得んとして設定すべき対象ではない、対象化しては獲得できぬことを言う。下文に言うように「真の佛は形無く、真の道は体無く、真の法は相無し」だからである。なぜなら、それらはとっくにみずからに備わっているからであり、あらためて求むることも、あらためて成さんとすることも、あらためて得んとすることも無用である。「外に有相の佛を求むるも」以下の四句は禅宗の伝灯説にいう天竺第八祖佛陀《ぶっだ》難提《なんだい》尊者が伏駄《ふだ》蜜多《みった》の問に答えた偈（『宝林伝』巻二、『祖堂集』巻一、『景徳伝灯録』巻二）。「汝と相い似ず」と言うのは、無相の汝（伏駄蜜多）の心こそが求むべきものだということ。しかしその「本心」を求めようとしても、もともと汝自身に備わっているのであるから、あらためて「合することも、また離れることもない」わけである。「真の佛は形無く、真の道は体無く、真の法は相無し」は【七二】示衆七に「真の佛は形無く、真の法は相無し」と言っていた、その注498参照。ここでは「真の道は体無し」がつけ加えられているが、義玄によれば、道には「本体」なるものはなく、「作用」（はたらき）としてのみ顕現する。つづけて「三法混融し、一処に和合す」と言うように、真佛・真道・真法は心に収束する。前段にいう、「心法は形無くして十方に通貫し、……本と是れ一精明（心）にして、分れては六和合と為る。一心既に無くんば（実体なきものと見れば）、随処に解脱す」（【四七】示衆一（4））。「弁ずること既に得ず」（弁既不得）は、そのような心はもともと弁別できない性質のものであること。「忙忙たる業識の衆生」は業力に突き動かされて生きるわれわれ衆生。『大乗起信論』に「業識は無明の力もて、不覚にして心動く。」唐の粛宗が慧忠国師に問うた語に「一切衆生は忙忙たる業性にして、本の拠る可き無く、日用して知らず」(『祖堂集』巻三、慧忠国師章)、潙山霊祐の語に「一切衆生は但だ忙忙たる業識のみ有りて、本の拠る可き無し」(同、巻一八、仰山章)と言う。仰山はこれに対して、いきなりある僧の名を呼び、僧が返事をすると、「是れ什摩物《なん》ぞ?」と問うたが、僧はわからなかった。そこで言う、「汝も亦た本の拠る可き無し、但だ忙忙たる業識のみに非ず。」ここで名を呼ばれて、思慮を差し挟まず答えるものが、つまり業識であり、「何だ?」と問うて、答える本性を直示してその作用の主体に気づかせようとしたのが、馬祖禅の「性在作用」の作略であった。

【八七】

535 僧が問う、「何をもって真の佛といい、真の法といい、真の道と言われるのか。師よ、どうかお示しください。」師、「佛とは心の清浄なることだ。法とは心の光明のことだ。道とは至るところに蔽われることなく射している浄光のことだ。この三つは結局ひとつであって、みな宝誌和尚が言うとおり実体なき空なる名辞にすぎない。」前段の示衆に「真の佛は形無く、真の道は体無く、真の法は相無し」と言ったのを承けて、僧はそのことを更にわかりやすく説明してくれと求めたのであるが、義玄にとって教理問答をやるつもりはないのであるから、説明など不要なことであった。したがって、「心清浄、心光明、心無礙浄光、要するに心だ、しかも実体のない名辞にすぎぬ」ととりあえず言ってやったのである。「志公の作」とは梁の宝誌「十四科頌」の第十二「境照不二」にいう「天堂と地獄は一相、涅槃と生死も空名。亦た貪瞋の断ず可き無く、亦た佛道の成す可き無し」(『景徳伝灯録』巻二九「志公和尚十四科頌」)を指す。

536「れいの道人が求めまわる妄念を止められなかったところへ、達磨が印度から来て、他人から騙されぬ一箇のまっとうな人間を捜そうとした。のちに二祖となるその道人神光に出逢うと、かれは一言のもとに悟って、はじめてこれまでの努力が無駄な骨折りだったと了解したのだ。」「道人は念念の心間断せず」の「道人」は達磨が嵩山で出逢った神光を指す。『景徳伝灯録』巻三、菩提達磨章に以下の記述がある。「梁の普通八年(五二七)十一月二十三日、達磨は北魏の都洛陽に至った。孝明帝太和十年のことである。嵩山少林寺に寓居して、面壁坐禅し、終日黙然であった。これを見た人々は、その意を測りかねて、〈壁観の婆羅門〉と呼んだ。そのころ神光という闊達な男が博学で知られ、玄談に優れていたが、つねづね『孔子や老子の教えは礼義作法と風俗教化にすぎず、荘子と易の妙理も完全とまではいかぬ』と言っていた。『近ごろのうわさでは、達磨大士なる人が少林寺に住んでいるとか。立派な人が身近にいるのだ、ひとつその玄なる境地を訪ねてみよう』と、少林寺へ行って、朝夕あいさつに伺ったが、師はいつも壁に向かって相手にせず、一言も教えを聴くことができなかった。神光は思った、『昔の人は骨を斬って髄を取り出し、血を出して餓えた人を救い、みずからの毛髪を泥に敷いて佛を歩ませ、崖に身を投じて餓えた虎に供養したという。古人でさえここまでやったのだ。おれはいったい何をしているのだ！』その年の十二月九日、大雪が降ったが、神光は決意して雪の中に立ちつくし、夜明けになると雪は膝にまで達した。師は哀れに思って声をかけた、『おまえは雪の中に立ちつくして、何を求めているのか？』神光は泣き出して言った、『どうか和尚よ、方便の手立てをもって人をお救いください。』師、『諸佛の無上の妙道は、万劫にもわたって励み勤めて、行い難きを行い、耐え難きに耐えて、はじめて得られるのだ。おまえ如き無徳無智、軽慢の心の者がそこへ至る乗り物を欲したところで、無駄な努力というものだ。』神光は師の言葉を激励と受け取り、ひそかに刀を取り出し、左臂をぐいっとばかりに斬り落として、師の前に差し出した。師はこいつは本物だと知って言った、『諸佛は最初の求道から、法のために身を惜しまなかった。おまえは今わたしの前で臂を斬った。みごとな求道だ。』師はそこで慧可（みごとな智慧）という名をつけてやった。問う、『諸佛の教えをお聞かせください。』師、『諸佛の教えは他人から得るものではない。』『それではわたくしの心が落ちつきませぬ。どうか師よ、わたくしの心を安らかにさせてください。』師、『ではその心を持って来なさい。安らかにしてやろう。』『心を捜し求めても、得られませぬ。』師、『きみの心はこれで安らかになった。』」「一言もて便ち了《さと》る」はこの「安心問答」を指す。この一段は本文に異同がある。底本（天聖広灯録）の「如志公作。道人念念心不間断」（『四家録』同）を古尊宿系テクストは「如真正作道人，念念心不間断」（宋版『続開古尊宿語要』、宋版『古尊宿語録』、明版『四家語録』、元応版『臨済録』）、「如真正学道人，念念心不間断」（明版『古尊宿語録』、永享版『臨済録』）となっている。すなわち、圓覚宗演は「志公」を誤りと見て「真正」に改め、のちの版が「真正作道人」ではおかしいからさらに「真正学道人」に改めたのである。その結果、「念念心不間断」をまっとうな修行者の心のありかたと誤解することになった。「念念心」は一瞬一瞬の心の動きのことであるが、『臨済録』では「念念馳求心」というように、外に価値を求めまわる妄念を言う。たとえば、「你ら若し念念の心歇《や》み得ずんば、便ち他《か》の無明樹に上り、便ち六道四生に入り、毛を披《き》て角《つの》を戴く。你ら若し歇め得なば、便ち是れ清浄身界なり。你らが一念生ぜずんば、便是《すなわ》ち菩提樹に上る」（【七七】示衆一〇）、「你ら若し能く念念に馳求する心を歇め得なば、便ち祖佛と別ならず」（【四四】示衆一（1））、「秖だ你ら信不及《しんじきれざる》が為に、念念に馳求して、頭を捨てて頭を覓め、自ら歇む能わず」（【五五】示衆三（4））等。

537「わたしが今日諸君に語った見解は、諸君こそが達磨や佛陀と別ではないということである。最初の一句でただちに了解した者は、達磨や佛陀の師となれる。第二句で了解した者は、人間界と天上界で師となれる。それでもわからず、第三句でようやく了解できるようなら、人を救うどころか、自分さえも救い得ない。」「祖佛と別ならず」の主語は義玄の前の「聴法底の人」であって、「山僧の今日の見る処」ではない。「第一句、第二句、第三句」と言うが、それぞれに相当する句が上文にあるのではないから、上根、中根、下根というほどのランクであろう。『趙州録』巻上にも「示衆に云く」として前提の語なく、いきなり同じ言い方をしている一段がある。本段では「祖佛と別ならず」と言っておきながら、上根の者は「祖佛の師と為る」と続けるのは、文脈に飛躍があって不自然であり、記録と編集に問題があるようである。

【八八】

538問う、「達磨が印度から来た意図とは何でしょうか？」師、「もし意図があったなら、人を救うどころか、自己さえも救えはしない。」僧、「意図がなかったなら、どうして二祖は達磨の意図する法を得たのですか？」師、「得たとは、得なかったということだ。」僧、「得なかったのなら、得られなかった意図とは何だったのですか？」師、「やれやれ、きみはそのようにどこへ行っても求めまわることをやめない。だから祖師は言ったのだ、〈コラッ！ 一人前の男のくせして！ 自分の頭で自身の頭を捜しまわってどうする！〉と。きみが言下に迴光返照して、他に求めることなく、自己の身心が達磨や佛陀と別物でないと知り、ただちに無事になったとき、それこそが法を得たと言えるのだ。」「如何《いか》なるか是れ（祖師）西来の意？」とは、達磨は何を伝えたのかという問い。達磨が慧可に語ったという偈に「吾は本《も》と茲《こ》の土に来《きた》りて、法を伝えて迷情を救う。一花五葉を開き、果《み》を結んで自然に成る」（『景徳伝灯録』巻三、菩提達磨章）と言い、馬祖道一は「達磨大師は南天竺国より来《きた》りて上乗一心の法を伝う」（『宗鏡録』巻一）と言う。黄檗も「達摩大師は中国に到りてより、唯だ一心を説き、唯だ一法を伝うるのみ」と言うが、しかしすぐにつづけて「法は即ち不可説の法、佛は即ち不可得の佛」、「然らば心は即ち無心、得るとは即ち得る無し」と言って、じつは「得るとは得るものがないということにほかならぬ」（入矢義高『伝心法要 宛陵録』三八、四五頁）ということに帰する。原文「得者是不得」とは、「得たと言われるのは、じつは得なかった（不得）、なぜなら得るものは何もなかった（無得）ことに気づいた」ということ。達磨が伝えたのは「一心の法」（心という教え）であるが、教えと言っても、言葉で説明できるものではない。説明すれば、説明に堕して、心そのものではなくなる。心そのものと言っても、自身の心のことであるから、教えによって得るものではない。義玄がここで「迴光返照して、更に別に求めず、身心の祖佛と別ならざるを知る」と言うように、回心の宗教体験（黄檗のいう「黙契するのみ」）によってのみ、このことが深く体会される。「迴光返照」の「返照」とは、沈んだ太陽が夕空を照らし、その余暉でこちら側が明るい状態をいう。『九家集注杜詩』巻三二「反照」詩注に引く梁元帝『纂要』に「日《ひ》西に落ちて、光《ひかり》束を反照するを反景《へんえい》と謂う。」ここから佛教語としての「迴光返照」は自己省察をいう。義玄は自己の感覚器官がはたらくことを光を発することに譬える（【四四】示衆一（1）「六道の神光、未だ曾て間歇せず」）。ものを見るというとき、眼から発する光によってものが見える。その「見る」はたらきを、自己にそなわる佛性の作用として自覚することが「見色見心」という悟道の方法であり、それがすなわち、その光を自己に向ける「迴光返照」である。ここでは「迴光返照」、「更不別求」、「知身心与祖佛不別」、「当下無事」が並列であり、同時である。祖師の語として引く「咄哉……」は出所未詳。「咄哉！　丈夫よ！」は愚行を叱る語（『法華経』五百弟子受記品、六十巻本『華厳経』巻二八に見える）。「将頭覓頭」は『宗鏡録』巻九八に引く甘泉和尚の語に「若し能く自心を識らんとせば、心外に更に別佛無く、佛外に別心無し。乃至《たと》い挙動施為するも、更に是れ阿誰《たれ》ぞ？　此の心を除いて外に、更に別の心無し。若し別に更に有りと言わば、汝は即ち是れ演若達多、頭を将《もっ》て頭を覓むること、亦復《ま》た是《かく》の如し」（T四八、九四三中）。「便自」は六朝時代から使われる中古漢語の口語。「当下」は即時、即座の意の口語。

【八九】

539 「禅師がたよ！　わたしはいま已むを得ず、ともに商量して、ごたごたと汚らしいものを並べ立てたのだが、どうか禅師がたよ、誤解しないでもらいたい。わたしの見かたでは、本当はあれこれの道理などないのである。使いたければ使うがよい。使わなければそれまでだ。」　ここで、義玄はしゃべりすぎを反省し、語調を変えて、「大徳よ！」と呼びかけ、「言帰正伝」の話にもどす。第二七段「昇座」に「山僧今日、事已《ことや》むを獲ず、曲《つぶ》さに人情に順《したが》い、方《はじ》めて此の座に登る。」方便を用いることをこのように言う。「話度」は本書後段【九四】示衆一四（1）にもう一度、「大徳よ！　因循して日を過ごすこと莫れ！　山僧は往日未だ見《けん》処《じょ》有らざる時、黒漫漫地にして、光陰空しく過ごす可からずと、腹熱く心忙しく、奔波《あたふた》と道を訪ぬ。後に還《かえ》って力を得て、始めて今日に到りて、道流と是《かく》の如く話度す」と見えるのみで、他の用例を知らない。「度」が商度の義（『爾雅』釈言「揆，度也」郭璞注）ならば、音は徒落切（タク）で、語話商量の意であろう。「許多」は多い意の口語。「不才浄」（不潔なもの）は言葉（口頭語、書写文字）を軽蔑していう語。『枯崖漫録』巻下「平江府開元別翁甄禅師」条に、「釈迦老子は未だ明星を覩《み》ざる以前、不妨《はなは》だ人をして疑著せしむるも、既に明星を覩たる後は、許多《あまた》の不才浄を説き出し、心肝五臓総て別人に覷破《みやぶ》らる」。これを四字に伸ばして「不才不浄」、または「不材不浄」ともいう。『北磵居簡語録』巻一「浄慈光孝禅寺語録」法語に、「諸方は曲彔床《きょくろくしょう》の辺に不才不浄を吐き出《いだ》す」、『大慧語録』巻二四「遵璞禅人に示す法語」に、「近世は此の道寂寥たり。師資は相い信ぜずして、須《かな》らず一片の故紙上を仮り、些かの悪毒、不材不浄を放って学者に付与し、これを禅会子と謂う」

〈近頃は師と弟子の真の契合信頼が失われて、互いに信用しないから、紙の上に悪毒糞尿を垂れ流して修行者に与え、これを印可状などと言っている〉。「弁才浄潔」〈説法の才能の優れたること〉の語から意味が転化したものであろう。「且《ま》ずは」は勧奨の副詞。「実に許多般の道理無し」はひとつであることを言う。前段の「無事」を指す。【七六】示衆九（3）にも、「山僧の見る処に約せば、如許多般《おおきこと》無し。祇《た》是だ平常に衣《きもの》を著て飯《めし》を喫《くら》い、無事に時を過ごすのみ」と言う。その注510参照。「用いんと要せば便ち用いよ」は

540

【四四】示衆一（1）にも「山僧の人に指示する処の如きは、祇《た》是だ你らの人惑《にんわく》を受けざらんことを要《ほっ》するのみ。用いんと要せば便ち用いよ。更に遅疑《うたが》う莫れ！」とある。

「たとえば、よそでは六度万行を佛教の修行だと言って勧めているが、わたしに言わせれば、それは佛教の形式的な修行、教化のための行事にすぎず、ほんとうの佛教ではない。たとい戒律を厳格に守ること、油を皿に満たして人混みを突き抜け、一滴もこぼさぬごとき綿密さであっても、道眼が明らかでなければ、牛馬に生まれかわって宿債を返済し、閻魔王の前で無駄飯の代金を請求される日が必ず来る。なぜか？〈僧となっても真理に通じなければ、生まれ替って信施を返さねばならぬ。梵摩長者が八十一歳になるまで、この樹は茸を生じて供養した〉というとおりだ。たとい高峰にひとり籠り、一日一食、坐禅三昧、日に六度の礼拝を欠かさずに勤めたとしても、すべて地獄行きの業づくりの人である。たとい首を差し出し、眼玉を施し、髄も脳も捧げ、国都も妻子も、象も馬も宝石をもすべて布施したとしても、施しをするという料簡をもつならば、わが身を苦しめるだけで、かえって悪果を招く。無事に落ちついて純粋無心に生きるほうがよい。たとい修行して最高位の十地に到った菩薩でも、神通力でこういう道人の修行の形跡を見つけようとして、見出すことはできない。だからこそ天神は歓喜し、地神は足を捧げ、十方の諸佛も讃歎しないものはない。どうしてこうなるのか？　いまわが目前に説法を聴いている道人のはたらきには痕跡がないからである。」「六度万行」は六波羅蜜〈布施、持戒、忍辱、精進、禅定、智慧〉を実践するすべての修行。【六六】示衆四（5）にも「你らは言う、『六度万行斉《ひと》しく修せん』と。我は見るに、皆な是れ造業なり。」その注481参照。「荘厳門」、「佛事門」は佛教行事の装飾、衆生教化にかかわる行事。「油を擎《ささ》げて灩《こぼ》さず」は謹厳専一に修行する譬え。詳しくは

『修行道地経』巻三、勧意品に、また『涅槃経』高貴徳王品には略して説かれる故事。ある国王が大臣を任用するに際し、その人を試すべく、故意に重罪を著せて命じた、「油を入れた鉢を両手に捧げたまま、城内の北門から街中を通って南門を出、城外二十里の調戯園まで行け。もしも一滴もこぼさずに到達できたら、命を助けてやろう。」その人は恐懼して、ひたすら精神を鉢油に傾注し、人混みの中をすり抜け、絶世の美女の舞にも目をくれず、また巨象が暴れ、暴風が襲って樹木家屋を倒し、落雷で火事が起こっても決して動揺せず、結果みごとに完遂して賞讃を得たという話。「灩」は『天聖広灯録』以外みな「潤」（流れ出る）に作る。「灩」字を用いるのは、ここの表現が『瑜伽師地論』巻三二の「平満鉢油、勿令灩溢」に拠っているためである（汪維輝「『臨済録』の言語に関する諸問題」、『臨済録研究の現在―臨済禅師一一五〇年遠諱記念国際学会論文集―』禅文化研究所、二〇一七）。「道眼」は真理を見る曇りなき眼。自身の修行を回想していう【七四】示衆九（1）に、「山僧の秖如《ごと》きも往日曾て毗尼《びに》中に向《お》いて心を留むること数十年、亦た曾て経論に於いて尋ね討《もと》む。後に方《はじ》めて是れ済世の薬方、表顕の説なりと知り、遂乃《かく》て一時に抛《す》て却《さ》り、即《ただ》ちに道を訪ね禅に参ず。後に大善知識に遇い、方《はじ》乃めて道眼分明にして、始めて天下の老和尚を識《みわ》け、其の邪正を知れり。娘生下《にょうしょうげ》にして便ち会するに不《あら》是ず、還《かえ》是って体究錬磨して一朝に自ら省《さと》れり。」彷徨の末に黄檗に出逢って「道眼」の分明《あきらか》なるを得た。それは第一段「大悟」に言うように「即心即佛」という真理の体得であった。「須《すべか》らく債を抵《いた》し、飯銭《はんせん》を索《もと》めらるること日有り！」は、償債の考えかたをいう。出家し信施を得て生活していながら、真理を悟らず、誤った修行に一生を費し、死んでから地獄で責め苦に遭ったうえ、牛馬に生まれかわって返済すること。【四九】示衆一（6）「是の如《かく》きの流は、尽く須らく債を抵《いた》して、閻老の前に向《お》いて熱鉄丸を呑むこと日有り！……瞎屢生！飯銭を索めらるること日有り！」の注429参照。原文「有日在」の句末の「在」は確信の語気助詞。「入道して理に通ぜずんば」以下の四句は『景徳伝灯録』巻二、第十五祖伽那提婆章に見える偈。梵摩長者とその子（羅睺羅多尊者）が一比丘を長年供養したが、「然るに此の比丘は道眼未だ明らかならず、虚しく信施に霑《うるお》うのみなるが故に、報じて木菌《きのこ》と為る」、つまりこの比丘は死んで、長者が八十一歳になるまで、樹木に生える茸となって二人の食に供し償債したという故事（『宝林伝』巻三に詳細な叙述がある）。以下三つの「乃至」（たとい〜であっても）をたたみかけて例挙する。「孤峯に独宿し、一食卯斎し、長坐して臥さず、六時に行道す」は、徳山宣鑑が外道の修行だとして列挙する苦行。その示衆に「孤峯に独宿し、一食卯斎し、長坐して臥さず、六時に礼念するも、佗《か》の生死を疑（礙《さ》）えんや？（生死輪廻を超脱できぬ）」（大慧『正法眼蔵』巻上）とある。こうした修行に没頭する者は「業を造る底の人」、解脱できぬ人である、と。「頭目、髄脳」以下は羅什訳『法華経』提婆達多品に、佛陀が前世で国王であった時に『法華経』の説く無上菩提の教えを求めて、「六波羅蜜を満足せんが為に、布施を勤行し、心に悋惜《おし》むこと無し」として列挙した項目、「象馬七珍、国城妻子、奴婢従僕、頭目髄脳、身肉手足、躯命を惜しまず。」「純一無雑」は【八二】示衆一四（1）に「（馬祖）道一和尚の用処の純一無雑なるが如きは、学人三百、五百、尽く皆な和尚の意を見ず。」もと『法華経』序品に過去佛の日月灯明如来が説法して完全無欠であったことをいう語であるが、ここでは「無事」こそが完全な修行だという。ゆえにいかなる神通力をそなえた菩薩も、人為的努力を離れた道人の心の痕跡を察知することはできない。「修行の力によって到ったものでないからである」（柳田聖山『臨済録』一六五頁、仏典講座、大蔵出版、一九七二）。黄檗『宛陵録』にいう、「心の体は虚空の如くに相い似て、相貌有る無く、亦た方処無く、亦た一向《ひとえ》に無きに不是《あら》ず、有るも見る可からず。……若し縁に応ぜざる時も、其の有無を言う可からず、正に応ずる時も、亦た蹤跡無し」。ただし、ここも徳山の示衆の語に拠っている。「出家児は乃至《たと》い十地満心の菩薩なるも、佗《そ》の蹤跡を覓《もと》め著《え》ず。所以《ゆえ》に諸天は歓喜し、地神は足を捧げ、十方の諸佛も讃歎し、魔王も啼哭す。何を以ての故に？此の虚空の活潑潑地として根株無く、住処無きに縁《よ》ればなり。」さいごに義玄は、「今わたしの説法を聴いている諸君こそがこの道人にほかならぬ」と言って、この一段を締めくくる。

【九〇】

541 問う、「〈大通智勝佛は十劫ものあいだ菩提道場で禅定を修したけれども、佛法を悟ることができず、佛道を完成することができなかった〉と言われますが、これはどういうことでしょうか？ご教示ください。」この四句は羅什訳

『法華経』化城喩品のさいごに総括して説かれる偈の冒頭の句。大通智勝佛は十劫のあいだ悟りを開くことができず、つぎの十劫でようやく悟り、その悟りの内容である四諦十二因縁の法を人々に語って聞かせたという。すなわち佛道修行は無限の長きにわたる努力を要するが、決して懈怠を生じてはならず、あたかも隊商が長い道のりを行くのに、中途で困難に遭遇し目的地への到達をあきらめそうになると、佛陀は砂漠に幻の町（化城）を化作して安息を与え、勇を鼓して進ませたように、悟りへの努力を励ますというのが化城喩品の内容である。

542 師、「〈大通〉とは、自己がいずこにあっても、あらゆるものは恒常不変の性質なく、固定の姿なしという真理に通達するのをいう。〈智勝〉とは、いかなる場所においても疑わず、何者も得べきものはないことである。〈佛〉とは、清浄な心から発する光明が世界を照らすものである。〈十劫ものあいだ菩提道場で禅定を修した〉とは十波羅蜜をいう。〈佛法を悟ることができず〉とは、佛も法ももともと新たに生じたり滅したりするものではないゆえに、あらためて悟ることはないということだ。〈佛道を完成することができなかった〉とは、佛があらためて佛となるはずはないということだ。」『法華経』化城喩品の偈句の言葉をいちいち再定義しているのであるが、教理を説くのが目的なのではなく、大通智勝佛が悟れなかったのは、がんらい佛である以上、さらに悟って佛とならんと求める必要はなかった、と解釈するのである。経典の語を再定義して禅的解釈をなす手法は、初期禅宗史において「北宗」の人々が多用したもので、強引な附会が多いが、ここでも「十劫」を「十波羅蜜」（布施、持戒、忍辱、精進、禅定、智慧の六波羅蜜に方便、願、力、智を加える）とするなどはその類である。

543 「古人の言葉に、〈佛は常に世間にいながら、世間の法に染まらぬ〉という。諸君よ！　もしきみたちが佛になりたいと思うならば、対象に執われて分別してはならぬ。〈分別の心が生じたとき種々のものが現われ、その心が滅したとき種々のものは消える〉、〈外に求める心が生じないなら、あらゆる物事に妨げはない〉と言われるとおりだ。世間にも出世間にも、求むべき佛もなく法もない。またあらためて悟って現われるのでもなく、迷って失われるのでもない。佛や法があるとしても、それはみな言葉や解釈なのであって、いわばむずかる子どもを抱きとめて、あやして飲ませる薬の効能書きの文句である。しかも文句はそれ自体で成立するものではなく、いまわが目前にいるきみたちという、明るくくすしき光明を発し、感覚をはたらかせて万物を照らすものこそが、一切の文句を成立させるのである。禅師がたよ！ 無間地獄に堕ちる五つの悪業をなしとげて、はじめて解脱ができるのだ。」 第一の引用は文殊菩薩が如来の法身を讃嘆した偈。菩提流支訳『如来荘厳智慧光明入一切佛境界経』巻下（T一二、二四八上）に見えるもので、ここではおそらく『諸経要抄』という経典の重要句を抜萃した冊子（敦煌写本）によって知られていた偈句（T八五、二九四中）にもとづくゆえに「古人云く」と言って引いたのであろう。「世間に在るも、而も世間の法に染まず」とは、分別によって成立しているこの世界にあっても、妄分別の心を起こさぬこと。第二の引用はよく知られた『大乗起信論』の句。第三は「信心銘」、「(真妄の）二見に住《とど》まらず、慎しんで追尋する莫れ。才《わず》かに是非を有《おこ》せば、紛然として心を失う。二は一に由りて有《おこ》る、一も亦た守る莫れ。一心生ぜずんば、万法咎無し。咎無く法無くんば、生ぜず心ならず。能く境に随って滅し、境は能くするを逐うて沈む」（『景徳伝灯録』巻三〇）。義玄は「きみたちがもし佛になりたいと思うならば」と語りかけているが、結局はそういう妄念を起こしてはならぬ、と言うのである。なぜなら、佛も法も「名言章句」すなわち佛教学が作り出した言葉とその解釈にすぎないからである。「世と出世ともに、佛無く法無し」、「世」は世間、世俗の世界、「出世」は出世間、世俗を超出した世界、佛の教えに従って三界の輪廻を超脱する修行者の世界。そこに佛も法もない、と言うのは、こうした佛教学の構想（教条）を否定するものである。【七〇】示衆六（2）に「道流よ！ 錯まる莫れ！ 世と出世の諸法は皆な自性無く、亦た生性《しょうしょう》も無し（恒久不変の自性なく、ものを造り出す造物主があるのではない）。但だ空名有るのみ、名字も亦た空なり」、【七五】示衆九（2）に「你らに向って道《い》わん、『佛無く法無く、修無く証無し』と。祇《ひたす》ら与麼《かくのごとく》傍家《のきなみ》に什麼《なに》物をか求めんと擬《ほっ》する？ 瞎漢！ 頭の上に頭を安《お》くとは！ 是れ你らに箇の什麼《なに》をか欠少《かんしょう》する！」【八六】示衆一五（1）に「佛の求む可き無く、道の成す可き無く、法の得可き無し。〈外に有相の佛を求むるも、汝と相い似ず。汝が本心を識らんと欲せば、合するに非ず亦た離るるに非ず〉と。道流よ！ 真の佛は形無く、真の道は体無く、真の法は相無し。三法混融し、一処に和合す」。これらはすべて外に価値を設定して求めようとする者への批判である。「亦た現前せず、亦た曾て失わ」れざるものは「本心」。「章句」は経書の注釈をいうが、ここでは佛教の経論、禅の言説を指す。「小児を接引する施設、病を薬《いや》す表顕の名句」は、泣く子どもをあやす手立て、病を癒す薬の効能の文句（薬そのものではない）。【六五】示衆四（4）に「空拳黄葉、用《もっ》て小児を誑《たぶらか》す」というように方便をいう。「薬病」は病を薬《いや》す。「薬」は動詞（『荀子』富国篇楊倞注「薬猶医也。」『孔子家語』正論篇王粛注「薬，治療也。」宋韓彦直『橘録』巻中「香圓」に「葉は以て病を薬《いや》す可し」）。「名句は自ら名句ならず」は、【七九】示衆九（3）に三界という実体が先験的に存在するのではなく、人の観念によって成立した術語であることを、「三界は自ら『我は是れ三界なり』とは道《い》わず。還是《かえ》って道流という目前に霊霊地に万般を照《てら》燭し、世界を酌《はか》度る底《ところ》の人こそ、三界の与《ため》に名を安《つ》くるなり」というのに同じ。「昭昭霊霊」は「鑑覚聞知」（見聞覚知）の主体の形容。のち玄沙師備（八三五―九〇八）がこの語を捉えて、「更に一般有りて説道《いうなら》く、『昭昭霊霊たる霊台智性は能く見、能く聞き、五蘊身田裏に於いて主宰と作る』と」（『玄沙広録』巻下）と超越的主宰者を立てたものと批判したが、義玄の意図はいわゆる「那一人（無位真人）のことを言っているのではなく、『私の目前でそのようなはたらきをしている你こそが』という意である」（入矢義高「玄沙の臨済批判」、『空花集』思文閣、一九九二）。玄沙の批判は当時の福建雪峰門下の亜流に対するものであった。玄沙なりの思想の展開については土屋太祐「玄沙の臨済批判とその背景」（『臨済録研究の現在―臨済禅師一一五〇年遠諱記念国際学会論文集―』）参照。「五無間業」は【五二】示衆三（1）「縦《たと》い従来の習《じっ》気《け》、五無間業有りとも、自《おのずか》ら解脱の大海と為る」の注440を見よ。

【九一】

544 問う、「何をもって五無間業と言われるのですか?」答う、「父を殺し、母をあやめ、佛の身より血を流さしめ、僧団を分裂させ、経典佛像を焼き捨てること、これらが五無間業である。」「五無間業」は無間地獄に堕ちる五つの逆罪。五逆罪ともいう。通常は「経像を焚焼する」に替えて「阿羅漢を殺す」を列するが、「経像を焚焼する」ことも佛典には極悪罪として論ぜられる。これらの罪を犯してはじめて解脱できるとは、はなはだ人を驚かす発言であるが、四巻本『楞伽経』の所説にもとづくものである。

545　僧、「父とは何のことですか?」師、「無明が父である。きみたちのひょいと起こる妄念、その起こりまた滅する妄念の根源を捜し求めても、空谷に響くこだまのように、捜しあてられぬ。いずこにあっても求めまわる妄念を起こさず、無事でいるのを、〈父を殺す〉と言うのだ。」僧、「母とは?」師、「渇愛が母である。きみたちが妄念を起こして、欲望の世界に入るとき、その渇愛の根源を捜し求めても、あらゆるものは実体をもたぬ空なることがわかるだけだ。いずこにあっても執着を起こさぬことを、〈母をあやめる〉というのだ。」僧、「佛身より血を流さしめるとは?」師、「きみたちは清浄なる世界にいるのであるから、むやみに教理的穿鑿をしなければ、いずこにあっても分別心は起こらない。これこそが〈佛身より血を流さしめる〉ことである。」僧、「僧団を分裂させるとは?」師、「諸君が妄念を起こしても、煩悩には拠るべき実体がないことに通達したならば、これを〈僧団を分裂させる〉と呼ぶのだ。」僧、「経典佛像を焼き捨てるとは?」師、「因縁が空、心が空、一切のものが空であることを悟って、ただちにきっぱりと何も求めることのない無事でいることこそが、〈経典佛像を焼き捨てる〉ことだ。」四巻本『楞伽経』巻三に「五無間業（殺父母、及害阿羅漢、破壊僧衆、悪心出佛身血）を行なうも、無択地獄に入らず」と言い、その内面的な解釈を施してつぎのように解説している。「衆生たちの母とは、渇愛のことです。これが、再生をもたらすものという意味で、激情と歓喜とに伴われて母として立ち現われます。無明は、内的、外的な知の拠り所（知覚能力とその対象）の群れが生じるために父として［立ち現われます］。これら両方の根を徹底的に断つので、母と父とを殺す、ことになります。潜在する煩悩は、仇敵（アリ）に似て、鼠の体内の毒のように荒れ狂う性質をもちます。それらを絶滅するので、アルハンを殺す、ことになります。サンガを分裂させるとは、別々の特徴をもつ五蘊の集まりを徹底して砕くので、修行者の集まりを分裂させる、と云います。特殊と普遍の特徴をもって外の世界として現われているものが自心にほかならないことを悟らない七つの識別作用の集まりに対して、無漏の三つの解脱［空、無相、無願］という悪意に満ちた選択をすることによって徹底して打ち砕くので、その七識の佛陀について、如来の身体に出血を起こすと云われるのです」（常盤義伸訳『ランカーに入る――大乗の思想と実践の宝経―』）。同様の発想は早くも『法句経』第二九四、二九五に見られるという（二九四「母（欲望）を殺し、父（思い上がり）を殺し、二人の王（常住と無常の信念）を殺し、王国（知覚器官とその対象）をその税吏（執着）とともに破壊したあと、バラモン（アルハン）は苦を離れた。」二九五「母を殺し父を殺し、二人のバラモン王を殺し、虎が出没する旅をその第五（疑い）とする障害を克服した後、バラモンは苦を離れた」）。「五無間業の意味の完全な顚倒は、大乗経典が初めてである」（同、注一二）。すなわち「殺父母」以下は譬喩であり、世俗の羈絆から離れ、しかも僧団と教理にも依存せぬ、独立独歩の出家者の決然たる気概を、これによって示すものである。五常道徳を生活規範とする中国社会にあっては、この宣言はとりわけ衝撃的であったであろう。義玄はさらに言う、「道流よ！你ら如法の見解を得んと欲せば、但だ人惑を受くる莫れ！向裏《うち》にも向外《そと》にも、逢著《あわ》ば便ち殺せ！佛に逢わば佛を殺せ！祖に逢わば祖を殺せ！羅漢に逢わば羅漢を殺せ！父母に逢わば父母を殺せ！親眷に逢わば親眷を殺せ！かくて始めて解脱するを得、物の与《ため》に拘せられず、透脱して自在ならん」（【七四】示衆九（1））。この説法の「殺せ！」もじつは譬喩ではあるが、はなはだ強烈な印象を与えたことであろう。ここには乱世の殺伐たる時代の空気とそこに生きる禅僧の気概を感じさせる。なお、義玄の解釈は『楞伽経』の所説と異なり、すべて「一切は空」の考え方に依拠している。「煩悩結使の依る所空無なるに達す」という「結使」は煩悩の異名。「空無」は「無」（ない）を二音節化した語。煩悩や罪が妄想にすぎぬことは達磨の語録にくりかえし説かれる。

546 「禅師がたよ！このように通達し得たなら、聖俗の観念に縛られなくてすむのだ。それなのにおんみらは握っただけの拳や月をさす指に執われてしまうために、ただいたずらにああいった身体動作のまねごとをやるのだ。権威の前では卑屈になって、『おれは凡夫だが、あのかたは聖人だ』などと言う。愚か坊主どもめ！あわててライオンの皮をかぶってみたところで、野犬の鳴き声しか出せぬではないか！一丁前の大丈夫が丈夫らしい覇気もなく、自己にそなわったものを信じきれずに、ひたすら外に求めまわり、古人の仕掛けたワナにはまっては、あれこれ穿鑿して、突き抜けることができず、物に出くわしたらとりつき、つまらぬことに執着して、至るところで惑いを起こすのは、自己に定見というものがないからだ。」 さきの「五無間業の罪を犯して初めて解脱できる」という発言の意図は、権威と偶像に縛られないためであると、ここで明らかにしている。「空拳と指上に向《お》いて実解を生ず」とは、握っただけの拳（の中にものがあるようにみせかけて騙す手口）や月をさす指が方便なのに、それとは知らず真に受けること。「空拳」は佛教学の術語が人をみちびく方便にすぎぬことを言う譬喩（【六五】示衆四（4））、「指上」は『楞伽経』巻四の偈に「愚《おろかもの》は月を指すを見て、指を観て月を観ざるが如し。名字に計著《けじゃく》して我が真実を見ず」（T一六、五一〇下）。「名句上に向《お》いて解を生ず」（【七九】示衆一二）とも言う。「根境の法中に虚しく捏怪す」は、六根（眼耳鼻舌身意）とそのはたらく対象たる六境（色声香味触法）とで成立する現象世界（万法）に執われて奇怪なまねごとをやること。具体的には【四九】示衆一（6）に、諸方の老師が馬祖禅の「作用即性説」に依拠して「東を指し西を劃し」、「好《よ》き晴かな」、「好《よ》き雨かな」などと言うのに惑わされ、修行者たちが「野狐精魅に著《とら》われて、便即《すなわ》ち捏怪す」というように、身体動作で佛性のはたらきを示すことを指す。【七二】示衆七に「道流よ！ 真の佛は形《すがた》無く、真の法は相《かたち》無きに、（しかるに）你らは秖麼《ひたすら》に幻化の上頭《うえ》に模《も》を作《な》し様《よう》を作《な》す。設《たと》い求め得たる者も、皆な是れ野狐の精魅にして、並《た》えて真の佛には不是《あら》ず。是れ外道の見解なり。夫《か》の真の学道人の如きは、並《た》えて佛を取《もと》めず、菩薩、羅漢を取《もと》めず、三界の殊勝を取《もと》めずして、迥然として独脱し、物の与《ため》に拘せられず」という趣旨に同じ。「空拳と指上に向《お》いて実解を生ずるが為に、根境の法中に虚しく捏怪す」は永嘉玄覚「証道歌」の句をそのまま用いている。「亦た愚痴あり、亦た小騃ありて、空拳と指上に実解を生じ、指に執して月と為し枉《みだ》りに功を施し、根境の法中に虚《むな》しく捏怪す」（『景徳伝灯録』巻三〇）。「自らを軽んじ退屈す」は、自己をないがしろにして（下文の「自家屋裏の物を肯えて信ぜず」）、権威の前で卑屈になること。「退屈」は権威に屈服し萎縮する意。「我は是れ凡夫にして、他は是れ聖人なり」は行脚僧が入門した老師（馬祖禅の追随者）を持ち上げる言。「禿屢生」は僧を罵る語。「屢」は「婁」に通じ、愚の義という（【四九】示衆一（6）「瞎屢生」注429参照）。「死急」の「死」は「急」（あわてる）を極言するもの。熟慮を欠いた動作・反応に対していう。「他の師子の皮を披って、却って野干鳴を作す」、ライオンのかっこうをまねてみたところで、卑しい野犬の鳴き声しか出せない。『長阿含経』巻一一に、獣王の師子（獅子）の食べのこした肉をあさる野干が獅子吼をまねても、所詮は野干鳴しかできぬ（欲師子吼、作野干鳴）とあるのによる。ここの「他」は虚化して軽視の語気（そんなことをして何になるか！）を表わす（太田辰夫『中国語歴史文法』一一九頁）。「自家屋裏の物を肯えて信ぜず」という「自家屋裏の物」は自己にそなわる佛性のことであり、「本来の自己」、「主人公」とも呼ばれるが、それは「一箇の形段無く、歴歴として孤明なる」実体なきものである（【七九】示衆一二）。「他の古人の閑名句に上る」とは術語や教条に乗せられ騙される意。「秖《た》だ道流の一切の馳求する心歇《や》む能わず、他《か》の古人の閑機境に上るが為なり」（【四七】示衆一（4））、「如今《いま》の学道人は且《ま》ずは自らを信ぜんことを要す。向外《そと》に覓むる莫れ！総て他《か》の閑塵境に上るは、都て邪正を弁ぜざるなり。『祖有り、佛有り』というが秖如《ごと》きは皆な是れ教迹中の事なり」（【六二】示衆四（1））、「諸方の学道流の如きは、未だ物に依らずして出来《いできた》る底《もの》有らず。山僧は此間《ここ》に向《お》いて頭《はじめよ》従り打す。手上に出来《いできた》るは手上に打し、口裏に出来《いできた》るは口裏に打し、眼裏に出来《いできた》るは眼裏に打す。未だ一箇の独脱して出来《いできた》る底《もの》有るを見ず。皆《み》是な他《か》の古人の閑機境に上る」（【七五】示衆九（2））、「善知識は是れ境なることを弁ぜずして、便ち他《そ》の境上に上って模《も》を作《な》し様《よう》を作《な》す」（【七八】示衆一一）など、みな教条化した馬祖禅の「作用即性説」の模倣者を言うものである。「陰に倚り陽に博《つ》き」は陰陽吉凶を占うことで、当てずっぽうの穿鑿をする意であろう。「博」は「傅」に通じて「附」の義。ちなみに、出家沙門が俗人のために吉凶を占うことは禁ぜられていた（『佛遺教経』）。「触処」は至るところで。

547
「諸君！わたしの説を鵜呑みにしてはならぬ。なぜかといえば、わたしの説は何かの権威に依拠して言うのではないからだ。とりあえず空に絵の具を塗りたくっただけなのだ。方便として絵を描いてやる譬喩譚のようなものだ。」がんらい説法は方便である。さきに述べたように、「実解を生じ」てはならず、とりわけ、「自家屋裏の物」を実体視する誤解を避けるために、義玄はこのように言わねばならぬのである。「無位の真人」と言って、思わぬ誤解を生じたように（第一〇段「上堂（一）」）。「説処」は「説」を名詞化した口語。「説に憑拠無し」は俗諺に「口説に憑無し」（『雲臥紀譚』）と言い、文献的記載の根拠がないことをいう。

知識人の通念としては「言《げん》の典《てん》に関わらざるは智者の談ずる所に非ず」（『祖堂集』巻一七、岑和尚章）とされた。義玄が「説に憑拠《よりどころ》無し」と言うのは、すなわち義玄独自の説たることを言うわけである。「虚空に塗尽す」は『大智度論』巻二に迦葉が阿難に言う語にもとづく。「我故《もと》より汝が為《ため》にして、汝をして道を得せしむ。汝は嫌恨無く、我も亦た是《かく》の如し。汝自ら証すること、譬えば手もて虚空に画《えが》くも、染著する所無きが如し」（T二五、六九上）。「彩画像等の喩え」は『楞伽経』巻一にいう、「譬えば工画師及《お》与《よ》び画弟子の彩を布《し》き衆形を画《えが》くが如し。我が説も亦た是《かく》の如し。彩色は本と文《あや》無く、筆にも非ず、素《ぬの》にも非ず。衆生を悦ばせんが為の故に、綺錯して衆像を絵《えが》くなり。」

548 【九二】 「諸君！ 佛を究極と見なしてはならぬ！ わたしから見れば糞壷同然だ。菩薩、羅漢はことごとく首枷と鎖で人を縛る連中である。ゆえに文殊は剣をかまえて瞿曇に斬りかかったのだし、鴦崛摩羅は刀を持って世尊を殺そうとしたのだ。」 佛祖を権威としてはならぬという主張を「呵佛罵祖」の言葉として表現するのは徳山宣鑑に始まる。「仁者《おんみら》よ！ 佛を求むる莫れ！ 佛は是れ大殺人の賊、多少《いかほど》の人を賺《だま》して婬魔《いんま》の坑《おとしい》に入れたるか！ 文殊、普賢を求むる莫れ！ 是れ田舎奴なり」、「達磨は是れ老臊胡、十地の菩薩は是れ担糞漢、等妙の二覚は是れ破戒の凡夫、菩提と涅槃は是れ繫《け》驢《ろ》橛《けつ》、十二分教は是れ鬼神簿、瘡膿を拭う紙、四果と三賢、初心と十地は是れ古塚を守る鬼にして、自らをも救い得んや？ 佛は是れ老胡の屎橛なり。仁者よ、錯まる莫れ！」（大慧『正法眼蔵』巻上）。義玄もこれに倣っていう、「道流よ！ 山僧の見る処を取らば、報化佛頭を坐断し、十地の満心も猶お客作児の如く、等妙の二覚も枷を担ぎ鎖を負う漢にして、羅漢と辟支も猶お厠穢《しわい》の如く、菩提、涅槃も繫驢橛《けろけつ》の如し。何を以てか此《かく》の如くなる？ 秖だ道流の三祇劫の空なるに達せざるが為の所以《ゆえ》に此の障礙有るなり。……古人云く、〈若し業を作って佛を求めんと欲せば、佛は是れ生死の大兆なり〉と」（【四八】示衆一（5））。「厠孔」は便所（の穴）。『四分律』巻四九「便厠法」に「蹲《かが》み已《おわ》って当に看るべし。前却《まえうしろ》また両辺に近づけしめて、大小便涕唾《つば》をして厠孔を汚さしむる勿れ」（T二二、九三二上）。佛がなぜ便器なのか？ 徳山が言うように、佛とは印度人瞿曇が排泄した屎棒にすぎぬとするのである。文殊が剣をかまえて瞿曇に斬りかかった話は『宝積経』巻一〇五、神通証説品。前世に犯した五無間業のために甚深の法に悟入できないと悩む五百菩薩に、世尊は罪性の空なるを知らしめ、繫縛（分別心）を解くために、神通力を使って文殊に「手に利剣を執り、直ちに世尊に趣き、逆害を行わんと欲」さしめた（T一一、五九〇中）。鴦掘摩羅が世尊を殺そうとした話は『央掘魔羅経』（求那跋陀羅訳四巻本）、『鴦掘摩経』（竺法護訳一巻本）、『増壹阿含経』（巻三一、第六経、以上いずれもT二所収）。舎衛城に住む一切世間現という名の男は異能の梵志を師として修行していたが、その妻に誘惑されて拒んだところ恨まれて、妻が逆に凌辱されたと梵志に誣告したため、梵志は彼に「百人を殺してその指で華鬘を造れ。そうしてはじめて道を完成できる」と教えた。九十九人を殺し、あと一人となったとき、彼の母に出逢い、敢えて殺害しようとしたが、これを知った世尊に阻まれ、母を捨て置いて、「剣を執りて佛に趣かんとした」が、近づくことができず、そこで世尊に折伏されて剣を捨て、佛弟子となって指鬘比丘と呼ばれた。この二話では佛を殺害しようとした目的は異なるが、義玄は佛を偶像視しない例として引いている。ここも百丈懐海の説法に拠っている。「文殊（般若経）に云う、〈若し佛見法見を起こせば、応当《まさ》に己れを害さん〉と。所以《ゆえ》に文殊は瞿曇に剣を執り、鴦掘は釈氏に刀を持つ」（『百丈広録』）。またこの二句は敦煌本『絶観論』にも見えている（禅文化研究所研究報告、一九七三）。

549 「諸君！外から手に入れる佛などありはしない。たといれいれいしく説かれた三乗、五性、圓頓の教理であろうと、みなかりそめの方便であって、本当の中味などありはしない。あるのは、そのものではないただの説明、大仰な宣伝の文句であって、指図する説明にすぎないのだ。」「三乗、五性、圓頓」は佛教学でいう人の根性を種々にランクづけた論。三乗は声聞（佛の教えを聞いて修行し阿羅漢に至る）、縁覚（佛の教えに依らず外縁に感じて辟支佛果を得る）、菩薩（六度万行を修して無上菩提を証す）。乗はそこへ至る乗り物、教えをいう（『法華経』譬喩品）。五性は『大乗二十二問本』（敦煌写本、T八五）によると定性声聞、定性縁覚、定性菩薩、不定性（以上の三乗の種子を具え、次第に証する）、無性（凡夫に留まる）をいう。これらに対して圓頓は利根の人が初発心にして正覚を成ずる最高の教え（圓教）であるが、相対的な遅速の位置づけである。【五五】示衆三（4）に「圓頓の菩薩の如きは、法界に入り、身を浄土中に現じて、凡を厭い聖を忻《よろこ》ぶ。此《かく》の如きの流は、取捨未だ忘ぜず、染浄の心在《のこ》れり。」「教迹」は教説。「一期の薬病相治」はその場限りの対症療法、方便をいう（【五五】示衆三（4）の注450参照）。修行して悟り、三界を超出したいと願っている衆生に対して与えた処方箋にすぎない。「相似の表顕」は、表面的に解説しただけで、そのものではないこと。第八祖佛陀難提の偈に「外に有相の佛を求むるも、汝と相い似ず」（『景徳伝灯録』巻一）。「路布」は『祖庭事苑』巻六に「路布は当に露布に作るべし。封せざる詔表を露布と曰《い》う。」唐の封演『封氏聞見記』巻四「露布」条に「露布とは捷書の別名なり。諸軍の賊を破れば則ち帛書を以て諸《これ》を竿上に建て、兵部之《こ》れを露布と謂う。蓋し漢より以来其の名有り。露布と名づくる所以の者は、封検せず、露わにして宣布し、四方の速かに知らんと欲するを謂う。……近代の諸露布は大抵皆な国威を張皇し、帝徳を広談して、動《やや》もすれば数千字を逾《こ》え、其の能く要を体して煩ならざる者は鮮《すくな》しと云う」（唐宋史料筆記叢刊、中華書局、二〇〇五）。すなわちもと戦勝の短い捷報であったが、のち国威発揚の長文のプロパガンダとなった。義玄はその意味でもちいている。実例は『文苑英華』巻六四七、六四八に収める。「差排」は指示、指図すること。

550 「諸君！外に求め得ないならばと、坐禅をして内面の工夫に力を入れて世間を超出しようとかかる坊主がいるが、大間違いだ！外面にせよ内面にせよ、もし佛を求めようとするなら、その人は佛を失い、道を求めようとするなら、その人は道を失い、祖師を求めようとするなら、その人は祖師を失う。」「裏許」は口語で内側、内面（心）をいう。「許」は所の義。【六六】示衆四（5）に「佛を求め法を求むるは即ち是れ造地獄業、……佛と祖師は是れ無事の人なり。」「一般の瞎禿子有りて、飽くまで飯を喫い了りて便ち坐禅観行し、念漏を把捉して起こさ令《し》めず、喧を厭い静を求むるは、是れ外道の法なり。」【七〇】示衆六（2）に「你ら若し佛を求めなば、即ち佛魔に摂せらる。你ら若し祖を求めなば、即ち祖魔に縛せらる。你ら若し求むること有らば皆な苦し。無事にして休歇し去るに如かず」。

【九三】

551 「禅師がたよ！考え違いをしてはならぬ！わたしはおんみらが佛教学の経論に通ずることを求めぬ。また国王や大臣たることを求めぬ。また立て板に水式の雄弁家たることを求めぬ。また聡明なる智慧を求めぬ。ただ正しい見かたを持ってもらいたいだけなのだ。諸君！ たとい百本の経論を理解したとしても、ひとりの無事の和尚であるほうがよい。経論の専門家になったとたん、他人を軽蔑して論破を競う修羅となって、人を馬鹿にする無明を増長させ、地獄行きの悪業を造るだけだ。たとえば、かの善星比丘の如きは、十二分教に通じていたが、生きながら地獄へ堕ち、この大地に身を置く場さえなかった。外に何かを求めることをやめ、無事でいるのがいちばんよいのだ。〈腹がへったら飯を喰い、眠くなったら眼を閉じる。愚人はわたしを笑うが、智者ならわかってくれる〉というとおりだ。文字のなかに求めてはならぬ。心が動けば疲労し、冷気を吸う。無益なだけだ。〈縁起するものは不生不滅と一念に悟れば、三乗の教学にこだわる菩薩を超える〉のである。」「我は且《しば》らく你らの経論を解するを取《もと》めず、我亦《ま》た……」の「且らく」、「亦た」は並列を表わす副詞。「取」は求の義。行脚僧の思惟の基盤は佛教学にほかならないが、義玄は禅の立場から、それに執着せぬことを求める。「国王、大臣」は世俗的地位の高いこと。俗人に向かっていう。個人としての解脱には何の関わりもない。「弁の懸河なるが似《ごと》き」は雄弁。行脚僧は各地の叢林を渡り歩いて議論し、その対話を通じて激発の契機を求めていた。「聡明なる智慧」は世間的にはのぞましいことではあるが、解脱の要件にはならず、かえって道を妨げるものとなる。南泉普願の上堂にいう、「近日禅師太《はなはだ》多《おお》生し。一个《ひとり》の痴鈍の底《もの》を覓むるも得《う》可からず。阿你諸人《おまえたち》よ！ 錯《あや》まって心を用うる莫れ！ 此の事《じ》を体せんと欲せば、直《た》だ須らく佛未出世已前《いぜん》の、一切の名字無く、密用潜通して、人の覚知する無きときに向《お》いて、与摩時《かくのごとき》に体得せば、方《はじ》めて小分の相応有り」（『祖堂集』巻一六、南泉章）、また薬山惟儼の上堂にもいう、「如今《いま》出頭し来《きた》るは尽く是れ多事の人なり。箇《ひとり》の痴鈍の人を覓むるも得《う》可からず。只《ひたす》ら策子中の言語を記《おぼ》えて以て自己の見知と為し、他《ひと》の解さざるを見て便ち軽慢《きょうまん》を生ずる莫れ。此れらの輩は尽く是れ闡提外道なり」（『景徳伝灯録』巻二八）。「軽蔑」の「蔑」は、原文の「篾」を改めた。「修羅」は阿修羅、常に妬み嗔って戦う者。「人我」は彼我対立して優劣を競う心をいう。もと佛教語の「人我」（人に我という常一主宰の実体ありとする謬見）に由来し、唐代から使われ始めた口語。寒山詩にいう、「心高きこと山岳の如く、人我もて人に伏さず。解《よ》く囲陀の典を講じ、能く三教の文を談《かた》るも、心中に慚愧無く、戒を破り律文に違う。自ら上人の法と言い、称して第一人と為す。愚者は皆な讃歎し、智者は掌《て》を撫《う》ちて笑う。陽焔虚空の花、豈に生老を免れ得んや？ 如《し》かず百《すべ》て解せず、静坐して憂悩を絶つに」（項楚『寒山詩注』第二三一首）。敦煌遺書S．五五八八歌辞に、「語を出《いだ》しては強きを争い是非を説き、人我もて競いて相い欺《あなど》る」（同首注引）。これが当時の佛教学者の実態であった。禅僧は教学を捨てたので、法師（教家、佛教学者）からは無学者と呼ばれていた（神会「菩提達摩南宗定是非論」に「比来《ひごろ》法師は禅師を喚んで知る所無しと作す」と言う）。教学は佛説の解釈の是非をめぐって論争を事とする。佛教学の知識があると往々にして無学者を馬鹿にして修羅道に陥ると、義玄は当時の風潮を皮肉っている。慎まずんばあるべからずである。懶瓚「楽道歌」に、「無事は本《も》とより無事、何ぞ文字を読むを須《もち》いん？ 人我の本《もと》を削除せば、箇中の意に冥合せん」（『祖堂集』巻三）。「善星比丘」は南本『涅槃経』巻三一、迦葉菩薩品に出る。佛が舎衛城にいたとき、弟子となった善星比丘は「出家の後、十二部経を受持し読誦し分別解説し、欲界の結を壊し、四禅を獲得」したが、佛に給使するうちに悪意を抱き、外道の説に同じて因果を否定し、尼連禅河の畔で「遥かに佛の来るを見、見已るや悪邪の心を生じ、悪心を以ての故に、生身にして陥入し阿鼻獄に堕つ」（T一二、八〇六下、八〇八上）。「大地にも容れられず」を無著道忠は「大地坼裂して陥入す。故に大地は此の人を容受せざるが如くに然り」と説明している（『疏瀹』）。「飢え来らば飯を喫い」以下の四句は懶瓚「楽道歌」。【五二】示衆三（1）にも、「佛法は功を用うる処無し。秖《た》是だ平常無事、屙屎送尿、著衣喫飯、〈困《つか》れ来《きた》らば即ち臥すのみ。愚人は我を笑うも、智は乃ち焉《これ》を知る〉」。これが無事の思想の典型的表現であるが、このあとに懶瓚は「是れ痴漢ならず、本体然《かく》の如し」と言うように、本来性のままに随順する生き方の理想の形象化であって、義玄は求めてやまぬ行脚僧に向かってしばしばかく語ったのである。「文字中に求むる莫れ」は佛または佛法について言う。【五〇】示衆二（1）に、「心法は形無くして十方に通貫し、目前に現に用《はたら》く。人は信不及《しんじきれず》して便乃《すなわ》ち名を認め句を認め、文字中に向《お》いて求め、佛法を意度《おしはか》る。天地のごとく懸殊《かけはな》る！」」黄檗『伝心法要』に、「志公云く、〈佛は本と是れ自心の作、那《なん》ぞ文字中に求むるを得ん？〉と。饒《たと》い学んで三賢、四果、十地満心に得《いた》るとも、也た秖《た》是だ凡聖の内に在りて坐するのみ」（入矢義高『伝心法要 宛陵録』七七頁）。大珠慧海『頓悟要門』諸方門人参問語録に、「佛は人に遠からず。而《しか》るに人は佛を遠ざく。佛は是れ心の作。迷人は文字中に向《お》いて求め、悟人は心に向いて覚る」（平野宗浄『頓悟要門』一七九頁）。「心動けば疲労して冷気を吸う」は『千字文』の「性の静かなるとき情逸《おだ》やかに、心動くとき神《たましい》疲る」（小川環樹、木田章義 注解『千字文』一六五頁、岩波書店、一九九七）。「冷気を吸う」のは病気を誘発する原因として医書にいうところ（例えば宋代の『普済方』巻二八、肺臓門）。「一念に縁起無生にして、三乗の権学菩薩を超出するに如かず」は李通玄『新華厳経論』巻一の句。『華厳経』と『維摩経』の十種の違いを述べる第三「不思議徳神通」に、『維摩経』は方便で神通を現わしてから「実教」を説くが、『華厳経』の神通は「法爾」であり、「無功の功は、功虚しく棄てず。有功の功は、功皆な無常なり。多劫に積修するも、終《つい》に敗壊す。如かず一念に縁起無生にして、三乗の権学菩薩等の見を超ゆるに」（T三六、七二四上）。「縁起無生」は『宗鏡録』巻三一に引く「通心論」に説明して、「夫れ境は心に由りて現ずるが故に他従《よ》り生ぜず。心は境に藉《よ》りて起こるが故に自ら生ぜず。心と境は各おの別なるが故に共に生ぜず。相い因りて生ずるが故に無因に生ぜず」と言う（T四八、四三〇上）。つまり「万法は因縁によって生起し自性なし」と一念に空を悟れば、三乗のランクに拘泥する菩薩の教学を超える。

【九四】

552 「禅師がたよ！ ぐずぐずと日を過ごしてはならぬ！ わたしもむかし正しい見かたが得られなかった時は、心中真っ暗で、一生を無駄に過ごしてはならぬと、焦燥に駆られ、懸命にあたふたと行脚に出て、道を訪ねまわったものだ。そののち人さまのおかげで力を得て、ようやく今日に到って、諸君とこのように商量するようになったのだ。諸君に勧告する、けっして衣食のために出家生活を送ってはならぬ。見よ！ 世界は無常だ。よき指導者に遇い難きは、優曇華が三千年に一度咲くのに巡り合わせるようなものだ。」

「因循」は旧習を改めず、ぐずぐずと日を延ばすこと。【五九】示衆三（8）に「因循して楽を逐い時を過ごす莫れ！ 光陰惜しむ可し。念念無常なり。」これは徳山の示衆にもとづく。「仁者よ！ 時は人を待たず。因循して日を過ごす莫れ！　時光惜しむ可し」（大慧『正法眼蔵』巻上）。「山僧は往日……」以下は義玄が自身の若き日の彷徨を回想して言う。「見処」は「見」を名詞化した口語。「真正の見解」を指す。「黒漫漫地」は黒雲に覆われて先が見えぬ一面の暗黒の貌。『玄沙広録』巻下に、「夫れ出家人は、心を識りて本源に達するが故に号《よ》んで沙門と為す。汝ら今既已《すで》に剃髪し衣を被《き》て沙門の相を為し、即便《すなわ》ち自利利他の分有るも、如今《いま》看《み》著るに、尽く黒漫漫地として墨汁に相い似たり。自らを救うことも尚お了《おお》せず、争《いずく》んぞ解《よ》く別人《ひと》の為にし得んや。」ここは義玄が教理から禅へ転向する前の精神的不安に陥っていたときの心理的表象であろう。義玄が出家し教理を学び、のち黄檗に出逢うまでの経歴は、示衆に語られた断片的な述懐以外は知られないが、ここはそのひとつ。【七四】示衆九（1）にも、「道流よ！『出家児は且《ま》ずは道を学ばんことを要す』と。山僧の秖如《ごと》きも往日曾て毗尼中に向《お》いて心を留むること数十年、亦た曾て経論に於いて尋ね討《もと》む。後に方《はじ》めて是れ済世の薬方、表顕の説なりと知り、遂乃《かく》て一時に抛《す》て却《さ》り、即《ただ》ちに道を訪ね禅に参ず。」その間に会昌の破佛があり、その体験がおそらく教理を捨てる原因のひとつになったのであろう。「腹熱く心忙し」は不安焦燥の貌。「奔波」は荒波。それを越えて慌ただしく歩きまわること。大珠慧海『頓悟要門』諸方門人参問語録に「諸人は幸《さいわい》自にも好《よ》箇き無事の人なるに、苦死《やみくも》に造作し、枷《かせ》を担ぎ獄に落ちんと要《ほっ》して作麼《いかんせん》？　毎日夜に至るまで奔波し、道《い》う、『我は参禅学道し、佛法を解会《かい》す』と。此の如《かく》きは転《うた》た交渉無し。只《た》是だ声色を逐うて走《ある》くのみ。何の歇《や》む時か有らん？　貧道は江西和尚（馬祖）の『汝が自家の宝蔵は一切具足し、使用すること自在なり。外に求むるを仮らざれ』と道《い》うを聞き、我此れより一時に休し去り、自己の財宝、随身に受用す。快活と謂う可し。一法として取る可き無く、一法として捨つ可き無し。一法の生滅の相を見ず、一法の去来の相を見ず。偏十方界に一微塵許《ばか》りも自家の財宝に不是《あら》ざる無し。但《た》自だ子細に観察せよ。自心の一体三宝、常《つね》自に現前して、疑慮す可き無し。尋思《じんし》する莫れ！　求覓《ぐみゃく》する莫れ！　心性は本来清浄なり」（平野宗浄『頓悟要門』一四三頁）。大珠の言うところは義玄とまったく同じである。「後に還って力を得て」の「還って」は文語の「却」と同じで、意外な結果を表わす副詞。つまり「奔波して道を訪」ねたのであるが、意外にも人さまのおかげで（得力）、行脚して道を訪ねまわることの誤りを知ることになった。「得力」は他人（または何か）のお蔭を蒙ること。本書冒頭の「大悟」の段に言うように黄檗と大愚の導きを指す。原文「共道流」（道流と）の「共」は共同を表わす介詞（〜と）。「話度」は商量の義（【八九】示衆一五（4）注539参照）。「衣食の為にする莫れ」と忠告するのは、当時衣食の為に出家し、また衣食を豊かに供給する叢林（趙州のいう「軟暖処」）を渡り歩く僧が多かったからであろう。「優曇華」は稀有なることの比喩にもちいられる花、三千年に一度開花すると言われる。「善知識なる者は出現し難《がた》きこと、優曇華の如し」（『華厳経』巻八）、「如来は見聞し難《がた》く、無量億劫して今乃ち値《あ》うは、優曇華の時に一現するが如し。是の故に応に佛の功徳を聴くべし」（同、巻八〇偈）。

553 「きみたち行脚僧は臨済おやじというような者が説法していると聞くや、へこましてやろうと議論をふっかけに来るが、どっこいわたしに全身全霊で対処されて、きみたちは茫然自失、ドングリ眼を瞠って、大口を開けたまま、答えるすべを知らぬ。そこでわたしは言ってやる、『巨象を蹴ることなど、驢馬にはできぬ』と。きみたちはあちこちで得意げに、『おれは禅がわかっとるんだ』などと言って、二人三人と連れ立ってここへ来たとたんにお手上げだ。コラッ！ きみたちはそんな料簡で、至るところで口舌巧みに民草を騙しおって！ 地獄に堕ちて閻魔の鉄棒を喰らう日が来るぞっ！ 出家者として失格だ。こういう輩は一人のこらず修羅道に生まれかわる。」「你ら諸方」は「你ら諸方の道流」（【七五】示衆九（2））と同じ。各地（諸方）より臨済院に来た行脚僧。「箇の臨済老漢なるもの有りと聞《き》道くや」の「箇」を固有名詞（ここでは臨済老漢）に冠する場合は、その固有名詞のもつ特性（臨済のごとき名うての説法者）を示す。「臨済老漢」の「老漢」は老爺。一人称の謙称としても用いる。「有り」は出現を表わす。「聞道」は「聞」の口語形式。「問難」は問い詰めて弁駁する。「全体作用」は徳山宣鑑が言葉を用いず、棒打する直接行動を指す語であったが、義玄は「出格の見解の人」には「全体作用」して対応すると言っている。「者裏《ここ》に到りて、学人の力を著《つ》くる処、風をも通ぜず、石火電光に即《ただ》ちに過ぎ了《おわ》る。学人若し眼定動《うご》かさば、即ち交渉没《かかわりな》し」（【八一】示衆一三（2））。言葉でもなく、棒打でもなく、「直下に是れ汝」たることを覚らせる作略をいう。「龍象を蹴踏するは、驢の堪うる所に非ず」は『維摩経』不思議品の句。「不可思議解脱に住する菩薩」は衆生を教化するために魔王の姿を化作して、人に手足耳鼻、頭目髄脳から聚落城邑、妻子奴婢などあらゆる物の布施を強要する（たとえば布施太子の物語）のは、「方便力を以て往きて之れを試み、其《かれ》をして堅固ならしむ」るためである。「所以《ゆえ》者《は》何《いかん》？ 不可思議解脱に住する菩薩は威徳力を有つ故に、逼迫を現行して、諸衆生に是《かく》の如き難事を示すなり。凡夫下劣には力勢有ること無く、是《かく》の如く菩薩を逼迫すること能わず。譬えば龍象を蹴踏するは驢の堪うる所に非ざるが如し」（T一四、五四七上）。「龍象」は僧肇注に「象の上なる者を龍象と名づく。」「蹴踏」は踏みつける義の同義複詞。「蹴」は音七宿切、屋韻（シュク）。「龍象蹴踏」は龍象を踏みつける大胆な行為をいう。ただし「証道歌」では「法雷を震わせ、法鼓を撃ち、慈雲を布きて甘露を灑ぐ。龍象は蹴蹋して無辺を潤し、三乗の五性も皆な醒悟す」というように龍象のごとき傑出した人が大地を踏み歩く意に解する（霊岩妙空和尚注「龍象の蹴蹈する所は、固より驢騾の践む所の地に非ず」）こともある。しかし原意は僧肇注に「能不能を諭と為す」というとおりである。玄奘訳は誤解の余地はない。「譬えば龍象の威を現じて闘戦するは驢の堪うる所に非ざるが如し。唯だ龍象のみ有りて能く龍象と斯の戦諍を為す」（長尾雅人『維摩経を読む』岩波セミナーブックス、岩波書店、一九八六）。ここでは龍象を義玄自身に、驢を問難する僧に譬えている。「胸を指し肋《あばら》を点じ」は自分を指さす、得意なしぐさ。「胸肋」は肋骨のこと、胸部をいう。道忠はわざわざ「指と云い点と云うも、指を以て指点する義に非ず。之れを突出して自ら高ぶる貌なり」と言っているが、拇指で指して胸を張ることである。「禅を解し道を解す」は「禅がわかる」ことを四字句で言った（【五六】示衆三（5））。「身心」はここでは心をいう偏義複詞。上述の驕り高ぶった料簡で。「両片皮を簸《あお》る」は上下二枚の唇を動かすこと。語る行為を皮肉っていう。「簸《は》」は脱穀した穀物を箕《み》に入れ、風のあるところで上下に振るいはねあげて糟を除く動作。この農具を簸《は》箕《き》とも言い、先端が舌の形をしているので箕《き》舌《ぜっ》と呼ぶところから、軽薄にしゃべることを「両片皮を簸《あお》る」と言う。「閭閻」は民間里巷内外の門、そこからそこに住む平民をいう。「誑諱」はでたらめを言って騙すこと。「誑」は欺の義（『説文』言部）、「諱」は「謼」と通用し、「誑」の義（『集韻』禡韻：「謼，誑也。或作諱」）で同義複詞。宋版『古尊宿語録』は「諱」に作る。この一節も徳山の示衆にもとづく。「你ら徳山の出世するを見るや、十箇五箇、総て頭を聚め来《きた》りて難問せんと擬《ほっ》し、結舌無言ならしめんと待《ほっ》す。」「仁者《おんみら》は波波地《あたふた》と傍家《のきなみ》に走《ある》き、『我は禅を解し道を解す』と道《い》い、胸を点じ額《ひたい》を点じ、楊と称し鄭と称するも、遮裏《ここ》に到りて須らく尽く吐却して、始めて無事なるを得ん。」「広く三蔵の言教を引き、是れ禅なり、是れ道なりと、佗《か》の閭閻を誑《たぶらか》す。甚麼《なん》の交渉《かかわり》有りてか我が先祖を謗る！」（大慧『正法眼蔵』巻上）。

554 「いったい至高の真理を明らかにする方法は、論破して勝義を宣揚せんとし、声高に外道を挫くことではない。佛祖の伝承もそれ以外ではなかった。教えの言葉が伝えられているとは言っても、教化の方便としての三乗五性といったランクづけの理論や、持戒修善によって天上人間《てんじょうじんかん》に生まれる因果の教えに過ぎない。圓頓の教えはそれとは異なるが、善財童子は結局それらすべてを求めまわったのではなかったのだ。」「至理の道」は至高の真理（佛法）を明らかにする方法。大慧は義玄のこの一節をつぎのように言い換えている。「諸祖の要妙は弁を競いて激揚を求め、鏗鏘《こうそう》して以て異見を摧くに非ず。所以《ゆえ》に徳山は入門するや便ち棒うちて、石火青天に迸《ほとばし》り、臨済は入門するや便ち喝して、旱雷宇宙に轟《とどろ》く」（『大慧語録』巻九、T四七、八四八下）。「激揚」はもと波を揚げること。禅録では問答を通して宗乗を宣揚することをいう。「鏗鏘」はもと金石がふれあう音で、雄弁に譬える。「更に別意無し」とは、上述のこと以外ではない意。佛より諸祖に代々相承されてきたのも、佛理を論難しあった結果ではないことをいう。この時代に形成された禅宗の用語では「教外別伝、不立文字、直指人心、見性成佛」と言われるところを指す。「設い言教有るも」以下は教義として伝わるのはすべて方便説であることを言うが、ここでは「圓頓の教え」を区別している。【五五】示衆三（4）に「圓頓の菩薩の如きは、法界に入り、身を浄土中に現じて、凡を厭い聖を忻《よろこ》ぶ。此《かく》の如きの流は、取捨未だ忘ぜず、染浄の心在《のこ》れり。禅宗の見解の如きは、又た且らく然らず。直《ただ》是ち見今《いま》にして、更に時節無し。山僧が説く処は皆な是れ一期《いちご》の薬病相治にして、総て実法無し。若し是《かく》の如く見得《みえ》なば、是れ真の出家なり。」【九二】示衆一六に、「道流よ！　佛の得《う》可き無し。乃至《たと》い三乗、五性、圓頓の教迹なるも、皆な是れ一期の薬病相治にして、並《た》えて実法無し。設《たと》い有るも、皆な是れ相似の表顕、路布の文字、差排せんとして且らく是《かく》の如く説きしのみ。」つまり義玄の見かたでは、三乗五性の経論と圓頓の教えと禅との三類があり、前に説いたのは、圓頓の教えを教理に含めて、これに「禅宗の見解」を対置していたのであって、ここでは圓頓の教えを「化儀」と区別したにすぎず、圓頓が「大乗最高の教え」だとは言っても、教理の中での位置づけである。また「禅宗の見解」を言うけれども、これを最高とするのではなく、ただちに「山僧の説処も皆な是れ一期の薬病相治にして、並《た》えて実法無し」と言っている。「彼の禅宗なるものは、自からの立場のみを真実とする曾ての教判とは、余程違ったものになっていると言える。凡そ教学の体系というべきものを、常に破ってやまぬ教外別伝の思想は、自からの教外別伝の立場をも絶対として残さぬものであった」（柳田聖山『初期禅宗史書の研究』余論「禅宗の本質」、『柳田聖山集』第六巻、法蔵館、二〇〇〇）。そして「童子善財、皆な求過《もとめまわ》らず」と言う。周知のように『華厳経』入法界品では、善財童子は文殊菩薩の示唆で五十三人の善知識を歴巡するのであるが、義玄は唐突に「求めまわったのではなかった」と言う。ここの文勢は、「三乗五性、人天の因果」といった教理は「至理の道」ではない、「圓頓の教え」はそれらと異なるが、善財はみな求めなかった、というのであるから、「皆な」は前二者を指すはずである。義玄は行脚僧に外に価値を設定して求めまわるのをやめよ、とくりかえし言っていた。自己がそのままで祖佛と異ならぬと迴光返照することが「真正の見解」であると。善財童子が五十三人の善知識を一百十城に巡って求めまわったのは、義玄からすれば非である。しかし最後に弥勒の楼閣すなわち解脱の門に入り、そこで文殊の智と普賢の行とをわがものとした。これを義玄の立場から言えば、自己に目覚めたのであって、外に求めたのではない。【六二】示衆三（10）にいう、「一般の学人有りて、五台山裏に向《お》いて文殊を求む。早《つと》に錯了《あやまれり》！　五台山に文殊無し。你ら文殊を識《し》らんと欲すや？　秖だ你らという目前の用処《はたらき》、始終（文殊と）異ならずして、処処に礙げざる、此箇《これ》ぞ是れ活ける文殊なり。你らが一念心の無差別光、処処総て是れ真の普賢なり。」この意味で「童子善財、皆な求過《もとめまわ》らず」と言ったのである。

【九五】

555 「禅師がたよ！　心得ちがいをしてはならぬ！〈大海は屍を留めぬ〉と言われるが、諸君はひたすらそれを担いで天下を渡り歩こうとし、みずから邪見を起こして、みずからの心のはたらきを妨げている。太陽に雲がかからなければ、陽光は隈なくすべてを照らし、眼病がなければ、大空に空《くう》華《げ》が舞うことはない。」「錯まって心を用うる莫れ」は行脚僧の馳求を叱る語。黄檗『宛陵録』に「謾《みだ》りに心を用うる莫れ！　真を求むるを用いず、唯だ須らく見《けん》を息《や》むべし」（入矢義高『伝心法要 宛陵録』一〇八頁）。「大海の如きは死屍を停めず」は、海が常に清浄を保ち、海中の屍は風によって岸に打ち上げられること（大海不受死屍）を言い、もと『中阿含経』巻八、九に、聖衆中には不精進破戒の者を置かぬことの譬喩として用いられ、のち『涅槃経』巻一八、二〇に「如来は悪人と同止坐起し語言談論せざること、猶お大海の死屍を宿さざるが如し」、『華厳経』巻三三、七七に「善知識は諸悪のひとを受けいれざること、譬うるに大海の死屍を宿さざるが如し」と言い、「大海十相」、「大海八不思議」のひとつに数えられるようになった。「停めず」に作るのは『大集譬喩経』（隋闍那崛多訳、T三所収）巻上のみ。ここでは「死屍」を無常なる身体として、これを「担却《かつ》いで天下に走《ある》かんと擬《ほっ》す」と言う。【七九】示衆一二に、「道流よ！　『実情《まこと》に大いに難し！　佛法は幽玄なるも、解り得ること可可地なり』と。山僧は竟日《ひねもすがら》他の与《ため》に説破するも、学者は総て意に在《お》かず。千徧万徧、脚底に蹋過して黒没窣地《こくぼっそつじ》たり。一箇の形段無く、歴歴として孤明なるを、学人は信不及《しんじきれず》して、便ち名句上に向《お》いて解《げ》を生じ、年半百に登るまで、秖管《ひたすら》に傍家《のきなみ》に死屍を負うて行き、檐子《たんす》を担却《かつ》いで天下に走《ある》く。草鞋銭を索《もと》めらるること日有り！」「見障」は邪見の障り。黄檗『宛陵録』にいう、「纔かに佛見有れば、便ち衆生見有り。有の見、無の見、常の見、断の見は便ち二鉄囲山と成る。見《けん》に障《さ》えらる故に」（同上）。敦煌本『六祖壇経』にも、「何に因りてか法を聞くも即《ただ》ちに悟らざる？　邪見の障り重く、煩悩の根深きに縁《よ》る。猶お大雲の日を蓋覆して、風の吹くを得ずんば、日は現わるること能う無きが如し。」「心を礙う」は心法のはたらきを妨げること。「心法は形無くして、十方に通貫す」「六道の神光、未だ曽て間歇せず」という本来そなわったはたらきが、外に価値を求めることによって妨げられる。これが「錯まって心を用うる」ことの結果である。「日上に雲無くんば、麗天普ねく照らす」の「日上」は太陽。「上」は場所を表わすが、「眼中」と対句にするために附した。「麗天」はもと「日月天に麗《つ》く」（『周易』離卦）の句から、「麗天」で日月を（さらに星辰をも）指すようになった。『抱朴子』博喩篇に「日月に虫鳥の瑕を挟むも、麗天の景《ひかり》を妨げず」とある。「眼中に翳無くんば、空裏に花無し」は妄想をいう「空花」の譬え。『圓覚経』に「一切衆生の無始従《よ》り来《このかた》た種種に顚倒すること、猶お迷人の四方に処を易《か》うるが如し。四大を妄認して自身の相と為し、六塵の縁影を自心の相と為す。譬うるに彼の目を病むものの空中の花及び第二の月を見るがごとし。善男子よ！　空には実に花無し。病む者の妄執するなり」（T一七、九一三中）とある。

556　「諸君！　きみたちがもしまっとうであろうとするなら、けっしてむやみに疑ってはならぬ。〈展開すれば宇宙を包括し、収縮すれば髪の毛ひと筋立つ余地もない。〉まがうことなきひとり輝くもの、その光が途切れたことはない。それは〈目にも見えず、耳にも聞こえぬ〉。さて、それを何と呼ぶか？〈何かと言えば、もう外れる。〉きみたちみずから見とどけよ！　それ以外に何もないのだ。わたしがいくら言っても、きりがない。各自に精進せよ！　おんみ大切にされよ！」「如法」は正しき教えのとおりであること。別の言葉で言えば「真正の見解」のとおりに。【六四】示衆四（3）に「你ら若し如法ならんと欲得《ほっ》せば、直《た》だ須是《すべか》らく大丈夫児にして始めて得《よ》し。……大器なる者の如きは直《た》だ人惑を受けざらんと要《ほっ》す。随処に主と作《な》れ！　立つ処皆な真なり。」【七四】示衆九（1）に「你ら如法の見解を得んと欲せば、但だ人惑を受くる莫れ！」「展ぐれば則ち法界に弥綸し、収むれば則ち糸髪も立たず」は達磨の作と伝承される「無心論」の頌に「心神は迥寂にして、色無く形無し。之れを覩れども見えず、之れを聴けども声無し。暗きに似たるも暗きに非ず、明るきが如きも明るきに非ず。大なれば即ち法界に廓周し、小なれば即ち毛端にも停まらず」。北宗文献「大乗無生方便門」に「舒《の》ぶれば則ち法界に弥綸し、巻けば則ち総て毛端に在り」（T八五、一二七四中）、牛頭法融「絶観論」に「舒ぶれば則ち法界に弥遊し、巻けば則ち定跡尋ね難し」（『宗鏡録』巻九七引。この一段は敦煌本に見えない）というように、いずれも心のはたらきを形容する。「眼にも見えず、耳にも聞こえず」は杯渡和尚「一鉢歌」の二句。「眼にも見えず、耳にも聞こえず、見えざる聞こえざるこそ真の見聞。従来一句は言説無きに、今日千言して強いて分を為さん。強いて分を為さん、須らく諦聴せよ、人人尽く真如の性有り。恰も似たり黄金の鉱中に在りて、錬去錬来して金体浄きに」（『景徳伝灯録』巻三〇)。「眼にも見えず、耳にも聞こえざる」ものを強いて分明に言えば、そういうことになる。「古人云く、〈一物と説似《と》かば則ち中らず〉」の「説似」の「似」はもと後ろに動作の対象をとる介詞（〜に対して）であったが、のち虚化してその義を失い、複音節口語を作る成分となった。したがって「説似」でたんに「言う」意。「何か（或るもの）と特定したとたん、それから外れてしまう」。この一句は六祖慧能の問い「什麼物《なにもの》か恁麼来《かくきた》る？」（ここに来たお前は何者だ？）に対して懐譲が八年かかってようやく答えた句（『天聖広灯録』巻二にいう）。すなわち「自己とはなにか」への答えである。達磨が梁の武帝の問い「朕に対する者は誰ぞ」に答えた「識らず」（『碧巌録』第一則）もこの意であろう。行脚して来た法眼文益に羅漢桂琛が「行脚の意は作麼生《いかん》？」と問う。文益、「知らず。」桂琛、「知らずこそ最も親切。」文益は豁然大悟した（『景徳伝灯録』巻二四）。桂琛は文益が安易に答えを出さず、生涯この問いをみずからに引き受け探究してゆくよう激励したのである。洞山良价は法身の問題を「吾常に此《ここ》に於いて切なり」と言った（『祖堂集』巻六）。「你ら但だ自家に看よ！　更に什麼か有らん？」の「但」は限定から命令に転じた副詞（ひたすら〜せよ）。「自家」は自分みずからをいう口語。「家」は人称代名詞につく口語接尾辞。「自己とはなにか」という問いに、教理の観念的術語で答えるのではなく、他人から仕入れた出来合いの言葉で間に合わせるのでもなく（〈門より入る者は家珍に非ず〉）、みずから究め深めよ、それ以外にないという示唆。「説くも亦た尽くる無し」、義玄は行脚僧への示衆で饒舌に語ったが、多くの言葉を費やしてくりかえし言わんとしたことは「真正の見解」を得て「無事」であれという一点である。「各自に力を著けよ」の「著力」は力を込めて、精進努力する意。黄檗『伝心法要』に「力を著けて今生に須らく了却せよ。誰か能く累劫に余殃を受けん！」（入矢義高『伝心法要　宛陵録』九〇頁）という激励。「珍重」は「おんみ大切に」という別れの挨拶。

【九六】

557 師は行脚に出て、龍光院に到った。龍光和尚は師のために法堂で法座に昇り説法をした。師は前に歩み出て問うた、「剣を抜かずに勝利をおさめるには、どうなさるか？」龍光は居ずまいを正した。師、「大善知識ともあろうものが、方便を持たぬはずはなかろう！」龍光は眼を怒らせて、声を発した、「嗄《さ》!」師は龍光を指さして、「この老人、今日敗れたり!」 本則以下九則はおそらく黄檗山を辞して河南道曹州南華県の郷里をへて、鎮州真定臨済院に落ちつくまでの、義玄南方行脚時の記録であろう。『天聖広灯録』巻一一が「示衆」のあとにこれら九則を補遺として列するのは、最後の二則に潙山・仰山の評語が附せられているから、当時禅宗のメッカであった潙山で収集された資料にもとづくものとおもわれる。圓覚宗演は『四家録』中の臨済録を整理公刊したとき、増補十四則(『天聖広灯録』巻一〇所収)と併せて「行録」とし、「示衆」のあとに配した。『続開古尊宿語要』、『古尊宿語録』および単行本の古尊宿系テクストはその構成を継承している。龍光和尚は未詳。接化の所作から推すに、馬祖禅を奉ずる禅僧のようである。行脚僧が僧院に投宿すると、長老(住持)が夕刻上堂して行脚僧を含む大衆に一場の説法をなし、説法が終ると、立ったまま聴聞していた僧が前に進み出て質問をする慣わしであった(『五灯会元』は「光の上堂に値《あ》う」、義玄が到った時ちょうど龍光は上堂説法をしていたとする)。義玄の問い「鋒鋩を展べずして、如何《いかん》が勝つを得ん?」は、言葉を用いずして至上命題を把握することを真剣勝負の喩えでいう。文偃「祖堂集序」に「最上の根器は密旨を鋒鋩の未だ兆《きざ》さざる前に悟り、中下の品流は玄枢を機句の已に施されて後に省《さと》る」、覚範慧洪『智証伝』に「金剛王の剣、覿《てき》露《ろ》すること堂堂たり。纔《わず》かに唇吻に渉るや、即ち鋒鋩を犯す」(金剛王の宝剣は眼の前に抜き身を現わした。言葉を発したとたん、ひと太刀のもとに斬られる)。「鋒鋩」は利剣の刃。これを言葉に喩えるのは、その鋭利が人を活かしも殺しもする(殺人刀、活人剣)からである(大慧『正法眼蔵』巻下の本則の引用は「機鋒」に作っているから、意味が明確である)。そこで「鋒鋩を犯さず、如何《いかん》が知音なる?」(言葉を交わさずして、どのように相手を見分けるか。『景徳伝灯録』巻一九、安国弘瑫章)という。ここでは龍光和尚が上堂説法において言葉で禅理を説いていたのに対して、義玄は挑戦的に質問を放ったのである。「言葉でいくら禅理を説いたところで、言いとめることはできない。ではいかにすべきか?」禅とは己事究明(自己とはなにかを突き詰める)の謂いであり、迴光返照し、黙契するのみである。龍光は「拠坐」した。「拠坐」は法座に坐すこと(「坐」、「座」は通用)。龍光は法堂で法座に腰かけていたのであるから、この場合は坐りなおすしぐさを見せた。これは馬祖禅の「作用即性」説の応用で、佛性の作用を身体動作で示したのである。この応対は当時よく用いられていた。黄檗希運が百丈懐海に「従上の宗乗（禅の奥義）を如何《いかん》が人に指示する？」と問うと、百丈は「拠坐」で応じた。黄檗は「後代の児孫、何を将《も》って伝授せん？」と尋ねると、百丈は「我、你は是れ箇の人と将謂《おも》いしに……」（そなたなら「拠坐」の意味が解ってくれると思っていたが）と言って起ち去った（『聯灯会要』巻七、黄檗章）。雪峰義存のところへ潙山（福州大安禅師）のもとから来た僧が、潙山に「祖師西来意」を問うと、潙山は「拠坐」したが、その僧はこれを認めなかった（『景徳伝灯録』巻一六、雪峰章）。すなわち、馬祖の弟子の時代にはこの接化の手段は「自己の提示」として有効であったが、以後になると庸俗化したワンパターンと化し、疑いを抱かれるようになったのである。これに対して義玄は「大善知識、豈に方便無からんや！」あなたが大善知識なら借り物でないご自分の接化があるでしょう、とはねつけたのである。すると龍光は「瞪目して云く、『嗄！』」「瞪目」は眼を瞠ること。睦州和尚（黄檗の法嗣）が行脚僧に「什麽処《いずこ》よりか来《きた》る？」と問うと、僧は「瞪目して之れを視た」（眼を怒らせて和尚を直視した）。睦州は「驢前馬後の漢！」と叱りつけた。これも「作用即性」説の応用であって、睦州はこの僧をご主人に使われる下僕（人まねの自己喪失者）扱いをしたわけである。これら身体動作によって自己の佛性の作用を発揮する方便は、義玄が示衆で「真の佛は形無く、真の法は相無きに、你らは祇麽《ひたすら》に幻化の上頭《うえ》に模を作し様を作す」（【七二】示衆七）と批判したものにあたる。「嗄」は音所嫁切（サ）、涸れた声の擬音。『荘子』庚桑楚篇注「声の破るるなり。」これも「作用即性」説の「言語動作」（馬祖）にあたるが、龍光は「瞪目」したうえに、これでもかと勢いよく「言語」したが、義玄に見透かされて狼狽し、かすれた声しか出なかった。「手を以て指して」は強い指弾の態度。「者の老漢、今日敗闕せり！」の「敗闕」は過失による失敗の意。破綻した、ボロを出した。「敗欠」とも書く。

【九七】

558 師は三峯院に到った。三峯平和尚が問うた、「どこから来たのか？」師、「黄檗山から参りました。」平和尚、「黄檗和尚はどんなことを言っているのか？」師、「金牛は昨夜塗炭の苦しみに遭い、今に到るまで痕跡なし。」平和尚、

「金風が玉管の笛を吹き奏でても、妙音を聴きわける人はいるのかね？」師、「万重の関門を突き抜けて、青霄の内にも留まらぬ。」平和尚、「そなたの意識はちと高尚すぎる。」師、「飛龍が金色の鳳凰を産むや、碧い琉璃を衝き破った。」平和尚、「ひとまず坐って、お茶でも飲みなされ。」平和尚はまた問うた、「このたびはどこを発って来たのか？」師、「龍光院です。」平和尚、「龍光和尚は近頃どうかね？」師は答えず、立ち去った。三峯平和尚は未詳。相見して、義玄が黄檗山で修行したことを言うと、平和尚は黄檗和尚の禅がいかなるものか問うた。「金牛は昨夜塗炭に遭い、直ちに如今に至るまで蹤を見ず」は七言の詩句、おそらく成句で、ここで成句を引いて言わんとするのは後句の意、すなわち「蹤跡なし」である。黄檗和尚は「言句」をもちいて説法するが、言葉に執着してはならぬと注意していたことを指す。『宛陵録』に「真の佛は口無し、説法を解《よ》くせず。真聴は耳無し、其れ誰か聞かん？」（入矢義高『伝心法要　宛陵録』一三六頁）。「金牛」は金属（鉄、銅）で作られた牛（『呆庵普荘禅師語録』巻三「小参」に引くところでは「泥牛」に作る）。「塗炭」は『尚書』仲虺之誥篇に「有夏は昏徳、民は塗炭に墜《お》つ」、孔伝に「夏桀昏乱し、下民を恤《あわれ》まず。民の危険なること、泥に陥り火に墜ちて、之れを救う者無きが若《ごと》し。」平和尚の問い「金風は玉管を吹く」は秋風が竹林をわたる音をいう。「その妙音を聞き分ける賢者がいるか」とは黄檗の高尚な説法をきみは理解できたのかという問い（この二句も詩句の形式）。義玄の答え「直ちに万重の関を透って、青霄の内に住まらず」（これも詩句）は「金風」を承けて、疾風が西の果てまで吹き抜け飛翔する意象である。平和尚は辟易して、「子《し》の者の一問、太高生！」と言った。この句はかつて石頭希遷が南嶽懐譲に向かって「諸聖をも慕わず、己霊をも重んぜざる時は如何？」と自己を提示したのに、懐譲が答えた「子が問いは太高生！　何ぞ向下《した》に問わざる？」と同じ。石頭は更に「寧ろ永劫に沈淪を受く可くも、諸聖に従って解脱を求めず」と答えたので、懐譲は「便ち休《や》む。」もう相手にしなかった（『景徳伝灯録』巻五、青原行思章）。義玄はまた勢いに乗って「龍は金鳳の子を生んで、碧琉璃を衝破す」（これも詩句）。龍が鳳凰を生むとは、『淮南子』墬形訓に動物の起源を述べて、「羽嘉は飛龍を生み、飛龍は鳳皇を生み、鳳皇は鸞鳥を生み、鸞鳥は庶鳥を生む。凡そ羽ある者は庶鳥より生る」というのによる。高誘注に「飛龍、羽嘉は飛虫の先。飛龍に翼有り」（劉文典『淮南鴻烈集解』、新編諸子集成、中華書局、一九八九）。飛龍は鳥の祖先とかんがえられていた。「碧琉璃」は緑色の琉璃埦。水面や青空をいう詩的表現にもちいられるが、ここでは鳳凰の卵の殻を指す。明の永覚元賢の投機の偈に「金鶏は碧琉璃を啄《つつ》き破れり！　万歇千休せしこと秖《た》だ自ら知るのみ」（『続灯正統』巻三八）というのがここの意であろう。黄檗を飛龍に、自己を金鳳の子に譬えた高踏的な句。平和尚は「且《ま》ずは坐して茶を喫せよ。」答えを嘉納し、侍者に命じて茶を持ってこさせ、その場でふるまった。これは「喫茶去！」（茶堂へ行って茶を飲んで頭を醒ましてこい！）とは異なる対応ではあるが、「まあまあ、お茶でも飲んでおちついたらどうか」という語気であろう。このあと大慧『正法眼蔵』巻下では「済便ち坐す」の一句がある。そこで平和尚はあらためて「近くは甚処《いずこ》をか離るる？」と問うと、「龍光」と答えた。「龍光は近日如何《いかん》？」龍光和尚は近頃どんな説法をしているか。義玄は「便ち出去《いでさ》る」、先の対応を見て、この和尚はもう話にならぬと、挨拶もせずプイと出て行った。いかにも若き日の義玄の意気軒昂たる行脚の気概ではあるが、平和尚とは機縁かなわず、すれ違いに終ったのである（大慧『正法眼蔵』巻下では「済便ち下って参堂す。」相手にせず、勝手に僧堂に入った）。この一段は底本および『四家録』と古尊宿系テクストの間に異同があり、「衝破碧琉璃」は底本が「衝破碧波流」に作るのを後者に拠って改めた。底本は「（金鳳の子が）緑の波を衝いて水面に飛び降りた」という意になるが、「碧琉璃を衝破す」のほうがよい。「琉璃」は古くは「流離」と書かれたところから、おそらくその意味を測りかねて改めたのであろう。羅什訳『維摩経』に見える音訳語「瑠璃」（弟子品、不思議品、大正蔵の表記）は、敦煌写本北朝写経では「流離」、唐前期写本では「瑠璃」、唐後期五代写本では「琉璃」と書かれた（拙稿「以敦煌写経校訂『大正蔵』芻議」、『転型期的敦煌学』上海古籍出版社、二〇〇七）。古形を存する大慧『正法眼蔵』巻下は「碧琉璃」である。古尊宿系テクストの間でも、宋版『続開古尊宿語要』、同『古尊宿語録』、単行本の元応版『臨済録』までは「碧琉璃」で、永享版（大東急文庫本）以下はすべて「碧瑠璃」となっている。

559 **【九八】**

大慈山寺に到った。大慈和尚はそのとき方丈に坐していた。師は問うた、「方丈に端坐する和尚の境涯はいかん？」大慈、「松は雑木とは異なり千年その色を変えず、野老は花を手に万国の春を楽しむ。」師、「圓満なる智慧の本体を永遠に超え出て、仙境へ通ずる道は万重の関の彼方に鎖されている。」それを聞くや大慈は喝した。師もまた喝した。大慈、「何のつもりか！」師は袖を払って出て行った。大慈山は杭州にあり、当時は百丈懐海に嗣いだ寰中禅師が住していた。大慈寰中（七八〇―八六二）は河東蒲州蒲坂（今の山西省永済市）の人、二十五歳で科挙に合格したが出仕の意なく、母の死を契機に并州童子寺で出家、二年たたぬうちに経典を遍く読み、翌年嵩山琉璃壇で受戒、律の研鑽ののち、禅宗を慕い、百丈懐海に参じて「深く玄旨を得た」。南嶽常楽寺を経て、浙江の北の大慈山寺に住するや、「居ること未だ久しからずして、檀信爰《ここ》に臻《いた》り、旋《たちま》ち巨院と成り、四方の僧侶参礼すること雲の如し。武宗の廃教に属《あ》い、（寰）中は短褐を衣《き》る。或るもの請うて戴氏の別業に居らしむ。大中壬申歳（六年、八五二）、太守劉公（劉彦）首《はじ》めて命じて剃染《ていぜん》せしめ、重ねて禅林を盛んにす。壬午歳（咸通三年、八六二）二月十五日、囑累《しょくるい》し声畢《おわ》りて終《みまか》る。……冬塔所に窆《ほうむ》る。享年八十三、法臘五十四。……乾符丁酉歳（四年、八七七）に至って、勅して大師に謚《おくりな》し性空と号し、塔を定慧と名《な》づく」（『宋高僧伝』巻一二、唐杭州大慈山寰中伝）。『景徳伝灯録』巻九には上堂語を載せ、「山僧は答話を解《よ》くせず、只だ能く病を識《し》るのみ」、「一丈を説き得るは、一尺を行取するに如《し》かず。一尺を説き得るは、一寸を行取するに如かず」と言った（洞山良价はこれを聞いて「歓喜して云く、『大慈和尚は物情《ひとのこころ》の為《ため》にして切なり』と」『祖堂集』巻一六）。寰中は馬祖下の百丈懐海に嗣いだ人であるから、黄檗に嗣いだ義玄の法叔にあたる。「丈室に端居する時は如何《いかん》？」は維摩居士の「黙然」を意識した問い。寰中の答え「寒松は一色にして千年別ち、野老は花を拈る万国の春」はみずからの境涯を詩句に託して述べた。前句は「歳寒くして然る後に松柏の彫《しぼ》むに後《おく》るるを知る」（『論語』子罕篇）の意を取り、松のごとく節操堅きこと。ここでは馬祖の言った「即心是佛」ということを信じて疑わざる態度を暗に示す。後句の「野老」（百姓親爺）はいわゆる「撃壌歌」の「日出《いで》て作《な》し、日入りて息う。井を鑿《うが》ちて飲み、田を耕して食《くら》う。帝力我に於いて何か有らん！」（『太平御覧』巻八〇「帝堯陶唐氏」引『帝王世紀』）という「百姓《ひゃくせい》無事」に託してわが心の無事を歌う。「万国の春」を底本は「万万春」に作るが、それでは皇祚の万歳を謳歌する意味あいが出てふさわしくないので古尊宿系テクストに拠って改めた。方丈に端坐して説法教化を好まず、ただみずから修行するのみ（南泉のいう「佛は道を会せず、我自ら修行するのみ」、『景徳伝灯録』巻二八「池州南泉和尚語」）という寰中に対して、義玄は「今古永えに超ゆ圓智の体、三山は鎖断す万重の関」と応じた。前句の「圓智の体」は本来圓満完全なる本体、佛性をいう。「今古」は「古今」に同じ、詩句としての平仄を合わせるために倒装した。「古今にわたってとわに佛性を超え出る」とは「わが佛性にもけっして安住することはない」意。大慈和尚の気概を義玄はそのように見た。しかし義玄は「それでは高尚すぎて誰も近づくことができませんぞ！」と揶揄して難じた。「三山」は東方海上にあるという伝説の仙境の島（蓬莱、方丈、瀛洲）。「鎖断」は「万重の関」が堅く鎖されたそこへどりつくことができぬ意。「断」は動詞に附して強調する甚辞の補語。寰中はそれを聞いて喝した。作用して見せたのである。「わたしは方丈に端坐してはいるが、気息を欠いた禅ではない。〈自了漢〉などではないぞ」と。義玄もまた喝で応じた。寰中は「什麼をか作す！」（何だ、わたしの真似か！）。「什麼をか作す！」は「そんなことをして何になるか」の意（古尊宿系テクストは「作麼《いかんせん》！」）。「師は払袖して便ち出づ」、もはやこれまでと、さっと出て行った。「払袖」は怒り、不愉快を感じて、挨拶もせずに立ち去る動作である。おそらく義玄は老練な寰中和尚にやりこめられて、不愉快にその場を立ち去ったのであるが、寰中の禅がいかなるものかを見て取った。のち義玄が「喝」を愛用する契機は実にここにあった。『臨済録』に収録する行脚の記録のなかでは、本則の大慈山において初めて「喝」が出る。しかも寰中和尚から先に浴びせられたのであった。「今古永えに超ゆ圓智の体」は、のちの義玄の「外に凡聖を取《もと》めず、内に根本に住せず」（【五一】示衆二（2））と似ている。また寰中の態度「山僧は答話を解《よ》くせず、只だ能く病を識るのみ」も、義玄のいう「山僧には一法の人に与うる無し。秖是《た》だ病を治《いや》し縛《しばり》を解くのみ」（【七五】示衆九（2））と同旨である。大慈寰中との相見は義玄にとって、短くも印象深い出会いであったとおもわれる。

560【九九】
襄州華厳院に到った。華厳和尚は見るや、拄杖に依りかかって眠るふりをした。義玄、「老和尚、居眠りなどして、どういうつもりか！」華厳、「腕の立つ行脚僧は、さすがに凡流と違うな。」義玄、「侍者よ、茶を持ってきて和尚に飲ませよ！」華厳和尚は維那を呼んで言った、「この上座を第三位に案内せよ」と。襄州は山南東道に属し、江南から都長安へ通ずる交通の要衝（今の湖北省襄樊市）。「襄（襄陽）荊（江陵）の道は水陸並びに通じ、中古時代最も繁栄した路線であった」（厳耕望『唐代交通図考』第四巻、中央研究院歴史語言研究所専刊之八十三、一九八六）。のち臨済下第四世風穴延沼（八九六—九七三）が襄州華厳院で維那であったとき、守廓（興化存奨の侍者、一〇世紀の人）と「南北の家風」について語りあったと言い、その時の華厳和尚も「若し是れ臨済、徳山、高亭、大愚、鳥窠、船子の児孫ならば、如何若何《いかんいかん》するを用いず、直《ただ》ちに須らく単刀直入なるべし。華厳は汝らの与《ため》に証拠せん」（『天聖広灯録』巻一四、守廓上座章）と言っているから、襄州華厳院は南北の禅の情報が集まるところであった。ただし義玄が訪うた華厳和尚の詳細は知られない。華厳和尚は行脚して来た義玄を見て、眠るふりをした。「睡る勢を作す」とは、わざと居眠りするしぐさをすること。『聯灯会要』巻九、臨済章では「厳は来《きた》るを見るや、横に拄杖を按じ、瞌睡の勢を作す」とする。立ったまま拄杖を横にしてという、いかにもわざとらしいしぐさをして、義玄の反応を見ようとしたのである。すると華厳和尚の予想どおり、義玄は「老和尚、居眠りなどして、どういうつもりか！」と応じた。華厳和尚は「さすがは作家の禅客だ。凡流と違う」と、わざとらしく持ち上げた。「作家」はもと上手に家を治める義から、能手を評価する語となり、禅宗ではすぐれた応答をする禅僧を指すようになった（第二七段「作家の戦将」の注293を参照）。「宛爾」は果然、顕然の義。義玄は「侍者よ、和尚に茶を持って来て飲ませてやれ！目を醒ましてやれ！」と、あい変わらず威勢がよい。「点茶」は唐代後期からおこなわれた飲茶法で、粉末にした茶を盌に入れ、沸かした湯を瓶から点注して飲む。茶は唐代では目を醒ます作用の飲料であった。そこで華厳和尚は維那を呼んで、「この上座を僧堂の第三位に案内してやれ。」「第三位」とは僧堂内の新到の座位であろう。宋代の『禅苑清規』巻一「掛搭」の条に新到僧が僧院に掛搭するときの次第が規定してある。新到僧は威儀を具して祠部牒を堂司に見せ、維那がこれを点検して同意したあと、堂司が案内して僧堂内の聖僧（文殊菩薩像）の前で大展三拝し、首座位から巡堂して、「前門内南頬牀下板頭に於いて第三位」に坐すという。『臨済録鈔』以下道忠の『疏瀹』に至るまでの抄物は後堂首座に充てたとするが、入門者をいきなり僧衆の首座に充てて指導させるとは考えられない。この一段の相見の問題は、華厳和尚は義玄の来参を見て、なぜ「睡る勢を作し」たのかである。「行脚」に対して「瞌睡」のまねをして見せるとは、行脚僧の自己の外に求めまわる行為を批判する「無事」の提示であろう。懶瓚「楽道歌」にいう、「兀然として無事に坐し、何ぞ曾て人の喚ぶもの有らん。向外《そと》に功夫を覓むるは、総て是れ痴頑漢。」「飢え来らば即ち飯を喫い、睡り来らば即ち臥して瞑《ねむ》る。愚人我を笑うも、智は乃ち賢なるを知る。」「謾《みだ》りに真佛を求むる莫れ。真佛は見る可からず。妙性及び霊台は、何ぞ曾て勲練を受けん？心は是れ無事の心、面《かお》は是れ嬢生の面」（『祖堂集』巻三）。これが馬祖禅の「無事」の典型的表現である。抄物には襄州華厳を馬祖の弟子華厳智蔵に擬するものがあるが、この人は『五灯会元』巻三の目録に名が見えるだけで確証はない。しかし馬祖系の禅僧であろう。

【一〇〇】

561 師はひとりの尼僧が来たのを見て、いきなり言った、「善来か、悪来か？」尼僧は喝した。師は棒をつかんで、「もっと言え！もっと言え！」尼僧が再び喝したところ、師は棒で打った。この一段はおそらく臨済院での接化であろう。古尊宿系テクストでは「勘弁」に分類している。「善来か、悪来か？」とは、佛陀が僧団に来た入門者を「善《よ》く来《きた》れり、比丘よ！」と迎えた語にもとづく。たとえば『過去現在因果経』巻四に「（耶舎）即便《すなわ》ち佛を礼し、佛に白《もう》して言《いわ》く、『唯だ願わくば世尊よ、我の出家を聴《ゆる》されよ』と。佛言く、『善く来れり、比丘よ！』と。鬚髪自《おのずか》ら落ち、袈裟身に著き、即《ただ》ちに沙門と成れり。」本則で義玄が「悪来か」と続けるのは、行脚を終止し休歇せよという立場から、尼僧に問いかけたのである。尼僧は喝した。臨済門下では弟子たちが「喝」することをもって自己の提示（佛性の作用）と見なしていたのをこの尼僧は知っていて、これを使ったのであろう。義玄は「更に言え」（その先を言え）と、再び勘した。自己の見聞覚知のはたらきを省察し、祖佛と別ならざることに覚醒するのは「入処」（入口）であり「初善」にすぎない。しかし尼僧はもう一度「喝」したのみであった。ここにおいて尼僧の「喝」は「模様」（物まねのワンパターン）に過ぎなかったことが露呈し、義玄は棒打した。義玄は尼僧の最初の「喝」を聞いたとき、「棒を拈って」再び勘したのは、すでにそのことを見抜いていたからである。

【一〇一】

562 翠峰院に到った。翠峰和尚、「どこから来たのか？」師、「黄檗から来ました。」翠峰、「黄檗和尚はどんな説法をしているのか？」師、「黄檗和尚に言葉はありません。」翠峰、「どうしてないのか？」師、「たといあったとしても、それを言うべき所はありません。」翠峰、「ともかく言ってみてくれ。」師、「矢はもう天竺へ飛んで行った。」翠峰院（寺）は蘇州県県太湖中の洞庭山が有名であるが、ここの翠峰がそこかは未詳。翠峰の問いに対して「黄檗に言句無し」と答えるが、しかし「設い有るも、挙する処無し」と言うのであるから、実際には黄檗に言葉はあり、説法もしているのである。義玄は「黄檗の言葉を取りあげる場はない」、つまりいまこの場では教えないと言う。そこで翠峰和尚は「但だ挙し看よ！」（「但〜看！」は命令句）。「一箭、西天に過ぐ」は、もう手遅れだ、その機会は失われたという意。「箭は西天に過ぐこと十万里なるに、却って大唐国裏に在りて等待《ま》つ」ともいい、また「箭は新羅に過ぐ」ともいう俗諺。天竺も新羅も唐からもっとも遠い地の果て。『宗門方語』に「箭は新羅に過ぐ」を「落処を知らず」の義という（『禅語辞書類聚』）。そなたは対話の目論見を知らぬ、なぜそういう対話をしたのかの意味がわかっていないという意。翠峰和尚は義玄が黄檗で修行したと聞いて、黄檗の説法の内容を訊き出そうとしているのである。当時は江南の各地に禅僧が道場を構え、そこへ新興宗教禅宗のうわさを聞いた出家者たちが訪ねて参じ、また禅宗に転向して禅僧となった者が行脚僧となって師友を訪ね、悟りの激発の契機を求めていた。禅院はそうした各地の行脚僧の情報が集まり、交流がなされる場でもあった。行脚僧が訪ねてくると、住持の和尚は「どこから来たのか？」と訊くのが通例である。しかし義玄は翠峰和尚の問いにまともに答えようとせず、「黄檗は説法などしない」、「したとしても、和尚には教えない」とつっぱねる。義玄にとっては翠峰和尚と対面しているこの場こそが「随処に主と作れ！立つ処は皆な真なり」（【五二】示衆三（1））であるべきであった。黄檗のことなどうでもよいことで、「わたしは黄檗のメッセンジャーではない。われを見よ！」という気概である。

【一〇二】

563 象田院に到った。師、「凡でもなく聖でもないそれを、今ここで言ってください。」象田和尚、「わたしはただかくあるのみ。」師は喝して言った、「大勢の坊主ども！ いったい何の粥飯を求めてここに来ているのか！」 象田院は江南道越州上虞県西南の象田山（今の浙江省上虞市）にあったと思われる。この時の象田和尚は未詳。義玄は行脚して象田院に到り、和尚に相見して問うた。「凡ならず聖ならざるを、請う師よ、速やかに道え！」おそらく、通常の相見の次序を踏まずに、せっかちに畳みかけたのであろう。「如何なるか是れ佛法の大意？」（佛の教えの核心とはなにか）、「如何なるか是れ祖師西来意？」（禅とはなにか）という通常の問いを跳び越えて「凡ならず聖ならざるもの」を問う。「凡ならず」は聖人（佛）、「聖ならず」は聖性の否定、すなわち禅。つまり「和尚における禅とは何か？」と問うた。象田和尚は「老僧は秖だ与麼なるのみ」と答えた。「わたしはただかくあるのみ。」これは馬祖禅による答えである。いまここにかくあるわれ以外に求むべき「聖なるもの」はない。馬祖の示衆にいう、「道は修むるを用いず。但《た》だ汚染する莫れ。何をか汚染と為す？ 但有《あら》ゆる生死の心、造作趣向、皆な是れ汚染なり。若し直ちに其の道を会せんと欲せば、平常心是れ道なり。何をか平常心と謂う？ 造作無く、是非無く、取捨無く、断常無く、凡無く聖無し。経に云く、『凡夫の行に非ず、聖賢の行に非ず、是れ菩薩の行なり』と。只だ如今《いま》の行住坐臥、応機接物、尽く是れ道なり」（『馬祖の語録』三二頁）。そうしてこれはのちの義玄の示衆にいう「外に凡聖を取《もと》めず、内に根本に住せず」（外には凡聖の名に執われず、内面には心という本体に依りかからぬ。【五二】示衆二（2））という立場に等しい。「凡聖」とは佛教学が規定した名称にすぎない（とくに「聖」なる価値を指していう）。ここの象田和尚もこの立場に立っている。しかるに、義玄はこれに対して「こんな和尚のところで、雲水どもはいったい何を得られると思っているのか！」と罵っている。「禿子」は僧に対する罵語。「者裏に在りて什麼の椀をか覓むる」は象田院にいる価値のないことを悪しざまに罵る語。すなわちここでの義玄は「無事禅批判」をしているわけで、この一段はあきらかに義玄の思想と齟齬する、後世の視点で書かれている。

564
【一〇三】

明化院に到った。明化和尚、「うろつきまわって何のつもりか！」師、「草鞋を踏みつぶしているだけです。」明化和尚、「それでどうなるのか？」師、「この老和尚、商量のしかたもご存じないとは！」明化院、明化和尚はともに未詳。「来来去去して作什麼《いかんせん》！」の「来来去去」は「来去」の動作の反復。「作什麼」はその動作または意図を叱る語。「行ったり来たり、あちこちうろついて何になるか！」つまり行脚が無駄なることを言う。義玄、「秖だ草鞋を踏み破らんと徒《ほっ》するのみ。」「徒」は「図」と同音通用（『広韻』同都切）して「欲する」意に用いる（『指月録』巻一四は「図」に改めている）。「～せんと欲する」意の口語には「貴」、「図」、「擬」、またそれらの結合した複音節語（「貴図」、「擬欲」等）がある。明の呂柟『涇野子内篇』巻一九に、経書を読んでも覚えられないという門人に「当時《そのとき》は只だ記誦《おぼ》えんと徒《ほっ》するのみにして、曾《かつ》て将《も》ち来《きた》りて身上に体貼《ぴたり》と工夫を做《な》さず。所以《ゆえ》に忘れ易く且つ苦しきなり」と答えている。義玄の「ただ草鞋を踏みつぶしているだけです」という答えは「行脚が無駄だとは承知しております」と、明化の意を受けとめたもの。明化和尚、「畢竟作麼生？」「わかっているなら、どうすべきなのか？」義玄、「老漢、話頭も也た識らず！」「話頭も也た識らず」は対話によって相手をみちびく善知識の資格を欠いていることをいう。三聖慧然が行脚して雪峰山に到り義存に問うた、「透網の金鱗、未審《はた》何を以てか食と為す？」雪峰、「汝の網を出来《いできた》るを待ちて、汝に向って道わん。」三聖、「一千五百人の善知識なるに、話頭も也た識らず。」雪峰、「老僧、住持の事繁《しげ》し」（『碧巌録』第四九則）。三聖はみずからを金鱗に譬えて、「このわたしをどう待遇してくれるか」とはなはだ威勢がよい。雪峰は「その虚勢を脱してから教えてやろう。」三聖はなおも「それでも千五百衆の指導者か！」雪峰、「わしは忙しい。お前の相手をしている暇はない。」本段で明化和尚の答えは記されていないが、おそらくそこでもう相手にしなかったのであろう。義玄は明化院に留まらず去って行った。明化和尚は義玄に行脚を終熄し休歇せよと諭したのであり、これは義玄が示衆で行脚僧にくりかえし語った「真正の見解」にほかならない。義玄は明化和尚に捨てゼリフを吐いて去って行ったが、この時まだ求めるところがあったのであり、この出逢いは忘れ難いものとなったであろう。江戸時代の抄物『臨済録鈔』は「秖だ草鞋を踏み破らんと徒するのみ」について、大灯国師の語「好事を聴かんとして来ると雖も、徒《いたず》らに草鞋を踏み破るのみ。後悔の意なり」を引き、無著道忠もこれに倣って「外面は自謙底の裡に明化を抑下す。言《いうこころ》は箇の無眼の長老に逢著して、徒らに我が草鞋を踏破するのみ」と解釈し、「徒」を「いたずらに」と読んで、「ここに来たのはたしかに草鞋を踏みつぶしただけの無駄な行脚でした」と、明化和尚への皮肉な一拶と見ている。すなわち、大灯、道忠ともに明化和尚が行脚を否定する立場であることを理解せず、ただ義玄の勇ましい行脚を賞讃しているのである。

【一〇四】

565 師は鳳林院に行こうとして、道でひとりの老婆に出逢った。老婆、「どこへ行きなさる？」師、「鳳林院に行く。」老婆、「鳳林和尚は留守ですぞ。」師、「どこへ行かれたのか？」老婆は答えず、行こうとした。師は呼んだ、「婆さん！」老婆は振り向いた。師は鳳林院の方へ行った。鳳林院はおそらく杭州秦望山にある、かつて鳥窠道林禅師が住した禅院であろう。元和年間に白居易が杭州刺史であったときの問答が伝わる（『祖堂集』巻三、鳥窠和尚章）。老婆の「恰も鳳林の不在なるに値《あ》う」の「恰値不在」はちょうど留守中だということ。この老婆は行脚僧を「おまえさんは外に求めまわる自己不在の愚か者だ」とからかったのである。したがって、義玄が「鳳林和尚はどこへ行かれたのか？」と尋ねても相手にせず、さっさと行こうとした。そこで義玄はこの老婆を試して、「婆さん！」と呼んだ。これはいわゆる「呼べば答える者」（鈴木大拙）に呼びかける馬祖禅の、言語応答する自己に佛性の作用を自覚させる作略である。老婆は振り向いた。呼ばれて思わずふいと振り向いただけだった。「自己不在はあんたの方だ。」義玄はもう相手にせず、さっさと鳳林院の方へ行ったのであった。この一段にはテクストに異同があり、この問題に言及する宋代の記載がある。『福州雪峰東山和尚語録』にいう、「予政和《せいわ》の初め（一一一一）、嘗て石鞏《せききょう》の新公より『馬祖四家録』を得たり。其の後ろに臨済と婆子の問答語を載す。『婆、済に問う、甚麼処にか去く？済云く、鳳林に去く。婆云く、恰も鳳林の不在に値う。済云く、甚麼処にか去《ゆ》ける？婆便ち行く。済、婆を召《よ》ぶ。婆首《こうべ》を回《めぐ》らす。済便ち行く』と。予嘗て其の用処《はたらき》の師子象王の回旋反擲《かいせんはんてき》するが如く、自在無畏《じざいむい》にして常情に堕ちざるを喜ぶ。今『（宗門）統要』中と近開の『四家録』は皆な『婆首を回らす。済云く、誰か不在と道う！』に作る。語既に嫩弱《どんじゃく》にして意も又た浅近なり。是れ臨済に出づと謂うも、豈に重ねて古人を欺かんや？ 必ずや昧《くら》き者の之れを更《あらた》めて、務めて前語を救わんとするなり。殊に知らず、先徳に蕪類《そむ》き、後学を疑悞《あやま》たしめ、害を為すこと至大なり。今古本淪亡して殆んど尽く。後来のもの其の非なるを悟らざらんことを恐れ、今拈じて此に至り、乃ち之れを巻末に附すと云う。」つまり最後の箇所を、義玄が老婆に「誰か不在と道う！」と言ったとするテクストがあるが、それはこの一段の主旨を知らぬ者が、義玄が老婆にしてやられたと思いこんで、一句を補い、義玄を持ち上げる（「努めて前語を救わんとする」）ために改竄したのであると言う。「誰か不在と道う！」は、振り返った老婆に「（鳳林和尚ではなく、老婆が）ちゃんとここにいるじゃないか！」とわざわざ諭してやったわけで、名を呼ぶという作略の意図を明かしてしまい、問答の妙を失っている。『聯灯会要』巻九に本段を引いて「有る本の後語に『誰か不在と云う！』と云うは、深く旨を失えり」と評するのはこのことを指している。「近開（最近開版された）『四家録』」と言うが、南京図書館本明版『四家録』、慶安版『四家語録』も本書と同じ。雪峯東山和尚（慧空禅師、一〇九六―一一五八）は北宋末から南宋初の人。この人の証言によれば、そのころには『臨済録』の古本はすでに失われていたという。なお、『続開古尊宿語要』、『古尊宿語録』および日本五山版以下のすべての単行本は「師便ち行く」を「師便ち打つ」に改変している。

【一〇五・1】

566 師は鳳林院に到った。鳳林和尚、「ひとつお訊きしたいことがあるが、よいかな？」師、「肉を剜《えぐ》って瘡をつける必要があるものか！」鳳林、「海上に月は澄み冴えても（真如そのものは）影像なきに、魚が勝手に迷いこんできた。」師、「海上の月に影像がないからには、魚が勝手に迷ったりするものか！」鳳林、「風が吹くのを感じて波が起こるのを見、舟を出せば野帆は飄る。」師、「静かな山河に月輪が輝き照らし、こみ上げる笑い声に天地は驚く。」鳳林、「三寸の舌を振って天地を輝かすのはよいが、今この場に臨んで一句を言ってみよ！」師、「道で剣客に逢えばお相手して剣術の腕を見せるが、詩人でなければ詩を献呈しはせぬ。」鳳林はそこで問答をやめた。師は頌を作った。「大道はただひとすじ、西へも東へも自在に行く。火花も及ばず、稲妻も届かぬ。」　義玄が鳳林和尚に相見すると、鳳林は「事有り、相い借問せん、得《よ》きや?」と問うた。通常相見すると、住持は「どこから来たか?」、「そなたの名は何か?」などと問うものであるが、鳳林は鄭重に「ひとつお訊きしたい」と言った。こういう場合の「事」は宗乗にかかわる「一大事」のことを指す。「相い」は動作の対象を意識する副詞。「借問」は「問」を丁寧にいう語。「得」は文語の「可」にあたる口語。義玄は察して、「何ぞ肉を剜りて瘡を作るを得ん!」と高飛車に拒否した。「肉を剜りて瘡を作る」は『維摩経』弟子品（富楼那説法の段）の「彼は自《もと》より瘡無し、之れを傷《きずつ》くる無《な》かれ」にもとづく。『雲門広録』巻上に、「上堂して云う。『一則の語を挙げて、汝をして直下に承当《じょうとう》せしむるも、早是《つと》に屎を你の頭上に撒《まきち》らすなり。直饒《たと》い一毛頭を拈じて、尽大地のひと一時に明らめ得たるも、也是《ま》た肉を剜りて瘡を作るなり。此《かく》の如しと雖然《いえど》も、也た須是《すべか》らく実に者《こ》箇の田地に到りて始めて得《よ》し。若し未だしならば、且らく掠虚《りゃっきょ》するを得ず。却って須らく退歩して自己の根脚下に向《お》いて推尋し看よ。是れ什麽《なん》の道理なりやと。実に糸髪許《ばか》りも汝の与《ため》に解会《げえ》を作《な》さしめ、汝の与《ため》に疑惑を作《な》さしむるもの無し。況んや汝等且らく各各《おのおの》当人に一段の事《じ》有りて、大用現前《たいゆうげんぜん》し、更に汝らの一毫頭の気力をも煩わしめずして、便《ただ》ちに祖佛と別無きをや。自是《もと》より汝ら諸人信根《しんこん》浅薄にして悪業《あくごう》濃厚なれば、突然に如許《おおく》多の頭角《つの》を起得《はや》して、鉢嚢《はつのう》を担ぎ千郷万里に屈を受けて作麽《いかん》せん?　且《か》つ汝ら諸人に什麽《なん》の足らざる処か有らん?　大丈夫の漢!　阿誰《たれ》か分《ぶん》無けん!　独自《みずか》ら承当するすら尚猶《な》お著便《じゃくべん》ならず。人の欺瞞を受け、人に処分せ取《ら》る可からず。」かく雲門が言うところは、この場合にもあてはまる唐代禅の基本である。鳳林の「事有り」とは雲門のいう「汝等且らく各各《おのおの》当人に一段の事《じ》有りて、大用現前《たいゆうげんぜん》し、更に汝らの一毫頭の気力をも煩わしめずして、便ちに祖佛と別無し」ということで、ひとりひとりに作用する佛性がそなわっているのであり、ことさら問うて議論するのは「肉を剜りて瘡を作る」に他ならない。そこで鳳林は詩句で「海月澄みて影無きに、遊魚独《ひと》り自り迷う」と詰った。「海月」は海上に高く照らす月（ここでは海面に映る月ではない）。「海」は海洋に限らず、広々とした水をいう。永嘉玄覚「証道歌」に「一月は普ねく一切の水に現じ、一切の水月は一月に摂せらる。諸佛の法身は我が性に入り、我が性は還って如来と合す」（『景徳伝灯録』巻三〇）。月は真如佛性の象徴であるが、象徴であって真如そのものは「影無し」、影像（形）はない。しかるに海中の魚はそれを見失い、求め捜しまわっているとは、義玄が行脚してここへ来たことを揶揄する。「独自」は他に原因はなく、それ自身で、勝手にの意。そこで義玄は「海月既に影無くんば、遊魚何ぞ迷うを得ん！」、「真如の月に形がない以上、影像を求めて迷うことなどあるものか！」わたしはわが真如を見失って迷いこんで来たのではない。鳳林はなおも、「風を観て浪の起こるを看、水を翫んで野帆飄る」。の詩句は表向きは風流な遊覧を賞する巧みさである。その言わんとするのは、きみは風を観察して波立つのを見たから、舟をこぎ出して来たのだろう。ここへ行脚して来たのは、ここに求めるものがあると知ってのことではないのか？ 義玄もまた風流を装って、「孤輪独り照らして江山静かなり、自ら笑うこと一声して天地驚く。」これは「孤輪独照」という不動の真如（体）に対して「自笑一声」という豪快な作用を配した詩的形象。後句は薬山惟儼が雲間に現われた月を見て大笑し、その声が九十里に響いたという故事。「師は一夜月明に因りて、薬山の頂きに上り、中夜にして大笑すること一声す。澧陽《れいよう》は東来して薬山を去ること九十里、澧陽の人其の夜同《ひとし》く笑声を聞き、尽く曰う、『是れ東家の声なり』と。来晨展転尋問し、迭互《たが》いに東へ推して薬山に至るに、徒衆曰く、『夜和尚の山頂の笑声を聞けり』と」（『祖堂集』巻四）。そこで鳳林は「三寸を将《もっ》て天地を輝かすに任すも、一句機に臨んで試みに道《い》い看よ！」義玄の弁才を認めつつ、では「今ここでそなた自身を提示する一句を言え！」この二句、内容は散文的であるが七言詩の平仄にかなっている。義玄は「路に剣客に逢わば須《すべか》らく剣を呈すべし、詩人に不是《あら》ずんば詩を献ずる莫れ」と応じた。この二句は俗諺で、相手に適わしい対応をすべきことをいうが、大抵は拒否する（もう相手にしない）場合に用いる。前句の「呈」は「逞」の義に用い（古今字）、剣客と手合わせしてわが腕前を見せる意。後句は相手を詩人と見て詩を贈るのは、相手も詩で答えてくれるのを期待してのことである。もしも相手が不文の徒ならば詩を贈ったりはしない。こう言われて鳳林は応酬を打ち切った。この応酬がすでに不毛だからである。そこで義玄は頌を作った、「大道は同じきを絶し、西東に向うに任す。

石火も及ぶ莫《な》く、電光は枉《むな》しく通ず」（押韻は「同」、「東」、「通」）。前二句は、大道（真理の道）はひとつ、しかも東西南北いずれにも通ずることをいう。すなわち「随処に主と作れ！ 立つ処は皆な真なり」（【五二】示衆三（1））、真の主体が確立しているならば、到るところ大道ならざるはない。後二句はあとの潙仰の問答の受け取りかたから見て、大道を歩む人がはたらかせる主体の作用を言い、それは電光石火も及ばぬ一瞬に発揮されるという。瞬間のすばやさを「石火も及ぶ莫く、電光は枉しく通ず」と否定的に表現するとおり、眼にも止まらぬ主人公の作用は鈍漢にはわからぬ、という含みがあって、これが鳳林との相見を総括する頌のメッセージである。なお本段は『宗門統要』巻五、『聯灯会要』巻九、『五灯会元』巻一一にも録し、詩句に異文が多いが、大意を損なわぬ範囲なので取り上げなかった。

【一〇五・2】

567 潙山が仰山に問うた、「火花も及ばず、稲妻も届かぬというならば、いにしえの佛陀たちはどういう手立てで指導したのか？」仰山、「和尚はどうお考えですか？」潙山、「すべての言説には実義なし。」仰山、「そうではありませぬ。」潙山、「そなたはどう思うのか？」仰山、「表向きには針一本通さぬが、裏では車馬も通しほうだい。」前の対話を潙仰がとりあげた問答が附される。潙山、「〈石火も及ぶ莫く、電光は枉しく通ず〉とならば、従上の諸聖は什麼を将《もっ》てか為人せし？」つまり「こういう上根の人だけに通用する作略では、多くの大衆の指導にはならぬのではないか？」これは新興馬祖禅宗が初期の少数精鋭の過激派から、大衆化して質の低下が起こり、伝法の方法が模索されていた時代に到って出てきた問題提起である。仰山は「和尚のご意見は？」と、例によってまず潙山の考えを引き出してから自説を開陳するいつもの態度である。そこで潙山は「但有《あらゆ》る言説は都て実義無し。」この句は『首楞厳経』巻三に「妙覚の性」が自然でも因縁でもないことを、四大五蘊等のいちいちに即して論じ、因縁・自然とする説は識心分別によるもので、「但《た》だ言説有るのみにして、都て実義無し」（荒木見悟訳「もっともらしい理窟があるだけで、真実性は全くないのである」。『楞厳経』仏教経典選、中国撰述経典二、筑摩書房、一九八六）とくりかえし言われる句を、ここでは一般化して用いている。潙山は「言葉というものに実義はないのであるから、諸佛の言説に執着してはならぬ」ことに注意を喚起する。仰山は「いや、そうではない」と言い、「官には針《はり》を容《い》れざるも、私《し》には車馬を通す」という俗諺を持ち出す。「官には針を容れず」は第一義、「私には車馬を通す」は方便の譬喩である。第一義は言葉で伝えることができない以上、為人には方便を用いる以外にない。しかもそのことを自覚したうえで、諸佛はおおいに方便を駆使してきたのだ。ふたりの意見は相い補いあうものと理解すべきである。

568 【一〇六・1】

金牛院に到った。金牛和尚は師が来たのを見て、門の前に坐りこんで、拄杖を横に構えた。師は手でその拄杖を三回敲き、禅堂に入って首座の座に坐った。金牛は追いかけて来て言った、「相見というものは賓主がともに威儀を整えるものだ。そなたはいったいどこから来たのか？ 礼儀知らずめ！」師、「老和尚よ、何とおっしゃるか！」金牛が口を開こうとしたとたん、師は坐具で金牛を打った。金牛は大げさに倒れるまねをして見せた。師はまた打った。金牛、「今日はうまくゆかんわい。」 金牛院は鎮州に存し、馬祖の法嗣の金牛和尚が住したところであろう（『祖堂集』巻一五、『景徳伝灯録』巻八。ただしこの人は義玄より一世代前に属する）。そうであるならば、義玄が黄檗山を辞し、南方行脚をへて山東の故郷に帰り、そこから河北へと向かい鎮州に到って、そこでこの地のひとびとと縁ができ、城南の臨済院に住することになるのであるが、本段はその間の出来事で、本段が「行録」の最後に置かれるのは、これが行脚の終結となるからであろう。金牛和尚は義玄の来たのを見るや、門前で拄杖を横に通せん棒をした。行脚僧の入寺を拒否する意である。「当門」の「当」は場所を表わす（〜のところで）。鎮州真定県は五台山進香道の東の起点に当たり、ここから先には巡礼者のための普通院が整備されていたから、全国から集まる巡礼者はまずここで休憩することを常とした。城内には寺院が多く、行脚僧は寺院で断中（昼食）をし、あるいは投宿するのである。金牛和尚の拒否に遭った義玄は、その拄杖を手でコンコンコンと三回敲いて門を入った。わざわざ三回敲いたのは、拒否に遭った義玄なりの三拝のつもりであろう。そして勝手に門を入り、禅堂に入りこんで、第一座（首座）の座に就こうとした。行脚をやめ、金牛院で和尚に代わって雲水を指導してやろうという自信である。「堂中に却帰《かえ》りて、第一位に坐す」の「却帰」は、最終的に落ちつくべきところへ到るときの「帰する」意の口語。和尚は追いかけて来て、「夫れ賓主相見するは、各おの威儀を具す」と相見作法のことを言い出した。「夫れ」は原則論を持ち出すときの句端の副詞。入門相見の作法は『百丈清規』や『禅苑清規』に大叢林の規定がある。無著道忠『疏瀹』は「永平道元和尚云く、師に参じ威儀を具すとは、袈裟を著、坐具を持ち、鞋韈を整理し、一片の沈香、桟香等を帯ぶるなり」(『正法眼蔵』陀羅尼)というのを引いているが、おそらく道元が経験した南宋時代の習慣であろう。「太無礼生!」の「太〜生!」は極言の口語構文。「礼儀知らずめ!」と嗔る金牛和尚に、義玄は「老和尚よ!　什麼と道うや!」と応じた。「賓主相見の礼儀をわきまえぬのは和尚の方ではないか!」と。金牛和尚が口を開けて何かを言おうとしたとたん、義玄は打った。打ったのは手に持っていた坐具で(『指月録』巻一四に引用する本段「師便打一坐具」)である。どこを打ったのか?　口である。金牛和尚は大袈裟に倒れるしぐさをした。坐具であるから痛くもないし、倒れるほどではないが、「参った!」というメッセージ。義玄はまた坐具で打った。和尚、「やれやれ、今日はうまくゆかんわい。」『指月録』では、このあと、「遂に方丈へ帰る」(悔みつつ方丈へ引きあげた)とする。「不著便」は運がわるい、ツイていない意の口語。ここでも主客の機縁適わず、義玄は出て行った。このあと、例によって潙山と仰山の商量が附されている。

【一〇六・2】

569　潙山が仰山に問う、「この二人の禅僧に勝負はついたのかね?」仰山、「勝ったと言えば、いずれも勝った、負けたと言えば、どちらも負けたのです。」潙山、「此の二尊宿は還《は》た勝負有りや?」「この二人の尊宿の応酬に、勝負はあったのかね?」原文「還有〜也無?」の「還」は疑問副詞、「有〜也無?」は口語の反復疑問形式。叙述のしかたからすれば、義玄が金牛和尚をやりこめたように見えるのに、「勝ったのか、負けたのか?」と問うのは、じつはそういう表面的・通俗的な受けとめをしてはならぬ、という示唆である。小川隆氏いわく、「禅問答の選択疑問は、選択せしむるにあらず。」甲か乙かと問うが、正しい答えは甲でも乙でもない。果して、仰山は答えた、「勝ったとしたら、ふたりとも勝ったのですし、負けたとしたらどちらも負けました。」つまり、勝負なし。なぜか？　中晩唐時代の禅問答は、問答することによって互いに真理を確かめ、認識を高めてゆくものという考えかたが普遍的にあった。双方が対話という行為によって、前とは違った新しい地平に到ってはじめて完結するのである。論争ではないのであるから、「勝った」ところで何の得にもならず、かえって人我の煩悩を増すにすぎない。「負けた」とはふたりの機縁がかなわず、相見は失敗に終わったことをいう。以上の補遺の最後の二則は潙仰の伝承による記録であるが、おそらく三聖慧然が南方行脚して潙山に伝えたもので、潙山と仰山がこれをめぐって問答をし、それがあらためて記録された。潙山・仰山の継承する馬祖禅の立場から、義玄をどう評価するかを示したのであり、またこうした潙仰の評価のしかたが九世紀後半の禅宗の標準と見なされていたのである。

解題

六祖壇経

一 概要

『大正新脩大蔵経』第四八冊には、敦煌写本スタイン五四七五号本を底本とするNo.二〇〇七『南宗頓教最上大乗摩訶般若波羅蜜経六祖恵能大師於韶州大梵寺施法壇経（なんしゅうとんぎょうさいじょうだいじょうまかはんにゃはらみつきょう、ろくそえのうだいし、しょうしゅうだいぼんじにおいて、ほうをほどこせるだんきょう）』（一巻）唐・法海《ほっかい》集と、No.二〇〇八『六祖《ろくそ》大師《だいし》法宝壇経《ほうぼうだんきょう》』（一巻）元・宗宝《そうほう》編という二種の『六祖壇経』を収録している。大まかに言って、敦煌本は唐代禅思想史の資料として貴重な現存最古のテクスト、宗宝本は今に至るまで日本および東アジアの仏教界・読書界において読まれ続けているもっとも代表的な伝世テクストであるが、本冊に収録するのは、前者の敦煌本である。

『壇経』は恵能（慧能、六三八―七一三）の説法録であるが、記録者の法海については恵能の門人という以外に詳しいことはわからない。北宋・道原の『景徳伝灯録《けいとくでんとうろく》』巻五には韶州《しょうしゅう》法海《ほっかい》禅師章が立てられ、恵能の住地・曹渓山《そうけいざん》の所在地でもある「曲江《きょくこう》の人」と本貫を記すほか、恵能との問答一則を伝えるが、より古い『祖堂集』や『宋高僧伝』には立伝されておらず史実と見なすことはできない。ただ、円仁（七九四―八六四）の『入唐新求聖教目録《にっとうしんぐしょうぎょうもくろく》』には「曹渓山第六祖恵能大師説見性頓教直了成仏決定無疑法宝記檀経一巻［門人法海集］」（T五五、一〇八三中）とあり、円珍

（八一四—八九一）の『福州《ふくしゅう》温州《おんしゅう》台州《たいしゅう》求得《ぐとく》経律論《きょうりつろん》疏記《しょき》外《げ》書等目録《しょとうもくろく》』にも「曹谿山第六祖能大師壇経一巻、門人法海集〔随身〕」（T五五、一〇九五上）と記され、さらには『新唐書《しんとうじょ》』芸文志《げいもんし》・丙部《へいぶ》子《し》録《ろく》にも「僧法海『六祖法宝記』一巻」と著録されるから、唐代には法海が本書の編纂者であることが定説となっていたことは確かである。

　次に記録対象である恵能についてだが、これまた詳しい伝記を定めがたい。恵能の古い伝記には、王維《おうい》（七〇一—七六一）の「能禅師碑幷序（のうぜんじひ、じょをあわす）」、撰者不詳だが建中二年（七八一）の成書がほぼ確実な『曹渓大師《そうけいだいし》伝《でん》』（卍続蔵本の内題は『曹渓大師別伝』）、それに『壇経』中で語られる恵能の自叙伝との三種がある。しかしながら、この三種間での記事の出入は大きく、具足戒を受けたか否かといった僧侶の伝記には根本的な問題さえ、それぞれに異説を述べている有様なのである。しばらく三資料に共通する事項を抽出してみると、およそ次のようになろう。

　恵能、新州《しんしゅう》（現広東省）の人、黄梅弘忍《おうばいこうにん》（六〇一—六七四）に参じて、寺男として碓坊で脱穀・製粉の労働に従事しつつその法を得、歴代祖師が伝えた菩提達摩の袈裟を授けられた。先天二年（七一三）八月に入滅し、門人たちによって曹渓に葬られた。弟子に荷《か》沢神会《たくじんね》（六八四—七五八）がいる。

　恵能の生涯について早期の諸資料が一致して伝える事実は、たったこれだけである。それを除けば、『曹渓大師伝』には弘忍に参ずる前の恵能が無《む》尽蔵尼《じんぞうに》なる人物に『涅《ね》槃経《はんきょう》』を講じたことが記されるが、これは他の二資料にはなく、『壇経』では弘忍門下にあった恵能が神秀（六〇六？—七〇六）と偈を競作して弘忍より印可を受けたと語るが、これは本書にのみ見える記事である、といった具合で確かな事跡がきわめて少ないのである。

　それでは『壇経』の成立年代はいつか。『壇経』には門人・荷沢神会の語録と共通する文字が多く、これは神会が師・恵能の影響を受けた結果なのか、それとも『壇経』の編纂に神会やその門人が深く参与した痕跡なのか、神会語録の発見以来、議論が継続されて来た。しかしながら、恵能の入滅より二十年後に仏法の是非を定める人物が出現するというのは（第【四九】段）、その記録が『菩提達摩《ぼだいだるま》南宗定是非論《なんしゅうじょうぜひろん》』として伝えられる神会と「北宗」との対論を指すのだろうし、遷化にあたって十弟子のうち神会のみが動じなかったと言うのも（第【四八】段）、明らかに神会門人の手になる記述であろう。少なくともこれらの部分は荷沢神会の没（七五八）後に書かれたものであろうし、そうであってみればその他の部分も恵能の説法そのままと見なすことは出来ないだろう。また『壇経』の末尾近くには、本書が恵能門人の法海から同世代の道際《どうさい》へ、道際からその門人・法興寺悟真《ほうこうじごしん》へと伝授されたことが記される（第【五五】段）。道際と悟真の伝記は不明だが、本書の成立は恵能再伝の弟子が活躍していた時代であることをうかがわせる記述であろう。この世代の南宗の禅師には、荷沢神会の弟子・磁州法如《じしゅうほうにょ》（七二三―八一一）、南嶽懐譲《なんがくえじょう》の弟子・馬祖《ばそ》道一《どういつ》（七〇九―七八八）、青原行思《せいげんぎょうし》の弟子・石頭希遷《せきとうきせん》（七〇〇―七九〇）などがいる。では具体的な成立の下限はと言えば、韋処厚《いしょこう》「興福寺《こうふくじ》内道場《ないどうじょう》供奉大徳《きょうほうだいとく》大義《たいぎ》禅師《ぜんじ》碑銘《ひめい》」（『全唐文』七一五）では神会後学の活動に触れて「竟《つい》に『壇経』の伝宗を成す」と言って本書の名に言及するから、この碑銘が書かれた元和十三年（八一八）ということになるだろう。

『曹渓大師伝』と『壇経』の先後関係は、比較可能な重複記事が少ないこともあって定めがたい。『壇経』の記述の方が全体に伝説化が進んでいるのでやや遅れるという考え方もあるが、それは研究者の主観に左右されることでもあり定説として紹介するにはためらいを覚える。二書の内容の違いは時代的発展というよりは、恵能思想の理解を異にする二つの集団がそれぞれに資料をまとめた結果であるように思われる。したがって、『曹渓大師伝』が成立した建中二年（七八一）ころ、嶺南の恵能後学の間で恵能伝編纂の機運が高まり、『壇経』もそれに前後してまとめられたと考えておくのが穏当であろう。

以上の諸点を考え合わせると、『壇経』は荷沢神会の遷化した七五八年から遅くとも八一八年の間、おそらくは『曹渓大師伝』の成立した七八一年ころ、恵能の門人・法海の筆録を元に、恵能再伝の弟子のうち神会を南宗の領袖として認める人々によって編纂されたものと推定される。付け足しておきたいのは、法海の記録が核となったと推定されることと、『壇経』に恵能の肉声が保存されていることとは別な話だということである。最終的な編纂の際には古い材料にも大小の整理改変が加えられたであろうし、複数の記録が組み合わせられて一書を成せば、新たな全体の文脈が生じて部分の意味もまた変容をこうむることは予想される。『壇経』はあくまでも、八世紀後半の禅思想を伝える資料として読まれねばならない。

二 『壇経』の書名とその位置づけ

『壇経』の内容については訓注本文をお読みいただきたいが、ここでは書名の「経」について一言しておきたい。従来この題名は、禅宗においては祖師と仏陀を同格にとらえており、それゆえに祖師の語録も「経」と題したのだと説明されることが多く、それは一応は間違いではないと思われる。敦煌本の持つ長大な首題は恵能を説法者とする「摩訶般若波羅蜜」についての「経」という意味であろうし、本文中、説法が一段落するごとに偈頌が収録されるのは実際の恵能の説法で偈頌が使用されたからでもあろうが、長行とそれをまとめる偈頌からなる漢訳経典の構成を模倣したものでもあろう。しかし今ひとつ忘れてはならない事実は、本書が編纂されたころには「語録」という言葉はまだなく、したがって『臨済慧照禅師語録』『洞山悟本禅師語録』のように「人名+語録」という題名の型が出来上がってはいなかったということである。『壇経』という書名は、語録というジャンルが確立する過渡期にあってはじめて可能であった命名なのである。『壇経』と同じかやや遅れる貞元年間(七八五—八〇四)に編纂された禅宗史書『宝林伝』は各章を例えば「度衆付法章涅槃品第三」のように「甲章乙品」と名づけ、本文も四字一句を主体とした文体で書かれているなど漢訳経典の形式を模倣しようという意識が強く感じられるが、これまた灯史というジャンルが確立する過程での試行錯誤と言える。

このように語録という形式、あるいは禅宗という宗派が整えられてゆく過渡期にある作品であれば、本書は禅宗の聖典という立場を離れてより広く唐代仏教史全体の中に位置づけることが可能であり、また必要でもある。筆者の関心からは、『壇経』読解の新しい視点として、以下の二つを提案したい。

第一に、『梵網経《ぼんもうきょう》』系偽経群の一つとして。鳩摩羅什訳とされる『梵網経』二巻は、現代の研究によって中国撰述経典であることが明らかにされているが、唐代には本経典の本文や思想を踏まえて『梵網経』系偽経群とも呼ぶべき偽経の生産が相次いでいた。『壇経』は第【一九】段、第【三〇】段において『菩薩戒経』の名で『梵網経』を引用し、その仏性思想を受容しているし、般若と並ぶ主張の柱である「無相戒」は、仏性が戒の本質であるという『梵網経』の菩薩戒思想を徹底したものと考えられる。もちろん釈迦仏に仮託した偽経と、あくまでも恵能の説法録である『壇経』とを完全に同列には論じ得ないが、『梵網経』の濃厚な影響下に生み出されたテクストとしての考察が可能であろう。

第二に、居士仏教の経典として。ここで言う居士は、世俗の職業と家庭生活は捨てたが具足戒を受けないまま修行を続ける人々のことである。『曹渓大師伝』によれば恵能は広州法性寺《こうしゅうほっしょうじ》において受戒しているが、その受戒が求那跋《ぐなばっ》摩《ま》三蔵に預言されていたとか、長安、蘇州、荊州より律師を招聘したなど虚構の色彩が強く、「能禅師碑」では「髪を削《そ》る」とのみ記して受戒のことはぼかされている。そして『壇経』は剃髪・受戒について一切ふれず、戒律の条文を守るのではなく己の仏性を信ずる「無相戒」を唱えているのである。こうした状況を考えると恵能は生涯具足戒を受けることはなかった可能性が強く、少なくとも『壇経』を編纂した集団は恵能が未受戒の居士であってもかまわないと見なしていたのは確実である。

ここで八世紀の禅文献を見渡してみると、『頓悟《とんご》真宗金剛般若修行達彼岸法門要決《しんしゅうこんごうはんにゃしゅぎょうたつひがんほうもんようけつ》』は侯莫陳琰《こうばくちんえん》居士（六六〇―

七一四）と智《ち》達《たつ》禅師との問答という形式を採り、『大乗《だいじょう》開心顕性《かいしんけんしょう》頓悟《とんご》真宗論《しんしゅうろん》』の編集者は居士・李恵光《りけいこう》、法名は大《だい》照《しょう》なる人物とされている（T八五、一二七八上）。また『歴代法宝記《れきだいほうぼうき》』によれば、保唐寺《ほとうじ》無住《むじゅう》は官途を退くとまず「頓教法」を説く白衣《びゃくえ》居士《こじ》・陳楚璋《ちんそしょう》に師事し、自らも受戒までの年月を「白衣にて修行」している（T五一、一八六上）。このように、唐中期においては「居士」「白衣」と呼ばれる一群の修道者が頓悟思想の確立に大きな役割を果たしていたことが予想され、恵能の活動と『壇経』の編纂もこの思潮の中に位置づけることが可能であり、また必要であると思われる。

三　テクストについて

『大正蔵』はスタイン五四七五号本を底本として排印出版しているが、その後、新たなテクストの発見が相次いでおり、本訓注ではシリーズの特例として大正蔵本を用いず新たに訓注者が作成した校本を底本としている。現在、敦煌文書中に見出されている『壇経』テクストには次の五点がある。

㈠　敦煌博物館七七号本。縦三二・二センチメートル、横一一・七センチメートルの冊子体。完本。①『菩提達摩南宗定是非論』、②『南陽和上頓教《なんようわじょうとんきょう》　解脱禅門直《げだつぜんもんじき》了性《りょうしょう》　壇語《だんご》』、③『南宗定邪正五更転《なんしゅうじょうじゃしょうごこうてん》』、④『壇経』、⑤浄覚《じょうかく》『注般《ちゅうはん》若波羅蜜多心経《にゃはらみったしんぎょう》』の順で、他四種の作品と連写される。このうち①②は荷沢神会の語録、③は彼または門人の作と考えられる歌辞、⑤は黄梅弘忍の弟子・玄賾《げんさく》に法を嗣いだ浄覚（六八三―？）による『般若心経』の注釈である。浄覚は神会と同世代にあたる「北宗」の禅僧で、恵能と同じく王維がその碑銘「大唐大安国寺故大徳浄覚禅師碑銘幷序（だいとうだいあんこくじこだいとくじょうかくぜんじひめい、じょをあわす）」を書いている。

㈡　スタイン五四七五号（ジャイルズ五一七〇）本。大英図書館（ロンドン）蔵。縦二七センチメートル、横一〇・五センチメートルの冊子体。完本。『壇経』単独の写本。

㈢　旅順博物館本。縦二七・四センチメートル、横一四・三センチメートルの冊子体。完本。①『壇経』、②『大辯《だいべん》邪正経《じゃしょうきょう》』、③「林中若有一比丘（りんちゅうにもしいちびくありて）（擬）」の順で連写される。このうち②は玄奘訳に仮託される中国撰述の偽経、③は全十一行の禅宗綱要書である。三作品にわたり朱筆による断句および分段記号がほどこされ、全冊にわたり校勘が施されている。②と③の中間に題記があり、「顕徳伍年己未歳三月十五」の日付が記される。「顕徳」は五代後周・世宗の年号だが、顕徳五年は戊午にあたる。一般に書き誤らないのは干支の方であるから、本冊の筆写年代は顕徳六年己未歳（九五九）であろう。

㈣　崗四八号（北八〇二四、ＢＤ０４５４８背１）本。中国国家図書館（北京）蔵。高三一センチメートル、長二九七センチメートルの巻子。首欠。背面の構成は①『壇経』。第【一八】段の中途より第【三五】段中途までを筆写し、尾題と第【五八】段を記す。②『大辯邪正経』。菩薩十地品第二の中途で筆写を放棄。③『金剛般若経』雑写。①②とは上下逆に『金剛般若経』の経文が九行にわたり筆写されている。『国家図書館蔵敦煌遺書』六一の「条記目録」は、「九―十世紀。帰義軍時期写本」と判定している。正面は典型的な敦煌写経の一つで、「張良友」なる人物が写経した『無量寿宗要経』。「条記目録」は「八―九世紀。吐蕃統治時期写本」と判定している。

㈤　有七九号（ＢＤ０８９５８）本。中国国家図書館（北京）蔵。縦二五・三センチメートル、横一七・〇センチメートルの残簡。正面は五行にわたって『壇経』第【二一】―【二二】段の一部を筆写し中途で放棄している。背面は三階教文献の一つ「七階礼懺文《しちかいらいさんもん》（擬）」。『国家図書館蔵敦煌遺書』一〇四の「条記目録」では、筆写時期を正面、背面ともに「九―十世紀。帰義軍時期写本」と判定している。

五点のうち敦博七七号本は首尾完具しもっとも精善な写本であるが、誤りが無いわけではなく、特に字句の脱漏が多いようである。大まかな傾向としては、敦博本と崗四八号本の文字は近く、スタイン本は旅順本に近い。ただし、旅順本は敦博本に近似した写本で対校されている。このように敦煌諸本の本文には大きな異同はなく、特に敦博本、スタイン本、旅順本は写本の形式も共通しており、筆写時期が近接していると思われる。したがって五点とも旅順本の記す顕徳六年前後、つまり中原の王朝で言えば後周（九五一―九五九）、敦煌で言えば帰義軍節度使《きぎぐんせつどし》・曹元忠《そうげんちゅう》の在任中（在任九四四―九七四）に筆写されたものと思われる。

訓注本文の作成にあたっては敦博本を底本とし、他の四本と対校した。定本および訓注作成の方針としては、『壇経』の原型を復元するという企図は放棄し、あくまでも十世紀の敦煌で読まれていた『壇経』を、もっと言えば敦博本の筆写者が理解した『壇経』を再現しようとした。しかし敦煌本による校訂だけではどうしても意味の通らない句も多々あり、そうした場合は五本に共通の誤写と考えて、北宋再編の恵昕本により校訂した。また注釈は荷沢神会の語録や、『大辯邪正経』のように敦煌本で連写された文献との関連を示すことに注力したが、基本的には八世紀後半に成立した文献への注釈として記したから、上述の視点にもぶれがあることは認めざるを得ない。

なお、訓注にあたって終始参照していたのが民国十一年（一九二二）の序を持つ丁福保《ていふくほ》『六祖《ろくそ》壇経箋注《だんきょうせんちゅう》』（文津出版社、一九八八年）であった。『壇経箋注』は宗宝本に対する注釈であるし、その態度は仏教徒あるいは国学者（中国伝統学術の信奉者）の立場からのものであって、敦煌本の訓注にはあまり参考にならず、またしてはならないとも言える。実際、丁氏の注をそのまま採用した箇所はほとんどない。それでも筆者は、ＣＢＥＴＡをはじめとする電子テクストの検索により拡散した思考にある箍をはめ、せいぜい常識的な注釈をつけることを望んだ。今の筆者にはそのような読書しかできず、その成果の良否については大方のご叱正を待つのみである。

【参考文献】

一　敦煌本影印

1　矢吹慶輝『鳴沙餘韻：敦煌出土未伝古逸仏典開宝』臨川書店、一九八〇年（一九三三年岩波書店刊の再版）

2　柳田聖山主編『六祖壇経諸本集成』（禅学叢書之七）中文出版社、一九七六年

3　黄永武主編『敦煌宝蔵』一〇八、新文豊出版、一九八四年

4　『甘粛蔵敦煌文献』六、甘粛人民出版社、一九九九年

5　柳田聖山・椎名宏雄編『禅学典籍叢刊』別巻、臨川書店、二〇〇一年

6　『国家図書館蔵敦煌遺書』六一、北京図書館出版社、二〇〇七年

7　『国家図書館蔵敦煌遺書』一〇四、北京図書館出版社、二〇〇八年

8　『旅順博物館蔵敦煌本六祖壇経』上海古籍出版社、二〇一一年

9　スタイン五四七五文書（International DunHuang Project〈http://idp.bl.uk/〉で二〇一九年七月現在、同文書のカラー写真が公開されている。）

二　敦煌本影印と校訂の合本

10　潘重規『敦煌壇経新書』仏陀教育基金会、一九九四年

11　周紹良『敦煌写本《壇経》原本』文物出版社、一九九七年

12　李申・方広錩『敦煌本壇経合校簡注』山西古籍出版社、一九九九年

13　黄連忠『敦博本六祖壇経校釈』万巻楼図書、二〇〇六年

三　敦煌本にもとづく校訂本

14　鈴木貞太郎（大拙）・公田連太郎『敦煌出土六祖壇経』森江書店、一九三四年
15　宇井伯寿「壇経考」、『第二禅宗史研究』岩波書店、一九三五年
16　駒澤大学禅宗史研究会『慧能研究』大修館書店、一九七八年
17　郭朋『《壇経》対勘』斉魯書社、一九八一年
18　郭朋『壇経校釈』（中国仏教典籍選刊）中華書局、一九八三年
19　鄧文寛・栄新江『敦博本禅籍録校』（敦煌文献分類録校叢刊）江蘇古籍出版社、一九九八年
20　楊曽文『新版敦煌新本六祖壇経』宗教文化出版社、二〇〇一年
21　方広錩・研読班「敦煌本《壇経》校釈疏義」、『蔵外仏教文献』一〇―一二・一六、中国人民大学出版社、二〇〇八―二〇一一年（未完）

四　日本語訳注

22　柳田聖山訳『禅語録』（中公バックス・世界の名著18）中央公論社、一九七八年
23　中川孝訳『六祖壇経』（タチバナ教養文庫）たちばな出版、一九九五年（一九七六年筑摩書房刊の再版。恵昕本系の版本である興聖寺本にもとづく訳注。）
24　楊曽文校訂、佐藤悦成和訳『敦煌新本六祖壇経』全国曹洞宗青年会事務局、一九九六年（20の旧版・楊曽文『敦煌新本六祖壇経』〈上海古籍出版社、一九九三年〉の中から敦博本『壇経』の校訂文を収録し、訓読と現代日本語訳を付したもの。）
25　中島志郎訳『六祖壇経』（第三期禅語録傍訳全書第二巻）四季社、二〇〇六年

五　校本と英訳

26　YAMPOLSKY, Philip B, *The Platform Sutra of the Sixth Patriarch: The Text of the Tun-Huang Manuscript with Translation,*

Introduction, and Notes, Columbia University Press, 1967

六　文献目録

27　田中良昭・程正『敦煌禅宗文献分類目録』大東出版社、二〇一四年
28　明生・主編『六祖慧能与《壇経》論著目録集成』広東人民出版社、二〇一四年

【訓注担当者の関連著作】

本書についての網羅的な文献目録は上記27、28を参照していただきたいが、最後に『壇経』もしくは恵能に関する拙稿を紹介したい。論文、書評、一般向けの読み物など各種体裁のものを交えてある。

1　「六祖恵能大師与仰山慧寂」、『曹溪―禅研究―』二、中国社会科学出版社、二〇〇三年
2　「『中国禅学』第一巻管窺―より実りある学術交流のために―」、『駒澤大学禅研究所年報』一五、二〇〇三年
3　「禅宗〝心地〟思想的演変―兼談《壇経》和《曹溪大師伝》的心性論―」、『仏教与中国伝統文化―楊曽文先生七秩賀寿文集―』、中国社会科学出版社、二〇〇九年
4　「臺のない鏡―『六祖壇経』呈心偈考―」、『集刊東洋学』一〇一、二〇〇九年
5　「荷沢神会の見性論とその変容」、麥谷邦夫編『三教交渉論叢続編』道気社、二〇一一年（京都大学学術情報リポジトリ（KURENAI）http://repository.kulib.kyoto-u.ac.jp/dspace/handle/2433/143689 で公開されている。）
6　「石碑拓本の世界」、『まなびの杜』五五、二〇一一（東北大学「まなびの杜」http://www.bureau.tohoku.ac.jp/manabi/manabi55/index.html で公開されている。）
7　「無臺明鏡照心地：《六祖壇経》的偈頌及其心性論」、『仏教文献与文学』仏光文化事業有限公司、二〇一一年
8　「中国唐代における広東―地域イメージの多面性について―」、『「地域」再考―復興の可能性を求めて―』東北大学

出版会、二〇一四年

9 「所謂〝見仏性〟―唐代禅宗的実践―」、方立天・末木文美士主編『東亜仏教研究Ⅳ―仏教制度与実践―』宗教文化出版社、二〇一四年

10 「広州光孝寺六祖慧能碑と『六祖壇経』―空間化されるテクスト―」、『空間史学叢書2 装飾の地層』岩田書院、二〇一五年

（齋藤智寛）

臨済録

臨済義玄（?—八六六）は唐末の禅僧。宋代以後の禅宗、ひいては中国の思想界に大きな影響力をもったひとりであったが、生前および圓寂直後にはさして名は知られず、伝記の詳細、出自から受業地、正規に登壇受戒した成僧であったのか否かも、じつはわからない。義玄の百年前に始まる馬祖道一（七〇九—七八八）の新興禅宗を初期段階において継承し荷ったのは、唐宋変革期といわれる動乱の時代に輩出したこういう草莽の禅僧たちであった。そうであったからこそ、儒教の世俗道徳からも、出家社会の佛教倫理と教理からも自由な、驚くべき過激な思想が醸成されたのである。

臨済義玄の思想をつたえる語録は、その没後百年のころ、宋代初期には形成されていたと考えられ、そのうち核となる「示衆《じしゅ》」は早くも五代（九〇七—九五九）にはまとまって定型を成していたことが『宗鏡録』（九五一年成書）や『祖堂集』（九五一年に一巻本が成り、その後ほぼ五十年から百年のあいだに十巻に増広され、高麗で二十巻に再編）の引用から推測される。そののち事蹟にかかわる対話が一則ごとに収集されて語録となり、ついで馬祖道一、百丈懐海、黄檗希運の語録とともに『四家録』に集成され、これが『天聖広灯録』（一〇三六）に収録された。この臨済部分が今にのこるもっとも古い『臨済録』である。のち『四家録』を黄龍慧南（一〇〇二—一〇六九）が校訂した『臨済録』に楊傑が序（一〇八五）を附した。師啓の跋（一三六三）をもつ明版が南京図書館に蔵せられている。北宋末に佛教書出版のさかんであった福州鼓山において、圓覚宗演が黄龍校訂『臨済録』をさらに改編増補し、楊傑の序に替えて馬防の序（一一二〇）を附した重開『臨済録』を作り、これがさらに『続開古尊宿語要』（一二三八）、『古尊宿語録』（一二六七）に収録されて流通した。ただし元代初になると『臨済録』は入手しがたい状況にあり、雪堂普仁（一三一二―一三七五）が杭州で『古尊宿語録』所収の『臨済録』を発見し、これに拠って大徳二年（一二九八）頃に単行本を刊行した。この本は従来の『臨済慧照禅師語録』の書名を『臨済慧照玄公大宗師語録』に変え、馬防の序に替えて林泉従倫、郭天錫、五峯普秀の序を附し、さらに巻末に郭天錫の「大名臨済慧照玄公大宗師碑記」、「臨済玄公大宗師真賛」、王博文「真定十方臨済慧照玄公大宗師道行碑銘」を附録する。この元刊本はいま中国国家図書館に蔵する（従倫序を欠く）。これらの資料によって宋元時代の臨済宗の情況を知ることができる。

日本においても『古尊宿語録』に拠る単行本が元応版（一三二〇）、永享版（一四三七）、延徳版（一四九一）等の五山版として出版され、さらに江戸時代になると出版業が復興し、京都の書肆から多くの『臨済録』が出版されて版を重ね、その背景となった提唱・講義も注釈書として開版された。その集大成が妙心寺龍華院の無著道忠和尚（一六五三―一七四四）の校訂本『無著校訂臨済慧照禅師語録』（一七二七）と註釈『臨済録疏瀹《そやく》』五巻（一七二六）であり、『臨済録』の読解に今も有用である。明治時代になると、臨済宗老師がたによる提唱の記録が活字出版されて、禅に関心を寄せる江湖のひとびとに迎えられ、参禅と哲学的思索のよりどころとなった。そこから知識人による新しい解釈が生まれて、禅の古典としての位置を獲得し、第二次世界大戦後にはさらに『臨済録』テクストを文献学的にあつかう近代的読解のアプローチがなされ、入矢義高・柳田聖山氏らの中国の歴史と言語の研究を背景にもつ成果があいついで出版され、『臨済録』は読書界に万人の古典としてひろく受容されるところとなった。

『臨済録』テクストの系譜を図示する（括弧内は現存しない本）。

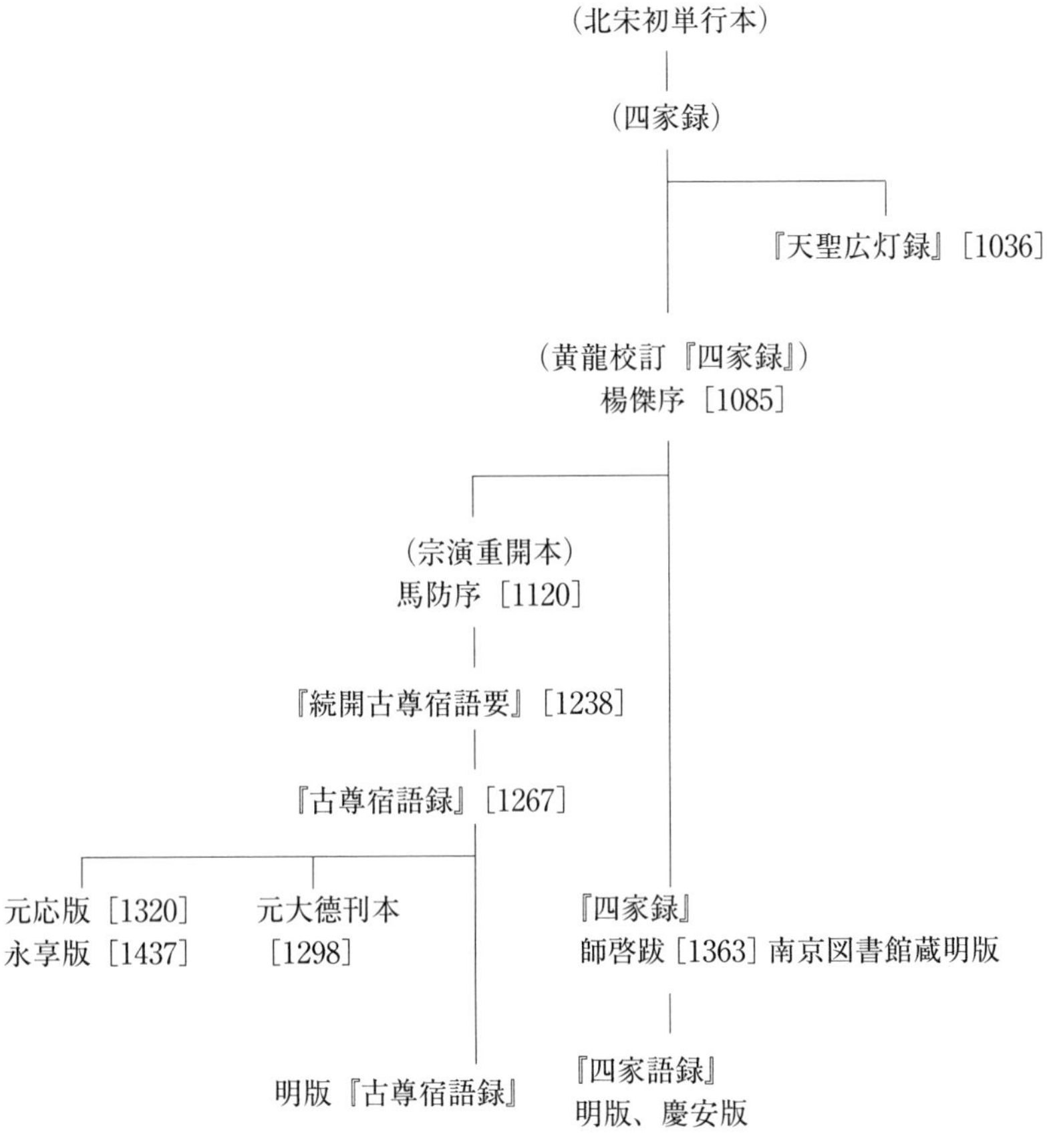
（北宋初単行本）
（四家録）
『天聖広灯録』［1036］
（黄龍校訂『四家録』）
楊傑序［1085］
（宗演重開本）
馬防序［1120］
『続開古尊宿語要』［1238］
『古尊宿語録』［1267］
元応版［1320］
永享版［1437］
元大徳刊本
［1298］
明版『古尊宿語録』
『四家録』
師啓跋［1363］南京図書館蔵明版
『四家語録』
明版、慶安版

本訳注の底本は南宋紹興十八年（一一四八）刊福州開元寺版大蔵経の『天聖広灯録』巻一〇、一一に収める『臨済録』である（柳田聖山編　禅学叢書之五『宋蔵遺珍　宝林伝　伝灯玉英集　附天聖広灯録』中文出版社、一九七五）。『臨済録』テクストには図のように四家録と古尊宿の二系統があり、現在ひろく読まれているのは古尊宿系の単行本で、日本五山版に拠る江戸時代の通行本（たとえば岩波文庫）であり、『大正新脩大蔵経』も永享版を底本としている。しかし現存テクストのなかでもっとも古い形態と内容をもつものが『天聖広灯録』であり、これを研究の起点に置いてはじめてテクストの成立、改変、増補等の流伝過程を明らかにすることができることに鑑みて、このたびの訳注の底本とした。『天聖広灯録』臨済章は巻一〇に事蹟、巻一一に「示衆」を置き、補遺十一段を末尾に附す構成である。これは上述のように早く形成された「示衆」を中心に、伝記にかかわる伝承をまとめて事蹟とし、そののちに集められた伝承を補遺とした語録成立の過程を反映している。のち圓覚宗演はこれを内容にもとづいて「上堂」、「示衆」、「勘弁」、「行録」に再編し、若干の増補を加え、またのち『古尊宿語録』巻五興化章末尾に収録される「臨済慧照禅師塔記」を採録して巻末に附し、一巻の語録としての形式を整えたのであった。形式は整備されたが、形成の過程を知る手がかりは失われてしまったのである。

訳注は便宜的に段落を分かち、番号（一―一〇六）を附した。施注の方針は以下のとおりである。一、臨済義玄と同時代のドキュメントを用いることによって、かれの生きた時代と語録が形成された時代の歴史的な環境を知る手がかりとする。たとえば、敦煌石窟美術、敦煌発見の写本資料、碑刻資料や圓仁『入唐求法巡礼行記』などの域外資料など。二、『臨済録』の言葉に即した注解、とくに口語としての意味・用法を理解するために、口語成分の正確な説明をこころがける。また『臨済録』には当然多くの佛教学の術語が用いられているが、義玄は佛教学の体系を克服する意図のもとに用いているのであるから、当時の教学における用法とともに禅僧のあつかいかたを例挙する。三、記録された対話と説法の表現のニュアンスをおさえたうえで、禅の思惟のしかたをかんがえ、禅僧の対話や行動の思想史的意味を明らかにする。

訓読と同時に日本語訳を附したことについて附言する。『臨済録』には過去に多くの注釈・訳注が蓄積され、参考に供されてきたが、それらによっても、内容を自分なりに十全に理解することは、わたしにとっていつも困難であった。わたしは読解の過程で個々の言葉の背景と意味をかんがえ、一文の意味と前後の関連をつないで一段の脈絡をつかみ、総合して思想史的意義を理解しようとするさい、どうしても原文を日本語に置きかえ、原文と日本語訳のあいだをフィードバックしながら、自己の理解を確認する作業がいつも必要であった。どの一段を読むときにも涌きおこる疑問を解決するために、日本語訳は自分にとって不可欠であったのであるが、これは読者にとっても疑問をのこさないために必要であるとかんがえ、削除しないことにしたのである。その結果すこしく煩雑となったが、あとで再考するとき、自分の理解がどこで誤ったのかも見いだしやすいとおもう。本訳注は二〇一四年から三年にわたって花園大学で課外に開いた週一回の「臨済録を読む会」に用意した訳注稿をもとに成った。思わぬひとりよがりを是正し討論してくださった諸氏に謝意を表する。

【主要参考文献】

入矢義高『臨済録』（岩波文庫、岩波書店、一九八九年）
入矢義高『伝心法要　宛陵録』（禅の語録八、筑摩書房、一九六九年）
入矢義高『増補　求道と悦楽―中国の禅と詩―』（岩波現代文庫、岩波書店、二〇一二年）
入矢義高『増補　自己と超越―禅・人・ことば―』（岩波現代文庫、岩波書店、二〇一二年）
入矢義高編『馬祖の語録』（禅文化研究所、一九八四年・新版禅の語録五、筑摩書房、二〇一六年）

柳田聖山『臨済録』（仏典講座三〇、大蔵出版、一九七二年）
柳田聖山『臨済録』（中公クラシックス、中央公論新社、二〇〇四年）
柳田聖山『禅語録』（世界の名著一八、中公バックス、中央公論社、一九七八年）
柳田聖山『禅文献の研究』上巻（柳田聖山集第二巻、法蔵館、二〇〇一年）
柳田聖山『臨済録の研究』（柳田聖山集第四巻、法蔵館、二〇一七年）
柳田聖山編『臨済録抄書集成』上下（禅学叢書唐代資料編、中文出版社、一九八〇年）
秋月龍珉『臨済録』（禅の語録一〇、筑摩書房、一九七二年）
平野宗浄『頓悟要門』（禅の語録六、筑摩書房、一九七〇年）
小川隆『臨済録—禅の語録のことばと思想—』（書物誕生あたらしい古典入門、岩波書店、二〇〇八年）
小川隆『語録のことば　唐代の禅』（禅文化研究所、二〇〇七年）
唐代語録研究班編『景徳伝灯録』三・四・五（禅文化研究所、一九九三年・一九九七年・二〇一三年）
臨済宗黄檗宗連合各派合議所編『臨済録研究の現在—臨済禅師一一五〇年遠諱記念国際学会論文集—』（禅文化研究所、二〇一七年）

（衣川賢次）

ら

り

れ

ろ

わ

ま

み

む

め

も

や

ゆ

よ

そ

た

す

せ

さ

し

く

け

こ

う

え

お

か

き

臨済録

・本索引は訳注の底本とした『天聖広灯録』所収『臨済録』の語彙索引である。
・本索引は注釈で説明した語彙を訓読本文から採録して、その語彙の出現する頁を掲出した注釈語彙索引であり、その語彙の用例のすべての頁を掲出したものではない。
・掲出語彙は訓読文に対応する原漢文の漢語語彙である。語彙の配列は音読した場合の漢字音（一般的な漢音。呉音・唐音による慣用音の場合は（　）に読みを附した）による（例、訓読文では「作麼生（いかん）」であるが、索引では「作（さ く）」の項に、同じく「勢（いきお）いを作（な）す」は「作勢」として「作」の項に配列した）。最初の漢字の音読み順に、同音の漢字が複数ある場合は、画数順で配列した。

ま

み

む

め

ゆ

よ

ら

り

れ

ろ

さ

し

せ

そ

索　引

六祖壇経

・本索引の語句は訓読本文から採録し、最初の漢字の音読み順に配した。
・同音の漢字が複数ある場合は、画数順に配した。
・「恵能」「能」「能大師」「六祖」については項目をまとめず、別々に見出しを立てた。

訳注者紹介

齋藤智寛《さいとうともひろ》

1974年、宮城県生まれ。東北大学大学院修了。博士（文学）。
現在、東北大学准教授。

衣川賢次《きぬがわけんじ》

1951年生まれ。京都大学文学研究科博士課程修了。
現在、花園大学特任教授。

新国訳大蔵経・中国撰述部①—7〈禅宗部〉

六祖壇経・臨済録

2019年10月10日　第1刷発行

訳 注 者　齋藤智寛　衣川賢次
発 行 者　石原大道
発 行 所　大蔵出版株式会社
〒150-0011 東京都渋谷区東2-5-36 大泉ビル2F
TEL.03-6419-7073　FAX.03-5466-1408
http://www.daizoshuppan.jp/
装　　幀　クラフト大友
印 刷 所　三協美術印刷株式会社
製 本 所　東京美術紙工協業組合

ISBN 978-4-8043-8207-4 C3315